年（1674）曾养性部攻破后，一直无法修复，至康熙二十四年（1685），才由县令及乡贤冯甦发起募修海门卫城。冯甦还专门写有募修海门卫城疏。可是因工巨费多，一直无法修复而日就坍圮，直至康熙四十年（1701）才由游击荀桂修复。又如杜渎盐场自迁弃后，于康熙三年（1664）归并黄岩场；复界后，一直未能恢复，到雍正七年（1729）才重新分出，在涂下桥建署，这就离复界时间更远了。

清初迁海，是继明初迁海以后的又一次历史性经济大倒退。明初迁海，杜绝海上交通，撤沿海岛屿以防倭，而效果适得其反，此后这些岛屿恰恰成了倭寇和土匪海盗的巢穴，促使了倭患的日益严重。而清初迁海，虽在一定程度上取得了消灭抗清力量的效果，但所造成的影响却是无法挽回的。经济萧条，人口大量减少，海防军事破坏，闭关自守，限制对外交通，自以为是天朝大国，阻隔了科学技术、工商业的正常交流。以至于在整个西方世界经历着轰轰烈烈的产业革命时期，中国这个拥有人类四大发明的文明大国，被排除在外，不仅没有得到这一科技革命的好处，甚至连信息都没有得到。

总之，迁海的不良后果是明显的，至少是给台州的百姓带来了深重的灾难，给台州的经济和文化造成了长期落后的局面，也是造成近三百年中国愚昧落后的重要原因之一。

参考书目：

《清史稿》、《康熙台州府志》、《民国台州府志》、《民国临海县志》、《光绪黄岩县志》、《光绪宁海县志》、《嘉庆太平县志》、王沄《漫游纪略》、钮琇《觚剩》、阮旻锡《海上见闻录》、洪若皋《南沙文集》、陆圻《纤言》、曾羽王《乙酉笔记》、姚廷遴《历年记》、中国历史研究所《中国通史简编》、厦门大学台湾历史研究所《康熙统一台湾档案史料选辑》

定海镇驻海门,顺治十三年(1656)改台州镇,可知迁海以前,台州的军事重心是在海门。

迁海以后,因海门周围全部迁弃,康熙九年(1670)七月,闽浙总督刘兆麟奉敕条议海防事宜,与巡抚范承谟、提督塞白理合奏八事,其中第五条云:"请设黄岩总兵。黄岩为台州门户,裁宁海镇移驻,以资弹压。"议政五大臣议准。可见迁海后,总兵先驻宁海,称宁海镇,后移驻黄岩,称黄岩镇,海门以黄岩镇右营游击、中营守备和左营千总驻守,于是,在军事上退居次要地位。而前千户所、桃渚、健跳、松门等的迁弃,使台州海防出现了一条真空带。

引申到整个东南沿海军事力量的转移和削弱,使得自明代建立起的海防部署起了变化,在愈来愈严酷的闭关政策影响下,清政府在平定台湾后大量削减沿海防务设置和军队数量,造成海防空虚。

六、展界和复界

顺治十八年(1661)迁海以后,陆续进行了几次展界。展界的原因,主要是清政府已经觉察到了沿海地区的经济败落和人民的困苦情况。迁海三数年后,沿海督抚即数上书清廷,如福建总督李率泰于康熙五年(1666)卒于官,遗疏言:"数年以来,令沿海居民迁移内地,失其故业,宜略宽界限,俾获耕渔,庶苏残喘。"且迁海以后,不仅民困,即官亦困。膏腴之地尽弃,田赋收入减少,而供役繁多,沿海兵员饷需之用,府库为竭,故时人有"令穷鹄立垂宽带,民饿鸠形荷短蓑"等语以形容当时的累况。在诸多朝廷官员的上疏后,复值当时郑成功已故,郑军内因树立郑锦为继承人发生矛盾,清廷利用高官厚禄招降了一批郑军将领,即如郑成功最得力的周全斌也投靠了清政府,这样就大大地削弱了郑军的军事力量。郑军只能局限于据守台湾,无力再向沿海用兵。而浙江沿海一带的反清武装,如张煌言等亦相继失败。在这种情况下,清廷于康熙八年(1669)放宽禁令,展界十里,此后于康熙九年、十年(1670、1671)相继展界。康熙十六年(1677)六月,经经筵讲官、都察院左都御史宋德宣题奏,以闽粤底定,四方日就荡平,宜及时招携怀远,抚恤流移,稍弛内地沿海之禁。请宽海禁,复税赋,少起民生之凋瘵,兼资军计等情,然仍未能得准。民国《台州府志·大事略》转引嘉庆《太平志》:"康熙八年(1669)始展复,然田庐尚有荒弃,至二十二年(1683)郑克塽投诚,界乃尽复。"府志大事略于康熙二十二年(1683)条下载:"是年尽复沿海迁界民业。""先是十年展界十里,拆毁木城,至是,台湾郑克塽投诚,迁界尽复,许民出海网鱼。"

部分展复后,发生了三藩之乱。康熙十三年(1674)耿精忠部都督曾养性在攻破温州后,聚兵10万攻台州,七月破太平,八月破黄岩、屠海门,相继入仙居,围困台州郡城,延续时间长达1年。清廷命康亲王杰书统兵至浙,杰书以宁海将军固山贝子傅喇塔统兵至台州。大兵数十万云集,两军对峙,军需恐急,顽兵奸淫掳掠,无恶不作,百姓逃亡更加严重,田野荒芜,兼之土寇蜂起,生灵涂炭。曾养性军退却后,清军大肆抢劫,掳掠妇女儿童,勒令百姓取赎,不然带走为奴。

经过这次战乱,台州越加困苦,民力官力两竭。如临海县署衙门于康熙十三年(1674)坍圮以后,无钱可以修复,直至康熙二十一年(1682)方由县令赵某重建。海门卫城于康熙十三至雍正（1723—1735）时期，都未能回到清初的田地数，有些甚至是越来越少。

田赋课税部分，因清初各个时期的征额不同，无法作出增加或是减少的统计，另外各种志书上的统计也都是不全的，此处从略。

盐课部分在迁海后，宁海场盐田全弃，至康熙十六年（1677）尚未恢复；临海杜渎场迁弃后，于康熙二年（1663）归并黄岩场，直至雍正六年（1728）方由总督李卫恢复，设置在涂下桥。黄岩场原额灶厂16137丁，课银1551.8两，迁弃后存丁10865丁，课银1048.98两，这还是杜渎场合并后的丁课数。

与迁海同一年的清顺治十八年，台州发生了府县两庠事件，即台州两庠退学案。因临海庠生赵齐隆、赵齐芳兄弟应缴白榜纸银三两，已缴催粮承纪人蔡寰，而蔡寰未上缴，知府郭曰燧以临海催缴不力，比户杖责，杖齐芳数十，出治门而死。旧时读书人受尊重，不能随便责打，而知府竟公然不问缘由，辱没斯文，杖责生员致死。由是引起府县学两庠生员公愤，纷纷上书巡道杨三辰【时巡道（宁绍台道）驻台州临海】要求退学，不愿为士人。杨三辰转上总督赵国祚，以"诸生近海，谋且叵测"，总督赵国祚不做调查，逮捕68人，罗织成狱，经京审定案，作为抗粮鼓众，退职造反罪，处为首者水有澜、周炽绞刑，其余充军押赴东北上阳堡、开光堡、仁寿堡等处，并令台州停试三科。读书人惧祸，厌教厌读，师资断绝，后继乏人，一时读书种子顿尽。临海县乡科二十五年绝榜，进士百年绝榜，其他各县亦大受影响，纵偶有一二得中，亦往往一任知县，旋即罢官。此种情况直至晚清同、光时期始有改变。

经济与文化的双重打击，使得台州更显落后。

五、海防设置改变和军事重心转移导致海防虚弱

台州海防，自明初为防倭寇设置三卫以来，一直以海门为重心。主要是海门地处台州湾口，水路至黄岩县城仅40余里，至临海仅90余里，随潮可上。在商务上，海门港所在，亦为台州最大港口，进出物资都由这里集散，一向被称为台郡六邑咽喉之地。明嘉靖三十八年（1559），明廷为改变海防防务，设置台（州）金（华）严（州）参将，屯驻海门卫，首任参将即为抗倭名将戚继光。由于海门在军事上的重要地位，驻军数量都在各卫之上，直至明朝末年，都保持在七千人左右。一城之内，同有台金严参将、松海备倭把总（水师）、海门卫指挥使司等军事机构，加上一些辅助机构，在这段时间内，形成了海港城市的空前繁荣。

明代末期，奎政两纪隳坏，朝廷困于三饷和辽东用兵，南方军队少粮缺饷，海门卫兵就曾多次以缺粮缺饷哗变。万历四十八年（1620）六月，海门卫兵以缺粮焚把总署。二十一日鼓噪入郡城，焚掠街衢，劫大姓八十余家，至七月二十一日始定。崇祯四年（1631）闰十一月，海门卫兵李芳、张华、王琪等七千人作乱，先于八月焚备倭公署，复困台州郡城。可见这一段时间海门驻军之多。

清兵入关后，顺治二年（1645），明鲁王朱以海在台州，起用陈函辉为兵部侍郎，谋起兵，六月二十七日张国维迎鲁王于台州。次年，张廷绶、李唐禧驻在海门，时江上有四十八镇，客兵云集。至六月初八日，清兵入台州。清军占领后，亦在海门驻重兵。据金商《海门志稿》载，海门东山海月庵，为清初满洲副都统驻防之所。乾隆《黄岩县志》载，顺治十一年（1654）移

海，但它无疑是重要的原因之一。

田地

清顺治、康熙时期台州土地亩数

时 期	田	地	山	塘
清初原额	2612113	763006	1884173	37365
顺治十八年荒弃数	785766	332145	238509	12687
康熙二十年	2021210	463964	25366	25262

清顺治、康熙、雍正时期沿海四县田亩数

县别	顺治初	顺治十八年荒弃数	康熙九十年（展复后）	雍正数
临海	674731	199294	450325	539079
黄岩	572666	20805		540397
太平	458570		357154	360532
宁海	330317	115067	265244	325696

清顺治、康熙、雍正时期沿海四县地亩数

县别	顺治初	顺治十八年荒弃数	康熙九十年（展复后）	雍正数
临海	203412	84872	105411	134008
黄岩	67263	1088		60738
太平	103400		55542	59774
宁海	222165	113766	110463	151733

清顺治、康熙、雍正时期沿海四县山亩数

县别	顺治初	顺治十八年荒弃数	康熙九十年（展复后）	雍正数
临海	225187	64896		165634
黄岩	46209	335		46221
太平	24858		17947	15129
宁海	364339	162536	283288	311021

由于人口的大量逃亡和减少，长期以来，芜弃田地未能复耕。从上表统计中也可看出，直

广复寺 （在宁海）国初废。庠生金觉龙取赎，后又废。

松门寨 在太平县（今温岭），明卫城，顺治十八年（1661）迁弃。康熙二十四年（1685）复界改。

迁海之后，海门设台寨驻兵，旧海门卫属下的桃渚、健跳、前千户所均被迁弃，但海门城内居民尚未迁弃或未全部迁废。如近年在文物普查中发现的《重建承天寺碑记》所载，清顺治十八年（1661），承天寺来了一名僧人良，一直待到康熙三十四年（1695），洪若皋、何纮度写碑时尚在（承天寺在海门城外外沙观音洞）。另据金商《海门志稿》载，康熙十三年（1674），耿精忠部曾养性在攻陷黄岩后，再攻临海时遭炮轰退回攻海门，从西门毁垣而入，屠城，惨酷比于倭寇，相传百姓仅余十八姓。而《临邑三山贺氏宗谱》则载顺治十八年（1661）迁弃，田亩尽废，而至康熙九年（1670）复赋等。可见海门在迁海时尚未全弃，而第一次展界即复近郊迁界。盐区一般都在沿海，但有关记载仅说明临海场归并黄岩场，而盐课记载则是说明灶丁赋税部分减少，可见黄岩场是没有全弃的。

由于清代中后期的编志者，深怕在志书文字上触及清政府的禁忌，因而这一段时间所编的如乾隆《黄岩志》、嘉庆《太平志》等，在其建置、祠祀、古迹等门下，于细目上几乎不述及迁海，也无法从中找到哪些是曾经迁海时废弃的，故上述综录也只能是临海、宁海等县的部分条目。

四、迁海对沿海经济和文化的影响

迁海造成了耕种田地的减少和手工劳动基地的丧失，加上渔业停顿，海上交通航运断绝，盐业大量减缩，导致了人口的大量逃亡，使得台州这个农林渔盐、手工业都较为发达的山海之国，很快地沦为贫困地区。有关典籍对部分户赋作了一些记载：

户口

台州府清初原额户丁217940丁口，顺治十八年（1661）奉文弃置临、黄、太、宁4县共53563丁口，康熙五十九年（1720）164571丁口。雍正原额户丁225164丁口。宣统2266248丁口。

清代沿海四县人口演变

县别	顺治初	顺治十八年（迁界后）	康熙九十年（展复后）	康熙二十年	雍正四年
临海	89881	62332	68214	68232	72886
黄岩	21169			22474	23579
太平	22807	20338	（十一年）14707	19597	19462
宁海	49935	25540	29289	29854	31538

从上所列，迁海后的全郡人口减少数是非常大的，并且在很长一段时间内都无法恢复。自顺治十八年（1661）至康熙五十九年（1720）的60年中，全郡丁口仍停留在迁海时期的16万多，基本没有增加，而在此后的190年中，丁口数却增加了14倍。这些虽然不能全都归究于迁

康熙三年（1664）归并黄岩场，雍正七年（1729）复置。

广福寺　在县东九十里康谷，旧名资瑞，清顺治十八年（1661）遣界废。康熙九年（1670）展界，僧涵霏重建。

妙智寺　在县东九十里，旧名观音，清顺治十八年（1661）遣废。康熙九年（1670）展界，僧见持重建。

真如寺　在县东一百五十里小芝，旧名回向，清顺治十八年（1661）遣废。康熙九年（1670）展界，僧解正复业。

精进寺　在县东一百二十里城门庄，旧名保安，清顺治十八年（1661）遣废。康熙九年（1670）展界，僧寂㡉重建。

保真寺　在县东一百三十里，清海警遣废。康熙九年（1670）僧慈敬复业。

鸿佑寺　在县东一百六十里，旧名资福，清顺治间（1644—1661）海警遣废。康熙九年展界，僧妙晟重建。

清修寺　在县东南一百一十五里，旧名塔庵，因海警迁废。康熙九年（1670）僧密藏重建。

金仙寺　在县东南一百一十九里，旧名雉溪，清顺治间（1644—1661）海警遣废。康熙九年（1670）展界，僧尔光重建。

常乐寺　在县东南一百廿四里，旧名崇福，清顺治间（1644—1661）海警遣废。康熙九年（1670）展界，僧性达复建。

崇梵寺　在县东南一百廿五里，宋太平兴国二年建。初，僧智颛于寺南北建放生池，且造阿育王塔，号普光塔院。宋治平三年（1066）赐今额。康熙十九年僧寂星重建。

兴善寺　在县东南一百三十里，旧名法兴，宋治平元年（1064）建，建炎四年（1130）赐额。后废，康熙十六年僧通表重兴。

隆恩寺　在县东南一百廿五里，旧名明恩，清顺治十八年（1661）遣废。康熙九年（1670）展界复业。

惠因寺　在县东南一百廿九里，旧名禅房，清顺治十八年（1661）遣废。康熙九年（1670）展界，僧性玉重兴。

仙岩文信国公祠　（在健跳南仙岩洞）国初因海警迁居民，田散祠废。

寿宁寺　在（宁海）县南一十里，旧名白水庵，晋义熙元年高僧昙猷建，时猷自海乘槎至，卓锡泉涌，故以为名。晋天福五年（940）改名海晏。宋淳化元年改今额。康熙八年僧照忍重兴。

玉溪寺　在（宁海）县东南七十里，旧名湫水，国初废。康熙九年（1670）僧晓堂复兴。

兴梵寺　在（宁海）县南三十里武岙，旧名兴国，国初顺治初毁于寇。康熙十三年（1674）僧灵乾徒岳复兴之。

广润寺　在（宁海）县南五十里海游，晋兴宁中，高僧昙猷建，初名普济寺，宋祥符间赐今额。顺治间（1644—1661）陈师道忞居此。后迁界，及展复，重建。

慈胜寺　在（宁海县）西南六十里桑洲，旧名慈安，顺治十八年（1661）遣废。康熙九年（1670）展界，僧复业。

廷鹤在《靖海纪事》叙中尚有如下记载："以予所见言之，方海患猖披时，当事议主坐困，迁濒海数千里内居民入内地，以绝其交通之路。朝命甫下，奉者过于严峻，勒期仅三日，远者未及知，近者知而未信。逾二日，逐骑即至，一时跄踉，富人尽弃其资，贫人夫荷釜，妻襁儿，携斗米，挟束稿，望门依栖。起江浙，抵闽粤，数千里膏壤捐作蓬蒿，土著尽流移。"亦可见迁期期限也有不同。

沿海其他各省也是如此，清初大诗人吴伟业（梅村）有一首著名的《临江仙（过嘉定感怀侯研德)》词："苦竹编篱茅覆瓦，海田久废重耕。相逢还说廿年兵，寒潮冲战骨，野火起空城。门户凋残宾客在，凄凉诗酒侯生。西风又起不胜情，一篇思旧赋，故国与浮名。"写于复界之初，也讲的是迁海之事。

三、迁界范围

沿海迁界的范围，清政府当时的明令是30里。但大部分记载都说是30—50里，主要是由于各地的沿海地理形势不同，而稍有差别。如闽粤一带，以主要道路为界，其远近差距就较大；有些海岸线曲折程度很大，也确实难以正确计算出这30里的濒海距离。台州一带，是以木城为界，仅考虑到沿海要冲之地的因素存在，略有远近之差。据清洪若皋《遵谕陈言疏》所称："自台至温，目击沿海一带当迁遣时，即将拆毁民房木料，照界造作木城，高三丈余，至海口要路复加一层二层，缜密如城隍，防兵于木城内，或三里、或五里，搭盖茅厂看守。以是海寇不得闯入，奸民不得阑出。"洪若皋是临海人，他是在调任福宁道时从家乡趁沿海到福建上任的，此疏是洪于康熙三年（1664）受到皇帝召见后，根据皇帝的旨意陈言福建迁海界线之状况的，属于目睹者。

近代由于海涂垦殖和天然淤涨，海岸已有很大变化，迁海详细界址，现已很难划出，只是在台州地方志上，有部分迁弃地点的记载，综录如下。

海门卫城　清顺治十七年（1660）裁卫。次年并前所、桃渚迁弃，立台寨，置兵为守。康熙二十二年（1683）海寇平，城守复旧。

松门卫城　清顺治十八年（1661）迁弃。康熙二十四年复界改，新设松门寨。

前所城　顺治十八年（1661）废，康熙间复，改为前所寨。

桃渚城　顺治十八年（1661）废，康熙十一年（1672）展界复，改为寨，守备驻。

健跳所城　在（宁海）县南一百一十里凤凰山麓。顺治七年（1650）海寇盘踞，提督田雄攻破之，遂墟其地。康熙二十四年（1685）复为寨。

隘顽所城

越溪巡司城　在（宁海）县东三十里。顺治十八年（1661）迁，康熙九年（1670）复。

长亭巡司城　又名枫湾城，在（宁海）县东一百里。顺治十八年（1661）迁，康熙九年（1670）复。

曼岙巡司城　在（宁海）县南七十里。顺治十八年（1661）迁，康熙九年（1670）复。

铁场巡司城　在（宁海县）北六十里团堧村。顺治十八年（1661）迁，康熙九年（1670））复。

杜渎场　（以下均临海县）在县东南一百二十里涂下桥，宋熙宁初建监设官。迁海后，于

《清代职官年表·大学士年表》载：内国史院大学士苏纳海，顺治十八年九月七日（1661年10月29日）兵部尚书迁。康熙二年三月六日（1663年4月13日）管户部尚书事。康熙五年十二月十四日（1667年1月8日）革（杀）（康熙八年复，谥襄愍）。

苏纳海于顺治十八年九月七日（1661年10月29日）迁国史院大学士。此国史院即清初所设之内三院，为内秘书院、内国史院、内弘文院，大学士即是宰相。顺治二年，将翰林院并入内三院。至顺治十五年九月改设殿阁，为中和殿、保和殿、文华殿、武英殿、文渊阁、东阁。至顺治十八年七月，复改设内三院。至康熙十三年复改殿阁，终清之世。苏纳海自京至台，必须时日，而顺治十八年七月复设内三院，其国史院首任大学士即是苏纳海，然其上任时已是九月七日。

另据上海姚廷遴《历年记》载：顺治十八年"六月初十日，兵部尚书苏、刑部尚书索、大将军刘、总督部院即抚院朱、提督梁，为遵旨会阅江南事，按临沿海等处。是日所到之处，下属迎接，供应浩繁，从古未有"。且各地方志皆言由北至南的迁海地界均由苏纳海亲划，至上海时在六月初十，而上阮旻锡《海上见闻录》言在福建为八月，则迁海的大致时间应在顺治十八年的五六月至七八月之间，台州迁海当为七月。

台州濒海30里，在以农业立国的当时，这30里正是台州的膏腴肥田所在，温黄平原水稻区大部分在30里之中，人口的密集程度也较其他地区集中，加上渔盐之利，一旦迁弃，无数百姓无家可归，流离失所，形成了一场极大的灾难。且迁海令极严，对违反者的惩罚是极其残酷的，凡到期不迁者，一律斩首。当时人陈藕亭在其笔记中叙述："限两月止。不迁者杀。""先是虽被贼患，犹有家可居，一朝被遣，寄居附城，携老扶幼，哭声遍野，生业既失，病疾死亡，卖妻鬻子，甚者流为乞丐，惨不忍言。"这段叙述，是在清初文禁森严时期写出来的，陈敢于说迁海甚于海寇之患，的确是有胆识的，也可证其真实程度。其时，尚有宁海王文贵的《起迁歌》："鲸鲵鼓浪扰边陲，滨海苍生遭化离。朝廷令下安边策，东南附海尽迁移。一炬烧尽沿村屋，划界编桩谨护持。军民不许潜透越，墩台营寨密如棋。大人屡出巡边汛，随山砍木葺藩篱。苦哉筑界几时休？熬熬度日无归期。初时尚有移来粟，老幼犹有旧衣披。日久衣食无人问，流民塞道哭声低。富到穷日苦不胜，贫益疲时更难忍。姿容美者嫁营兵，丑陋为奴忍作婢。嗟彼鳏寡无所靠，寒昏暑午填沟渠。春夏秋冬常流徙，鸠形鹄面仅存皮。悲我被迁历尽苦，难瞻父母救儿妻。人道读书能荣祖，我读书兮遇此际。米珠薪桂日难度，那见文章可疗饥。含悲赋作起迁歌，歌未开喉泪先坠。皇天有眼苏残孑，何日归家觅旧基。"作者王文贵，宁海（今三门）海游王家村人，清贡生。亦是当时人记当时事。同时尚有《遗民行》诗："圣德周天地，敉宁在四方。如何遭数厄，困苦见此疆。海氛未尽扫，万姓惨痍疮。秋鳝魂釜底，敢效鲸鲵狂。联肆鯨劫掠，寓目皆可伤。鱼盐夺其利，胼胝资为粮。青磷间白骨，村市亦战场。庙算歼小丑，移民且离乡。庐舍成灰烬，焰腾百里光，老稚惊欲死，只遵就周行。担头无此物，穷步牵衣裳。绕树束三匝，古庙扫作房。尽日乏活计，欲眠地即床。饥来煮野菜，和根入鸣肠。渐久情愈急，骨肉不相商。父子分南北，夫妻拆鸾凰。沟壑填老惫，黠悍走中央。况又罹旱魃，赤地成奇荒。哀鸣接长喂，中泽集未遑。监门知有绘，膏泽沛穹苍。"作者李文，河北新乐人。清顺治十三年至十五年（1656—1658）任宁海县令。曾作为地方行政长官县令都写出这样的诗，可见这场大灾难之深重。清人陈

（1669）始展复，然田庐尚有荒弃，至二十二年（1683）郑克塽投诚，界乃尽复"。清光绪《黄岩县志》卷三十八《杂志二·变异》载："海寇始末《旧志》云：顺治二年，明鲁王朱以海僭称监国于台州，拥兵赴绍，依方国安于萧山。明年六月，国安兵败，以海奔回台州。张国维、王之臣等从之走海门，张鸣俊以船迎之而去。国安兵亦溃而东，沿途焚劫，至黄岩，屠戮甚惨，大兵追击，败之，乃降。张鸣俊等拥众窃据舟山，沿海郡县每苦侵掠。十二年，台协副将马信私通鸣俊，于除夕使降贼黑李三驾战舰以献之，引寇入关。十三年正月十二日晚，执道、府、县各官，掠府城男妇二千五百人下海。二月，袭宁海。六月，海贼黄廷栋自黄岩宁溪入掠仙居。十四年八月十二日，由三江口骤至黄岩，防守不及，邑令刘登龙死之，守将王戎以城降与贼，肆掠居民，马信复诱之陷郡，肆劫下海。嗣是连年寇掠。未几，北去寇镇江。十八年，尚书苏纳海至台，以海贼累犯，同附海居民接济所致，撤边海三十里居民入内而空其地。康熙二十三年以后，海寇始平。"

清初台州的抗清斗争是激烈的。顺治二年（1645），鲁王朱以海奉南明福王朱由崧之命驻台州，旋称监国，至绍兴；次年，鲁王以张廷绶为都督金事驻海门；六月三日（7月15日），鲁王还台州，走海门，旋入海。六月八日，清兵入台州。此后，天台俞抒素、金汤、李和尚，仙居董克慎、徐守平等纠众而起；鲁王威远将军俞国望、王翌结寨天台；浙东山寨鳞次相望，对清军不时袭击。顺治六年（1649）六月，张名振破健跳，遣使迎鲁王；七月五日（8月12日），鲁王次健跳所，张煌言、黄宗羲等随从；七月廿五日（9月1日），清兵围健跳，至十月二十日（11月23日），鲁王自健跳移驻舟山。顺治九年（1652），郑成功据台郡，破松门。顺治十三年正月十二日（1656年2月6日），台州副将马信起义，斩县丞刘希圣、道标中军郑之文，执兵备道傅梦吁、知府刘应科、通判李永盛、临海知县徐珏等下海。是年，张煌言举兵至台州。顺治十四年（1657）八月，郑成功破黄岩、天台、仙居、宁海、太平，二十六日（10月3日）破临海，至九月二十七日（11月2日）始退出临海。次年九月又破海门；十月，郑成功大将周全斌驻海门。顺治十六年（1659）破太平；五日，郑成功、张煌言会兵台州，入金陵；八月兵败后，煌言还台州。这些抗清斗争，始终都得到人民的支持，清军虽进行残酷的镇压，但斗争一次比一次激烈，规模一次比一次大，引起了清军的极大恐慌。

就是在这种背景下，台州成了迁海的主要地区，由尚书苏纳海前来勘定迁弃界线。

至于迁海的大致时间，从颁诏到台州进行迁海划界的兵部尚书苏纳海传记中约略可知。《清史稿·苏纳海列传（附苏克萨哈）》苏纳海，他塔喇氏，满洲正白旗人。由王府护卫擢弘文院学士，累迁工部尚书，加太子少保。圣祖即位，拜国史院大学士、兼管户部，时鳌拜擅权，以苏纳海不阿附，嗛之。寻鳌拜欲以蓟、遵化、迁安正白旗诸屯庄改拨镶黄旗而别圈民地益正白旗，使旗人诉请谍户部。苏纳海持不可，谓旗人安业已久，且奉旨不许再圈民地，宜罢议。鳌拜益衔之，矫旨遣贝子温齐等履勘。旋以镶黄地不堪耕种，疏闻，遂遣苏纳海会直隶总督朱昌祚、巡抚王登联董理其事，昌祚、登联交章请停圈换。苏纳海亦言屯地难丈量，候明诏进止。鳌拜遂坐以蔑视上命并弃市。鳌拜获罪，昭雪复官，谥苏纳海襄愍、昌祚勤愍、登联悫愍。

《清代职官年表·部院大臣年表》载：兵部尚书 苏纳海，顺治十七年六月六日（1660年7月12日）工部尚书改，顺治十八年九月七日（1661年10月29日）迁国史院大学士。

又阮旻锡《海上见闻录》载：顺治十八年八月"京中命户（兵）部尚书苏纳海至闽迁海，迁居民之内地，离海三十里，村社田宅，悉皆焚弃。【原注：先是，达素兵至，赐姓（郑成功）令思明州搬空，其北人来降者家眷，乘隙皆渡海逃去。原右提督庆都伯王秀奇亦逃回江南，埋名不出。而原任漳州知府房星烨者，为索国舅门馆客，遂逃入京，使其弟候补通判房星曜上言，以为海兵皆从海边取饷，使空其土，而徙其人，寸板不许下海，则彼无食，而兵自散矣。升房星曜为道员，病死无嗣。至是上自辽东，下至广东皆迁徙，筑短墙，立界碑，拨兵戍守，出界者死，百姓失业流离死亡者以亿万计。"】此则与上事同而名不同，阮旻锡为福建同安人，同地且亲历其事，而王沄则闻之于蔡士英，单凭声音而记，查《漳州府志》和《山东通志》，都作房星烨、房星曜。

以上两来源中，起于黄梧说见于正史，起于房星曜说见于笔记，当以见于正史者为是。

由此可见，整个迁海，是针对以郑成功为首的南明抗清斗争而采取的行动。

清军入关，相继攻下江南。此时明室虽亡，而南明小朝廷依然存在。唐王朱聿键在福建即位，称隆武。鲁王朱以海在台州，称监国。明旧臣郑成功、张煌言等，在东南沿海一带，坚持抗清斗争，并几次攻入江浙等省的重要地区，沿海人民纷纷响应。这股力量，对清政府的统治构成了严重的威胁。清廷为了抑制和镇压，在顺治十三年（1656）下令放弃舟山，"男妇流徙散失不可名状，官阙、城郭、民居悉皆焚毁。"又严禁商民下海交易，犯禁的不论官民一律处斩，货物入官，犯人家产全部赏给告发人，地方文武官一律革职，从重治罪，地方保甲不先告发，一律处死。舟山是除台湾和海南岛外的最大岛屿，大到舟山都要迁弃，沿海其他岛屿更不必说，今台州的玉环、大陈等岛都属迁弃之列。但这一酷令颁布以后，仍未能堵绝沿海人民与郑成功、张煌言等抗清军队的联系，抗清斗争更加激烈，特别是顺治十六年（1659）五月，郑成功、张煌言会兵台州，北上进军，入金陵，虽兵败退还，而江南震动，引起了清廷的极度恐惧，于是，清政府于顺治十八年（1661）颁发了迁海令。

清顺治十八年春正月初七（1661年2月5日），清世祖福临驾崩，遗诏由第三子玄烨继位。是年玄烨仅八岁，大臣索尼、苏哈萨哈、遏必隆、鳌拜4人辅政。因福临于正月初二日即已病重，而玄烨是八岁幼童，可见迁海令是摄政4大臣搞的。这种以"百姓为刍狗"的不仁之事，大概是后来说起来不好听，而修清史的人也有所忌讳，就变成了两个皇帝本纪中都没有记载，也就无法查知其具体的月份了。在此后的圣祖本纪康熙二十二年（1683）下，却记上了台湾平定后，于十月廿八日（11月16日）下诏"沿海迁民归复田里"，从而成了康熙皇帝的德政。

二、台州迁海概况

台州迁海，有些史志的记载是较为明确的。如《清史稿·兵志九·海防》："清初平定浙江后，沿明制严海防。顺治十八年（1661）令宁波、温州、台州3府沿海居民内徙，以绝海盗之踪，康熙二年（1663）于沿海立桩界，增设墩堠台寨，驻兵警备。"《民国台州府志·大事记》载顺治十八年（1661）"尚书苏纳海等至台，撤边海三十里居民入内而空其地。是时郑成功据台湾，四出劫掠，有言濒海居民宜移之内地者，兵部尚书苏纳海同吏部侍郎宜理布奉命赴江南、浙江、福建会勘定议。台州临海、黄岩、太平、宁海四县失业者甚众，民生益困。康熙八年

清初台州迁海

王 及

清初迁海，是中国历史上的一件大事，是清军入关以后为镇压汉族人民的反清斗争而采取的一次政治行动。清顺治十八年（1661），清政府下令江、浙、闽、粤四省沿海居民内迁30里，田园庐舍一概放弃，严禁片板入海，导致了沿海一带人民流离失所。台州府辖下的宁海、临海、黄岩、太平4县沿海被迁弃。这一地区，包括今三门、临海、椒江、路桥、温岭、玉环6县市。迁海以后，沿海农业区长期荒弃，人口大量减少，百业凋零，渔业及航海停顿，很长一段时间都无法恢复到原有的范围和水平。在以农立国的中国，造成长期的经济不振和推行闭关政策，隔离了当时先进科学技术的交流和传入，于是成了落后挨打的国家。本文仅就台州迁海情况及其影响做一简单探讨，以就正于方家。

一、迁海缘起

清初迁海缘起，《清史稿》本纪中，因顺治十八年（1661）为福临和玄烨两朝交替的一年，故世祖、圣祖纪均无载。在《清史稿·黄梧传》中载明起议于黄梧。黄梧原为郑成功部将，顺治十三年（1656）在海澄杀郑成功大将华栋等叛降清军，被封为"海澄公"，次年加封太子太保，曾荐施琅可用，"又言成功全藉内地接济木植、丝棉、油、麻、钉、铁、柴米，土宄阴为转输，赉粮养寇，请严禁。"《郑成功传》载："十八年（1661），用黄梧议，徙滨海居民入内地，增兵守边。"

另据清王澐《漫游纪略》卷三《粤游》载，王在本篇一开始就先讲迁海"呜呼！倡为迁海之说者谁与？辛丑（1661），予从蔡襄敏公（士英）在淮南。执政者遣尚书苏纳海等，分诣江浙闽粤，迁濒海之民于内地。蔡公曰：'此北平人方星焕所献策也。'余请其说。公曰：'星焕者北平酒家子也，其兄星华，少时被掳出关。大凌河之战，明师败绩，监军太仆卿张公春被执不屈，太宗（皇太极）遣降将黑云龙等多方说之，终不从。太宗深敬之，叹息语诸臣曰：此忠臣也，汝曹当效之。命馆之于喇嘛寺中，待以客礼，称为张大人。一日，星华偶同公儿入寺，张公旧尝为北平监司，星华在家时曾识公貌，遂向公叩首。公询之，知为北平儿也。因曰：若能侍我乎？其主闻之，即以归公，公命寺僧剃染之，名曰和尚云。星华固黠，侍公左右，稍稍习算计。久之，张公卒。太宗以礼葬之。星华归其主家。从入关，始与其弟星焕相聚。星华官至漳南太守，星焕从之官。海上兵至，漳城陷，兄弟皆被掠入海，旋纵之归。其主因问海外情形。星焕乘间进曰：海舶所用钉铁麻油神器，所用焰硝，以及粟帛之属，岛上所少。皆我濒海之民阑出贸易，交通接济。今若尽迁其民入内地，斥为空壤，画地为界，仍厉其禁，犯者坐死。彼岛上穷寇，内援既断，来无所掠，如婴儿绝乳，立可饿毙矣。其主深然之。今执政新其说得行也。'盖蔡公之言如此。"后则述星焕以此官至山东监司，一夕呕血死及后广东复界事。

道家对中华文化注入了四种精神：宽容胸怀、个性尊重、齐物精神、异质对话。有异才有同，尊重个性才能承认共性，有宽容才能博大。物无贵贱，不齐有齐。这就是孔子说的"和而不同"，以及庄子讲的"道通为一"。道，有阴有阳，阴中有阳，阳中有阴，阴阳互动，阴阳合一，这就是"和合文化"的哲学基础。可以说，和合文化便是"道"的文化。道学，是和合文化重要的文化命脉。

道教南宗和天台山佛教一样，都是台州和合文化不可或缺的有机组成部分。儒之和合，佛之和合，道之和合，名异而实同。本文在开篇就已经论证了紫阳真人亦道亦佛的史实，他完全应该被视为寒山、拾得之外的又一和合文化之圣人，我们完全有必要将这一重要文化资源作为"和合文化"建设中的一出重头戏，对此进行深入的发掘和利用其意义十分重大。

三、重建紫阳观，打造道教东南圣地

临海市在开发利用紫阳真人文化资源上做了不少工作，2005年投资5000多万元修缮了紫阳街，2012年紫阳街获得文化部和文物局颁发的"中国历史文化名街"的称号。今年又计划投资3亿元打造紫阳街南段历史文化展示区，项目已经启动。但有一点值得重视，临海市早在1999年就制定了一套《紫阳道观修复方案》，遗憾的是这一方案至今没有得到落实。

原有的紫阳观建于清雍正十二年，后毁于太平军之手。道观大门对面南墙立有一座牌坊，题有"敕旨"二字。庭院正殿塑有紫阳真人的坐像，殿后立"雍正御碑"（此御碑保存完好），由此可见紫阳道观在当时建制规格之高。

紫阳街，是紫阳真人文化资源的一个载体。街因观显，观因人贵。紫阳街的心脏在紫阳观，紫阳观的灵魂在紫阳真人。没有紫阳观，就像一个人没有心脏，所以，重建紫阳观才是第一要务。可是，目前的紫阳街店铺林立，产品琳琅满目，俨然成了一条贩卖杂货的商业街，严重缺乏文化气息，特别是紫阳文化气息，"紫阳"二字徒有虚名。

为此，我们建议在抓紧宫观重建的同时，还需做好这几件事：塑一尊真人像，铸一只炼丹炉，刻一本悟真篇，办一个道学院。"山不在高，有仙则灵"，只要能充分利用好紫阳真人这一绝无仅有的文化资源，紫阳街就能建设成为一条驰名中外的文化街，而紫阳观原本就是一个名副其实的道教祖庭，临海古城完全可以据此打造成道教东南圣地。这样，临海与天台的和合文化资源便连成了一片，"山海水城，和合圣地"的战略布局也更趋科学合理。

然而，一条街区仅仅是硬件，要让历史鲜活起来为今天的文化建设所用，为旅游发展所用，还需在深入挖掘紫阳文化内涵上下功夫。我们认为有必要设立专门的研究机构，研究如何使紫阳真人这一文化资源得到最大限度的开发利用。这方面的课题很多，要做的文章才刚刚开始。譬如，内丹与养生、内丹与中医、内丹与易经、内丹与外丹、内丹与道教等等。

作为台州人，我们不应忘记：紫阳真人是我们的骄傲，更是台州和合文化一张闪亮的名片，他的确是临海乃至台州提升文化档次和文化影响力的一块重要基石。只有充分认识到了紫阳文化资源的珍贵性，我们才会产生开发它的原动力。许多地方为了一个历史名人，引经据典，想方设法去争去抢，而在我们面前则现成摆着一尊国宝级历史人物，我们有何理由不抓紧去开发利用？并使其成为和合文化建设的重中之重？

紫阳真人在临海，这是台州人的幸运；开发利有好这一珍贵的历史文化资源，则是台州人的责任。

极乐，只缘极乐是金方。"意思是，佛教西方极乐世界的美好，是五行中属金之方的缘故。佛说金身，道曰金丹，两家相通。张紫阳在《禅宗歌颂诗曲杂言》更是直言道："《悟真篇》者，先以神仙命脉诱其修炼，次以诸佛妙用广其神通，终以真如觉性遣其幻妄，而归于究竟空寂之源矣。"炼丹的终极目的还是悟道开智慧。可见，这位道教祖师乃是佛道双修者。

张紫阳除了《悟其篇》外，还著有《金丹四百字》《玉清金笥青华秘文金室内炼丹诀》《石桥歌》《禅宗歌颂诗曲杂言》等。《禅宗歌颂诗曲杂言》是张紫阳的参禅体会。清雍正皇帝评价道："《悟真篇》不著宗门一语，《外集》不著玄门一语，深入理域，究明宗旨。"后世帝王都研读他的著作，可见其巨大的影响力。

二、道学，是和合文化的重要文化命脉

台州已将建设和合文化，打造"和合圣地"作为城市发展战略，这是十分正确且有远见的决策。习近平总书记在主持中共中央政治局第十三次集体学习时就曾强调："深入挖掘和阐发中华优秀传统文化讲仁爱，重民本，守诚信，崇正义，尚和合，求大同的时代价值，使中华优秀传统文化成为涵养社会主义核心价值观的重要源泉。"尚和合，已经被习总书记肯定为中华优秀传统文化的重要内容，并要求使其成为涵养当代社会主义核心价值观的重要源泉。台州建设和合文化的决定与党中央保持高度的一致，是落实习总书记讲话精神的具体举措，是增强文化自信的具体表现，是建设和谐社会的必经之路。

那么，什么是和合文化？"和合"一词起因于天台山的寒山与拾得，这俩人是生活在天台山的唐代僧人，他们是好朋友。拾得是国清寺的僧人，而寒山子则隐居于寒山且作了许多禅诗，被称为诗僧。随着时代发展，每个朝代都产生出"和合"的新含义和新形象，从起初的僧人寒山、拾得演变成了"和合二仙"，吉祥的图案遍布民间的日常用品，它象征着家庭的和合，夫妻的和合，朋友的和合。后来，寒山、拾得还被清雍正皇帝敕封为"和合二圣"。

但是，作为文化，它已远远超越了天台的一座山和寒山、拾得这两个人。和合理念渗透涵盖了社会政治生活的方方面：人与人的和合，人与自然的和合。"和合"两字，对整个中华文明都是一个非常精彩的概括。纵观中华文明的发展历史，"和"的思想贯穿于始终，是我们民族极其宝贵的精神财富。和合，中和，泰和，和睦，这些价值观铸就了中华民族的文化品质。

向上溯源，和合文化其实可以推至夏商周，特别是周代。孔子讲周礼："礼之用，和为贵"。君臣之间讲和敬，族人之间讲和顺，家人之间讲和亲。周代的礼乐之教礼乐制度就是"和"的文化，而"和"的思想就是儒家的思想基础。都说中华民族是礼仪之邦，而礼仪之魂只此一字：和。当代著名学者张立文先生二十年前提出的"和合学"理论影响很大，他认为，"和合"是中华文化的首要价值，是中华人文精神之精髓，只有"和合"才是中华民族特有的思想。

儒、释、道三教其要义也都体现了"和"的精神：佛的"中道"和"同体大悲"，儒的"中庸"和"大同世界"，道的"阴阳"和"天人合一"都是和合文化，儒、释、道三教共同构成了和合文化的精神实质。特别是道学，它是中国哲学的命脉。胡适先生就曾这样评价道祖：老子是中国哲学的鼻祖，是中国哲学史上第一位真正的哲学家。道教还是我们民族的本土宗教，在唐朝曾立为国教。要准确揭示和合文化，离开道学这一文化渊源至少是不全面的，不深刻的。著名文化学者陈鼓应先生认为，

论深入发掘紫阳真人文化资源对于台州和合文化建设的重大意义

周文新

摘　要：对紫阳真人文化资源的发掘利用，将有利于追溯文化命脉，有力地促进台州的和合文化建设。紫阳真人在道学史上有着崇高的地位，他是道教南宗祖师，一位如此重要的台州籍历史文化名人，在我市建设和合文化中如果没有他的身影那实在是件不可思议的事。发掘紫阳真人的文化资源，重建紫阳观势在必行。紫阳街的心脏在紫阳观，紫阳观的灵魂在紫阳真人，没有紫阳观就像一个人没有心脏，所以重建紫阳观是第一要务。紫阳真人这是一个绝无仅有的文化资源，把它开发利用好了，紫阳街就能成为一条驰名中外的文化街，紫阳观就能成为道教南宗祖庭，临海古城也能成为道教东南圣地。这样，临海与天台的和合文化资源就连成了一片，使得台州"山海水城，和合圣地"的战略布局更趋科学合理。

一、紫阳真人，在道教史上有着崇高的地位

紫阳真人是中国道教南宗的祖师，他的《悟真篇》是道家内丹修炼的重要专著，被奉为道家的重要经典。紫阳真人名张伯端，字平叔，后改名用成，号紫阳。住世九十九年，出生于宋太宗太平兴国八年（983），羽化于宋神宗元丰五年（1082）。临海郡（今临海市）人，其故居就在今天临海市的紫阳街，此街以他的道号命名。

张紫阳从小学科举之业，年长后为台州府吏。他曾误以为婢女窃食鱼膳，婢女无以自明，自经身亡，使他不胜悔恨，纵火焚毁所有公文案卷，这是他看破名利发心学道的开始，但由于焚毁公文触犯刑律被充军岭南。后又迁徙于四川、陕西、山西等地，晚年返回故乡临海终老。

在四川期间，熙宁二年（1069）他在成都天回寺遇见异人，得到修炼金丹的传授，据说此人即刘海蟾。熙宁八年（1075）张紫阳著成《悟真篇》，他将书托付给马默时说："平生所学尽在是矣。愿公流布此书，当有因书而会意者。"张紫阳被推崇为道家南宗祖师，与《悟真篇》有直接的关系，自《悟真篇》传世后，道家谈修炼之法也就明确了起来，这是张紫阳的功劳。

道家炼丹分外丹和内丹，这是道家修炼的核心内容，也是道家最宝贵的文化遗产。《悟其篇》是继《周易参同契》后最重要的内丹修炼专著，它源于《老子》《阴符经》《周易参同契》，借用阴阳五行与八卦阐述丹道。内丹功夫以人体的精气神为修炼对象，通过内丹修习至少有如下三大好处：一是它可以改造修炼者的人生观，建立起与道相合的行为模式。超俗逍遥，淡泊宁静，慈善和平，一派道骨仙风。二是可以改善人体素质，祛病健身，激发人体青春活力。内丹学是最高的心身医学，不仅保健而且使人延年益寿。三是可以开发出人体生命潜能，激发人脑的深层智慧。

有意思的是，张紫阳是一个儒、释、道三教合一的倡导者和实践者。他在《悟真篇·下卷》的"绝句五首"里就直接采用了"真如""四果"等佛教词汇，在第四篇中写道："释氏教人修

各种文献记载,"足以证实无诸和摇都是勾践后裔这一根本关系"。最后,《史记·东越列传》中所记载的有关闽越词句,也"都属国名,而非族名"。"闽族就是'东南越'族"。

4. 族名说。江苏省社会科学院王文清在《论东瓯源流》(同上)一文中认为,"东瓯原是我国古代东南沿海地区百越民族的族称、国号、地名和星宿之名"。持东瓯、闽越异族说的蒋先生无疑也是东瓯族名说的代表。

温州、台州两地学者和浙江省社会科学院林华东、浙江省考古研究所陈元甫两位专家争论的核心在于东瓯国都城地望问题上。应该说分歧双方都持之有故,言之成理,但也各有欠缺。其实,从各自的论证中隐约透露出一个均被双方忽视的端倪:东瓯国的政治重心极有可能是由北向南逐步迁移的。迫使东瓯国政治重心南迁的主要压力应该来自西汉中央政权对百越之地控驭力的不断增强。若此,都城和王陵相应也会在不同的历史时段先后出现在台、温两地。当然,历史之迷的真相到底如何,有待今后考古成果的新发现,史料钩沉的新发掘,更待学术研究的再深入。

于：第一，从墓葬的特点来看，"未见有防潮与密封措施"，没有积炭和填埋膏泥等现象。第二，从随葬品器物来看，大多数为陶瓷器，"仅有一件象征礼制的泥质陶鼎，不见青铜器和漆器"，玉器也只有两件，"其玉质和雕工都非常普通"，"更何况墓中还随葬有11件陶纺轮"。第三，"比照广州南越王墓的奢华与高贵所形成的极大反差"，"塘山大墓就很难肯定是属于王陵这一级别了"。因此，"认为塘山大墓的主人，其实应是东瓯国上层贵族的墓葬，而非王陵"。又在2011年东瓯文化学术研讨会上，重申自己的观点，"塘山大墓应是东瓯贵族墓而非王陵"。（《温州建城始自公元前192年》）

厦门大学历史系博士生佟珊在《从汉唐郡县沿革看东瓯都城》（同上）一文中，也认为塘山大墓"墓主人为贵族，但却非王侯一级的地位"。温州学者更认为明姜准《岐海琐谈》录《绍定旧编》，记载温州市区范围有5处东瓯王冢。

三、东瓯与闽越的关系

关于东瓯与闽越的关系，是温州两次东瓯文化学术研讨会上争论的又一个焦点。争论的核心聚焦于两个关键问题上，一个是东瓯和闽越同不同一个族源，另一个是东瓯是不是一个族的族名。围绕着这两个问题，形成了同族说与异族说、非族名说与族名说四种观点。

1. 同族说。厦门大学辛土成、陈缎治在《东瓯族属考察》（《瓯文化论集》2009年浙江人民出版社出版）一文中，开宗明义表白自己早在20世纪80年代就认为东瓯属闽越，没有形成为独立的一支。并在文中进一步认为"浙南、闽北（南以九龙江为界）、台湾是同一地方文化区，是百越民族独立的一支，同属于闽越族"。其立论依据为：第一，据文献记载，"瓯人居住在浙南滨海一带，是闽越族聚居地之一"。第二，"闽越王无诸和东瓯王'闽君摇'，都是闽越族的统治者"。第三，"考古资料也证明浙南、闽北（至九龙江流域）和台湾沿海岛屿是同一文化区，是同宗同祖的闽越族"。

2. 异族说。厦门大学蒋炳钊先生在《东瓯族三大学术悬案的历史考察》（同上）一文中，对历史上有没有东瓯族的存在，作出了肯定的答复。该文认为"东瓯族是百越民族中的一员"，"东瓯与闽越均是百越中两个不同的民族"。其立论依据为："东瓯族在先秦时期已活跃于历史舞台。"当时，"东瓯王摇已是东瓯族的首领，称霸一方"。此其一。其二，从《史记》中不难看出，东瓯王摇率众"佐诸侯灭秦"，他和闽越王无诸"是独立的两股力量，各有活动范围、各有独立的武装、各有不同的族群利益支撑者，明显是不同的两个族体"。其三，东瓯王非勾践的后七世。该文认为"无疆死后，其后裔从未离开越国国境，仍在坚持抗楚斗争，直至末代越王亲，再次受到楚国攻击，败走南山"。而"'走南山'就是回到浙东的会稽山老家"。"越国君长并没有一个南迁入浙南"。其四，东瓯族"是当地土著民发展形成的"。

3. 非族名说。温州学者胡珠生在《东瓯古史五题》（《东瓯文化学术研讨会论文集》2013年浙江古籍出版社出版）一文中，把"东瓯不是族名"列为一题。该文针对蒋文进行反驳，作为自己立论的依据。首先，《史记·东越列传》中所记载的有关东瓯词句，"都属地名和国名，而和族名无关，也就论证不了东瓯族属百越民族之列"。其次，据《史记·东越列传》所载，"无诸和摇属于同宗同族，为情势所迫，自北向南发展，……谈不上不同族群的利益矛盾"。再次，

2011年东瓯文化学术研讨会上，在《温州建城始自公元前192年》（《东瓯文化学术研讨会论文集》2013年浙江古籍出版社出版）一文中，又进一步指出"我认为今日的温州市区（即鹿城区）是东瓯都城所在谅无大错"。

温州学者林成行在《东瓯都城之"积石为道"考》（同上）一文中，则分别从瓯北汉、晋墓葬的发现，南朝郑辑之《永嘉记》中的"昔有东瓯王都城，有亭，积石为道"和《温州府志》中"永宁旧治在瓯北"等史料，结合近年瓯北发现的"石板平放直铺连接，两边路肩砌乱石成道"等田野调查材料来研究，"认为东瓯都城应在瓯北镇"。

温州学者梁岩华在《东瓯国都城地望考索》（同上）一文中，对台州、温州两说的立论依据进行了剖析，认为"都有各自的优势和缺陷"。"台州说虽有城址和贵族大墓发现，但考古实证仍显不足，史料依据更是缺乏"。2008年5月，温岭大溪召开了东瓯古城学术研讨会，"虽然东瓯国城址和贵族大墓对探索东瓯国地域与都城地望的重要性得到了与会专家学者们高度肯定，但仍未取得共识"。而"温州说以史为据，但实证较少"，"考古上尚无建树"。因此，根据近年在乐清、瑞安、平阳等地进行的考古调查发现，主张乐清县柳市平原的重要性不容低估，"倾向于认为，王城位于柳市平原北部的白石镇附近"。

二、东瓯王陵墓址

按照古制，陵随城走。因此，关于东瓯王陵墓址的争论成为都城地望争论的衍生物，同样分成台州说和温州说两派。

陈元甫研究员在《温岭东瓯国城址与贵族大墓的调查与发掘》一文中，运用步步推进的逻辑推理，先根据出土器物分析，认为本墓出土数量最多的"鲍壶和拍印方格纹的敛口双耳罐"，"都是西汉早期东南沿海地区比较流行且富有地方特色的器物，具有明确的时代特征"。而且本墓出土的其他器物，"也可在崇安汉城遗址中找到相同或相似的实物，由此可以判定，塘山大墓应该是一座西汉初期的墓葬"。再根据《史记·东越列传》的史料记载，进一步指出"该墓属东瓯国墓葬无疑"。再从墓葬的形制与文化内涵分析，认定塘山大墓"是一座完全具有越系文化特征的东瓯国贵族墓葬"。最后根据墓葬巨大的规模，认为"它不但是迄今为止整个浙江东南沿海地区发现的最大一座西汉墓葬，也是浙江全省目前发现的规模最大的一座西汉墓"。再加上大墓之南不足1公里还有一座与墓葬同时代的东瓯国城址的存在，"这座城址很有可能就是当时东瓯国的国都王城"，从而推定"塘山大墓应该是一座东瓯国的上层贵族大墓，甚至也不能完全排除是东瓯国王陵的可能"。

周琦在《西汉东瓯考》（《东瓯文化学术研讨会论文集》2013年浙江古籍出版社出版）一文中赞同陈元甫的观点，进而认为塘山大墓"应为东瓯王驺摇之墓"。并援引清代台州学者戚学标《嘉庆太平县志·卷十八·杂物》中记载的清代温岭大溪东瓯古城址附近出土的汉代铜弩机，1981年在温岭大溪东瓯古城址附近的桥里村发现的9座汉墓，作为塘山大墓为东瓯王驺摇之墓说的佐证。

持温州说的林华东研究员在《东瓯国都地望初探》一文中认为，陈说"证据不足，结论似乎也下得太早"。于是运用层层辩驳的逻辑推理，反驳温岭大溪大墓为王陵说。其反驳的论据在

新世纪东瓯文化研究综述之我见

郑宏卫[①]

新中国成立以来，关于东瓯文化研究宛如一泓秋水，平静似镜。2006年冬，浙江省文物考古研究所和台州温岭市文化广电新闻出版局，联合对温岭大溪塘山大墓的发掘和对大溪古城遗址的调查试掘，犹如一粒石子投入平静似镜的秋水，激起层层涟漪，促发东瓯文化研究的争论。争论集中体现在温州市举行的2007年11月"首届瓯文化学术研讨会"和2011年8月"东瓯文化学术研讨会"上。先后两次研讨会主要围绕以下几个焦点进行了交流。

一、东瓯国都城地望

关于东瓯国都城地望问题，两次研讨会中争论最为激烈，主要分成两派，一派认为在台州，一派认为在温州。持温州说的学者，又细分为永嘉（瓯北）说、市区（鹿城）说、乐清（柳市）说三种。

台州说以浙江省考古研究所陈元甫研究员和台州学者周琦为代表。陈元甫研究员在《温岭东瓯国城址与贵族大墓的调查与发掘》（《瓯文化论集》2009年浙江人民出版社出版）一文中，认为"大溪古城作为一座西汉初期的城址已可定论"。并且"比较肯定地认为，现存温岭大溪东瓯国古城应该就是东瓯国的国都王城，东瓯国建都之处就在今台州地区的温岭大溪"。其理由在于：首先，"此城址早在南宋《嘉定赤城志》和《舆地纪胜》两书中就有记载"，而"遗址的所在位置与文献所载古城的位置是相吻合的"。其次，"第三层中出土的遗物……都与福建武夷山崇安汉城遗址完全相同"。同时，"第三层中出土的这些器物，也见于古城附近已发现的东瓯国上层贵族大墓（塘山M1）和一般小墓（塘山M2），表明遗址与墓葬年代也相同。由此可以认为，古城第三层的年代应属西汉初期"。再次，"城墙和城内地层堆积作为构成城址遗存的两个基本内容，两者可相互对应，共同表明了大溪古城应该是一座西汉早期的城址"。

周琦在《东瓯都城考》（同上）一文中认为，温州是一座既"无准确地点"，又"无王城遗址"，更"无东瓯文物"的三无"蜃都"。而台州则存在着一座"有文献记载""有准确地点""有王城遗址""有东瓯文物"的"四有王城"。

温州说以浙江省社会科学院历史研究所林华东研究员和温州学者为代表。林华东研究员在《东瓯国都地望初探》（同上）一文中，从古代文献、东瓯历史、地望及其疆域与方言特点，结合考古资料，全面剖析了温岭大溪古城，认为它"最大可能应是东瓯国北疆的重要军事城堡，而不可能是东瓯国的都城所在"。而且从温州市区杨府山、西山、景山、瓯浦洋、卧旗山和唐五代北城门等地的考古发现，率先提出"秦汉之时东瓯国的国都应在温州市区（即鹿城区）"。于

[①] 郑宏卫，教授、台州市政协文史委原主任。

此外，还有一个问题需要注意，就是浙南地区商周时期土墩墓的葬俗问题。根据近年瓯海杨府山、黄岩小人尖的土墩墓的出土情况，随葬青铜器是浙南地区商周土墩墓的一大特点。路桥梅屿山山顶的青铜器若真的出于土墩墓，就又增加了浙南地区土墩墓随葬青铜器这一葬俗的实例，其意义不可小视。

2. 反映了台州地区印纹硬陶文化的独特性

据王海明研究，进入印纹硬陶为主要特征的青铜时代，浙南地区的瓯江以南区域，从松阴溪源头的好川岭头岗到下游沿海丘陵地区、飞云江流域普遍发现施黑褐色彩的彩陶器，泰顺司前狮子岗、瑞安山前山出土的黑褐色彩陶和福建庄边山上层彩陶、福建霞浦黄瓜山遗址出土彩陶及福安等地彩陶相似，不仅用彩相同，施彩部位也一致，集中在器物口沿和肩部，彩绘图案都是以线条变化组合而成。最能反映浙南地区这一时期文化特征的当推出土数量占绝对多数的打制石器，以砾石为原料的打制石锛、石斧、半圆形石刀也普遍发现于瓯江以南地区。闽江上游、闽西北山区等地也有较多的发现[①]。因此我们完全有理由认为，浙南地区的瓯江以南区域和闽西北、闽东地区的文化存在渊源关系。瓯江以北的台州地区的文化面貌却另有特色，梅屿山遗址发现的陶器以灰陶、灰黄陶为多，灵山遗址、施岙遗址发现的陶器碎片也以灰陶、灰黄陶为多，红陶碎片有少量发现。而石锛、石斧、半圆形石刀基本不见。因此，台州地区印纹硬陶文化面貌有别于瓯江以南地区，具有自己的地域特色。

本文的写作得到浙江省文物考古研究所陈元甫的指导，路桥区博物馆的陈虹也热情提供照片，在此一并致谢！

---

① 王海明：《浙江南部先秦文化遗存浅析》，《纪念浙江省文物考古研究所建所二十周年论文集》，西泠印社，1999年。

土于该遗址。但 3 件青铜器是否也出于遗址需要慎重考虑，因为这种比较完整的青铜器出土于小型遗址的可能性比较小，而且出土范围不大，不排除有来自墓葬的可能。考虑到浙南地区近年发现的瓯海杨府山、黄岩小人尖西周土墩墓多在类似梅屿山的小山顶上，再加上这 3 件青铜器出土地点也比较集中，且器物较完整，极有可能为山顶上某一西周时期土墩墓的遗存。

（二）关于遗存价值的思考

1. 反映了台州地区青铜时代的文化面貌

梅屿山发现的商周文化遗存中伴出石器、印纹硬陶和青铜器，由此可知，浙江台州地区在商周时期已经进入了青铜时代。尽管如此，台州在该时期的社会经济的发展还是缓慢而低潮的。考古学界普遍认为，台州地区所在的浙南的好川文化是良渚文化向该区域迁徙后形成的既有良渚文化因素又有当地土著文化元素的一种新型的考古学文化，好川墓地出土的随葬品中，玉器、石器、漆器、陶器组合齐全，数量丰富，制作精美，说明在距今 4000 年左右的好川文化时期，浙南的社会发展面貌还是光彩夺目的。但到了距今 3500 年左右的相当于中原的商代时，浙南地区却进入了一个发展相对缓慢的时期。诸多文化遗存中，不见好川文化时期的精美的玉器，这和良渚文化的突然整体消失颇为相似。但是，我们不能低估该区域的青铜文化的历史。首先，瓯越先民已在该时期引进了青铜器制造的技术。路桥梅屿山文化遗存出土的青铜戈、短剑、斧制作较精致，青铜铸造技术已经比较成熟。特别是台州地区温岭出土的商晚期青铜大盘[①]，造型精美，纹饰繁复，在商周青铜器中极为罕见。又，1989 年 3 月，临海市水洋乡水洋村村民在平整宅基时，在距地表 1.5 米深处出土了一件商代青铜直内戈。戈本身应属兵器，但此戈形制奇特，工艺精湛，不像作武器使用，或是祭祀器物[②]。可见商代晚期，该区域的青铜文化已经比较发达。除了路桥梅屿山遗址外，台州地区近年来还在路桥的灵山[③]、临海的施岙[④]发现了印纹硬陶。另外，据仙居县文物办同志反映，在地处台州的母亲河——椒江流域的永安溪上游的仙居湫山乡樟树下村北，2011 年秋也曾采集到不少印纹硬陶残片，说明印纹硬陶制作技术在台州地区已经较为普遍。

[①] 关于温岭青铜大盘的时代，以前的考古资料都定为西周时期。如曹锦炎、江尧章：《温岭出土的西周蟠龙铜盘》，《台州文物》第 2 期。李一、江尧章、金祖明：《浙江温岭出土西周铜盘》，《考古》1991 年第 3 期。近期，专家将之定为商晚期。见《中国文物定级图典（一级品·上）》，上海辞书出版社，1999 年，第 228 页。并且此观点已得到国内学术界的认同，如浙江省博物馆《越魂》（浙江人民美术出版社，2004 年）及徐建春《浙江通史·先秦卷》（浙江人民出版社，2005 年）等已加采纳引用。

[②] 金祖明：《试谈台州出土的先秦青铜文化》，《台州文物》第 14 期。该文对这件青铜直内戈介绍甚详："戈虽尾端残缺，但大部尚完整。残长 34 厘米、本长 10 厘米、后缘残长 10 厘米、侧阑宽 5.5 厘米。中脊棱起，中段至本呈矛形凹进。援体尖长，近本放宽成阑，内上饰二圆穿，后端内有阙口，面间纵列 7 粒鼓钉纹，在凹进矛形面间饰横线纹四组，中间一组为三线，两端二组为四线。在横线纹空间饰三组鼓钉纹，一组为六钉，两组为五钉。侧阑呈长方形，上下缘平直，缘部上下刃完好锋利。"

[③] 浙江省文物局：《古遗址（上）》（浙江省第三次全国文物普查新发现丛书），浙江古籍出版社，2012 年，第 71 页。

[④] 浙江省文物局：《古遗址（上）》（浙江省第三次全国文物普查新发现丛书），浙江古籍出版社，2012 年，第 254 页。

3. 青铜斧 1 件。正面呈弧形，背面略平，直体，狭刃，长方銎。残长 13.6 厘米、刃宽 5.7 厘米、厚 2.2 厘米（图 13）。

 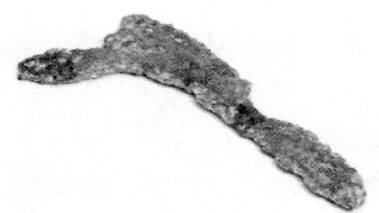 

图 12　青铜短剑　　　　　图 11　青铜戈　　　　　图 13　青铜斧

二、相关研究

（一）遗存的时代及性质

梅屿山山顶采集到的印纹硬陶瓮、罐的形制和纹饰，均与温州市瓯海杨府山 2009 年出土的 2 件商代晚期的同类器物基本一致①，具有商代晚期的风格。因此，梅屿山出土的陶器时代初步定为商代晚期应该不致于大误。梅屿山所出的青铜戈，短胡、细长援体、近援末延展成胡等形制特征与 1990 年出土于台州黄岩小人尖西周土墩墓的青铜戈一致②，也与 2003 年出土于温州瓯海杨府山的西周土墩墓的青铜戈基本相同③。青铜短剑的叶状剑身、剑身后段中空有凸箍等的造型特征也与小人尖西周土墩墓④、杨府山西周土墩墓的青铜短剑相一致⑤。朱华东对吴越地区的青铜短剑曾做过专门研究，他认为吴越地区青铜剑在西周早中期多为短剑，最迟自西周晚期起，剑身长度普遍开始较大幅度增加；到春秋晚期，长剑体系逐渐统一，这时剑长一般在 45—50 厘米之间。剑身增长的原因可能是出于实战的需要⑥。梅屿山所出的青铜短剑，长仅 20 厘米，是目前所见的吴越地区青铜短剑中剑身最短的一件。根据吴越地区青铜剑由短变长的渐进规律，笔者认为，其器型很有可能为吴越系青铜短剑的祖型，其年代也很可能早于小人尖等周边地区所出的青铜短剑，初步定为西周早期应不成问题。

梅屿山遗址虽遭破坏，但根据它似有文化层的现象，应是古人活动的遗址。石器、陶器就出

---

① 温州市瓯海区文博馆：《温州瓯海杨府山出土三件西周青铜鼎》，《东方博物》第 36 辑，浙江大学出版社，2010 年。

② 浙江省文物考古研究所、黄岩市博物馆：《黄岩小人尖西周土墩墓》，《浙江省文物考古研究所学刊（建所十周年纪念）》，科学出版社，1993 年。

③ 浙江省文物考古研究所、温州市文物保护考古所、瓯海区文博馆：《瓯海杨府山西周土墩墓发掘报告》，《文物》2007 年第 11 期。

④ 浙江省文物考古研究所、黄岩市博物馆：《黄岩小人尖西周土墩墓》，《浙江省文物考古研究所学刊（建所十周年纪念）》，科学出版社，1993 年。

⑤ 浙江省文物考古研究所、温州市文物保护考古所、瓯海区文博馆：《瓯海杨府山西周土墩墓发掘报告》，《文物》2007 年第 11 期。

⑥ 朱华东：《吴越系青铜短剑的发现及其初步研究》，《考古与文物》2010 年第 6 期。

2. 陶罐 1 件。印纹硬陶，经修复。直口，短颈，斜肩，扁圆腹，平底。胎灰白，肩腹部饰不规则小方格纹。口内径 14 厘米、肩径 18 厘米、高 10.5 厘米（图 8）。

图 7　印纹硬陶瓮

图 8　印纹硬陶罐

3. 陶碗 1 件。灰陶，厚胎。敛口，折肩，斜腹，平底。口径 8.6 厘米、高 3.5 厘米（图 9）。

4. 陶鼎足 3 件。夹砂陶，手制。呈三角形，足部尖细。根径 4.5—5.4 厘米、高 5.4—7.5 厘米不等（图 10）。

图 9　陶　碗

图 10　陶鼎足

此外还有陶片若干件。主要有印纹硬陶、夹砂红陶、泥质灰陶等，多为手制，也有轮制，厚胎。可辨器形有鼎、罐、碗等，纹饰有席纹、方格纹、弦纹等。器口有敛口、敞口及卷沿等，大部分器物为平底。陶鼎有菱形支足。

（三）青铜器

共 3 件，有青铜戈、青铜短剑、青铜斧。

1. 青铜戈 1 件。短胡，长援，近援末延展成胡，阑残。援体残长 19.2 厘米、胡宽 3.6 厘米（图 11）。

2. 青铜短剑 1 件。剑身叶状，较狭长，圆凸脊。剑身后段中空，与圆形凸箍。与剑身连接的前段呈方形，茎上端铸一对扉耳作为自然分界，扉耳已残。全长 20 厘米、刃宽 2.2 厘米（图 12）。

图 1　石斧　　　　　　　　　　　　图 2　石锛

3. 石凿 1 件。青石质，制作粗糙。平面呈长方形，单面出刃，一面平齐，一面呈屋脊形，顶端圆弧。出土时已经断裂，尚可修复。长 15 厘米、刃宽 3.5 厘米（图 3）。

4. 砺石 1 件。土黄色，质地较硬，磨制精细。平面呈长方形，顶端平正，一侧平齐，一侧微凹，中部下凹。残长 14.2 厘米、宽 4.5 厘米（图 4）。

图 3　石凿　　　　　　　　　　　　图 4　砺石

5. 石镞 1 件。青石质，制作较粗。平面呈近似正方形，单面出刃，刃部微弧。长 2.2 厘米、宽 2.8 厘米、厚 1.7 厘米（图 5）。

6. 石锤 1 件。青石质，质地坚硬。椭圆形，略扁。长 11 厘米、宽 5.8 厘米（图 6）。

图 5　石镞　　　　　　　　　　　　图 6　石锤

（二）陶器

共 6 件，有陶瓮、陶罐、陶碗等。

1. 陶瓮 1 件。印纹硬陶，经修复成形。敛口，侈唇，短颈，丰肩，深腹略鼓，圜底。胎灰白，口沿饰六道粗弦纹，肩腹部饰云雷纹。口径 23 厘米、腹径 43 厘米、通高 40 厘米（图 7）。

台州路桥区梅屿山商周文化遗存初探

张 岣

摘 要：2001年发现的浙江省台州市路桥区梅屿山商周文化遗存，出土文物16件，有石器、陶器和青铜器，为研究浙南地区的先秦文化提供了实物资料。本文试对该遗存的时代、性质及其价值做初步探索。

关键词：梅屿山；遗存；商周

2001年4月11日傍晚，浙江省台州市路桥区文物办获悉峰江街道山后许村村民在梅屿山顶建造凉亭掘土时发现了一批文物，其中3件青铜器已被民工带回。文物办同志立即奔赴现场，并连夜追回文物。次日早上他们在已经遭到破坏的出土地点勘探调查，在离地表0.6—1米处的地层采集到一批石器和陶器残片，部分残片经过整修可复原。此后不久，浙江省文物考古研究所副所长陈元甫也来实地考察，据他后来回忆，山顶上施工过的地方范围不大，似有文化层。梅屿山出土的文物，现为路桥区博物馆收藏[1]。这批文物品类较多，所含信息量较丰富，为研究浙南地区的先秦文化提供了宝贵的实物资料。

一、出土文物

梅屿山遗址共出土文物16件，有石器、陶器、青铜器及陶片若干。

（一）石器

共7件，有石斧、石镞、石凿、砺石、石锛、石锤等。

1. 石斧2件。标本1，黄石质，质地较松，制作较粗糙。顶部平齐稍弧，平面呈长方形，双面磨刃，刃面平齐稍弧。长16.3厘米、刃宽4.8厘米（图1）。标本2，青石质，质地坚硬，磨制较精致。顶部圆弧，平面呈长方形，双面磨刃，刃面平齐稍弧。长16.5厘米、刃宽6厘米。

2. 石镞1件。青石质，磨制精细。柳叶形，中起棱脊，铤较明显。长5.5厘米、宽1.9厘米（图2）。

---

[1] 台州市路桥区文化体育局：《路桥史话》，人民日报出版社，2004年版，第2页。

学,句句皆合圣教。"王渔洋《蚕尾续文》:"王裴辋川绝句,字字入禅。"

王维的诗作中多有"诗中有画,融禅入诗"的意境。如《中南别业》"行到水穷处,坐看云起时";《鸟鸣涧》"人闲桂花落,夜深春山空";《过香积寺》"古木无人径,深山何处钟"等等。王维的诗充满了禅悟之美,达到了中国古典禅诗的巅峰,对后来文学和文人画带来了深远的影响,自然也因此为黄岩的信众所崇敬信奉。

六

王维庙民俗文化是以王维崇拜为载体的黄岩地方文化,具有深厚的文化底蕴。每逢王维诞辰"二月二"、重阳节,黄岩人都会举行一些内容丰富、形式多样的社戏庙会等活动,世代相沿。直至现在,黄岩各地还流传着一些与王维有关的传奇故事,并保留着与王维相关的庙宇,如福祐庙、灵顺庙、显应庙、将军庙(即王维庙,现属椒江区)等,这些都是宝贵的民俗文化资源。笔者认为,王维庙民俗文化与中国其他民俗事象相比,它是由历代黄岩人参与创造和世代传承的生活文化,具有浓郁的黄岩地方特色。

现代民俗学认为,民俗作为文化现象,不是个人行为,而是社会普遍传承的风尚和喜好,民俗是具有普遍模式的生活世界和文化生活。就总体而言,民俗又是一种历时性的文化创造与文化积淀。而一个地域的民情风俗,则反映着该地域人们的独特心理。现代民俗学的思想为我们研究王维与黄岩民俗生活的构建之间的关系提供了有益的启示。

中国历史上,一些地方民俗的建构往往跟名人的出生地、祖籍、客居、寝地及文化创作相关。如柳宗元之与柳州、范仲淹之与岳阳、谢灵运之与永嘉等等。在中国文化思想史上,崇拜王维几乎是唐宋以来中国历代文人士子的共同心理。笔者认为,黄岩人崇拜王维,并非仅仅是"名人效应"那样简单。王维民间崇拜信仰成为黄岩民俗事象完全属于一个另类。既没有棠阴于此,甚至没有到过黄岩,也没有为黄岩写过诗篇,可以说王维生前跟黄岩没有任何关系。但相对而言,在全国范围内,恐怕很少有一个地方的群体像黄岩人那样崇敬王维、神化王维,以致民俗生活与群体心理都为之受到了深刻而又深远的影响。因此,黄岩王维庙的存在是独一无二的。

历史上的王维庙已经为黄岩增添了许多文化内涵。当代城市文化已经逐渐成为城市建设的核心,在此视域下,更应重视王维民俗文化这一高颜值的元素,着力做好王维庙历史文化的呈现,守正创新,厚植本土文化提升城市魅力。

院副教授李亮伟对黄岩人祀王维的原因，做了调查和思考，并撰有《浙江黄岩王维庙考辨》。

他在论述中认为，黄岩人把王维当作神来供祀，有始出迷信、继入传统的"神道设教"轨范和地方政府"因势利导"以"辅治成化"的因素。黄岩地处江南越境，信鬼神好淫祀，故其俗然哉。

沿海之民，最怕翻船事故，所以能够保佑人们水上平安的神，特受香火供奉。王维之神最早在黄岩立足，便是陈英夫在永宁江中舟覆得救，把奉有王维香火和获救看成了一种必然的因果关系，黄岩人也从中"敏感"地"找到"了他们所需要的神。陈英夫寄籍立庙祀王维，也符合当地人们的愿望。王维由此而成为人们水行的保护神。元代台州籍人王仲祥"海运遇风"，危急时刻大呼王维之神而获济。王仲祥可是朝廷官员，他为国家从海上运输物资。其事具奏朝廷，朝廷赐额敕封王维为护国忠烈昭济显应侯。王维的"英魂"能够"济"人，逐渐敷衍为"侯灵显，凡灾祲水旱，有求必应"；明代，"侯显异验者垂二百祀"。王维庙大概即因此而名为"福祐庙"。"济"人要有极大的本领，所以王维由"文"官变成了"武"帅，人称"王总帅"。有关王维之神的灵异，自然属于迷信的渲染，但是我们可以看到民众的愿望。

王维"以文学取高第"，是盛唐时期最著名的诗人之一，被誉为"天下文宗"。李亮伟还认为，黄岩人长期供奉王维，有崇拜他的才情的原因；甚至借重他的名誉为文学雅事，起到了兴文的作用。

王维庙落籍黄岩，实一方幸事。此邦之人聪敏，堪受文学教化。黄岩人具备易于开启的诗心诗情，在有了王维庙之后，他们对于王维的接受，就不会仅仅局限在王维显灵济人的迷信上。王维是一个有着深厚文化内蕴的历史人物，他的影响是全方位的。唐以后，此邦文风敦盛，以致"其民秀而敏，人人殊异，皆以文艺相应，有邹鲁风"。

袁应祺《福祐庙记》称王维"以文学取高第，号盛唐名家"，其推重之情已溢于言表；"生前大节勿磨"，无疑是就王维在安史之乱中"陷贼"一事来说的，此评毫无腐儒气，代表着黄岩文人对王维的高度评价。

万历《黄岩县志》卷七称王维之神"时降笔赋诗，多丽句，阖郡士大夫咸有赠章"；光绪《黄岩县志》卷九说"时降乩（jī）赋诗，多丽句云"。《黄岩历代柑橘诗辑录》载："庙会时，演戏敬神，并有诗画挂展。"这说明黄岩文人在王维庙里有过不少文学活动。

黄岩自古好学崇文，从来不缺诗人，出现过谢及、严蕊、杜范、陶宗仪、戴复古、黄绾、黄舟瑶、王棻等诗人、学家。当代黄岩诗人辈出也在浙江诗坛占有一席之地，这应该得益于地方文化的滋养。

王维能够在黄岩受祀千年，笔者认为还有一个独特的原因，那就是王维"诗佛"这个称谓特点。盛唐时，王维与李白、杜甫并提，分别被誉为"诗佛""诗仙""诗圣"。"诗佛"这个称誉不仅是对王维在唐朝诗坛崇高地位的肯定，更表达了王维诗歌中的佛教意味和他的宗教倾向。两唐书均在《王维传》中对王维的奉佛有明确记载，提到王维长斋奉佛，居常蔬食，不茹荤血，不衣文彩，丧妻不娶，三十年孤居一室。

后人对王维诗作的禅意都以般若空观、色空相寂的佛家观来评价。如清人牟原相说："王摩诘诗如初祖达摩过江说法，又如翠竹得风，天然而笑。"徐增《而庵说唐诗》："摩诘精大雄氏之天，辞官告归，由江宁逆长江西上，于浔阳小作停留，然后再由夏口经汉水至襄阳，为孟浩然写真，并创作了著名的《汉江临眺》诗，旋北归长安。

"转官吴越"途中经过郑州时，写下著名的《宿郑州》诗："朝与周人辞，暮投郑人宿。他乡绝俦侣，孤客亲僮仆。宛洛望不见，秋霖晦平陆。田父草际归，村童雨中牧。主人东皋上，时稼绕茅屋。虫思机杼（zhù）鸣，雀喧禾黍熟。明当渡京水，昨晚犹金谷。此去欲何言，穷边徇微禄。"

此诗就是一篇旅行日记，诗中"秋霖"说明了秋天的时令。"朝与周人辞，暮投郑人宿"，"明当渡京水，昨晚犹金谷"四句标注出一段从洛阳到郑州的行走路线。

之后，王维经淮阴、润州至会稽，并于沿途写下《淮阴夜宿二首》《下京口埭夜行》《夜到润州》等诗。（由史双元考证归于王维，而非孙逖（tì）。）从这些诗篇看出王维日夜兼程，走得很急。这是因为，唐制有"日驰十驿以上任"及"马日行七十里"的规定，任何人都不得违反。

学者王辉斌对王维此行赴任于何地，有着独到的视角。据南宋邓牧《伯牙琴》记载，王维此行到过会稽。其云："涉溪水，是亭榜曰云门山。……王维、孟浩然、李白、孟郊来游，悉有题句。"云门山在会稽南三十里。王维到会稽以后，再至何地，无从考察。但会稽当非王维此行"转官吴越"的终点站。这是因为，王维在《宿郑州》一诗中，明确写明他此行南下是"穷边徇微禄"，而会稽即今浙江绍兴，无论古今均非"穷边"之地。再往南行，就是台州和温州。台州，三面环山一面濒海，古代是贬官流方的边隅之地。

根据明黄岩县令袁应祺《重建福祐庙记》载："黄岩县治西，古有福祐庙，祀唐右丞尚书王侯。侯讳维，号摩诘，长安蓝田人也，登开元进士第。"文中记载，黄岩县以庙祀王维者，乃始于唐元和年间，时距王维去世仅40余年。又，《黄岩县志》录黄宗羲《宿黄岩》诗云："明朝直令节，社鼓赛王维。"王辉斌教授认为这一文一诗，所表明的是王维当曾到过黄岩无疑。黄岩县即唐初永宁县，武则天天授元年改是名。以此合勘王维《宿郑州》诗中的"穷边徇微禄"之所云，可知王维此行"徇微禄"的"穷边"之地，是非今浙江台州之黄岩莫属。大约在开元十九年的春天，王维便离开黄岩而北返。

笔者认为，王辉斌教授"王维任职黄岩"的考论是研究王维生平的一大贡献。

可惜历代《台州府志》《黄岩县志》均没有王维"转官吴越"的记载，其原因可能是王维所受微禄，属于被贬谪"穷边"的对象，官职没有达到县令这个级别。根据北返之后受张九龄提拔为右拾遗，由此可知，即使在黄岩任职也不会高于"从八品上"的官职。

开元十八年，王维年已三十，虽其"天下文宗"的地位还没有确立，但他少年成名，17岁就写下著名的《九月九日忆山东兄弟》，这个知名度还是有一定影响力的。文学之星的客居任职，当地一邑必然会重视。目前，没有更有力的材料证明王维曾到过黄岩。光绪《黄岩县志》中载有："右丞足迹未至台，而黄岩西城祀之……"当年，要是王维对"穷边徇微禄"加一个注，就不会让人那么费劲儿地钩沉索隐。王维"转官吴越"究竟于何地？还值得进一步研究。

五

黄岩王维庙的存在，祭祀王维习俗至今长达1212年，其文化现象值得研究。宁波大学文学王维有什么关系。

黄岩民间社戏赛神沿袭的是以所祀庙主生辰来定日子，被称作"老爷寿日"。据西城显应庙的管理员林良明介绍，每年四月二十七，都要提前一天举行社戏为四侯尊王庆生。王总帅的诞辰则是二月初二，常有周边信众前来祭拜。2020年3月29日笔者探访灵顺庙时，正在庙旁念诵"福寿纸"（纸钱）的毛云青告诉说："王总帅的寿辰是二月二，我们常常用'四盘头''八碗'供奉他。"

黄岩戏曲家章甫秋在《逢场杂记——黄岩戏曲活动史料》之"黄岩城关的庙台"里载有："西园庙二月初二日神诞演剧。" 是20世纪80年代，县文化馆演员王良忠实地调查黄岩古城各庙神诞演剧日期而编入。

实地考证，椒江洪家将军庙所祀陈英夫的诞辰为三月十三，王维诞辰则是八月初二。

关于王维的诞辰时间在学界有不同说法，较多地认为是701年2月28日，即农历正月十六，与李白同年同生日。

四

王维曾否到过黄岩，这是一个非常具有学术价值的问题。在王维一生的宦历中，曾有"转官吴越"，但这是少为研究者所注意的一次任职行为。谭优学先生《王维生平事迹再探》中，探王维曾有吴越之行，"似乎他从济州曾转官吴越，末秩下吏，故有'穷边徇微禄'之叹"。谭先生推测王维"曾远官浙东某州县下吏"。

王辉斌教授在其《王维转官吴越考略》论文中提出，开元十八年（730）秋，王维《宿郑州》一诗中所达的"穷边"即台州，并任职于黄岩。

学者主要从王维的履历、行迹、诗作以及黄岩立庙祀王维的几点线索来考证。

王维仕途的开始是在开元九年（721），他21岁的时候"擢（zhuó）进士第，解褐（脱去粗布衣服，喻入仕为官）为太乐丞（太常寺乐署官职，从八品下，掌乐之官，相当于在朝廷负责礼乐方面事宜的官职）。"同年，"寻坐累（受牵连），谪济州司仓参军，是秋离京之任。"

开元十四年（726），"是夏之前，离济州司仓参军任。"

开元十五年（727），"官淇上（河南省旧县名）疑在是年。"

开元十九年（731），妻亡约在是年。

开元二十二年（734），仍闲居长安。隐于嵩山。张九龄为中书令，擢王维为右拾遗（从八品上），此后，王维终身为官，行事历历可述。

王维年谱中，为官行迹不太明确的是开元十七年至二十一年之间，史传记载或王集笺注皆付阙如。

开元十七年（729），在长安。是冬，孟浩然还襄阳，行前，有诗赠维（《留别王维》），维亦有诗送之（《送孟六归襄阳》）。王辉斌教授认为应是开元十八年的秋天，王维作别孟浩然之后不久，开始"转官吴越"。

行程从长安，经洛阳、郑州，顺运河而下，抵京口，至会稽，达台州，任职黄岩。翌年春临海饶风物，旅情亦渐移。朱栾山客饷，方石野僧遗。村酒成红曲，山肴脯柿狸（李）。明朝直令节，社鼓赛王维。

在《南雷集·南雷诗历》卷一中，这首诗的末句下有注："县有王维庙。"

这首诗及注，给我们留下"县有王维庙"，"社鼓赛王维"的两个重要信息。说明黄岩县在明末有王维庙的存在，而且以特定的节日来热热闹闹地祭祀王维。

《寓黄岩》的字里行间铺陈出朱栾、红曲酒、柿李果脯等色香俱全的山肴乡宴，还有社鼓笙歌的喧闹，描绘出当年赛王维的浓郁气氛，值得现代的我们细细品味。

"临海饶风物，旅情亦渐移"：看到濒海之黄岩那些特有的风景和丰富的物产，使得自己在羁旅中的情绪也渐渐地发生了变化；

"朱栾山客饷，方石野僧遗（wèi）"：红色的柚子用来款待从山里来的客人，方形的方解石是山野僧人所赠予的。朱栾，即西柚，黄岩话就叫"栾"，是蜜橘之乡黄岩的土特产。方石，为道家第二洞天委羽山特有且珍稀的炼丹之物。

"村酒成红曲，山肴脯柿狸"：农家自酿成了红曲酒，还有柿子做得果脯和用山间猎得的果子狸做成的菜。

"明朝直令节，社鼓赛王维"：明天正逢佳节，社庙鸣奏着祭祀王维的鼓乐。

有学者根据黄宗羲诗中写到的"朱栾"和"柿"，判定这个"令节"是重阳节。又根据万历《黄岩县志》卷一《风俗》和光绪《黄岩县志》卷三十二《风土志·岁时》皆记黄岩人"登高饮茱萸酒"，有重视重阳之俗，认为如果一年中有一个"令节""赛王维"的话，无疑是重阳节最相宜；如果重阳节"赛王维"，那么当与王维《九月九日忆山东兄弟》一诗有关。

而《黄宗羲与台州》（作者：显周、祖麟）一文则认为是元宵节。《寓黄岩》是黄宗羲作于明崇祯十三年（1640）冬开始南游天台雁荡途中。自游天台、临海之后，黄宗羲寓居黄岩一段时间。文中所述黄宗羲是在元宵前，看到满城张灯结彩，热闹非凡，有感而发作下"社鼓赛王维"的一个深刻印象。

另《黄岩历代柑橘诗辑录》中载有："其诗应写在次年（1641）二月初一日。"

笔者认为，诗中的"朱栾""柿"虽是秋熟之物，但朱栾，黄岩话就叫作"栾"，即柚子，其保存期特别长，年后一两个月还可以食用。而"脯柿"则是晒制而成的果脯，黄岩称为"柿饼"，其保存期更长。光凭这两种果实很难用来判断确切的节令。可供参考的，倒是当地农村习惯酿造红曲酒的时间选在立冬至清明，以室温20摄氏度左右为最佳。太冷的时候不容易发酵而且需要加温，太热的时候发酵速度太快则容易发酸，酿酒不成反成醋。

"令节"即佳节，凡是时令佳节皆可称令节。唐以来，中和节、上巳（sì）节、重阳节为著名的"三令节"。

黄宗羲台荡之游始于崇祯十三年冬，最后一站是崇祯十四年到雁荡山。中间寓居黄岩应是春天。春天传统的"令节"除了元宵、上巳节、清明，还有农家祭社祈年的"春社"。春社日也叫二月春社日，以立春后第五个戊日为社日。上巳节，也叫三月三，是一个纪念黄帝的节日。相传三月三是黄帝的诞辰，中原地区自古有"二月二，龙抬头；三月三，生轩辕"的说法。

黄岩西部乡镇自古有传统的"二月二"重大节日，但该节日的由来和习俗，却没有发现跟

二

除了福祐庙祀王维之外，黄岩县城中的邑祖庙和灵顺庙也兼祀王维。清姜丹书所著《城中十庙考》，记载二庙兼祀王维。福祐庙和邑祖庙、灵顺庙都为黄岩古城的十庙之列，邑祖庙则为十庙之首。

邑祖庙原在寺后巷尾的前殿后巷，始建于宋绍圣年间，清朝时祀神六位：唐时县令周太伯、汉时大司马霍光、唐时正祐侯忠靖王温琼、宣宁王李成器、尚书右丞王维，以及原神主阮使相公。清嘉庆元年重建。20世纪60年代神像毁，二十年后于城南太婆堂重塑神像，后又遭受大火。目前三庙合一，邑祖庙主、仁风乡主、太婆娘娘等一起受供于金带河南岸的云龙宫，已经没有了王维的尊位。

灵顺庙原在城北仓头街，旧名江亭庙，俗称江灵庙。始建于唐咸通年间，主祀方珪（guī），另奉祀崇和大帝周太子晋，唐尚书右丞王维。该庙数次搬移，于2002年移至东城城隍庙旁。方太尉、王总帅、白鹤大帝等塑像由今年70岁的陶姓师傅亲手搬来，敬奉于此。

原福祐庙王维像，现在受供于西城五洞桥边的显应庙，位于东龛中位，红脸红袍的造型。庙内还有四侯尊王、五圣侯王、文昌帝君、齐天大圣等，塑像古拙陈旧，看上去有些年头。显应庙有600多年的历史，过去此地为西出黄岩城的交通要道，香火十分旺盛。

椒江区洪家街道挡港桥村的将军庙（王维庙）自古主祀陈英夫和王维，现在庙后还建有王维纪念馆。祭祀王维，建庙黄岩的始作俑者陈英夫入籍当地并终老归葬于此，其墓冢建在将军庙内。

相传婺源县令陈英夫奉旨到雁荡山参加一座佛殿架梁典礼，由黄岩县城下船出海前往，于栅浦三山舟覆遇险。昏死中的陈英夫漂至灵济（现在的挡港桥村），被当地晒盐作业的王姓两兄弟救起，其随行一行人等全部遇难。为了感恩，陈英夫辞官办私塾于此，并将其师王维立像奉祀于当时的灵政庙。其间，夫人两度前来劝其返乡，陈英夫始终不渝，止于终老。乡民念其至诚之心，将他葬于庙墙内，塑其像尊其为庙主。之后，民众认其为佑护一方的大将军，尊称其为陈大将军，"将军庙"由此得名。陈英夫辞官办学，将感恩之地止于终老的故事，被当地王氏宗谱所记载，乡民代代传颂并千年延续自觉成为陈英夫的守墓人，以及他和王维精神的守望者。王维庙已被设为文物保护点。

今年65岁的王秋洪就是拯救陈英夫的王氏后人，他于30年前就致力于搜集有关陈英夫及王维的故事及诗文，20年前就张罗建起了百幅王维诗文碑廊，其中有任政、沙孟海、吴山明等大师名家的作品。如今他是文化礼堂的管理员，当地文化传播的宣传员。挡港桥村支部书记林彦斌告诉笔者，将军庙、王维纪念馆、王维诗画长廊及文化礼堂已建成2万平方米的文化单元，吸引着越来越多的游客前来游览。

三

明末清初的三大思想家之一的黄宗羲寓居黄岩时，曾目睹祭祀王维的情景，写下一首《寓黄岩》，其诗云：

雁荡山为一座新建寺院礼佛。从临海换乘船只至黄岩，永宁江面忽起大风巨浪，船只倾覆沉没。陈英夫在江涛中恍惚感到被王维幻化之神推之上岸，仅其一人获救，随行官员全部遇难。遇险逢生的陈英夫为感师恩，便辞官出家入寺修行，塑像立庙供奉王维。后来，陈英夫到黄岩东海岸的洪家灵济（现属椒江区）小庙精修，祀王维。

黄岩位于浙江东部沿海，唐上元二年称永宁县，武后天授元年改为黄岩县。明中期雁荡山部分地区属于黄岩辖区。椒江为20世纪80年代从黄岩分出，1994年台州市成立下设椒江、黄岩、路桥三个区。

明万历年间，黄岩县令袁应祺曾为福祐庙的重建做过一篇记，全文收录在晚清王棻等纂（zuǎn）的光绪《黄岩县志》，其卷九《建置·丛祠》"福祐庙"条载：

黄岩县治西，故有福祐庙，祀唐右丞尚书王侯。侯讳维，号摩诘，长安蓝田人也，登开元进士第。其得祀于兹，唐元和间，婺源令陈英夫携侯香火，道永宁江，舟几覆，赖侯拯得全，遂寄籍奉侯。侯灵显，凡灾祲（jìn：不祥之气）水旱，有求必应，士民建庙祀之。元至正，州人王仲祥任枢密院都事，海运遇风，号侯获济。具奏，赐额敕封护国忠烈昭济显应侯。我明开国来，侯显异验者垂二百祀。嘉靖壬子，庙毁于倭，忽有狂人赴烈焰中负神像出，得不毁。人咸异焉。于是乡先达龟厓蔡公、樊阳吴公、台嵒（yán：同岩）郑公、耆（qí）老李侯王榜等，仍旧址谋新侯庙。不逾岁，庙成，殿寝（jìn）晗如，门庑列如，丹刻翚（huī：飞：形容宫室的高峻壮丽）飞，规制巍如。余承乏（指暂任某职的谦称）兹土，询父老，搜旧闻，因得侯之建庙始终如此云。既而祠下乡贡士符良永等请余记，余乃喟（kuì：叹气）然曰："古称有功穗（suì）于民（惠泽于民），能御灾捍患者，则祀之。侯以文学取商第，号盛唐名家，生前大节勿磨，而死后英魂所寓（yù：寄托），复效灵兹邑，亡论（暂且不说，不必论及）黄人德侯，即余亦藉侯之灵用辅政，刑之未逮（不及；没有达到），故从其请而为之记。"

历代黄岩县令中颇有文才的就数袁应祺，他为官时曾为唐门双塔、松岩山等人文胜迹做寿过记。通过他这篇《福祐庙记》的文字，可以让我们穿越过去，领略当时的一些情景。他着重记载了福祐庙由一些先达、耆老谋划重建。不到一年，建成的庙宇如何高峻壮丽。然后谦逊地说明自己暂时在这里任职，经过向父老乡亲询问，搜集旧闻，才得以知晓王维建庙的始终。最后，这位袁县令抒发了自己的感叹，他说，古时候只要称得上惠泽于民，能够抵御灾害捍卫健康的人，就可以祭祀他。王维以文学取得功名，被成为盛唐名家，他生前大节从未消磨，而死后他的英魂寄托并显灵于这个城市，暂且不说黄岩人受到他的德惠，我也想借他的英灵用作辅政，但是到现在还没有达到。所以遵从保下士人的邀请而为之作记。

文中，我们可以感受到这位县令为了写这一篇记，是经过了一番严谨的调查研究才得以掌握王维立庙的始终。他曾十分感慨，盛唐名家王维之英魂寄托并显灵于此，德惠于黄岩民众。由此，他希望凭借王维之灵用作辅政。可见当时王维庙起到了"辅治成化"的作用。

万历《黄岩县志》本为袁应祺修、牟汝忠纂（zuǎn），其所述福祐庙的始建原因和几次兴废，应该根据袁县令的《福祐庙记》所撰。

社鼓赛王维

——受祀千年的黄岩王维庙

张 良

唐代诗人王维在上元二年（761）逝世，四十年多后被浙江黄岩的民众立庙祭祀，千年香火绵延至今。华夏独此一隅的王维庙为何而建？王维曾否为官黄岩？"天下文宗"的精神引领对于当地的兴文起到过哪些积极作用？翻开历史黄卷，聆听乡土传说，窥探"社鼓赛王维"的隐逸传奇。

一

王维庙称为福祐庙，又名西园庙。光绪《黄岩县志》卷首《舆图·新定县城坊巷图》中有标注，其原址在黄岩县治西北角的王道街。据父辈回忆福祐庙为平屋，坐东朝西，在原黄岩县政府大会堂西面，现在的区文体中心门前广场位置。

该庙兴废在近代变化较大，清咸丰辛酉（1861）毁于太平天国战乱，同治年间重建后殿，光绪元年（1875）建正殿五楹。1943年10月10日，县政府在西园庙建忠烈祠，安奉为抗战牺牲的国民党将军陈安宝，以及其他黄岩籍抗战烈士。新中国成立初期尚存老殿五间。原址后被围进县政府内。乡人称神像为王总帅，据说有求必应，很是灵验。福祐庙原保下居民有县前街、西街、桥上街、孟家巷、司前王道街等。

1965年，王维塑像被五洞桥大队社员藏于大队谷仓阁楼。20世纪80年代后期，五洞桥畔显应庙恢复，遂将神像请出来，于殿东头安奉。虽为三楹小庙但香火从未断绝。

王维庙现有最早的文献记录是明万历《黄岩县志》，其卷七之"福祐庙"条载：

在县治西北，神号王总帅，即唐尚书右丞王维也。元和三年，婺源令陈英夫奉神香火道经永宁县，值江溢舟覆，赖神拯抹得全，英夫遂籍于兹，塑神像立庙祀之。元至正间，本州王仲祥以枢密院都事运粮赴京，海道遇飓风，危甚，仲祥号于神，获济。具奏，赐额敕封护国忠烈显应侯。皇明嘉靖壬子，庙延毁于倭，忽一人如狂，赴烈焰中负神像出，士民异之，遂于旧址建庙，及翊赞玄功。唐世忠英二门，凡灾疫水旱，有祷辄应。时降笔赋诗，多丽句，阖郡士大夫咸有赠章。

根据县志所载，立庙祭祀王维，始于唐代元和三年（808），距王维谢世47年，至今香火不绝1212年。立庙的原因是婺源县令陈英夫奉王维香火途经黄岩，在永宁江遇险得救，于是他入籍黄岩，并塑像立庙祭祀王维。后来出现一些灵异传说，获得朝廷封侯，受到黄岩士大夫们的赋诗礼赞。

盛唐文豪立庙受祀黄岩，除了民间信仰场所功能，也成为一座士大夫昂首仰望的文化殿堂。

黄岩文史及传说中尚有一些细节，婺源县令陈英夫是王维的门生，一年夏天，奉皇上之命到宋范致明《岳阳风土记》载："民之有疾病者，多就水际设神盘以祀神，为酒肉以犒櫂（zhào：撑杆）鼓者。或为草船泛之，谓之送瘟。"可见至迟在宋代，已经有用草船"送瘟神"的行为。顾希佳、陈志超学者在浙江各地调查发现，这种用船来送疫鬼瘟神的习俗在近代并没有消失，依旧十分活跃。各地就地取材，用稻草、麦秆、茅草等扎制，样式繁多。而更多的地方以竹篾作骨架，外糊彩纸，制成纸船。黄岩南门的太婆塘常常有信众点燃纸船、稻草放水的现象。日本也有将瘟神乘上稻草舟，放流到河里或海上的"送瘟神"习俗。

送瘟神的习俗逐渐发生着变化，最初以极其敬畏的心态把"五圣"作为瘟神、凶神去祭祀，如今其专施瘟疫的职能逐渐被淡化，并融入了地方信仰，摇身成为财神、喜神或无所不能的地方保护神。从祈愿消灾免难，增加了憧憬吉祥安宁生活的"行福"等习俗。椒江当地渔民则将之奉为"海洋保护神"，祈求出海作业能够一帆风顺，满载而归。现代人心中对神灵庇护的功利心也日渐削弱，参与的热诚更注重的是那些具有仪式感的娱乐性。

祀仪式后把船送出海。纸船漂出椒江口外洋时要泼油烧掉，有时候使用真船，则让其漂流出海。

葭沚举行的习俗中，大暑船内，设有神龛香案，以备供奉神灵。所供神灵为"五圣"，共五位，一律为纸扎的神偶。如果所送的是真木船，那么船舱内还要放入活的猪、羊、鸡、鸭、鱼、虾，以及米、酒等食物，还有水缸、缸灶、火刀、火石、桌、椅、床、棉被、枕头等一应俱全的生活用品，并备有刀、枪、矛、炮等自卫武器。其中的米，均用小袋，每一袋一升，为千家万户所施。如果是纸扎的大暑船，船中的用具、物品则一概也改为纸扎，只是一小袋一小袋的米，仍然是实物。

在福建沿海一带，旧时一直使用木船送瘟神。乾隆《泉州府志》卷二十"风俗"载："五月……至期以纸为大舟，送五方瘟神，凡百物皆备，阵鼓仪仗百戏，送水次焚之。近竟有以木舟具真器，用以漂于海。"

顾希佳、陈志超撰写的《从大暑船到渔休节：台州湾渔民信仰民俗嬗变的考察》中提到，关于为什么要送这种船，船上又为什么要装载这么多食物和一应俱全的生活用品，有着来自当地渔民的几种说法。有的说，五圣是瘟神，要恭恭敬敬送他们出海，请他们不要危害百姓，走得越远越好。如果不送走，或是五圣又回来了，那么地方上就不安宁，会发生灾疫。船上的东西是给五圣享用的；有的说，五圣是保护渔民的，大暑船出海就是为了保护海上的渔船。从前渔民出海都是小船，常会遇到危险。这时候大暑船上的五圣就会去解救他们，给他们送去食品，所以船上要备许多吃的东西。

古人认为驱赶疫鬼瘟神离不开水，不断流逝的河水才能把这些瘟疫赶走。放出去的"大暑船"漂得越远越好，一旦漂了回来，则视为不吉利。据说十八世纪的某一年由于潮流和风向忽然改变，漂出去的大暑船居然又漂了回来，结果当地这一年就发生瘟疫，死了不少人。这当然纯属巧合。

黄岩北城杜家村流传着少年杜范审瘟神的传说，相传南宋第一贤相杜范少年时在永宁江畔的唐门山下发现送瘟神的大暑船搁浅，于是与小伙伴将船中的五位瘟神纸偶五花大绑，羁押到一间庙里，并设堂审问，审后各打八十大板。一连三天问罪打罚。第四天晚上，"五瘟大臣"托梦于杜范之父，哀求道："杜老爷救命！请杜丞相开恩，放我们出去。"翌日，杜父将梦中之事告知儿子。杜范则责令瘟神道："从今以后，不得在黄岩街行瘟放疫，滚出海门关外，永不返回！"故事颇有戏谑的色彩，但也反映了人们对平安的希冀和期盼。

"送大暑船"历来由民众自发的。旧时官府一度曾禁毁淫祠，五圣庙也属淫祠之列，后来的官府偶尔也表示过支持。据说清末就曾有地方长官到江边祭坛宣读祭词的事情。

五圣庙并不只是分布在沿海的渔村，在内陆的农耕村落也有不少供奉五圣的庙宇。围绕着五圣庙，当地农民也有"送船"的习俗。只不过不一定在大暑那天"送船"，有的在清明节，有的在端午节，也有的则在本地发生瘟疫之后的某一天。内陆不少地方的"五瘟"祭祀和"送船"安排在农历五月五日，有人则把赛龙舟联系在一起。民俗学家江绍原在《端午竞渡本意考》认为，现在常见的端午龙舟竞渡起源于古代的禳灾，是为了用船把人间的瘟疫灾祸和一切不祥统统送走。

邑大疫，五人复骑虎现圣堂山巅，一村遂无恙。邑令陆襄奏之，封永宁昭惠卫保民五圣显应灵宫。乙丑，立庙圣堂。唐宝应壬寅，州贼袁晁反，见神列五帜于永宁江浒，贼惊遁。刺史李光弼奏赐今额，创庙于永利桥，直河北，南临孔道。……（《赤城志》）元延祐间，宫殿火，帝梦云际有五神人执五大瓢，滴水救之，且下告曰："臣柴某兄弟五人，原籍婺州，今受庙食于黄岩。宫殿火发，敢不奔救？"觉，使迹其事，立庙，封五圣侯王。明嘉靖壬子，寇毁。后重建。国朝康熙九年火，复建。今亦奉泰伯为主。咸丰辛酉寇毁。同治初重建。

文献中故事始发的齐永明中，是南朝齐武帝的年号之中期，约在（488），地点就是现在的黄岩区上郑乡圣堂村；梁天监乙丑，为南朝梁武帝八年（509），被封官并立庙圣堂；唐宝应壬寅，是唐代宗元年（762），创庙黄岩城中；其中，元和庚寅，唐宪宗五年（810）；宋开禧二年（1206），记载五圣的灵异故事。元延祐间，为元仁宗年号（1314—1320），立庙，封五圣侯王。该庙后来于1522年、1670年、1861年、1862年屡毁屡建。

从一连串的年份数字可以看到，千余年的"五圣"信仰代代接续从未改变。旧时黄岩各地都有供奉"五圣"的庙宇或建有五圣庙。至今，黄岩上郑乡圣堂村的圣堂殿和坑口村的大王庙，就供奉着"五圣爷"。现在，黄岩茅畲，椒江东门岭、葭沚尚有五圣庙，"五圣"的传奇故事还在百姓口中代代相传。"五圣"又被称作"五神通""五显公""五瘟使者""五瘟大神"等。黄岩茅畲浦洋村风水堂庙还主祀瘟元帅。

史料中的灵济庙在永利桥之西，旧名永利桥，俗称桥亭，位于黄岩孔庙北面的学后巷和郑家巷的中间，它恰好位于黄岩老城的中心，旧时社戏兴盛，流传"望戏桥亭头"的民谣。（五支河死人臭，汽车毋见过。望戏桥亭头，坐坐茅厂下，汽油灯黑忒忒，解解心焦毋办法……）晚清时，灵济庙成为王棻等学者喜欢前往的文人娱乐场所。据黄岩电影公司退休美工、黄岩文史专员毛太鹏，黄岩历史学会原会长张永生等回忆，1950年，灵济庙毁于火灾，留有围墙等部分，同年，开办了私营"黄岩人民电影院"，放映第一场电影《难忘的1919年》。1958年劳动北路拓建并建黄岩剧院，神像退坐于剧院后一民宅堂前。1979年7月，剧院兴办书场，演出1147场，于1984年黄岩书场拆毁，建黄岩大厦，使得灵济庙遗迹彻底消失，神像不知去向。目前，黄岩北洋镇联宏村、北城街道下洋顾都还有灵济庙，只不过与旧城关的灵济庙似乎没有多大的关系。

灵济庙、孔庙、瘟庙及赐祚宫自北而南一字排列，形成儒、释、道和合共处的文化区域。有意思的是，原供奉于灵济庙的主祀神像"保界爷"于十余年前从别处移置瘟庙，立龛于瘟司大神的左侧，可谓两尊不同传说的瘟神共坐一堂。据清朝廪生邑人书（1811—1861）《城中十庙考》记载，灵济庙保下居民有郑家巷、直下街、行书巷、司厅巷、桥亭头及今青年路一带。

黄岩古城灵济庙，曾放船驱瘟于庙门前的五支河。传说台州一带"送大暑船"的习俗滥觞于此。"送大暑船"是将"五瘟大神"装船送走，其民俗内涵是"送瘟神"。

中国许多地方旧时送瘟神是要烧纸船的，如闽台地区的"送王船"习俗，就叫"烧王船"。"借问瘟君欲何往，纸船明烛照天烧"，毛泽东《送瘟神》七律诗中就有了形象的描写。

目前，台州一带"送大暑船"以椒江葭沚的规模最大，可谓声名远播，每年吸引不少人前往观看。葭沚五圣庙非物质文化传承人冯天顺老人告诉，大暑期间，人们将一艘纸扎的约同出海渔船三分之二大小（长约8米，宽约3米）的"大暑船"十分隆重地送往江边，举行一系列祭实且夸张的众多黑白无常像偶长长短短被人扛着、架着满街游走。当地男女老少分别身着红色、白色的古装囚衣，戴着竹木制成的枷锁，跟着怒目獠牙，口吐血舌的"鬼神"后面。灯火摇曳，人"神"恍惚，仿佛行走于阴曹街市。这一场景的瘆人氛围，与当年外婆所见应该别无二致吧！那些"戴枷赎身"的人们似乎一直没有中断过对于生死、鬼神的敬畏和信仰。从他们时而凝重时而欢笑的表情上，可以看出那是一场充满娱乐的"嘉年华"。也不知道那逶迤而过的鬼神行列中有没有一尊是"瘟神"？

瘟疫，古人单称瘟、温，或疫，是指急性传染病。古代疫情十分深重，普通民众往往认为瘟疫就是鬼神作祟所致，通过信仰某些神祇就可以达到消灾减病的目的。最初，古人认为散布瘟疫的是恶鬼，即疫鬼、疠鬼，而率领疫鬼的则是瘟神。

最早的疫鬼始见于纬书，为三人。《礼稽命征》载："颛顼有三子，生而亡去，为疫鬼：一居江水，是为疟鬼；一居若水，为魍魉；一居人宫室区隅，善惊人小儿，为小鬼。"

民间信仰中那些疫鬼散瘟十分庞杂。成书于两晋南北朝的《太上洞渊神咒经》卷十一载："又有刘元达、张元伯、赵公明、李公仲、史文业、钟仕季、少都符，各将五伤鬼精二十五万人，行瘟疫病。"

学者邱云飞在《中国古代的瘟神信仰》一文中曾做较为详细的罗列。民间所祀的瘟神大多为五位。南宋天心派道士路时中所撰《无上玄元三天玉堂大法》卷十三《斩瘟断疫品》载："东方青瘟鬼刘元达，木之精，领万鬼行恶风之病；南方赤瘟鬼张元伯，火之精，领万鬼行热毒之病；西方白瘟鬼赵公明，金之精，领万鬼行注炁（qì：神秘能量，不同于气）之病；北方黑瘟鬼钟士季，水之精，领万鬼行恶毒之病；中央黄瘟鬼史文业，土之精，领万鬼行恶疮痈肿。"这些记述不仅有名有姓而且有五行五色五方和领病种类。

元代成书明代略有增补的《三教源流搜神大全》则对隋文帝立祠祀之五瘟神的信息更加具体了，该书卷四载："五方力士，现于凌空三五丈，于身披五色袍，各执一物。一人执杓子并罐子，一人执皮袋并剑，一人执扇，一人执锤，一人执火壶。……此是五方力士，在天为五鬼，在地为五瘟，名曰五瘟：春瘟张元伯，夏瘟刘元达，秋瘟赵公明，冬瘟钟士贵，总管中瘟史文业。……隋唐皆用五月五日祭之。"关于祭祀日期，各种文献的各说不一。宋陈元靓《岁时广记》卷七引《岁时杂记》则谓元旦祭之，曰："元日四鼓祭五瘟之神，其器用酒食并席，祭讫，皆抑（遗）弃于墙外。"《诸神圣诞日玉匣记等集》载，九月初三为五瘟诞辰，该日为其祭祀日。

据说，"若能知瘟鬼名字，鬼不敢加害，三呼其名，其鬼自灭。"

道家流传许多化解瘟疫的符咒，第二洞天黄岩委羽大有宫主持杜至福曾向笔者介绍了《广成仪制北帝伏魔祛瘟告符全集》《和瘟遣舟全集》《和瘟正朝集》等科仪书。

除了五瘟神之外，还有众多具有地方特色的神祇。台州沿海流行着多种"五瘟大神"的传说，而黄岩则有"五圣"传说的较早文献记录，清光绪年间编的《黄岩县志》载：

灵济庙，在永利桥之西，旧名桥亭。神姓柴，婺源人，兄弟五人。相传齐永明中避乱，猎于圣堂山，能扼虎。邑令萧景恐其生乱，谕遣之。后复至，狂叫山谷中云："吾五圣也，能为地方捍灾御患！"言讫，列坐圣堂岩下，啗松柏，三日而殂。是后每闻山间有鼓噪声。梁天监癸未，又称瘟士大神、瘟元帅、温元帅、温太保等，为道教中（马、赵、瘟、关）四大护法元帅之一，东岳十太保中的第一太保。

瘟司大神被认为驱瘟逐疫的地方神祇，有不少文献记录。明初宋濂《温忠靖王庙堂碑》载：温琼字永清，温州平阳人。以唐长安二年（702）五月五日午时生。七岁习禹步（道士祷神仪礼步法动作。笔者注）。十四岁通五经百氏及佛、道二教。二十六岁举进士不第，乃拊几叹曰："吾生不能致君泽民，死当为泰山神，以除天下恶历。"后来四川叶天师用其符除瘟疫，各地乃广为立祀。初封翊灵昭武将军正佑侯，宋末加封正福显应威烈忠靖王。

温琼的形象也有一些文献做有细致的刻画，《道法会元》卷二百五十四中载："身长九尺余，青面青手，獠牙唇红，发赤眉须赤，金眼狰狞，裹紫巾方顶，着雁花绿袍，金束带，黑吊鞭绿靴，豹皮棍，手执金骨朵，捉祟，仗剑出入。"有的画像中手中所拿为狼牙棒或金环。

传说玉帝敕封其为亢金大神，并赐玉环一只、琼花一朵、金牌一面，上有"无拘霄汉"四字，可以自由出入天门，巡察五岳名山，驱邪伐妖。其庙宇称广灵庙或温将军庙，旧时多见于江浙一带。

瘟司大神由人为神的转变，有来源于民间"投井试毒"的传说。相传平阳秀才乡试夜读，闻见疫鬼井中施毒。翌晨，立于井栏，阻人汲水。众不信，以身投井，中毒而亡，全身发蓝。后人感念其舍身救人，塑其蓝脸或黑脸，建庙祀之。

民间流传的此类故事有不少版本，有五举人、五小孩及五位应考未第者等，或投井、或投潭以死保护民众。后被奉称为专为阳界驱瘟除疫，保境安民的"五圣"，又称"五帝""五灵公""五瘟神""五福大帝""五瘟使者"等，虽然各地有各自的传说、称谓，但都是以拯救世人免受瘟疾而牺牲自己生命的同一主题，人一旦有了神格就被奉若神灵。

瘟司大神似乎为黄岩独特的叫法，江浙一带大多称为温元帅或瘟元帅。其民间信仰缘起宋代，由浙江平阳始传温台，后传至浙江各地，扩散到福建、台湾、苏州、湖北、四川等地，有学者认为，今日台湾盛行的王爷信仰与瘟司大神信仰有着传承关系。

民众信仰温元帅的主要形式是赛会，目前所见温州、杭州温元帅赛会活动的最早记录同时在十八世纪。每年温元帅的生日，人们就给他换上新的帅袍帅帽，上香行礼。巡游时，座像身后，还有一只大甏。据说，瘟元帅所到之处，瘟气全部收入甏中，瘟疫不再蔓延。

旧时黄岩，每年要举行恭迎瘟司大神。农历三月廿八，是东岳大帝的诞辰，要举行为期两天的庙会。恭迎瘟司大神的巡游成为热闹庙会活动的压轴大戏，由仪仗乐队、文武判官、黑白无常等组成的队伍十分庞大，从文庙奎文阁前面的瘟庙出发，吹吹打打走街串巷。一路行游到东城外的东岳庙，随行人们逐批向祭坛上的东岳大帝、瘟师大神等神灵一一叩拜方才自行解散，当夜还会有不少人回到瘟庙通宵"护寿"。笔者的外婆曾参加过"瘟司大神"的巡游，她对那种恐惧、紧张、阴森可怕的氛围曾绘声绘色地告诉过笔者。那时，听得笔者直恨自己生得太晚，没有福气一睹这样神秘可怖而令人兴奋的巡游场景。

2018年中秋，笔者闻讯前往福建霞浦大京村参加城隍夜游习俗活动。阴暗夜色下，造型写

纸船送瘟：黄岩瘟庙及古代民间送瘟神习俗

张 良

当下正是"一手送瘟神、一手迎财神"的时候，民间"送瘟行福"习俗中"瘟神""财神"的送与迎，则把当前疫情防控和经济发展的辩证关系，诠释得惟妙惟肖。

古人与瘟疫的抗争，神明的加持似乎不可或缺。道教和民间信仰中都存在的瘟神，便是行使、收摄瘟疫的使者，护佑健康的神祇。瘟庙这种独特的庙宇在旧时并不少见，但保留至今的则在国内非常之少。

坐落于台州市黄岩区孔庙学前巷南面，尚书坊西侧的瘟庙，亚字形合院建筑，庙门临街朝东。瘟庙始建年代不详，原属道教场所，专供瘟司大神。清道光三年（1823），神殿后面改建佛殿，形成前道后佛的格局延续至今。咸丰十一年（1861）曾毁于战乱，于同治三年（1864）重建，宣统三年（1909）重修。听当地居士潘珠兰老人说，瘟庙山门正对面的戏台约在20世纪60年代拆毁。1985年，劳动南路拓宽，拆除瘟庙山门及前院，拆改神殿前廊等部分建筑，庙宇的完整格局受到改变。2000年前后，神殿和临街10余间庙房被改用商业房出租。现在（劳动南路47-3号）的庙门仅用两扇素色的木门，门楣上方标有"瘟庙"两个斗大的金色铜字，除此没有任何庙宇的装饰性式样，如同普通老宅门户，挤在花花绿绿的服装店中间显得格格不入。

原先，瘟庙门前是一条南北走向六七米宽的巷子叫"大街"，为黄岩老城的中轴线，是一条繁华的古街巷。从大街北段（原为仓头街），南至三板桥，自古商铺林立，充满了生活气息，唯独瘟庙的台门显得清冷阴森，摊贩不愿意在此逗留，以避晦气。

清光绪年间（1878）绘制的《黄岩县城坊巷图》可见，瘟庙东侧也就是现在台州市第一人民医院的区域，分布着邑祖庙、火神庙、明因寺、校士馆、节妇祠等庙宇祠堂，可见包括瘟庙这一区域是人文遗迹较为集中的所在。瘟庙以北大街两侧还有文庙、武庙、灵济庙、会中寺、妙智寺、文昌祠、福佑庙、吕祖祠、塔院、城隍庙、灵观庙、灵顺庙、庆善寺等。老城区8平方公里的弹丸之地，寺庙道观竟然如此林立，可见当年佛道儒及民间信仰的兴盛。然而，这些供奉着神灵先贤的场所大都消弭在历史烟云中荡然无存，仅仅留下文庙和与之一巷相连的瘟庙。

黄岩瘟庙的保留与延续或与兴办企业有关。20世纪70年代，整个瘟庙成为黄岩县皮件厂的厂区。笔者的父亲张继锋担任过厂长，据他回忆，该厂是黄岩较早的外贸企业，以生产出口欧美的皮箱为主。当年工人有五六十人，其中就有七八位尼姑成为厂里的职工，她们则居住在庙里。这些"被还俗的尼姑"，将原本供奉在庙堂的神像悄悄移置在生活用房里，依然时不时地祭拜、诵经，也接待一些虔诚的香客前来膜拜许愿。荧黄如豆的香烛，忽明忽暗飘摇在阴冷的角落，那些黑脸怒目的神像使儿时的我避之不及，生怕触怒瘟神遭病。

现在，主祀的瘟司大神从前殿移至后殿赐祚宫左侧偏殿，殿明间为六柱十檩抬梁式建筑，神龛里的瘟司大神黑脸、黑髯、黑袍，鼓睛暴眼，不怒自威。主持庙宇的振德师父介绍，瘟司大神

余 论

进士群体"儒学就与科举结合起来"[1]的产物,是"学而优则仕"的典型代表,让"文以干禄,成为选官主流"[2],是传统社会中文官制度的中坚力量,深刻影响着中国的历史进程。正如钱穆先生所认为的那样,进士群体"使政府与社会紧密联系,畅遂交流"[3],更如余英时先生所认为的那样,进士群体占据了中国"文化和政治方面的中心位置"[4]。台州的进士群体具有"非典型"的意义。从台州进士群体的历史脉络来看,历史上的进士群体与其伴生的面貌与思想的阐释无法脱离对特定社会文化的分析,进士群体的文化意义和历史作用需要我们结合时代背景不断进行诠释。正是因为台州在唐代是偏远之地,所以进士群体不兴,但宋代政治中心的南迁,经济文化重心的南移,台州的进士群体便迅速发展起来,从科举制度在台州的运行就可见科举制度的施行还与距离政治中心的远近和经济、文化的繁荣程度相匹配。进士群体虽已远行遁逝,但其所留下的丰厚历史遗产依然值得我们重新挖掘,认识其所深悬的价值意义。

---

[1] 王炳照、徐勇. 中国科举制度研究 [M]. 河北:河北人民出版社,2002,100。
[2] 龚景兴、张银龙、顾仁娟. 湖州科举史 [M]. 浙江:浙江古籍出版社,2014,56。
[3] 钱穆. 中国社会演变 [M]. 上海:生活·读书·新知三联书店,2005,34。
[4] 余英时. 士与中国文化 [M]. 上海,上海人民出版社,2003,15。

既是台州社会地位上升的一个促进因素，也是社会上升带来的一个结果"①。

其三，元代、进士群体和"九"的背后意义。于元代而言，台州的进士人数仅有九人，这是继唐代以后，台州进士群体的又一低潮期。其发生之原因，不仅跟元代"选官以门荫为主"②的政治倾向有关，也跟元朝科举考试举办次数少有关。事实上，在元朝的统治时期，科举考试一共就举行了"十六次"③，这自然而然地降低了进士的录取人数。而元代的"四等人制"的歧视政策，让处于"民族鄙视链"最低端的台州人几乎没有中进士的可能性。而另一方面来说，在十六次的科举考试中，分场考试的不公平性，且对汉人、南人的诸多限制，也让汉人中进士的概率降低，台州人亦如是。更有甚者，台州人方国珍一直武装抗元，这就更加限制了台州的科举入仕。因而，元代台州只有九人成为进士，也不足为奇。

其四，明代、进士群体和"二百七十一"的背后意义。于明代而言，台州地区有二百七十一位进士，是继宋代以后，台州地区第二次进士群体达到三位数，这对台州进士群体而言具有积极意义。它不仅是台州元代进士群体受到限制情况下的反弹，也是对于明代进士群体的肯定。而事实上，对于"二百七十一"这个数字需要理性看待，这一方面代表成绩，另一方也代表失落。所谓失落，就是明代的台州在进士群体人数上也未能恢复宋代的荣光。这一方面跟明代是大一统国家，台州的战略地位未有宋代时期那样重要；另一方面也是明代台州面临着严重的倭寇危机，"直到明末的崇祯四年，海门还设有备倭公署"④。面对来自倭寇的袭扰，明代台州渔盐业也受到严重打击，洪武四年，朱元璋下令禁止居民私自下海，台州的玉环岛与南田岛都被封禁，台州的经济一落千丈。倭寇的侵略、经济的下滑、民生的凋敝，让台州地区虽有进士群体的发展，但是终究被上述原因限制，不能得到更好的发展。因而，"二百七十一"这个数字是台州在艰难困苦中走出来的自我革新的路径，带有台州人特有倔强和坚韧。

其五，清代、进士群体和"三十八"的背后意义。于清代而言，台州地区有三十八名进士。相较于明代的进士群体数量，清代的进士群体只有其三分之一。之所以会出现如此巨大的跌幅，最为重要的原因，乃是台州的地位位置限制了其发展。清朝是传统社会中最后一个大一统的国家，其地域之广大可与唐代相媲美。将台州置身于如此广大的疆域之中，台州显得较为渺小和不甚重要，清代初期的康乾盛世，以杭州、湖州为代表的江南地区的进士群体得以猛然崛起，而台州则是江南的边缘，是属于东南沿海地区，其偏远的地理区位再次局限了台州科举的发展。加之"明末清初，这里是汉族抗清活动的活跃地区"⑤，因为在郑成功抗清时特斯先后一度被攻占，还有清时海禁政策的影响，沿海商业一度废止，经济大受打压。这都不利于台州科举的发展和进士群体数量之增多，因而才有"三十八"这一数字符号。

---

① 李一、周琦. 台州文化概论 [M]. 北京：中国文联出版社，2002，34。
② 王炳照、徐勇. 中国科举制度研究 [M]. 河北：河北人民出版社，2002，56。
③ 笔者注：据《续文献通考》卷四十四《科目之数》概括而来。
④ 李一、周琦. 台州文化概论 [M]. 北京：中国文联出版社，2002，56。
⑤ 滕复. 浙江文化史 [M]. 杭州：浙江人民出版社，1992，60。

书院体系的另一环，观澜、樊川、竹溪等私人书院一时鼎盛而出。私人书院是将民间资本和民间智力有机地融合在一起，"成为与地方官学平行的私学的独特教育形式"①。官办书院和私人书院的发展成为宋代台州科举事业的重要支撑力量，也是台州宋代科举鼎盛的基础力量。而在台州各地建立的义学体系则是成为贫民子弟的文化发展路径，成为提升台州的文化教育水平，养成良好的读书风气重要手段。梁庚尧就在其《宋代科举社会》中写到"资助外来士人就读的民间义学，为清寒士人开了一条上进的道路"②。朱熹在台州赈济事务期间为发展台州文化助力颇深，"临海的林恪、石隔、黄岩的林鼐、赵师渊、赵师夏、杜晔、池从周，天台的潘时举，仙居的吴梅卿，都从之（朱熹）受业"③。在私人书院、官办书院和名士的合力加持下，台州的文教事业茁壮成长，成为宋代台州进士群体的教育渊薮和思想发端。

对于宋代进士群体的井喷现象的解释还有另外一个维度，即宋代台州的政治经济发展。进士，或是说是科举，从其表象来说，是一种文化活动，或是教育活动，但从其本质来说，乃是经济活动。科举的发生与发展，其内涵就是经济发生发展的过程，在追求科举的过程中实际上就是个人或是家族默默付出钱财和时间的过程。因而，科举活动的鼎盛或是进士群体的壮大也伴随着经济的发展。于台州而言，宋代经济得以快速发展。台州设有北宋最为发达的"官营造船场"④，造船业的繁盛让台州的考生有机会得到便利的水路交通，让其顺着京杭大运河抵达汴梁或是杭州。以台州金漆⑤为代表手工业也是台州经济发展的重要例证。台州发达的手工业为进士群体打下了经济基础。而宋王朝迁都杭州，将台州定为陪都，则是为台州科举发展，提供了政治保障。当杭州成为南宋之行在，成为南宋的政治中心，这无形中将台州与宋朝首都的位置拉近，不需要前往北方的汴梁。而随着宋代国都位置的变化，无形中提高了台州的政治地位，让台州有机会成为科举考试的分会场，如"贡院在（台州）巾子山北"⑥。台州有贡院，其科举焉能不盛，其进士群体焉能不多？对于南宋政府来说，更为重要的一点是来自台州谢氏、钱氏等望族的政治支持，这是台州进士群体增多的重要脚注。孝宗时，钱忱之子钱端礼官至参知政事，并有女被选为王妃。宁宗开禧元年，钱端礼之孙钱象祖被授为参知政事兼枢密使，嘉定元年任左丞相。临海谢氏亦是支持南宋政权，其最为出名的是谢深甫。字子肃，"右丞相，知枢密院事，迁金紫光禄大夫"⑦，是"州人固有位执政者为宰辅，自深甫始"⑧。谢深甫的孙女谢道清在理宗时被册封为皇后，到度宗时被尊为太皇太后，度宗无能，谢道清垂帘听政，乾纲独断，大权独揽。谢氏历经四代鼎盛，另有封王为公者数人。南宋台州任丞相者还有贾似道、杜范、吴坚、叶梦鼎等。南宋时期，北方贵族因北方沦陷之故大量南迁，大批原籍北方的大臣也有退职致仕后定居台州者。"这

---

① 浙江省社会科学院. 浙江通史·宋代卷 [M]. 浙江，浙江人民出版社，2005，337。
② 梁庚尧. 中国社会史 [M]. 上海：东方出版中心，2016，106。
③ 连晓鸣. 台州文化史话 [M]. 浙江：杭州大学出版社，1993，62。
④ 滕复. 浙江文化史 [M]. 浙江：浙江人民出版社，1992，170。
⑤ 滕复. 浙江文化史 [M]. 浙江：浙江人民出版社，1992，172。
⑥ （宋）陈耆卿. 嘉定赤城志卷三十二 [M]. 台州丛书本，150。
⑦ （宋）徐自明. 宋宰辅编年录卷二十 [M]. 民国敬乡楼丛书本，610。
⑧ （宋）陈耆卿. 嘉定赤城志卷三十二 [M]. 台州丛书本，1028-1029。

快之地，深可安慰。从横向来看，唐朝进士登科者最少，只有 2 人，宋代台州进士最为繁荣，达到 587 人，次于宋代的是明代，是少数进士人数达到三位数的朝代。在宋明之间的元代，台州进士登科者寥寥，仅有 9 人。清代台州进士人数又有回落。整体来看台州科举进士人数呈波浪形，朝代之间变动较大。从纵向来看，表格中列举了部分浙江其他地区与台州进行对比，可见，台州的科举发展程度不高，处于底端，难以与它们相比。于台州而言，宋代是进士群体的荣耀时刻，即便如此，台州在进士群体，无法与温州、湖州、杭州、宁波等地相比。

数字背后的真实：唐朝至清代台州进士群体之成因

二、五百八十七、九、二百七十一、三十八，这五个数字，在很多时候会被理解为无意义，只是数字的堆砌，但是如果将其放置在台州这个空间范围内，放置在唐朝至清代这个时间范围内，放置在进士群图这个事物范围内，这些数字则是成为有意义的内容，成为台州文化符号，成为具有隐藏价值的特殊代码，更是也成为台州的科举发展脉络。"数字密码"已经展现在读者的视野中，其所透露的历史真实为何，其蕴含的历史规律为何，其保藏的历史谜团为何？现为大家解谜。

其一，唐代、进士群体与"二"的背后意义。于唐代的台州而言，只有两名进士，人数之少，甚至无法搭建出"进士群体"的内在含义。之所以会出现这类情况，与台州当时的社会状况和当时给予台州的定位息息相关。前文有所论述，台州在武德四年才被唐朝所征服，在此之前的台州，一直处于沈法兴的控制之下，作为叛乱势力的沈法兴肯定不会让台州的士子参加唐朝的科学考试，进士仅有两位，也是情有可原。与此同时，对于唐代的台州而言，当时虽不能说是"文化沙漠"地带，但是可以肯定地说，当时的台州确为唐朝的边疆之地，是唐代官员的贬谪之所，因而当时台州的文化氛围并不浓厚，当时处于台州科举文化的萌芽期，因而科举并不兴盛，故而只有两位进士列入榜单。

其二，宋代、进士群体与"五百八十七"的背后意义。于宋代而言，台州有五百八十七名进士，成为台州进士人数最多的朝代。之所以会出现如此进士群体的井喷现象，或许陈耆卿的话语能够解释一二。他说："吾州虽号僻远，而文教无不之焉。"[1] 随着"文教无不之"而来的是，例如戴柔伯等人通过自身努力将书籍的传承功能最大化，导致"藏书之家遍布各县"[2]。与藏书相一致的是，台州刻书活动也蔚然成风，大量书籍被印刻，书价也大为降低，让更多的平民百姓有机会、有能力去获取书籍，获取书籍中的知识，这无形中也为进士群体的产生添砖加瓦。"文教"的另一侧面则是，台州书院的发展与兴盛。于台州而言，上蔡书院是台州书院文化中标志性的书院。它的意义不仅仅是由台州太守王华甫[3]所建，由此而带来官方崇尚文化的政治意义，更是实实在在的台州最早的官府办书院，让更多的学子得以有机会成为进士，成为台州知识分子获得出身，获得青云直上机会的重要平台。然而，官办书院只是书院体系中的一环，私人书院则

---

[1] （宋）陈耆卿. 嘉定赤城志卷三十二 [M]. 台州丛书本，1008。
[2] 胡正武、胡平法. 台州人文研究选集 [M]. 北京：华艺出版社，2006，49。
[3] （清）郭世业. 青神县志卷四十八 [M]. 清光绪三年刻本，519。

从统计表中，台州与浙江其他地区相比，可以发现台州文科进士群体一大特征，乃是其数量最少。其一，从文科进士群体的总量来说，台州只有907人，而宁波的进士总人数有2432人，是台州进士总人数的2.68倍，即便是除台州以外，进士总人数最少的金华，也比台州进士总人数多11人。其二，从历代进士人数来说，台州在唐代进士人数最少，只有2人，而在宋代，台州的进士人数是587人，仅仅比最少的金华多9人，位于倒数第二。虽然杭州在元代的进士人士最少，只有6人，但与台州的9人来说，也只是相差三人，台州与宁波并列倒数第二。因而，我们认为，相较于浙江的其他地区，台州地区进士群体不仅在总量上，还是在各个历史时期，进士群体的数量是最少的。

从统计表中，比较台州各个历史时期的进士群体数量，可以发现台州文科进士群体呈现高低起伏的波浪式发展的特点。台州进士群体在唐代、元代和清代属于"波谷时期"，分别只有2人、9人和38人，而在宋代和明代则是属于"波峰时期"，分别有587人和271人。从增长率来看，台州地区进士群体数量是增长最快的地区，特别是唐代到宋代，台州地区进士群体数量增长了293.5倍，相较于其他地区而言，宁波增长了286倍，杭州增长了265倍，温州增长了195.9倍，衢州增长了194.5倍，丽水增长了94.9倍，绍兴增长了51.5倍，嘉兴增长了26倍，金华增长了24.7倍，湖州增长了18.5倍。

从统计表中，更可以看出台州进士群体在浙江省进士群体中位置。表中浙江进士群体总人数是15606人，其中宁波的进士人数最多，有2432人，占比为15.6%，台州为人数最少，占比为5.8%，大约为宁波的三分之一，仅仅能与金华占比5.9%堪堪相近，其他地区均比台州要高上不少的百分比，因此，可以推断出，从进士群体总量来说，台州并不占优势，甚至是处于劣势之中。从各个历史时期，从台州进士人数的绝对占比来说则是呈现"两端低，中间高"的趋势，即从唐代的1.6%，到宋代的7.3%，到元代的5.3%，到明代的6.9%，到清代的1.1%。从台州进士人数的相对占比[①]来说，就唐代而言，湖州为占比最多的地区，达到28.2%，那么台州的相对占比则是26.6%；宋代，温州为占比最多的地区，达到17%，那么台州的相对占比则是10.3%；元代，衢州为占比最多的地区，达到18.8%，那么台州的相对占比则是13.5%；明代，宁波为占比最多的地区，达到24.9%，那么台州的相对占比则是18%；清代，杭州为占比最多的地区，达到26.9%，那么台州的相对占比则是25.8%。从台州的相对占比数据来看，台州曾经在唐宋之际，与浙江其他地区进士人数上有所缩短。然在宋元之际，元明之际、明清之际，台州与浙江其他地区的进士人数被不断的拉开距离，而且拉开的幅度从4.5%增长到7.8%。反之，亦是相同。即台州占比与最低地区占比呈现出正相关，也就是呈现增长的局面。唐代，台州为最低地区，即两则之差为0%，宋代，金华为最低地区，其占比为7%，两则之差为0.3%；元代，杭州为最低地区，其占比3.5%，两则之差为1.8%，明代，丽水为最低地区，其占比为3.2%，两则之差为3.7%；清代，丽水为最低地区，其占比为0.4%，两则之差为0.7%。

综上所述，台州进士群体数量在浙江省范围内容处弱势地位，是数量最少的地区。但是从台州发展势头来说，较快发展的地区之一。与此同时，但较为可喜的是在增长率上来说，台州为最

---

① 笔者注：所谓"相对占比"就是台州进士人数占比与各个历史时期最高占比地区之差。

位置与比较：唐朝至清代台州进士群体之数量

前文之论述，将唐朝至清代台州地区进士之基本面目得以展示，然而，笔者认为仅仅展示台州地区进士之眉目，无法真正了解台州进士之地位，因而，笔者引入比较视野，将台州置身于浙江省的地域范围内，通过对浙江杭州、湖州、嘉兴、宁波、绍兴、金华、衢州、温州、丽水等区域①进士群体在唐朝至清代进士之数量，来确定台州进士群体之地位。因而，笔者依据相关文献，制定《浙江部分城市唐朝至清代文科进士群体统计表》，一方面通过数据化的方式展示历代台州的进士情况，另一方面则是将台州放置在浙江省的各个区域之中，进而让台州更好地确定自身的定位。如下表：

浙江部分城市唐朝至清代文科进士群体统计表

地区＼朝代	唐	宋	元	明	清	总计
杭州	3	795	6	489	888	2181②
嘉兴	24	623	18	639	714	2018③
湖州	35	648	24	318	443	1468④
宁波	4	1144	9	977	298	2432⑤
绍兴	12	618	24	560	744	1958⑥
金华	23	568	18	222	87	918⑦
衢州	4	778	32	173	35	1022⑧
台州	2	587	9	271	38	907⑨
温州	7	1371	12	148	45	1583⑩
丽水	10	949	18	129	13	1119⑪
总计	124	8081	170	3926	3305	15606

---

① 笔者注：目前浙江包含湖州、嘉兴、杭州、衢州、金华、绍兴、宁波、舟山、温州、台州、丽水等11个市，但应舟山为岛屿地区，限于文献资料等原因，无法确切找到舟山进士人数，故而未录，以待来者。
② 数据来源：http://www.360doc.com/content/16/1228/19/8527076_618474350.shtml。
③ 数据来源：丁辉、陈心蓉. 嘉兴历代进士研究[M]. 安徽：黄山书社，2012。
④ 数据来源：龚景兴、张银龙、顾仁娟. 湖州科举史[M]. 浙江：浙江古籍出版，2014。
⑤ 数据来源：张时彻. 宁波府志[M]. 台湾：成文出版社，1983。
⑥ 数据来源：任桂全. 绍兴市志[M]. 浙江：浙江人民出版社，1996。
⑦ 数据来源：http://www.360doc.com/content/16/1228/19/8527076_618474350.shtml。
⑧ 数据来源：徐海水. 衢州市教育志[M]. 浙江：杭州出版社，2005。
⑨ 数据来源：喻长霖. 台州府志[M]. 民国二十五年本。
⑩ 数据来源：温州市志编纂委员会. 温州市志[M]. 北京：中华书局，1998。
⑪ 数据来源：彭润章. 丽水县志[M]. 台湾：成文出版社，1975。

最多的时期。更为可喜的是，台州第一位状元王会龙也产生于此时。即"理宗宝庆二年……省元王会龙，状元同"①。随之而来的是，宋代台州人才济济，呈现井喷鼎盛之相。陈公辅、陈良翰，一族双进士，"五年汪应辰榜"②。被《宋史》评价为"以书生於兵事，不学而能"的王居安也是台州人，是"淳熙十四年王容榜进士及第"③。以龙图阁直学士致仕，知处州监察御史，殿中侍御史，户部侍郎的吴芾是台州人，中"绍兴二年张九成榜"④。深受朱熹之学的台州人杜范是"嘉定元年举进士"⑤。更为奇特现象是，在南宋时期，台州籍的进士就任南宋丞相的情况特别突出。台州人贾似道，于嘉熙二年登进士，宝祐二年，加同知枢密院事。祖籍台州的吴坚，于理宗淳祐四年中进士，德祐二年正月，升为左丞相兼枢密使。由此可知，宋代是台州进士的高潮期，不仅是在进士总量上最多，从职官角度来说，台州进士的官职也是最大，质量最好的朝代。

元代的台州路，归属于浙东道。元代的科举制度基本继承宋代的"三元体制"，但是因为元代乃是蒙古人统治，因而科举也成为"民族歧视"的重灾区。作为"南人"的台州人在元代科举表现平平，只有九人成为进士。然可圈可点的地方是，泰不华成为台州地区第二位状元。蒙古族的泰不华，在十八岁的时候，即在元延祐七年成为元朝状元。历集贤修撰、著作郎、监察御史、台州路达鲁花赤，是对台州的文教事业作出卓越贡献之人。

明代的台州府，隶属于浙江行省。明代是台州科举的另一个小高潮，不仅出现了台州第三位状元——秦鸣雷，还有二百七一名进士。此局面的形成，或许跟"非科举者，毋得与官"⑥的现实状况有关。需要指出的是，明代台州科举得以发展，跟台州的学校系统息息相关。由于朝廷的重视，科举考试更加繁荣，学校不仅成为知识传播之所，也成为科举的"预备之所"。学校与科举不自觉地成为"如胶似漆"的互为依存关系。而在明代已经开始八股取士，这种考试方式让进士逐渐成为"思想僵化"，形成"万马齐喑"的局面。

清代的台州，在科举方面并不突出，与明代相比，可谓远远不如。清代台州的进士只有三十八人。需要指出的是，明清时期，对于科举实行"分省定额"，这在一定程度上保障了区域之间的选材公平，但是对于浙江、江苏等文化发达的区域，具有一定的限制作用，从这一点上来说，清代台州只要三十八名进士也有时代和政策的因素。

在前文中论述中，台州地区出现过三位文状元，更为巧合的是，台州也出现了三位武状元，分别是南宋官至沅州知州的叶崇，他在嘉泰二年中武举状元，还有就是官至钦州知州的陈正大，他在嘉定十三年中武举状元。还有一位是清朝官至广东南雄府副将的陈桂芬，他在同治七年中武举状元。

---

① （元）马端临.文献通考卷三十二选举考五 [M].清浙江书局本，561。
② （宋）陈耆卿.嘉定赤城志卷三十二 [M].台州丛书本，1020。
③ （宋）陈骙之.南宋馆阁续录卷七 [M].清文渊阁四库全书本，47。
④ （宋）陈耆卿.嘉定赤城志卷三十二 [M].台州丛书本，1019。
⑤ （元）脱脱.宋史卷四百七列传第一百六十六 [M].清乾隆武英殿刻本，4231。
⑥ （清）张廷玉.明史卷七十志第四十六 [M].清乾隆武英殿刻本，716。

分析台州进士群体在浙江之地位，进而阐述了台州进士群体的特征与成因。不足之处，请大方之家多多指导订正。

轮廓与眉目：唐朝至清代台州进士群体之嬗变

科举"英雄入彀"的标签，让科举带有争议性。然而与其说是"入吾彀中"，不如说是传统社会以科举为"蛛丝"，构建了一张层层叠叠的"蛛网"，将皇帝至高无上的权力在科举层面直接接触在最底层的乡村社会。从中央政府到乡村社会，在传统社会中一般来说还需要通过"省""市"这两个节点，反映在科举层面上则是"省试"与"乡试"。需要说明的是，关于"省试"与"乡试"是科举制度成熟以后才会出现，这也是传统社会的"一般之论"，更为具体和细致的分类，笔者将会另行撰文，在此不表。

与台州而言，台州与科举在时间线上来说，几乎属于同时代。众所周知，科举制度是隋代所建立，而其成熟则是唐代。台州在先秦时期，乃是被称为"越地"[①]，而"台州"二字在史书出现的时间是在公元621年，也就是"唐武德四年"[②]。"武德"是唐高祖李渊的年号。李渊对于科举制度，是"多循隋制"[③]。因而可知，在唐初，台州地区也是实行继承隋代的科举制度，也就是以"进士科"取士。需要说明的是，唐代的科举有六科[④]，其中以"明经""进士"二科最盛。随着时间的推移，从唐初的"进士""明经"并重的风气慢慢转变至重"进士"而轻"明经"的状况。一句"不由进士者终不为美"[⑤]，可见在唐代缙绅心目中"进士"之地位。而事实上，中"进士"一科，甚为艰难。"五十少进士"绝不是夸夸其谈，而是历史真实。唐代的台州，其实属于偏远荒芜之地，但甚为可喜的是，有两位台州人成为进士。其一为项斯，他是台州中进士第一人，从台州的科举发展来说，具有开山鼻祖的标志性意义。项斯，"字子迁"[⑥]，擢进士第，官至丹徒尉。其一是孙郃，"字希韩，登乾宁进士第"[⑦]。

当历史的巨轮进入宋朝之后，台州的科举得以蓬勃发展。宋神宗罢黜武举、制科、童子举等，"而分经义、诗赋以取士。其后遵行，未之有改"[⑧]。也是在宋代，建立"状元""省元""会元"的"三元"制度。台州也是在宋代之后其战略地位和文化风尚得以快速发展，这其中最为重要的原因是自魏晋以后中国经济重心的南移格局的确立，与此同时，南宋迁都所带来的"政治""经济"和"文化"的"外溢效应"，使台州从唐代的"荒僻之处"成为除杭州之外"次级经济文化圈"，成为地辖临海、天台、黄岩、宁海和仙居的重要经济县区和文化大邦。台州作为宋代的"文化大邦"在科举上的反映，则是让宋代台州的进士群体成为唐朝至清朝人数

---

① （宋）陈耆卿. 嘉定赤城志卷一 [M]. 台州丛书本, 39。
② （宋）陈耆卿. 嘉定赤城志卷一 [M]. 台州丛书本, 41。
③ （唐）杜佑. 通典卷十四选举二 [M]. 清武英殿刻本, 140。
④ 笔者注："六科"分别为："明算""明经""明书""明法""秀才""进士"。
⑤ （元）马端临. 文献通考卷二十九选举考二 [M]. 清浙江书局本, 495。
⑥ （宋）陈耆卿. 嘉定赤城志卷三十二 [M]. 台州丛书本, 1003。
⑦ （宋）陈耆卿. 嘉定赤城志卷三十二 [M]. 台州丛书本, 1003。
⑧ （元）脱脱. 宋史卷一百五十五选举志第一百八 [M]. 清乾隆武英殿刻本, 1628。

及盛况背景剖析》[1]，市域范围内的《宋代温州科举研究》[2]《宋代徽州科举研究》[3] 等。

从上述内容来看，"时间节点"的科举研究无论在数量上，还是在质量上都明显高于"地域节点"的科举研究。而且单纯"地域节点"的科举研究来看，目前学界仅对江西、安徽、浙江三个省级行政区的科举研究有所涉猎，而且研究时间也集中于宋代，因而除去这三省，尚有31个省级行政区的科举研究可以拓展，如果将其放置在市级行政区的层面，除去温州与徽州地区，将有599个市级行政的科举研究可以深挖，这是学界尚未关注之处，也是历史研究的宝藏之地。而且关于市级行政区的科举研究有诸多有待填充和提升之处，如浙江的台州地区。台州的科举研究尚未形成系统性和专门性，目前涉及台州科举的文章可谓寥寥，仅有十余篇，且均非专门论述台州科举，将台州科举作为"配角"的形式出现在文章之中，如将台州科举内容放置在浙南地区书院[4]、南宋两浙路州县学[5]、宋代官刻书籍[6]、南宋诗歌总集编纂[7]、地方公益事业[8]等方面，或是将台州优秀进士，如陶宗仪[9]等人进行讨论，未有正面系统地论述过台州科举和进士群体，由此可见，台州科举属于学术薄弱点，大有可为之处。因鉴于此，笔者通过《嘉定赤城志》[10]《文献通考》[11]《赤城新志》[12]《台州札纪》[13]《台州丛书乙集》[14]《台州丛书甲集》[15]《台州府志》[16]《浙江文化史》[17]《台州文化史话》[18]《台州文化概论》[19]《台州地区志》[20]《台州人文研究选集》[21]《台州市志》[22] 等文献资料，试图勾勒出台州进士群体之轮廓，并以此为基，通过数据比较法，

---

[1] 黄明光，李佳芳．浙江科举状元考订、进士人数探讨及盛况背景剖析［J］．浙江工商职业技术学院学报，2016，15（02）。

[2] 陈永霖．宋代温州科举研究［D］．浙江大学，2011。

[3] 于静．宋代徽州科举研究［D］．浙江大学，2007。

[4] 辛姗姗．宋元浙南地区书院的文学书写［D］．上海大学，2020。

[5] 白旭．南宋两浙路州县学修建问题研究［D］．四川师范大学，2018。

[6] 刘潇．宋代官刻书籍研究［D］．河北大学，2019。

[7] 吕维．南宋诗歌总集编纂研究［D］．广西师范大学，2015。

[8] 宋燕鹏．南宋士人与地方公益事业之研究［D］．河北大学，2010。

[9] 余兰兰．陶宗仪著述考论［D］．华中师范大学，2015。

[10] （宋）陈耆卿．嘉定赤城志卷一［M］．台州丛书本。

[11] （元）马端临．文献通考［M］．清浙江书局本。

[12] （明）谢铎．赤城新志［M］．上海：上海古籍出版社，2016。

[13] （清）洪颐煊．台州札纪［M］．上海：上海古籍出版社，1996。

[14] （清）宋世荣．台州丛书乙集［M］．上海：上海古籍出版社，2013。

[15] （清）宋世荣．台州丛书甲集［M］．上海：上海古籍出版社，2013。

[16] （民国）喻长霖．台州府志［M］．民国二十五年本。

[17] 滕复．浙江文化史［M］．浙江：浙江人民出版社，1992。

[18] 连晓鸣、周琦、金祖明、任志强．台州文化史话［M］．浙江：杭州大学出版社，1993。

[19] 李一、周琦．台州文化概论［M］．北京：中国文联出版社，2002。

[20] 台州市地方志编纂委员会．台州地区志［M］．浙江：浙江人民出版社，1995。

[21] 胡正武、胡平法．台州人文研究选集［M］．北京：华艺出版社，2006。

[22] 台州市地方志编纂委员会．台州市志［M］．北京：中华书局，2010。

动》[1]《科举制度史话》[2]《中国考试制度史》[3]《中国科举史》[4]《科举学导论》[5]《科举史话》[6]《中国科举考试制度》[7]《中国科举制度研究》[8]《中国科举史话》[9]《中国古代职官科举研究》[10]《中国科举制度通史》[11]等,"中时段"的科举研究成果则包括《宋代科举制度研究》[12]《宋代科举》[13]《科举与宋代社会》[14]《南宋科举制度史》[15]《宋史选举志补正》[16]《宋登科记考》[17]《元代科举与文学》[18]《宋代科举社会》[19],《明代科举制度考论》[20]《明代科举文献研究》[21]等。所谓"空间节点"就是将科举研究放置在地域范围之内,也就是按照现代意义上的国际或国内的省、市、县等地域划分。如国际地域的《明代文学与科举文化国际学术研讨会论文集》[22],全国范围的《南宋宗室科举制度探析》[23]《科举学的形成与发展》[24]等,省域范围内的《宋代江西科举研究》[25]《宋代浙江进士研究》[26]《明代浙江举人的地理分布初探》[27]《浙江科举状元考订、进士人数探讨

---

[1] 潘光旦、费孝通. 科举与社会流动 [J]. 社会科学, 1947。

[2] 张晋藩、邱远猷. 科举制度史话 [M]. 北京: 中华书局, 1964。

[3] 邓嗣禹. 中国考试制度史 [M]. 吉林: 吉林出版集团, 2011。

[4] 刘海峰、李兵. 中国科举史 [M]. 上海: 东方出版社, 2006。

[5] 刘海峰. 科举学导论 [M]. 湖北: 华中师范大学出版社, 2005。

[6] 王道成. 科举史话 [M]. 北京: 中华书局, 1988。

[7] 张希清. 中国科举考试制度 [M]. 北京: 新华出版社, 1993。

[8] 王炳照、徐勇. 中国科举制度研究 [M]. 河北: 河北人民出版社, 2002。

[9] 李树. 中国科举史话 [M]. 山东: 齐鲁书社, 2004。

[10] 龚延明. 中国古代职官科举研究 [M]. 北京: 中华书局, 2006。

[11] 张希清、毛佩琦、李世愉. 中国科举制度通史 [M]. 上海: 上海人民出版社, 2015。

[12] 荒木敏一. 宋代科举制度研究 [M]. 东京: 京都大学东洋史研究会, 1969。

[13] 贾志扬. 宋代科举 [M]. 台北: 东大图书股份有限公司, 1995。

[14] 何忠礼. 科举与宋代社会 [M]. 上海: 商务印书馆, 2006。

[15] 何忠礼. 南宋科举制度史 [M]. 北京: 人民出版社, 2009。

[16] 何忠礼. 宋史选举志补正 [M]. 北京: 中华书局, 2013。

[17] 傅璇琮、龚延明、祖慧. 宋登科记考 [M]. 江苏: 江苏教育出版社, 2009。

[18] 余来明. 元代科举与文学 [M]. 湖北: 武汉大学出版社, 2013。

[19] 梁庚尧. 宋代科举社会 [M]. 上海: 东方出版中心, 2017。

[20] 王凯旋. 明代科举制度考论 [M]. 沈阳: 沈阳出版社, 2005。

[21] 陈长文. 明代科举文献研究 [M]. 山东: 山东大学出版社, 2008。

[22] 陈文新、余来明. 明代文学与科举文化国际学术研讨会论文集 [M]. 湖北: 武汉大学出版社, 2010。

[23] 祖慧. 南宋宗室科举制度探析 [J]. 历史研究, 2011 (02)。

[24] 刘海峰. 科举学的形成与发展 [M]. 湖北: 华中师范大学出版社, 2009。

[25] 邓扬蘩. 宋代江西科举研究 [D]. 福建师范大学, 2012。

[26] 邓涛. 宋代浙江进士研究 [D]. 安徽师范大学, 2015。

[27] 王红春. 明代浙江举人的地理分布初探 [J]. 科举学论丛, 2012 (01)。

轮廓与中心：唐朝至清代台州进士群体嬗变述略

张 剑[①]

摘 要：进士群体研究是科举研究的重要载体，台州地区的进士群体研究处于薄弱阶段，通过台州方志等古籍文献，对于唐朝至清代的台州进士群体的"轮廓"进行描述，认为宋代的台州进士群体是其中心点。通过翻检史料，爬梳文献，认为台州在唐朝至清代的进士数量分别是二、五百八十七、九、二百七十一和三十八，并将这些数据置身于浙江省之范围，通过对比研究，发现台州进士群体在浙江省进士群体中处于底端位置。与此同时，分析了二、五百八十七、九、二百七十一和三十八的背后意义与成因。

关键词：台州；科举；进士群体；嬗变；数量；成因

进士群体是伴随科举制度而来，在长达一千四百多年的历史进程中，科举和进士群体相互依偎，行走在中国传统社会之中。在如此长时段的发展脉络中，科举虽有在考试内容、考试方式、考试种类等方面有所变迁，但是"选拔人才"的科举本质并未有所变化。科举制度是传统社会中最具有代表性的社会制度，从科举的时间广度来说，其流传之广，可谓贯穿古今，隋唐、五代、宋元、明清，无一不包括；从科举的空间范围来说，其传播之远，可谓遍及全中国，在盛唐等时期更将传播范围扩展到西域、日本、朝鲜、东南亚等地。这也难怪钱穆先生将"科举"放置在绝高的位置，称唐以下的社会，乃是"科举的社会"[②]。

如果将"科举研究"比作蛛网，那么"科举"就是蛛网中最为重要的"核心点"，在这"核心点"周围形成了一个又一个的"节点"，并通过历史联系的"蛛丝"将"节点"和"核心点"盘旋回环地联结起来，形成一张紧罗有序、层次分明的"科举研究蛛网"。需要指出的是，笔者认为的"节点"，就是学界关于科举的研究成果。而对于这些研究成果来说，大致可以分为两类，即"时间节点"和"空间节点"。所谓"时间节点"就是将科举置身于时间的范围之内，即同通史或是断代史的写作手法，即将"科举研究"放置在"长时段""中时段"的视野。"长时段"的科举研究成果包括《中国考试制度研究》[③]《中国科举时代之教育》[④]《科举与社会流

[①] 张剑，杭州人，安徽师范大学历史学博士，湖州师范学院人文学院讲师，湖州市历史学会秘书长。
[②] 钱穆. 中国社会演变 [M]. 上海：生活·读书·新知三联书店，2005，33。
[③] 邓定人. 中国考试制度研究 [M]. 上海：民智书局，1929。
[④] 陈东原. 中国科举时代之教育 [M]. 上海：上海商务出版社，1934。

四十余年漫游生活的开始。戴复古要回家了,回家是长久的盼望,终于得以实现。

《贺新郎·寄丰真州》全文如下:

忆把金罍酒,叹别来光阴荏苒,江湖宿留。世事不堪频着眼,赢得两眉长皱。但东望故人翘首。木落山空天远大,送飞鸿北去伤怀久。天下事,公知否?

钱塘风月西湖柳,渡江来百年机会,从前未有。唤起东山丘壑梦,莫惜风霜老手,要整顿封疆如旧。早晚枢庭开幕府,是英雄尽为公奔走。看金印,大如斗。

丰真州是作者的朋友,曾任真州知州,这首词就是戴复古寄赠给他的。上阕,首先回忆他俩昔日共饮的情景。这里"金罍"泛指华美的酒盏。接着以一"叹"字领写,描绘别后境况。先写自己:光阴荏苒、江湖宿留、蹉跎岁月、潦倒穷途,是对自己布衣未遇的概括。但作者并未因此纵情山水,无意世事,而是忧虑地惦念着收复中原、统一祖国的"天下事"。但南宋小朝廷仍在苟且偷生,坐销岁月。面对如此严酷的"世事",作者不忍多看。因为他仿佛看见沦陷区的"故人"在翘首东望,期待收复;他亦凄然看见:在万木凋零的空旷山间,在寥廓清澄的苍穹天际,一队鸿雁翩翩北去,飞向中原,它们仿佛捎去了词人对沦陷区人民的眷念之情,于此又怎能不两眉长皱伤怀久呢?又怎能抑制住满腔悲愤不平之气呢?于是他情不自禁地大声发问:收复中原的"天下事",丰真州您该不会忘记吧?这简直是重槌击鼓,晴空炸雷,以唤起老朋友的爱国心和责任感,使全词由上片的感时叹世过渡到下片的勉友立功。

下阕,"钱塘风月西湖柳"与上片"木落山空天远大"形成暖冷对比。"渡江来"三句是说,现在正是抗金的"百载好机会",形势大好,机不可失。值此形势,作者从"机会""唤起东山""整顿""枢庭开幕府""为公奔走"等方面对友人直言相勉。希望丰真州能像从前谢安东山再起一样,彻底告别山泉丘壑的清闲,拿出"风霜老手"的魄力,"整顿"江山,使宋王朝的"封疆"与百年前一样的广阔而固若金汤。一介布衣,忧国之心溢于言表,拳拳之言,更感人肺腑。这不仅是朋友之间的赤诚对话,亦应视为天下百姓对当权者由衷的期望。①并希望像丰真州这样的将才能入主枢密院,并开设幕府,延揽人才,使天下的抗金英雄都云集麾下,为收复大业而奔走效力。同时预祝丰真州破敌立功,"金印如斗"凯旋而归。词人以豪健笔力着意挥洒,把自己的爱国热忱融入对友人的厚望之中,其烘托主旨,渲染气氛,各臻至妙。②

这首词是戴复古的代表作之一,在艺术风格上沉郁与豪放、幽怨与雄浑相结合。上阕以沉郁为主,下阕则豪健轻快,一气而下,故史有"豪情壮采"之喻。其可贵之处在于:它生动地表现了作者的"一片忧国丹心"和一腔爱国热忱。戴复古虽为江湖诗派中的代表人物,却与当时江湖派中许多诗人不同,身在江湖,心系世事,思图报国。不仅自己如此,而且还恳切勉励朋友:"要整顿、封疆如旧。"若将戴复古的其他词作与此词相印证,更可见其抗金爱国的坚定性和一贯性。③

---

① 王铁麟编著:《落日孤城贺新郎》,上海书店出版社,2002年版,第150页。
② 应守岩:《钱塘自古繁华:杭州城市词赏析》,浙江古籍出版社,2017年版,第149页。
③ 唐圭璋,钟振振主编:《宋词鉴赏辞典》,商务印书馆国际有限公司,2011年版,第1060页。

古》而著名。戴复古五十多岁时曾两次游览湖北黄州赤壁，嘉定十二年（1219）第二次游赤壁之时作《满江红》：

赤壁矶头，一番过、一番怀古。想当时，周郎年少，气吞区宇。万骑临江貔虎噪，千艘列炬鱼龙怒。卷长波、一鼓困曹瞒，今如许？

江上渡，江边路。形胜地，兴亡处。览遗踪、胜读诗书言语。几度东风吹世换，千年往事随潮去。问道旁杨柳为谁春，摇金缕。

上阕以"赤壁矶头，一番过、一番怀古"开头，叙写怀古之情，句式活泼轻快。并通过"想当时"把视角转入历史，用"气吞区宇"四字简洁生动地凸显出周瑜的英雄气魄。继而浓墨重彩地描写激荡壮烈的战场："万骑临江貔虎噪，千艘列炬鱼龙怒"，绘声绘色地描绘出吴蜀联军的高昂士气与火攻曹军时的翻江倒海之势，"貔虎"一种猛兽，比喻勇猛的军队，"鱼龙"系潜蛰江中的水族动物。这些动物也为这场战争而变得躁动不安，似乎有参战的冲动。"卷长波、一鼓困曹瞒"简练地刻画出吴蜀联军势不可当的磅礴气势及曹军迅速崩溃的狼狈，艺术地再现出这一惊心动魄的大战。紧接着用"今如许？"，即现在又怎样呢反问。这转折一问，感慨苍茫，浓重而又深厚。宋人南渡之后，国势日非，戴复古将大半生目击心伤的国事，全含在这一问句中。

下阕"江上渡，江边路。形胜地，兴亡处"四句，写赤壁矶附近的山川形胜与赤壁之战的遗迹。这些有着历史厚重感的胜地遗迹有着深刻意义，承载了王朝的兴亡史事，记录了历史风云变化的轨迹。因而深切感受到浏览遗迹，胜过读历史古籍。"几度春风吹世换，千年往事随潮去"，写词人忧国伤时的感慨：滚滚东流的大江淘尽了千古风流人物，千年往事，历史的命运难以捉摸，谁又能来改变眼前残破的现实和拯救国家的衰危命运呢？词人不由得问道旁的杨柳。然而，杨柳只会摇动自己金色缕线一样的枝条，不知道是为谁展现美丽，只能带给词人无限的喟叹，面对"春风杨柳万千条"的美景，再也无心观赏了。

这首词，行文苍劲有力，风格豪迈磅礴。在自然朴素的描写中，多有浓染之笔与用力之处，平中见奇。清人纪昀很欣赏这首词，认为它的"豪情壮采，实不减于（苏）轼"[1] 清永瑢《四库全书简明目录》评其词："方回瀛奎律髓，称其诗清新健快，其词亦然。至《赤壁怀古》之类，豪情壮采，直逼苏轼，又集中之变调也。"[2]

四、英雄尽为公奔走

"是英雄尽为公奔走"是复古词《贺新郎·寄丰真州》中最能激发爱国情怀，为国建功之壮志的句子。《贺新郎·寄丰真州》作于戴复古第三次出游时期（1227—1237）。该时期，戴复古第三次到武昌。此诗可能就是瑞平三年的作品，时戴复古七十岁，准备从鄂州解缆东游，是结束

---

[1] 赵小文编著：《宋词鉴赏》，陕西旅游出版社，2007年版，第337页。
[2] 杜今等编注：《满江红一百首》，中国工人出版社，1998年版，第36页。

戴复古的佳作《醉落魄·九日吴胜之运使黄鹤山登高》。

这首词写于嘉定六年（1213）10月，其时，担任湖北运判兼知鄂州的好友吴胜之即将出使金国。戴复古在黄鹤山设宴饯行，素来以诗词记录心路的他自然将黄鹤楼纳入笔下。吴胜之为人方严，不苟言笑，而素以"豪情壮采"著称的戴复古，却写下了这首类乎谐谑的词为之饯行。

词中的龙山在湖北江陵西北，时已沦陷于金，是当年孟嘉重九登高、落帽之处。去"龙山"向敌国祝贺，哪里比得上就在这黄鹤山上喝酒游乐，祖国的"风光正要人酬酢"啊。

吴胜之和戴复古虽属同一战线，但观点又不尽一致。吴胜之积极出仕，戴复古则反之。所以他说"欲赋归欤，莫是渊明错？"在戴复古看来，在投降派占统治地位的朝廷里，是不会有爱国志士的地位的。他不愿降心屈志地与之委蛇，宁可归隐以申其志。这一幽默的反问，实则是对于自己的肯定。酬酢江山，总比媚敌好。

"江山登览长如昨，飞鸿影里秋光薄"，这里从人事跳到自然，上句宏观着眼，做总体的概括；下句微观细描，点明眼前的风光。从"长如昨"——祖国之可爱，亘古如斯到"秋光薄"——眼下意绪之悲凉，追求晏安的人太多，只有黄花知己，对于吴胜之此行的惋惜之情也就溢于言表了。

最后一句"牢裹乌纱，一任西风作"。"牢裹乌纱"，既可暗讽投降派只顾私利的卑鄙嘴脸，也可以视为借孟嘉落帽的典故反衬之，以表示自己政治立场的坚贞：我偏要紧裹纱帽，不让西风吹落。"西风"正是金风。在当时，这金风不仅可以吹落乌纱，还可以掉脑袋的。这一结尾，在词意起到上"一石二鸟"之功，在章法上又做到了与首句之"龙山"相照应，在技巧上显得气势浑成。如此波俏精致的笔墨，将一股无可发泄的爱国之气，于嬉笑怒骂之中发出，表达了对投降派的不满。南宋的文字，多有"山河破碎风飘絮，身世浮沉雨打萍"（文天祥《过零丁洋》）之慨叹。戴复古一生不出仕，其骨子里却浸透着忧国忧民的真情。半壁河山，生灵涂炭，偏安的朝廷里议和与投降的声音甚嚣尘上，戴复古以戏谑的口吻告诫友人，与其向敌人摇尾示媚，不如酬酢江山、归隐田园。[1]

三、赤壁怀古形胜地

湖北有两处赤壁闻名于世，一是武赤壁，三国时期有名的赤壁之战发生的地方，位于湖北咸宁赤壁市境内。一是文赤壁，位于湖北黄州，因苏东坡在此吟颂了千古绝唱《念奴娇·赤壁怀

---

[1] 彭文斌：《宋词里的黄鹤楼》，《齐鲁晚报》A14版，2020-03-09。

河一带开战。戴复古随军来到前线，亲身领受了"吾国日以小，边疆风正寒"的局势，见识了战场的惨烈与交战中人民生活的疾苦，写下许多爱国诗篇。

第二次出游花费了大约二十年。先后游历了浙江、福建、湖北、湖南、江苏、安徽、江西等省份，主要的活动地在湖北。宁宗嘉定九年（1216）秋至鄂州，访吴柔胜。宁宗嘉定十五年（1222）再至鄂州。其间，戴复古与大批官吏、文人、游士结交，并与他们时有唱和、切磋诗艺，这段时间也就成为戴复古创作的高峰期。"江湖诗派"也在此时逐步形成。

第三次出游是戴复古六十多岁到七十岁之间，近十年时间。大约在1229年春，先到福建，再转江西，1234年二入福建，然后出梅岭，游广州、桂林，经长沙，第三次到鄂州。主要是访友，并请人为诗集作序，安排付梓。其间，邵武太守王子文邀请严羽和戴复古同登望江楼饮酒作诗，留下一段佳话。

一枕高眠到鄂州，戴复古多次游历湖北，对湖北的山川城市、一草一木产生了感情。特别对于鄂州，留下了许多诗作。如诗题中有"鄂渚"的诗就有：《到鄂渚》《鄂渚烟波亭》《杜仲高自鄂渚下仪真》《鄂渚张唐卿周嘉仲送别》《汪给事守鄂渚元宵代江夏宰吴熙仲献灯其一》《汪给事守鄂渚元宵代江夏宰吴熙仲献灯其二》《鄂渚解缆》《水调歌头 题李季允侍郎鄂州吞云楼》等。鄂渚，乃宋代鄂州的代称，宋时的鄂州即今日的武汉市武昌区。在武昌黄鹤山上游三百步长江中有渚，隋置鄂州，因渚得名，故世称鄂州为鄂渚。鄂州在唐代尤其是中唐之后的发展十分引人注目，入宋之后，发展更快。它既是商人做生意的宝地，也是文人墨客登临游览的佳处。身临其境的文人看到繁荣的景象，无不感慨万千，记下所闻所见。

在戴复古的"鄂渚"诗中，热情地赞美着今武昌的风貌。如在《鄂渚烟波亭》中，戴复古写道：倚遍南楼更鹤楼，小亭潇洒最宜秋。接天烟浪来三峡，隔岸楼台又一州。这里写诗人站在黄鹤山（今蛇山）上远眺的观感，笔触奔放，气势恢宏，既生动地描写了南楼鹤楼对峙的壮观，又突出了长江水接天烟浪的雄姿。

在《鄂渚张唐卿周嘉仲送别》中写道：武昌江头人送别，杨柳秋来不堪折。汉阳门外望南楼，昨日不知今日愁。

该诗对鄂州城市风貌进行了摹写，其中提及的汉阳门与南楼之间，是鄂州之繁华地段。南楼之下有南市，与鹦鹉洲夹江相望。沿江堤向南延伸，长达数里。南市店铺林立，商贾开设的酒楼壮观豪华，为其他城市所少见。

二、千古风流黄鹤楼

黄鹤楼是湖北省著名人文景观，至今已有将近1800年的历史。其前身或可追溯到三国时代夏口城上的军事哨楼，六朝时已有仙话故事流传，经过盛唐诗人的题咏，到中唐时已是鄂州一大游宴胜地，到北宋成为江南名楼之一。千古风流有诗在，诗在黄鹤楼碑廊中。在今黄鹤楼东南210米，环绕景区鹅池四周，建有黄鹤楼诗碑廊，碑刻内容为历代名人吟咏黄鹤楼的诗词名句。碑墙上共嵌有石碑124方，根据真迹描摹镌刻。这其中有分别用小篆、行书的两方石碑，镌刻了

江湖诗派重镇戴复古与湖北

许淳熙　杨韵华[①]

摘　要：江湖诗派中最具代表性的诗人首推台州黄岩布衣戴复古，他以在野之身，写江湖之景，诗作繁富，别具一格，在南宋诗坛上久负盛名，成为后世江湖诗人标榜的旗帜。尤为难得的是，戴复古虽人在江湖，却始终关心国家的统一大业。戴复古游历广泛，宁宗庆元三年（1197），戴复古开始漫游江湖。其间，他一次又一次地来到湖北，入鄂州，走汉水，向襄阳，亲临宋金对峙的前线。在湖北戴复古留下了多首忧国伤时之作，这些作品无一不充溢着爱国之情，抒发着对中原陷落的悲伤、壮志难酬的感慨。本文以探析戴复古与湖北的关系为主题，对戴复古多次游历湖北所作的诗词以及在湖北撰写的作品进行了汇集分析。

关键词：戴复古；江湖诗派；湖北；爱国情怀；游历

引　言

江湖诗派中最具代表性的诗人首推台州黄岩布衣戴复古（1167—1248），他以在野之身，写江湖之景，诗作繁富，别具一格，在南宋诗坛上久负盛名，成为后世江湖诗人标榜的旗帜。尤为难得的是，戴复古虽人在江湖，却始终关心国家的统一大业。戴复古游历广泛[②]，宁宗庆元三年（1197），戴复古开始漫游江湖。其间，他一次又一次地来到湖北，入鄂州，走汉水，向襄阳，这里正是宋金对峙的前线。在湖北戴复古留下了多首忧国伤时之作，如他五十多岁时写的《水调歌头·题李季允侍郎鄂州吞云楼》《贺新郎·寄丰真州》等，都是传咏一时的名篇。这些撰写于湖北的作品无一不充溢着爱国之情，抒发着对中原陷落的悲伤、壮志难酬的感慨，《四库全书简明目录》曾称戴复古的词"豪情壮采，直逼苏轼"[③]。本文以探析戴复古与湖北的关系为主题，对戴复古多次游历湖北所作的诗词以及在湖北撰写的作品进行了汇集分析。

一、一枕高眠到鄂州

戴复古于三十岁左右开始游历，浪迹天涯四十年，终其一生有三次长时间出游的经历。首次出游的第一个目的地是南宋都城临安。戴复古在临安待了七年，后去军队当幕僚。当时宋金在淮

[①] 许淳熙，男，哲学硕士，华中科技大学教授，研究员。已发表论文百余篇，曾获国家教育部科技进步三等奖、湖北省优秀学术论文一等奖等省部级学术奖励。杨韵华，女，武汉博物馆副研究员，发表论文十余篇。

[②] 木斋：《宋诗流变》，京华出版社，1999年版，第466页。

[③] 孙克强编著：《唐宋人词话》，南开大学出版社，2012年版，第930页。

（426）、元嘉五年（428）至元嘉八年（431）这两个时段的可能性，但最大的可能还是永初三年（422）季秋。

综合谢诗本身及各种文献来看，谢灵运游历临海郡的线路大体是：由始宁（今上虞）南山出发，经剡县（今嵊州市），天台、临海、章安（当时临海郡的所在地）然后过临海峤进入永嘉郡乐成（今乐清）境内，由今之江厦（又称江下）登船，渡乐清湾，不一二日即达永嘉郡城（即温州市区）。值得一提的是：谢灵运的"自始宁南山伐木开径，直至临海"，不仅仅是一次单纯的游山玩水，更大的意义还在于他开辟了台州与绍兴之间的陆路交通，只是并非本文探讨之主旨，这里也就不复赘述了。

到达永嘉大概已在八九月间,《宋书》本传明确告诉我们灵运"在郡一周"即"称疾去职",而《登临海峤初发疆中作……》首句即为"杪秋寻远山"表明其时间已进入季秋。灵运既于次年秋即"称疾去职",则是由永嘉弃官归里,惠连若在永嘉,必与灵运同道归返始宁。也就是说,谢灵运在永嘉太守任上仅仅一年,一共也就经历了一往一返这么两个秋天,决不会还有一个与谢惠连在临海峤握别的秋天。再则,谢灵运由永嘉归里时也没有再经临海郡的老路返还,而走的是另一条路。黄节《谢康乐诗注》卷二《初去郡》诗注引元方回语曰:"细考永初三年秋出为永嘉太守,景平元年秋谢病去职,……或问予:'野旷沙岸净,天高秋月明,溯溪终水涉,登岭始山行'何义?曰:此于永嘉去郡如画也。永嘉城下溯江过青田县,抵处州,始舍舟登冯公岭,出永康、东阳,非尝至其地不知也。"①

最后,我们阐述一下第三种论点。一、《登临海峤初发疆中作》首句云:"杪秋寻远山,山远行不近。"是此诗的写作时序在秋季,这与谢灵运赴任永嘉太守的时间吻合。《宋书》本传:"少帝即位,权在大臣,灵运构扇异同,非毁执政,司徒徐羡之等患之,出为永嘉太守。""少帝"为宋少帝刘义符,据《宋书·少帝纪》载:"永初三年五月癸亥,武帝崩,是日,太子即皇帝位。……六月壬申,以尚书仆射傅亮为中书监,司空徐羡之、领军将军谢晦及亮辅政。"谢灵运在是年七月外放永嘉太守,这在谢灵运《永初三年七月十六日之郡初发都》写得明明白白,内中所云"将穷山海迹,永绝赏对心"即流露出灵运内心的压抑与不满,永嘉之行,虽远离朝廷,但仍可穷山海之迹。谢灵运从都城建康出发,先到居地始宁(今上虞),然后带上数百名僮仆,开山伐木,走陆路经临海郡而之永嘉,在路过始宁时还作《过始宁墅》诗以见意。二、本文在探讨第一种观点时已经交代,若说灵运这次临海(郡)之游乃专门之旅,则天台山是不能不游的。天台山自孙绰这篇"掷地当作金声"的《天台山赋》面世以后,已是名满天下,文人士大夫无有不知,谢灵运作为我国古代最伟大的山水诗人和旅游家,既不可能不知,也不可能不游,而在谢灵运的作品中,我们找不到一首有关天台山的作品,天台山也找不到一点与谢灵运相关的痕迹,天台和台州各种文献中更无一点点与谢氏相关的信息,唯一的解释就是谢氏没有专门游过临海,因属赴任顺游,迫于时间,天台山只好暂时弃而不游。三、当我们确定灵运此游在永初三年(422)赴任永嘉太守时所游,我们再去诠释"登临海峤初发疆中作"才显得文从字顺,问题也迎刃而解。

结　语

通过上述的考证和分析,我们大体可以得出如下几点结论。

一、谢诗诗题中之临海峤指的是六朝时期临海郡的峤山与峤岭,山和岭坐落在今浙江台州温岭市之温峤镇。

二、"彊中"应释作"疆中",亦即疆域之意,谢诗代指当时永嘉郡之疆域而言。"彊"既是"强"的异体字,又是"疆"的本字,古人在书写时一般不会去太认真的分别。

三、这一首诗的写作时间,目前我们虽然还不能完全排除作于景平二年(424)至元嘉三年

---

① 黄节《谢康乐诗注》,北京,中华书局,2008年版,P90。

事:"尝自始宁南山伐木开径,直至临海,从者数百人。临海太守王琇惊骇,谓为山贼,徐知是灵运,乃安。又要琇更进,琇不肯,灵运赠琇诗曰:'邦君难地险,旅客易山行。'"持该论点的学者大概根据史传所载谢灵运于元嘉五年(428)"坐以免官",既而又认定于"是岁"东还之后,才与族弟惠连、东海何长瑜、颍川荀雍、泰山羊璿之共为山泽之游,故其临海郡之游只能在是年之后的元嘉六年。然而,综合史传来看,要确定灵运临海郡之游的具体时间还真有些复杂。首先,据《宋史·谢方明传》所载,方明"永初三年出为丹阳尹,有能名,转会稽太守。……元嘉三年卒官,年四十七"。是则谢方明任会稽太守在永初三年(422)至元嘉三年(426)之间,灵运认识谢惠连亦必不会迟至元嘉五年。灵运出任永嘉太守的时间,在其诗作《永初三年七月十六日之郡初发都》中已交代得十分明确,本传载其"在郡一周,称疾去职",是知灵运于次年(景平元年)秋即离任归至始宁,由此可以确定灵运认识谢方平也有可能在景平元年(423)之后,元嘉三年(426)之前。当然,灵运的临海郡之游不会在景平元年,因为这一年秋天灵运适"去永嘉还始宁",回到始宁已是秋末或初冬了,即使返还后旋即出游,其至临海亦必是在冬季了,这与诗中所谓的"杪秋寻远山"也不相吻合。谢灵运返还始宁后过了一段时间隐逸生活,不久复出,《宋书》本传谓"太祖登祚,诛徐羡之等,征为秘书监,再召不起,上使光禄大夫范泰与灵运书敦奖之,乃出就职",据《宋书·文帝纪》,徐羡之等被诛在元嘉三年正月,是则谢灵运被征为秘书监应在元嘉三年二三月间。在京任职两年许,至元嘉五年"坐以免官",不过他后来又再一次出仕。《宋书》本传是这样描述的:会稽太守孟顗"因灵运横恣,百姓惊扰,乃表其异志,……(灵运)诣阙上表曰:'臣自抱疾归山,于今三载……'太祖知其见诬,不罪也。不欲使东归,以为临川内史"。以此推算,其出任临川内史当在元嘉八年左右。在任似仅年许,即为有司所纠,被遣付广州,于元嘉十年在广州弃市。也就是说,谢灵运自永嘉归里后,居住在始宁的第一段时间为景平年年末至元嘉三年,第二段时间段为元嘉五年至元嘉八年,在这两个时段内都有出游临海的时间。并不像各家注诗者所云,灵运的临海之游一定是在元嘉六年。再探讨第二个层面。众所周知,在临海郡境内,最著名的旅游景观应该是天台山,在谢灵运之前,晋孙绰的《游天台山赋》早已斐声江左,在江南文人士大夫中可以说无人不读,无人不知,天台山也由此名声鹊起。而谢灵运无疑是我国历史最杰出的山水诗人,也是最著名的旅游大家,诚如《宋书·谢灵运传》所称:"寻山陟岭,必造幽峻,岩嶂千重,莫不备尽。"若属晚年辞官居闲的临海郡专程之旅,其游天台山是必然的,然而,在谢灵运的所有诗作中,并没有见到有关天台山的篇文只字,偌大一个天台山,也没有留下一点与谢灵运有关的传说或遗迹。与之相反,雁荡山就与之不同,不但有《从斤竹涧越岭溪行》(斤竹涧又称筋竹涧,在雁荡南谷)诗流传至今,又有谢公岭、落屐岩等与之相关的传说。由此而言,谢灵运的临海之旅应该不是专门以游,而是永初三年(422)赴任永嘉途经临海的顺游之旅。既然是永初三年赴任永嘉太守途经临海,那时谢灵运与谢惠连、何长瑜等尚未结识,彼此的关系,也无从谈起,而诗题中的"与从弟惠连可见羊何共和之"诸字也就不一定为原诗所必有,或系流传过程中从其他诗作中羼入。

至于戚学标推断此诗乃谢灵运在永嘉太守任上送别谢惠连登上临海峤时所作的第二种说法,基本可以确定难以成立。戚氏在《临海峤考》中谓"灵运之行,因送惠连,或浮舟从此登陆",细加推敲,此说实属于史无据,于献无征。上文已经阐明,谢灵运是于永初三年七月离开都城,职东归后之次年，发轫者亦唐李善。李善在其《文选》注中有云："沈约《宋书》曰：'灵运既东还，与族弟惠连、东海何长瑜、颍川荀雍、太山羊璿之，文章赏会，共为山泽之游，时人谓之四友。'"① 元刘履的《选诗补注》似之："史言灵运由侍中自解东归，尝着木屐登山陟岭，自始宁南山，伐木开径，直至临海。此诗盖初登南山时作，以寄惠连，而于首章追述其将有远行，临别顾恋之情也。"② 今人顾绍伯先生云："灵运于元嘉五年（428）春辞职，从建康回到故乡始宁。'灵运既东还，与族弟惠连、东海何长瑜、颍川荀雍、泰山羊璇（璿）之，以文章赏会，共为山泽之游'（《宋书》卷六十七《谢灵运传》）。元嘉六年（429）秋，灵运'自始宁南山伐木开径，直至临海'（同上）。此诗作于这次往临海郡的途中。"③ 刘心明先生的观点与之相同，胡大雷先生亦然，并且强调一句："诗题意为：将登临海的尖山，由疆中初发而作此诗赠于堂弟惠连，惠连如见羊璿之、何长瑜，可请两人一起和作。"④ 二是作于谢灵运在永嘉太守任上，持此论点者为清台州太平的戚学标。戚学标在《鹤泉文抄续选·临海峤考》中写道："此峤为古自温至台水陆要道，下即温江，自永嘉水道一日夜抵江下，由乐清三江一潮即至，内海无风浪大险，灵运之行，因送惠连，或浮舟从此登陆，故诗有'中流袂就判'及'系缆临江楼'之语。"戚氏的大意是说，此诗系灵运从永嘉送别堂弟惠连之赠作。第三种说法是谢灵运赴永嘉太守任时所作，这是我国人文地理学的开创者、明临海人王士性的观点。王士性在其所著之人文地理学专著《广志绎》卷四有云："第谢康乐守永嘉，伐木通道，登临海峤。"此外，戚学标初时也曾提出过相似的观点，他在《台州外书·临海峤》中曾云："窃意初发疆中云者，谓自临海郡境内起行，非地名，峤则山岭之通称，惟李白叙王屋山人魏万行迹云：'眷然思永嘉，不惮海路赊。挂席历海峤，回瞻赤城霞。'则自台之温，经历今太平温岭，古云峤岭，程途历历可指。"戚学标的这种观点，后来有所调整，那就是演变成为以上所举的第二种说法，改由临海往永嘉为由永嘉之临海。

先分析一下第一种观点。持这种观点的立论依据，主要是诗题中有"与从弟惠连可见羊何共和之"云云。这里分两个层面来探讨。第一个层面即使其立论依据成立，那也只能确定所游的时间在景平二年（424）之后至元嘉八年（431）之间；第二个层面若是其立论依据不能成立，则只能是灵运于永初三年（422）秋赴任永嘉太守时所游。先探讨第一个层面。据《宋书·谢灵运传》载："灵运以疾东归，而游娱宴集，以夜续昼，复为御史中丞傅隆所奏，坐以免官。是岁，元嘉五年。"又云："灵运既东还，与族弟惠连、东海何长瑜、颍川荀雍、泰山羊璿之，以文章赏会，共为山泽之游，时人谓之四友。……灵运去永嘉还始宁，时方明（惠连之父）为会稽郡。灵运尝自始宁至会稽造方明，过视惠连，大相知赏。时长瑜教惠连读书，亦在郡内，灵运又以为绝论，谓方明曰：'阿连才悟如此，而尊作常人遇之。何长瑜当今仲宣，而饴以下客之食。尊既不能礼贤，宜以长瑜还灵运。'灵运载之而去。"《宋书》本传还记述了灵运游临海的

---

① 清胡克家刻本《文选》李善注卷二十五。
② 引自黄节《谢康乐诗注》第125页，北京，中华书局，2008版。
③ 顾绍伯：《谢灵运集校注》，台湾，里仁书局，2004版，第245、246页。
④ 胡大雷：《谢灵运鲍照诗选》，北京，中华书局，第69页。

《文选》五臣注，张铣释曰："彊（疆）中，地名。到了宋代，临海的陈耆卿开始对之加以发挥，他在《嘉定赤城志》卷四十《辨误门》有云："谢灵运有《登临海峤初发彊中作与从弟仲连》诗，五臣《文选》注但云：临海，郡名。彊中，地名。其实彊中在剡县，非郡境也。'彊''强'同音，故剡中今称强口布，盖近彊中也。强口者，去剡一十五里，其溪水尤绀澈可爱，世传王、谢诸人尝以雪后泛舟至此，徘徊不能去，今《会稽志》已载此矣。"此所谓之《会稽志》，指宋施宿等所纂之《嘉泰会稽志》，该志卷十七《布帛》条是这样叙述的：强口者，去剡十五里，其溪水尤绀澈可爱。世传王谢诸人尝以雪后泛舟至此，徘徊不能去，曰："虽寒，强饮一口。"自是以名其地，亦或有之。在描述了"强口布"与"强口"之关系，以及"强口"这一地名出现的缘由之后，篇末又云："或曰剡有强中，故此曰强口。"显然，《嘉泰会稽志》并没有把谢灵运诗中的"彊（疆）中"与"强口"联系起来，只是在解释"强口"时提到了另一疑似地名"强中"，而陈耆卿则明确提出谢灵运诗中的"彊（疆）中"就是剡县强口附近的"强中"。于是，《嘉泰会稽志》所叙述"强口"与"强中"两个地名便不知不觉地被合而为一。到了后来，"强口"就是"强中"，"强中"亦即"强口"了。最典型的就是元刘履在《选诗补注》中注解"强中"时所云："今山下有曰彊（疆）口者，疑即此所也。"[1] 进入近现代至当代，各家注诗者已全无异议。如黄节先生作注时即引元刘履《选诗补注》中的话以见意，顾绍伯先生则在引用了《嘉泰会稽志》和《选诗补注》后又引《同治嵊县志》云："强口溪在县北二十五里游谢乡，水自仙岩入剡溪。……又名强中。"其他如叶笑雪先生、胡大雷先生、刘心明先生、丁福林先生，无一例外，认为谢诗的"彊（疆）中"就是嵊县（今嵊州市）的强口。

史料告诉我们，强口应该是一条小溪的名称，得名的缘由相传与王羲之、谢安等人冒雪泛舟于此，强饮一口溪水的故事有关。强口是地名，但谢灵运诗中的"彊（疆）中"却不一定就是地名，且剡中亦似无"强中"之地名。此外，我们不妨再从"登临海峤初发强中"的语言逻辑来分析，按通常理解，若从剡县的强口出发，前往相隔数百里台州南缘之临海峤，那么只能是欲登，用词上应该是"之"或"往"，就像谢灵运赴任永嘉太守时所作之诗题曰《永初三年七月十六日之郡初发都》[2]才合乎逻辑。既作"登临海峤"则就说明已经登上临海峤，或者表明已经进入"登"的过程之中，谢灵运的《登上戍石鼓山》《登永嘉绿嶂山》《登石门最高顶》[3] 等诗无一不是描写登览诸山之观感，亦可为此作一注脚。据此，笔者认为，"彊中"的的确确是"疆中"的误释，盖谢灵运之任永嘉太守，诚如戚学标所云："峤南皆其所治，故以'登临海峤'与'初发疆中'连言。'疆中'如云治内，对他境言，非地名也。"乃指灵运任职时所管辖之疆域而言。还有，"可见羊何共和之"读起来令人觉得那么的别扭，在语言逻辑上也是不合理的。

三、关于创作时间

关于这首诗的创作时间，笔者所知有三种说法：一是凡注诗者都认为在元嘉五年（428）解

---

[1] 引自黄节：《谢康乐诗注》P125，北京，中华书局，2008版。
[2] 黄节：《谢康乐诗注》，北京，中华书局，2008版，第50页。
[3] 黄节：《谢康乐诗注》，北京，中华书局，2008版，第73、80、111页。

黄瑞编纂的《台州金石录》卷四,可见宋承唐旧,峤山作为台温界山的状况依然没有改变。峤山属地的演变是在明代,成化五年(1469),分台州黄岩县南部21个都设太平县,至成化十二年又析温州乐清县北部6个都增益太平县,至此,峤山整体归属于台之太平。民国三年(1914)改太平为温岭,是后之峤山皆隶属于台州温岭市。

其实,在台州的历史上,早就有人专门考证过临海峤,其人就是清代著名学者台州太平人戚学标。戚学标(1742—1823),字翰芳,号鹤泉,深思博学,精通经史,他虽然没有为谢灵运的诗做过注释,但他对临海峤却写过三篇考证文字:一见于其所著之《台州外书》卷一,书刊刻于嘉庆四年(1799),题目即称"临海峤";二即见于其纂于嘉庆十五年(1810)的《嘉庆太平志》卷一下之《叙山·温岭》;三见于其所著之《鹤泉文抄续选》卷一,书刻于嘉庆十八年(1813),题曰"临海峤考"。相对而言,见于《台州外书》者叙述较为简单,后二者比较深入。现再节引《临海峤考》以见一斑:"晋太宁间始分临海之峤南立永嘉郡,于是两郡分境,以峤为界,故留有临海峤之名。"又云:"方灵运为宋永嘉太守,时峤北属临海,峤南属永嘉如故也。踰峤即临海境,而峤南皆其所治,故以登'临海峤'与'初发疆中'连言,疆中如云治内,对他境言,非地名也。……年代久远,分隶不常,于是旧名尽湮,□□知其为临海峤者。并灵运守永嘉,峤南为其治内,称疆中者,亦误以为地名矣。"戚学标对临海峤的考析丝丝入扣,显然,谢灵运所谓之"临海峤"应该指称当时临海郡的峤山。为了较为确切地了解临海峤,笔者最近到实地做了一番调查与考察,其地理大体情况如下:"临海峤"坐落在温岭市西约5公里,地属温峤镇,其间之岭,即为峤岭。岭东西走向,海拔33米。岭之南为峤山,又称界山,岭之北为大浪山。峤岭即两山之间形成的一条长约500米且较为平缓的岙岭。峤山东西横贯,海拔不足百米,山顶亦无尖而锐的山峰。峤岭旧时台、温的分界点为温岭栋,亦即戚氏《嘉庆太平志》所谓的栋头。千佛塔院即在温岭栋南侧50余米处,院内墙根尚可见千佛塔塔刹等石残件。过温岭栋1公里许为江厦(亦作江下)港,由江厦港下船,即属乐清湾,一日夜即可达温州,至乐清三江则一潮而已(可详参清戚学标《鹤泉文抄续选》卷一《临海峤考》)。

综上所述,"临海峤"即峤山,地在今台州温岭之温峤镇,自唐及今注诗者无一为台籍人士,不谙台之地理,未得要领,难中肯綮,亦属情理之中。近人黄节先生在释称"山锐而高曰峤"的同时,于"明登天姥岑"句下又称"天姥岑即临海峤"尤属牵强。

二、关于疆中

"疆中"或作"彊中",文献流传,彼此不一,《文选》诸注宋以前刻本已不可得知,清本中李善注、胡克家刻本作"疆中",六臣注四库本(所见文渊阁本)作"彊中",他则如元方回《文选颜鲍谢诗评》、刘履《选诗补注》作"疆中",而明冯惟讷编辑之《诗纪》、焦竑刻本《谢康乐集》、张溥辑《汉魏六朝百三名家集》均作"彊中"。今人亦彼此纷然,如胡大雷先生《谢灵运鲍照诗选》、丁福林先生《谢灵运鲍照集》作"疆中",刘心明先生《谢灵运鲍照诗选译》径改作"强中",而叶笑雪先生之《谢灵运诗选》与黄节《谢康乐诗注》则写作"彊中"。对于这两个字的注释,最初有二种说法:一源自《文选》李善注,注引谢灵运《游名山志》:"桂林顶远,则嵊尖彊(疆)中。"李注只引用了谢灵运自己的话作为注脚,并无明确的释义。二是证于方家大雅。

一、关于临海峤

"临海峤"之有注,始于唐《文选》五臣注,五臣之张铣注曰:"临海,郡名。峤,山顶也。"元代刘履亦承其说,他在《选诗补注》中称:"临海,晋宋时郡名,即今台州也。山锐而高曰峤。"近人黄节(1873—1935)于汉魏诗多有研究,著有《谢康乐诗注》,中华书局2008年1月将其所著之《谢康乐诗注》与《鲍参军诗注》合集出版,对于"临海峤"仍引刘履注语以见意。当代注释谢灵运诗者颇众,如叶笑雪先生有《谢灵运诗选》,古典文学出版社1957年12月出版;顾绍伯先生作《谢灵运集校注》,中州古籍出版社1987年8月出版,台湾里仁书局2004年4月再版;胡大雷先生有《谢灵运鲍照诗选》,中华书局2005年1月出版;丁福林先生编选有《谢灵运鲍照集》,凤凰出版社2009年1月出版;刘心明先生作《谢灵运鲍照诗选译》(列入章培恒、安平秋、马樟根先生主编之《古代文史名著选译丛书》),凤凰出版社2011年5月出版。上述诸家释注可谓大同小异,略举如次。叶笑雪先生云:"临海,郡名,今浙江天台县。峤,尖锐而高的山。"胡大雷、丁福林二家从之。这里所谓的"临海,郡名",没有问题,但说"今浙江天台县"则误,盖晋至南朝时期临海郡的郡治实在章安(章安在1984年前属临海市,1984年划属台州市椒江区),并不在天台。这只要看一下这一时期正史之《地理志》《州郡志》即可了然。造成这一错误的原因是"天台"在古代乃台州"一郡之统称"(民国《台州府志》卷一〇四),"其称天台者,台州之通称也"(同上卷一〇六)。顾绍伯先生注云:"临海,郡名。三国吴分会稽置,初治临海县(今属浙江),不久移治章安县(今浙江临海县东南)。隋废。峤,尖而高的山。"刘心明先生似之。释"临海"为郡名,当然没有问题,但将"峤"解释"尖而高的山"或"尖锐而高的山",都是从字典类工具书中找出来的字面表述,事实并非如此。

综合各方面情况看,临海峤是一个具体地名,是一座实实在在的山。南朝刘宋郑缉之纂著之《永嘉记》载:"晋明帝太宁元年(323),分临海(郡)之峤南永宁立永嘉郡。"[①] 时之永嘉郡辖永宁、安固、松阳、横阳四县,可见当时之临海郡与永嘉郡就是以"临海峤"为界的,峤北为临海郡,峤南为永嘉郡。《永嘉记》所谓的"临海之峤",它的具体名称应叫峤山,又称峤岭、温峤、中峤或温岭。清戚学标《嘉庆太平志》卷一下云:"温岭,在县西十里,亦称峤岭,在古即临海峤也。《永嘉记》'晋明帝太宁元年分临海之峤南永宁立永嘉郡',以此岭为界,故又名中峤,岭南属永嘉郡,称温峤,峤北仍为临海峤。……其山东西两峰,东大西小,亦曰大岭、小岭,岭之正脊俗名栋头,逾此即江下,通乐清路。"戚氏又云:"唐李白叙王屋山人魏万自台之温行迹云:'眷然思永嘉,不惮海路赊。挂席历海峤,回瞻赤城霞。'所谓海峤亦即此岭。"诗中所叙虽为魏万之行迹,但显然用谢灵运"登临海峤初发疆中作"的故事。隋唐时临海郡改称台州,永嘉郡改称温州,这里仍是台州与温州的界山。宋僧有嵩《建造千佛塔愿言》有云:"悲见峤山温岭路,南通温郡北丹丘"(丹丘为台州之别称),千佛塔是一座石塔,建于北宋崇宁元年(1102),坐落在峤山脚下的千佛塔院之中,圮于清光绪三年(1878),有嵩愿言全文则收录于清

[①] 宋陈耆卿:《嘉定赤城志》卷四十《辨误门》引。

谢灵运《登临海峤初发彊中作与从弟惠连可见羊何共和之》一诗诸问题考论

徐三见[①]

摘　要：谢灵运《登临海峤初发彊中作与从弟惠连可见羊何共和之》诗题中之"临海峤""彊中"及该诗的创作年代在古今各家诗注中多似是而非，颇可商榷，本文着重从地方史研究的角度对谢诗上述问题加以探讨。

关键词：谢灵运；《登临海峤初发彊中作与从弟惠连可见羊何共和之》；临海峤；彊中；创作年代

谢灵运《登临海峤初发彊中作与从弟惠连可见羊何共和之》是谢氏较有代表性的山水诗之一，诗云："杪秋寻远山，山远行不近。与子别山阿，含酸赴修畛。中流袂就判，欲去情不忍。顾望脰未悁，汀曲舟已隐。隐汀绝望舟，骛棹逐（一作'逾'）惊流。欲抑一生欢，并奔千里游。日落当栖薄，系缆临江楼。岂惟夕情敛，忆尔共淹留。淹留昔时欢，复增今日叹。兹情已分虑，况乃协悲端。秋泉鸣北涧，哀猿响南峦。戚戚新别心，凄凄久念攒。攒念攻别心，旦发清溪阴。瞑投剡中宿，明登天姥岑。高高入云霓，还期那可寻。倘遇浮丘公，长绝子徽音。"唐代的大诗人李白特别喜欢谢灵运，也特别喜欢谢灵运的这一首诗，他在《翰林读书言怀呈集贤诸学士》中就写有"严光桐庐溪，谢客临海峤。功成谢人间，从此一投钓"的句子。《送王屋山人魏万还王屋》亦云："眷然思永嘉，不惮海路赊。挂席历海峤，回瞻赤城霞。"又在《送二季之江东》一诗中有"初发强中作，题诗与惠连"之咏，还有在《赠从弟南平太守之遥二首》中再一次吟唱道："别后遥传临海作，可见羊何共和之。"[②] 关于这首诗的题目，各种本子有所异同，如有些本子没有"可"字，有些则连"可见羊何共和之"俱无，"彊中"不少本子写作"疆中"。本文所要讨论的大略有三个方面：一、何谓临海峤，临海峤在哪里？二、何为"彊中"？倒底应该如何释读？三、这首诗的创作时间应该在哪一年？

对于上述三个问题，自从唐代《文选》李善注和五臣（谓吕延济、刘良、张铣、吕向、李周翰）注以降，历经各朝各代，直至当今，凡为之注释者，所述或有详略之分，但主旨无多差异。多年以来，这三个问题一直萦绕于笔者胸中，在本人早年所写的一些文章中，对以上疑问曾稍呈端倪，近来又查阅了一些文献，觉得古今各家虽众口一词，然尚可商确，故草成此文，以求

[①] 徐三见，出生于1952年3月，男，汉族，浙江临海人，现为文博研究馆员，临海市博物馆馆长，主要从事文博及台州地方史研究，在《中国史研究》《中国历史文献研究集刊》《文献》《中国农史》《历史地理》《社会科学战线》等刊物上发表过论文。

[②] 李白诗句分别引自瞿蜕园、朱金城《李白集校注》P1398、957、1074、749，上海，上海古籍出版社，1980版。

　　　　　天真汩没最堪哀，少长无常伦纪颓。

　　　　　试睹宗彝敦上下，谁云礼教至今衰。

宗彝者，兽属也。居于树，老者居最上，子孙以次居下。老者不多出，子孙出得果，即传递上；上者食，然后递至下，下者始食。上者未食，下者不敢食。先王率彰其孝，用绘于衮。

其《鹿》：

　　　　　枝连干共最相亲，一本谁为行路人。

　　　　　但向山中看鹿阵，扶灾救难意何真。

凡鹿出，则数老雄当先，众雌与小从中行，又数十雄殿之。行止一视在前之雄竖尾所向。一遇虎，则当先者皆挺其角，俟众逸去，然后去。夜卧则以一鼻抵一谷道，环向而卧。

其《虎》：

　　　　　咆哮山君莫与伦，兽中惟此最难驯。

　　　　　讵知太守风清日，负子相从渡水滨。

东汉初，刘昆（字桓公）为弘农太守，为政三年，仁化大行，虎皆负子渡河。事见《后汉书》。宋均迁九江太守，退奸贪，进忠善，虎俱渡河。豫章刘陵（字孟高）为长沙安仁长，修德政，逾月，虎皆出界去。菊人所谓："天下有易化之物，而反多梗化之人。历观在上风清，虎即为远遁。其兽而人者乎？总之要为政者自端化源耳。"

"山君"，指老虎，语出《说文·虎部》："虎，山兽之君。"王安石《次韵酬宋玘》有"游衍水边追野马，啸歌林下应山君"之句。

其《熊》：

　　　　　人生失足有谁怜，况入熊窝路不前。

　　　　　分食已堪成异事，一身更仗出重渊。

晋·升平中（357—361），有人入山射虎，堕一窟，窅然深绝。内有熊子数头。须臾一大熊至，瞪视此人良久，出果实分诸子，最后作一分置此人前。此人饥甚，食之。自是日以为常，遂相与狎。后熊子大，熊母一一负出。此人自分必死窟中。须臾，熊母复入，背此人而坐。此人解其意，便伏其背，熊负以出。事见《续搜神记》。

其《獬豸》：

　　　　　兽中獬豸最殊伦，扶正嫉邪无所徇。

　　　　　世上若还多此辈，恢恢何处隐奸人。

獬豸，其状如牛。一角，四足似熊。见人斗则触不直，闻人论则咋不正，一名"任法兽"。

其《秋夜》：

> 矫首凭栏久，秋风入夜凉。
> 虫吟幽砌草，萤度碧池霜。
> 寥落身多病，支离鬓欲苍。
> 回思飞动意，徙倚独悲伤。

寥落，寂寞、冷落。支离，分散、散乱，引申为离奇不正或衰残瘦弱。徙倚，流连徘徊，站立。

其《闻莺》：

> 三月啼莺过小亭，才闻天半又还停。
> 金衣似惜春光好，簧语如催午梦醒。
> 叶底流声惊漠漠，柳边振羽拂青青。
> 逸情不禁飞扬甚，便欲携柑郭外听。

漠漠有无声、寂寞、弥漫、密布、广布诸义，此处似以解作弥漫、密布为宜。

张亨梧另有《感物吟》五卷。民国年间裔孙燮道曾予重印。

其《鹡鸰》：

> 兄弟如同手足依，鹡鸰原上共鸣飞。
> 微禽多有相怜意，何事姜衾今古稀。

鹡鸰，常于水边捕捉昆虫。共母者飞鸣不相离。《诗》："鹡鸰在原，兄弟急难。"取以喻兄弟相友之道。唐太宗云："诸子尚可复有，兄弟不可复得。"唐玄宗为长枕长被与兄弟同寝。"姜衾"即"姜被"，典出《后汉书·姜肱传》，与弟相友爱，常同被而眠。杜甫《寄张十二山人彪三十韵》有"历下辞姜被，关西得孟邻"之句。

其《秦吉了》：

> 天空一任鸟飞还，塞外栖身亦等闲。
> 不谓泸南秦吉了，汉禽止识旧河山。

泸南秦吉了能人言。有夷酋欲以钱三十万买焉。主人告曰："吉了，我贫，将卖汝于夷。"吉了曰："我，汉禽也，不愿入夷。"遂不食而死。菊人所谓："明妃嫁虏，千古佳人无色。李陵降虏，千古名将无色。"尚其气节也。天后时刘景阳使岭南，得秦吉了雌雄各一，献其雄者于后。雄烦怨不食。后问曰："何无聊也？"曰，"某配为使所得，今颇思之。"后呼景阳问之曰："何故藏一鸟不进？"景阳叩头谢罪，乃进之。

其《马》：

> 护主由来数的卢，檀溪溪上独忘躯。
> 乾坤多少掀髯客，患难谁为奋臂呼。

的卢即刘备乘之以跃檀溪之马。"掀髯"，笑时开口张须貌。苏轼《次韵刘景文见寄》有"细看落墨皆松瘦，想见掀髯正鹤孤"之句。也作"掀须"。朱松《洗儿》有"举子三朝寿一壶，百年歌好笑掀须"之句。

其《宗彝》：

方孝孺（1357—1402）字希直，一字希古。浙江宁海人。宋濂弟子。世称"正学先生"。明·建文四年（1402）燕王朱棣率兵攻破南京，命其起草登极诏书。孝孺严词拒绝，被磔于市，诛连十族，凡八百七十三人。有《逊志斋集》。

其《月下朱觉庵先生枉顾》：

闲步庭墀朗月辉，倏闻佳客款荆扉。
翩翩逸韵朱霞映，寂寂蓬蒿紫气飞。
一夕披衿多慷慨，两人相对总嘘唏。
桃源居士谁容面，话别更残未忍归。

"衿"通"襟"。《诗·郑风·子衿》有"青青子衿，悠悠我心"之句。青衿为学子所服，故沿称秀才为青衿，亦省称衿。

张亨梧《琼台杂咏》二十四首之《万山堆玉》：

一夜寒风雨雪浮，巉岩峭岫尽琼楼。
袁安此日休僵卧，乘兴恐来王子猷。

张氏裔孙燮道（玉坡）跋语云："右《琼台杂咏》二十四首，系先祖菊人公旧作，书赠元侯社兄，迄今近三百年。真迹尚存，写作俱佳，装潢成帖，珍如拱璧。姻兄陈君一阳什袭藏之。今幸见赠，存于家。每岁元宵，家庙设席致祭，为一种陈列宗器特别之物品。"

袁安（？—92）字邵公，汝南汝阳人。为人严谨，州里敬重，洛阳令举为孝廉。东汉明帝永平（58—75）间拜楚郡太守。时因楚王英谋反事株连数千人，死者甚众。袁安到郡理狱，平反冤案，获释者四百馀家。和帝时外戚窦宪兄弟擅政，袁安守正不屈，卒于任。《后汉书》有传。王羲之子王徽之字子猷，官至黄门侍郎，居山阴时，有雪夜访戴故事，至门不入而返，人问其故，曰："吾本乘兴而来，兴尽而返，何必见戴？"

张元声另有《养疴吟》，民国年间裔孙燮道曾将之与张亨梧之《宛鸣草》合辑为《鸣鹤续编》付局刊印，不料印局失火，仅拾残稿百馀首，遂以《养疴吟烬馀》名之。

其《春日大雪》：

薄暮东风吹雪飞，玉花大半点春衣。
池塘冰合梅痕冻，城阙云横鸟迹稀。
东郭幽人常独往，西园词客向谁依。
更惭伏枕惊憔悴，药饵相扶日掩扉。

"玉花"喻雪花，典出苏轼《和田国博喜雪》："玉花飞半夜，翠浪舞明年。"

其《上巳》：

才见春风动，旋惊上巳来。
会稽兰谷美，洛水羽觞催。
词客吟红叶，游人破碧苔。
马卿方卧病，翘首独徘徊。

"兰谷"即兰亭。"羽觞"乃酒器，作雀鸟状，左右形如两翼。一说插鸟羽于觞，促人速饮。宋玉《招魂》有"瑶浆蜜勺，实羽觞些"之句。

> 石门流水曲，梅老冷斜晖。
> 萝径盘松上，茅檐带竹围。
> 人从青嶂出，鸟向白云归。
> 有客聊栖止，闲闲尽掩扉。

"闲闲"有动摇、广博、从容自得诸义，诗中所用乃后者。《诗·魏风·十亩之间》有"十亩之间兮，桑者闲闲兮"之句。

张元声《春日偕陆丽京游桃源》：

> 携手春游日，桃花玉洞开。
> 客行丹嶂曲，山入紫云隈。
> 峭壁惊千折，层溪绕百回。
> 仙姝何处问，矫首只徘徊。

尾联暗用南朝·宋·刘义庆《幽明录》所载东汉永平年间剡人刘晨、阮肇入天台山采药迷路而遇仙女之典。

张元声《秋夜宿幽溪》：

> 幽溪岩壑静，秋夜月如霜。
> 水落云根净，风回鹤羽凉。
> 钟声擎佛垒，灯影逗经房。
> 我来聊止宿，稽首问慈航。

云根，深山高远云起之处。晋·张协《杂诗》有"云根临八极，雨足洒四溟"之句。杜甫《瞿塘雨崖》有"入天犹石色，穿水忽云根"之句。稽首，古跪拜礼，跪下，拱手至地，头也至地。

张元声《皇极殿成随父入瞻帝座》：

> 皇极巍巍矗太清，入瞻帝座小臣惊。
> 盖衔珠玉龙如吐，帘卷笙簧凤欲鸣。
> 身在云间衣履壮，人行镜里步趋轻。
> 儒生年少叨循览，何日承恩谒圣明。

"皇极"，一指帝王统治之准则，一指帝王之位或王室。"太清"有天空、天道、自然、元气之清者诸义。此处指天空。汉·刘向《九歌·远游》有"譬若王侨之乘云兮，载赤霄而凌太清"之句。

张亨梧（1633—1708）字翔之，号菊人。元声次子。后学私谥"介靖先生"。有《感物吟》《省子编》《宛鸣草》《琼台草》，与父元声合刊《鸣鹤集》。

其《谒方正学先生》：

> 先生千古义，浩气动乾坤。
> 骨肉干戈变，河山日月昏。
> 衰麻新血泪，痛哭旧宫门。
> 十族须臾尽，孤忠讵复论。

可以况予之介。人惟以外形视予，所以物我漠不相关。太兄能以真性视予，所以休戚惟同一体。今日世变纷纭，斯民日雁涂炭。又际圣天子侧席求贤，征聘遗老，太兄虽欲养望东山，其如天下之饥渴何？吾知不出而图吾君，则已；苟出而图吾君，敬为斯民加额曰"濡首待度"，是则"度予"之名，私也，而实公也。爱振笔以书之，太兄应必首肯矣！

民国十二年（1923），其裔孙张燮道尝为编《度予亭三逸遗集》。所谓"三逸"者，即指张文郁已仕而逸，其子元声将仕而逸，其孙亨梧未仕而逸。祖孙三代一脉相承，并称天台张氏三逸。是亦天台三逸阁之所由起也。

张文郁《题孙亨梧扇头》：

> 丹心思浴日，只手志擎天。
>
> 不学终无术，殷勤问圣贤。

此首五绝，以议论为诗，不啻张氏之家训。"浴日"本谓日浴于咸池，语出《淮南子》。后用于称旭日初升、光影与水流上下之景象。后又用以喻卓越之功勋。《宋史·赵鼎传》："顷张浚出使川陕，国势百倍于今。浚有补天浴日之功，陛下有砺山带河之势来天姥映朱霞。

> 蒹葭江上秋多露，丛桂山中晚白花。
>
> 紫气葱葱星汉动，相知不独有张华。

陆圻字丽京，号讲山，钱塘贡生。明亡，避乱天台，宿张元声家四十余日，与朱君巽、徐印卿、陈石庵等切磋诗文，皆称莫逆。后入武当山为道士，不知所终。洪昇有答友诗云："君问西陵陆讲山，飘然瓶盎竟忘还。乘云或作孤飞鹤，来往天台雁荡间。"张华（232—300），字茂先，范阳方城人。官至司空。著有《博物志》。其诗辞藻华丽。后人辑有《张茂先集》。《晋书》有传。此处乃作者自喻。

张元声《国朝天台诗存题辞》：

> 击节人来陆丽京，翩翩浊世负高名。
>
> 黍离并有遗民感，两世文章见鹤鸣。

"击节"，本指用手或拍板以调节乐曲。语出左思《蜀都赋》："巴姬弹弦，汉女击节。"也指拍节以表激赏。王朗答曹操书有"承旨之日，抚掌击节"之句。"黍离"，感慨亡国触景生情。《诗·王风》有《黍离》篇，系西周亡后，周大夫见故宗庙宫室尽为禾黍，彷徨不忍去，乃作此诗。曹植《情诗》有"游子叹《黍离》，处者悲《式微》"之句。《式微》乃《诗·邶风》篇名，意谓天将暮，后泛指事物由盛而衰。

张元声《徐印卿频来省视感而赋此》：

> 天下多同学，如君有几人。
>
> 芝兰贫不厌，松柏久逾新。
>
> 剑佩张华合，榻悬徐子亲。
>
> 为怀多病客，乘月往来频。

徐光绶字印卿，号确庵。明季廪生。明亡后遇思宗忌日必闭户设奠。颈联以张华自喻，以徐稚子喻徐光绶。

张元声《忆桐柏山居》：

天台度予亭三逸诗选说

吴亚卿[①]

天台度予亭,创自明季张文郁。

张元声(1612—1685)字汝韶,号九夏。文郁公三子。明季拔贡,鲁王监国授刑部主事。越州兵溃,归隐于家,以诗学为后进倡。有《度予亭草》《桐柏草》《养疴吟》《兵燹拾馀》等。

其《秋日陆丽京见顾》:

> 与君两世属通家,把臂于今喜转加。
> 龙跃云津摇碧落,鹤天台度予亭,创自明季张文郁。

张文郁(1578—1655)字从周,号太素。天台茅园村(今莪园村)人。明·天启二年(1622)进士,授工部营缮主事。受命重建皇极、中极、建极三殿。崇祯元年(1628)督修德、庆二陵。工毕辞职还乡。鲁王监国时起为兵部尚书、太子太师。既败,乃隐居桃源。清·顺治三年(1646),南明溃军过境,张文郁倾家产犒军以免合城之难。有《度予亭集》。

度予亭之名,取自张文郁之同年进士祝徽。

祝徽(1568—1634)字文柔,号怀复。临川南栎村(今江西九江钟岭镇祝家村)人。与汤显祖、邱兆麟、帅机并称"临川前四大才子"。天启二年(1622)中第六十四名进士。历任行人司行人、山东道御史、山西巡按御史、浙江巡按御史。有《四书十言》《壁经》等传世。其崇祯七年(1634)所撰《度予亭记》可资参考:

> 予壬戌春忝附会榜,幸与浙台张太素兄联年谱。时太兄官于朝,余作邑江以南。孤性耿介,不善事上,人遂以微谴辱。弹章下部议,亲知畏避,莫敢出一言,独太兄正色廷诤,拯予于水火之中,得蒙昭雪。此直茫茫巨浪一苇杭之者也。私心衔刻者久之,恨无由酬厚德于万一。甲戌岁,余丁丙艰旋里,服将阕,适友人邀余游台山诸胜。至石梁,谒见同年太兄,握手倾倒,叙平生欢,留宿于家。园有亭,翼然新落成,命余匾其额。余因忆往事,不觉忻感交并,而知今日之得获聚首者,孰非太兄苇筏之所普度也?题其上曰"度予"。
>
> 盖昔时之铭于心者,名其亭也。当太兄为诸生时,即以天下为己任。及其衣豸服,晋柏台,广济群黎,何在不度,岂独予一人哉!然则度以予言,私之也。虽然,学因时显,道随地彰,譬之神龙变化,霖雨苍生,泰山之麓不崇朝而泽遍天下者,原非有所择而为之。故在朝得志,本予辜予负之心,广立人达人之德,固无论已。迨夫解组归林,而郡邑之痛痒,无时不切于片衷,赈饥馑,集流亡,以及修造桥梁、节省徭役诸务,显以再世如来,幻作救时豪杰,其所度讵不大哉。晚岁怡情山水,适志林园。亭中渊然澄湛者池也,可以况予之洁;郁然深秀者桂也,可以况予之芬;森然挺拔者竹也,可以况予之劲;亭然苍古者柏也,可以况予之贞;矗然耸峙者石也,

---

[①] 中华诗词学会发起人、浙西词派传人、浙江省诗联学会顾问。

已看奏赋甘泉宫，每忆传诗临海峤。

——［明］皇甫汸《太平堤行》

余霞赤城标，复映临海峤。

——［明］岳岱《武陵精舍六首》

现从以上诗句中试选几例简析之。

"严光桐庐溪，谢客临海峤。"（李白《翰林读书言怀呈集贤诸学士》）这是李白明确地申述自己的志趣：像严子陵那样不慕富贵，在桐庐溪畔垂钓；像谢灵运那样性爱山水，遍游天下。写出了对严子陵和谢灵运的企慕。这"临海峤"不仅仅是台州（临海郡）的高山名山，更是泛指天下的名山大川。

"远公何为者，再诣临海峤。"（王昌龄《观江淮名胜图》）远公，晋朝释慧远居庐山东林寺，世人称为远公。此处借指所观画中的僧人。那僧人干什么去？又到临海峤。由于此图画的是江淮名胜，因而此"临海峤"应指江淮间的名山。

"枉帆临海峤，贳酒秣陵城。"（皇甫冉《赠郑山人》）枉帆，谓船绕道而行。从"枉帆"的角度而言，此"临海峤"应是突入海中的半岛或海岛，非台州（临海郡）内地的高山名山。

"远学临海峤，横此莓苔石。"（韦应物《题石桥》）谢灵运有《登临海桥初发彊中作》诗，韦应物自谓要追随谢灵运的足迹去游览名山，于是就借天台山石桥之名，题咏自己郡斋里的假山碧池，以抒发自己性爱山水的情怀。因而此"临海峤"应是学谢灵运的山水情怀。

四、结语

温峤岭作为临海郡与永嘉郡的界岭即临海峤，是客观存在的，也是见之于史志的，这无可置疑。至于谢灵运的《登临海峤初发彊中作与从弟惠连可见羊何共和之》诗题中的"临海峤"之所指与温峤岭，一实一虚，是两回事，不能混同起来。谢灵运诗题中的"临海峤"应是泛指，泛指临海郡的崇山峻岭或名山胜水，标示此行的目的地是临海郡，不是"临海郡"中单一的某个"峤"。按谢灵运"纵情山水，放荡形骸"的个性，走到哪里，哪里就是"临海峤"。

自谢灵运赋予"临海峤"特定含义始，后人们则赋予"临海峤"某种特殊内涵或者特殊意义，各自对"临海峤"作了精彩的解读，合力把它推崇为一种文化符号。

2021年5月17日

参考资料：王康艺：《"临海峤"到底在临海还是在温岭？》等。

这些都是谢灵运必去"登临海峤"的理由。

(二)"临海峤"是一种文化符号

如上所论,谢灵运诗中的"临海峤"是泛指临海郡的高山名山,其实就是此行的目的地——临海郡。因此"临海峤"的外延就比较丰富,指向的是一种文化,成为一个文化符号。所谓文化符号,是指具有某种特殊内涵或者特殊意义的标示。它具有很强的抽象性,内涵丰富。

既然"临海峤"是一个文化符号,后人广用"临海峤",对它就有多种解读。

> 缅怀赤城标,更忆临海峤。
> ——[唐]孟浩然《题终南翠微寺空上人房》

> 严光桐庐溪,谢客临海峤。
> ——[唐]李白《翰林读书言怀呈集贤诸学士》

> 远公何为者,再诣临海峤。
> ——[唐]王昌龄《观江淮名胜图》

> 枉帆临海峤,莨酒秣陵城。
> ——[唐]皇甫冉《赠郑山人》

> 远学临海峤,横此莓苔石。
> ——[唐]韦应物《题石桥》

> 赤城临海峤,君子今督邮。
> ——[唐]权德舆《寄临海郡崔稚璋》

> 进吏六百石,又得临海峤。
> ——[宋]梅尧臣《送崔黄臣寺宰临海》

> 谢客风流临海峤,秦人歌啸入花源。
> ——[宋]范祖禹《和张二十五游白龙溪甘水谷郊居杂咏七首》

> 遥凌天门石,泂对临海峤。
> ——[明]周滨《始发建邺登龙江山祠感怀有作》

说，他此行应从始宁墅附近的噩中出发登上"成功峤"（即王咏霓先生认可的临海峤）而写此诗。细想，三界镇在嵊州北部，且"因地处绍兴、上虞、嵊州三县（市）交界而得名"，那么地处三界镇的"成功峤"并不是"与临海'接境'（交界）的地方"，要到临海郡的始丰（今天台）必须穿过始宁境，要到临海县则还要穿过始丰境，怎能说登上"成功峤"就登上了"临海峤"呢？毕竟"成功峤"不是会稽郡与临海郡"接境（交界）的地方"，更不是与临海县"接境（交界）的地方"！

不过，王康艺先生在《"临海峤"到底在临海还是在温岭？》中留有了余地，他说："不过据我所知，王咏霓好像没有亲自到过实地考察，他只是根据古书的记载然后得出结论。"

看来，王咏霓还是未解此结。

三、谢灵运诗中的"临海峤"应是泛指，是一种文化符号

（一）"临海峤"应是泛指

既然温峤岭、大固山或白马山、成功峤都不是谢灵运诗题中的"临海峤"，那么他诗题中的"临海峤"到底在哪里呢？笔者认为，谢灵运诗题中的"临海峤"应是泛指。《汉语大词典》对峤 qiáo 的首条释义是：①本指高而锐的山。《尔雅·释山》："【山】锐而高，曰峤。"邢昺疏："言山形镵（尖）峻而高者曰峤。"泛指高山或山岭。南朝齐谢朓《登山曲》："升峤既小鲁，登峦且怅齐。"此处"峤"与"峦"指的就是高山或山岭。因而，"临海峤"就是泛指临海郡的高山名山，如天台山、琼台双阙、委羽山等。因此，其诗题可理解为：我要远游去"登临海峤"，由噩中启程而作（此诗），赠堂弟惠连，惠连如见羊璿之、何长瑜，可请二人一起和之。需要指出的是，前文提到，谢灵运有《题委羽山》诗，如果是此行中来到委羽山而题，则实证了"临海峤"就是泛指临海郡的高山名山。

在谢灵运的心目中，临海郡的山山水水确实要去游历一番的。那里有孙绰观画神游而作的《游天台山赋》的意境；有刘晨、阮肇天台采药遇仙女故事的发生地；有相传汉代刘邦后裔刘奉林修炼得道，驾鹤飞升，鹤羽委坠此间的委羽山；有外太公王羲之①《游四郡记》中"临海南界有方城山，绝巘壁立，相传越王失国，尝保此山"记载的方城山（今温岭方山）……

临海郡还有其家族的记忆。谢安（320—385）未出仕时曾居会稽郡，一次与孙绰等人泛舟章安海面（古灵江口海面），风起浪涌，众人十分惊恐，谢安却吟啸自若。难怪他指挥淝水之战时是那么的从容镇定。对此谢灵运大有必要去亲身考察或体验一番。② 郗愔（313—384），字方回，东晋太尉郗鉴长子，王羲之妻郗璿之弟。曾任临海郡太守，"后以疾去职，乃筑宅章安，有终焉之志"。谢灵运母亲刘氏为王羲之的外孙女，那么郗愔是谢灵运的什么长辈呢？太舅公吧。因而谢灵运也大有必要去章安凭吊一番。

---

① 谢灵运的母亲刘氏是王羲之的外孙女。
② 谢灵运是谢玄的孙子，谢玄是谢安的侄子。

花自开。鹤背人不见，满地空绿苔。"① 如果此诗是在任永嘉太守时来到今黄岩委羽山而题，则实证了他越过临海峤（温峤岭）或浮海而来到了委羽山。

尽管如此，但依王康艺先生的实地考察，他说："对照谢灵运的诗句'日落当栖薄，系缆临江楼'，觉得其意境与实地之景十分吻合。可是，当想到原诗中'暝投剡中宿，明登天姥岑'的诗句，又不免心生疑问，觉得谢灵运写这首诗并非是从永嘉入境的，而是从老家会稽始宁（今绍兴嵊州三界镇）出发到台州来的。剡中、天姥岑，都在新昌（今改称嵊州）境内。倘若如此，那么'临海峤'就只能在临海西北方向，而绝没有可能在临海南几十公里外的'温岭'了。不知为什么，这一点竟被一向治学严谨的戚学标先生忽略了。"

其结论是，"温峤岭"当然不是谢灵运此诗中的"临海峤"了。但笔者认为温岭的"临海峤"与谢灵运诗题中的"临海峤"是两回事，有待下文分析。

后世对这温峤岭以"临海峤"之名入诗的，当是孟浩然。他于开元十九年（731）冬，游完天台山后再到越州（今绍兴），然后浮海往乐成（今乐清市）、温州，至次年暮春浮海北上回乡，走的是"浙东海上唐诗之路"，因此往返必经过古温岭，或许翻越过温峤岭。后来他在《题终南翠微寺空上人房》诗中有"缅怀赤城标，更忆临海峤"之句。笔者认为，他"忆"的这"临海峤"便是"温峤岭"。

二、成功峤非临海峤考

王康艺先生在《"临海峤"到底在临海还是在温岭?》中通过考证，否定了临海说和温岭说，仅赞同王咏霓的"今嵊州境内的成功峤才是真的'临海峤'"之说，他的原话是：王咏霓《函雅堂集》中有《临海峤非温峤辨》一文。"在该文中王咏霓写道，他是从《水经注·浙江篇》中读到的，在会稽始宁的大山中，与临海'接境'（交界）的地方，有一条岭叫'成功峤'，'峤壁立临江，欹路峻狭，不得并行。行者牵木稍进，不敢俯视。峤西有山，孤峰特上，飞禽罕至'。由此王咏霓得出结论，今嵊州境内的成功峤才是真的'临海峤'。""如此说来，王咏霓的这一论断是有道理的，是他平时读书中的一大发现。这既解决了人们对'临海峤'这一地名的猜测，也为人们正确阅读谢灵运的诗提供了依据。"

笔者认为，王咏霓对"成功峤"的描述虽符合对"峤"本义的解释即"高而锐的山"，但其说也不是无懈可击的。

王康艺先生"上网查阅得知，成功峤位于始宁县崿山（今嵊州市三界镇境内的三洲与崿浦间）"。笔者亦通过网络查得："三界镇位于嵊州市北部，剡溪下游，距市区19公里，东傍下王镇，南临仙岩镇，西与绍兴县王坛镇毗邻，北与上虞市章镇镇接壤，因地处绍兴、上虞、嵊州三县（市）交界而得名。""三界镇是历史悠久的千年古镇，建制于东汉永建四年（129），析剡县北合上虞县南，置始宁县，县治设今三界镇。"谢灵运的"始宁墅"位于三界镇。按王咏霓之

---

① 台州市文学艺术界联合会编：《名人笔下的台州》，浙江文艺出版社，2008年12月第1版。

临海峤新探

吴福寿

对南朝宋谢灵运《登临海峤初发彊中作与从弟惠连可见羊何共和之》诗中的"临海峤"之所在，学界颇有争论，至今尚无定论。王康艺先生在《"临海峤"到底在临海还是在温岭？》中归纳为三说：1. 临海学者的大固山或白马山说。2. 清代太平学者戚学标（1742—1824）的温岭温峤岭说。3. 清末民初黄岩学者王咏霓（1839—1916）的"成功峤"（在今嵊州市境内）即临海峤说。今笔者撰文对临海峤作个新探以引玉。

一、温峤岭即临海峤考

《弘治温州府志》卷一《建置沿革》载："《晋志》：临海郡领县八：章安、临海、始丰、永宁、宁海、松阳、安固、横阳。明帝太宁元年（323），分临海之峤南永宁、安固、横阳、松阳及晋安之罗江，凡五县，立永嘉郡，属扬州，治永宁，峤南即今温州。"①

联系这条记载的上下文，"分临海之峤南"之"临海"应是紧承"临海郡领县八"而来，指的是临海郡，非下文的临海县，那么"临海之峤南"，就可说成"临海郡之峤南"，继而"临海郡之峤"则可简称为"临海峤"。接着《弘治志》补充了"峤南即今温州"一句。温州于"上元二年（675）分括州至永嘉、安固（今瑞安）二县置温州，以温峤岭为名"②。考温峤岭，一在平阳③，一在温岭，因而两者都有温州命名地的可能，但平阳隔着瑞安远在温州更南，如果以平阳之"温峤岭"命名温州，就不会说"峤南即今温州"，而应说"峤北即今温州"，其实这么说也不妥，中间还隔着瑞安呢。《辞海·温州》说得更明白："唐上元二年（675），分括州置温州，以在温峤岭（在今温岭市西）南而得名。"这个"温峤岭"只能是温岭的温峤岭，那么这"临海峤"也就是温岭的温峤岭了。

推论是简单的，结论则是明确的，作为曾任永嘉郡太守，又撰有《永嘉记》④的谢灵运应当知道这段历史，也应当知道这温峤岭即临海峤。谢灵运有《题委羽山》诗："山头方石静，洞口

---

① 《温州文献丛书》整理出版委员会：《温州文献丛书·弘治温州府志·温州府 建置沿革》P2，上海社会科学院出版社，2006年3月第1版。
② （宋）乐史撰：《太平寰宇记·九九江南东道十一·温州》。
③ （宋）乐史撰：《太平寰宇记·九九江南东道十一·平阳县》："横阳慎阳江南有温峤岭。"
④ 温州文献丛书：（明）王瓒、蔡芳编纂：《弘治温州府志·前言》："早在南朝刘宋时期，永嘉太守谢灵运撰有《永嘉记》，员外郎郑缉之撰有《永嘉郡记》，因《郡记》又名《永嘉记》，以致二者很难辨别。"上海社会科学院出版社，2006年3月第1版。

12. 中村文峰、儿玉清：《古寺巡礼京都24 南禅寺》，2008年初版。

13. 《一山一宁墨迹集》，一山一宁国师七百年大远讳纪念发行：归一寺田中道源，2016年。

14. 原田正俊：一山国师七百年远讳纪念册《鎌倉時代の南禪寺と一山国師》，大本山南禅寺编著发行，2016年。

15. 日本文化厅。国指定文化财数据库 https：//kunishitei.bunka.go.jp/bsys/index_pc.asp.

2021.01.22

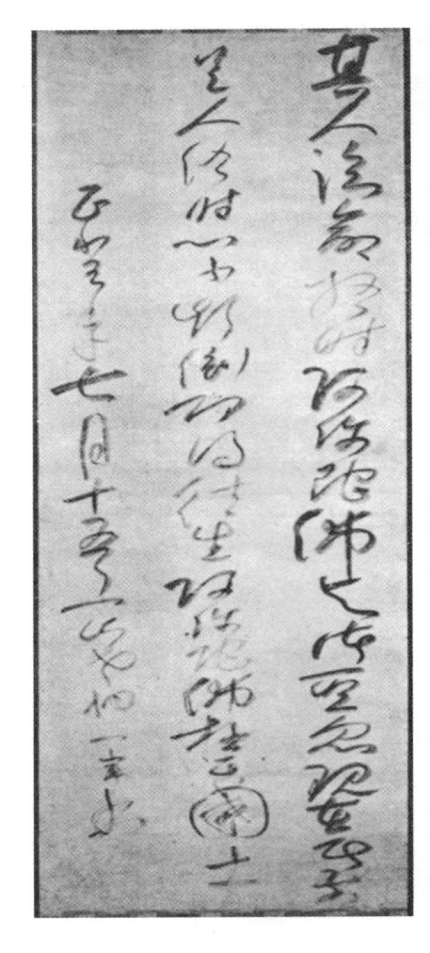

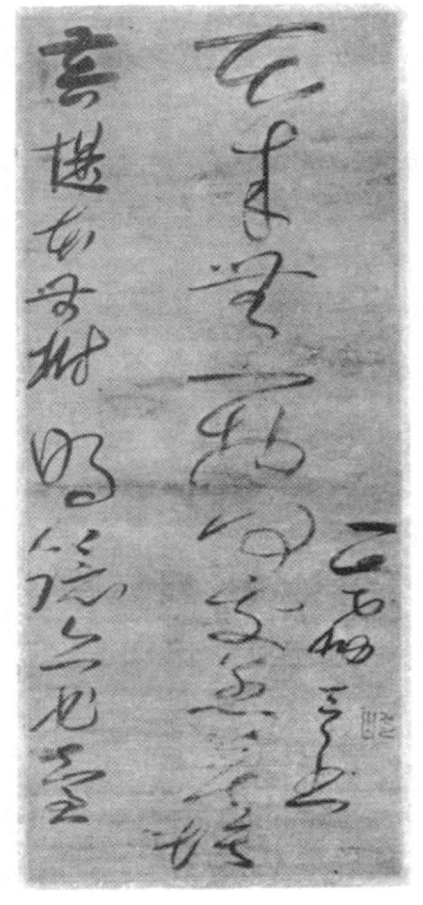

相关主要参考文献和网络资源

一、国内文献和论文

1. 江静：《入日元僧一山一宁相关文物初探》，佛教在线，2006年10月14日。
2. 江静编著：《日藏宋元禅僧墨迹选编》，西南师范大学出版社，2015年4月第1版。
3. 江静主编：《普陀山与日本》，普陀山书院学术文献资料，2018年10月。
4. 胡建明：《宋代高僧墨迹研究》，西泠印社出版社，2011年3月。
5. 释觉多：《赴日元使一山一宁禅师及其禅法》，国家宗教文化出版社，2013年12月第1版。
6. 戎龙超：《元代佛教书法研究》，吉林大学2013年硕士学位论文。

二、日本出版文献论文

7. 释善珍：《藏叟摘稿》，藤田六兵卫，宽文十二年（1672），影印版。
8. 伊东卓治：《宁一山墨迹》，《美术研究》162号，1951年9月15日；《续宁一山墨迹》，《美术研究》169号。
9. 田山方南编：《禅林墨迹拾遗》，东京：禅林墨迹刊行会，1977年。
10. 田山方南编：《续禅林墨迹》，京都：思文阁出版社，1981年。
11. 木宫泰彦：《中日佛教交通史》。陈捷译，台湾华宇出版社，1986年8月初版。

一宁书。"

2. 一山书《阿弥陀经语》（图3），七十岁时墨迹，内容为："其人临命终时，阿弥陀佛与诸圣众现在其前。是人终时，心不颠倒，即得往生阿弥陀佛极乐国土。正和五年（1316）七月十五日。一山老衲一宁书。"

大觉法皇即为后宇多法皇（1267—1324），日本第91代天皇。德治二年（1307）剃发出家，法号金刚性。不久在大觉寺附近隐居，皈依密宗和禅宗，长期随一山一宁参禅。

3. 一山草书法语（始知众生），七十岁时墨迹，内容为："始知众生本来成佛。生死涅槃，犹如昨梦。法性如大海。不说有事非。凡（田。几）夫贤圣人。平等无高下。唯在心垢灭。取（田。所）证如返掌。正和丙辰（1316）闰十月二十六日唐沙门一山一宁书。"

4. 一山书《六祖偈》（图4），内容为："菩提本无树，明镜亦非台。本来无一物，何处惹尘埃。一山老衲一宁书。"

这几张作品是一山七十岁左右时的墨迹。《六祖偈》墨迹比前几幅作品更加自然流畅，不露痕迹，应该是一山禅师七十或七十一岁时作品，为一山绝笔。这些作品圆融真率，仙气流布。结字平正，用笔笔笔中锋，粗细有度，枯湿浓淡，炉火纯青，随心所欲。章法错落有致，奇逸跌宕，有的作品一改过去从右列到左列的写法，从左写到右，像鳗苗欢游，出没云水。这些作品整体给人的感觉，是笔下流出来的，达到了天性无碍的地步，羽化登仙，凤舞九天。

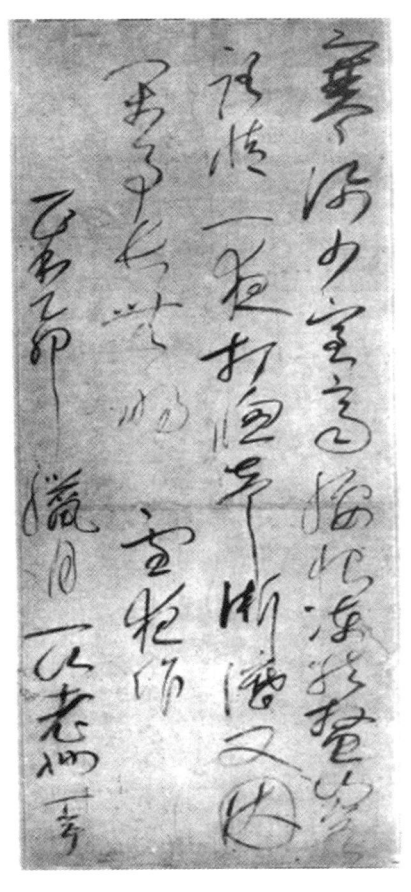

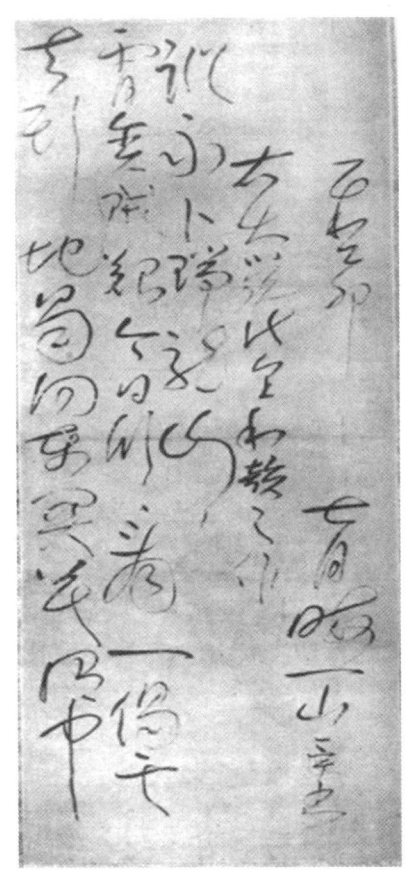

一宁书。"

一山此墨迹书于1301年，为收到东福寺住持山叟慧云遗书后上堂所作法语。山叟慧云，圣一国师圆尔辨尔法嗣，曾任东福寺和承天寺住持。此墨迹为小草，为典型的怀素小草体。和这件墨迹风格基本一致的还有《上堂法语》（不求诸圣）、《瑞严空照禅师颂》、《与西涧子昙尺牍》、《跋语<金刚经>序)》、《草书法语（成佛人稀）》等。

2. 《草书偈语（只此身心）》，直幅，内容为："只此身心能洞之，天真佛性自分明。百年光景须臾事，不可因循过一生。正和癸丑季秋三日。龙安山一山老衲一宁书"。

此墨迹为一山于1313年住持南禅寺后所书。龙安山为南禅寺所在瑞龙山的旧称。此幅为行草中的杰出作品，运笔速度极快，随行流走，时时不离规矩，用墨时浓时淡，风规自远，具有二王风韵。

3. 《寒山图》题赞，内容为："双涧声中，五峰影里。展此一卷经，且不识字义，一种风颠世无比。一山比丘一宁拜手。"

寒山为唐代天台山国清寺僧人，被传为文殊菩萨化身。南宋至元代，出现了大量以寒山和拾得（国清寺僧，被视为普贤菩萨化身）为主题的"寒山拾得图"，传入日本后深受欢迎。此题赞出自宋释妙伦偈颂："五峰影里，双涧声中。有大宝藏，八面玲珑。"

此类作品有《后宇多法皇和韵偈》和各类图赞。

一山横幅墨迹，以1314年手迹《空岩道号颂》落款部分、《观音像颂诗卷后序》和以下这件墨迹最为出色。

4. 《杨岐甄叔禅师偈语》，内容为："群灵一源，假名为佛。体竭形消而不灭，金流朴散而常存。性海无风，金波自涌。心灵绝兆，万象齐照。体斯理者不言而通历恒河，不用而功益玄化。如何背觉，返合尘劳，於阴界中妄自囚执。甄叔和尚语。一山一宁拜书。"

这张作品虽然没有纪年，字字结构严谨，用笔率性流转，墨色时浓时淡，境界淡远飘忽，应该是一山近七十岁时墨迹。

（五）大草

大草，是草书中比较放纵的一种，运笔速度比较快，运笔有时相连，笔势圆转奔放。一山的书法成就，突出的为直幅大草。那个时候很少有这样的直幅作品。从一山草书艺术的角度看，一山的墨迹可以分为两个时期（伊东卓治对一山墨迹进行了整理，把有纪年的一山一宁墨迹分为三个时期，即初住建长寺和圆觉寺为第一时期；再住建长寺为第二时期；住南禅寺为第三时期），以近七十岁为界，即六十九岁以后，一山的草书开始独具面目，走向云端，登峰造极。

六十九岁时墨迹《雪夜作》（正和乙卯作）、《大觉法皇和韵偈》，七十岁时墨迹《阿弥陀经语》、草书法语（始知众生），书《六祖偈》应为一山七十岁左右的作品。这些作品为中国书法直幅的先行作品。

除了正和乙卯（1315）腊月手迹《雪夜作》（图1）外，还有4件作品代表了一山大草最高成就。主要墨迹如下：

1. 一山书《大觉法皇和韵偈》（图2），六十九岁时墨迹，内容为："去斯地曷向东关，莫谓中宵贪贼艰，今日欣欣看一偈，其踪永卜瑞龙山。右大觉法皇和韵之作/正和乙卯七月晦。一山山一宁亦应请为赖贤撰写碑文。

板碑材质为黏板岩，高3.35米，碑面宽1.3米，厚0.2米。碑额正中有一用梵文书写的"阿"字，"阿"字的左右两边，是用楷体书写的两行字，分别为"奥州御岛妙觉庵"和"赖贤庵主行实铭并序"。碑额与碑面以两条龙状图形分开，碑面上刻有一山一宁用草书撰写的18行643字的碑文。

该碑保存尚好，只是碑上的文字因风吹日晒而模糊不清，所幸仙台儒者樱田钦齐于文政四年（1821）所著的《松岛图志》中，载有此碑的插图，碑上的文字因此得以识别。该碑现被认定为国家级文物，被置于六角形的亭阁内。

上文出自江静《入日元僧一山一宁相关文物初探》一文介绍。此碑文开头，写：巨福山建长禅寺住山唐僧一山一宁撰，落款：是岁（丁未）三月十五日书。小师三十余人匡心孤运同立石。碑额14个字，带有颜真卿后期楷书的特征，风格和颜书《元次山碑》《颜家庙碑》接近，庄重笃实，内敛无华。

3. 一山一宁自画像题赞

据《一山一宁墨迹》介绍，一山一宁自画像现存日本归一寺。在像的右上方，有淡淡的观音像；观音像上方，有一山自画像赞题词：

"普门妙应遍尘刹，小白花岩非定居。我昨岩间觌此相，铁衣轻细映红襦。我来东国已多载，心存目想曾不渝。故今特绘此妙相，瞻敬岂敢忘其初。

同中所见之像，故绘之，以供养云。正和甲寅十月望 一宁拜手书于南禅方丈。"

从题赞来看，"同"通"洞"。一山和观音宿缘很深，在白花岩（今浙江普陀山）见到了洞中的观音像，一直念念不忘。从楷书的风格来看，写得从容开阔，线条沉厚，糅合了苏黄风格。

四是"默菴"两大字。

此幅作品，现存京都龙光院。两个大字"默菴"（注：默菴两字的异体字为：默庵），"默"字四点中右下角一点缺失，题款为"一山叟为冲知客书"，默菴应为冲知客法号。以默菴为号的，有十四世纪的画僧默庵灵渊，和可翁宗然齐名，画法受法常影响，为日本水墨先驱，有"牧溪再来"之誉，最后殁于元。

（三）行书

一山的行书墨迹很少，目前能见到的有《奥州藤田驿近乡山邑碑》拓本（拓本见于日本金石志），碑高4.1尺，宽1.4尺。这张拓片有些模糊，落款为：德治二年十一月廿日智□谨志 一山一宁书。从字的结构和运笔来看，有唐欧阳询行书的影子，刚劲瘦硬。

（四）行草和小草

除了上述介绍的墨迹和碑拓，一山留下的几乎是行草和草书手迹。在草书手迹中，小草又占了很大比例。这里，把行草和小草放在一起介绍，成就最高的几张大草单列介绍。

一山行草和小草主要作品有：

1. 《东福寺住持山叟慧云遗书至法语》，横幅，内容为："东福山叟和尚遗书至，上堂云：'慧日峰前露一机，翻身掼倒五须弥。照天夜月光辉满，廓尔无依又独归。此犹是东福山叟和尚，当面谩人底一著子，若是末后全提。'下座同诣灵前，分明听取。正安辛丑秋暮/建长一山是在室町时代晚期，茶室挂轴常选用禅僧的"一行物"。

纵观笔者搜集到的一山墨迹图片，有的作品和一山的独特运笔有一定的差异。纵观一山大量的墨迹，其运笔时心态平和，线条绵里藏针，墨迹气质静穆高古。近七十岁时，其墨迹更是行云流水，空谷生云，自然而然。这些图片中，有的墨迹应该不是一山真迹，线条单一缺少变化，有的出锋偏多，结构也不是十分到位，作品气质比较刚劲张扬。有的是临摹作品；有的墨迹落款为一山，或印为一山，但此一山也不一定是一山一宁，本文暂不讨论一山墨迹主要图集收录的墨迹的真伪。下面对一山墨迹以书体分类作一简介（本节罗列作品册寸等情况见附表）。

（一）篆书

1. "南无佛"塔

在位于日本埼玉县吉川市楠井山的清净寺内，有一块镰仓时代的板碑。这块板碑建于正安三年（1301），高203厘米，以青石为材质，板碑上有用篆体书法雕刻的"南无佛"三个大字，有专家据其书法风格进行考证，判断此三字为一山一宁的笔迹。

2. 光严寺"皈依佛"塔

在日本埼玉县北部的葛饰郡松伏町，有一座并不起眼的寺院——光严寺，寺院虽默默无闻，寺内的一座板碑却吸引了众多修行者的目光，这座正安年间（1299—1302）建造的板碑之所以出名，是因为碑上的"皈依佛"三个篆体大字乃出于名僧一山一宁之手。

上述介绍，出自江静《入日元僧一山一宁相关文物初探》一文。这两块篆书碑，书法风格类似东汉、南北朝碑篆额的风格。东汉碑额在篆书发展史上极具创造性，如《汉张迁碑》碑额"汉故谷城长荡阴令张君表颂"，取法汉印，篆隶互用，字取横势，结体茂密，像八爪鱼一样自由伸展。《西岳华山碑额》六字纯用篆字，圆转流丽。一山书写的碑，为篆书，字形瘦长，混穆高远，"南无佛"三字随性放纵。篆书到李斯，到李阳冰，大多排列整齐，线条单一。从两碑墨迹碑刻看，一山应该对汉和汉以前的碑额墨迹比较推崇，体现了一山崇尚高古和纵逸的审美倾向。

（二）楷书

1. "巨福山"匾额

据江静《入日元僧一山一宁相关文物初探》一文介绍，位于神奈川县镰仓市的建长寺，位居日本中世镰仓五山之首。由幕府执权北条时赖（1227—1263）发愿修建，建长五年（1253）落成，奉入日宋僧兰溪道隆（1213—1278）为开山，山号"巨福山"。寺院入口的大门，称"巨福门"，门上悬挂着的匾额，写有"巨福山"三个大字，据说为一山一宁所书。正安元年（1299）十二月，一山一宁受执权北条贞时（1271—1311）之请，任建长寺住持，长达数年。

2. 日本松岛御岛碑额

位于日本宫城县宫城郡松岛町的雄岛，自古被日本人视作死者灵魂为往生极乐净土，等待阿弥陀佛前来迎接的地方，是久负盛名的佛教圣地。岛上曾有一座非常著名的"妙觉庵"，由见物上人（生卒年不详）长治元年（1104）所建。弘安八年（1285），僧赖（1225—1307）入住妙觉庵，直至德治二年（1307）以八十二岁的高龄长逝于此，被视为见物上人再生。赖贤去世后，其弟子匡心等三十余人于雄岛南端竖立了板碑，颂扬师僧的德行并供养其灵魂。时住建长寺的一随机应物开盲聋。利根一决尽疑滞，钝器未免加磨砻。南洵百城浅途路，三登九至成差互。机机相赴不相赴，喝似奔雷棒如雨。龟毛在握任纵横，觌面相呈没较量。蓬海风休停识浪，扶桑日出耀心光。右示人

2. 法语（坐禅）

坐禅别无提示，但十二时中，常令身心清净，却于静处安坐。若昏散之障地时但提心。因僧问赵州和尚云。狗子还有佛性，也无？州云：无。但看此无字。一山拜赞。一山书

3. 可翁宗然独竹图题赞

翠叶纵纵，高节亭亭。香严一击，户破家残。一山一宁

4. 文殊菩萨像题赞

如意在手，狮子哮吼。七弘威仪，一场漏逗。一山拜赞

5. 正续庵墨迹

正续庵承仕行者，可与屋地一宇。乾元二年正月三日

6. 书慈觉禅师的自警文

江静《入日元僧一山一宁相关文物初探》介绍，鸟取县鸟取市渡边美术馆藏有一山一宁墨迹一幅，内容为慈觉大师自警文。笔者对慈觉大师介绍如下：

宗赜（1053—1113），河北西路洺州永年人。元丰五年长芦出家受具，元祐中住长芦寺，嗣后至政和三年间，返梓住"广平普会"，出世真定洪济说法，"赐紫号慈觉禅师"，世称长芦慈觉禅师。宗赜师承南宗，然不守门户之见，论说"念佛不碍参禅，参禅不碍念佛，法虽二门，理同一致"，从而获得禅净二门拥戴，被尊为莲社继远五祖。

笔者对墨迹释文为：神心洞照，圣默为宗。既启三缄，宜遵四实。事关圣说，理合金文。方能辅翼教乘，光扬祖道，利他自利，功不浪施。若乃窃议朝廷政事，私评郡县官寮，讲（国土之）丰凶，论风俗之美恶，以至工商细务，市井间谈，边鄙兵戈，（中原）寇贼，文章技艺，衣食货财，自恃己长，隐他好事，揄扬显过，（指摘微）瑕，既乖福业，无益道心。如此游言，并伤实德，坐消信施，仰愧龙（天。罪始滥）觞，祸终灭顶。何也，众生苦火，四面俱焚。岂可安然坐谈无义。

右慈觉颐禅师《自警文》。一山野衲之书

注：部分为笔者补，此幅缺一截。

五、关于一山墨迹简介

一山在国内期间的墨迹尚未见到，留存的全部是一山到日本后的墨迹。日本出版的《古画备考》一山一宁禅师项目记载："墨戏往往传世矣，师喜书法，楷草俱妙，今伪造最多。"伊东卓治论著《宁一山墨迹》序介绍，在一山传世的墨迹中，赝品非常多，将临写误以为真迹、以名笔假托一山的情况屡见不鲜，也由此可知一山墨迹在日本的影响力有多大，仅就一山墨迹有据可查资料不完全统计，其数量超过二百件以上。

田山方南《禅林墨迹拾遗》收录了很多禅僧的"一行物"，其中一山草书"一行物"，共7张。伊东卓治《宁一山墨迹》研究没有收录"一行物"。"一行物"在日本禅林比较多见，特别

辨析：第二句的"碛"字，应为"砾"字。成语有"明月与砾同囊"，出自汉王充《论衡·自纪》："垂棘与瓦同椟，明月与砾同囊。"明月：明月珠，夜光珠；砾：瓦砾或碎石；囊：袋子。明月珠与瓦砾装在同一个袋子里。比喻好与坏混杂在一起。第三句中□为今字，"溪"应为"浮"字。第四句"塞"字应为"蹇"字；"同"应为"间"字；体的异体字"躰"字应为"跨"字，现在称立杆之间的距离为跨。此图说的是禅宗故事，茶陵郁山主骑驴过桥，驴脚入桥裂缝，禅师摔下驴背，忽然感悟，吟了一首诗："我有神珠一颗，久被尘劳羁锁。今朝尘尽光生，照见山河万朵。"宋代文人潘阆有诗《题资福院石井》："炎炎畏日树将焚，却恨都无一点云。强跨蹇驴来得到，皆疑渴杀老参军。"此诗也可以佐证这几个字修改的正确性。

此诗被收录在《语录》下赞佛祖部分，诗偈题目为《郁山主》，内容为：溪桥一撷两眉横，瓦砾拈来作夜光。脚下至今溪逼逼，蹇驴闲跨踏斜阳。归一寺发行的《一山一宁墨迹》对此图墨迹释文为：溪桥一撷两眉横，瓦砾持来作夜光。脚下至今浮逼逼，蹇驴闲跨步斜阳。

16. 一山草书法语（始知众生）（田的释文）

始知众生，本来成佛。生死涅盘，犹如昨梦。法性如大海，不说有事非。几夫贤圣人，平等无高下，唯在心垢灭，所证如返掌。正和丙辰闰十月二十六日唐沙门一山一宁书

辨析：偈为《圆觉经》和《菩萨处胎经》句。偈中"几夫贤圣人"的"几"字应为"凡"字，"所证如返掌"中的"所"字应为"取"字。

17. 一山作痴绝颂（田的释文）。

拼命来经蛊毒家，不沾滴水未生涯。尚余穷相一双手，要向诸方痒处爬。右痴绝冲和尚颂一山叟书付友侣

辨析：第二句"沾"字应为"沽"字，"未"字应为"丧"字；落款最后一字"侣"，释文为"僧"字更妥。

18. 一山书圆悟示众偈（《一山一宁墨迹》释文）

办道应须办自心，心真触处是通津；直明格外无生忍，端作区中解脱人.。
吸尽西江庞老口，搏将妙喜净名身；八风五欲莫能转，解向尘中转法轮。
宋朝圆悟佛果禅师示众偈。
延庆三年庚戍四月上旬金宝山一山叟一宁书

辨析：落款年份"庚戍"的"戍"字，应改为"庚戌"。地支只有"戌"，没有"戍"。

四、近年拍卖的一山墨迹和其他墨迹释文

雅昌艺搜对近年拍卖的一山墨迹进行了汇总，笔者选择了5件墨迹进行释文，同时对另外2件（见附表）也进行了释文。

1. 大道偈语

大道体虽名与相，离名相求亦非道。但了心源本虚寂，心源既了无不了。佛祖绳之继此宗，

赴感。诚非一言所可赞扬，然于一宁尤多宿缘。往在补坦（坦3）落伽山，于瞻礼次，于潮音洞中一度瞻形，至今此心不暂忘恩。今览斯轴，乃知此土海峰（岸4）亦有此像矣，禅子良亨等亦瞻拜而形之于偈。诸人颂（从5）而和之，以赞圣德，得（纵6）寿（春7）容月影非可形言。而亦见信敬之诚云尔。故余亦技（杖8）痒而说偈云：妙化游于毕竟空，空处无中无不中。四八（空格9）分形是非外，海天一月万（莫10）波通。辄书于后，仍备书本录（缘11）云。

正和丙辰十月二十四日，南禅住山唐沙门一山比丘一宁谨书

辨析：关于前第1字，笔者认为为"随"字，和伊释文同；第2字也为"随"字，和伊同；第3字是"怛"字，伊和田解释"坦"，皆有误，"补怛"专指观音道场；第4字"峰"为"岸"字，和田同；第5字为"信"，不同于伊和田释文；第6字为"纵"，和田同；第7字为"春"，和田同；第8字为"技"，和伊同；第9字为"八"，和伊同；第10字为"万"，和伊同；第11字为"缘"，和田同。

12. 和后宇多法皇韵诗偈（田的释文）

法皇御幸相看，依呈偈，即席和韵赐偈云。

去斯地曷向东关，莫谓一霄贪贼艰，今日欣欣辞一偈，其踪永卜瑞龙山。

八月十日一山书。付道启

辨析：诗句第三句的"辞"应为"看"字，伊也释文为"看"。

13. 面壁达磨图赞（田的释文）

苍藤岩壁入云高，兀坐多年护狼藉。设言传法救迷情，堕在子窠起不得。

一山比丘一宁拜手

辨析：文中"狼藉"两字，前为"没"，后为"设"，两字不可能为草书"护"字。最后一句"子窠"的"子"应为"草"，更符合文意。子窠是古代装在突火枪中的火药弹的意思，出自《宋史·兵志十一》。一山一宁赞《杨柳观音图》也有"闻思修入三摩地，不知坐在草窠里"之句。卍新纂续藏经 No.1402《天目明本禅师杂录》天目中峰广慧禅师语部分有诗偈《拙庵》如下："弄巧翻成错用工，全身堕在草窠中。着衣吃饭也不会，那竖拳头继祖风。"此诗偈也可以佐证释文成"草窠"更妥当。

14. 竹图赞（田的释文）

绿暎轻烟外，根浅古石傍。一丛斜与曲，多福莫论量。一山

辨析：墨迹第二句"浅"字，像"深"像"浅"字。竹子的根不如树深，但地下连成一片。古石傍竹子的根应该比较深，这里释文为"深"字为好。

15. 骑驴图赞（田的释文）

溪桥一撕两眉悦，瓦（碪）持来作夜光。脚下至□溪逼逼，塞驴同躰步斜阳。

一山比丘一宁 拜手

7. 传梁楷笔塞翁图赞（伊的释文）

朴到眼麻迷，泥沙认作珠。骑驴又何处，斋王又邀渠，脚下须防平处危。一山一宁拜手

辨析：麻迷为禅林用语。常以此词形容模糊看不清楚之状态；或贬指无眼目之人。东林和尚云门庵主颂古（卍续一一八·三九九上）："哑子得梦与谁说？起来相对眼麻迷。"（古尊宿语录·卷四十七）。伊的释文第一句，"朴"应为"扑"，到和"倒"为异体字，这里的"扑到"即"扑倒"。骑驴又何处的"又"，应该不是"又"字，解释为水字可能好一些，此字接近张旭古诗四帖中"泉"字草书下部分水字；"斋王又邀渠"的"斋"应为"齐"，"邀"字草法的笔顺不是这样的，估计为"邈"字。一山题"无本觉心像"赞有"赞万古声名常炜烨，心开长老邈渠真"之句，就有"邈渠"一词。

8. 传牧溪笔芦雁图赞（伊的释文）

塞北寒应早，潇湘秋意清。稻粱谋已遂，矰缴事非雁。

辨析：第三句"稻粱谋已遂"的"遂"草法不是这样的笔顺，应该是"道"字，"道"前面的字应该为"亦"，这句为"稻粱谋亦道"。最后一个字"雁"，和一山"平沙落雁图"题赞里的"雁"字比较，不是这样的写法，应是"鸣"字，这样和第二句末字"清"押韵。

9. 寒山拾得图赞（伊的释文）

指空话空，是甚举止。虽莫顾盼，犹少惭愧。五台月皎何由至。一山一宁拜题

辨析："虽莫顾盼"的"莫"，从草书笔顺和文字来看，应为"善"字；最后一句开头"五台"应为"玉台"，玉台为天帝居处。

10. 大士赞偈语（伊的释文）

大士法身等虚空，大士悲心如大海。世间欲以尺量空，复欲持蠡测海水。虚空可量海可测，其人即与大士等。一毛端上无边身，一一身色刹尘海。拈出志公古刀尺，处处尽是圆通门。收得摩尼藏裹珠，不属中流及彼岸。盘陀石上日轮红，大士法身全体露。正和丙辰八月十二日。南禅住山唐沙门一山比丘一宁书

辨析：文中"一毛端上无边身"的"毛"，田释文为"色"，笔者请教了对佛学有造诣的专家，认为应是"毛"字；抛出志公古刀尺的"抛"字，田也释文为"抛"，可能是多了一条墨痕的缘故。此字比较清楚易认，笔顺很清楚，应为"拈"字。卍新续藏第 69 册 No.1335 善慧大士语录有句："梁武帝请讲金刚经。士才升座。以尺挥单击。便下座。帝愕然。志公曰。陛下会么。帝曰。不会。"南宋释崇岳有偈："莫莫，拈出一条断贯索。任从我佛及众生，撩天鼻孔都穿却。"结合这两段文字，释文为"拈"应该是正确的。

11. 圆通大士像赞（伊的释文，括号内字为田的释文）

圆通大士乃过去佛，留愿度生而于阎浮提众生有大因缘。随（隐1）类现形，随（隐2）机

3. 一山一宁与固山一巩法语（伊的释文）

若了事汉，一超直入，复有何事？诸老及诸方英杰，翕然颂以嘉之，此特加鞭之意也。固山其勉之。正和丙辰十月下澣，南禅住山唐沙门一山老衲一宁书

辨析：偈中"翕然颂以嘉之"中的"颂"字疑为"即"字，"意"字疑为"令"字。

4. 一山一宁致西涧子昙尺牍（伊的释文）

宁，茫茫度日，眼睛不见，鼻孔且不知岁之云暮。兹蒙宠命，商略此事，那不奉命，来晨当趋左也。伏惟慈察。廿四日 一宁顿首拜复。圆觉堂上乡尊和尚老师

辨析：文中"兹蒙宠命"的"蒙"字，应为"承"字，一山正续庵墨迹"正续庵承仕行者，可与屋地一宇"中的"承"字也是这样的写法，王献之和蔡襄有此写法；最后"乡尊"两字，伊也没有完全确定，因为"尊"字缺头。按照草法，笔者认为释文为"以事"更好。虽然西涧和尚比一山年轻，但一山对这位台州老乡很尊重，在一山语录里称之为"小师"，"以事"和尚老师的意思为：对待西涧和尚像对待老师一样。

5. 法语横幅（不求诸圣）（伊的释文）

上堂。不求诸圣，不重己灵，进前无路，退后无凭。临深渊，履薄冰。荼陵有个村山主，骑驴过桥吃一撅，错认山河作眼睛。良久，云：彩奔觝家。正安辛丑秋季。建长一山叟书

辨析："荼陵"的"荼"，释文为"茶"字更好些。理由如下：

茶陵县。隶属株洲市，位于湖南东部。关于茶字，清代郝懿行（1755—1823）《义疏》：今茶字古作荼，至唐陆羽煮茶经，减一画始作茶。而著名的《不空和尚碑》中，仍用了"荼"字。2016年1月10日《湘东文化》杂志网刊登了彭雪开先生《茶陵地名简释》一文。大致介绍如下：荼陵，为茶陵古名。荼，《说文》：荼，苦荼也。秦始皇二十六年（前221），已称荼陵县。《三国志·卷六十》建安二十年（215），（孙权）督孙茂等大将从取长沙三郡。又安成、攸、永新、茶陵四县吏共入阴山城。东汉以后，国史、地方志等史籍皆载茶陵地名。此后"荼陵"县名，不见于史籍。茶陵之茶，即茶树。茶，古名较多，见之于史籍者，有槚、荼、蔎、茗、茗等。茶字，最早见于《华阳国志·巴志》。周武王既克殷，以其宗姬于巴，爵之以子。……以鱼盐铜铁、丹漆茶蜜，皆细贡之。《三国志·吴·韦曜传》记：吴主孙皓餐宴，无不竟日，"常为裁减，或密赐茶荈以当酒。"

从此文来看，茶陵县在地方志记载，东汉后为茶陵县，但在其他文字作品中存在着"荼"和"茶"同时并用的现象，此墨迹"茶"字很容易辨认，没有必要改为"荼"。

6. 檀竹图题赞（伊的释文）

冻雪冻雪，万玉森森。岁寒一节，照映丛林。一山

辨析：伊对第一句后两字解释为"冻雪"重复，不知何故，因为图片上的字明显不是上两字的重复，应为"希希"。

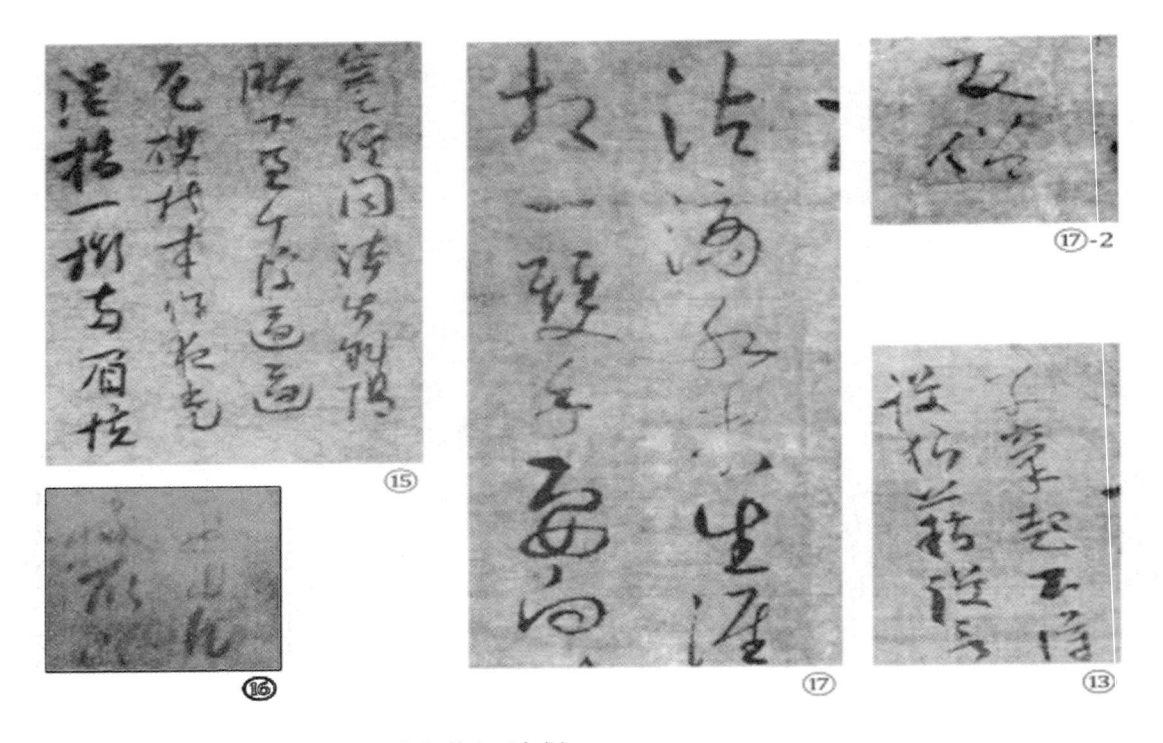

1. 正和乙卯（1315）腊月《雪夜作》诗偈

此墨迹释文如下：寒添少室齐腰恨，冻结鳌山客路情。一夜打窗声淅沥，又因闲事长无明。

释文出自《一山国师语录》，佛书刊行会编《大日本佛教全书》。东京：佛书刊行会，1912年。诗偈原为汉字繁体。

《雪夜作》诗偈又释文如下：寒添少宫齐腰恨，冻结鳌山客路情。一夜打窗声淅沥，又因间事长无明。

释文出自南普陀在线太虚图书馆大正藏电子版，第80卷2553部，《一山国师语录》卷下《偈颂》部分。

辨析：此诗偈第一句"添"字，伊和田都解释为"添"字。电子版的"宫"字，伊的《宁一山墨迹》对三张《雪夜作》墨迹进行释文，一张没有纪年，全部解释为"室"字。笔者专门撰写《海外草圣一山一宁墨迹研赏》一文发表在浙江省青年书协主办的《青年书法界》杂志2016年12月版。根据草法，"添"应为"佩"字；电子版的"宫"字应为"室"字。

2. 空岩道号颂（伊的释文如下）

到得崖崩石裂时，洞然虚溪更无他。却思现成莫多事，勾引天人散宝华。右为觉庵主赋雅号正和甲寅（1314）腊月下瀚。南禅闲居老衲一山叟一宁书

辨析：第二句的"溪"，应为"豁"；第三句的"莫"字，释为"善"字更妥当。唐怀素《食鱼帖》中的"善"和此墨迹"善"字写法最为接近。善现是佛学常见词汇，佛陀十大弟子之一须菩提的译名。《佛光大辞典》介绍，善现，又作善观天、善好见天、妙见天、快见天、无比天、假使天。为色界十八天之一，五净居天之第三。即色界第四禅中第三位之天。此天天众已得上品之杂修静虑，果德易彰，故称善现。此句应释为"却思善现成多事"。《一山一宁墨迹集》也作如此释文。

三、关于部分一山墨迹释文中少数字的辨析

　　一山留存日本的作品,包括板碑刻文、匾额题字、画赞、偈颂、法语墨迹等,不仅具有极高的艺术欣赏和文物价值,也具有重要的史料价值。但一山禅师的墨迹,大多是草书。这些墨迹有时是作者随性之作,汉字草法不是十分规范,导致少数字十分难认,似是而非。伊东卓治(下称呼伊)和田山方南(下称田)前辈对部分墨迹作了注释,有的墨迹释文还有探讨的余地。笔者在这里进行了辨析,并在书法家汇集的群里进行了研讨。下文为直幅、横幅、图赞释文墨迹的辨析,以待集思广益,找出最符合原文意思的字来。笔者对以下十七张墨迹进行了相关部分截图,拼成四张,分别进行了标注,以便能对照判别。图如下:

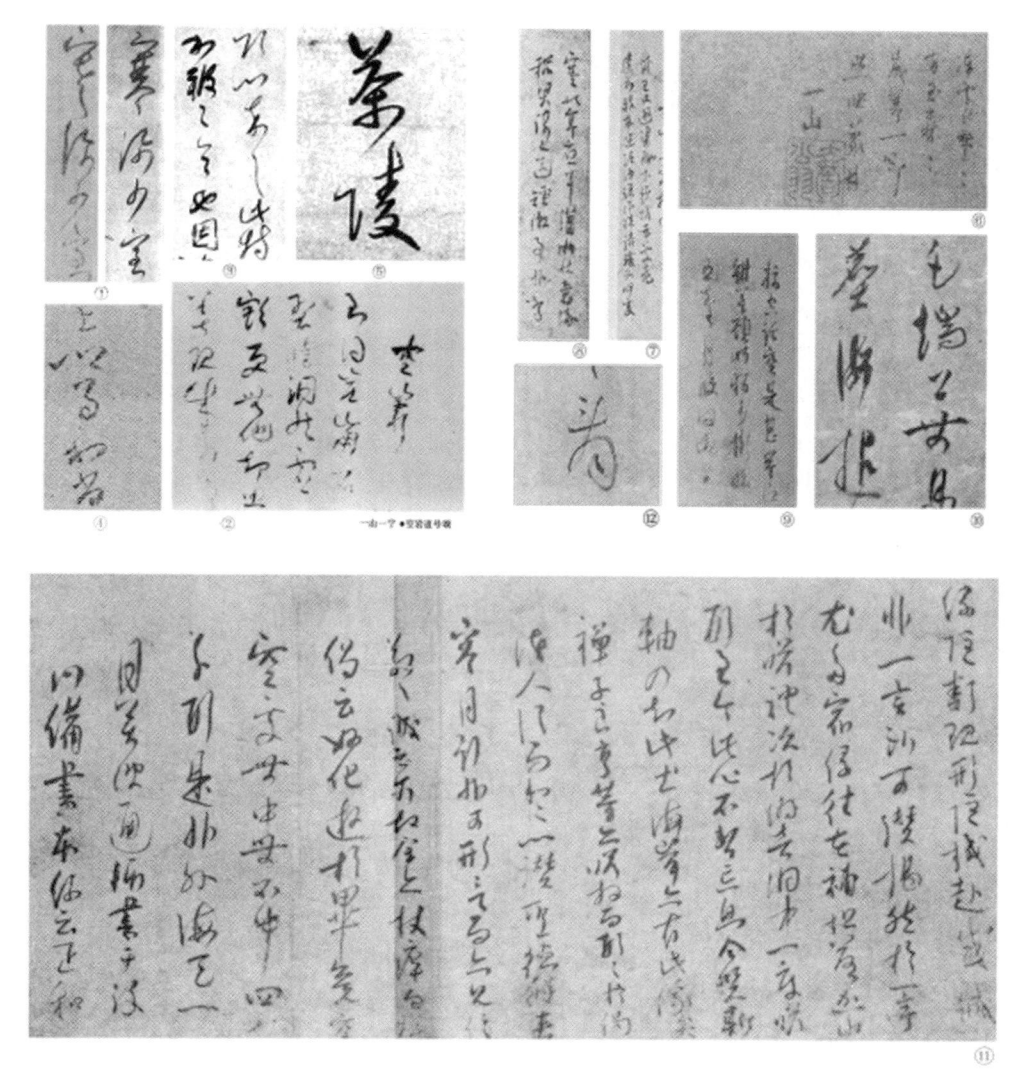

288

续表

序列	名称	落款	册寸。藏家	出处
11	传梁楷笔塞翁图赞	一山一宁拜手	纸本墨画,高2.59尺,宽1.03尺。昭和九年十一月松浦家卖立目录所收	伊
12	传可翁笔十牛图归牛图赞	一山	青山氏藏	伊
13	平沙落雁图赞	一山书	纸本墨画。高1.92尺,宽1.01尺,里见忠三郎氏藏	伊
14	传牧溪笔芦雁图赞(芦雁图1 塞北寒应早)	一山	纸本墨画。高2.8尺,宽1.08尺。松浦家卖立目录(昭和二年十一月)	伊
15	传檀芝端笔雪竹图	一山	纸本墨迹。高1.04尺,宽0.68尺。美国某氏藏	伊
16	水边渔舟图雪夜作	雪夜作一山一宁书	腊笺画。高2.75尺,宽0.9尺,大正二年五月某氏(二条家)卖立目录	伊。田
17	骑驴图赞	一山比丘一宁拜手	高66.3cm,宽25.1cm。有节庵藏	田
18	竹图赞	一山	高30.6cm,宽24.4cm。佐野家藏	田
19	白衣观音图赞(一片莲浮)	一山比丘一宁拜手	绢本。高89.0cm,宽38.0cm。薮本家藏	田。归一寺《一山一宁墨迹》(莲舟观音)
20	芦雁图2(飞飞又何处)	一山y	纸本水墨。高63.6cm,宽31.9cm。群马县立近代美术馆	归一寺《一山一宁墨迹》
21	洞庭秋月图赞(河汉早飞霜)	一山y		归一寺《一山一宁墨迹》
22	元照禅师坐禅图(坐禅)	一山拜赞	立轴水墨纸本。高52.5cm,宽27cm。横滨国际拍卖。2018年迎春拍卖会	雅昌艺搜
23	可翁宗然画竹图题赞	一山一宁	高95.5cm,宽32cm。横滨国际拍卖,2017年秋季拍卖	雅昌艺搜
24	文殊菩萨图题赞	一山拜赞y	高56cm,宽27.5cm,荣宝斋(南京)拍卖有限公司,2017年秋季拍卖会	雅昌艺搜

注：表格出处部分伊代表伊《续宁一山墨迹》，文中幅度表述以尺计；田代表田山方南《禅林墨迹拾遗》，文中幅度表述以厘米计；归一寺《一山一宁墨迹》，文中幅度表述以厘米计，和伊或田重复的，不再表述。查找可比对目录。

续表

序号	墨迹名称	落款	尺寸。备注	出处
24	建长寺大门匾额"巨福山"	据说为一山书		江静《入日元僧一山一宁相关文物初探》
25	修禅寺指月殿	据说为一山书	静冈县田方郡修善寺町	江静《入日元僧一山一宁相关文物初探》
26	法语(坐禅)	一山书	高37cm,宽30cm,西泠印社拍卖有限公司。2017年秋季拍卖会	雅昌艺搜
27	偈语(大道)	弌宁方印	水墨纸本。高30cm,宽70cm。日本奈良古龙会。2018秋季拍卖会	雅昌艺搜

注：表格出处部分伊为伊东卓治，文中幅度表述以尺计；田为田山方南，文中幅度表述以厘米计；在伊和田出现过的，一般不再重复说明表明出处。z为重要文化财。查找可比对目录。

附表3 各类无纪年图赞墨迹24件

序列	名称	落款	册寸。藏家	出处
1	杨柳观音图赞(图剩杨枝,上题:闻思入修三摩地)	一山一宁赞	高2.89尺,宽0.42尺。京都光明寺藏	伊《续宁一山墨迹》。归一寺田中道源《一山一宁墨迹》(白衣观音)
2	金刚智三藏像赞	一山一宁书	绢本着色。东京国立博物馆藏	伊
3	审海和尚像赞	一山一宁谨题	高3.4尺,宽1.76尺。神奈川县称名寺藏	伊
5	传李尧夫笔芦叶达摩像赞		纸本墨画。高2.84尺,宽1.12尺。田村家卖立目录(大正十四年十月)	伊
6	传牧溪笔达摩像赞(面壁达摩图)	一山比丘一宁拜手	绢本。高74.2cm,宽29.1cm。高野家藏	伊。田山方南《禅林墨迹拾遗》
7	寒山拾得图赞(寒山图位置中)	一山一宁拜题	高3.66尺,宽1.29尺。绢本墨画。京都相国寺藏	伊
8	寒山图赞	一山比丘一宁拜手	纸本墨画。高72.1cm,宽29.2cm。静冈县MOA美术馆藏	伊
9	布袋图赞	一山比丘一宁拜手y	高1.88cm,宽1.37cm	伊
10	傅大士像赞	一山比丘一宁拜手	绢本白画。高2.315尺,宽0.88尺。某氏藏	伊

续表

序号	墨迹名称	落款	尺寸。备注	出处
7	六祖偈	一山老衲一宁书	纸本墨书。高87.6cm,宽29.7cm。兵库县某私人藏。1953年3月被指定为z	田《禅林墨迹》下
8	一行书。双幅(应无所住而生其心)		中村庸一郎氏藏	田《禅林墨迹》下
9	默庵(大字墨迹)	一山叟为冲知客书	京都龙华院藏	田《续禅林墨迹》上
10	甄叔和尚语	一山一宁拜书	江口次郎氏藏	田《续禅林墨迹》上
11	唐李涉诗	右唐人诗 一山书	荻野一氏藏	田《续禅林墨迹》下
12	草书法语(成佛人稀)	壹山方印	高89.6cm,宽32.7cm。薮本家藏	田《禅林墨迹拾遗》
13	痴绝颂	一山叟书付友僧	高34.5cm,宽28.3cm。吉田家藏	田《禅林墨迹拾遗》
14	一行书(应无所住而生其心)	一山比丘一宁	纸本。高152.3cm,宽30.2cm。梅沢纪念馆藏	田《禅林墨迹拾遗》
15	一行书(不立文字见性成佛)	壹山方印	纸本。高132.2cm,宽28.9cm。前川家藏	田《禅林墨迹拾遗》
16	一行书(佛以法)	壹山方印	高135.0cm,宽28.5cm。西方家藏	田《禅林墨迹拾遗》
17	一行书(秋来)	壹山方印	纸本。高147cm,宽34.8cm。稻井家藏	田《禅林墨迹拾遗》
18	一行书(飞空)	南禅比丘一山一宁书	纸本。高114.1cm,宽27.4cm。坂本桃庵藏	田《禅林墨迹拾遗》
19	一行书(江东)	壹山方印	纸本。高88.2cm,宽19.8cm。饭仓家藏	田《禅林墨迹拾遗》
20	石头草庵歌		表千家藏	归一寺《一山一宁墨迹》
21	书慈觉大师自警文墨迹	右慈觉颐禅师《自警文》一山野衲之书	鸟取县鸟取市渡边美术馆藏	江静《入日元僧一山一宁相关文物初探》
22	"皈归依佛"塔		正安年间(1299—1302)建。埼玉县北部的葛饰郡松伏町光严寺	江静《入日元僧一山一宁相关文物初探》
23	石母田供养石塔		镰仓时代僧智瑄立,福岛县国见町伊达郡石母田字中内	江静《入日元僧一山一宁相关文物初探》

285

续表

西历年份和一山年龄	日本镰仓时代	中国元代	墨迹名称	作者落款。落款左还是右	册寸。现收藏者。是否重要文化财。备注	序号和出处
1316 七十岁	花园天皇正和五年丙辰	仁宗延祐三年	与固山一巩垂语	正和丙辰十月下澣南禅住山唐沙门一山老衲一宁书	纸本墨书。高29.4cm，宽48.2cm。现藏根津美术馆。1942年6月被z	26．伊。田《禅林墨迹》下
			观音像颂诗卷后序（圆通大士像赞跋语）	正和丙辰十月二十四南禅住山唐沙门一山比丘一宁谨书	高30.3cm，宽77.7cm。参照昭和九年十一月松浦家卖立目录。今井家藏	27．伊。田《禅林墨迹拾遗》
			草书法语（始知众生）	正和丙辰闰十月二十六日。唐沙门一山一宁书	绢本。高97.8cm，宽29.8cm。薮本家藏	28．田《禅林墨迹拾遗》

注：日本一尺＝30.3cm。

1．符号y代表落款在右，在左的没有符号。2．记号□表示缺一字或者该字无法辨认。3．符号z表示重要文化财，相关资料来自日本文化厅国指定文化财数据库。4．伊代表伊东卓治《宁一山墨迹》。田表示田山方南，归一寺代表归一寺田中道源《一山一宁墨迹》。5．本表主要内容摘自伊东卓治《宁一山墨迹》、田山方南三本禅林墨迹、归一寺田中道源《一山一宁墨迹》、江静《日藏墨迹》和《入日元僧一山一宁相关文物初探》。共28张。查找可比对目录。

附表2　无纪年条幅诗偈碑匾27件

序号	墨迹名称	落款	尺寸。备注	出处
1	书宋张载东铭		细身草书。书苑第六卷第四号（大正五年四月号）	伊东卓治《宁一山墨迹》
2	与西涧子昙尺牍	廿四日。一宁顿首拜复圆觉堂上以事和尚老师	信笺。大桥理祐氏藏	伊《宁一山墨迹》
3	洛浦和尚浮沤歌		纸本墨书。竖5.48尺，横1.41尺。灵洞院藏	伊《宁一山墨迹》
4	园林消暑偈	朱字方印。印识一山	竖0.986尺，横1.995尺。大正十一年十二月绵贯家卖立目录	伊《宁一山墨迹》田《续禅林墨迹》上
5	后宇多法皇和韵偈	八月十日一山书之。付道启	纸本。竖52.0cm，横32.2cm。常盘山文库藏	伊《宁一山墨迹》。田《禅林墨迹拾遗》
6	白氏文集新乐府断简	朱字方印。印识一山	纸本。竖36.8cm，横56.8cm。饭岛家藏	伊《宁一山墨迹》田《禅林墨迹拾遗》

续表

西历年份和一山年龄	日本镰仓时代	中国元代	墨迹名称	作者落款。落款左还是右	册寸。现收藏者。是否重要文化财。备注	序号和出处
1310 六十四岁	花园天皇延庆三年庚戌	武宗至大三年	圆悟示众偈	延庆三年庚戌四月上旬。金宝山一山叟一宁书	归一寺藏	16. 归一寺
1313 六十七岁	花园天皇正和二年癸丑	仁宗皇庆二年	草书诗偈。（只此身心能洞了）	正和癸丑季秋三日。龙安山一山老衲一宁	纸本。高 66.3cm，宽 26.1cm。加贺田家藏	17. 田《禅林墨迹拾遗》
1314 六十八岁	花园天皇正和三年甲寅	仁宗延祐元年	自赞顶相	正和甲寅十月望。一山一宁于南禅寺方丈室	归一寺藏	18. 归一寺
			空岩道号颂（觉庵主赋雅号）	甲寅腊月下澣。南禅闲居老衲一山叟一宁书	腊笺。高0.9尺，宽2.1尺。山田长左卫门氏藏	19. 伊
1315 六十九岁	花园天皇正和四年乙卯	仁宗延祐二年	大觉法皇和韵偈	正和乙卯七月晦。一山一宁书y	纸本墨书。高99.1cm，宽39.4cm。现归京都顺正株式会社所有。1952年3月为z	20. 田《禅林墨迹》下
			法灯国师像赞	正和乙卯九月望日。南禅寺沙门一山一宁为心开长老赞	绢本。画高174.8cm，宽84.2cm。兴国寺藏。1931年12月被指定为z	21. 伊
			雪夜作（见载于一山国师语录·偈颂）	正和乙卯腊月一山老衲一宁	纸本墨迹。高89.4cm，宽30.3cm，现藏京都建仁寺，1952年7月为z	22. 伊。田《禅林墨迹》下
1316 七十岁	花园天皇正和五年丙辰	仁宗延祐三年	送空藏主归里法语	正和丙辰六月十二日南禅比丘一山一宁书	鹿苑寺藏	23. 伊
			阿弥陀经语	正和五年七月十五日一山老衲一宁书	纸本墨书。高98.6cm，宽29.5cm，东京私人藏。1962年6月为z	24. 田《续禅林墨迹》上
			法语（大士法身）	正和丙辰八月十二日。南禅住山唐沙门一山比丘一宁书	纸本。高31.5cm，宽57.5cm。早云寺藏	25. 伊。田《禅林墨迹拾遗》

283

续表

西历年份和一山年龄	日本镰仓时代	中国元代	墨迹名称	作者落款。落款左还是右	册寸。现收藏者。是否重要文化财。备注	序号和出处
1304 五十八岁	后二条天皇嘉元二年甲辰	成宗大德八年	瑞岩空照禅师颂	甲辰鹿峰一山书	纸本墨书。高31.8cm,宽66.4cm,现藏久保惣纪念美术馆。1939年5月被z	8. 伊。田《续禅林墨迹》上
1306 六十岁	后二条天皇德治元年(嘉元四年)丙午	成宗大德十年	跋语(《金刚经》)	时嘉元四年十月十二日。一山比丘一宁书于鹿山之藏密	纸本墨书。高26.4cm,宽73.4cm。现藏相国寺1956年6月为z	9. 田《续禅林墨迹》上
1307 六十一岁	后二条天皇德治二年丁未	成宗大德十一年	奥州御岛妙觉庵赖贤庵主行实铭	巨福山建长禅寺住山唐僧一山一宁撰(开头)。是岁(丁未)三月十五日书。小师三十余人匡心孤运同立石	碑高约33尺,宽约6尺。宫城县宫城郡松岛町的雄岛妙觉庵。1955年6月被指定为z	10. 伊
			聚分韵略跋	德治丁未季秋晦日。一山叟一宁漫书其后	虎关师炼编《聚分韵略跋》五卷末附一山跋文(写刻)(《日本五山版汉籍善本集刊》西南师范大学出版社,二零一二)	11. 归一寺田中道源《一山一宁墨迹》
			如意轮观音	德治二年丁未季春	绢本着色。高3.37尺,宽1.81尺。	12. 伊。归一寺
			图	既望。巨福一山宁拜手谨赞y	尺。京都松尾寺藏	
			奥州藤田驿近乡山邑碑	德治二年十一月廿日。智□谨志。一山一宁书	碑高4.1尺,宽1.4尺。(拓本见于日本金石志)	13. 伊
1308 六十二岁	花园天皇延庆元年戊申	武宗至大元年	无隐圆范一周忌拈香法语	十一月十三日为无隐范和尚周忌(开头)。延庆戊申岁。为其弟子智传书一山一宁	高1尺,宽2.7尺。某氏藏	14. 伊
1309 六十三岁	花园天皇延庆二年己酉	武宗至大二年	雪夜作	延庆己酉孟春望。一山书	高1.03尺,宽2.18尺。(见于昭和十一年十月某家并尾谷家卖立目录)	15. 伊

1. 修禅寺"指月殿"墨迹。2. 建长寺"巨福山"三个大字匾额。三是直幅。3. 长芦慈觉禅师自警文。

笔者搜集了一山的墨迹图片6张。

1. 可翁宗然画竹图赞。2. 元照禅师坐禅图赞（坐禅别无拈示）。3. 文殊菩萨图赞。4. 法语（坐禅别无拈示）。5. 偈语（大道）（雅昌网站艺搜汇集了被认为是一山墨迹的拍卖资料，经筛选，主要有上述5张）。6. 正续庵墨迹（一山国师七百年远讳纪念《镰仓时代南禅寺一山国师》第61页）。

综上所述，本文罗列一山留存墨迹共79件。

附表如下。

附表1 一山纪年墨迹28张

西历年份和一山年龄	日本镰仓时代	中国元代	墨迹名称	作者落款。落款左还是右	册寸。现收藏者。是否重要文化财。备注	序号和出处
1301 五十五岁	后伏见天皇正安三年辛丑	成宗大德五年	山叟慧云遗书至上堂法语(见载于一山国师语录)	正安辛丑秋暮。建长一山一宁书	纸本墨书。高34.8cm，宽84.5cm。信泻县柏崎市贞观园保存会。1939年5月被指定为重要文化财z。文录入一山建长寺语录	1. 伊东卓治《宁一山墨迹》。《日藏墨迹》
1301 五十五岁	后伏见天皇正安三年辛丑	成宗大德五年	偈语(慧日峰前，东福山叟和尚)	正安辛丑秋暮。建长一山一宁书	绢本。现为某私人藏品	2. 田山方南续《禅林墨迹》上
			法语（不求诸圣）	正安辛丑秋季。建长一山叟书	高1.1尺，宽2.1尺，德川家旧藏。文录入一山建长寺语录	3. 伊。田《禅林墨迹》下
			"南无佛"塔	建于正安三年(1301)。	高203厘米，以青石为材质。立于埼玉县吉川市楠井山的清净寺内	4. 江静《入日元僧一山一宁相关文物初探》
1303 五十七岁	后二条天皇乾元二年癸卯	成宗大德七年	正续庵墨迹	乾元二年正月三日	圆觉寺藏	5.《镰仓时代の南禅寺と一山国师》
			无关普门拈香法语	嘉元癸卯腊月。瑞鹿峰一山一宁	褚质料纸，高30.8cm，宽59.5cm，南禅寺藏	6 伊。《古寺巡礼京部24·南禅寺》
			二月望上堂偈	乾元癸卯。圆觉一山叟书	守屋孝藏氏藏。文录入一山建长寺语录	7. 伊

图赞。（二）盖有一翁印的画赞。34. 傅大士像赞。35. 传梁楷笔塞翁图。36. 传可翁笔十牛图（归牛图）。37. 山水画赞（平沙落雁图）。38. 传牧溪笔芦雁图赞。39. 传檀芝端笔雪竹图赞。

这些作品列入国宝的有：山叟和尚遗书至上堂法语、瑞严空照禅师颂、法灯国师像赞、与固山一巩垂语。列入重要美术品的有：如意轮观音图，雪夜作、送空藏主归里法语、与西涧子昙尺牍、后宇多法皇和韵偈。这些作品部分和目前日本国指定文化财数据库认定的国宝和重美有所不同，相关一山一宁墨迹共10件为重要文化财，分别是：木造一山一宁坐像、奥州御岛妙觉庵赖贤庵主行实铭碑、山叟惠云遗书至上堂法语、瑞岩空照禅师颂、跋语（《金刚经》序）、雪夜作（正和四年作）、大觉法皇和韵偈、阿弥陀经语、与固山一巩垂语、六祖偈、法灯国师像赞，详见附表（名称和数据库略有不同）。

二是田山方南编的禅林墨迹图集三本。

（一）《禅林墨迹》下收录如下：1. 上堂语（不求诸圣）。2. 法语（与固山一巩）。3. 六祖偈。4. 大觉法皇和韵偈。5. 雪夜作。6. 一行书（双幅）。（二）《续禅林墨迹》上收录如下：7. 默庵（大字）。8. 瑞岩空照禅师类古。9. 阿弥陀经语。10. 偈语（慧日峰前）。11. 跋语（金刚经）。12. 甄叔和尚语。13. 园林消暑偈。《续禅林墨迹》下收录如下：14. 唐李涉诗。（三）《禅林墨迹拾遗》收录如下：日本篇原色之部。15. 草书法语（始知众生）。日本篇单色之部。16. 新乐府法曲篇。17. 大士赞偈语（大士法身）。18. 圆通大士赞跋语。19. 草书偈语（成佛人稀）。20. 草书偈语（只此身心）。21. 后宇多法皇和韵偈。22. 痴绝颂。23. 一行书（应无所住）。24. 一行书（不立文字）。25. 一行书（佛以法）。26. 一行书（秋来）。27. 一行书（飞空）。28. 一行书（江东）。29. 白衣观音图赞（一片莲浮）。30. 面壁达摩图赞。31. 竹图赞。32. 骑驴图赞。

三是归一寺田中道源的《一山一宁墨迹集》。

收录如下：1. 致西涧子昙书。2. 东福山叟和尚遗书至上堂语。3. 上堂语（不求诸圣）。4. 二月望上堂偈。5. 前东福无关和尚十三周年忌拈香法语。6. 圆悟示众偈。7. 瑞岩空照禅师颂。8. 镜堂老子写金刚经序。9. 松岛赖贤碑。10. 如意观音图。11. 聚分韵略跋。12. 自赞顶相。13. 空岩道号颂。14. 后宇多法皇和韵偈。15. 法灯国师赞。16. 雪夜作。17. 与固山一巩垂语。18. 观音像偈颂集跋。19. 石头草庵歌（一山叟一宁漫书其后）。20. 龙牙颂（成佛人稀）。21. 痴绝颂。22. 园林消暑偈。23. 白衣观音图赞（闻思修入）。24. 莲舟观音图赞（一片莲浮）。25. 松下达摩图赞。26. 骑驴图赞。27. 平沙落雁图。28. 芦雁图赞1（塞北寒应早）。29. 芦雁图赞2（飞飞又何处）。30. 洞庭秋月图赞。

伊东卓治《宁一山墨迹》共搜集一山墨迹25张，其中19张有明确纪年；《续宁一山墨迹》有15张墨迹。田山方南的禅林墨迹部分共搜集图片32张，其中10张有纪年，4张没和伊东卓治的重复；22张没有纪年，17张没有和伊东卓治的重复，即21张是新的。《一山一宁墨迹集》共30张，有6张没有和上述重复。从这些图片来看，三本墨迹图集收录一山墨迹共67件。

四是其他一山墨迹资料。

江静2006年《入日元僧一山一宁相关文物初探》一文，有6处散佚的一山墨迹未见上图集。一是板碑刻文。1. "南無佛"塔板碑。2. 石母田供养石塔。3. "归依佛"塔。二是匾额题字。

连胜著《一山一宁与"二十四派日本禅"》《一山一宁与日本"五山文学"》《一山一宁与定海祖印寺》，以及江静著《入日元僧一山一宁相关文物初探》等。"

　　上述研究，主要有江静的论文初步介绍了一山在日本的墨迹留存情况。关于一山墨迹，江户时代的大德寺江月宗玩在庆长十六年到宽永二十四年的墨迹自笔本尚存42册及断简，对一山墨迹的真伪进行了判别；南禅寺以心崇传本光国师日记中记录了元和时发现的数十件一山墨迹。1951年《美术研究》162号刊登的伊东卓治撰写的《宁一山墨迹》和第169号刊登的《续宁一山墨迹》对几十件一山墨迹作了研究介绍；田山方南于1981年编的《禅林墨迹》收录一山禅师墨迹6幅，《续禅林墨迹》收录8幅，于1977年编的《禅林墨迹拾遗》收录18幅，共32幅，其中一行书8幅，楷书大字1幅，题赞4幅，其余为横幅或者立轴；每日新闻社第二图书编集部编的《国宝·重要文化财大全》和东京国立博物馆等相关藏品所在地网站介绍了一山墨迹。2016年，日本归一寺田中道源于一山一宁国师七百年大远讳纪念时发行的《一山一宁墨迹集》全面介绍了一山墨迹。

　　在国内，2008年3月中国美术学院出版社的韩天雍著《中日禅宗墨迹研究》一书，第三章第二节元代赴日禅僧墨迹，比较详细地介绍了一山墨迹；2011年西泠印社出版社出版的胡建明著《宋代高僧墨迹研究》对一山墨迹进行了介绍；2012年7月方匡水的论文《一山一宁书学渊源探析》对一山书法的渊源进行了探析；2013年，戎龙超论文《元代佛教书法研究》第三章元代僧人书法与元代写经部分对入日书僧一山墨迹进行了分析；2015年四川人民出版社出版的江静编著的《日藏宋元禅僧墨迹选编》赴日元僧墨迹部分，介绍了一山8件墨迹，这8件墨迹全部被指定为日本重要文化财；2017年江静编著的《普陀山与日本》资料，介绍了一山诗偈法语等18篇墨迹。

二、一山墨迹的主要图集和研究

　　在上述文献中，主要有三本墨迹图集介绍和研究。括号内文字为笔者所加，为墨迹释文开头几字或落款或墨迹其他称呼，以便对墨迹的辨认。

　　一是伊东卓治撰写的《宁一山墨迹》。收录一山墨迹如下：

　　（一）纪年墨迹。1. 山叟慧云遗书至上堂法语。2. 法语（不求诸圣）。3. 二月望上堂法语。4. 无关普门拈香法语。5. 瑞严空照禅师颂。6. 奥州御岛妙觉庵赖贤庵主行实铭。7. 如意轮观音图赞。8. 奥州藤田驿近乡山邑碑（拓本）。9. 无隐圆范和尚一周忌拈香法语。10. 雪夜作（延庆己酉孟春望一山书）。11. 空岩道号颂。12. 法灯国师像赞。13. 雪夜作（正和乙卯作）。14. 送空藏主归里法语。15. 法语（大士法身）。16. 观音像颂诗卷后序。17. 与固山一巩垂语。18. 大觉法皇和韵之作。（二）无纪年墨迹。19. 与西涧子昙尺牍。20. 洛浦和尚浮沤歌。21. 园林清暑偈。22. 后宇多法皇和韵偈（法皇御幸）。23. 白氏文集新乐府断简。24. 雪夜作（蜡笺）。25. 一山书宋张载《东铭》。

　　伊东卓治续《宁一山墨迹》收录如下：

　　（一）一般画赞。26. 杨柳观音图（闻思修入）。27. 审海和尚像。28. 金刚智三藏像赞。29. 达摩像赞（松下达摩）。30. 传牧溪笔达摩像赞。31. 寒山拾得图。32. 寒山图赞。33. 布袋

"海外草圣"一山一宁禅师墨迹综述

卜答智量

作者按：鉴真东渡、一山一宁东渡、隐元东渡为古代中日文化交流史上三大东渡。宋元之际一山一宁禅师，为浙东唐诗之路佛教文化三大代表之一。据一山一宁高足日僧虎关师炼的《一山国师行记》和相关史料介绍，一山一宁（1247—1317），号一山，讳一宁，元代临济宗僧，顽极行弥法嗣，台州临海（今浙江临海）人。一山一宁曾住持昌国祖印寺（今浙江舟山祖印寺）、补陀宝陀寺（今浙江舟山普陀山普济寺），为沈家门普陀山接待寺二祖。元成宗大德三年（1299）出使日本，圆寂后被赐为"国师"。其事迹在国内少为人知，其书法独步尘外，为无上妙品。本文为一山一宁禅师墨迹综述，比较系统地介绍了一山一宁禅师墨迹总体情况。

一山一宁禅师（1247—1317），号一山，讳一宁，元代临济宗僧，顽极行弥法嗣。俗姓胡，台州临海（今浙江临海）人，自幼聪慧，随台州黄岩浮山鸿福寺无等慧融禅师学习，后至四明阿育王寺。至元二十一年（1284），出世昌国祖印寺（今浙江舟山祖印寺）；三十一年，住持补陀宝陀寺（今浙江舟山普陀山普济寺），为沈家门普陀山接待寺二祖。元成宗大德三年（1299），朝廷任命一山一宁为"江浙释教总统"，赐锦襕袈裟及"妙慈弘济大师"号，出使日本。历住镰仓建长寺、圆觉寺、净智寺和京都南禅寺，声望极隆。日本花园天皇文保元年（1317）十月二十四日，一山一宁示寂，后宇多法皇赐"国师"号，后又亲撰"宋地万人杰，本朝一国师"像赞，以示怀念之情，一山一宁（下称一山）成了全国一宁。有《一山国师妙慈弘济大师语录》二卷行世。他在日本的法系被称为"一山派"，他对日本的禅学、宋学、文学和书法等领域，作出了重要贡献，被称为"海外草圣"、日本"五山文学"始祖与宋学主要传播者，开启并频繁了镰仓时代中日两国的民间文化交流，是继大唐鉴真之后的"绝代禅僧"。

一、相关一山墨迹介绍和论述

2013年宗教文化出版社出版的释觉多《赴日元使一山一宁禅师及其禅法》引言部分关于一山的介绍和研究进行了综述，如下："一山一宁禅师在中国佛教中鲜为人知，现存记述一山一宁禅师的文献资料不是很多，主要有《元史·成宗本纪》、《元史·日本传》、《新元史·日本传》、《一山国师妙慈弘济大师行记》、《一山国师妙慈弘济大师语录》、《元亨释书》卷八、《本朝高僧传》卷二十三、《延宝传灯录》卷四中的《一宁传》，以及《一山国师行状》等。从现有资料来看，国内外关于一山一宁禅师的研究也不多，就了解所及，宗教文化出版社于2009年出版了《元代普陀山高僧一山一宁》；在研究日本佛教史、中日文化交流史等著作中，有少部分涉及一宁禅师；此外，单篇论著有：日本木宫泰彦著《一山国师的教化和影响》，高桥秀荣著《金泽长老和一山一宁》，朱颖、陶和平著《试论一山一宁赴日在中日关系发展史中的作用和意义》，王

1205去世。十年后（1215），其子森卿、磊卿与叶适会于容成之阳①，求叶适题先人墓庐"种德"，叶适为撰《种德庵记》，时在嘉定八年（1215）十一月。

森卿曰："先人葬莲堂。莲堂之山，吾数世坟墓所藏也；并墓之庐，吾先人手所建也。郭氏自镇将传祀三百，曾祖、祖皆施舍惠助一乡；后先人士以文显，吏以善最。不视时向背，缩敛自爱，不倚势进趋，每曰：'吾欲先世流泽常在子孙，使坟墓永有荫托尔，奚以多为'。"庐上之题以"种德"为名，为先人之志。郭森卿欲先世流泽常在子孙，坟墓有荫托，故题墓庐"种德"。叶赞誉郭氏，感叹"家非德不兴，德非种不成"，种德有福，毁德有祸。②

叶适回忆"与宗之别长沙，宗之卒，而余有大戚，不暇哭，又不能吊，相对惭愧而已，故访其家事甚详"。他说，森卿，用举者五人知崇阳县，磊卿，锁主簿厅中乙科，皆会余容成之阳。叶适叹：郭氏知德，得天地之德，其家必与天地同其长久。

郭磊卿 磊卿与兄森卿同向父之友叶适求写《种德庵记》。各类志书均载磊卿从朱熹为弟子。按：磊卿为嘉定七年（1211）进士，与陈耆卿同榜。③朱熹于庆元六年（1200）去世。其父郭晞宗与叶适为同榜进士，叶适比朱熹少二十岁，郭父与朱熹相差亦大，且郭磊卿为郭晞宗的幼子，从学于朱熹有疑。

5. 宁海

周淳中 字仲古，瑞安人。周任台州宁海县知县，善于教化民众。"知州索民久欠甚急，先生争不可"。他教育人，以父母养育子女不易，而自愿息讼。淳中后监岳庙，曾主管台州崇道观、武夷山冲佑观。淳熙十六年五月卒，年六十八。④

参考文献：

[1] 叶适集/（宋）叶适著，北京：中华书局，1961.12（2013.5重印）（中国思想史资料丛刊）。

[2] 叶适研究/周梦江 陈凡男著，北京：人民出版社，2008.10（南宋史研究丛书）。

[3] 叶适年谱/周梦江，杭州：浙江古籍出版社，1996（2006.5重印）。

[4] 台州府志/喻长霖等编纂，上海古籍出版社，2015.1（台州文献丛书）。

[5] 太平县古志三种/（明）曾才汉等修纂，北京：中华书局，1997。

[6] 赤城集 赤城后集/林表民，谢铎辑，北京：中国文史出版社，2007.9。

[7] 三台文献录/李时渐辑，徐三见点校．北京：中国文史出版社2008.6。

[8] 嘉定赤城志/（宋）陈耆卿编（影印版，赤城志合编/周琦主编）。

[9] 弘治赤城新志/（明）谢铎编（影印版，赤城志合编/周琦主编）。

[10] 清戚学标台州史事杂著三种/（清）戚学标著；临海徐三见名家工作室校注．长春文史出版社。

[11] 台州理学南湖学派史/严振非，上海：上海古籍出版社，2015.11（台州文化研究丛书）。

---

① 汉书地理志涿郡容成，在河北。

② 叶适集·卷之十一·记·183页，种德庵记。同载台州府志，5000页。

③ 府志，1514页。

④ 叶适集·卷之十三·墓志铭·238页，故朝散大夫主管建宁府武夷山冲佑观周先生墓志铭。

荒废，北监即洋坑盐场。后由李宽知监事，他在六年间重新建设北监，叶适称其为好官。李宽对叶适礼接不怠，当李宽提出让叶适作墓志铭时，叶适不推辞。李宽之母郑氏为徐州人。其祖有名于前朝。墓志撰于嘉定八年（1215）[1]。

潘傅　监天富盐场事，善于盐事，玉环人甚爱之。叶适称其"明辨果决，识情伪，议论常透底里，可惜不得任用"。南宋初，王伦从北面（金国）归来，朱弁、洪皓均带信，称金国有意讲和。于是，朝廷派潘致尧（潘傅之祖）前往，徽宗、钦宗两位被虏的前皇帝——二圣，也知道宋高宗就位，此时以天下之大寄命于使节，诸使节后来成为执政、侍从的比比皆是。潘致尧从使节回，一直仅任刑曹郎中，以此终；其孙潘傅让叶适为其祖的帖文题记[2]。

2. 路桥

邵持正　叶适的学生，平阳人。邵叔豹之子持正，听父命从叶适学，叔豹卒，持正因遗恩而得监台州路桥酒，写父之行状而求铭[3]。

据地方文史资料记载，叶适入太学与乐清王十朋有关系。而叶适没有入太学，他由丞相周必大以门客荐参加漕试，参与省试而中进士第二。王十朋于秦桧死后，直言对策，令高宗醒寤，取作状元。孝宗初因力请复仇，不合朝廷之意而连守外州，自绍兴庚辰（1160）至乾道辛卯（1171），王十朋的名节世间第一，乐清为王十朋等三位乡贤立祠[4]。王十朋去世时，叶适年仅二十二，未入临安，而王十朋则在外州，两人本无交集。叶适与王十朋儿子闻诗、闻礼为友，叶适集收录其文，叶适曾力劝闻诗赴职。

3. 天台

桑世昌　字泽卿，天台人，是陆游的外甥。他集兰亭字书"无复伦拟"，请叶适题词兰亭博议之后，叶适称"桑君此书，信足以垂名矣"，认为"定武石，遂为今世大议论"[5]。叶适题字赞誉其事事精习，诗尤工[6]。

钱翼世　天台人，字则甫。古人有名、字两个，钱翼世找叶适求取字，称己名由先人所取，但没有字。叶适称，其名出于汉诏策语"戴翼其世"，于是为翼世一名取字：则甫。叶适为之解释：名翼世原为戴翼其身，而周道衰，士不知以身为本，须"则先王之法，戴翼其身"，"义无利，安无躁，垂于永久无苟于一时"。叶适要求钱翼世坚守道义（则先王之法）[7]。

4. 仙居

郭晞宗　字宗之，仙居人，淳熙五年进士，与叶适、刘允济等同榜[8]。晞宗任琼州刺史，于

---

[1] 叶适集·卷之二十一·墓志铭·401页，宜人郑氏墓志铭。
[2] 叶适集·卷之二十九·杂著·614页，题潘刑曹郎帖。
[3] 叶适集·卷之十五·墓志铭·275页，宋武翼郎新制造御前军器所监造官邵君墓志铭。
[4] 叶适集·卷之九·记·149页，乐清县学三贤祠堂记。
[5] 叶适集·卷之二十九·杂著·594页，题桑世昌兰亭博议后。
[6] 三台诗话，320页。
[7] 叶适集·卷之二十九·杂著·608页，钱则甫字说。
[8] 台州府志·卷二十一·选举表一，1504页。

深得学生欢迎。①

王栐 字木叔，温州人。以《春秋》中乾道丙戌（1166）进士第。王任台州推官，辨明让仆人认罪的冤案。他让杀人者弟弟交代案件经过；而原判均逼迫被告交代，让其弟旁证；后改让其弟先交代经过，露了马脚。嘉定十年（1217）卒，年七十五。王栐是尤袤（后尚书）下属，相继为同僚的有楼钥（后参政）、彭仲刚、石宗昭、石塾、逸民应恕、林宪之流皆聚焉，"颇依朋友箴切，不随吏文督迫"，即依朋友规劝，一心想着不扰民，不按上级公文盲目执行，这些贤人被称"一时盛会，远近传之"。丞相钱象祖是皇亲戚家子，有淳厚之行，尤慕（钦慕）公，尝笏履到门，公为折屐倾尽。王栐把知道的都与丞相说。②

赵汝駉 为台州属县的主簿厅建屋，以藏户籍的版本，叶适为之命名曰"孔先"，并题词。他让属县的主簿厅，一定要保守好户籍，"惟籍乃守"。藏户版"必信必实，以作民极"，保存原始版籍，以防赋税不均，侵害平民百姓利益。词作于嘉定八年（1215）二月。③

彭仲刚（1143—1194） 临海令，他知为善之难，均其民之力役。在临海取得好名声，"至今言治临海者，推子复云。"叶适说，至今依然赞誉彭仲刚。绍熙五年（1194），明州、越州大饥，特令彭仲刚任提举浙东常平，重新启用彭子复，于八月去世，年52岁，庆元二年（1196）葬。庆元三年（1197）撰墓志铭。④

俞建 嘉定六年（1213）台州郡守，有为民任事的担当。中津桥建于淳熙年间，由唐仲友新建，此后历多次修复，浮船为桥，联竹搭板，以斗江潮，"当往来无穷之劳，安得支而久哉？"叶适也以为"物废兴不常，成之未几，坏已至矣"。这浮桥十余年而再修，未二十年即大坏。嘉定六年（1213），太守俞建以为不可复修，议别造新桥。以前造桥让五县共担。再修桥，取材于宁海，取木于天台，不以责其他县。坚木厚枋，如同自家建造，高大重密，费用超过前数倍。俞建写信给叶适说："吏治欲其无迹，吏术欲其无烦，天下之格言也。"官员可无留迹，但要留遗迹于民；可无烦于人，不可无烦于身。自己不敢一日懈怠，州治称平；本要收谷的，反转槖给饥民，他郡所未有，台州的行政称宽。修桥一事，民惟恐其无迹，立碑载入前任处置方式，后任不得不照样。州道跨东南，一旦桥坏，民众会烦，还是让太守自烦吧，记下此事⑤。嘉定六年，叶适奉祠居家，其妻高氏大祥。《赤城集》记作"重修中津桥记"。

四、玉环、路桥、天台、仙居、宁海等地交游录

1. 玉环

李宽 濮阳人，天富北监知监事，叶适称其为好官。乾道年间，玉环发生海啸死人事，温州沿海数万人一夜被海浪卷走。海啸也淹没北监，乾道二年（1166）至1206年，天富北监四十年

---

① 叶适集·卷之十六·墓志铭·330页，台州教授高君墓志铭。
② 叶适集·卷之二十三·墓志铭·456页，朝议大夫秘书少监王公墓志铭。
③ 叶适集·卷之二十九·杂著·598页，赵汝駉为台州属县簿建屋以藏户版余为名曰孔先而著其词。
④ 叶适集·卷之十五·墓志铭·273页，彭子复墓志铭。
⑤ 叶适集·卷之十·记·171页，台州重建中津桥记。

务而事迹不明显，进行一番解释。他听闻邹浩之言，熙（熙宁）、丰（元丰）年间，"外贵人视民甚蒿莱，芟燎恨不力也"，这是指宋神宗实行王安石变法之事，推行变法的下僚不顾民众意愿，任意侵害民众利益，罗适"慷慨建白，保赤子以对天命"，叶适说，那时只有江都令罗适、弋阳令董敦逸二人。邹浩独称，他只见到罗适为民请命。对于为民请命的人，叶适充满敬意。①

陈骙　临海人，宁宗时入阁，官枢密院、参知政事。高宗时入仕，进士会试第一，而被秦桧之子秦埙所取代，后任太子谕德，告诫太子不可任临安尹，应继续学习。迁侍讲，参与修国史。孝宗禅位光宗时，因曾任太子谕德，荐任吏部侍郎。叶适为《陈枢密文集》作序，称其经义精深、史学博闻、文笔肆意、政事通达，任何人得其一善即属不易。陈骙《文则》二卷，为论文之语，对历代句式字数，皆准经以立制。②

周洎　字子及，临海人。周洎与谢深甫、徐似道同为乾道二年（1166）进士，身为大臣正直敢言，敢于犯言直谏，他抨击大臣王抃，直论其奸，触犯大臣及中贵人。他知边事，论边事让皇帝惊异，以为朝廷里有人泄密。五日一轮对，他是国子监主簿属末僚，同五品官员以上一起奏事，其议论激切，为爱国之心所激励。叶适以其不得如唐代马周（唐太宗臣子）之用为可惜。淳熙十二年（1185）五月卒。③

5. 在本地任职的好官

黄𰕕　豫章人，任台州知府，忧国忧民，"兴指予夺之微，追古人而过今人矣。"他做的事情按古人遗训，他对财物账目记得清楚"出守天台，一钱细碎皆籍之，条目建置"，但是，为百姓的支出却毫不犹豫，"为穷人衣食居处计，辄费数百千万"。他忧虑民生，而自顾不暇，"人但言其能忧民如家，不知其家事乃落拓不理，未尝自忧也。"他"以惠利德于一州"，叶适担心黄𰕕也得离开台州。建议其书"不若刻二书井山之上"。黄𰕕的文集，让读者识趣增长，可让后世知道古人的源流而教思无穷。④ 黄𰕕上任初，除了济贫扶困，减轻赋税等利民措施，还修建了上蔡祠堂，祭祀宋代理学名家二程的弟子谢良佐，他觉得教化民众的事更加重要。黄𰕕的行政作为，可参见上蔡祠堂记。

黄𰕕去世，叶适为作墓志铭，称其早岁名重江西，从祖为黄庭坚，他任台州知府，减赋税，立养济院、安济坊，修郡志，祀谢良佐，立上蔡祠堂，以教化为主。⑤

高松　福州长溪人，于绍熙元年（1190）中第，授临海主簿，青田尉，不赴，终教授台州。其父任衡州司户参军，后遁隐，与野僧游处。嘉定四年（1211）高松卒，年58岁（1154—1211）。6年后（1217）葬。高松从陈傅良学，"君少年，能探请深处，语移日，精锐锋起"。而同学坐在后面瞠眼看。高松不专为科举，其同年登朝入士，而高松却到台州教书。他改革教学，一改以往老师讲、学生听的旧例，"更进迭问"，让学生自由提问、质疑，极大活跃教育氛围，

---

① 叶适集·卷之十一·记·192页，台州州学三老先生祠堂记。
② 台州府志第六册艺文略十二4165页，陈枢密文集；第七册艺文略二十一经籍考4683页，陈骙《文则》；第九册人物传记七5710页，人物传。
③ 叶适集·卷之十九·墓志铭·367页，国子监主簿周公墓志铭。
④ 叶适集·卷之十二·序·211页，黄子耕文集序。
⑤ 叶适集·卷之十六·墓志铭·327页，黄子耕墓志铭。

己仅为士人，义不倚权贵为重；家又贫，不能使夫人安。夫一心科举，数十次参考，不理家事，赵氏养育儿女，忘记自为宗室女。且善待家里远亲疏族，从不摆谱，端架子。叶适称誉西桥宗室女赵孺人有贤行，卒年三十九。王梦龙由太常簿通判婺州。嘉定十四年（1221）九月，梦龙葬妻赵氏于临海重晖乡石门真如山。铭作于嘉定十五年（1222）六月，叶适去世前一年。①

唐氏 临海王棐之母。棐为王衜的幼子，入官曾应岳父黄度之托，参与宁宗禅位之事，与叶适为密交。唐氏原为宁海农家女，入王家为女仆仅十二岁，主母贾夫人年龄大，家务事劳碌，公婆不忍心，另用一女仆，主母没有生育，以女仆唐氏为妾，十六年后生王棐。因难产，贾夫人亲为"厌胜"②，生下王棐。又三十年，王棐上舍及第，任郡府官吏，迎养太夫人。又二十年，卒于衢州郡舍。时为嘉定七年（1214）四月。嘉定十年（1217）十月作铭。③

3. 姜氏

叶适曾是邵武军姜注的下属，姜注让其为祖先撰文。

姜处度（1136—1191），字容之，临海人，为姜注之父。任南康尉，通判南雄州，任惠州太守而卒。绍熙二年葬于临海西溪东奥山。处度在南康缚巨寇，声名起；行政以教化为先，惠州有母讼子，处度为之劝和。姜氏为淄州长山人。七世祖沼，八世昭范、遵（弟），九世从简，十世希颜；十一世筠，任全州通判，为处度的曾祖，避乱至临海；十二世祖父仲谦有文名，著《乐书》百卷④，终广东运副。父姜诜⑤，以姜诜为丞相吕颐浩的世姻而忤秦桧，于吴地十四年而不得升迁。"高宗既叹其屈，而孝宗尤器其材，遂擢工部侍郎"。处度继承父亲姜诜的善德，身苦而志约，事集而能显；处度卒于绍熙二年十月，年五十六，葬临海西溪东奥山。⑥

姜处恭（1135—1193），字安礼，其曾祖姜筠避乱到台州临海。祖仲思，朝散郎，签书南康军判官，摄军事，讨李成，坠马下而死。父姜訦（chen）。至姜安礼始迁嘉兴。绍熙四年（1193）卒，年59岁。从族系排列，处恭为处度的堂兄。其祖仲思与处度祖仲谦为兄弟。⑦

姜注 处度之子，知邵武军，行政本于规矩，服从大宪（上级）的命令，治行甚为规范。叶适称，自己曾是姜注的幕僚，"知其贤也"。所以，叶适为姜注之父处度撰墓志铭，且把姜氏历代祖先简要事迹均予以记录。姜注曾祖仲谦著《乐书》；台州府志有载。

4. 临海籍其他官员

州学入祠三人 提刑罗适，侍郎陈公辅，詹事陈良翰。祠堂由原太守尤袤建，叶适《台州州学三老先生祠堂记》文作于嘉定十二年。为何在州学建祠堂？叶适回答："学者，聚道之地而仕所由出也。或畔道从利，苟荣其身，欲复之于学，弗可受矣，况可祠乎？"学校是讲道的地方，如果一个人背叛道义而获利，即便地位尊贵也不能入祀州学圣地。叶适对罗适没有任重要职

---

① 叶适集·卷之二十五·墓志铭·500页，赵孺人墓志铭。
② yā shèng 巫术，意用法术"厌而胜之"，祈祷压制魔怪。
③ 叶适集·卷之二十二·墓志铭·432页，太孺人唐氏墓志铭。
④ 载府志书目
⑤ shen，疑即訦，chen
⑥ 叶适集·卷之二十五·墓志铭·491页，朝奉大夫知惠州姜公墓志铭。
⑦ 叶适集·卷之十四·墓志铭·259页，姜安礼墓志铭。

耆卿之口，述其家世及其父母。叶适认为，陈耆卿完全可如司马迁述其父之例，亲为父母作墓志铭。①

2. 王氏、赵氏家族

王氏、赵氏是世代联姻，上辈为官，叶适与赵汝谈、王棐均是密友。在光宗无法主持孝宗丧礼之时，朝廷动荡，叶适在其中联络，王棐由岳父谏官黄度派遣与叶适通话。叶适联系温州人知阁门事蔡必胜，串通内侍劝说太后支持禅位，事先拟好禅位诏书。叶适退休了，有人提出要追究他谋反，叶适惊惧而病，直至韩侂胄发起北伐，重新任用叶适。

王衜　字夷仲，临海人，王氏为临海大族。绍兴二十七年（1157），夷仲得中王十朋榜的第四，人称"丁丑取士为盛"，取"草野奇杰士共起世务"，宋高宗遍阅对策，"取能伸直节敢吐言者"，于是夷仲得选。夷仲果敢，善于处理危事，军士闹饷，他果断平定乱事。孝宗继位，赐军兵钱，而州没有得到上级拨款，就不发，引起纠纷动乱。王称正在"攒检方毕，何得为迟？"夷仲于乾道三年（1167）六十一卒，四年（1168）葬。幼子王棐为进士，任浙西安抚司干官，与叶适同朝为官。孙王象祖、王梦龙亦进士。后五十年均记在碑板②。③

赵不意　王衜的亲家，宋太宗六世孙。曾祖宗晖嗣濮王。绍兴二十七年（1157）进士，一度主管台州崇道观。淳熙十四年（1187）七月卒于位，年六十七，封崇国公。（叶适集·卷之二十六·行状·512页，故昭庆军承宣使知大宗正事赠开府仪同三司崇国赵公行状）

赵汝谈　赵不意孙子，与太常博士叶适为友。赵汝谈后任温州太守，时至水心村访问叶适。汝谈娶大学士施师点之女。赵不意封崇国公，其谥号评议"宣简"，即由博士叶适所拟定，叶适认为：善问周达曰宣，壹德不懈曰简，于是为取"宣简"。④

王氏　王衜之女，夫赵善临为赵不意子。赵不意与校书郎王衜，义相友善如兄弟，二家为求永好，王衜以女儿嫁赵善临。其时，祖姑曹氏严刚，与姑（婆婆）郑氏一起服侍祖姑，处家和睦，家庭亲密无间。王氏让女儿嫁回王家，女婿王梦龙。叶适赞道"贤者虑百世后"，所以王氏安于穷陋，教子妇。王氏卒于嘉泰四年（1204）。⑤

施师点　赵汝谈的岳父，为资政殿大学士。淳熙十五年，施师点知枢密院事，他逃宠畏盛，在六和塔待命，于是教授临安府。十一年签书枢密院事，兼参知政事凡六载，资政殿大学士。子施械请铭。⑥

赵氏　王会龙妻，名汝议（赵汝谈姐妹），字履巽；母即王衜之女、梦龙姑母。夫王会龙，临海人，宝庆二年进士。赵父为池州太守善临，祖上世袭为濮国（公），这是赵氏王族的后裔。赵父喜王梦龙幼而英发，以女嫁之。叶适认为：妇贵，夫所倚也；夫富，妇所安也；世俗与宗室联姻的都这样。王梦龙称自家与他人不一样。赵氏家及中外，"皆王公将相贵盛矣"，王梦龙称

---

① 叶适集·卷之二十五·墓志铭·493页，陈处士姚夫人墓志铭。
② 1217年墓志铭。
③ 叶适集·卷之十八·墓志铭·339页，校书郎王公夷仲墓志铭。
④ 叶适集·卷之二十六·谥议·523页，故昭庆军承宣使知大宗正事赠开府仪同三司崇国赵公谥宣简议。
⑤ 叶适集·卷之二十四·墓志铭·467页，夫人王氏墓志铭。
⑥ 叶适集·卷之二十四·墓志铭·485页，故知枢密院事资政殿大学士施公墓志铭。

台近雁荡，其间车路均相通。而我穷居乡里，年纪老了，没有贵官华丽车辆再经家门①，陈耆卿他穿过幽境野地的薜萝来寻师友。②对于陈耆卿研究孔子孟子的成果，叶适非常满意。他说，古圣贤的微言"至二程而始明"，皆曰"至是止矣"。陈耆卿生晚而独学，其书"简峻捷疾，会心切己"，叶适坦言"非熟于其统要者不能入"；如不博览孔孟经文，就不能"总括凝聚，枝源深本"的推论。耆卿得孔孟妙用，能化用之，其文"句萌荣动，春花秋赏"，文章极其出彩。叶适评价"论孟纪蒙"说："盖数十年所未见，而一日得之，余甚骇焉。"他为遇到后进俊才而欣慰，并说：即便我晚死，没有遇到有此素质底蕴的，也无法传授，"终不足以进此道"。吴子良说：叶适序《论孟纪蒙》《篔窗初集》，以为陈耆卿"学游、谢而文晁、张也"；叶适对陈耆卿说，以前我惭愧不能入圣人之门③，今天却要说："你这俊美后生，我难以比得上"。④

吴子良说，耆卿"独得于古圣贤者"，叶适"中夜授，垂死嘱焉"，为找到继承人欣慰。叶适说："吾向以语吕公伯恭，今以语寿老，四十年矣。"四十年前叶适把传道希望寄托在吕祖谦（伯恭）身上，而今找到了陈耆卿（寿老）。叶适题《陈寿老文集》，称其文章堪比建安、元祐之文；后代仅余科举文字，"高第仅止科举"，"前代遗文，风流泯绝"；而陈耆卿之作"驰骤群言，特立新意，险不流怪，巧不入浮"，叶适仿佛又看到建安、元祐之文。称赞"君之为文，绵涉既多，培蕴亦厚，幅制广而密，波游浩而平，错综应会，经纬匀等，膏泽枯笔之后，安徐窘步之末"，"荐之庙郊而王度善，藏之林薮而幽愿惬"。叶适高度评价"何止于建安、元祐之文也？"他让陈耆卿自勉。⑤叶适去世，陈耆卿之文"岿然为世宗"，为当代文章楷模。自宋哲宗元祐年间，谈理（理学）以二程为据，论文则以三苏（苏洵、苏轼、苏辙）为宗，理与文分为二支，吕祖谦以此为病，想融合二者，吕早期文艳如葩，而晚年文字平实。到了叶适"穷高极深，精妙卓特，备天地之奇变，而只字半简无虚设"。陈耆卿奋起直追，几乎追及叶适，"所谓统绪正而气脉厚"，不止其文而已！而后代仅论陈耆卿之文，不论其理学修养即统绪之正。

吴子良　临海人，陈耆卿表弟，十六岁从陈耆卿学，二十四岁从叶适，叶适亦以其嘱陈耆卿的话嘱子良。叶适评其文"篇什意新语工，学而道积，学明德显"。称吴之文墨超过同辈。《荆溪林下偶谈》品评诗文，多述水心（叶适）余论，世以为精确而许之，其识高于当时诸人。当戴复古为石屏诗集求序时，与吴子良并无交情，于是他请林表民之父师葴出面，吴之文名可知。叶适认为，道学起于近世儒者，"举天下之学不足以致其道，独我能致之。"叶适批评道学之偏："其本少差，其末大弊矣。"叶适写信让吴子良与陈耆卿（寿老）讲学，"足下有志于古人，当以诗书为正，后之名实伪正，毋致辨焉"。⑥

陈昺、姚夫人　陈耆卿之父母。陈氏为汉太邱长陈寔之后裔，由婺州迁台州，陈贻范、贻序在神宗朝著名。在近世，叶适称陈耆卿可与元祐文人并称。母姚氏出身儒家，亦得父教。叶适借

---

① 老穷望绝华轩过。

② 叶适集·卷之七古诗·78页，送陈寿老。

③ 愧余之不足进。

④ 叶适集·卷之二十九·杂著·607页，题陈寿老论孟纪蒙。

⑤ 叶适集·卷之二十九·杂著·609页，题陈寿老文集后。

⑥ 叶适集·卷之二十七·书启·554页，答吴明辅书。

晋源山，相传晋王居此山，下有晋湖、明觉寺。南有百丈岩、罗汉洞、智者泉、荷花池、碧萝潭。朱熹修新河六闸时，新河是温岭最东南的出海口；叶适到箬横晋山，自然看到的是大海。明觉寺建于唐大中二年，名崇因；僧智顗尝飞锡于此；续有禹昭者，来宁海，传智顗法，又与智贤论经，得其奥旨，亦住寺中。宋太平兴国二年，改应龙，治平三年改今名。离寺三四百步有望海亭，二石柱尚存。

大溪金山

王居安　台州名臣，与叶适为同僚。开禧北伐时，叶适再起为兵部侍郎，对韩侂胄盲目发起对金的攻击，力加劝止，无奈韩侂胄一意孤行，前线节节败退。叶适临危受命到抗金一线部署军事，主动派军出击骚扰金军的后方，逼金军后退。叶适上《定山瓜步石跋三堡坞状》，即全面布置前线防务，改变了前线战场颓势。而王居安在宋军发起进攻前，也提出立足不败的防守，然后可做到进可攻、退可守。叶适被韩侂胄任用，王居安被排斥，但两人对战事的看法极其相似。正因如此，叶适在大溪遇到王居安，称颂其平蛮功绩，赞誉"新诗发妙意"，"大溪逢侍郎，拆洗心胸清。新诗发妙意，说尽文字情。侍郎盖代豪，平蛮早垂名。览书五行下，援笔千人惊"。他称赞王是盖世英豪，平定蛮邦时就有名气了，拿笔写文章惊呆时人。时王居安赋诗赠王孟同，叶适依韵而作《王简卿侍郎以诗赠王孟同王成叟之侄也，辄亦继作》。孟同是王绰（成叟）的侄子。标题表示诗是继王居安而作。

叶适与王居安交好，弟子吴子良序《方岩集》，赞扬王文"明白夷畅，绝类其胸襟"，其诗"尤圆妥旷达"。王居安与叶适交好，蔡镐子蔡淑上门求铭，为撰《武博士蔡镐墓碑记》。

三、与临海士绅交往

叶适与临海士绅交往，均在朝廷为官时认识，如临海大姓赵氏、王氏、姜氏等，他与赵汝谈、王棐、王梦龙等都是朝廷官员，赵汝谈在温州为官，与叶适交往密切，王衜幼子王棐曾与叶适一起为光宗禅位于宁宗的大事而奔忙；交往之密，请托之殷，叶适为撰墓铭的很多；临海前代乡贤陈骙曾任参政，其铭文亦无法推辞，尽管叶适集缺载，而府志予以记载。叶适与名人交往诗文大多不存。叶适对任职于台州官员给予充分关注，记录了黄罃、高松、王栩等地方官的事迹。

1. 弟子陈耆卿、吴子良

叶适晚年以课徒、传授学业为主，与其得意弟子陈耆卿、吴子良的交往是重点。尽管南塘戴木住在家中，却难以托付衣钵。当陈耆卿访问叶适时，叶适大喜过望：他找到了传人。

陈耆卿　嘉定十一年为青田主簿，十三年为庆元府教授，陈耆卿曾任济王赵竑的沂邸记室，沂王府上报朝廷的牋表，即出于陈耆卿之手。宁宗朝权臣史弥远想拉拢陈耆卿，他说："某不能以文字与人改"，不许人家改文字，不屈而罢。叶适与陈耆卿论四六，赞誉其文"美予之不可及"，是数十年不见的好文。陈耆卿时任青田主簿，持己之"论语纪蒙""孟子纪蒙"文稿，前往永嘉求教。不料，叶适一见喜出望外，其姑苏弟子周南去世，叶适正为自己衣钵无所传授而犯难，此时他看到了自己的传人。叶适说：青田距离温州很近，与温州仅半个潮汐泛经的距离，天之，叶适介绍于林略（浩斋）之门，因具闻二公（叶适、林略）秘论，兼肆力于古。谢直（慎斋）得其所著书十余卷读之，服其理到。林略（浩斋）自台谏当上参政，甚念柯大春，柯竟不致书问起居即问好，他"远嫌"攀高枝之名，古人鄙夷攀附势利之徒。①《瓯海轶闻》称《宋元学案》遗落林略，林略当为"水心同调"，亦不知柯大春为序弟子。林略（？—1243），字孔英，永嘉人。庆元五年进士，终端明殿学士、同签书枢密院事。《宋史》四一九有传。

黄恪　字居笃，黄祯从子（侄子），小泉人。潜心读书，与兄黄慎（字居敬）俱从叶适（水心）游。绍熙间，黄恪以廉孝举，仕至谏议大夫。黄恪《赠潘评事裡》诗："水心心上易，同悟到玄真。灯火泉村雨，飞腾翰墨春。我餐遗世菊，君忆故乡莼。白首瞻依地，又为观化人。"水心即叶适。台州府志载：古巷潘家巷。宋谏议黄恪及洗马黄仍赠吊其先，墨迹犹留壁上。②

黄仍　小泉人，黄祯之子。县志称"纯质尚义，叶水心（叶适）器之"。尝应词科，辟官太子洗马。祯、聪均为都监绪之后。父黄祯是聪从弟。授治粟都尉。黄仍《挽潘秘教起予》诗："诗书真世泽，门第几登科？云路迟吾到，恩波及子多。官斋三日病，旅梓一程途。家老临江泣，尘沙暗□□。"

6. 各地名人

洞黄

黄轲　叶适曾访问黄氏读书堂。叶适为读书堂赋诗：谁能采桑谈，谁能带经锄？古人读书地，妙理出穷间。矧今值华室，山翠涌前除。风烟聚景趣，竹松成画图。主人乌纱帕，子弟绣罗襦。新装茧纸印，上记开辟初。展卷忽有得，欣如奏笙竽。勉哉造其微，勿逐皮毛粗。③《叶适集》误记作《王氏读书堂》。诗文描绘了耕读景象：带锄头，又读书；山里松竹一片青翠，环境清幽。叶适教育读书人应深入研读，不要学皮毛。最先徙居洞山的是黄绪，原昭武镇都监；石晋时为避福建王延政乱而迁太平。黄氏以忠厚立家传世，历代重视教育，出了很多名人。历宋、元至明朝，黄氏子孙益蕃盛且贵显。地方志记载宋代读书堂，元代有松桂轩，黄谷春（尚斌伯）读书行义，与诸兄弟同居孝友，家有集怡楼，又筑此轩，名士从之游。

白峰

明觉禅寺在六都。俗呼雪山寺。宋代，白峰是黄岩南乡（温岭）最东部的境域。塘下、白峰东全是海域。叶适到塘下访戴氏，由戴氏陪同游览雪山寺。历代文人均游历此地，宋戴昺陪戴复古游晋源，明林贵兆《游雪山》："霜霰潭龙隐，烟霞径草香。""缘崖力已倦，浮海意空长。"依然为悬海之景。

叶适赋《明觉寺》诗：雪山尖头海潮涌，六月天雪山寒重。道人高绝但危坐，山魈野虎皆趋拱。住山三载两遭荒，侍者饿损扶参堂。沿村索米未为耻，莫令木鱼化龙钟透水。

雪山传说，相传智顗自天台高明来建寺，值暑月，天忽雨雪，匠人不复挥汗，名雪山；一名

---

① 《黄岩县志》二十《遗逸》

② 台州府志第三册，1401页。

③ 叶适集·卷之六古诗·54页，王氏读书堂。

　台州府志，5126页。

钱氏　刘祐夫人，刘允济之母，临海钱氏三王的孙女。允济的外祖母早去世，钱氏家庭靠其母主持家事，舅与姨均称"恩我者姊也"。她是钱家的主心骨。钱氏嫁给刘祐后，又操持刘家，允济称其父刘祐，"则信书而已"，家庭谋生之业，其房地产收入靠其母主持，刘祐对儿子说："惟尔母之听。"儿子在抱，钱氏即教以经书，口授而不烦师傅。绍熙二年辛亥（1191）卒，年八十。叶适记：允济与叶适"素旧"；"守永嘉，常减骑数出，支坐熟语，良乐也。"允济任永嘉太守时，常轻车简从与叶适坐论谈事。叶适不识钱氏，而认识刘祐，称其"兼力众善，笃学至老"。

允济请铭，时在掌教婺州，他为没有厚养父母而悲。叶适为撰墓志称："临海三王女孙，贤而能。""宋时，惟新渎承务郎刘祐配钱氏，子四人：刘允元、允迪、允武、允济，积封太宜人。"钱氏或称钱王女，葬龙鸣山；亦记钱氏墓在天翁山，今泽国天皇有皇妃墓，或即乡人之误记。①

5. 叶适的门人，除了丁少詹、丁木、戴木等，太平乡里还有一些弟子

王汶　楼旗人，王木长子，为永嘉学派弟子；《宋元学案》记为叶适门人。戴许、蔡仍、王汶来自黄岩，从王诚叟（王绰）学，未久，王绰"为有力者挟之江西"，王绰去做幕僚了，于是转介于叶适。叶适说："三士失所依，束书将归，请质于余。"叶适告诉王汶："子欲育子之德，盍观诸山下出泉蒙乎？"叶适以《易·蒙》的卦义"山下出泉"比方，告诫王汶不可急于求功利，让其修炼品德。"蒙"的意思，如泉在山下无声无息。积累多了，泉水终下注为江海。②《易·蒙》卦义"山下出泉"，意为学习是积累过程，逐步深入而思想明朗，如江河冲决开一切险阻。叶适指点王汶等专研典籍，"力学莫如求师，无师莫如师心"，用心体验载籍道理。他说："学而至于能果行、育德，则不可胜用矣。"叶适告诫学生：没有老师不怕，用心就可。学以致用，其效用难以衡量。王汶埋头于载籍，数年萃成《东谷集》。其读书处名"蒙斋"，并载入县志；志称书斋取名"蒙"，系受叶适启发。地方志《艺文篇》载《送戴许蔡仍王汶序》；府志《古迹略》载古碑题"东谷"，即王汶。

王汶有众多兄弟。王汶，字希道，警敏刻厉，著《东谷集》，诗多见《江湖续集》；弟王澄，字渊道，号两山，工李唐诗；王潘，字深道，号西涧，发解于州，"发解"即应贡举合格，由州郡发遣解送至京，参与礼部会试。王潘诗文奇绝，得刘宰（漫塘）赏识，刘宰是金坛人，为叶适之友，时任太常。王潘为人正直，他宁可不中进士，也不违心按考题要求答题，刘宰看重王潘。王汶之父王木在楼旗筑西涧读书堂，招徕四方之士，升高远望，丁园三湖历历在目，书堂边清泉茂树，一派清幽之景。西涧文化氛围浓厚，王汶、王澄、王潘、王演等广结文友，切磋学问；王汶与毗邻的丁木为学友，临海陈耆卿、吴子良、黄岩戴许、蔡仍、蔡贯之都为学友。陈耆卿与王氏关系密切，叶适、戴复古、陈耆卿、吴子良等均访西涧，陈耆卿修《赤城志》，即载入王氏古墓墓砖。

柯大春　字德华，号大雷山民，大闾人。五岁入小学，即愤悱求大义。闻叶水心名，往谒

---

① 叶适集·卷之二十三·墓志铭·455页，夫人钱氏墓志铭。
② 叶适集·卷之十二·序·217页，送戴许蔡仍王汶序。

表明叶适对理财的态度，财富应为社会服务，富人应当济贫。

戴丁　字华父，秉器之子。父子两世尚义乐施，乡人并呼为"戴佛"。戴佛是乡间的尊称，尊敬至极。其族叔戴昼无子，戴丁以子戴栻继承于戴昼为后已久；戴昼其亲从有子要求过继，戴昼因与此人为"素仇"，且继子已立，"坚不欲易"，族叔戴昼不想换继子，戴丁以大义劝说，让自己儿子戴栻赶紧回来。戴丁不图人财物，得到乡邻赞誉。堂弟戴澹将死，儿子幼小，念只有戴丁可寄托，拿出一半家资请戴丁之子戴栩为继子。戴澹之妻邱氏能寡守，"抚子如己出"，戴丁认为戴澹的继承人已稳定，他说："曩（以前）吾受弟产，冀（希望）安其心，今不还，直利之矣。"即以继承文书归还邱氏，让戴澹的亲子继承财产。这两桩继承产权"值皆万缗，弃而不取"，君子财不苟取，以义取财，戴丁不要人家的遗产。叶适铭曰：始由信立，一钱不欺；终以义断，万金不私。墓志铭作于嘉定十五年（1222）。①

戴木　戴丁之子，字子荣，学问渊雅，著《类事蒙求》。叶适记道：嘉定中（1208—1224）黄岩戴木以诗集句见，叶适称其诗意正，留下与子叶宲居一室，这表明叶适收戴丁为入门弟子。戴木"目不流盼，足不窘步（快走）"。叶宲是叶适的次子，长子入继兄长，三子早逝，叶适算是十分重视戴木这弟子。戴丁年七十二，发上气疾（可能肺病），于是戴木回家探望父亲，此后又回永嘉。嘉定十四年（1221），戴丁病又发作，戴木连夜赶回，及门而父卒。祭奠哭毕，戴木又回永嘉水心村。过年【十五年（1222）】戴木"犹未行，余（叶适）累促之"，戴木说要等二月办丧事下葬，葬繁昌乡戴岙，"必得铭行"，一定请老师作墓志铭。毕竟戴丁是个佛——善人，戴木住在其家，叶适不得不写。次年元月，叶适去世。

戴木所著《类事蒙求》是本类书，太平半岭的林昉说，"少闻葛元诚兄弟、谷口郑崬之、渔村戴子荣（戴木），皆师事水心叶公，学有根据"。但林昉从没看到这书，只看到戴木悼念其子神童戴颜老的文章②。林昉称"稍长又闻汇聚古今奇词异论成《蒙求》一编，绝出唐宋类书之右"。按林昉的描述，这本书比唐宋的类书好。林昉到处找书，都说毁于德祐丙子（1276）之兵燹。辛亥（1311）冬末，林昉到高洋田舍访问彦纶父，酒后，彦纶他拿出戴木《类事蒙求》三十卷，林昉感到完成了夙愿，阅览通宵，真有古人所未到的。林昉叹曰：先生以此惠后学，博矣。戴木与宋丞相黄岩杜范成为好友，其子戴颜老中朝廷神童之科，因早慧而短寿，杜范为之劝慰。③

4. 新渎刘氏

刘允济　泽国新渎人，叶适的同榜进士。掌教于婺州，任太常寺主簿，知南剑州，福建常平提举，转知永嘉军（温州太守）。在南剑州，他严戒溺女，改变乡风、风俗。他寻求理学家延平罗从彦的后人，求刘从彦的遗著"圣宋遵尧录"，并上报朝廷，请予谥号。在永嘉任太守，称治。允济任永嘉太守，常轻车简从与叶适坐论谈事。刘允济的兄允迪，为淳熙二年进士，比允济早一届中进士。兄允元不及士，弟允武亦有官声。叶适称允迪"厚而敏"；识允武"果而通"。

---

① 叶适集·卷之二十五·墓志铭·499 页，戴佛墓志铭。

② 独见其悼子颜老之作。

③ 戴颜老见府志第三册 1404 页。

不足，而安能及人！滂尚勉之！"他说，你叔致富经验已在，蔡滂兄弟也应经营好家业，像你叔那样富裕，这样就可帮助贫穷乡邻了。若自己也穷，如何能帮助他人？①

蔡瑞 蔡镐的族祖，热衷于宗族子弟的学习，专门购书藏之，叶适为作《石庵藏书目序》。书籍所藏处称石庵，出于蔡镐从曾祖——蔡瑞的伯父。从曾祖富而好义，绍兴九年（1139）大旱饥荒时，曾祖想出谷散于乡人，又"怕居其名"，他不想张扬。家里土中有大石高二丈余，宽有三倍，石质润如玉，他提出为大石建屋，借口募人抬大石出土，报酬是给粟米。屋靠石而建，称"石庵"，而侄子承奉郎蔡瑞进一步开拓书屋，四处买书以教蔡家子弟，并助读书之资。叶适解释说道：这是主人的从孙武学谕蔡镐请作序，蔡镐是我的同僚，时在淳熙十五年三月。石庵亦载于戚学标《风雅遗闻》，蔡氏藏书处——温岭最早图书馆，亦载温岭图书馆志。②

蔡贯之 蔡镐之孙，白山秀才，后居牧屿。蔡贯之在石庵教书，叶适赠茂才蔡贯之（子与）诗："蔡家五千卷，藏向石庵中。"③ 县志"隐逸"载，蔡希点为镐之孙，隐居教授，徒常百余人。著《春山杂稿》。蔡贯之晚迁罗屿即螺屿④，稿多散佚。

叶适寓居黄岩，与蔡氏密切交往。蔡镐不在了，叶适与蔡氏的友谊绵长，叶适依然为蔡父、弟、族人撰写传记。蔡镐葬所在楼旗山之原，蔡钟（冲之）的墓在灵伏山，其墓石皆叶适题。连妹夫戴龟朋也成为叶适的朋友。蔡镐之子蔡滂跑到叶适那里，让他为姑父写墓志铭。叶适说：这是我老朋友的儿子，我不能推脱，于是就写了戴竹洲墓志铭。

3. 塘下戴氏

从戴龟朋—戴秉器—戴丁—戴木—戴颜老

戴龟朋 号竹洲，祖舜钦是宣和进士，父秉中为进义校尉。龟朋娶蔡镐的妹妹，蔡滂为内侄。竹洲苦学，文记、诗歌清卓无俗韵。原地方志进士名录没有戴舜钦之名，后根据叶适文集，方志中补入戴舜钦。叶适称戴氏是大族，南塘（今塘下）开发"山易材，海易渔，田易稼，聚族数十，富乐累世"，戴氏好善而乐于助人。戴竹洲去世，其侄子蔡滂去为姑父求铭，见蔡镐的儿子出面，叶适说："这是老友之子求铭，这面子不能不给。"叶适赞誉戴龟朋"取友必胜己"，诗歌奇卓清简无俗气。叶适就龟朋的字"竹洲"撰铭，赞誉其清修似王羲之：昔王逸少，寄于兰亭，修竹茂林，千载犹青。叶适赞龟朋"生平介介自持。遇人急难，若己疾痛，救之不暇。好义不亚从叔秉器，而资力不及，人谓其所为尤难"。叶适赞誉龟朋的同时，却夸赞其从叔秉器有"巨人长者之德"。⑤

戴秉器 为戴竹洲的族叔，秉器子称戴丁，父子两世"尚义乐施"，人并称为"戴佛"。"佛"是与世无争、与人为善的好人。戴秉器见人家的房子建到自家的厕所旁，就拆掉自家厕所，让人家出入方便，这不就是"佛"吗？而戴丁也被称"佛"。戴秉器的传记被记载入戴龟朋的墓志铭中，是因他积德行善的善举让叶适感动，富人就应该是这样的。叶适赞戴秉器的目的，

---

① 叶适集·卷之二十九·杂著·615页，题黄岩蔡冲之墓志后。
② 叶适集·卷之十二·序·203页，石庵藏书目序。
③ 太平古志三种，赠子唯诗。子唯即子与，方言同音。
④ 今牧屿附近一古礁石，已毁。
⑤ 叶适集·卷之二十三·墓志铭·461页，竹洲戴君墓志铭。

载，皇帝让丞相周必大给蔡镐一个好官，形象而生动。周必大就是推荐叶适的丞相，叶适则与蔡氏交往40余年而情谊不渝。

蔡镐的事迹均出于叶适记述。宋孝宗继承高宗帝位，重视武学，司业戴几先赞赏蔡镐，孝宗到军校视察，钦点蔡镐为武进士。颁赐武进士名单时，皇帝对宰相周必大说"另外给他（蔡镐）一个好的官位"，并说这是司业戴几先推荐的。皇帝特诏用为武学谕，即军校教官。武生多出豪门，而不满蔡镐。后来，蔡镐到了枢密院，任赴金国的使节。蔡镐闻听大臣建议废弃故城，新筑瓦梁堰，将淮西山外四州浸入水池以挡金兵；蔡镐本可不奏本章，但他依然力奏修瓦梁堰不便，告诫皇帝要提防发生民变，一语警醒孝宗，而罢筑堰。孝宗感慨地对宰相说蔡镐是老实人："蔡镐可喜，对朕语，皆着实，缓急用之，亦不孤负人。"叶适也认为蔡镐是"诚笃厚者"。淳熙九年，蔡镐一度罢官在乡，朱熹到黄岩，力荐林鼐、蔡镐主持修金清等六个水闸，最终蔡镐修闸完工。蔡镐为人信义，而得同学信任，司业荐其德行。

蔡镐卒于绍熙二年（1191），他在家为父守孝，刚出丧期而卒，年四十九岁。其儿子淑、溍、泽、湛。绍熙二年（1191），叶适知蕲州，蔡淑走濡须求文而入葬，相见于北关门。蔡淑跪在雪融的深尺余的泥泞中，称先人临绝以墓志铭求叶适。此前，蔡镐已嘱叶适为父作铭，至此叶适接连为蔡待时、蔡镐撰墓志铭。①

蔡待时 蔡镐之父，一位正直的乡绅。蔡待时慧眼识英才，让儿子与叶适结交。叶适时访蔡家，蔡待时从屏风后听他们谈论。事后，蔡待时对儿子说："此人（叶适）是个正人，你可与他结交为朋友，与他亲近。"蔡镐信任朋友，把父亲的话告诉叶适。蔡镐任武学谕，其父故交任执政。乡人祝贺蔡待时，朝里有人好当官。蔡笑而不应，他告诫蔡镐："汝谨自守，无以利灭命也。"让儿子坚守操义，不要拉裙带关系。人的命运由天定，不可违背天命，不用巴结故交。蔡待时认为蔡镐做官就不应考虑家事，让其弟蔡钟代理家事，结余的俸禄转交弟买田地孳息。蔡镐称己"安于僻愚，不慕势利"，因为他无私无畏。蔡镐想上奏疏阻止筑瓦梁堰，正使说这不关使节的事，蔡镐内心纠结。蔡待时手持蜡烛，促蔡镐写完奏疏，奏疏得孝宗肯定，其父叹：他希望儿子有好名节，并不期待其俸禄供养。叶适称誉蔡待时是五世同堂家庭，其家世为豪族，蔡待时之叔提议分家，待时哭求不分家，愿像儿子一样奉养叔父，终于让叔父自挑房地产，并不立契约字据。蔡待时发现白山市集有欺行霸市现象，及时制止，环白山数里的小商贩公平交易。蔡待时卒，与弟待用同葬驯雉乡（大溪）峇山。②

蔡钟 号冲之，蔡镐之弟，善于经营，深得叶适赏识。叶适通过蔡镐认识蔡钟（冲之），他赏识蔡钟的理财能力，认为应重视理财，只有自己富裕了才能帮穷人。叶适为蔡钟墓志铭作跋时，告诫蔡镐儿子，应学其叔的理财经验，鼓励蔡溍等发家致富，帮助乡党。黄岩赵几道为蔡钟撰墓志铭，记述蔡钟帮助他人之事。叶适说蔡钟的确能帮助人，而"言君能自致其所有则略"，即他如何发家致富，还没有说出来。叶适深怕蔡钟的理财经验被埋没，告诫蔡镐之子："今其已验之法固在，使溍兄弟举而行之，富复如君，则捐所有以惠乡党，不为难矣。不然，则自所有将

---

① 叶适集·卷之十四·墓志铭·255页，忠翊郎武学博士蔡君墓志铭。
② 叶适集·卷之十四·墓志铭·254页，忠翊郎致仕蔡君墓志铭。

佐。于是，丁氏家门前朝廷府衙"报旗勒牒"穿行，应试名士络绎于门庭，叶适喜悦地告慰戴氏夫人："夫人及少云（丁世雄）欢喜于墓下曰：得吾愿哉！"叶适觉得自己对得起朋友了。叶适说丁木于十五岁就出外就学，称丁木已打破黄岩多年没有中进士局面，他告诫丁木，行政应关心民生，让他善于学习"犹勤未见书"。[①]

浙东名园　丁世雄、丁少詹、丁少明等修建的园林成为浙东名园。淳熙年，丁少云沿溪涧林壑，营造亭馆十几里。园池、花径、松林、菊圃、竹林、山光水色霞驳云蒸。叶适则记游东湖、中湖、西湖之景，称：自小垂虹而入，跨莲荡，筑堂其上，萦山带水，朱绿照映，岿然为王侯贵人幽奇闲丽之境。王绰称丁氏园林"盖烟霞之吞吐，云气之开敛，日光之出没，野色之浓淡，隐几而望，有若道家所谓海上之三神山也"，神山即西仙源、楼旗尖、龙鸣山。数十年后园林败落，故人不再。绍定五年（1232），丁木退致，重新修筑园林，在其父所建二十五处外，续建三十三处，刊碑林景思《龟堂记》，收集碑帖《兰亭集序》。日夕招朋友乐集于云海观，"览山海之胜"。叶适赋诗：朝纳棂上光，千帙乱抽翻，夜挑窗下灯，一字究本原。旧师早传习，新友悦闻见，邻里疏聚头，江湖勤会面。叶适曾在雁荡山教书，称雁荡袅袅长麓，他也时到东屿书房教诲丁氏的子弟。叶适集的东屿书房一诗比志书记载得全面。[②] 赤城志、台州府志、太平县志都记载丁园，戚学标《风雅遗闻》称园林"胜甲一郡"，浙江省通志稿载入为地方名胜。

从淳熙三年至八年，叶适不时访问丁园。丁氏家族与叶适成为世交，后永嘉学派陈傅良、周端朝、王绰等名人均到丁园，均写下诗文。尽管叶适于五年中了进士而未入官，他因母丧而守制。淳熙七年，陈亮访叶适，顺路探望学生丁少詹；是年下半年叶适结婚，也告诉丁少詹。冬，叶适与高氏结婚；丁少詹寄书信并有礼物、钱若干。淳熙八年叶适入仕，前往临安、回永嘉，官道中点站温峤是必经之地。淳熙九年，朱熹提举浙东访问丁园，陈亮又来丁园。叶适感恩于丁世雄、戴氏，故能形象逼真地写出戴氏形象；叶适感恩于丁希亮，故而在其子为《梅岩集》求序时，谆谆告诫其子继承父业。叶适未入仕前处于困境中，急切寻求亲友帮助，他曾写信向同乡薛季宣求助，而薛因拮据而无力帮助，两人交往遂疏。

淳熙八年叶适在苏州（平江）当幕僚，为地方文士传授学问。十二年冬，自姑苏入京（临安）为官，任太学正。叶适入朝即与蔡镐密切交往。宋代太平有"南丁、北蔡、东阮、西卢等四大家"，东阮、西卢分别在泽国、大溪；丁即温峤丁少云一族，而蔡则是白山蔡镐一族。

2. 白山蔡氏

蔡镐（1143—1191）　淳熙二年（1175）中武进士，蔡氏世居白山，父蔡待时有武艺，而不仗势欺人。叶适于淳熙五年中进士，与蔡镐成为好友。叶适与蔡镐交好，常往蔡家登堂入室，与其父蔡待时交厚。叶适与蔡镐在私下里交流朝廷政事；叶适告诉了蔡镐，丞相周必大与孝宗对他的褒奖；蔡镐把父亲嘱托上疏事告诉叶适。蔡待时让儿子不要结交权贵，尽管他与临海权贵谢某有交往，但父亲不让儿子结交权贵，宁可罢官也不求人。蔡父称叶适是正人，让蔡镐与其结交。蔡待时处乡里事宽厚待人，不入枢臣之门，正气凛然。宋孝宗赞誉蔡镐的话，出于叶适的记

[①] 叶适集·卷之六古诗·57页，送丁子植。

[②] 叶适集·卷之七古诗·82页，丁氏东屿书房。

丁希亮 字少詹，祖丁旻，父丁轲。希亮于淳熙年间得中漕试，为丁氏俊彦。甲午【淳熙元年（1174）】浙漕第二名，荐礼部，墓石称"比壮乃一意问学"，"游从于当世巨儒"，即从叶适、陈亮、吕祖谦学。① 少詹生于绍兴丙寅（1146），卒于绍熙壬子（1192），"聚书至多，率自雠校"，亲校书稿，筑梅岩书院，挑选老师以教子丁箎等。丁少詹与世雄、少明等同建园林，新建亭宇二十处，称"南麓"，为"燕游之地"，客人到家，带至书院，赋吟诗文积数百篇，其中朱熹、叶适、陈亮等均留下吟诵丁园诗文。作为儒家，丁希亮不信佛教，礼仪均按儒学"修冠婚丧祭之式"。②《梅岩集》成，丁少詹子赴永嘉请序。叶适关心少詹家，常问其家之事。叶适没有评论文章，却谈起了家事。序说，他十分关注丁少詹，为其喜忧而关切，叶适感叹丁少詹的家风严谨，其子遵家法而持家有道。为丁少詹文集作序，却没有评论文辞，叶适解释说自己早就评论过文章，就不再重复了（故不重评焉）。③

丁世雄及夫人戴氏 丁世雄是少詹之兄，他承袭继父丁轲的武职，赴考不成，而在乡广建花园，接待天台、雁荡的来客，"留张饮兰茗，穷日夜娱乐"，戴氏为实现丈夫结交天下文士的理想，热情接待客人，戴夫人亲自操持宴席，整理赠遗的礼品，客人住宿十余天是常事。叶适与名诗人林景思、陈亮等在丁园得到很好的招待，林景思吟诵了丁园每个景点。叶适更是丁园的常客，他亲见丁世雄酒酣脸热，少顷鼾声大作，夫人则默默料理家务。叶适对戴氏的见识十分钦佩。戴夫人于庆元六年（1200）卒，年四十七，叶适接其讣闻即为撰文，其笔下的戴氏与其他官员求铭的文字根本不同，是叶适亲身的感受。④ 叶适对丁世雄十分推崇，当丁少詹指责族兄丁世雄没有认真读书，叶适认为世雄是个义士，他乐于助人、积德行善，不论谁遇到困难都乐于帮助，甚至有假称死人求助棺材钱的，丁世雄也不疑而助之。叶适让丁少詹不要指责丁世雄。后来，丁少詹先于族兄去世，丁世雄夫妇尽力为丁少詹办理了丧事。地方志将丁世雄列入"一行"。叶适为丁世雄、丁少詹兄弟均撰写墓志铭。⑤

丁少明 丁氏文人兄弟中，有一个长命的是丁少明，号竹坡，他也是叶适的密友，后成为戴复古的朋友。戚学标《三台诗话》称丁少明的豪爽不减少云，他"挥金如土，爱客如命"，故与叶适交往密切。⑥ 当叶适最后贬官回乡时，叶适时年过六十，少明则已七十，丁少明拉住了叶适一起到了祖先丁昉的墓前拜谒，请叶适为其撰墓铭；叶适没有完成此事，丁少明即去世了。为对老友有个交代，叶适赋诗缅怀少明，回忆两人的交情，诗称"枕冷秋山不记年，时时逸想醉看天"，同时称此诗亦传其祖——王子税的税监丁昉，叶适也算是不忘老友了。⑦

丁木 丁世雄的儿子，字子植。他十五岁就上门请叶适为父亲作墓志铭，而后听母亲之命从叶适及硕师学。黄岩科举长期十分沉寂，在叶适教诲下，十年间丁木登科为进士，在安抚使作幕

---

① 丁箎《梅岩府君幽堂书石》
② 叶适集·卷之十四·墓志铭·267 页，丁少詹墓志铭。
③ 叶适集·卷之十二·序·209 页，丁少詹文集序。
④ 叶适集·卷之十六·墓志铭·331 页，戴夫人墓志铭。
⑤ 叶适集·卷之十四·墓志铭·.261 页，丁君墓志铭。
⑥ 戚学标台州外书等三种史学著作，326 页。
⑦ 叶适集·卷之八·七言律诗·116 页，丁少明挽诗。

平温峤丁氏的交往则略迟，后又结识白山蔡氏，南塘戴氏、新渎刘氏、楼旗王氏、城南洞黄黄氏、小泉潘氏、黄氏及大溪王居安等，他与泽国、牧屿、大溪、温峤、楼旗、塘下、白峰、泉溪、洞黄众多文人的交往，时间长达五十余年。从叶适、陈傅良在临安结识了丁朗，到南塘的戴木居于晚年叶适的永嘉寓所，叶适与太平文士、官员普遍交往，足迹遍及丁氏花园、东屿书院、泽国郑氏大塘、新渎闸、牧屿街、白山街、肖泉街、塘下街、楼旗西涧、大溪金山堂、城南大间、洞黄书院、白峰雪山寺等地，在黄岩南官河的沿岸均有叶适的游迹。宋代温岭东部海域尚未形成平原，叶适已遍历了太平全境。

1. 温峤丁园

丁朗（明仲）温峤人，留寓临安的江湖诗人，以谒客谋生。乾道末年（1173），叶适赴临安，其师陈傅良中进士，母杜氏让叶适也赴京城，谋取一官半职。一到临安，叶适就与文士相交，他与陈傅良一起结识了丁朗。丁朗算得是临安文化圈名人，他与陆游有诗文往来，曾拜谒岳飞、刘錡等抗金名将。陈傅良称其"虽无荐藉贵亦歉，况立之后主釜鬵"，虽无朝士推荐，仍"主釜鬵"执文坛牛耳。①

无奈丁朗仅为一个"京漂"，无生活来源，因生活艰苦而不幸于淳熙元年（1174）去世。丁朗无子，丁氏家族派丁希亮（少詹）赴临安归丧，希亮是丁朗的族侄。叶适结识了丁希亮（少詹），少詹比叶适大四岁。太平县志记载道：丁朗墓志铭为叶适所撰，陈傅良赋长诗为跋；墓志铭述丁朗"诗文有春花秋月之致，每出入胸臆间"；跋称丁朗诗"齐名郊、岛"，与中唐穷困苦吟孟郊、贾岛同名。

戚学标记丁朗的墓地，亦称叶适为铭；误称陈傅良赞其诗"只字双南金"。②陈诗虽赞丁朗，而"只字双南金"显为赞誉铭文，《题丁明仲墓志碑阴》称："叶君只字双南金，予子拳石藏幽深。"开首"叶君只字双南金"，指铭文"只字南金"，称颂叶适。而太平县志也袭戚学标一说：陈傅良称誉"明仲（丁朗）只字南金"，县志编辑沿袭而误记。"予子拳石藏幽深"，指墓石深藏墓中，予子指丁朗，拳石即墓志铭。晋张华赞誉薛兼等"五儁"为"南金"，"南金"喻作南方优秀人才，亦誉作俊文。

自淳熙初丁少詹结识了叶适、陈傅良，后五十年叶适与丁氏多有交往。淳熙三年，丁希亮即赴雁荡山叶适的私塾从学。叶适为谋生而于淳熙二年自临安回乡，他必须设塾课徒而取得束脩之金，以维持生计。金华的吕祖谦告诉陈亮，让他赴雁荡山过访叶适，看叶适是否解决了吃饭问题，让叶适准备参加淳熙四年的漕试。经吕祖谦的推介，周必大推荐叶适以门客身份参加漕试，并进入淳熙五年省试；殿试之文以一语不合孝宗之意，而排入进士第二名（榜眼）。丁少詹则告别叶适，赴金华从陈亮、吕祖谦学。淳熙三年、四年，叶适于雁荡山设塾时，即往来于温峤丁园间，他与丁世雄（少云）及戴氏妇、丁希亮（少詹）、丁少明等众多族人交往。《叶适年谱》称黄岩戴许、蔡仍、王汶诸人于淳熙三年从学，系误解；王汶等人系丁木、陈耆卿的同学，是叶适晚年居乡时的学生。

---

① 太平县古志三种。

② 清戚学标，台州史事杂著三种，133页。

平谢铎即以朱熹没有退还聘礼为据，拒绝林克贤退聘礼。[1] 叶适赞誉赵几道的治学，曾邀请几道一起游览雁荡，因赵骤亡而未成行，叶适叹道："一游甚难，悲夫骤亡。"[2] 需要辨明的是，黄岩赵几道是朱熹的弟子，与永嘉赵几道同字而异名，永嘉赵几道曾任邵武司户。[3]

张士特　黄岩人，为佛经《心经》作注。入士初，叶适在荆州当官，他研读了数千卷佛教经典，称誉张士特《心经注》：贯穿出入于要言微趣，人所难知，往往迎刃而解。[4]

葛自得　葛由建州迁黄岩，初以医为生。世代儒家，蓄书千卷，皆父祖手笔。二子为孩童，葛自数百里请老师，费尽出于医。及长，自能问学，不再从医。力治田园而不惰。为不留过多财产给子孙，葛自得作留耕堂，让子弟勤勉劳作，人笑之，答："古今论方寸地，谓此心也。吾得留遗子孙足矣，何以多为！"叶适赞誉他"此心留子孙足矣"。[5]

葛应龙兄弟　应龙，字元直。安贫守义，言行不苟，为文章以贤为准的，叶水心、袁洁斋皆重之。兄绍体，字元承（元诚），师事水心，得其指授，博学善诗文。[6] 林昉《类事蒙求跋》云"少闻葛元诚（元承）兄弟、谷口郑柬之、渔村戴子荣皆师事水心叶公，学有根据"。据《瓯海轶闻》校笺：元承有《东山诗选》2卷。四库馆臣据其《早发》《新昌道中》及叶适《赠绍体》，考其为天台潦倒场屋之士。"赠二葛友"疑即此二兄弟。[7]《赠绍体》诗佚。

戴少望　少望欲求仙道，叶适写信劝阻其"行天下求世外之道"，让少望自爱自重。叶适与陈傅良遇于黄岩，闻听得戴少望于本月初三行天下以求世外之道，极力劝阻戴不可外出。叶适写信说：此前就多次听你说想求仙，以为是戏说，谁知是真的。昨日听里人说，尚未成行。于是，叶适以苏轼劝人炼丹一事劝说，认为从异学将劳而无功，"仙之道，行未至，而力穷气尽"。他劝戴少望杜门端居。[8]

二陈秀才　为黄岩的陈姓二位秀才，叶适教育秀才要多下功夫，学由自己出，不要一意模仿他人的，"莫言功用不须多"，"璞玉待琢磨，永无痕镘相"。[9]

修炼的隐士　为黄岩的胜师。隐士住"方山最高顶，不拟到茅茨"，方山在黄岩东郊，以茅草盖屋顶，亦指茅屋。叶适赠胜上人，称其"语生兼老笔，体重带幽姿"。[10]

二、太平所交士友

叶适之友多数在黄岩南乡的太平，即今温岭。叶适与黄岩城的文士交往起于弱冠之年，与太

---

[1] 谢铎集
[2] 叶适集·卷之二十八·祭文·574页，祭赵几道文。
[3] 叶适集·卷之七五言律诗·105页，送赵几道邵武司户。
[4] 叶适集·卷之二十九·杂著·598页，题张君所注佛书。
[5] 叶适集·卷之二十五·墓志铭·507页，宋葛君墓志铭。
[6] 《黄岩志·文学》
[7] 叶适集·卷之六·古诗·50页，赠二葛友。
[8] 叶适集·卷之二十七·书启·548页，戴少望书。
[9] 叶适集·卷之八·七言绝诗·130页，送黄岩二陈秀才。
[10] 叶适集·卷之七五言律诗·96页。

命。谢克家任参政时，遭秦桧之排挤，遭厄难二十年；诸子避逸，独谢伋流落台州。[①] 冬春之际，叶适郑重将谢希孟推荐给常平使者作参谋，他将希孟比作子荆，称其"白头趋幕府"辜负一生抱负，"未放鹏舒翼，应烦骥敛程"；叶适让谢带信给常平使者，让使者"开怀待子荆"。西晋孙楚字子荆，曾任参军，时人赞其"天才英博"；杜甫《八哀诗》称"韬钤延子荆"。叶适对谢希孟能在幕府参与谋划寄予厚望。[②]

谢希孟之高祖谢良佐是北宋程颢、程颐四徒弟之一，"倡明绝学，欲续孔、孟氏"。南宋朱熹、张栻、吕祖谦再倡周（周敦颐）、程氏之学。谢伋是谢良佐从孙，绍兴初侍父克家寓黄岩。绍兴二十一年（1151），朱熹从湖州到黄岩，赴灵石山药寮访谢伋。朱松曾受参政谢克家之荐，而秦桧于绍兴十年（1140）弹劾朱松，请祠得台州崇道观；朱松卒，朱熹苦读理学之书，因耽读谢良佐"论语解"而专访谢伋。谢良佐子克念亦留台州，子孙留黄岩；克念三子无衣食，替人承符即从事衙门杂务以养老母。台州太守黄䧹为立上蔡祠堂，并提拔其后代。[③]

2. 其他文士

叶适在黄岩结识不少朋友，有交往文字的还有：

郑大惠 泽国人，经术深洽，著《饭牛集》，真西山（真德秀）叙称："盘礴充积，得天地间清明俊杰之气。"为文古奥，卓然成家。太平半岭的林昉称郑大惠学于叶适。叶适忘不了随林鬲兄弟访问邻居郑大惠家，一起酣畅饮酒的往事。并赞大惠之诗如同李白、杜甫[④]。此时郑大惠住黄岩，后住泽国。地方志载，元林昉跋戴木《类事蒙求》云："少闻葛元诚兄弟、谷口郑柬之、渔村戴子荣皆师事水心叶公，学有根据。"渔村即戴木，柬之即大惠，均是水心（叶适）门人。据戚学标《台州外书》记载：海门城楼大钟铸造于宋淳祐年间，是黄岩庆善寺物，因明洪武年间汤和修筑沿海的卫所城，黄岩城石料移筑海门城，钟也徙于海门城楼，抗日战争时期作为警钟，今存戚继光纪念馆。大钟的铭文即由郑大惠所撰。

夏庭简 庆元五年（1199）进士。黄岩自咸平三年杜垂象中进士，至庆元五年夏庭简，二百年才满十人。叶适称：黄岩"……多异材，然自隋、唐设进士诸科，而其地寂寥湮没，无以名称者。宋兴且百年，始一见，又百年，始再见，又或始二人，或越数举，积而至于君，然后始赢十人。呜呼，何其少而难也"。《赤城志》称庆元五年黄岩中进士十人，显误，实为二人。《叶适集》称进士难得，至此满十人；是。夏庭简卒于嘉定十一年（1218），次年六月铭。[⑤] 夏庭简中进士后，曾任定海尉，为林叔和、赵几道所重。

赵师渊 字几道，黄岩人，朱熹弟子。朱熹曾向赵汝愚推荐他，可韩侂胄掌权后，赵汝愚被贬，赵师渊也没有入朝。他据朱熹的提纲撰《通鉴纲目》，朱熹有7封信件与其谈论纲目编写事，提出原则要求。朱熹并与赵几道结亲，将女儿许配给其弟，而子弟早逝，未成亲家；明代太

---

① 叶适集·卷之十二·序·212页，谢景思集序。

② 叶适集·卷之七五言律诗·98页，送谢希孟。

③ 叶适集·卷之十六·墓志铭·327页，黄子耕墓志铭。

④ 叶适集·卷之七古诗·78页，题郑大惠诗卷。

⑤ 叶适集·卷之二十三·墓志铭·442页，宣教郎夏君墓志铭。

后，林鼐访问叶适谈起旧事，叶适见林鼐没有功名①，准备归隐，感慨说他"气力豪未受规矩镌"。见林鼐俯首愁煎，劝慰他虽没有上进，其后"奕世称贤"。②

林鼐、林鼒兄弟名其室"毋自欺室"，叶适为铭，以礼经为解："所谓诚其意者，毋自欺也。"③林鼒早去世，其子幼，叶适主动提出教诲其子，让林鼒在地下安心。④叶适佩服、赞誉老友林鼐成为黄岩绅士的风向标，这让叶适最感欣慰。叶适记道：黄岩后生都关切"从草庐（林鼐）游乎？"绅士一遇疑狱就问"先生决之乎？"遇不妥的政令，则问"草庐知之乎？"⑤后来，黄岩的景贤坊就是为林鼒、林鼐兄弟而立的。（县志）

当林鼒、林鼐临葬时，叶适分别作了祭文。林鼒早卒，叶适祭林鼒如同对面哭诉，称其友廉洁清白，家难连续，母、子、父死，继之已死。叶适称自己在平江（苏州）远役，不能前往吊唁。他说我与你弟弟林鼐的关系，如同我与你，你的幼儿不知几岁？不可让子弟失学，我愿意教诲他成才。⑥

叶适称林鼐为少之交，"我少狂勇，自喜先登；援而愒（kài，急）者，独君兄弟。人之所利，我之所讳"，叶适称己患难朋友只有林鼒、林鼐，二林对叶适帮助很大，他们思想都遵从孔孟，而理念有所不同，这并不妨碍成为朋友。叶适说："君不我同，亦不我异。君质甚和，内涵至刚。"二林"名驰势奔"，在黄岩是很有名气的。叶适回忆自己招待老朋友林鼐很随意，"昔君过我，一樽二簋⑦，春笋秋花，烂漫窗几"。后叶适再三邀请林鼐快来相会，林鼐也已老矣，"不果其来"。⑧

杜晔（南湖）、知仁（方山）即黄岩"二杜"，南湖、方山二杜从朱熹，为理学家，其中杜南湖为台州南湖学派创始人。⑨杜晔、知仁之父是杜椿；杜椿之父舜卿，祖杜谊；杜谊性至孝，地方志有传。杜椿慕祖唐代的杜牧，而自号"樊翁"，在黄岩城内立樊川书院，"名其燕游之地曰樊川"，他推己恕人，为善不倦，榜其堂"遗安堂"。樊川之名源于唐代，杜祐在京兆（长安）建樊川别墅，后杜牧即称樊上翁。林鼒中进士，任筠州通判，其岳父即杜椿。杜椿卒，林鼒请叶适作铭，撰"宋杜君墓志铭"。⑩

谢希孟（号古民） 淳熙十一年（1184）进士，叶适至黄岩，即与谢伋之孙希孟相交，与希孟成为好友。叶适撰其祖谢伋《谢景思集序》。谢伋，字景思，曾任少卿，居黄岩三童岙，以灵石山药寮自号。谢伋曾陪父克家奉传国之玺走宋州，高宗任其为祠曹郎，兼太常少卿，掌诰

---

① 南省无姓名
② 叶适集·卷之七古诗·88页，林叔和见访道旧感叹因以为赠
③ 叶适集·卷之二十六·铭·行状·528页，毋自欺室铭。
④ 叶适集·卷之十五·墓志铭·288页，林伯和墓志铭。
⑤ 叶适集·卷之十九·墓志铭·376页，草庐先生墓志铭。
⑥ 叶适集·卷之二十八·祭文·570页，祭林伯和文。
⑦ 樽盛酒，簋盛熟食器，gui
⑧ 叶适集·卷之二十八·祭文·582页，祭林叔和文。
⑨ 严振非《台州理学南湖学派史》
⑩ 叶适集·卷之十三·236页，宋杜君墓志铭。

成，提出实证之例。在清代，温州孙衣言、孙鸣锵、孙诒让先生等提倡永嘉学派，其后时有研究者，国内外学者研究叶适、郑伯熊、薛季宣、陈傅良、郑伯谦等人，周梦江孜孜于研究叶适数十年，形成大批论文，本文即采用其成果①。

叶适寓居台州缘由：

叶之祖出于龙泉，后迁瑞安。南宋绍兴二十年（1150），叶适出生于瑞安，13岁（1152）时，其父母带他迁到永嘉（温州）；由于家境贫寒，居所迁移21次才定居在水心村。母亲杜氏勉励叶适自强，他15岁就外出谋生，在乐清白石私塾教书。乾道元年（1165）至三年（1167），年轻的叶适就往来于婺州、义乌、黄岩等地，与各地文士交往。

绍定元年（1228），黄岩建县学三贤祠，祀谢良佐、叶适、徐中行三位先贤。路桥罗阳（螺洋）为其设塾课徒之地，还建叶适墓（衣冠冢）及毓英庙。弟子陈耆卿称："龙泉（叶适）稍后出，与之上下议论，独自为宗。"叶适与黄岩二林（林鼐、林鼒）交好五十年，与朱熹、吕祖谦等理学大家密切相交，永嘉学派在黄岩得到发展，是叶适积极推行的结果。永嘉学派强调经世致用，台州大家宗族均倡导子弟从事士农工商四业，开创台州与温州民营经济思想的基础，叶适与黄岩林氏、杜氏、郑氏、刘氏、戴氏等文人至老情谊弥笃。明成化年间，黄岩县划出南乡建太平县，县志称叶适"开邑文化"。陈耆卿说："龙泉（叶适）之生身尝游于此（台州），其友朋又多出于此"，"龙泉之学亦宗孔孟氏"，其学说均在其著作之中（学具在书），地方志及戚学标等文士著作较多引用了叶适的文字。叶适与临海、仙居、天台、宁海、玉环等县文人均密切交往，以下引用《叶适集》近百篇文章，每篇有一个生动的故事。

一、黄岩交游录

1. 理学家及后裔

林鼐、林鼒　二林是大儒朱熹的弟子。叶适与林鼒在乾道年间就已相识，叶适称自己弱冠（年二十）即结识林鼒，二人一起探索儒学。后来，叶适入官，把自己的婚事告诉林鼒，还有新妇妊娠流产，邻居着火，行李损失等琐事。他关心朋友，向老乡打听"国材（林鼒）近日学问之规模甚严"。②叶适在朝廷推荐了贤士，其中有林鼐。叶适说："国家之用贤才，必如饥渴之于饮食，诚心好之，求取之急唯恐不至。"他推荐了陈傅良、勾昌泰、陆九渊、郑伯英、王栩、项安世等，也提及林鼐。③

回首往事，叶适称少时随林鼐、林鼒游，常往澄江边游览，受江流所阻，不能往游北山赏冬雪、春花。黄岩的利涉桥建成，林鼒请叶适题记，叶适写了亲身体验的花柳之丽，雪月之胜。④利涉桥由建安人黄岩县令杨圭（字国瑞）所建，叶适称"其来黄岩，监司固以材辟矣"。40年

---

① 《叶适研究》《叶适年谱》
② 叶适集·卷之二十七书启·546页，与黄岩林元秀书。
③ 叶适集·卷之二十七·书启·555页，上执政荐士书。
④ 叶适集·卷之十·记·170页，利涉桥记。

叶适与台州文士交游录

王英础

摘　要：叶适是永嘉学派的领袖，在国内有大批的研究成果，涉及各个领域。叶适是温州人，其思想形成有特定历史背景，作为理学家，他吸取了各类学派的精华而形成自己的学说。永嘉学派先驱郑伯熊就吸取台州二徐的思想，任黄岩县尉时专门求教于徐庭筠；管师复兄弟从学仙居县令陈襄，年轻的叶适处于困境时，长期在黄岩与二林、二杜等交往，杜南湖是朱熹理学思想的传承人，形成台州理学南湖学派，正是各类思想的碰撞，才形成叶适"经世致用"的思想，这一思想对温台地区经济的发展起了极大作用，本文目的是展示叶适如何与台州人交往的，台州又是如何启发了他的思想。

叶适（1150—1223），号水心，中国历史上的一位重要思想家，南宋永嘉学派的领袖。叶适的一生与台州结下不解之缘，在台州的名声很响亮。叶适与朱熹同为台州理学的开拓者，黄岩知县赵汝驷建县学三贤祠，所祭祀的谢良佐、叶适、徐中行都是地方的理学前辈，理学发端于此。陈耆卿撰《重建黄岩县学三贤祠记》，赞誉叶适"尝游于此，友朋多出于此"。[①]

谢良佐、徐中行均为地方前贤，立祠祭祀符合规矩，而叶适是对黄岩理学发展作出重大贡献的人，祭祀叶适表明黄岩及台州地方对其崇敬。长期以来，叶适所创永嘉学派并没有得到主流社会的认可。元、明、清更提倡"道学"，以朱熹注"四书"为科举取士书籍，永嘉学派则被视作"异端"而排斥，"其学遂废而不讲"[②]。在南宋，朱熹"道学"和陆九渊"心学"流行。视"三纲五常"为天理，以维护封建统治，却不能抵御外侮。永嘉学派反对心性之学，讲求事功，反对重农轻商，主张发展工商业，"反映封建社会内部务实、开明一派思想，契合商品经济发展要求"。

明末黄宗羲、顾炎武，晚清谭嗣同、唐才常等人均赞誉永嘉之学能"经世致用"。邓实在其《永嘉学派述》中说："永嘉经制之学，究心实用，坐言而可以起行，经义而即以治事，此有用之学也。实读永嘉诸子之书，则服膺循习，守而勿失。尝谓二千年来神州之学术，其最盛者有三期，一曰周秦诸子，一曰永嘉诸子，一曰明末四先生[③]"，邓实把永嘉学派思想等同于先秦的诸子百家，永嘉学派承上启下，其地位日显重要。

温州师范学院周梦江先生是温州人，他关切于温州人文，而对叶适长期寓居的台州，研究显得单薄。本文仅就叶适在台州与各地文士、官员的交往做一些分析，就其所创永嘉学派思想的形

---

① （《三台文献录》）
② 明代王祎语
③ 原注：黄顾王颜

季光浙　万历三十八年（1610）庚戌科进士，官至参将。详《武秩》。

季光汤　万历四十一年癸丑（1613）官都司佥事。

季朝煜　优给指挥舍人。

季时衡　百户。

季光满　天启七年（1627）丁卯科武举人。

季元植　崇祯庚午科（1630）武举人。

万历四十一年（1613），季光汤字茂武，号璘存。武进士，授镇江圌山备倭署指挥佥事，被诬解任。会毛文龙标员激变，登莱抚军议抚，与孙应龙等奉令往，迫降不屈，被害。子元枢携骸归。女适署都司佥书潘坤。

季廷梁　先世在松门以武功显。廷梁顺治初授广东普宁令。廷梁身冒矢石，长子炎战死焉，城陷不屈。王师复普宁，出之于狱，依栖山寨中，以次经理。调山西兴县，改大同，并有政声。归家宦橐萧然，唯一妾及破书数簏而已。

季金及其次子季光浙均为武进士。民国《台州府志》卷二十九选举表九武科载：

明武进士

隆庆二年（1568）戊辰，太平季金，有传。

三十八年（1610）庚戌，太平季光浙，字茂科，金次子。袭指挥佥事，终参将。

季光浙考中进士，与父亲季金同为武进士，在科举历史上非常罕见。季光浙子承父业，考中万历三十八年（1610）武进士，署指挥使。

《嘉庆太平县志》记载了季光浙传记：

季光浙　字茂科，号枢环，金次子。赴都袭职，选郎以私憾其父，降二等，袭指挥佥事。中武进士，署指挥使。李趋其妇翁也。

万历二十八年（1600），留守朝鲜明军撤退。季金光宗耀祖回松门。按明代武官的承袭制度，由武将指定其子承袭父职，报经兵部（国防部）审核。季光浙被压制三级，于是发奋考中进士。

韩国政府重视保护历史文物，季金离开鳌川，其《清德碑》至今保存完好。百姓自发立碑，称其为明军榜样。

自朝鲜战场归来，王士琦论功升河南左布政使。寻以杨应龙复叛，回里听勘。"五年部复镌一级"，补湖广参政，以荐升臬司。边酋顺义王扯力克死，长孙卜失兔嗣封，被素囊阻拦而未成。王士琦升山西右布政使，出面调解，两酋均得封。王士琦亲临边地，促酋目向朝廷纳贡，晋升左布政使。王士琦行边遇大风雪，感冒，请骸骨，调巡抚江南。此时卜失兔贡马至，请求稍留近地等待，驻于浑源，感疾而卒。年六十八。志称其接下谦抑，不可以非道干，殁之日，帑无长物，旅榇萧然。祀乡贤祠。其墓今在临海石塘，即张家渡。

由于杨应龙重新叛乱，王士琦被降职。杨应龙叛变是由于其子作为人质而死，激怒杨应龙，促使其叛变，与二十三年王士琦劝降平定叛乱，并不相关。如果没有人质死亡，事件发展结局就不会这样，杨应龙是痛子之死而叛变。由于是王士琦招降杨应龙，杨应龙的叛变，就成为王士琦的责任。王士琦从朝鲜战场前线回来，就因前事被撤职。王士琦回里听勘——听候处分，降职为湖广右参政。回到赴朝前官职。

万历四十四年（1616），任右副都御史，大同巡抚。

四十五年（1617）四月，于大同宣府巡抚被弹劾，时称被弹劾的十大僚之一。

四十七年（1619），神宗实录赐祭葬。祭称"生前虽挂讥弹，殁后难掩劳勋"功过分开。

王士琦一门显赫。临海南门内有"十伞巷"，伞即万民伞，"三抚基"。

王宗沐与子士崧、士琦、士昌均中进士，王氏一家父子四人进士，其家学渊源不可谓不深。王氏出三巡抚，王宗沐凤阳巡抚，王士琦大同宣府巡抚，士昌为福建巡抚，一门出了三位省长一级官员，门第显赫。

王士琦祖先来历。王燠的祖父王俊彦、父亲王佐，是晋代王羲之后裔。从绍兴会稽王氏宗谱查王氏的世系，周灵王后面是王贵、王子乔。至王羲之，子有：玄之、凝之、徽之、操之、璠之、肃之、献之。王宗沐为操之的后裔。

2. 地方志记载的季金

季金出身于武将世家，隆庆二年（1568）武科及第，取得进士的头衔比李舜臣早八年。进士一甲前三名分别称状元、榜眼、探花，季金是武进士"探花"——第三名。

1597年丁酉再乱时，季金率浙直水军到朝鲜，十一月开始在鳌川忠清水营驻军。

季金先人叫季忠，承袭祖父季彬的羽林卫指挥使，从江苏宿迁调至太平松门。从季忠传至季金已历经五代，家族更加繁盛。

太平县志记载：

季金其先宿迁人曰忠者，袭祖彬羽林卫指挥使，调松门，五传至金，益盛。父堂，领松门关，缘事陷狱，力疏申救，仍视卫事。金授海盐备倭，升广东潮州参将，擒剧盗鲍士秀，进总统。乞养归，起补临清参将，升镇江副总兵。弟时衡、孙国栋，皆荫指挥。余详武科。

季金之父季堂，曾任松门卫指挥使，由于犯事陷入狱中，经努力上疏申辩获救，仍管理松门卫的军事。明松门卫下有左、右、中、前、后五个所的指挥、镇抚、千百户等官。

弟季铖为参将。中万历元年癸酉科举人。弟时衡、孙国栋，皆荫指挥。

从季堂、季金到季光浙均有武将功名、功勋，子弟承袭父荫非常正常。

地方志载季氏任武职的有：

总督衙门，他不敢；王士琦前往杨驻地，宣示朝廷旨意，让杨返回原地，遣其子作人质，缴纳罚金即免征伐。杨应龙感激王士琦，答应招降，战事消弭。王士琦由重庆知府加衔川东兵备副使。二十五年七月初八日，皇帝下旨，由总督邢玠题报，调川兵征剿，命王士琦充监军，加衔四川布政使司右参政。下半年出川，二十六年（1598）三月，途闻其兄刑部主事王士崧去世于京师，王士琦"痛几绝也"，请求挂冠，邢玠不答应。军队自集结到入朝整一年，军士脚磨出重茧。土司兵性顽犷不可驯，王士琦以恩威鼓舞，历四川、湖北、河南、河北、山东、天津到东北辽、沈，川兵纪律严明，秋毫无扰，"千古仅见"。

川军狼土兵于万历二十六年（1598）七月入朝。

七月，川兵渡过鸭绿江，界河风平浪静，"和风霁色，江波如熨"。多数人感伤以为孤军出征难免离散，王士琦认为平寇在眼前，如晋代祖逖至中流而击楫啸歌，表达誓死必胜信念。川军冒暑急行军，马不停蹄十余日，途中大雨，河水暴涨，马没过腹而渡水。近汉城时，大雨渐止，旭日当空，晴空无一丝云彩。过汉城、经全州，军队直奔南原。朝鲜侦察兵飞骑报泗川的败状，南原民众四处逃匿。随军官员跪求退守全州："何必困守南原空城，重蹈杨元屠戮的覆辙？"杨元是南原守将，连鞋都没穿就逃（跣足而逃），城被倭寇屠戮。王士琦严正回答：倭寇能到南原，就不会到全州吗？我是监军先逃遁，有人讹传川军溃败，责任谁承担？并说：再提退兵，立斩！军马大张旗鼓前进，民众渐返。

九月，中朝三路进军。王士琦监西路军夺倭寇据点曳桥，斩寇数百。

据明史传记，刘綎一心活捉小西行长，约小西到营帐赴会，预备设伏捉小西。刘綎自扮士卒，执酒壶侍候；下令等他出帐就发火炮。次日，小西行长依约率五十骑来，假刘綎迎候小西，行长回头看执壶的说："此人殊有福。"刘綎惊愕被识破，放下酒壶就出帐。司旗鼓的急令发炮，小西行长已随刘綎一起出帐，与从骑腾跃上马，列一字雁列"风剪电掣，旋转格杀"。计不成。王士琦行使监军职责，追究中军迟延进军，逼迫刘綎攻倭桥。明军直逼倭桥，决战之时已到，刘綎始攻倭桥，对峙两月。日军自倭桥至栗林，数十里结营"丛箐蔽日，咫尺不辨"。王士琦密计兵袭倭桥，诱小西行长出，焚栗林，夺曳桥，敌军连柴火、用水也困难。

直至战争祸首日本关白（首相）丰臣秀吉去世，临终遗嘱撤回日军，南海倭寇先退，倭桥小西行长则图谋突围，让东线水师援助。此时引发了露梁决战。

三、英雄履历

1. 方志记载的王士琦（台州府志5600）

王士琦，为王宗沐子。王宗沐子：士崧、士琦、士昌；从子士性。

王士崧、士琦为万历十一年（1583）进士。

万历二十五年，士崧任刑部主事，二十六年卒。士琦正前往朝鲜途中，闻讣悲痛而欲辞命。士琦以仲子立程为士崧之后。

王士琦号丰舆，父梦见宋代韩琦而名之。进士入工部主事，升兵部郎中，二十年外艰。播州宣慰司杨应龙反，邢玠总督四川，补士琦为重庆知府，遣王士琦前往綦江召杨应龙，杨应龙止步于安稳不前，请王士琦至松坎，王士琦行三日至松坎。劝降成功。王士琦升任川东兵备副使。

与友军将领、绅士、民众关系。到7月明军水师主力入驻，季金与李舜臣在古今岛合营已三个月，成为密友。

陈璘在康津召开军事会议，季金与李舜臣同赴会，会议商量9月水师在西线战场上，配合陆军刘綎部攻击倭桥小西行长。李舜臣回复韩孝纯信件，讲到赴会一事。此信是李舜臣存世的唯一一件涉及公事的信函，信中表达对季金的崇敬。陈璘也重视浙直水师，7月16日军事会议后，陈璘委托季金在其驻地建一座关羽庙，9月庙成。顺天乡大学教授朴现圭访问该庙，栋宇题字历400年而不变，上题由陈璘与季金及浙直水师共同建造。后武圣人庙改作忠烈祠，祭祀李舜臣，李舜臣已被树为朝鲜的圣人。

中朝水师合营，两军与日寇作战，经历金塘岛、折尔岛（现高兴、巨金岛）海战。

明军水师船舶不适于朝鲜海域；朝鲜水师船舶均平底，懂得避开潮退，船易掉头而不易搁浅，明军船舶为尖底，调头难，时常搁浅，进攻倭桥的战斗中终于暴露了问题。水师是配合西路陆军刘綎部攻击顺天倭桥，因长期没有攻下倭桥，监军王士琦捉拿刘綎的中军治罪，威慑出军。

9月20日，西路刘綎等部军士联合水军进攻。季金亲率前锋攻下倭桥入口獐岛，缴获300余石军粮，牛马等，营救被俘300余名。水师陈璘与刘綎不协，争夺指挥权，因不协调而败。9月22日，再攻倭桥。倭桥入口处潮差大，浅滩多，朝鲜军知潮位变化已撤，而明军船舶不幸搁浅。敌酋小西行长派兵反攻，炮弹密如雨般朝季金的船舶发射，"岸上之贼放丸如雨，天兵从船上亦放大铅子"，明军11名士兵中弹，季金手臂中弹丸，依然奋勇督战。20余名敌军蹚水接近明军之船，小西行长欲俘获明军将士，却不料被明军水师斩级10余颗。

季金身先士卒以致负伤。战后，季金与白振南聚会，不减豪情，白振南对季金在倭桥一战的勇猛作战印象深刻，写道："公身先士卒，被疮（创伤），犹裹疮力战，士卒奋勇，无不一当百，贼大败逐北"。白振南赋《又次老爷赠韵》赞：将军神箭定溟澜，不用区区弄一丸。誓扫目中残虏尽，志同天下泰山安。倭桥城池牢固，炮火根本无法摧毁堡垒。刘綎借口陆军的云梯、望楼没有完工而袖手旁观，水师强攻无法拿下倭桥。季金负伤一事，载入朝鲜《宣宗实录》。李舜臣《乱中日记》与左议政李德馨均记录。到11月19日露梁海战爆发，中朝西线军队一直与日军小西行长对峙。

2. 王士琦入朝

王士琦是由经略邢玠指令入朝的监军。万历二十五年丁酉（1597）六月，兵部尚书邢玠出任经略入朝，类似彭德怀出任朝鲜志愿军司令员。

万历二十年（1592），前经略宋应昌入朝收复平壤，继而议和三年。二十五年日军十余万再侵釜山；继任总督孙矿的兵不足三万。邢玠继任经略，上疏陈述倭情，批评倭乱之初议和，撤走了川兵、南兵，致措手不及；前锋麻贵统兵一万七千人自鸭绿江急速出发。邢玠命浙直水师急速入朝；调四川骁勇狼土兵入朝，以临洮大将刘綎统兵，川东副使王士琦监军。

狼土兵骁勇善战，但军纪不严，邢玠知需要选对监军，他信任王士琦。狼土兵是川东施州卫八司酉阳石砫土司邑梅、平茶二长官所辖湖广永顺、保靖的土司兵，由参将、游击将军吴文杰等三人领兵。"川夷叛服"难测，邢玠最终选调六千人。朝廷下旨：王士琦加参政监军将官。邢玠任四川总督时，王士琦劝降播州土司杨应龙。朝廷议论征剿、招降之策，邢玠百计招降，让杨赴得战场主动权，全歼敌军。

季金奋力跳上敌船杀敌，激励了全军将士，同时赢得朝鲜国王、大臣与全体将士的钦佩，国王专程前往季金的府邸行酒礼，当面赞誉他，露梁海战的胜利就全靠季金。此事载《宣宗实录》。

2. 王士琦在露梁海战决策过程中起的决定性作用

海战前，明军西路军除了刘綎，有陈璘水师一万三千余人。朝鲜三道统制使李舜臣意图围困倭桥，牵动日水师前来，利用露梁海峡狭长的地形，伏击日军。陈璘则提出前往南海，以取得更多首级。李舜臣认为，南海众多被日军俘虏百姓，不宜斩杀，应消灭倭桥日寇。李舜臣向国王、左议政李德馨提出，请明军经略邢玠把陈璘调离水师，由季金领军。朝鲜史籍上说陈璘受日军贿赂。

而国王李昖、左议政李德馨不断给王士琦发恳求信，王是西路军及水师的监军，其立场至关重要。军队的决策权在邢玠，朝廷明示："邢玠刻期相机进剿"，"阃外事务俱听便宜行事"，让邢玠"不必疑惑，致误军机"。邢玠信任王士琦，故赞同李舜臣计划，露梁海战得以实施。露梁战事甫胜，国王、左议政即发信函，国王抒发了完国的喜悦，称朝鲜被兵七载方才得胜，称颂王士琦的功绩。李德馨的言辞谦卑，称自己为功狗，任主人（王士琦）驱使。汉高祖刘邦评论萧何功绩说，一般将领是功狗，供人驱使，萧何是指挥人的。朝鲜君臣均明确表示要立碑记载王士琦功德。至近代，朝鲜金日成及韩国领导人均高度评价王士琦。五十年代金日成访华，提出修葺王士琦墓地。

二、季金与王士琦入朝参战

季金与王士琦分别于万历二十五年，二十六年进入朝鲜战场。

1. 季金入朝经历

万历二十五年丁酉（1597），继壬辰（1592）倭乱后，倭寇再次入侵。为应对战局，经略邢玠急调浙直水师入朝，8月，水师自抚顺港出发驶向汉江口，八、九月间西风，船队不日即到江华岛。日军连克闲山、晋州、南原、全州，此时缺乏后勤保障，无法抵御明军主力，倭寇全线退缩至半岛南方。

季金入朝即寻求往前线请战，要求与朝鲜李舜臣合营。国王接见了季金，并联系南方朝鲜水师，万历二十六年（1598）4月，浙直水师自鳌川忠清南道水师营移防古今岛，与三道水师统制使李舜臣所率的朝鲜水军协防南海。李舜臣及朝鲜绅士对明军将领有疑虑，因为陈璘曾在国王面前放肆责打朝鲜官员。李舜臣接待浙直水师后，直恨与季金相见太晚。

李舜臣安排进士白振南为浙直水师在涌金岛安置营地，提供后勤，季金的部下对百姓丝毫不骚扰，对友军十分和好。季金还不时寻白振南赋诗，畅饮，与绅士间情分加深。白振南为浙直水师服务，其工作态度让季金赞赏，并"钦叹不已"，称"朝鲜儒林信厚郑重"，这令李舜臣十分愉悦。李舜臣的龟船"涂甲冒火"，船披铁甲而炮火不入，船头火炮口硫磺冒火可隐藏船身，季金感到出奇，深叹李舜臣天工巧设。李舜臣见季金治军严明，两位英雄结成莫逆之交。季金及部将赠送礼品，李舜臣于日记——记载，季金馈赠的有鞋袜、手绢及茶叶等土特产。季金善于处理

台州抗倭名将与露梁海战

王英础

在嘉靖三十一年（1552）的壬子抗倭后，随台州知府谭纶就任，参将戚继光入驻，戚继光终练成新军，取得嘉靖四十年台州大捷。后戚继光入闽剿倭，隆庆年调任蓟镇，转入北方防虏。隆庆二年（1568）五月，兵部谭纶议，募宁、绍、台、金、衢等处鸟铳手三千人，付杭嘉湖参将胡守仁、原任参将李超将之而北，入驻秋防。张居正卒，戚继光调南，南兵被抑。

直至万历壬辰年（1592），历40年，为东征抗倭，朝廷选定南军入朝，即戚继光所率浙军，戚家军水师及军船是朝廷廷议特别提及的。季堂之子季金被派往朝鲜，为首支入朝水师；季堂即戚继光部将。临海王士琦率四川狼土兵入朝。季金与王士琦均为抗倭胜利立下不朽功绩，获得朝鲜国王的尊重。

由于明朝廷对壬辰倭乱较为轻视，《明史》没有东征的记载。影响东亚历史的露梁海战，仅在水师将领陈璘的传记有所记述，浙军游击将军根本不予记载，在朝鲜《宣宗实录》记载的明军将领，大多数均没有入志。王士琦附在其父王宗沐名下，西路军刘传记中记载王士琦督促刘綎出军事迹；季金则附于陈璘的传记中。由于缺乏史料，台州府志明显误记朝鲜战场战事。直至现在，有关此时期朝鲜的历史，国内没有专门机构研究，与韩国等研究机构比相差很远。由于没有准确历史资料可资参考，本文仅就地方志及王士琦宗谱、韩国朴现圭教授的研究成果，简要记述台州两位在露梁海战中立下不朽功绩的英雄。

一、地方志记述的王士琦和季金

1. 台州府志记述的海战情况

王士琦任明军西路监军，在栗林攻围倭桥倭寇小西行长十余日。小西求援于平义智，王士琦恐敌人两军合师而不测，令水师解围，"伺于海"，即让水师在海上等候。

于是陆师（刘綎部）急攻夺曳桥，斩首数百，乘胜入城，行长遁入海。而倭寇的平义智与中路敌酋石曼之来救小西行长，明军水师陈璘于半洋邀击，毁倭船数百，并杀石曼之。

朝鲜臣郑六同陷于贼，平义智亲信，预先奉王士琦约，作为内应，方战，郑六同急忙在火药库放火，应明军，倭寇大败。行长乘小艇泊露梁，参将季金复击之，倭几尽。行长仅以身免。会关白平秀吉死，三路倭遁，朝鲜事平。

以上台州府志战况记述，存在很多错误。府志战事记载全凭想象，实际战事发生应是丰臣秀吉先死，遗嘱让日军撤退，而后才有撤退的战事。倭桥战事，在前线冲锋陷阵的是季金，这有朝鲜史籍可资信。刘綎进入倭桥，历史没有记载；朝鲜臣郑六同陷于贼，作内应纵火，不是在倭桥；露梁伏击是明军水师的战略，明军准备伏击整个东来倭寇援军；而不是小西行长逃到露梁被季金伏击。在明军先锋邓子龙与朝鲜水师统帅李舜臣牺牲背景下，季金率浙直水师奋勇杀敌，取年至嘉定二年（1209）。① 乾道六年（1170），道济于慧远禅师处出家，在慧远禅师逝世后返回天台一年有余，后为灵隐住持所不容，入净慈寺为书记，并逝世于净慈寺。嘉定二年，居简由台州报恩光孝寺隐居飞来峰之北磵，且居简约在淳熙十二年（1185）下三峡并入佛照德光禅师门下，往来其门十五余年。这一时期，佛照德光相继住持灵隐寺、阿育王山广利禅寺与径山寺，居简追随其师，或许在佛照德光住持径山寺期间结识道济禅师。佛照德光对道济或许有所不满，但居简与道济关系亲厚，只是作为士大夫化的禅僧，居简在《湖隐方圆叟舍利铭济颠》的开头部分，就否认了灵异的成分。"舍利凡一善，有常者咸有焉，不用阇维法者故未之见。都人以湖隐方圆叟舍利晶莹而耸观听，未之知也。"② 道济禅师逝世之后用阇维法焚烧尸体，有舍利出之，都城的人都传以为奇观，但居简认为有常者采用阇维法多能见舍利子，与灵异无关。这一方面可以看出当时人对道济的看法，另一方面也可以看出居简对灵异传说的排斥，而其为道济所作之舍利铭中也没有涉及任何传奇灵异的内容。

居简在舍利铭中强调道济疏狂却又耿介高洁的品行，"狂而疏，介而洁，著语不刊削，要未尽合准绳，往往超诣有晋宋名缁逸韵。信脚半天下，落魄四十年。天台、雁宕、康庐、潜皖，题墨尤隽永。暑寒无完衣，予之寻付酒家保，寝食无定，勇为老病僧办药石。游族姓家，无故强之不往，与蜀僧祖觉大略相类。"③ 道济禅师品行高洁，疏狂放达，寝食无定却能为老僧办药石，不为豪族折腰。蜀僧祖觉暂未考得其人，僧史中所载之嘉州华严祖觉禅师逝世于绍兴二十年（1150），不可能与道济、居简相识。居简言祖觉与道济相类而更加诙谐，应也是一位不循常规的僧人。"它日觉死，叟求予文。……叟曰：'嘻，亦可以祭我。'逮其往也，果不下觉。举此以祭之，践言也。"④ 祖觉逝世后道济求居简为祭文，居简在祭文中称赞祖觉能以达观态度面对生死，"逈超尘寰，于谭笑间"，并赞其"不循常度，辙不踰矩"，与赝浮屠迥然不同。道济之所以觉得居简为祖觉所作祭文也可以为他的祭文，是认为自身也是一位看破死生、虽不循禅门常度但不逾矩，与赝浮屠不同的真正修行之人吧。

居简与台州渊源颇深，他于嘉定三年住持台州黄岩般若院，之后迁住临海巾子山下报恩光孝寺，此时"英衲争附，丛林翕然"，居简也因此"名大振"。居简于台州担任住持期间，参与台州地方事务，有两姓争竹山，诉讼不已，居简写《种竹赋》讽谏，诉讼即止。黄岩种竹利比禾稼，富家积仓不出，囤积居奇，居简作《籴赋》《粜赋》，为黄岩当地事务发声。居简也在住持台州寺院其间结交了一批当地的士僧群体，其中最亲厚者为南宋名臣王居安。两人常有诗歌往来，情谊长久。居简与道济禅师交往，并受其所托为作铭文，是关于道济禅师最早也最真实的传记文字。

---

① 朱刚.《宋话本〈钱塘湖隐济癫狂禅师语录〉考证》[J]. 西南民族大学学报. 2013（12）。
② 释居简. 北磵文集 [M]. 上海：复旦大学出版社，2014，534。
③ 释居简. 北磵文集 [M]. 上海：复旦大学出版社，2014，534-535。
④ 释居简. 北磵文集 [M]. 上海：复旦大学出版社，2014，535-536。

甫，收拾乾坤浩荡春。①

诗题言"酬方岩"，应是居简与王居安往来酬唱之作，或许作于居简住持黄岩般若院期间。首句用典，溪水有清浊，清可濯缨浊可濯足，王居安之渊渊寸田清湛如古井，清静无波，忘形清浊。三四亩绿野菜花应是王居安家之花圃，《后村诗话》录王居安句"只教人种菜，莫误客看花"，题为《题园扉》②。"三树槐""五株柳"亦是用典，言王居安仁德贤能、不慕荣利。时拊碧云歌碧云，"碧云"或指碧云石，居简有诗曰《方岩侍郎得灵壁一峰名碧云》。"鹄羽"使人联想到"鸿鹄之志"，故而最后一句转入到"吟梁甫"，并勉励王居安"收拾乾坤"，这与王居安被劾落职奉祠乡居的处境正相符合。居简住持巾山报恩光孝寺期间，作有《方岩许送纸不至》，诗言："巾山高出慈恩寺，蜀叟贫于郑广文。"③ 居简以郑虔自比，言生活穷困。此时王居安已离开家乡，应是书信中应诺送纸于居简，但居简迟迟未有收到，故作此诗。这些诗歌的往来，可以看出居简与王居安关系之亲厚。

嘉定元年（1208），郴州黑风峒罗世传等作乱，"江西列城皆震"。嘉定三年二月王居安被举为帅，全力平叛。嘉定三年，居简隐居灵隐飞来峰之北硐，王居安出帅平峒寇，居简作有《送方岩出帅平峒寇》二首，其二言："漠漠江城度柳花，江南春事又天涯。绿抽秧颖秋占稼，碧凝檀云晚未衙。风动十连咸自化，夜严千灶静无哗。书生只事毛锥子，试把轻裘缓带夸。"④ 王居安虽为文人，但居简诗中将他与羊祜作比，认为他此去平寇，定能治军严格，从容之中便可破贼归来。《宋史》言王居安"以书生，于兵事不学而能"⑤，正与居简诗中所言相合。王居安督军后首先在黄山战胜寇乱，"贼始惧"，"居安之在军中也，赏厚罚明，将吏尽力，始终用以贼击贼之策，故兵民无伤者。江西人祠而祝之，以石纪功"⑥。王居安破贼归，居简又作有《方岩王侍郎江西破贼归》二首。此外，居简还作有《问讯方岩侍郎》《方岩惠蕉丝布》《送高菊涧访方岩侍郎》《长兴长赵宪可说闽帅王方岩逸事》等诗作，与王居安交游时间长且情谊深厚。

居简与台州籍禅师道济交往，并受其所托为作铭文，是关于道济禅师最早也最真实的传记文字。居简《湖隐方圆叟舍利铭 济颠》言道济禅师，为"天台临海李都尉文和远孙，受度于灵隐佛海禅师"⑦，"名道济，曰湖隐，曰方圆叟，皆时人称之，嘉定二年五月十四日死于净慈寺"⑧。李都尉文和指北宋太宗驸马李遵勖，佛海禅师指瞎堂慧远（1103—1176），于乾道六年（1170）至淳熙三年（1176）住持灵隐寺。朱刚先生在《宋话本〈钱塘湖隐济癫狂禅师语录〉考证》中认为语录所记道济禅师生年即绍兴二十年（1150）年基本正确，则道济禅师生卒年为绍兴二十

---

① 释居简. 北磵诗集 [M] //舒大刚主编. 宋集珍本丛刊（第71册）. 北京：线装书局，2004，281。
② 刘克庄撰，王秀梅点校. 后村诗话 [M]. 北京：中华书局，1983，42。
③ 释居简. 北磵诗集 [M] //舒大刚主编. 宋集珍本丛刊（第71册）. 北京：线装书局，2004，286。
④ 释居简. 北磵诗集 [M] //舒大刚主编. 宋集珍本丛刊（第71册）. 北京：线装书局，2004，273。
⑤ 脱脱等. 宋史 [M]. 北京：中华书局，1977，12255。
⑥ 脱脱等. 宋史 [M]. 北京：中华书局，1977，12254。
⑦ 释居简. 北磵文集 [M]. 上海：复旦大学出版社，2014，534。
⑧ 释居简. 北磵文集 [M]. 上海：复旦大学出版社，2014，536。

万世之骂"。① 居简写作《籴赋》之后，因为邻人反馈，故而作《粜赋》，可见居简写作是针对当地民众，并有一定的传阅度。居简写作此类文章，正是对台州地方事务与风俗的深度介入。

三、与台州士僧的交往

居简因住持台州黄岩般若院与临海报恩光孝寺，与台州地方官员往来，如居简有诗《台州使君赵寺丞致馈》；与台州士僧交往并为台州地区寺院写作疏文，如《台州请宣老住瑞岩疏》《黄岩庆善修塔顶疏》《劝请明因全维那住传法疏》（黄岩尼寺）等。居简交往最亲厚的台州士人是王居安，此外，居简与道济相识，并为其写舍利铭，是关于道济禅师最原始，也是最可信的传记资料。

王居安，字资道，初名居敬，字简卿，号方岩，台州黄岩方岩乡（今温岭市大溪镇）人，是温岭历史上的名臣。王居安淳熙十四年（1187）举进士，授徽州推官，后授江东提刑司干官，迁校书郎，改司农丞，由于御史论劾，主管仙都观，居家奉祠。② 王居安由司农丞被劾落职的时间，《宋会要辑稿》中有记载，"（嘉泰二年）闰十二月十一日，司农寺丞王居安、太学博士解邦俊各与祠禄"③。王居安《硕人张氏圹记》言："硕人张氏，名悟真，生于淳熙丙申三月二十四日，卒于绍定戊子二月二日，葬以己丑正月十六日。硕人自幼立志不凡，父母为择配，多不合意。至嘉泰甲子，年二十九矣，始归于我。才三月，余守莆阳。丁卯召入，为丞，为郎，历史馆、谏省、经筵、柱史。"④ 王居安于嘉泰甲子即嘉泰四年（1204）娶张悟真为妻，三月后起知兴华军，丁卯为开禧三年（1207），招为秘书丞。由此可见，王居安嘉泰二年（1202）居乡领祠禄，在家乡黄岩约有两年的时间。

王居安嘉泰二年返乡领祠禄，居简于嘉泰三年出世住黄岩般若院，二人或相识于此时，并形成了深厚的友谊。王居安妻子张悟真是虔诚的佛教徒，"硕人一意学佛，见僧如见佛面，闻经如闻佛说，读《楞严》《圆觉》《维摩》《法华》诸经，皆有悟入。"⑤ 妻子对佛教的信仰或许也促成了居简与王居安的结交。刘克庄《挽王简卿侍郎三首》其二言王居安"晚境图成佛"⑥，亦可见其思想取向。居简与王居安之间常有诗歌唱酬，其《酬方岩》：

大溪小溪沙水明，浊可濯足清濯缨。渊渊寸田湛古井，澄浊与之俱忘形。绿野菜花三四亩，不图娱客犹供口（自注：公题花园门牌云："只教人种菜，莫误客看花。"）。旧种庭前三树槐，更有门前五株柳。时拊碧云歌碧云，婆娑鹄羽青纶巾。不妨别调吟梁

---

① 释居简. 北磵文集 [M]. 上海：复旦大学出版社，2014. 25。
② 脱脱等. 宋史 [M]. 北京：中华书局，1977. 12249—12250。
③ 刘琳，刁忠民，舒大刚，尹波等点校. 宋会要辑稿 [M]. 上海：上海古籍出版社，2014：5018。
④ 项琳冰等整理、点校. 徐似道集 王居安集 戴翼集 陈咏集 林昉集 潘伯修集 [M]. 杭州：浙江大学出版社，2014. 198。
⑤ 项琳冰等整理、点校. 徐似道集 王居安集 戴翼集 陈咏集 林昉集 潘伯修集 [M]. 杭州：浙江大学出版社，2014，199。
⑥ 刘克庄著，辛更儒校笺. 刘克庄集校笺 [M]. 北京：中华书局，2011，520。

不与之俱也。濯炎燠，忍寒苦，留天风，伴月露，未尝不与之处也。睡足巡檐，疏茎玉立，莫不仰夷、齐于首阳，拔千丈之俗；饭起息阴，密影金碎。又若辈游、夏于泗滨，踵多儒之武。倚衰残，冀其生抱节之孙；抚幼稚，欲其肖遗清之祖。利动贪夫，撕夷毕举。地忽异姓，俯仰百主。脍鸡肋者何限，得蝇头之几许？抑千亩之就荒，将九苞之失据。始竭泽而不戒，终反裘而未喻。"

綮叟之惑滋甚，与吾之言龃龉。载嗫嗫而往复，愈儚儚而薱薱。聊抗手而语之，曰："我倦欲眠，叟姑且去！"[①]

《种竹赋》采用主客问答的形式，一为"叟"，一为"我"，开篇居简言其在住持般若院期间，对种植竹子颇有心得。其后叟对本土竹子的习性与功用做了详细的分析，并认为"我"所种之竹"或斑而跼，或紫而伛。从然而横，直然而竖。待价不售，待用无取。"没有任何的经济价值，故而于事无补。"我"对叟之言做出回应，叟之所言，皆以利益为中心，因为利益可以敲诈掠夺邻人财务，相互争夺乃至诉讼不止。"贪夫"为争夺竹山，甚至不惜撕夷毕举，竭泽不戒。"我"与竹乃淡交者也，一日无竹，万钟不顾，"我"日与竹处的目的是"拔千丈之俗"。但最后"我"与叟并未达成一致，叟反而更加昏昧。文章当中的叟，显然是讽刺现实中争夺竹山的两姓人家。现实中争夺竹山的两姓人家并未像文中的叟一般，而是停止诉讼，达成了和解，这是居简文章的魅力与效用。居简面对当地事务，在县丞的嘱托下作文讽喻，也可见居简对台州事务与风俗的关心。

《种竹赋》为居简受委托而后作，《籴赋》《粜赋》则是由自身出发为当地事务而作。居简在住持黄岩般若院期间，生活一度非常贫困，"儋石无储，大田未稼，食难图续"[②]，故而《籴赋》开头言："北磵遣介问籴于接壤之多稼者，夕阳在山，徒手而归，恝然如瘖，长嘘而欷。"[③] 居简使弟子介向耕稼多之接壤者购买粮食，但清晨出发，傍晚归来，却空手而还，原因为何呢？《籴赋》序言曰："黄岩之西，竹树之利埒禾稼。富民积仓不竞，县南新陈相望，据廪增直，要突不黔者。不仁哉，富贾也。作《籴赋》。"[④] 原因是黄岩种竹利益多，人民竞相种竹，种粮之富商却囤积居奇，坐地起价，居简觉得这是为富不仁的行为，所以写作这篇《籴赋》，为自我的遭遇，也为其他贫苦之人。

《籴赋》之后，居简又作《粜赋》，"予既作《籴赋》，邻氏之好义者曰：'某廉直。'以沮某氏增直之告，复作《粜赋》而申之"[⑤]。居简写作《籴赋》讽刺囤积居奇、为富不仁之人，邻居有廉直好义者，居简又作《粜赋》而申之。居简认为至道之本，源于贫富之相支，"王道之本，起于贫富之相支"[⑥]，"蓄而能输，是谓善积"[⑦]，"昧者反是，悠然待贾"，但这样的行为"或贻

[①] 释居简. 北磵文集 [M]. 上海：复旦大学出版社，2014. 16-19。
[②] 释居简. 北磵文集 [M]. 上海：复旦大学出版社，2014. 24。
[③] 释居简. 北磵文集 [M]. 上海：复旦大学出版社，2014. 21-22。
[④] 释居简. 北磵文集 [M]. 上海：复旦大学出版社，2014. 21。
[⑤] 释居简. 北磵文集 [M]. 上海：复旦大学出版社，2014. 24。
[⑥] 释居简. 北磵文集 [M]. 上海：复旦大学出版社，2014. 25。
[⑦] 释居简. 北磵文集 [M]. 上海：复旦大学出版社，2014. 26。

氏家族如钱端礼与钱象祖的持续资助,是台州地区较大且较重要的寺庙。居简住持台州报恩光孝寺后,"英衲争附,丛林翕然",《南宋元明禅林僧宝传》亦言居简住持报恩光孝寺之后,"名大振"[1],可见居简在丛林的声望与地位。

二、参与台州地方事务

"佛教从一开始就具有两方面的特质:一是作为现实世界中的物质性存在,就是一种'经济的'存在方式,财富本来是弘法资粮的一种,自然会产生相应的佛教经济观,并以之与现实政治经济社会在互动中协调适应;二是佛教同时是一种精神性存在,价值特质注重对人内在智慧的开发和精神力量的提升。"[2] 佛教僧团的发展不仅仅是精神性的追寻,更是物质性经济性的存在,王仲尧甚至认为"南宋寺院之生存发展,与其特有的田产基础以及建立在此基础上的经营体制密切相关"[3]。居简在住持台州寺院的六年间,参与到寺院田产的种植与经营中来,并介入了台州当地事务的发展。

大观《北磵禅师行状》,言其嘉泰三年出世于台州黄岩之般若院,"火种刀耕,三年如一日"。居简《种竹赋》言"自余耕稼于委羽之西"。"火种刀耕""耕稼"正点明居简在黄岩般若院的耕种生活,且三年如一日。这样的生活是南宋丛林经营的实际,也与百丈怀海禅师提倡的"一日不做一日不食"的普请制度相关。居简《山中像》作于其住持黄岩般若院期间,诗言:"之子瘦策湘竹枝,写我委羽春耕时。"[4] 画像作于春耕时节,故而画面即是委羽春耕图,居简作为寺院住持,也参与到寺院的日常劳作中去。

居简住持黄岩般若寺期间,有两户人家争夺竹山,仙居县丞嘱咐居简做文章讽谏此事,两户人家看到居简的《种竹赋》之后,竟停止了诉讼。居简《种竹赋》言:

自余耕稼于委羽之西,颇复精于艺树。寨瘦竹之云仍,着清飚于窗户。

叟过余而问曰:"子习吾土竹才不才,岂愿闻之与?鳗尾之细,猫头之巨。桃丝下考,江南别绪。石如早晚之笙,荡异青黄之苦。磅礴万山之麓,绵亘千溪之浒。大则乘桴浮海,小则惟筐及筥。驱水则顷刻百畦,挂橡则萦回百堵。横涛澜而为扈,代垣墙而樊圃。既制帴而纫布,复为薪而充炬。虽刀斧之不赦,丰货赀于善贾。凡子所植,咸出其下。或斑而踦,或紫而伛。从然而横,直然而竖。待价不售,待用无取。既蕃而滋,于事何补。"

余曰:"叟之所陈,匪利奚务。利者矫虔于邻里,争畔者陆梁于道路。养眦眦以成俗,触宪章而乘度。吾与之淡交者也,天下之竹,皆乐为吾疏烦而涤虑。一日无之,万钟不顾。未尝择而居焉,盖不谋而同也。若夫济深涉,相窘步,腾荒陂,钓烟渚,未尝

---

[1] 释自融撰,释性磊补辑.南宋元明禅林僧宝传[M]//新编续藏经(第137册).台北:新文丰出版公司,1993. 680。

[2] 王仲尧.南宋佛教制度文化研究[M].北京:商务印书馆,2012. 545。

[3] 王仲尧.南宋佛教制度文化研究[M].北京:商务印书馆,2012. 552。

[4] 释居简.北磵诗集[M]//舒大刚主编.宋集珍本丛刊(第71册).北京:线装书局,2004. 254。

林翕然"。蓬山聪即蓬山永聪，居简与之相交甚深，有诗歌唱和，并为其作有塔铭。根据居简塔铭记载，蓬山永聪（1161—1225），绍兴三十一年生于杭之于潜徐氏，名永聪，字自闻，号蓬山，别峰宝印禅师法嗣。宝庆元年逝世，年六十五，腊五十九，有弟子四十余人。[1] 蓬山永聪禅师与叶适、刘克庄有交往，刘克庄更在《聪老》一诗中言"聪老才堪将，凭缁意未平。僧中能结客，禅外又谈兵。喜听诗家话，多知房地情。何当长须发，遣戍国西营。"[2] 永聪禅师不仅谈禅习诗，更爱谈兵法，迥异于传统禅师形象，可以想见蓬山聪禅师的风仪。

永聪禅师以报恩光孝寺让于居简，居简迫于州命，遂于开禧二年（1206）由般若院迁住报恩光孝寺。

> 报恩光孝寺在州东南一里一百步巾子山下，唐开元中建，旧传有小刹七，曰楞严、水陆、证道、积善、天光、景德、藏院，至是合为一，赐额开元。国朝景德中更名景德。崇宁二年，因臣寮奏诏天下建崇宁寺，州以此寺应诏，加万寿二字，遇天宁节度僧一人。殿后有戒坛一，元祐五年僧元照建也，杨杰为之记。政和元年，改崇宁为天宁。绍兴七年，改天宁为广孝。十五年，以追崇徽宗，改今额。乾道九年，火，僧德光、有权踵新之。淳熙三年，钱参政端礼建僧堂，十年，其孙丞相象祖建佛殿，寺始复旧观。[3]

报恩光孝寺在台州东南巾子山脚下，唐开元中以七座小刹合一，并赐额开元。宋代景德年间改为景德寺，崇宁二年（1103），因臣僚奏请天下建崇宁寺，台州以景德寺应诏，遂改景德寺为崇宁万寿寺，徽宗诞辰天宁节度僧一人。政和元年（1111），改为天宁万寿寺，绍兴十五年（1145），为追崇徽宗，改为报恩光孝寺。赵升《朝野类要》卷一言："高宗皇帝中兴以来，令诸州军各建置报恩光孝寺观一所，追崇佑陵香火。"[4] 佑陵即徽宗陵寝。乾道九年（1173），报恩光孝寺发生大火，德光、有权两位僧人重修。淳熙三年（1176），钱忱之子钱端礼建僧堂，淳熙十年钱端礼孙钱象祖建佛堂，寺始恢复旧观。

报恩光孝寺在乾道九年遭遇大火之后，对重建贡献最著者为佛照德光禅师。尤袤《报恩光孝寺僧堂记》言："时大比丘，德光长老。立知坚忍，誓必再造。乃泛扁舟，浮海而南。持钵于泉，半岁乃还。憔悴辛勤，寸累铢积。乃建众寮，乃营丈室。规创后壁，架虚凿空。商工度材，施者景从。"[5] 佛照德光（1121—1203），大慧宗杲弟子。乾道三年（1167），李浩分治天台，延请德光禅师住持天台鸿福寺，又迁住报恩光孝寺，在佛照德光禅师住持报恩光孝寺期间，衲子云集。淳熙三年（1176），孝宗下诏请佛照德光住持灵隐寺，并多次请德光禅师入宫说法。佛照德光禅师之后住持育王寺与径山寺，身后弟子众多，北磵居简即是其一。

报恩光孝寺于开元年间由七座小的寺观组成，作为台州应召朝廷而被敕额之寺庙，又得到钱

---

[1] 释居简. 北磵文集[M]. 上海：复旦大学出版社，2014. 518 - 520。

[2] 刘克庄著，辛更儒校笺. 刘克庄集校笺[M]. 北京：中华书局，2011. 22。

[3] 陈耆卿纂，徐三见点校. 嘉定赤城志[M]. 北京：中国文史出版社，2004. 370 - 371。

[4] 赵升编，王瑞来点校. 朝野类要[M]. 北京：中华书局，2007：33。

[5] 尤袤撰，尤侗辑. 梁溪遗稿[M]//景印文渊阁四库全书（第1149册）. 台北：台湾商务印书馆，2008：522。

一、住持台州寺院考

居简弟子物初大观作有《北磵禅师行状》，言其"嘉泰三，出世于台之般若，瓣香供拙庵。火种刀耕，三年如一日。故人蓬山聪以报恩让，州命迫而后从，英衲争附，丛林翕然。"[1] 嘉泰三年，居简出世住台州般若院。般若院，《嘉定赤城志》中记载天台、临海、黄岩各有一处。天台县的般若院，"护国寺在县西北二十里，旧名般若。周显德四年建，盖僧德韶第九道场，国朝大中祥符元年改今额。后钱太师忱家乞为香灯院，加广恩。"[2] 天台县的般若院在县西北二十里，旧名般若，周显德四年（957）建造。吴越国王钱俶即位，奉德韶为国师，曾于天台山建十三处道场，般若院即第九道场。大中祥符元年（1008）般若院改称护国寺。钱忱为钱暄之孙，秦鲁国大长公主之子，绍兴初寓居临海，绍兴三十一年（1161）逝世，年八十余[3]。钱忱或于此一时期求请护国寺为香灯院。故而天台的般若院，应不是居简嘉定三年住持之般若院。

临海县的般若院，"真空院在县西南九里，旧名仁皇般若，一名叠石，庆历中建。"[4] 临海的般若院在县西南九里，旧名为仁皇般若院，《嘉定赤城志》编写时间在嘉定十五年（1222）至十六年间，仁皇般若院何时改额为真空院暂不可考，但至迟在嘉定十四年应已改额。但我们以为临海的仁皇般若院并不是居简住持之般若院。原因在于，首先，仁皇般若院与居简出世住持之般若院，在名称上不尽相同。其次，黄岩县的般若院不仅根据史志的记载与居简住持寺院相符，还能在居简文章中得到内证。

《嘉定赤城志》记黄岩般若院言："般若院在县西七十里，大中祥符元年建，仍赐额。"[5] 黄岩县般若院在大中祥符元年（1008）兴建，并获得赐额，未见改额记载，般若院与居简嘉泰三年住持之"般若"首先在名称上相符。其次，居简文集中有《种竹赋》，小序言："二姓争竹山，竭产不肯已。仙居丞王君怪来，嘱余讽之，作赋示二姓，而讼止。"开篇言："自余耕稼于委羽之西，颇复精于艺树。搴瘦竹之云仍，著清飔于窗户。"[6] 居简《种竹赋》为仙居县丞所嘱而作，应作于其住持台州寺院期间。而其言"耕稼于委羽之西"，委羽为黄岩委羽山。《嘉定赤城志》："委羽山在（黄岩）县南五里，俗号俱依山，东北有洞，世传仙人刘奉林于此控鹤轻举，尝坠翮焉，故以为名。"[7] 委羽山在黄岩县南五里，俗名俱依山，相传有仙人刘奉林曾于此山控鹤，委坠于此，故称此山为委羽山。委羽山在黄岩县南五里，般若院在黄岩县西七十里，故而居简《种竹赋》中言"耕稼于委羽之西"。居简出世后首次住持之般若，应是台州黄岩之般若院。

居简在台州黄岩般若院三年，之后"故人蓬山聪以报恩让，州命迫而后从，英衲争附，丛

---

[1] 释大观. 物初賸语 [M] //许红霞辑著. 珍本宋集五种——日藏宋僧诗文集整理研究. 北京：北京大学出版社，2013. 985。

[2] 陈耆卿纂，徐三见点校. 嘉定赤城志 [M]. 北京：中国文史出版社，2004. 400。

[3] 脱脱等. 宋史 [M]. 北京：中华书局，1977. 13589。

[4] 陈耆卿纂，徐三见点校. 嘉定赤城志 [M]. 北京：中国文史出版社，2004。

[5] 陈耆卿纂，徐三见点校. 嘉定赤城志 [M]. 北京：中国文史出版社，2004. 391。

[6] 释居简. 北磵文集 [M]. 上海：复旦大学出版社，2014. 16-17。

[7] 陈耆卿纂，徐三见点校. 嘉定赤城志 [M]. 北京：中国文史出版社，2004. 306。

北磵居简台州事迹考索

王宏芹①

摘 要：北磵居简是南宋中后期文学僧领袖，晚年住持五山之净慈寺，为其时禅林大德。居简出世后即住持台州黄岩般若院，又迁住临海报恩光孝寺，英衲争附，丛林翕然，有较大影响力。居简在住持台州寺院期间，参与当地事务，作有多篇文章。居简与台州士僧交往，最亲厚者为南宋名臣王居安。同时，居简还为道济禅师写作舍利铭，是关于道济禅师最早也最可信的传记文字。

关键词：居简；台州；王居安；道济

北磵居简（1164—1246），名居简，字敬叟，潼川通泉（今四川射洪）龙氏。家世业儒，及冠出家，依邑之广福院圆澄得度。二十一岁时，束包下三峡，至径山见别峰宝印、涂毒智策禅师，后因阅卍庵道颜语有省，往鄮峰见佛照德光，一见即可，自是往来其门十五余年。后杖策走江西，莹仲温以大慧居洋屿时一夏打发十三人竹篦付之，居简却而未受。入闽，从铁庵一禅师，挂锡雪峤寺。后于阿育王山广利禅寺秀岩师瑞及灵隐寺息庵达观禅师处为记室。嘉泰三年（1203），出世住台州般若、报恩，忽勇退灵隐飞来峰北磵十年，故人以"北磵（涧）"称之。历主铁佛、彰教、显庆、碧云、慧日等禅寺，嘉熙元年（1237），奉诏住临安净慈六年。理宗淳祐六年示寂，寿八十三，腊六十二。有《语录》《外录》各一卷，诗文四十卷，《续集》一卷。②

北磵居简住持五山禅寺，为南宋禅林大德，又吟诗为文，出版诗文集，是南宋中后期的禅林领袖。四库馆臣评北磵文集言："居简此集，不撦拾宗门语录而格意清拔，自无蔬笋之气。位置于二人（契嵩与惠洪）之间，亦未遽为蜂腰矣。"③认为居简的文学成就可与契嵩和惠洪比肩。祝尚书先生言居简诗文创作"差可与当时大家相垺，代表着整个南宋诗文僧创作的水平"④。居简出世即住台州般若院与报恩光孝寺，前后共六年。居简住持台州寺院期间积极参与台州当地事务，并与台州士僧结下深厚的友谊。

---

① 基金项目：2022年浙江省哲学社会科学重点研究基地一般课题"中日佛教交流视域下的北磵居简及其周边文学僧研究"（编号：2022JDKTYB11）、2022年教育部青年基金项目"南宋禅僧诗学与中日禅林交流研究"（编号：22YJC751030）、台州学院校立科研培育项目（编号：2019PY001）阶段性成果。作者简介：王宏芹（1989— ），女，安徽亳州人，讲师，博士，研究方向为唐宋文学。

② 释大观．物初賸语［M］//许红霞辑著．珍本宋集五种——日藏宋僧诗文集整理研究．北京：北京大学出版社，2013．984—986。

③ 北磵集提要//景印文渊阁四库全书（第1183册）．台北：台湾商务印书馆，2008：1-2。

④ 北磵集提要//景印文渊阁四库全书（第1183册）．台北：台湾商务印书馆，2008：1-2。

关怀，于是生发了一种心理感触，没想到天下还有这般知情识趣的人！这两篇小说中女主人公的语言和心理活动，都是非常个性化的，又和小说故事情节的发展非常吻合，可谓情真意切。相比而言，我们发现，写严蕊的这篇小说，在三言二拍中，是属于内容比较单薄、艺术比较生硬的一篇作品，用比较专业的话评价，就是脸谱化，严蕊的豪言壮语，都是被硬按上去的，没有做到"贴着人物写"，故意编造的痕迹比较明显。

再来看具体事实。根据朱熹的第四道奏折，台州通判是追到黄岩郑奭家将严蕊抓获收监的，严蕊如实交代了与唐仲友的交往经过，而并非扛住严刑拷打的零口供。据严蕊自己招认，至少在淳熙九年2月26日宴会的深夜，以及5月17日宴会期间，和唐仲友"逾滥"，即发生了同居关系。在饥荒灾年、民不聊生的日子里，唐仲友还邀集亲朋好友和妓女饮酒唱歌，吃喝玩乐，完全没有济世爱民的情怀。严蕊和朱妙等人还收受贿赂，接受银盏和钱钞，在唐仲友面前说情，帮助周召、徐新等人调动工作，帮助杨准、张百二等人免除刑罚。唐仲友因为宠爱严蕊，让她谎称自己年纪大了，在不与妓乐司照会的情况下判她自由，而为了遮人耳目，又准备将她送到金华永康亲戚家。就在庆贺严蕊获得人身解放的宴会上，唐仲友的表弟高宣教写下了《卜算子》这首著名词曲[1]，其中"去又如何去，住又如何住"写的就是严蕊既获得解放又无家可归的矛盾心态。所以《卜算子》并非严蕊所作。

由此可见，严蕊根本算不上一位侠女，恐怕也无法与才女扯上太多的关系，最多算是一个美女。她身上的许多标签，都是在世俗意识渐浓的南宋社会里，反理学的人们刻意美化严蕊和故意丑化朱熹的结果。将朱熹妖魔化为一个扼杀人性自由、禁锢心灵解放的道学家，这既是一场历史误会，又是很多人对朱熹理学的博大精深之处，缺乏必要的了解所造成的文化误读。至于严蕊，不管她在朱熹状告唐仲友的事件中扮演了怎样的角色，由于小说《二刻拍案惊奇》的渲染，以及越剧《莫问奴归处》的宣传，一跃而成为台州的历史名人，这却是朱熹状告唐仲友的时候所始料未及的。

---

[1] 束景蕙.《卜算子》非严蕊作考[J].文学遗产，1988（2）.朱熹《按唐仲友第四状》中严蕊供词也有述及。

处使力，再加上辞官之后，也没有了相应的职能，继续状告已力不从心。而唐仲友经历过这件事，也终于心灰意冷，从此远离官场，专心于学术研究和传播传统文化。

朱熹状告唐仲友，虽然最后不了了之。但陆九渊在给朋友的一封信中说这是"大快人心"，陈亮给朱熹的信中也用朝野"震动"来形容这件事的巨大影响。而朱熹不畏权贵，举报贪官，那种为了理想百折不回的气概，颇有《论语》中"士不可以不弘毅""虽千万人吾往矣""三军可夺帅，匹夫不可夺志"的精神风骨，也为台州式硬气种下了精神基因。

四

在朱熹六次状告唐仲友的过程中，有一个重要的证人是无法绕过去的，这个人就是所谓才貌双全的妓女严蕊。后代的笔记小说对她有很多溢美之词。洪迈的《夷坚志》、周密的《齐东野语》都将她塑造成一个为了感恩唐仲友而扛住严刑逼供，具有侠义心肠的奇女子。当然，最典型的要算凌濛初在《二刻拍案惊奇》中，根据这些笔记改写的白话小说《硬勘案大儒争闲气，甘受刑侠女著芳名》。

从小说的题目，我们可以读出一种明显的意义指向，严蕊是一位讲义气，一心护主人，不畏强暴的侠女，而朱熹却是一个抱有成见，思想僵化保守、气量胸襟狭隘的道学家，是一个意气用事、刚愎自用的官僚，是封建礼教的代言人。这显然是以朱熹的昏聩和暴虐来衬托严蕊的自由抗争和侠肝义胆。严蕊是这篇小说的主人公，她不仅是一个绝色女子，而且琴棋书画无所不通，作诗填词出口成章，什么《如梦令》《鹊桥仙》都能顺手拈来，而且待人真心实意，是"美女＋才女＋侠女"的光彩照人的形象，所以四方的少年子弟都为她神魂颠倒。为了突出严蕊的侠女风范，小说两次写她受刑的情况，一次是朱熹要她交代与太守通奸的事实，认为妇女柔脆，吃不得严刑拷打，"谁知严蕊苗条般的身躯，却是铁石般的性子"！随你"朝打暮骂，千棰百拷"，只说和太守之间唱唱歌吟吟诗喝喝酒是有的，"曾无一毫他事"，并没有发生别的事情。第二次是被押解到绍兴府，绍兴府太守给她的十根手指上夹棍，她照样不招，并且对狱中牢卒说："身为贱伎，纵是与太守有奸，料然不到得死罪。招认了有何大害？但天下事真则是真，假则是假，岂可自惜微躯，信口妄言，以污士大夫？"如此一来，严蕊的名气就更大了。再加上社会上流传着一首据说是她作的《卜算子》词："不是爱风尘，似被前缘误。花落花开自有时，总赖东君主。去也终须去，住也如何住。若得山花插满头，莫问奴归处。"这首词写出了被侮辱与被损害的女子向往生命自由和渴望被人尊重的独特心理，感伤与无奈，喜悦与洒脱，兼而有之，内涵丰富，又通俗浅白，因此选进各类《宋词选》中，被人传唱。乐清越剧团曾经在1985年演出过《莫问奴归处》，在浙江省第二届戏剧节中获得多个奖项。严蕊从小说走上舞台，俨然像李香君、柳如是那样，成为风尘中的奇艳之花。

但如果有一定的文学素养和审美眼光，并且有心做深入探讨，比较"三言二拍"中描写妓女形象的小说，无论是《杜十娘怒沉百宝箱》杜十娘投江自尽之前那一句爱恨交加撼动心灵的话"妾不负郎君，郎君自负妾耳"，还是《卖油郎独占花魁》中莘瑶琴酒醉之后受到秦重的体贴成为一种风气，欧阳修有歌妓"八九姝"（《韵语阳秋》），李允有家妓百数十人（《龙川别志》卷下），所以唐仲友与妓女之间即便发生暧昧关系，在当时也无须苛责，问题在于唐仲友将"官妓"当作"家妓"，而且在未经妓乐司同意的情况下就私自为她脱籍，在仪礼上不合规，在程序上不合法。因为官妓只在地方官府举办的宴会上表演文艺或侍酒，一般不侍寝荐席，而家妓可以等同于"侍姬"。至于说朱熹对待唐仲友的态度"忿急峻厉"，言行有些愤激甚至偏激，譬如第五状直呼"仲友罪人"，但这态度上的怒发冲冠，是以掌握唐仲友的确凿把柄为前提的，并非毫无理据的意气之争。所以，说朱熹处理此事"不尽当"，如果仅指态度还不够冷静，或许有一定道理，但如果认为朱熹是因为个人矛盾，无中生有罗织罪名攻击对方，却与事实不符。朱熹的六状，有人证物证旁证，事实清楚，法理严谨。与此相对，许多笔记野史却是自相矛盾，破绽百出。《林下偶谈》说唐仲友曾拿陈亮不熟悉的《礼记》内容来考他，并取陈亮答卷遍晒众人，当众嘲笑他的文章空疏。《齐东野语》载陈亮曾托唐仲友为自己喜欢的妓女脱籍，没想到唐仲友竟然对那位妓女说，如果想嫁给陈官人，"汝须能忍饥受冻乃可"，从此妓女就改变了对陈亮的态度，陈亮也因此对唐仲友心生嫌隙，向朱熹进言说："唐谓公尚不识字，如何作监司！"关于这些传闻，谢山在《唐悦斋文钞序》中明确指出，"此皆小人之言，最为可恶"，并无史实依据。而且《林下偶谈》《齐东野语》的本意是要借此证明朱、唐交恶乃受人挑唆所致，但从中反而暴露了唐仲友为人浮滑、待友不诚的不良品行。当然，笔记野史的材料本身就不能当作信史来对待。但唐仲友自命风流，恃才傲物，有失检点，而且贪赃枉法，实在是难辞其咎，绝非《宋元学案》用"素孤僻"几个字所能敷衍的。所以，朱熹连续六次状告，其出发点，还是为了替民伸冤的正义感。当然，我们对朱熹状告唐仲友的历史勘定，也不是光凭朱熹六劾原文的一面之词，即便从双重证据互为参证的要求看，《宋史·朱熹传》所述朱熹"钩访民隐，按行境内""所部肃然"，也可以佐证朱熹为民请愿、秉直处事和冒死直谏的品格。

如果我们将朱熹和唐仲友的这桩公案置放于更加宽广的历史背景中，可能会得出更加全面的结论。当时，南宋王朝已经转入了将"议和"作为基本国策的阶段，各级官员都转入"安静"，转入"不求有功，但求无过"的无为之治[①]，宰相王淮就是在这一特定时期被推到相位上来的，所以得过且过、平安无事是他的从政原则，而以朱熹为代表的儒家理学，要求奋发进取，恢复一统江山，这样的理想主义者，就必然会和王淮所代表的那个不作为的职业化官僚集团冰炭不相容，朱熹状告唐仲友，就是这种矛盾冲突的一种折射。

朱熹对唐仲友的举报，明显碰到了一张官官相护的关系网，正像朱熹给宋孝宗的第三道奏折所形容的那样，我所弹劾的贪官"党羽众多，星罗棋布"，并挡住了关键的通道。与此相呼应的是，在这关键时刻，朝廷又将原来准备授予唐仲友的江西提刑的官衔，授予了朱熹，这就给不明真相的人造成一种假象，以为朱熹是为了和唐仲友争夺江西提刑的官位，所以才无休无止地状告弹劾。朱熹一眼就识破此局，立即辞去官职。此时，朱熹即便有心再举报，也陷入无物之阵，无

---

① 余英时. 朱熹的历史世界——宋代士大夫政治文化的研究[M]. 北京：生活·读者·新知三联书店，2004：355。

千一百六十石。在金华，朱熹又举报了为富不仁的富豪朱熙绩。他非但没有按照朱熹的规定，每天在指定地点煮粥救济灾民，而且用霉烂的糙米水浆熬成稀粥，造成饥民食物中毒[1]。而富豪朱熙绩的靠山，除了岳父陈龟年，还有就是他的同乡宰相王淮。朱熹曾经给这位宰相写过一封言辞激烈的《上宰相书》，直接批评宰相王淮"忧国之念不如爱身之切"，过于明哲保身而缺乏为国分忧的情怀。

至此，我们应该明白，朱熹弹劾的官员，并非唐仲友一人，朱熹对一切残虐百姓的贪官污吏都同样深恶痛绝，一个都不宽恕。在朱熹的政治理想中，朝廷应该为政以德，爱民如子，所以当他一发现台州的饥荒情况，就奏请朝廷免纳台州丁绢，并拨钱给台州黄岩兴修水利。他还认为君子应该正心诚意，格去私欲。对犯罪分子不能怜悯，对罪犯的怜悯就是对那些无辜被害人的缺乏同情[2]。在这样的政治理念指导下，朱熹就有了一种疾恶如仇的品格。虽说唐仲友的为人，也不是一无是处，譬如《补唐仲友补传》就认为他是金华学派的重量级人物，"以经史博辨著闻"，全祖望认为唐氏的著作比叶适的学问还要淳粹一些；他印刷的《荀子》等书，非常的精美，可以和最好的宋椠本媲美；他的经制思想，打通了圣人的经典著作和具体的社会制度之间的壁垒，成为义理学派和事功学派的重要参考；他在担任信州知州时"以善政闻"，担任台州知州时，重修郡学，并曾上疏提出荒政对策，劝谕富民将蓄积之数借贷给贫困者，待蚕麦成熟时再归还，政府给出凭印来做担保。（《台州入奏劄子三》）但是他的学术贡献不能冲抵他的德行瑕疵，就像我们说一个人学习成绩好，并不等于他的道德品质高；他的某些政绩也无法抹去他在廉洁问题上的硬伤，就像我们说一个人行政能力强，并不等于他的生活自律严。

清朝的全祖望因为欣赏唐仲友的学术思想，曾在《宋元学案·悦斋学案》中为他辩护，认为朱熹状告唐仲友，"忿急峻厉"，如对待穷凶极恶之徒，不免有些过分，而"反复于官妓严蕊一事，谓其父子逾滥，则不免近于诬抑"，结论是"晦翁虽大贤，于此终疑其有未尽当者"。对于严蕊一事是否属于诬告，《宋元学案》认为岳飞之子岳霖接任浙东提刑时，将严蕊无罪释放，由此证明"先生之诬可白"。岳霖让严蕊作词而判她无罪的典故，出自洪迈的《夷坚志》和周密的《齐东野语》，后来《青泥莲花记》《林下词选》《诗女史》《词苑丛谈》均信以为真，照录不误。其实，据《宝庆续会稽志》详列从乾道到庆元年间担任浙东提刑的人名，并无岳霖，其中淳熙八年至十年的浙东提刑是傅琪和张诏，张诏在淳熙九年十一月到任，十年五月改任江东提刑。蒋辉、严蕊等人被无罪释放在九年十一月初，应是刚接任的张诏经办。另据学者考证，岳霖和朱熹、张栻等理学宗师过从甚密，互有书信来往，其后人又多拜朱熹为师，宰相王淮也不可能挑选像岳霖这样信奉理学、与朱熹私交很好的人接任浙东提刑审理此案[3]。因此，《宋元学案》以严蕊无罪释放来证明"先生之诬可白"，由于与史实有出入而不能成立。至于严蕊和唐仲友的关系，有朱熹第四状的严蕊本人供词为证，两人确有"逾滥"之实。不过在宋代，蓄养家妓已

---

[1] 束景南. 朱子大传 [M]. 上海：复旦大学出版社，2017：392。
[2] 张立文. 朱熹思想研究 [M]. 北京：中国社会科学出版社，1994：117。
[3] 束景蕙.《卜算子》非严蕊作考 [J]. 文学遗产，1988（2）。

黜状",其中有两条信息:第一条是"据臣奏知台州唐仲友罪状,并仲友劄(札)子,诉臣不合搜捉轿担,惊怖弟妇王氏,心疾甚危等事",另一条是尚书省发来小帖子,"勘浙东州郡旱伤",要求提举朱熹"疾速起发前去相视"。第一条"诉臣不合",显然是唐仲友劄子的申诉,指派朱熹的不是。唐仲友借口说朱熹惊吓了自己的弟媳妇王氏,即当朝宰相王淮的妹妹,导致她心脏病发作十分危险,以此阻挠朱熹的进一步调查,朱熹针锋相对地指出王氏从未"呼医问药",所谓"惊怖致病"之说完全是一派胡言。第二条有两种可能:一是唐仲友的党羽以朱熹作为浙东提举"死磕"唐仲友而没有专注于各地赈灾工作属于不务正业为由,实施的调虎离山之计,逼他离开台州;二是唐仲友在申辩状中反咬朱熹玩忽职守。朱熹的回答是,之所以留守台州,就是为了防止唐仲友趁机逞凶反扑。等候新任知州史弥正到来,交接了公务,唐仲友再也无权作恶,自己会立即动身去努力推行赈灾政策。自己之所以要盯死唐仲友,就是不想姑息贪官污吏,其最终目的是为了整顿朝纲,取信于民。虽然,从现有的文献资料的一鳞半爪,还不足以还原唐仲友自辩书的原貌,但从结果上看,唐仲友的申辩状并未起到澄清事实为自己洗脱罪名的作用,连大人物宰相王淮有心祖护他也力不从心,他终究难逃"罢黜"的结局,可见自辩书提不出特别有力的证据来证实自己的"清白","其力卒不胜朱子"(谢山《唐悦斋文钞序》),敌不过朱熹六劾之状的言之凿凿。

南宋王朝一向有宰相代为处理日常事务的惯例,因此当宰相王淮将"朱唐交奏"一并呈上时,宋孝宗就询问王淮的意见。王淮当时的回答,有两个版本,一个是通俗版,就是周密在《齐东野语》里提到的,当时王淮只是轻描淡写地说了一句:"这不过是秀才争闲气。"一个是专业版,叶绍翁在《四朝闻见录》乙集《洛学》中所记载的,王淮的回答是:"朱,程学;唐,苏学",因为宋孝宗非常喜欢苏东坡的诗词歌赋,所以,宰相王淮揣摩宋孝宗的心意,投其所好,这个版本更符合王淮深沉老辣的特点。当然,唐仲友未必真爱苏东坡的文学,但王淮说朱熹传承了二程的理学,这虽然是事实真相,但因为宋孝宗并不喜欢儒家理学,这等于告诉皇帝,朱熹这个人不可爱、不有趣、不好玩。这如果是用来形容朱熹为人严谨认真,甚至有点认死理,也不算太离谱,但王淮在宋孝宗面前故意这样评价,不免有投其所好,用学派之争的障眼法转移视线,替唐仲友开脱之嫌。那么,朱熹跟唐仲友过不去的真正原因又是什么呢?

在当时,朱熹受命提举两浙东路常平茶盐公事,简称浙东提举,就是负责浙东地区的赈灾事宜。本来,按照南宋朝廷拯救饥荒的惯例,朱熹只要高高坐镇在会稽提举司发号施令,把救济钱粮分拨到各州便算万事大吉。至于州官县吏如何处置,灾民是否得到实惠,都可不必过问。但是朱熹却偏要顶真地拿着"尚方宝剑"下到各州各县实地巡察,了解赈灾的详情细节,解救老百姓于倒悬,并将巡视的利剑直插贪官的心脏。可是,浙东提举只能负责审计、监察赈灾物资的发放和上报具体情况,并没有对地方官员的生杀大权。他早在淳熙九年的一月和二月,就已经巡历过绍兴诸暨和金华义乌,也曾经状告绍兴兵马都监贾佑漏报二十五万多的饥民,造成哀鸿遍野,并弹劾了绍兴指使密克勤,在赈济的粮食中掺假,将糠泥拌在米中,并用小斗量米给灾民,一石米就少了九升,一斗米中可以筛出泥土一升二合,糠一升一合。一万三千石的赈济粮,共少了四实推行，国家体恤百姓的赈灾政策，也因为无法落实而不能赢得天下民心。所以希望皇上早日罢免唐仲友，对他绳之以法，"以谢台州之民"，然后可以治"我"办事不力和冒犯权贵之罪，"以谢仲友之党"。至此，朱熹为惩治罪犯，已经做好了舍得一身剐，置个人生死祸福于度外的充分准备。

第六道奏折，完全像小说中的人物对话或戏剧台词一样，是一种具体的场景、语言和细节描写。譬如根据伪造钱币的犯人蒋辉交代，唐仲友和他的一段对白就十分精彩，唐仲友说："我救得你在此，我有些事问你，肯依我不？"蒋辉就说："不知甚事？"唐仲友说："我要做些会子"，即印一些官钞。蒋辉说："恐向后败获，不好看。"唐仲友就威逼他说："你莫管我，你若不依我说，便送你入狱囚杀。你是配军，不妨。"蒋辉为了活命只好答应。奏折中还写了一个叫金婆婆的，为蒋辉送饭，送官会纸币的样品，送雕刻用的梨木板、朱靛青棕墨等印刷用品。从正月到六月，已经印了二十次，共二千六百余道官会纸币。根据大宋的法律，印刷和发行官会钱币的职权已经收归户部，朝廷严禁私印官会钱币。这一条对唐仲友来说是致命的，知法犯法，死有余辜。

三

正当朱熹豁出命去，几次三番举报唐仲友且务必将他扳倒的时候，宰相王淮知道无法再隐瞒下去，就挑选了内容最简单、陈述罪状最轻的第一道奏折和唐仲友自己的申辩状呈送给宋孝宗。关于这一点，学者们多以"朱唐交奏"形容之，既然是交奏，说明除了朱熹的举报性奏折，还有唐仲友为自己的辩驳，甚至是唐仲友对朱熹的反举报。唐仲友撰写的申辩状，《宋史·朱熹传》有"仲友亦自辩"之说，叶绍翁《四朝闻见录》记述"淮乃以仲友自辩疏与熹（一作考亭，因朱熹晚年曾居考亭）章俱取旨"，《宋元学案》也述及"悦斋亦驰书自辩"，却对唐仲友自我申辩的具体内容概无涉及。按理而论，力挺唐仲友的学者，其著述中应该呈现更多的有利于唐仲友的史料。吴子良《林下偶谈》和周密《齐东野语》，均未涉及唐仲友的自辩书。宋濂曾作《唐仲友补传》，据说被朱熹门徒悉数销毁，但据《宋元学案》所述，"先生之书，虽不尽传，就其所传者窥之"，毕竟有《六经解》《愚书》《悦斋文钞》《帝王经世图谱》等代表作传世，朱熹弟子王应麟也因为重视其经制之学而经常引用唐氏言论，所以说朱熹门徒因为朱唐交忤而尽毁唐仲友之书，不完全属实。即使朱熹门徒为了爱师护师而有过度行为，也不能把这笔账算到朱熹本人的头上。更何况后代树立朱熹为理学宗师而排斥唐仲友，更多是出于国家话语的考虑，并非朱熹的爱徒就能左右的。清代学者张作楠重写《补唐仲友补传》，仿国史馆集句体而作，张根芳在序言里提到作者张作楠家有藏书七万三千卷，"其中有关朱、唐之案的书籍资料就有二百余种"，那么，该书应该是现存唐仲友研究资料中文献汇集相对比较完整的一种，但对唐仲友自辩状的原文也没有提供只言片语。遍查张作楠编辑的唐仲友文集《金华唐氏遗书五种》（含《悦斋文钞》）、《全宋文》、《四库全书》、地方志数据库以及研究朱、唐公案的相关论文，均未收录、引用和摘录唐仲友申辩状，我们初步判断，唐仲友的自辩辞可能已经遗失。

当然，唐仲友的自我申辩也不是一点线索都没有。据朱熹"按唐仲友第五状"所附"乞罢第二道奏折就比第一道更加具体翔实了。唐仲友违法催缴税收、骚扰饥民的具体表现在于，以天台县为例，夏季纳税的总额是"绢一万二千余匹，钱三万六千余贯"，本来应该八月底完成，唐仲友一定要老百姓六月底之前缴纳，六月下旬天台县已经缴纳"绢五千五百余匹，钱二万四千余贯"，而唐仲友以催缴迟缓为理由抓走了天台知县赵公植，要求各家各户十天之内补交齐全才放还知县。另外，唐仲友还派遣张伯温等人到宁海追缴去年的欠米余税，对百姓"百端骚扰"，引起"群聚喧噪"。朱熹认为在饥荒之年官府逼债，有违圣朝体恤民情、布宣德泽的本意，必然导致怨声载道人心动摇，老百姓流离失所。

第三道奏折是朱熹到了台州之后，经过深入细致的调查研究，包括实地勘察、查验账本和证人口供，证人有监库官王之纯、造买使姚舜卿、公库贴司张公辅、铁匠作头林明等，还有其他士民的陈状，以及人犯王静、鲍双等供词，证物有账册和收缴到的唐仲友长子手简等，在此基础上列出了24条唐仲友贪赃枉法、生活腐败等违法乱纪的事实，譬如唐仲友委派心腹爪牙赵善德掌管公库银两，随意盗用库钱，他曾经对前任积下的十余万贯钱，"遂有席卷之意"，叫人"用竹笼盛贮入宅"，然后干脆再装担押归金华故里。他动用公款一万多贯造了一座浮桥，却加设收费站"拦截过往舟船"，强行收费，等于在本县"添一税场"。他用公款"所买生丝，除少量支作弓弩弦用外，并发归本家彩帛铺机织货卖"。第二个儿子结婚，支用了"公使库钱"，到自己老家婺州所开的彩帛铺购买"绫罗绢数百匹，从人衣衫数百领"，以及红花紫草等染料，染成彩色的丝绸，以供婚礼之用，多余的赠送给自己喜欢的妓女。他和妓女严蕊、王静、朱妙等人到处浪荡，打情骂俏，当众做一些不雅的事情，"虽在公筵，全无顾忌"。有一年天下大旱，唐仲友长子唐士俊醉拥妓女数人嬉笑歌唱，老百姓在祈雨的时候就抱怨，"太守如此，儿子又如此，如何会有雨泽感应"。对于搜集到的证据和士民陈述的事实，朱熹认为"虽其曲折未必尽如所陈，然万口一词，此其中必有可信者"，而唐仲友之所作所为，恶行丑态，不胜枚举，以至于到了"臣不敢缕陈，以渎天听"的地步。

第四道奏折提供了有根有据的新线索20条，每个人证供词一一标明，譬如根据守卫银库的叶志口供，在账本的草稿里发现唐仲友违规从公库里支钱二万八千六百一十六贯六百八十二文，送给别人。其中"一千四百八十二贯二百六十三文，送妻兄及与第二儿妇之父何知县"。而根据通判赵善伋的说法，淳熙八年七月至十月，唐仲友还曾干过克扣军粮，"以致军人缺少口粮"，以及用"粗绵紬绢"偷换军用优质绵绢的事情。朱熹的这道奏折，相当于在举报的时候列出了证人姓名、联系方式和有关账本。第三道、第四道奏折都长达七八千字，言之凿凿，是朱熹弹劾唐仲友的高潮，因为提供了强有力的人证和物证。

第五道奏折是对前面几次告状内容的一个小结，指出唐仲友贪污、淫秽、残虐百姓、蓄养亡命之徒的数件罪状，并揭露了官官相护包庇唐仲友的事实。本来唐仲友已经惶恐自己的罪状，可是近日来又非常放肆嚣张，派人袭击司法人员和阻挠审理严蕊案件，"若非有人阴为主张"，幕后支持，唐仲友"何敢遽然如此"？台州的百姓都担心唐仲友"如虎兕之将复出于柙"，像猛虎一样重新冲出牢笼，逞凶报复。如此一来，对贪官的弹劾举报制度形同虚设，朝廷的法律无法切机进谗言，事实上朱熹举报唐仲友的材料，大量来自当事人的亲口招供与检举揭发，还有书信、账目记录等实证，只有极小部分是由台州通判赵善伋和高文虎共同提供。真正大力协助朱熹搜集材料和判案的不是高文虎，而是绍兴府通判吴津和提举常平司的经办人吴洪两兄弟，这两人是原刑部侍郎吴芾的儿子。朱熹在巡历途中，曾经转道仙居县拜谒过告老还乡的湖山居士吴芾，吴氏父子向他提供了不少耳闻目睹的材料，朱熹倒也并未轻信，而是全凭取到的口供、人证、物证来证实。因此，即便高文虎想抹黑唐仲友，以朱熹之审慎，也必会查验事实，而不会随便轻信。第四种说法是认为唐仲友喜欢苏学，苏东坡的诗词歌赋，朱熹喜欢程学，程颢、程颐的儒家理学，两人学术风格迥异，所以引起冲突，并进一步激化为弹劾事件。可实际上唐仲友更喜欢钻研的是《帝王经世图谱》，与苏学并无多大关涉，而据为唐仲友翻案的《宋元学案·悦斋学案》记载，唐仲友当年曾向宋孝宗"疏陈正心诚意之学"，颇具理学的基本精神；倒是朱熹，虽然倾向于二程理学，但对苏东坡的《尚书》学、《诗》学以及四书之学都有较高评价，并将苏氏的《与林子中帖》勒石斋前，作为除弊理政的镜鉴。因此，用程学、苏学来概括朱唐公案，并不准确。有个史实可以佐证，朱熹即便与陆九渊有"鹅湖之会"的旷世之辩，也仍然恭请他到白鹿洞书院讲解《论语》的"君子喻于义，小人喻于利"，可见，朱熹的为人，不至于仅仅因为学术见解学术派别的差异而攀诬于人。除了这四种主要说法，学界尚有朱唐为了争夺《荀子》等书的刻印与出版权而滋生嫌隙的说法，民间还风传朱熹和唐仲友为了才貌双全的妓女严蕊而争风吃醋。如此一来，令朱唐公案更为扑朔迷离。朱熹状告唐仲友，究竟是为民请命、替国除奸，还是出于个人恩怨、意气之争？学术界历来也有"挺朱"和"挺唐"的观点分歧。所以，要理清朱熹状告唐仲友的真正原因，须追本溯源，回到六道奏折的原始文献上来。

二

关于朱熹六劾唐仲友的奏折原文，清代洪颐煊在《台州札记》卷八《劾唐仲友六状》中引述过其中的第三、四、五、六状的部分内容，虽然这四状是内容最为翔实、举证最为充分的部分，但要了解事件的原委和关窍，还是需要原原本本地呈现六道奏折的完整文本，才能解读其中的来龙去脉。奏折原文载于明嘉靖十一年张大轮、胡嫩等刻本《晦庵先生朱文公文集》第18、19两卷，后由国家图书馆研究员李致忠为之点校[1]，这是我们考据朱唐公案始末的第一手资料。现将每道奏折的主要情形引述如下：

朱熹的第一道奏折是说自己路遇向外逃荒的台州难民共两批"通计四十七人"，他们"扶老携幼，狼狈道途"。经过了解，是因为在饥荒之年，台州知州唐仲友还"催督租税""急于星火"，导致"民不聊生"所致，而且听说其为官在任还"多有不公不法事件"。朱熹表态，自己一定会"躬亲前去，审究虚实"，查明真相。

---

[1] 李致忠. 历史上朱熹弹劾唐仲友公案[M]//版本目录学研究（第二辑）. 北京：国家图书馆出版社，2010：461-481.

朱熹六劾唐仲友新考

王 正[①]

摘 要：关于朱熹六次状告台州知州唐仲友，历来众说纷纭。若要探其真正原因，须追本溯源，回到六道奏折的原始文本，并以《宋史》《四朝闻见录》《宋元学案》《金华唐氏遗书五种》等史料为参证。朱熹六劾唐仲友有人证、物证、旁证，事实清楚，法理严谨，而且朱熹弹劾官员，并非唐仲友一人，朱熹对贪官污吏一个都不宽恕。而且以朱熹为代表的儒家理学，要求奋发进取，恢复一统江山，这样的理想主义者，又必然会和以宰相王淮为代表的那个不作为的职业化官僚集团冰炭不相容，朱熹状告唐仲友，就是这种矛盾冲突的一种折射。根据相关史料，对事件中涉及的妓女严蕊形象，也进行了重新勘定。

关键词：朱熹；弹劾；唐仲友；考证；严蕊；形象；勘定

朱熹在台州，曾干过一件轰传一时的事，即在淳熙九年（1182）的7月至9月，连续六次向宋孝宗告状，弹劾当时的台州知州唐仲友。

一

朱熹为什么要连续状告唐仲友，死死揪住他不放？历来有四种说法[②]。第一种说法认为唐仲友与吕祖谦在学术上话不投机，结下仇怨，朱熹偏袒吕祖谦，所以弹劾唐仲友。吕唐有隙、朱吕交好不假，但说朱熹因此就六劾唐仲友，这中间缺乏必然联系。第二种说法认为唐仲友与陈亮矛盾不和，唐仲友嘲笑陈亮学问粗疏，两人还为了妓女而心存芥蒂，陈亮情场失意，所以向朱熹进谗言。其实，陈亮与唐仲友之兄唐仲义是连襟，一开始就摆明了"相劝不相助"的原则，他既没有为唐家游说，也没有向朱熹邀宠，只是客观反映情况，让朱熹"自决之"。他在致朱熹的《癸卯秋书》中说"亮平生不曾会说人是非"。此中还夹杂一种传闻，说陈亮告诉朱熹，唐仲友嘲笑他不识字，而且朱熹至台州时唐仲友迎接又姗姗来迟，因此朱熹十分恼火，甚至要收缴唐仲友的官印。该说法破绽百出。因为朱熹是7月23日才到台州，但他在7月19日和23日的当天就已经告了唐仲友两状，也就是说朱熹在来台州之前，在见到陈亮和唐仲友之前，就上了两道奏折，所以至少在起因上，与陈亮的言说和唐仲友的接驾无关。第三种说法是高文虎挑拨离间，乘

[①] 王正（1964— ），男，浙江临海人，教授。
[②] 详见束景南《朱子大传》，复旦大学出版社2017年版，第339—406页。四种说法的出处，可参见俞文豹《吹剑录》四录、周密《齐东野语》卷十七《朱唐交奏本末》、吴子良《林下偶谈》卷三《晦翁按唐与正》、王崇炳《金华征献略》卷四《儒林》、叶绍翁《四朝闻见录》乙集《洛学》等史料。

中国瓷器开始通过海路大规模外销，并在9—10世纪达到第一次高峰，不论是输出范围、到达地点，还是规模，都达到了较高水平。在此期间，越窑青瓷成为其中最主要的外销瓷之一，位列早期瓷器输出品"四组合"之一[①]，印度尼西亚黑石号沉船出水的200余件越窑青瓷即是明证。台州地区具备窑业生产的资源条件，在此背景之下继续进行窑业生产。将台州地区晚唐窑址与以上林湖为中心的越窑核心区窑址窑业面貌进行横向对比，这一时期两个地区无论是从产品类型、产品结构还是从窑业技术来看，均保持一致。据此可以推断，台州地区晚唐窑业技术应该直接来源于以上林湖为中心的越窑瓷业核心区域。

限于材料，目前我们尚未在台州地区发现五代至北宋早期的窑址。而这种现象似乎与上文提到的台州地区未发现南朝至唐代中期窑址的情况相似。北宋中期台州窑业重新兴起，并达到历史以来最为鼎盛时期。从窑业面貌来看，台州地区北宋中期窑业面貌与以上林湖为中心的越窑核心区面貌一致，应与晚唐窑业技术渊源相同，技术来源于核心区[②]。

北宋晚期是台州地区制瓷业面貌发生转变的重要时期。具体表现为，这一时期瓷器装烧工艺仍延续北宋中期的垫圈支烧方式，但是装饰风格已演变为双面刻画花，即外腹折扇纹，内腹篦划纹或篦点纹（图9）。而该类装饰技法一向被视为龙泉窑北宋晚期最为典型的工艺传统[③]。因为我们认为沙埠窑址群是越窑瓷业技术和龙泉窑瓷业技术衔接和过渡的重要地带，是探索越窑瓷业技术南传与龙泉窑瓷业技术渊源的重要地区，具有重要学术价值。

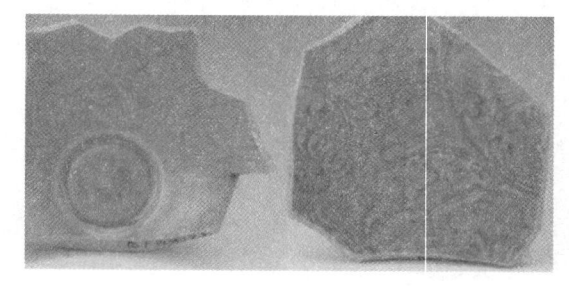

图9 下山头窑址采集器物（左图篦划纹 右图篦点纹）

四、结语

以上我们通过对考古调查资料的系统整理，将唐宋时期台州地区窑业面貌进行了粗线条梳理。研究显示，晚唐时期台州地区窑业重新兴起，至五代北宋中期陷入沉寂，到北宋中晚期重新达于繁荣。其中晚唐和北宋中期的窑业技术应该直接来源于越窑核心区。北宋晚期窑业面貌发生重要转变，装烧工艺延续北宋中期，但装饰技法已经演变为双面刻画花工艺，与龙泉地区面貌相似。此外，台州地区瓷器一向被视为外销瓷，早于1993年10月，美、英、日、捷克、印度尼西亚五国文化考察团曾到黄岩沙埠沙埠窑址进行国际文化交流调研，并认为国外出土品中包含黄岩沙埠窑址产品。目前浙江省文物考古研究所正在对沙埠窑址群中的竹家岭窑址进行主动性考古发掘，随着考古工作的系统开展，我们对于上述问题的研究与探索会更加深入。

---

① 早期外销瓷的"四组合"指9—10世纪外销的四种瓷器，是比较老的观点，但仍然具有一定的代表性，指长沙窑瓷器、越窑青瓷、邢窑白瓷和广东地区的青瓷，见马文宽：《长沙窑瓷装饰艺术中的某些伊斯兰风格》，《文物》1993年第5期，第87—94页。现在可知，所谓的邢窑白瓷、越窑青瓷在实际的发现中都有更广泛的代表。

② 谢西营. 北宋中期越窑瓷业技术传播及相关问题研究——兼论核心区越窑瓷业衰落原因[J]. 东南文化，2018(6)：92-97。

③ 浙江省文物考古研究所、龙泉青瓷博物馆. 浙江龙泉金村青瓷窑址调查简报[J]. 《文物》，2018(5)：26-43。

至北宋晚期，上述窑址中的黄岩高桥街道的岙口窑址、临海古城街道的后门山窑址和凤凰山窑址等3处窑址停止生产，其余11处位于沙埠镇和高桥街道一带的窑址点继续进行烧造，产品面貌和窑业技术较为一致。以下将以沙埠镇下山头窑址为例进行详细介绍。

下山头窑址位于台州市黄岩区沙埠镇东南约1.5公里处。窑址分布面积较大，约3000平方米，长约100米，宽约30米。窑址范围内散落大量瓷片和窑具标本，该窑址在早年间桔子山开辟过程中遭到较大破坏。在该窑址附近平地水塘区域内发现有白色瓷土矿分布。该窑址地处沙埠镇窑址群的核心地带。最新考古调查资料显示，该窑址北宋晚期产品器类丰富，瓷器可辨器形有碗、盘、执壶、盏、杯、钵等，窑具可辨器形有M形匣钵（图5）、钵形匣钵（图6）、筒形匣钵、圆形垫圈（图7）和喇叭形垫圈（图8）等。胎釉质量较高，灰白色胎，青釉。碗类产品普遍流行双面刻画花工艺，外腹饰折扇纹，内腹篦划纹或篦点纹；盘类产品内腹及内心满饰花卉纹，间以篦点纹或篦划纹。从窑址现场调查情况来看，装烧工艺基本为单件烧、垫圈垫烧、匣钵装烧。

图5　下山头窑址采集匣钵（M形） 　　　　图6　下山头窑址采集匣钵（钵形）

图7　下山头窑址采集垫圈（圆形） 　　　　图8　下山头窑址采集垫圈（喇叭形）

三、唐宋时期台州地区的窑业技术渊源及相关问题

从目前考古调查资料来看，尽管台州地区制瓷业历史可以上溯至东汉时期，至三国两晋尤其是东晋时期进入快速发展时期，但南朝至唐代中期窑业绝迹，至晚唐时期重新复苏，并达于鼎盛。

台州地区窑业于晚唐时期的重新兴起，应与这一时期瓷器外销背景密切相关。自晚唐以来，调查结果显示，台州地区唐代窑址烧造产品主要为青瓷产品，时代仅限于晚唐时期，产品以碗类为主，以玉璧底碗（图1）、玉环底碗（图2）最为常见。依口部特征区分，可分为敞口、侈口和敛口三类。流行叠烧工艺，碗内心处留有松子状叠烧痕迹。内腹部偶见刻画莲荷纹，刻画较深，工艺水平较高。限于调查材料的局限性，在上述几处窑址调查过程中，我们仅发现碗类产品，且产品数量不大，应该处于窑业生产的初期阶段。

二、北宋时期台州地区窑址分布及特征

截至目前，台州地区尚未发现明确为五代至北宋早期的窑业遗存。据统计，这一区域内共发现北宋中晚期窑址14处。窑址分布较为集中，大致可以分为两个区域，即黄岩地区和临海地区。其中黄岩地区窑址又可以分为两个区域，其一分布在沙埠镇和高桥街道一带，窑址有9处，分别为竹家岭窑址、凤凰山窑址、下余窑址、瓦瓷窑窑址、下山头窑址、窑坦窑址、金家岙堂窑址、岙口窑址和牌坊山窑址。其二分布在院桥镇黄岩秀岭水库西侧的大藤坤山窑址、院桥镇左任新村的蓝田山窑址和平田乡的平田窑址[①]。临海地区窑址主要分布在古城街道梅浦村一带，窑址有2处，分别为后门山窑址和凤凰山窑址。

调查结果显示，北宋中期上述14处窑址都有烧造，各窑址产品及窑业技术较为一致，下以高桥街道岙口窑址采集标本为例进行详细介绍。

岙口窑址位于台州市黄岩区高桥街道三童岙口村西部，G104辅线西侧山麓地带。该窑址于2018年被发现，因此地工业园区建设施工过程中发现较多瓷片堆积，后在浙江省文物考古研究所相关人员指导之下，黄岩区博物馆组织相关人员对该窑址进行了抢救性考古发掘，共布设探沟4条，依次编号为TG1、TG2、TG3和TG4。发掘结果显示，该窑址产品种类丰富，瓷器可辨器形有碗、盘、钵、盏、杯、灯盏、执壶等，窑具可辨器形有M形匣钵、钵形匣钵、筒形匣钵、圆形垫圈和喇叭形垫圈等。胎釉质量较高，灰白色胎，青釉。器物内腹部及内心处饰刻画花卉纹，可辨纹样有蕉叶纹（图3）、水波纹等（图4）。装烧工艺可分为两类，一类为叠烧，器物内心处有叠烧痕迹；一类为单件烧，垫圈垫烧，匣钵装烧。

图3 岙口窑址采集标本　　　　　图4 岙口窑址采集标本

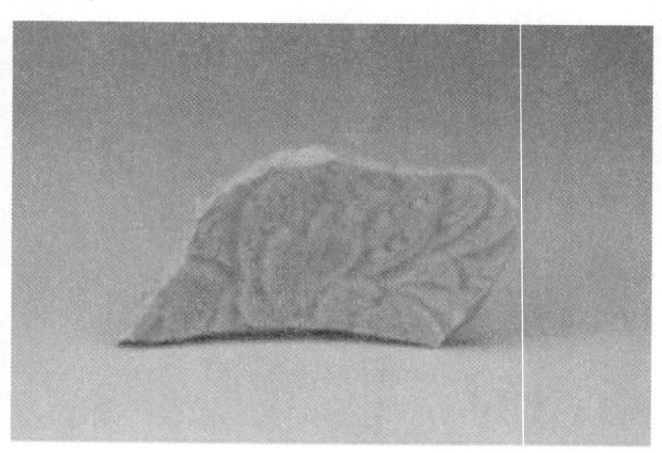

[①] 宋梁．黄岩宋代青瓷窑址调查[J]．东方博物，2012（42）：39-46．

唐宋时期台州地区制瓷业及相关问题

王 妤

摘 要：台州地区古代制瓷业兴起于东汉时期，后历三国两晋，至唐宋时期步入繁荣，此后衰落。唐宋时期是台州地区制瓷史上的重要阶段。对该区域内唐宋时期窑址调查资料的系统梳理与研究，对于探索这一地区内窑业技术渊源、面貌等问题具有重要意义。

关键词：台州地区；制瓷业；唐宋时期；陶瓷标本

台州地处浙江中部沿海，东濒东海，北靠绍兴、宁波，南邻温州，西与金华、丽水毗邻。基于上述地理位置，台州地区古代制瓷业处于浙江地区南北东西瓷业文化交流的过渡地带。通过近年来文物考古工作者对这一区域内瓷窑遗址的系统调查，我们大致可以推定台州地区古代制瓷业萌芽于东汉时期，起步于三国西晋时期，至东晋时期快速发展，至唐宋时期步入繁荣，此后衰落。唐宋时期是台州地区制瓷史上的重要阶段。以下我们将根据最新考古调查资料对这一时期台州地区制瓷业的窑址分布和阶段性特征进行总结，并对相关问题进行初步探讨。

一、唐代台州地区窑址分布及特征

据统计，台州地区共发现唐代窑址8处[1]。窑业分布较为分散，大致分布在三个地区，即临海地区、黄岩地区[2]和温岭地区。其中临海地区窑址主要分布在大洋街道、古城街道和城关镇一带，窑址有4处，分别为五孔岙窑址、王安山窑址、西洋里窑址和许市窑址；黄岩地区窑址主要分布在沙埠镇和高桥街道一带，窑址有3处，分别为金家岙堂窑址、窑坦窑址和凤凰山窑址；温岭地区窑址主要分布在山市镇一带，窑址有1处，即下圆山窑址。

图1 窑坦窑址采集标本　　图2 金家岙堂采集标本

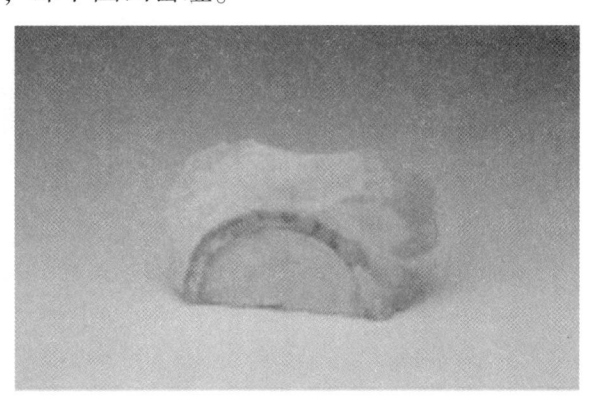

[1] 金祖明. 台州窑新论 [J]. 东南文化，1990 (6)：152-156。

[2] 宋梁. 简析浙江黄岩古窑址分布及其发展状况 [J]. 东方博物，1998 (2)：113-121。

社，2016.1（东亚文化之都·泉州论坛丛书）。

［2］泉州南外宗正司遗址2019年度考古发掘报告/中国社会科学院考古研究所，福建博物院，泉州市海上丝绸之路申遗中心编著．北京：科学出版社、2020.8（中国田野考古报告集，考古学专刊；丁种第103号）。

"涨海声中万国商"——他的这首《咏宋代泉州海外交通贸易》由是流传至今,让今人得以想象斯时盛况。宋元泉州系"天下之货仓,文化之码头",是10—14世纪欧亚大陆商业移民最稠密的国际社区以及道教、佛教、伊斯兰教、印度教、摩尼教、景教、天主教、犹太教等世界主要宗教共存一城的文化聚集区。

泉州经历20年申遗工作,2021年7月25日以"泉州:宋元中国的世界海洋商贸中心"成功列入《世界遗产名录》,成为中国第56个世界遗产项目。其22处代表性古迹遗址包括:"制度保障+城市结构"的九日山祈风石刻、市舶司遗址、德济门遗址、天后宫、真武庙,"多元社群+城市结构"的南外宗正司遗址、泉州府文庙、开元寺、老君岩造像、清净寺、伊斯兰教圣墓、草庵摩尼光佛造像,"商品产地"的磁灶窑址、德化窑址、安溪青阳下草埔冶铁遗址,"运输网络"的洛阳桥、安平桥、顺济桥遗址、江口码头、石湖码头、六胜塔、万寿塔。

其中多处遗产点与宋室宗子有关,如九日山祈风石刻(有十方石刻记录11祈风仪式,收入有不少在泉州、市舶、南外宗三衙主事的宗子)、市舶司遗址、南外宗正司遗址、泉州府文庙、安平桥(南宋绍兴八年(1138),商、僧带头始建,绍兴二十一年十一月,泉州知军州事赵令衿到任后,再主持续建,至次年完成)。

赵汝适担任提举福建路市舶,一共二年余九个月,同时兼任泉州知州一年余十一个月,兼知南外宗正事一年余七个月。南宋时期,泉州是主要海外贸易港口,又是外居皇族的聚居地,区位优势独特,城市地位突出。赵汝适在这三年不到的时间里,先后一身兼三职,既担任一路(省)之市舶提举,又代理一州之知州,且掌管一方外居宗室之要职,可知南宋朝廷对他的倚重。

在此期间,赵汝适完成了著名的海外地理名著《诸蕃志》,他为泉州的社会经济文化繁荣作出了重要贡献,也为理宗宝庆年间的社会安定、海外贸易和经济发展,尽到了应尽职责。可以说,这是他一生中最辉煌的时期。

至明末清初,五百多年间南外宗及赵氏子孙经历了"鼎盛时期""国破家亡时期"和再复兴的"乡贤名宦时期"。明代著名史学家何乔远诗曰:"宋家南外刺桐新,凤凰冢上卧麒麟;至今十万编户满,犹有当年龙种人。"正好生动地表现这段赵氏皇族的历史。宋至今的千年史,遗留了赵氏皇族大量宝贵的历史文化遗迹、发掘、整理和研究这些史迹具有深远的意义。

因此,在2021年开放的"泉州:宋元中国的世界海洋商贸中心"展示馆,就展示有《泉州府志》卷之二十六《提举市舶司》"赵汝适……以上均嘉定间任"条目页面、台州出土的"宋赵汝适圹志"拓片和《诸蕃志》等赵汝适资料。2021年,泉州市中级人民法院、泉州市园林绿化中心建设"宋元法律文化公园",规划着陈偁、真德秀、赵汝适、汪大渊、马可·波罗、伊本·白图泰等六位"泉州:宋元中国的世界海洋商贸中心"代表性人物铜雕像。主办方找到我,征求赵汝适形象,经泉州赵宋南外宗正司研究会考证和绘像,并提供新绘绣像给主办方,由清华大学美术学院依蓝本塑像,现铜像已竖立在绿化园区,绿荫蓝道上还点缀着古代海丝诸国列志等铜牌,主题公园与真武庙、江口码头等遗产点相映成辉。

参考文献:

[1] 赵宋南外宗与泉州/泉州赵宋南外宗正司研究会编,万冬青主编.厦门:厦门大学出版

《诸蕃志·自序》中说写作的目的和经过：在"国朝……置官司于泉、广，以司互市，盖欲宽民力而助国朝，其与贵异物，穷侈心者，不可同日而语"思想指导下，赵汝适积极发展海外贸易。他在泉州任内"汝适被命此来，暇日阅诸蕃图，有所谓石床、长沙之险，交洋、竺屿之限，问其志则无有焉。乃询诸贾胡，俾列其国名，道其风土，与夫道里之联属，山泽之蓄产，译以华言，删其秽，存其事实，名曰《诸蕃志》。海外环水而国者以万数，南金象犀珠香玳瑁珍异之产，市于中国者，大略见于此矣。噫！山海有经，博物有志，一物不知，君子所耻，是志之作，良有以夫"。

赵汝适在《诸蕃志》著述中使用于商人的口头叙述和市舶司的书面记录，先记国家地籍和文化背景，航海路线，再记录输入中国的商品种类。全书约9万字，二卷。上卷志国，下卷志物。

上卷志国记载了东自日本、朝鲜，东南自菲律宾，南至印度尼西亚群岛，西达非洲之摩洛哥、意大利西西里岛，北溯中亚及亚细亚共58个国家和地区：交阯（今越南北部）、占城（今越南中南部）、真腊（缅甸中部）、暹罗（泰国北部）、罗斛（泰国南部）、宾瞳龙、登留眉、蒲甘（缅甸中部）、三佛齐（今苏门答腊）、单马令、凌牙斯加、佛啰安、新拖、监篦、兰无里（亚齐）、细兰（今斯里兰卡）、苏吉丹、南毗、故临、胡茶辣、麻啰华、注辇（印度科罗曼德海岸）、鹏茄罗（孟加拉国）、南尼华啰、天竺、勿拔、记施、芦眉、海上杂、大秦、大食、麻嘉（今沙特麦加）、弼琶啰（伊拉克巴士拉）、层拔（今东非坦桑尼亚的桑给巴尔）、中理（索马里东北海岸）、瓮蛮、白达、吉兹尼、忽厮离（埃及开罗）、木兰皮（今摩洛哥和西班牙南部一带）、遏根陀（埃及亚历山大）、茶弼沙、斯伽里野、默伽猎、渤泥（加里曼丹）、麻逸、三屿、蒲哩鲁、流求、毗舍耶、新罗、倭国等。对各地区方位、山川、途程、风土、物产记载甚详。

下卷志物记载各国物产计有香药29种、宝玩及动物11种、水果3种、其他物产4种，共47种，计有脑子、乳香、没药、血碣、金颜香、笃褥香、苏合香油、安息香、栀子花、蔷薇水、沉香、速暂香、黄熟香、生香、檀香、丁香、肉豆蔻、降真香、麝香木、波罗蜜、槟榔、椰子、没石子、吉贝、椰心簟、木香、白豆蔻、胡椒、荜澄茄、阿魏、芦荟、珊瑚树、琉璃、猫儿睛、砗磲、象牙、犀角、腽肭脐、鹦鹉、蠙珺、龙涎、黄蜡等。

赵汝适很注意对各地珍稀动植物的记载。如记述弼琶啰国"产物名骆驼鹤，身项长六十尺，有翼能飞，但不甚高。兽名徂蜡，状如骆驼，而大如牛、色黄，前脚高五尺，后低三尺，头高向上，皮厚一寸"。这是对骆驼和徂蜡（麒麟）的详细记载。

植物中记载吉贝最详备，能区分棉花（草棉）、树棉（海岛棉）、木棉（攀枝花）。对海生动物砗磲的形态、生态有准确的描述。对矿物中的猫儿眼、玻璃亦有详尽的记载。

凡记载我国与这些国家的航线距离、日程、方位，多以泉州为基准。这部书开拓了中国文人对海外远域殊俗的了解，是研究海洋商业史的无价之宝。因此，从某种意义上说，赵汝适对海上贸易和泉州海上丝绸之路形成的影响最为深远。

六、赵汝适：世遗泉州历史人物

宋代诗人李邴站在泉州港边，看到海上浩浩荡荡的各国商船满载货物进出港，不禁提笔写下署内有惩勤所、自新斋、芙蓉堂及天宝池、忠厚坊诸胜。城中还有睦宗院、元祐堂、宗学、清源书院等。甲第巷"犀牛望月"大小宗祠。南外宗正司机构健全，赵氏凭着皇族的身份，依靠朝廷的优惠政策，宗室力量在泉州得到蓬勃发展，150年间，迁入泉州的宋太祖、太宗、魏王三派裔孙由349人，发展至3000多人。

赵宋南外宗正司的入迁，带来了皇权，带来了中原先进的经济和文化，也是高级蕃货的重要消费者。南外宗正司在泉州的经费主要由转运使和当地各承担一半。《建炎以来朝野杂记》记载："南外三百四十九人，岁费钱六万缗。"到了1232年，泉州知州真德秀上呈奏折讨论南外宗室支出提道，"泉州每年计出备俸钱、米钱14.37万贯。"

"极至十室之间，必有书舍，诵读之声相闻。"南外宗设置宗学，教育宗子，请当时一些名贤硕儒为教授。对泉州有重大影响。由于对教育的重视，南外宗子学有成者颇众。两宋泉州进士1400多名，是历代最多的，其中南宋占800多名。据乾隆《泉州府志》所载：宋泉州宗子进士（含特奏名1人，上舍释褐1人）124人，加上《南外天源赵氏族谱》所部3人，合计127人。绍熙元年（1190），宋太宗八世孙晋江人赵汝做与父善新、弟汝傀同登进士第，这在中国一千多年科举史中也仅此一例，为此泉州知州命名他们所居里为"三秀里"。泉州文庙、府学为全省最大，是在南宋定型的，除州学、县学外，还有书院、文学，文风最盛在南宋。

还有许多"士大夫避难入福建"。推动着泉州社会的迅猛发展，繁荣昌盛。朝廷的"宫廷雅乐"的落户，"弦管诵歌，盈于闾巷"的歌舞升平的景象，宋教坊祭祀乐神的传统在泉州再现。对泉州现有的世界级非物质文化遗产——南音，国家级的"非遗"梨园戏、傀儡戏等无不受其影响。泉州南外宗正司遗址，现也是世界遗产"泉州：宋元中国的世界海洋贸易中心"22个遗产点之一。

赵汝适于南宋"宝庆元年（1225）十一月兼知南外宗正事"。但《泉州府志》卷之二十六《文职官上·南外宗正司知宗正司事》自建炎年间起所列姓名者44位，无"赵汝适"条目。

五、赵汝适《诸蕃志》

中国古代海外交通发达，留下许多海外交通著作。宋元时期，泉州海外交通发达，中外客商云集，货物堆积如山。随着海外交通的发达，穿行于各地的泉州舶商早就接触到了"新世界"。早期异国见闻，没有在文字体系里得到系统保留，但泉州地方的官员、文人、商人、一般民众已经对异国情调已熟悉和习惯。反映当时海外交通的重要著作有宋代绍兴十九年（1149）叶廷珪的《海录碎事》22卷、宝庆元年（1226）赵汝适的《诸蕃志》2卷、元代至正三年（1337）汪大渊的《岛夷志略》，均是在泉州写成的。

宗室赵汝适于南宋嘉定十七年（1224）九月，以朝奉大夫来泉州任福建路市舶提举，宝庆元年（1225）七月兼泉州知州；同年十一月兼知南外宗正司。赵汝适一身兼三职，这种情况绝无仅有，可知南宋朝廷对他之倚重。然而，使他留名青史的，却是他在宋宝庆元年（1225）完稿的著述《诸蕃志》。其时泉州海外贸易十分兴旺，来自世界不同地区的人种、物品、习俗在泉州都能亲眼见到。赵汝适在泉州时，勤办市舶事务，广泛接触番商，从外来的商人和泉州舶商那里了解到许多有关海外人文地理的知识。《诸蕃志》就是根据间接得到的海外知识写成的著作。其在浓地大书特书泉州见闻。

泉州作为对外贸易大港，离不开广大平原腹地，架桥通路。宋朝时期，泉州所造桥梁既多且长，在中国桥梁史上博得"闽中桥梁甲天下"，如中国第一座海湾大石桥的洛阳桥，世界最长的梁式古石桥的安平桥等。石塔也规模巨大，这与海外交通的发展也有直接关系，如作为航海标志，姑嫂塔、六胜塔、开元寺东西塔。"涨海声中万国商"，不同宗教和谐相处，作为闽南文化的发祥地，闽南文化保护的核心区与富集区，有"海滨邹鲁"的美誉。佛教、伊斯兰教、印度教、摩尼教、基督教、犹太教等外来宗教文化，以及中华传统的儒教、道教共八大宗教的建筑交相辉映，堪称"世界宗教博物馆"，是联合国教科文组织在全球评定的第一个"世界多元文化展示中心"。

赵汝适于南宋"嘉定十七年（1224）九月除提举福建路市舶，宝庆元年（1225年）七月兼权泉州"。"兼权泉州"此前有学者误认为，赵汝适除在"福州任"福建路市舶司首长外，又兼任下属泉州市舶司的长官。事实上，福建路市舶司衙门设在泉州，地方志列有"市舶司"条目，现今记述统称其为"泉州市舶司"。赵汝适从"知南剑州"任上，转任"提举福建路市舶"，再"兼权泉州"，待泉州离任后，又"知安吉州，未上，改知饶州"，均是知州正堂的平级调动。"兼权泉州"的意思，是"兼任泉州知州"，而非兼任泉州市舶司的长官。

宋朝重视发展海外贸易，为祈求船舶平安，南外宗正司、提举市舶司、泉州地方官十分重视祈风祭海典礼，每年夏冬两次到九日山昭惠庙向海神通远王、到法石真武庙向玄天大帝，祈求顺风平安。"散胙饮福"，登高怀古。九日山"山中无石不刻字"，东西两峰摩崖上，迄今留存北宋至清代的题刻77方，1988年1月列为全国重点文物保护单位。其中现存祈风石刻10方，记载了从南宋淳熙元年至咸淳二年（1174—1266）的祈风典礼11次，跨度近百年，其中夏季祈风3方，冬季祈风6方，一年两季祈风1方，清楚记述祈风时间、地点、参加者姓名，以及"车马之迹盈其庭，水陆之物充其俎，牲物命不知其几百数焉"盛况，可惜无赵汝适祈风事迹留存，其前后任的石刻：嘉定十六年（1223），知泉州军州事章棨主持的祈风典礼；淳祐三年（1243），泉州知州颜颐仲主持祈风典礼。

四、赵汝适"兼南外宗正事"

宋初沿袭唐制，皇室由宗正寺管理。宋仁宗景祐三年（1036），为了加强宗室的管理，置大宗正司于汴京（今河南开封）。后来，随着宗室外居者日多，宋徽宗崇宁三年（1104）又置南外宗正司于南京（今河南商丘），置西外宗正司于西京（今河南洛阳），以管理外居宗室。靖康之难，汴京沦陷，徽钦北狩；高宗南渡，宗室四迁。大宗正司终迁临安；南外宗正司先移镇江，后于建炎三年（1129）迁置泉州；西外宗正司迁置福州。

而之所以南外宗正司迁移来泉州，与当时泉州地理位置优越、海上交通发达脱不了关系。当时的泉州远离战乱，社会安定的沿海港口城市，可靠的保命好地方。泉州市舶司对外贸易繁荣，是朝廷财政的重要依托。选择泉州有利巩固皇权，供应大后方。乘海舟入闽方便迅捷，南外宗正事士樽率349名宗子及其妇女迁至泉州就是乘海舟，走的是海路。

南外宗入泉后，将泉州肃清门外的宋福建兵马都监廨舍地（即古榕巷），改为宗正司驻地，五征一",细色依旧;市舶司每年举办宴会,犒设蕃商,以示朝廷招徕远人之意……

营商环境改善、优惠政策支持、庞大消费市场,吸引众多海外舶商来泉州贸易,泉州海外贸易版图不断扩大。到了"绍兴三十二年(1162),泉、广两市舶司舶税净收入增至二百万缗(mín,古代铜钱的计量单位,指一贯铜钱)"(清徐松《宋会要辑稿·职官》),约占当时南宋朝廷年度财政总收入的五十分之一。

泉州的市舶司执掌福建诸港长达400年,是负责海船出入关手续、税收征榷、博买海货、招徕番商的古海关,一直到明成化八年(1472)市舶司才移至福州。如今,广州、杭州的市舶司遗址俱已湮没,泉州的市舶司遗址或为我国唯一保存下来的古海关遗址。市舶司遗址位于泉州古城罗城的镇南门外、翼城的南熏门(又称水仙门、水门)内。始建时位于城外,至13世纪被纳入城内。其西侧临翼城城墙旧址,西北侧有水沟连通城市的城壕与晋江水系,东侧可通往镇南门。现为中国第56个世界遗产"泉州:宋元中国的世界海洋贸易中心"22个遗产点之一。

三、赵汝适"兼权泉州"

南宋初年泉州就有"近接三吴、远连两广,万骑貔貅,千艘犀象"(王象之《舆地纪胜》卷13"福建路泉州"条)之誉。稍后陆宇所撰《修城记》亦称:"泉距京城五十有四驿,连海外之国三十有六岛,城内画坊八十,生齿无虑五十万。"(同上)据此,泉州亦是国内海运大港。

鲤城作为泉州老城区,自州治于唐久视元年(700)由丰州移治以来,便逐渐成为泉州政治、经济、文化、交通中心,古城山、水、城一体的风貌呈现于"鲤鱼城"的平面形态中。番舶进出、华洋杂处、商业繁盛、市井富庶的开放性,以及她气候温润、植被丰美、依山傍海、物产丰富的风土之美,百业同举、儒商并重、诸教共存、自由和平的文化气质,诗人只要到了那里,就不会不为其新鲜丰饶所动。唐代天宝年间诗人包何《送李使君赴泉州》诗云:"云山百越路,市井十洲人。执玉来朝远,还珠入贡频。"晚唐会昌年间诗人薛能《送福建李大夫》也写到泉州:"秋来海有幽都雁,船到城添外国人。"

南宋时期的市舶收入相当可观,抽解与和买,以岁计之,约岁入二百万缗。巨额的海关收入,当然使泉州地方财政有可能多次扩城和修固,也是为了适应商业城市日益繁荣的需要。终宋三百年,泉州城历经七次修筑和扩建均在市舶司设立于泉州之后。泉州三大州司级衙门:州衙、宗正司衙和市舶司衙,均可直通朝廷(中央),甚至可以直通皇帝。这是除京城临安以外,绝无仅有的,南宋朝廷给予泉州的特殊地位。在全国十五路一百九十二个府州军中,泉州鳌头独享。

社会安稳,各业兴旺,经济繁荣。使泉州城厢及所辖各县人口猛增,人气旺盛。为泉州的经济发展和社会转型,提供了充足的基础生产力资源。据史志资料所载:宋仁宗皇祐年间(1049—1053),泉州"城内画坊八十,生齿无虑五十万"。宋神宗元丰年间(1078—1085),泉州辖区20万户,人口100多万人,城厢人口约10万人,列为上州。宋理宗淳祐年间(1241—1252),泉州辖区25万户,人口130多万人,城厢人口约20万人,升为望州。

宋代,泉州已经呈现"驿道四通,楼船涨海,士农工商之会,东西南北之人"(郑侠《西塘记》卷8《代谢章相公启》)和"朱门华屋,钿车宝马相望"(刘克庄《后村大全集》卷154)的繁华富丽。元代马可·波罗回国后在狱中口若悬河地谈着刺桐风光,伊本·白图泰如何笔酣兴

二、赵汝适"提举福建路市舶"

唐显庆六年（661）初设"市舶使"于广州，总管海路邦交外贸，派专官充任。宋袭唐制，北宋开宝四年（971）设市舶使于广州，以后随着海外贸易的发展，陆续于两浙路【杭州、明州（今宁波）、秀州、江阴军、温州、澉浦】、福建路（泉州）、京东东路【密州（今山东诸城）】设立"提举市舶司"。除广南东路外，其余几处在政和二年（1112）前曾一度被停废。三年，又在秀州华亭县（今上海市松江县）设市舶务。南宋建炎二年（1128）复置两浙、福建路提举市舶司。从此，又恢复了两浙、福建、广南东路三处市舶司并存的局面。乾道二年（1166），罢两浙路提举市舶司，原属各港口市舶机构只称"场"或"务"。福建、广南东路市舶司设在泉州、广州，下设场、务。

宋朝选择市舶司的设置地点有两个条件，首先是外贸比较发达，其次是与京师交通运输条件比较好。由于海运的开通，就连江浙、福建、岭南之间的物质交流也已打破陆路阻隔，改由海上交通来进行了。而泉州正处在两浙与广南之间，因而成为当时我国国内海上交通的辐辏之地。元祐二年（1087）于泉州城南，晋江江畔处设置市舶司。市舶司是宋元国家政权设置在泉州管理海洋贸易事务的行政机构，其设置标志着泉州正式成为开放的国家对外贸易口岸，对宋元泉州的经济繁荣、文化交流以及海洋贸易各参与方的共同发展有至关重要的意义。泉州到南宋超过广州，成为当时世界上的第一大港，与其处在南宋海岸线之中点不无关系。所以南宋时人以泉州为界划分南、北洋。

宋代没有关于市舶制度的统一、完整的规定，市舶司的职责主要包括：根据商人所申报的货物、船上人员及要去的地点，发给公凭（公据、公验），即出海许可证；派人上船"点检"，防止夹带兵器、铜钱、女口、逃亡军人等；"阅实"回港船舶；对进出口的货物实行抽分制度，即将货物分成粗、细两色，官府按一定比例抽取若干份，这实际上是一种实物形式的市舶税；所抽货物要解赴都城（抽解）；按规定价格收买船舶运来的某些货物（博买）；经过抽分、抽解、博买后所剩的货物仍要按市舶司的标准，发给公凭，才许运销他处。主持祈风祭海。

"市舶之利最厚，若措置合宜，所得动以百万计，岂不胜取之于民。"为增加朝廷财政收入，宋朝"开洋裕国"大力发展海外贸易。市舶司设立之后，泉州港的海外贸易进入了长期稳定的时期，番商来泉者众，朝廷收入显著增加。

赵汝适于南宋"嘉定十七年（1224年）九月除提举福建路市舶"。在明万历四十年（1612）《泉州府志》卷之二十六《提举市舶司》有"赵汝适……以上均嘉定间任"条目。据统计，从南外宗正司迁入泉州到南宋灭亡的147年间，共有11位宗室成员执掌泉州市舶司提举一职，累计主导泉州海外贸易发展77年。赵汝适等宗室成员在担任市舶司提举和泉州知州时，大多能够积极发展海外贸易，促进海外交通贸易的发展，不断改变泉州官员形象，积极实施新的贸易政策，并受到中外海商的欢迎。为广招外商，扩大贸易，南宋朝廷批准在刺桐港实施一系列优惠国内外舶商的政策。如赋予泉州"存恤远人，优异推赏"的特殊政策，对能招徕外国商船、增加市舶收入，发展海外贸易有贡献的市舶官吏和蕃舶纲首，朝廷兑现加官晋级等各种奖赏；降低关税，原本舶税，不分粗、细货物均为"十取其二"，在泉州市舶司申请后，朝廷将粗色舶货改为"十

台州南宋宗室赵汝适与世遗泉州

万冬青[1]

摘　要：南宋宗室赵汝适于1224—1227年间曾任福建路市舶提举、兼权泉州、兼知南外宗正事，一身兼三职，绝无仅有，可知南宋朝廷对他之倚重。他在1225年的著述《诸蕃志》，使他留名青史。1983年浙江省临海市出土的"宋赵汝适圹志"，改变史书对其生平记载很少的现况。本文讲述赵汝适与世遗泉州的相关史迹。

关键词：赵汝适；墓圹铭；世遗泉州史迹

一、台州文物"赵汝适墓圹铭"

史书上对《诸蕃志》作者赵汝适的生平记载很少。《宋史》上并没有他的传记，《四库提要》说他"始末无考"，唯据《宋史·宗室世系表》"知其为岐王仲忽之元孙，安康郡王士说之曾孙，银青光禄大夫不柔之孙，善待之子，出于简王元份房，上距太宗（赵光义）八世耳"。《民国台州府志·赵不柔传》亦仅载："庆元二年中第，提举福建市舶，嘉定中迁临海。"《泉州府志》《晋江县志》也仅个别地方出现，无专传。

直至1983年，浙江省临海市郊大田的岭外村发现了赵汝适墓志，为研究和了解赵汝适生平，提供了比较详尽的第一手资料。"宋赵汝适圹志"现展示于台州临海东湖碑林。

结合墓志铭：赵汝适（1170—1231），字伯可，宋宗室（太宗派），宋太宗八代孙，进士出身。乾道六年（1170）出生，绍熙元年（1190）以父荫补将仕郎，翌年授迪功郎、临安府余杭县主簿。庆元二年（1196）锁试，赐进士及第，授修职郎，庆元六年（1200）知潭州湘潭县丞。开禧元年（1205）为绍兴府观察判官，三年授宣教郎。嘉定二年（1209）知婺州武义县，五年授奉议郎，九年任临安府通判，十一年丁母忧，十五年转朝请郎，十六年知南剑州，十七年转朝奉大夫。宁宗赵扩薨理宗赵昀登位，恩转朝散大夫，九月升提举福建市舶。宝庆元年（1226）七月兼权泉州，同年十一月兼知南外宗正事。宝庆三年六月知安吉州，未上任改知饶州，绍定元年（1228）转朝请大夫，三年闰二月兼权江东提刑，以疾三上词请，三月依所乞主管华州云台观。绍定四年（1231）恩转朝议大夫，二月召为主管官告院，七月乞致仕，七月二十一日卒，享年62岁，十月二十一日葬浙江临海县晖乡赵岙山。

赵汝适于南宋"嘉定十七年（1224）九月除提举福建路市舶，宝庆元年（1225）七月兼权泉州，十一月兼知南外宗正事，三年（1227）六月除知安吉州，未上，改知饶州"。在泉州身兼三职，任职期间积极发展海外贸易，并于宝庆元年（1226）著成《诸蕃志》。

---

[1] 万冬青，泉州赵宋南外宗正司研究会副会长。

反映出乡绅作为传统知识分子，以地方发展为己任的心态。乡里士绅的文化属性，使得他们尤为关注地方文教发展，这也成为他们捐助乡里书院、参与书院管理的动力。当然，乡里士绅对书院的付出也并不是完全无私的，对书院事务的参与为他们赢得了在地方社会中更高的地位和权威。

四、结语

从上述台州府三级书院的管理运行情况可以看出，官府对各级书院的监管力度随级别降低而降低。在县、乡书院的管理运行中，士绅扮演着重要角色。士绅是乡里社会具有一定社会地位，眼界相对开阔的群体，在书院事务上更容易与官府沟通，他们有参与书院管理的意愿与能力。依靠地方文化精英即乡里士绅管理书院，是官府降低书院管理成本的必然选择。

(1875）同知成邦干因海滨民风尤为彪悍，"于从政之初，谋于缙绅人士，捐俸集资，建椒江书院于家子"，同知成邦干捐资起到的是带头作用，捐资的主体还是当地富有缙绅，"以殷富所输钱一千五百缗岁入子息为束脩膏火之费，月课郡诸生于院中而校其德行文艺之高下，奖劝之资，倍于他邑""不烦国帑，不费官田，期月之间，廪士有糈，肄业有所"①。这是比较富有的乡村书院情况。经济不富裕的乡村书院也会主动向官府争取部分资金。由于官府没有专项书院资金，书院管理者通常会多方考察，慎重谋划批复可能性较大的地方公共款项禀请县府审批。官府在没有特别困难的情况下，一般会予以批准。同治十年（1871）太平岁贡戴蔡申等以本里文昌阁为东屿书院，延师主讲，邀同职监生潘叶馨等禀县请拨草租钱一百六十千为书院束脩，又于江下局木头厘金每支抽一钱以作岁修经费，被官府批准。②

在乡村书院的管理上，官府介入的程度相对较低。《光绪临海县志》所载椒江书院章程仅涉及董事，其他监院、斋长等均未提及。若由官府委派书院重要管理人员，将会产生费用支出，这等书院重要事务理应在章程中予以明确。而在同为光绪十三年（1897）知府成邦干所议定的三台书院章程、正学东湖两书院章程中皆有官府委派书院管理人员的条目，这些都说明官府未指派人员直接参与椒江书院的管理。根据《光绪临海县志》所载椒江书院章程，"每课选举殷实勤廉绅董三人经理课费公款，甲年葭沚两人，栅浦一人；乙年葭沚两人，海门一人，周而复始，轮年更操，有遇另举，不泥定。"③可知，椒江书院绅董是通过地方"选举"产生的，葭沚、栅浦、海门三地轮流推选各自的董事参加书院管理，有互相监督之意。在书院没有官府指派管理人员的情况下，绅董的权利很可能不止于章程所谓"经理课费公款"，而是延伸到其他书院决策方面。《光绪太平续志》"龙山书院"条载，咸丰戊午由沈文露接管书院租田数年，增置十三亩零④。沈文露是光绪间岁贡，"自少好学，足迹不出户庭，居乡好义举"⑤。所谓"足不出户庭"并非指不出家门，而是指不主动结交官府，这是清代文献中表示士人品行高尚的常用方式，"居乡好义举"说明他热心乡里事务。接管并增置书院租田，也是其关心乡里的义举之一。龙山书院条又载"同治己巳县丞朱家灏与沈卦初呈请知府刘璈丈蚶田岁拨膏火钱五十八千文，光绪元年乙亥县丞汪启鑑与沈卦初呈知县唐济详请知府徐士銮加给束脩钱三十二千文"。⑥两次与县丞一起向官府申请书院资金的沈卦初应是书院的主要管理者之一。沈卦初的祖父沈冠儒是岁贡，"与同里戚学标、李成经、林茂冈相唱和"⑦，是乡里有影响的文化士人，沈家也是当地较为重要的文化家族。沈卦初本人的身份仅是诸生，但他的家族出身使其可以归入有影响的地方士绅行列，这是他能参与书院管理的重要原因。沈卦初和接管租田的沈文露都是地方士绅，可见乡里士绅在书院管理中发挥了重要作用。县志载沈卦初"以行义闻"，这与沈文露的"居乡好义举"如出一辙，

---

① □□. 光绪临海县志：学校 [M] 清光绪稿本。
② 陈汝霖，邓之镁. 光绪太平续志：书院 [M]. 清光绪二十二年刻本，1896。
③ □□. 光绪临海县志 [M]. 清光绪稿本。
④ 陈汝霖，邓之镁. 光绪太平续志：书院 [M]. 清光绪二十二年刻本，1896。
⑤ 喻长霖等. 民国台州府志 [M]. 胡正武，徐三见，等，点校. 上海：上海古籍出版社，2015：5119。
⑥ 陈汝霖，邓之镁. 光绪太平续志：书院 [M]. 清光绪二十二年刻本，1896.
⑦ 喻长霖等. 民国台州府志 [M]. 胡正武，徐三见，等，点校. 上海：上海古籍出版社，2015：5104。

栋捐款钱三十五千文为士子每年膏火资。①

在管理上，尚未见县级书院设置监院、学长、斋长的材料。不过，从学校运行的角度看，较大的书院还是需要行政主管及辅助管理人员的，目前没有发现监院、学长、斋长的资料，很可能是缘于材料上的缺失。《光绪太平续志》"鹤鸣书院"条载，县署"饬知鹤鸣、宗文两书院董事公同酌议核减粮价案内平余项下酌留资金的使用条规，备文造册禀请。详奉府宪批查阅，会议章程各条尚臻妥善，仰即督同各董事实力奉行，毋任始勤终怠"②。太平县府命两书院董事共同商定书院资产的使用条规，并上报县府审批，经同意后方可执行，表明县府控制着书院资金使用的最终决定权。"仰即督同各董事"表明了县府与董事在书院管理上的关系一方面是监督，另一方面是依赖。这与三台、正学东湖两书院的董事仅是负责财务进出是不同的。造成这种情况的原因应是清代县级文职行政人员数量很少，抽调专门人员直接管理书院有困难，而乡绅在县域社会影响广泛，在地方事务上具有较大的发言权。考虑到这种社会状况的普遍性，如太平鹤鸣、宗文书院这样由官府掌握资金的决定权并予以监管，而由绅董负责执行具体事务的运行方式在当时应是有一定数量的。

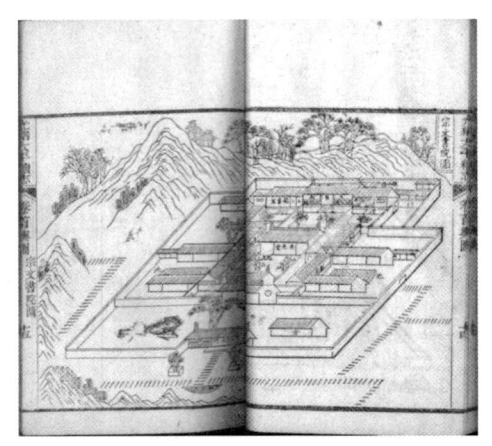

图 5 光绪太平续志卷首舆图所载宗文书院图

三、乡村书院

除了县级书院，每县还有数量不等的乡村书院。在传统农业社会交通不便的情况下，乡村书院为乡村有志读书者提供了在当地读书的机会。乡村书院有一部分是县令筹建或倡捐的，如同治七年（1868）黄岩县令孙熹以法安寺改置文正书院，同治十一年（1872）县令王耀斌以梁王寺改置宁海拱台书院。但更多的乡村书院是当地乡绅或受命于长官，或自愿捐助筹建的，如临海杜桥旦华书院是同治间知府刘璈命里人项靖邦等捐资创建；黄岩南渠书院是同治七年（1868）县令陈宝善属诸生王凤翻等捐建；玉环凤鸣书院由贡生张英风、庠生黄位中集捐建造，同治间庠生吴焕章劝捐重修，当地居民也有自愿捐助的，如林植三助三亩基址田零，戴冯氏助田二亩四分。乡村书院在运行经费上主要依靠乡里士绅的捐助。《光绪临海县志》椒江书院条载光绪元年

---

① 王瑞成. 光绪宁海县志：书院 [M]. 清光绪二十八年刻本，1902。
② 陈汝霖，邓之镁. 光绪太平续志：书院 [M]. 清光绪二十二年刻本，1896。

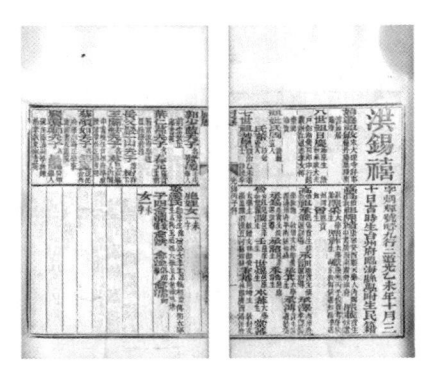

图3 临海市博物馆藏临海县学生员
洪锡禧的光绪丙子科乡试硃卷

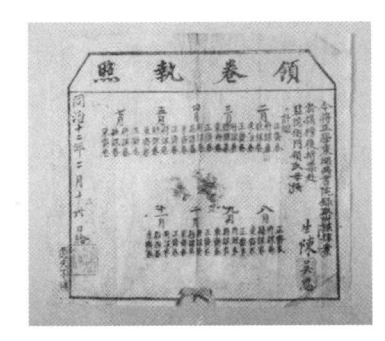

图4 清同治十二（1873）年正学东湖
两书院录取肄业领卷执照

正学、东湖两书院录取的附课生陈吴恩须于揭榜后持票赴监院衙门领取二月至十一月的月课试卷，每课包括府课卷、县课卷、东湖书院卷及正学书院卷，明确了两书院在生徒录取和考课上是统一进行的。

二、县级书院

除临海县东湖书院外，其他各县也都有一两个比较重要的县级书院。官府对县级书院也是非常重视。县级书院或由官府筹建，或官府下令士绅捐建，并由官府主要负责维护修缮。黄岩的萃华书院于咸丰十一年（1861）毁于太平天国之乱，同治间县令陈宝善嘱绅士王葆初捐建并更名清献书院，光绪二年（1876）六月围垣被大风毁坏，县令王佩文加以重修。[①] 黄岩九峰书院也是咸丰十一年（1861）被毁，由县令孙熹于同治八年（1869）重建，光绪二年（1876）六月大门垣墙毁坏，县令王佩文予以重修。[②] 在经费运行上，官府也是多方面予以支持。在没有书院运行专项资金的情况下，官府通常会根据情况拨充各项地方公款保证书院的运行，有的县令甚至捐出自己的薪水补贴书院。知府刘璈曾于太平县核减粮价案内平余项下酌留鹤鸣、宗文两书院膏火奖赏等项钱六百千文，光绪初太平知县孙晋梓增置书院田亩奖诱后来，又于草租项下拨入鹤鸣书院经古奖赏钱六十千，增山长束金钱四十千。[③] 同治六年（1867）玉环厅同知黄维诰三莅環山书院，以捐廉银拨给书院用于增厚脩脯、聘外邑名师主讲及住院生童添设月资。后为书山长远经费考虑，令绅董王磊、吴藻等筹划公款解决方式，终于坎门校场、鹰捕各墺鱼米杂货每年抽分拨入书院银洋三百元，并予以立案。同治十年（1871）绅士庞云骧等禀请船升余款置买公田七亩零，同知黄维诰、杜冠英先后批定作为书院岁修公产，并且批复船升款如再有余资，随时用来增置上述岁修公产的田亩。[④] 杜冠英还在光绪四年（1878）拨楚门外塘涂田税暨芳杜仓附余钱以充玉海书院经费。[⑤] 同治五年（1866）刘璈以提府公款每年截留钱一百千文给予宁海缑城书院用于膏火奖励，六年县令孙熹捐廉益之，十一年县令王耀斌捐廉加奖，复拨谢登庸捐款钱四百千文，郑之

---

① 陈宝善，孙熹. 光绪黄岩县志：学校 [M]. 清光绪五年刻本，1879。
② 陈宝善，孙熹. 光绪黄岩县志：学校 [M]. 清光绪五年刻本，1879。
③ 陈汝霖，邓之鏌. 光绪太平续志：书院 [M]. 清光绪二十二年刻本，1896。
④ 杜冠英，胥寿荣. 光绪玉环厅志：学校 [M]. 清光绪六年至七年刻本，1880—1881。
⑤ 杜冠英，胥寿荣. 光绪玉环厅志：学校 [M]. 清光绪六年至七年刻本，1880—1881。

三年制定的书院章程应是实施了的。根据书院章程，可知三台书院设有监院负责"掌发册卷，稽查院事"等行政事务，因监院为台州府所派兼职，其报酬以"舆金"而不是薪资的名义发放；书院师长"请孝廉之老成者"即通常所称之"学长"常住书院经管院事；又设董事两人负责财务，"司出入款目，其如何发存生息亦须禀请府宪示遵办"①。《民国仙居县新志稿》中载临海项士元曾为仙居学者李芳春所作传，谓"光绪丁亥岁，台守成梓臣邦干，檄充三台书院斋长，尤为同郡在院诸孝廉推服"②，则三台书院又有斋长之设，以辅助管理书院事务。

正学书院亦为刘璈同治六年重建，山长由台州府聘任。东湖书院则是临海县书院，刘璈于同治八年（1869）重建，山长由临海县署聘任③。临海作为台州府署所在地，位居六县之首，其县书院不仅得到临海县的重视，也得到台州府的重视，在财务及行政上与正学书院统一管理，地位同于府级书院。临海市博物馆藏有同治八年《三书院膏火登记》（图1）记录当时正学、东湖两书院与三台书院膏火发放情况，说明在同治年间书院重建之初，三书院在财务上很可能是统一管理的。《光绪临海县志》仅将东湖、正学两书院进款合并记载，主要包括盐厘捐、田地租、临海县及台州卫所捐平余钱等。经济来源的登记是财务管理的重要部分，此处不见三台书院经济来源，推测此时三台书院的财务可能已经独立出去。临海市博物馆藏清光绪十二年（1886）台州知府陈璚请葛咏裳任东湖书院掌教聘书（图2），掌教即山长，可以看出，虽有东湖书院山长由临海县署聘任的规定，但在书院的实际运行中，台州府对于东湖书院山长的聘任也会有干预，反映了台州府对东湖书院的重视。根据光绪十三年（1887）成邦干议定的正学东湖两书院章程，可知两书院由台州府委派监院，稽查院事；由培元局总董选公正绅士开单送台州府，由府择定两位董事，一位经理银钱租税，一位给发课卷膏奖，董事三年到期换届时的交接档案也要送府备查④。据临海市博物馆藏临海县学生员洪锡禧光绪二年（1876）乡试硃卷中的个人履历，其受业师蔡锡昆就曾以台州府学训导的身份任正学、东湖两书院监院。（图3）临海市博物馆所藏清同治十二年（1873）正学、东湖书院录取肄业领卷执照（图4）上标明。

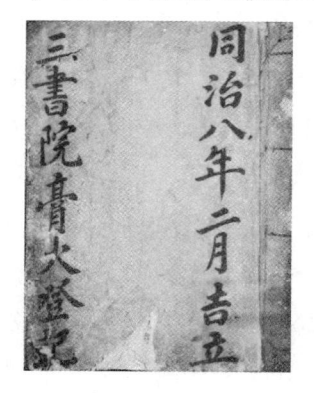

图1　清同治八年（1869）三书院膏火登记

图2　清光绪十二年（1886）台州知府陈璚请葛咏裳任东湖书院教席聘书

---

① □□. 光绪临海县志：学校［M］清光绪稿本。
② 干人俊. 民国仙居县新志稿［M］. 王巧赛，季之恺，等，点校. 杭州：杭州出版社，2022：198。
③ 何奏簫. 民国临海县志：学校［M］. 民国二十四年刻本，1935。
④ □□. 光绪临海县志：学校［M］清光绪稿本。

晚清台州府书院初探

滕雪慧①

摘要：晚清台州府书院可以分为府书院、县书院、乡村书院。这些书院在经济来源、管理方式上呈现出比较明显的等级差异。官府对各级书院的监管力度随级别降低而降低。在县、乡书院的管理运行中，士绅扮演重要角色。乡里士绅的文化属性，使得他们尤为关注地方文教发展，这也成为他们捐助乡里书院、参与书院管理的动力。依靠地方文化精英即乡里士绅管理书院，也是官府降低书院管理成本的必然选择。

关键词：晚清；台州府；书院；士绅

台州府地处东南海滨，属浙江省，下辖临海、黄岩、太平、天台、仙居、宁海六县。清晚期太平天国兵乱扫荡东南地区，使当地社会经济文化遭到极大破坏，很多书院被毁坏，台州府也不例外。同治初年，清政府为"底定"人心，多次诏令地方清理恢复书院财产，复兴书院讲学制度，倡导支持书院的发展。在这样的背景下，台州府官员积极贯彻朝廷意图，大力发展本地书院。同治三年（1864）刘璈署任台州知府，同治七年实授，前后在台九年，非常重视文教建设，大量重建、扩建或整顿充实书院，为晚清台州府书院的恢复和发展作出了重要贡献。其他地方官员也十分重视发展地方文教，如光绪十二年（1886）成邦干"重莅吾台，他务未遑，首兴文教"②。在各级政府官员的积极倡导和参与下，台州府六县普遍重修、重建或新修了大批书院，地方文教出现"中兴"之势。清代书院的官学化十分明显。各级政府官员不同程度地参与到书院运行管理中。笔者根据书院的经济来源、运行管理方式的差异，将台州府书院划分为府级书院、县级书院、乡村书院。

一、府级书院

台州府书院有两所，即三台书院、正学书院。三台书院为同治六年刘璈创建，初名"广文"，十年改名"三台"，"为合郡举人肄业之所"③，贡生也可在此学习④，山长由台州府聘任。其经费来源主要是台州府盐捐、部分会试公车费以及六县捐钱⑤。《光绪临海县志》"三台书院"条下载有光绪十三年郡守成邦干重定书院章程。成邦干于光绪十二年至十五年出任台州知府，十

---

① 滕雪慧，女，临海市博物馆，文博副研究馆员。
② 特通阿．项士元．东湖志・东湖新志[M]．徐三见，吴健，点校．北京：中国文史出版社，2005：94。
③ 喻长霖等．民国台州府志[M]．胡正武，徐三见，等，点校．上海：上海古籍出版社，2015：2595。
④ 何奏簧．民国临海县志：学校[M]．民国二十四年刻本，1935。
⑤ 喻长霖等．民国台州府志[M]．胡正武，徐三见，等，点校．上海：上海古籍出版社，2015：2595。

文化关系，推动和促进天台华顶茶及其人茶和合文化成为天台山与天台山系和合文化的重要组成部分和重要发展平台、中介、机制。如果说天台山佛道从同栖一山的外在和合到心性双修的内在和合，推动和促进天台山和合文化的勃发和兴盛，那么追溯其发展源头、动力、平台、中介、机制，绕不开葛玄开创和兴发的天台华顶人植进化茶及其人茶和合文化。

生，从而回归全心、悟真得道的效应、效能、效果、效益。皎然深刻阐发茶饮在人的心理、精神、文化层面的作用与功效，把茶与人生的健康和发展和合归一，从而深化和提化茶为人生健康和发展的中国茶道。皎然虽然强化和细化茶饮功效与中国茶道的道佛信仰和佛道文化，然而相当程度强化和细化茶与人、人与心、心与茶紧密联系和交互作用，从而突出和溢出人与茶互联互补互动互通互化而和合同一。皎然进一步推动和促进天台山道茶及其道茶文化与天台宗禅茶及其禅茶文化的交融和合，而且进一步推动和促进天台山系茶系及其人茶和合文化的兴盛发展。

盛唐江苏扬州高僧鉴真崇敬智𫖮大师和天台宗。东渡日本弘扬天台宗佛法经典和禅茶文化，前五次东渡失败。天宝十三年（754），第六次才获成功。鉴真行前专程拜谒国清寺，礼敬智𫖮大师。日本高僧最澄刻苦修研鉴真带到日本的天台宗经典。中唐贞元二十年（804），最澄得到当时日本嵯峨天皇允准，西渡天台求法。师从天台宗十祖道邃和高僧行满研修天台宗，旁及禅宗、律宗和密宗。行满曾为天台宗寺院茶头，主管禅茶及其禅茶文化。最澄追随行满习研禅茶及其禅茶文化，并且习研天台华顶茶从种植、制作、烹煮、饮用到禅茶双修整个过程的技术、技艺和法门、法道以及器具。学成回国，最澄请走天台宗经典和华顶茶籽，并且不负众望，开创日本天台宗及其禅茶、茶园、茶道。中唐太和二年（828），新罗（现今韩国）入唐朝贡使，把唐文宗亲赐的天台华顶茶种籽带回韩国智异山种植，开创韩国茶叶、茶业及其茶文化历史。天台华顶茶及其人茶和合文化，成为日本、韩国以至东南亚茶叶、茶业及其茶文化的源头。天台华顶茶一杯，天涯海角若比邻。

南宋时期，日本高僧荣西先后两次西渡天台求法。荣西与时俱进，着重研修当时中国佛教主流禅宗的黄龙禅法，潜心佛道双修、禅茶双修，精修中医和中药，反复考察和研究天台华顶茶生产和禅修整个过程及其关键环节，特别是多次杀青烘焙新工艺和茶粉沸水冲调新方式。荣西不仅把天台华顶茶种籽带回国，而且把华顶茶及其人茶和合文化发展新成果带回国。他充分吸取中国易、道、儒、佛、医、隐和合文化成果，传承和循行天台山道佛心性双修、禅茶中观双修、健康益寿茶道的和合文化成果，用中文撰写日本最早的茶学与茶文化专著《吃茶记》。开卷即以佛教语词"末代""妙术"和道教语词"仙药""神灵"交融和合，高调宣称："茶者，末代养生之仙药也，人伦延龄之妙术也。山谷生之，其地神灵也。人伦采之，其人长命也。"[1] 他从天与人、人与茶、茶与心的和合轮化关系出发，详尽地阐发心脏等五脏和合关系与心茶和合关系，概括和提炼吃茶养生之道和方法。他明确指出："建立心脏之方，吃茶是妙术也。厥心脏弱，则五脏皆生病。"[2] 荣西亲自倡导、引领、力行、弘扬种茶、制茶、饮茶的技术、技艺与法道、法门以及礼仪、风尚，开创和兴发日本禅宗、禅茶及其心茶和合文化。荣西吸纳南宋天台山佛教和道教、禅茶和道茶、佛医药和道医药的发展成果，从而传承和发展茶之和合、和合为人的天台华顶茶及其茶文化，并且根植与和合于日本茶叶、茶业及其茶文化之中。

高道葛玄开创和兴发天台华顶人植进化茶及其人茶和合文化，开创和兴发天台山系茶系及其人茶和合文化，开创和兴发从天台山到天台山系人与茶的实践关系、和合关系、实践基础上和合

---

[1]［日］荣西：《吃茶记》，作家出版社2015年版，序第1页。
[2]［日］荣西：《吃茶记》，序，第1页。

东晋南渡世族高仕谢安后裔的中唐高僧皎然，科考不第皈依佛教，坐持浙江湖州杼山妙喜寺。他开山料理茶园，组办品茶雅集，弘兴种茶饮茶时风。"茶神"陆羽从湖北天门避离江淮之乱南下湖州。皎然与陆羽相识，并且结为知己。陆羽得以生活的安顿和心灵的安顿。皎然真诚、主动、无私地支持和帮助陆羽深入江南各地主要茶区考察调研，一起深入探讨、研究、总结历代特别是唐代茶叶种植、制作、饮用的经验和技艺。陆羽发现和提升湖州长兴顾渚山盛产的紫笋茶。朝廷不仅纳为贡茶，而且大举兴建顾渚贡茶院，以顾渚紫笋为第一贡茶、第一国饮。陆羽又全面和深刻地研究和阐述中国茶叶、茶业及其茶文化的历史发展经验和唐代创新经验，特别是择茶、烹煮、用水、茶具、品鉴的技艺和茶饮生理、心理、伦理的功效，编纂和刊印中国也是世界第一部茶学与茶文化的专著《茶经》。推动和促进中国茶叶、茶业及其茶文化前所未有的繁盛发展，开拓和确立茶学与茶文化前所未有的学科发展，陆羽居功至伟。而皎然，也作出扶助和协同的非凡贡献。

在顾渚紫笋风靡盛行天下之时，皎然穿越会稽山、四明山、天台山，相当系统地考察和研究会稽日铸茶、余姚瀑布茶、宁海越溪茶、剡县剡溪茶、天台华顶茶等天台山系茶叶体系发展及其人茶和合文化。这在当时绝无仅有。皎然在诗中放歌高唱："海上仙山属使君，石桥琪树古来闻。他时画出白团扇，乞取天台一片云。"[①]"丹丘羽人轻玉食，采茶饮之生羽翼。名藏仙府世空知，骨化云宫人不识。云山童子调金铛，楚人茶经虚得名。"[②]"越人遗我剡溪茗，采得金牙爨金鼎。素瓷雪色缥沫香，何似诸仙琼蕊浆。一饮涤昏寐，情来朗爽满天地。再饮清我神，忽如飞雨洒轻尘。三饮便得道，何须苦心破烦恼。……孰知茶道全尔真，唯有丹丘得如此。"[③]

值得高度并且充分重视和研讨皎然考察研究天台山系茶系及其人茶和合文化的重要和重大成果。第一，皎然立足天台山道教和天台宗佛教从主脉天台山向重要支脉会稽山与四明山传播和渗透的历史轨迹，发现天台山系茶系从天台华顶茶向剡县剡溪茶、宁海越溪茶、余姚瀑布茶、会稽日铸茶传播和渗透的历史轨迹。他特别关注天台山道教羽人采茶饮之，对于天台山与天台山系茶系及其茶文化的开发贡献。他甚至不无调侃陆羽忽视源自天台华顶茶的天台山系茶系。第二，皎然不仅在天台山系茶区反复就地品尝、品味、品鉴茶叶，而且与友人反复品尝、品味、品鉴天台山系茶叶。他与友人既以茶兴诗，又以诗扬茶，把唐代文化繁荣发展的两大巅峰标志唐诗和唐茶，交融和合。第三，皎然深刻揭示源自天台华顶茶的天台山系茶系，无论色泽、香味还是质地、品性，无论瓯越雪色云生的青瓷茶具还是佛道心性双修的文化底蕴，堪称中国优质好茶的"金档"，一如仙宫玉液琼浆。他甚至认为天台华顶茶和剡县剡溪茶，绝不亚于第一贡茶、第一国饮的顾渚紫笋茶。第四，最为高光的是，皎然开发和提升天台华顶茶与天台山系茶系的人茶和合文化，率先提出并且阐发"全尔真"的中国茶道。与陆羽大有不同，皎然尽管从茶饮品鉴入手，却重在茶饮文化的核心中国茶道。他从人的生理、心理、意识、行为和体感、体验、体会、体证的内在固有整体结构出发，既相当全面又相当具体地揭示茶饮健康身心、破除烦恼、益寿长

---

① （唐）皎然：《送邢台州济》，见《全唐诗》第二十三册，中华书局1960年版，第9220页。
② （唐）皎然：《饮茶歌送郑容》，见《全唐诗》第二十三册，第9262—9263页。
③ （唐）皎然：《饮茶歌诮崔石使君》，见《全唐诗》（第二十三册），第9260页。

教转向大乘佛教般若学，又借鉴天台山道茶及其道茶文化，探索和衍生佛茶及其佛茶文化。① 王羲之不仅有功于中国书法艺术与书法文化的崛起和勃发，而且有功于天台山道教文化与道茶文化的传承和勃发，推动和促进源自天台华顶茶的天台山系茶系及其人茶和合文化的传播和推广。

陈隋之际，湖北荆州南渡高僧智𫖮亲率法系高徒，选择天台华顶山，创建印度佛教中国化的第一个自立、自主、自为宗派天台宗及其祖庭天台寺（后为国清寺）。中国佛教大师智𫖮的伟大，在于立足于中国社会现实国情和中国易、道、儒、医、隐和合文化，和合并且改造印度大乘佛教《法华经》和中观论，把注重回归初心觉悟佛法即佛的涅槃学与注重心智禅修觉悟成佛的般若学相向和合。既以初心戒定竭止心念，又以初心发慧观照觉悟，更以初心体验体证即心即法即佛。智𫖮并不拘守源自巴蜀的荆州茶风，积极借鉴、吸纳、改造、转化天台山道茶及其道茶文化，从中国佛教中观论延伸、衍生、拓开中观和合茶道，把以茶礼佛与以茶悟禅相向和合同一，开创和兴发止观双修、禅茶双修的天台宗禅茶及其禅茶文化。②

从盛唐到中唐，天台宗历代高僧圆融和合佛、儒、道三家以心为本、以性为根的心性双修论，传承和发展天台宗佛学义理及其修持法门，并且圆融和合禅、礼、茶三位同一的中观和合茶道，传承和发展天台宗禅茶及其禅茶文化。创新的核心，在于把止观双修、禅茶双修提升到禅茶合一、茶礼治寺的广度、深度和高度。一方面，把礼敬佛法僧三宝与茶敬三宝广度、深度、高度和合同一，并且贯穿和渗透于僧团组织管理与佛众行为管理的整个过程及其关键环节之中。另一方面，把禅修止观与茶修止观广度、深度、高度和合同一，并且贯穿和渗透于重大法事与修持、节庆法事与修持、日常法事与修持的整个过程及其关键环节之中。天台宗禅茶的"禅茶合一"，并非禅定与茶饮的合一，而是禅修与茶修的合一，禅礼与茶礼的合一，禅修之礼与禅茶之修的合一。天台宗禅茶的"茶礼治寺"，并非以茶载礼治理寺院，而是以禅茶之礼治理禅茶之修，以治理禅茶之修的禅茶之礼既制度规范又潜移默化僧团组织和僧众行为，以禅茶之礼治理佛教戒律、寺院清规、禅茶规制的实施、监察、督查、考核、奖惩。③ 其实质就是，以禅、礼、茶的和合同一为中位、中端、中介和中道、守中、执中，通过人内在固有的整体结构，身、心、识、业即生理、心理、意识、行为及其体感、体验、体会（体悟）、体证互联互补互动互通互化和合同一的整体结构，把禅与人、人与茶、茶与佛、佛与禅在初心即天下万物人事本原、本性、本质、本真的广度、深度、高度和合同一。需要强调指出：不难发现禅茶合一、茶礼治寺的天台宗禅茶及其禅茶文化，不仅从智𫖮止观双修、禅茶双修的禅茶及其禅茶文化直接传承和发展而来，而且借鉴、吸收、转化、改造葛玄丹茶同道、丹茶双修的道茶及其道茶文化间接传承和发展而来。天台宗禅茶及其禅茶文化不仅走向成熟，而且走向历史的前台，从而依托天台宗的传播和弘扬，强劲有力地倡导、引领、推动、促进天台华顶茶及其人茶和合文化的发展和创新，天台山系茶系、茶业及其茶文化沿着茶之和合、和合为人的方向与轨道不断发展和创新。

---

① 参看朱封鳌：《天台山道教史》，第17—19页；梁少膺编著：《六朝剡东文化》，中国文化艺术出版社2008年版，第118页。

② 参看陶济：《茶之和合 和合为人》，见《2017天台山和合文化论坛论文集》下册，浙江工商大学出版社2021年版，第339—340页。

③ 参看陶济：《茶之和合 和合为人》，见《2017天台山和合文化论坛论文集》下册，第340—341页。

道、丹、茶相向包容统筹协调而和、扬长互补协同而合，而且把天之道、人之道、丹之道、茶之道、道之道相向包容统筹协调而和、扬长互补协同而合。

第三，以茶修道与以茶养生的和合同一。葛玄立足于老子道家无为守中和合之道与和合之法，吸收和改造医家药食同源食茶同源药茶同源、健康养生延年益寿的和合文化资源和成果。不仅把筑鼎炼丹、以丹修道与开圃植茶、以茶修道相向包容统筹协调而和、扬长互补协同而和，而且特别是把丹茶同道、丹茶双修与长生不老、悟道成仙相向包容统筹协调而和、扬长互补协同而合。在葛玄看来，以茶为饮与引茶入道、以茶健生与茶修道、以茶益寿与茶修悟道都根源于天下万物人事阴阳五行和合同一归一的立天和合之道。以茶为药、以茶为道、以茶修身、以茶修道，既能防治病患而健康长生，又能契合大道而修悟大道。健康长生才能修悟大道，修悟大道才能健康长生。最终修得真身悟得大道，脱胎换骨而长生不老，契合大道而轮化同一。人道和合同体，羽化归一成仙。葛玄有意或无意、自觉或自发、理性或直感，不仅赋予人植进化茶及其茶文化，以天、人、道、丹、茶参同契合修悟立天和合之道的道教含义，而且赋予人植进化茶及其茶文化，以茶药同源茶修益寿护生、养生、健生、长生的健康价值，并且把道教含义与健康价值相向统筹协调而和、扬长互补协同而合。

无论在中国道教及其道教文化的发展史上，还是在中国茶叶、茶业及其茶文化的发展史上，特别是在中国道教和合文化和中国茶业和合文化的发展史上，葛玄首先传承、弘扬、深化、发挥、应用、践行老子开创的道家无为守中和合文化及其和合之道与和合之法，引茶入道、以茶修道，开创和兴发天台山人植进化茶及其人茶和合文化，茶之和合、和合为人。这就是，一个中心三个方面：以丹茶同道、丹茶双修为中心，茶与天、人、道、丹和合同一，以茶守中与丹茶双修和合同一，以茶修道与以茶养生和合同一，三个方面相向包容统筹协调而和、扬长互补协同而合。

务必深度并且高度注重、研究、探讨的是，与其说葛玄以茶入道，不如说以人人茶，与其说丹茶双修，不如说人茶和合。葛玄手植的人植进化茶，不仅把人及其生产实践与现实生活引进茶、开发茶，并且把人与茶、茶与天、天与人的交互作用与交互关系引进茶、开发茶，从而把人与茶互联互补互动互通互化、相向包容统筹协调而和扬长互补协同而合的轮化关系与和合关系引进茶、开发茶。葛玄开创和兴发天台华顶人植进化茶及其人茶和合文化，同时推动和促进天台山和合文化的初起和扩展。

本文在研究中不断发现，葛玄开创和兴发天台华顶茶及其人茶和合文化，深刻影响并且牵引带动天台山与天台山系茶系及其人茶和合文化的规模扩张和持续发展，深刻影响并且有力推进天台山佛道双修及其佛道和合文化的兴起和勃发。

东晋南朝时期，南渡江南的仕、道、僧、儒乃至隐等各方人士，纷纷在葛玄之后穿越会稽山、四明山、天台山，成为重新审视和开发天台山与天台山系的生力军和主力军。以书圣著称的东晋南渡世族高仕王羲之，历任朝中重臣，遭受逸伤而退隐天台山系的会稽山林。他游寓天台山，道、丹、书、茶同修。自称"永"字笔法，受传于天台山华顶灵墟高道白云（紫真）。王羲之在会稽山中开拓庄园，兴建宅园接待宾客，植茶饮茶弘扬茶风，书茶双修而归隐终老。他盛情邀请和支持南渡支循等名僧在天台山脉弘传佛教，并且与道教、玄学交融和合。支循既从小乘佛之法、茶之修、茶之道为中端、中介、中和，把天之道与丹之道、丹之道与茶之道、茶之道与天之道、茶之道与人之道，相向包容兼顾协调相和、扬长互补协同相合。后世佛教天台宗禅茶及其禅茶文化借鉴、吸收了葛玄丹茶、道茶和合之道及其和合之法，改造、提升为中观和合的禅茶之道及其禅茶之法。显然，葛玄相比魏伯阳，在持道、修道、弘道、传道的层面和丹茶同道、丹茶双修的高度，更加深化发挥并且深入运用老子无为守中和合之道与无为守中和合之法。

天台华顶茶的和合文化

高道葛玄之高，不仅高在道教文化的传承和开发，高在道教修持的传承和开发，而且高在依托基于江南道教丹道双修相对充分的道教文化条件，高在依托江南吴国一代茶风勃兴相对必要的社会现实条件，并且把不可缺失、决定作用的必要与充分两个方面条件，相向包容统筹协调而合、扬长互补协同而合。尽管当时以天台山为主脉的天台山系，山高林深，云雾缭绕，禽兽出没，人烟稀少，然而葛玄慧眼独具，视为丹道双修、丹茶双修、脱胎换骨、羽化成仙的天赐宝地。他披荆斩棘，风雨同行，毅然决然地筑鼎炼丹、开圃植茶。葛玄率先开创和兴发丹茶同道、丹茶双修的天台山道茶及其道茶文化，同时开创和兴发茶之和合、和合为人的天台华顶茶及其人茶和合文化。这集中并且显著地展现在以下主要乃至根本的三个方面。

第一，茶与天、人、道、丹的和合同一。葛玄从老子道家无为守中和合之道出发，融入易家、道家、儒家、医家、隐家、道教等和合文化资源和成果，并且融入学道、研道、修道、悟道、传道等丹道双修、丹茶双修等持道修行经验和教训，超越魏伯阳进一步把天、人、道（自然）、丹、茶和合同一，把天之道、人之道、道（自然）之道、丹之道、茶之道和合同一。其一，天之道与人之道，都根源于天下万物人事阴阳五行和合同一而归一的立天大道、和合之道，与立天和合之道轮化而和合同一归一。天之道就是人之道，人之道就是天之道。其二，立天和合大道与丹鼎修炼之道，都是天地阴阳四时五行和合同一而归一的变易之道，炼丹服丹与以丹修道内外和合同一归一而参同契合立天和合大道，天之道、地之道、人之道、丹之道、道之道和合同一而归一。丹之道，就是天之道、地之道、人之道。其三，丹为阳、为金、为火，茶为阴、为木、为水，丹与茶同出于地、土，丹与茶互补互化而相和相合。茶之道，就是丹之道，就是天之道、地之道、人之道，与立天和合大道和合轮化而同一归一。

第二，以茶守中与丹茶双修的和合同一。葛玄深知引茶入道，当然可以有效消解炼丹之渴、丹修之乏、服丹之毒，更重要和必要的是丹茶和合双修，可以参同契合立天和合大道，与立天和合大道轮化而同一归一。葛玄发挥并且运用老子道家无为守中的和合之道与和合之法，把丹与茶、丹之道与茶之道、丹之修与茶之修中位化、中端化、中介化和中道化、守中化、执中化。丹为人与天和合轮化而同一归一的中位、中端、中介和中道、守中、执中，丹之道为人之道与天之道和合轮化而同一归一的中位、中端、中介和中道、守中、执中，丹之修为人之修与道之修和合轮化而同一归一的中位、中端、中介和中道、守中、执中。茶为人与丹和合轮化而同一归一的中位、中端、中介和中道、守中、执中，茶之道为人之道与丹之道和合轮化而同一归一的中位、中端、中介和中道、守中、执中，茶之修为人之修与丹之修和合轮化而同一归一的中位、中端、中介和中道、守中、执中。丹茶双修因此双重双弘参同契合立天和合大道。葛玄不仅把天、人、中和合之道与和合之法，在天下万物人事本原、本性、本质、本真的高度先验化、信仰化、神秘化、道教化。显然，葛玄以老子《道德经》为基石、核心、方向，突破和超越了魏伯阳以《周易》为基石三道同一的层面与天人同构、天人同类的高度。

第二，依据老子无为和合之道与和合之法，不仅以丹入道而且以茶入道。魏伯阳依据丹鼎派祖经，关注和发挥的重心在于炼丹的鼎器与炼丹的方术特别是炼丹之术与丹修之道，内在固有的和合同化关系与和合一体过程。所以，他特别强调类辅自然、类同相从，充分利用同类无机的矿物、药物炼丹与丹修。魏伯阳独到的创新贡献，集中于不仅把天、人、道、丹和合同一，而且把天之道、人之道、丹之道、道（造化）之道和合同一。不少研究者高度评价魏伯阳及其《周易参同契》："建立了一个叩问宇宙自然之道、探寻养性修仙的丹经思想体系。"[①] 魏伯阳尽管提及有机植物诸如槚（茶），然而认为矿物植物类不同而不相从，却加以排斥否定。当然既没有引茶入道，更不可能以茶修道。葛玄不同于魏伯阳，依据先验化、信仰化、神秘化、道教化的老子《道德经》，关注和发挥的重心在于炼丹的道术与炼丹的道修特别是炼丹之道与丹修之道，内在固有效法自然、无为守中的和合同化关系与和合一体过程。所以，他比较彻底地强调天下无极常自然，万物人事与大道自然而然常轮化。既充分利用无机矿物、药物，把金丹看作是羽化升仙的法宝，又充分利用有机植物、药物包括茶叶，把茶叶看作是健身益寿的法宝。后世高道葛洪、陶弘景等人认同和发挥了葛玄利用包括茶叶在内有机植物的修道突破。葛玄独到的创新贡献又一方面，不仅把天、人、道、丹、茶和合同一，而且把天之道、人之道、丹之道、茶之道、道之道和合同一。葛玄既倡导引茶入道，又力行以茶修道。值得高度和深度重视、关注、研究、探讨的是，葛玄高举老子大旗、高扬效法自然、高行道茶双修，淋漓尽致地发挥和深化老子开创的道家无为守中和合之道与和合之法，在天下万物人事本原、本性、本质、本真的高度，把天、人、道、丹、茶，并且把天之道、人之道、丹之道、茶之道、道之道，相向包容兼顾协调相和、扬长互补协同相合。一方面，把老子《道德经》的先验化、信仰化、神秘化、道教化与丹鼎祖经的丹修化、丹道化、丹法化，相向包容兼顾协调相和、扬长互补协同相合；另一方面，把丹鼎祖经的丹之道、丹之法、丹之修与以茶入道的茶之道、茶之法、茶之修，相向包容兼顾协调相和、扬长互补协同相合。显然，葛玄以丹茶同道、丹茶双修的茶与天、人、道、丹和合同一，突破和超越了魏伯阳以丹鼎祖经为依据丹道同一的层面与丹道同修的高度。

第三，弘扬老子无为和合的守中之法，力行天人和合的中观茶道。老子《道德经》提出并且运用了和合之道的无为守中之法。老子认为，天下万物人事有无相生、难易相成、前后相随，既不能也不可从有或无、难或易、前或后两极入手，而要遵循无为守中和合之道，有、无之间、难易之间、前后之间居中、守中、执中，以道为正、以奇出手、以无为而有为取胜。魏伯阳十分注重以丹鼎、金丹与丹术、丹修为中端、中介、中和，把天之道与丹之道、丹之道与人之道、人之道与天之道，相协调而和、相协同而合，和合同化而和合一体。葛玄进一步深化和运用无为和合的守中之法。不仅以丹、丹之法、丹之修、丹之道为中端、中介、中和，把天之道与丹之道、丹之道与人之道、人之道与天之道，相向包容兼顾协调相和、扬长互补协同相合，而且以茶、茶

[①] 卿希泰主编：《中国道教思想史》（第一卷），第262页。

化，转变为道教奉一守静和合文化，把道家效法自然和合之道与和合之法，转变为道教治身成仙和合之道与和合之法。从一定意义上说，道教先验化、信仰化、神秘化乃至宗教化的和合文化及其和合之道与和合之法，是道家和合文化及其和合之道与和合之法的衍生、分化和变异。

葛玄师从左慈，授传《黄帝九鼎丹经》《太清金液丹经》等丹鼎派祖经，并且是左慈亲立的丹鼎派传人。葛玄熟知和把握道家与道教的观念资源、理论成果，特别是道家神化与转变为道教的态势和趋向。他筑鼎炼丹、丹道同修，切身积累和总结的实际应用与体验效应正反两个方面的经验与成果，相当丰厚、扎实、细密。葛玄与魏伯阳同属道教丹鼎派，同奉老子为始祖，同执丹经为祖经。葛玄生年略晚于魏伯阳，知悉当时火热的魏伯阳及其《周易参同契》，本在情理之中。何况，《周易参同契》问世，就被道教人士和信众接受，更被丹鼎派人士和信众誉为"万古丹经王"。不过，两人是否直接交集，并无相关文献资料和口述记录可以证实和确证。但是，两人的道教思想、丹道双修方式、无为和合之道与和合之法，在根本上是一致的、相向的、互补的。两人毕竟都是道教及其丹鼎派的同门精英。

然而，葛玄与魏伯阳明显有所不同、很大不同、带有某些本质性的重大不同。葛玄不仅是江南吴国丹鼎派左慈一脉的直接传人，而且是后来东晋道教灵宝派创建的祖师之一。他既和魏伯阳一样，高度崇信《周易》；却和魏伯阳不同，更加高举道家文化创始人老子及其《道德经》的大旗。葛玄进一步把道家文化先验化、信仰化、神秘化、宗教化，深化、改造、转变为道教文化。后世道界尊称葛玄为葛仙公，由太上老君、元始天尊老子敷演传授《道德经》及其诀要。道教经典汇集《道藏》收入葛玄撰著的《道德经序诀》。

第一，从根本上道教化道家文化创始人老子。葛玄宣称老子原本是灵宝真人，所传《道德经》原本是灵宝天书。太上老君老子自然而然，生而无因，终而无极；老子所传《道德经》宣道德之源，大无不包，细无不入，乃天人自然之经。他突出地强调："老子体自然而然，生乎太无之先，起乎无因，经历天地终始不可称载。终乎无穷，极乎无极，故无极也。与大道而轮化，为天地而立根，布气于十方，抱道德之至纯，浩浩荡荡，不可名也。焕乎其有文章，巍巍乎其有成功，渊乎其不可量，堂堂乎为神明之宗。"[1] 葛玄把自然而然之体的老子与自然而然之道的大道，表现为老子其人效法自然而然的人之道与表现为自然而然天地阴阳五行无为和合的天之道，不仅和合同化，而且和合一体。老子既是道家文化创始人，又是道教创始教主，更是自然而然大道。道家始祖老子、道教始祖老子、自然始祖老子三体自然而然、合而为一。道家和合归一之道、道教和合成仙之道、自然和合化生之道三道自然而然、合而为一；和合三体与和合三道自然而然、合而为一。与其说是神仙化老子，不如说是道教化老子。葛玄又极其所能、高调颂扬老子体道合一、人天合一、道德合一："三光持（恃）以朗照，天地禀以得生，乾坤运以吐精，高则无民，贵而无位，覆载无穷，是教八方诸德也。故众圣所共尊。道尊德贵，莫之命而常自然，惟老氏乎！"[2] 葛玄把天下万物人事不论自然造化、社会教化、人伦德化，统统纳入老子自然而然、无为和合的体道合一、人天合一、道德合一之中。这就把老子及其开创的道家文化特别是无为守

---

[1] （吴）葛玄：《老子道德经序诀》，转引自卿希泰主编：《中国道教思想史》第一卷，第322页。
[2] （吴）葛玄：《老子道德经序诀》，转引自卿希泰主编：《中国道教思想史》第一卷，第322页。

和合之法。象数派突出地强调，奇偶为天地中数，贯穿和渗透于天地阴阳四时五行和合同一而归一的整个过程及其各个方面和所有环节。应对万物人事，关键在于以奇偶中数的匹配和合，匹配和合天地阴阳四时五行的和合归一。义理派轻象数、重义理而突出地强调，乾坤为天地中位，贯穿和渗透于天地阴阳四时五行和合而归一的整个过程及其各个方面和所有环节。应对万物人事，关键在于以乾坤中位的升降和合，升降和合天地阴阳四时五行的和合归一。

道、儒、易、隐诸家衍生和发展和合文化及其和合之道与和合之法，在相当程度上培育和引发黄老派、仙道派、阴阳派、五行派、丹鼎派、符箓派等原始道教不同派别的纷纷涌现并且交互相通，不仅摆脱原始道教不同派别的局限和束缚，而且推动和促进体制道教的重组和整合，传承和弘扬道家无为守中和合之道与和合之法。

丹鼎派主要代表人物高道左慈毅然突破曹操的胁迫和控制，成功偷渡长江，在江南各地修道弘法，广招门徒，有力地推动和促进道教丹鼎派及其丹道双修和合之道与和合之法的传播和深化。浙江上虞高道魏伯阳撰著《周易参同契》。他依据丹鼎派《黄帝九鼎丹经》《太清金液丹经》等祖经，把《周易》万物万事阴阳五行同化归一的和合之道与和合之法，黄老派万物人事阴阳五行适中应感的和合之道与和合之法，丹鼎派效法造化（自然）阴阳五行丹道双修的和合之道与和合之法相协调而和、相协同而合。《周易参同契》的"参"，指称三道，即周易之道、黄老之道、丹修之道；"同"，指称三道同一，即周易之道、黄老之道、丹修之道的和合同一；"契"，指称规范文契，即三道和合同一的规范精典。魏伯阳相当全面深入地吸收、深化、融合、发挥两汉时期道儒易医隐诸家和合文化及其和合之道与和合之法的最新研究成果，特别是丹道双修的最新践行成果。他突出地强调，自然造化大天元与人生不虚小天元，乾坤（天地）阴阳四时五行相互依存、交感、生克、通和、协合。而筑鼎炼丹、丹道双修，正是人生与造化相互依存、交感、生克、通和、协合的路径和过程。圣人从而得和合之道、知天地之窍、盗阴阳之精、识造化之根、延长生之寿。在他看来，道生万物效法自然无为而有为，乾坤升降、阴阳和合、四时有序、五行合体、从而从无到有；丹道双修效法自然有为而无为，合体五行、有序四时、和合阴阳、升降乾坤从而从有到无。大天元正向小天元，小天元反向大天元，恰好互联互动而相互依存、交感、生克、通和、协合，变易殊途而不易同归。所以，筑鼎炼丹、丹道双修既是外以鼎器采集凝聚天地之精气还丹服食，又是内以自身运神修炼后天之精气形神合一，从而返归天元大道。因此，丹道与天地造化同途。

黄老派[①]与仙道派相融通的不详作者《老子想尔注》，不仅把老子《道德经》与神仙方术结合起来，而且大量吸收和发挥道儒易医隐诸家研究成果，特别是汉儒感应神学天命论。《老子想尔注》突出地强调，老子亦道、道者一也、一者道也，散形为气，聚形为太上老君，或言虚无，或言自然，或言无名，皆同一耳。地法天、天法道、道法自然，天地效法自然以其不自生故能长久。修道之人，归志于道，以守静守道守诫为要，效法自然而不自生，积精成神而得仙寿，故与长生高寿和合。鱼失渊去水则死，人犹鱼失戒失道则死。《老子想尔注》以人道同一、无为长生，既神化老子为太上老君，又神化老子为和合之道与和合之法。这就把道家无为守中和合文

---

① 参看卿希泰主编：《中国道教思想史》第一卷，第262—274页。

用、相互渗透、相互转化的和合轮化过程和变易演进回环。《周易》求象取义的内在逻辑和根本依据集中在三个方面：变易、不易、易行。第一，核心的变易。天下万物万事，始终处于生生不息、和合归一的变易之中。第二，基石的不变。唯一不变不易的是，天下万物万事阴阳四时五行相互依存、交感、生克、通和、协合、归一的立天大道、和合常道。第三，运用的易行。应对天下万物万事最为简易、务实、有效的方式和方法，莫过于尊重并且顺循天下万物万事阴阳四时五行和合轮化、回环归一的立天和合常道。《周易》率先提出了天人关联轮化归一的和合之道与和合之法。

道家文化创始人老子，从《周易》求象取义中延伸、深化、发挥，从而开创了天地阴阳四时五行独立周行、万物人事敬畏大道效法自然的道家无为守中和合之道与和合之法。老子突出地强调，以人敬畏效法自然的无为守中而顺循天道，与天地阴阳四时五行协调相和、协同相合，化解和消除人与天、人之德与天之道、人之道与天之道的对立与对抗，自然而然，返璞归真，归于抱一守中无为的天人和合。儒家文化创始人孔子，从《周易》求象取义中延伸、深化、发挥，从而开创了以人的仁义为主礼仪为辅、万物人事两端取中的儒家仁礼取中和合之道与和合之法。孔子突出地强调，过犹不及取中和合，以人之仁、人之德、人之礼尽人性、尽德性、尽物性，知天事与知事天，不与天相悖而与天相和。从《周易》原创到道儒更新，归根结底就是把天下万物人事内在对立乃至对抗的矛盾、矛盾关系、矛盾关系运动，相向包容兼顾协调而和、和而不同与扬长互补协同而合、求同化异。中国和合文化及其和合之道与和合之法，不仅基本兴起和完善，而且逐步体系化和系统化。其精髓在于取中、守中、执中，从而致中和合天与人、必然之天与能动之人、天之道与人之道、人之德与天之道，内在固有对立乃至对抗的矛盾、矛盾关系、矛盾关系运动。

两汉时期，道、儒两家以及易、医两家乃至隐家进一步衍生和发展和合文化及其和合之道与和合之法。这主要表现在两个方面：第一，把以天为起点天与人相关、相和、相合的和合之道，深化和提升到以人为起点天与人合一、同一、归一的新高度，并且是人生与自然、人生与社会、人生与自我三个层面合一、同一、归一的新高度。第二，与此联系在一起，和合之道与和合之法的阐发和衍生出现全面深入的先验化、信仰化、神秘化乃至宗教化的态势。道家刘安突出地强调，执中含和而天人相参，为人居中制宜、无为自得，效法自然之道，权衡自然之势，感通自然之行，修为至人真人而怀天之心、随天所为、通天全生，与天合一、同一、归一。儒家董仲舒突出地强调，天人相类而天人感应，为人适中养和，举天地之道，从生理、心理、意识、行为各个层面效法和笃守天地阴阳四时五行和合轮化，而与天合一、同一、归一。以《黄帝内经》为代表的中医药家突出地强调，人体及其毛皮、骨骼、脏器乃至经络、脉息等各个组成部分，无论组合构成还是运行过程都遵循天地阴阳四时五行和合归一的天道及其程序。顺应则健康长生益寿，逆反则损伤发病亡故。只有致中和合人体与天地、形体与精神、内脏与外风，法则天地、和于阴阳、调于四时、合同于道，才能健康长生、防治病患、寿敝天地。中医药家高度重视植物、动物、微生物健康养生和防病治疗的重大作用，明确提出医食同源、药食同源的和合之道及其和合之法。易家形成了象数派和义理派，共同的特点是把《周易》天与人关联轮化归一的和合文化、道家无为守中和合文化、儒家仁礼取中和合文化结合起来，重新解读《周易》及其和合之道与浙江会稽。史称"代载英哲，族冠吴史"。①后裔从侄葛洪是中国道教大师，又迁族门到浙江宁海。宁海至今保存了以葛洪为一世祖的门族宗谱。葛玄从小得到良好的世家望族教育，熟读周易、孔孟、老庄等诸家精典，深受家族文化的熏陶影响，其中包括茶风、茶礼、茶文化的熏陶影响。鉴于战事频繁、社会动荡、生命困惑，葛玄竟然离家皈依道教，成为道教丹鼎派代表人物左慈的高徒和传人。他数十年如一日，在江南乃至岭南各地习道、修道、研道、传道，颇具声望和盛誉。晚年大获吴国皇帝孙权的注重、赞赏、支持和资助。葛玄不顾年迈，奔波于天台山系各地，以天台赤城山、华顶山、桐柏山为基地，大兴道院道坛，授徒弘道。在筑鼎炼丹、以丹修道的同时，开圃植茶、以茶修道，身体力行丹茶同道、丹茶双修。天台境内天台观（后为桐柏观），就是吴国皇帝孙权特意专为葛玄所建。②

历来和现代研究者无不依从葛玄亲侄葛洪的记述，认同葛玄着意和着重在台州天台境内华顶山和临海境内盖竹山，炼丹植茶，丹茶双修。1998年，中国国际茶文化研究会牵头组织权威专家组现场考察调研，认定天台华顶山峰巅归云洞洞口附近三十三丛茶树，不仅是距今一千七百多年的进化型古茶树，而且是葛玄手植遗迹。③这就为葛玄引茶入道、以茶修道的相关史料，提供了实实在在的物证，并且为葛玄置身、立足、介入和参与原始野生茶改造和质变为人植进化茶，提供了实实在在的物证。诚然，也就为中国发现和利用原始野生茶的茶文明，转变和飞跃为兴发和利用人植进化茶的茶文化，提供了实实在在的证据。

无论茶叶产区和饮用从四川巴蜀向江南各地传播和扩散的宏观大势，还是人植进化茶在江南吴国初起和兴发的区域态势，特别是葛玄深受家族文化和吴国茶风的潜移默化以及与孙吴王朝的特殊关系，葛玄几乎具备必要的社会现实条件和整合资源能力，置身、立足、介入和参与原始野生茶改造和质变为人植进化茶的实践过程和历史转折，茶文明转变和飞跃为茶文化的实践过程和历史转折。这是一个不以任何人及其群体的意愿、意向、意志转移的客观必然事实、历史必然事实。即使不是葛玄，终究也会有人，跨出把原始野生茶改造和质变为人植进化茶的步伐和过程，跨出把原始茶文明转变和飞跃为人化茶文化的步伐和过程。然而，在台州和天台山系，恰恰正是葛玄而不是其他人，率先跨出创建和兴发人植进化茶及其人茶和合文化的步伐和过程。

天人相归一的和合之道

西周以来，中国社会高度认同、崇尚、追求自然、社会、人相协调而和、相协同而合。天人相归一的中国和合文化及其和合之道与和合之法，昂然出世、不断完善、持续发展。和合文化的观念资源与理论成果和实际应用与体验效应，相当丰富、深厚、精细。中国文化的源发典籍《周易》，主要分为西周时期的《易经》与东周（春秋战国）时期解读《易经》的《易传》两大部分。《周易》把天下万物万事归一为阴阳四时五行（金、木、水、火、土）相互联系、相互作

---

① （梁）陶弘景：《吴太极左公葛仙公之碑》，转引自卿希泰主编：《中国道教思想史》第一卷，人民出版社2009年版，第322页。
② 参看朱封鳌：《天台山道教史》，宗教文化出版社2012年版，第12—13页。
③ 参看王鹏任：《天台山云雾茶》，浙江大学出版社2008年版，第11—12页。

合、健身养生益寿防治病患的医药文化与药食同源药茶同源的保健文化，不仅深入人心，而且转化为现实的生活追求、生活方式、生活风尚。江南吴国自上而下社会各阶层日常生活的强劲用茶需要，在根本上决定并且支撑茶叶产区和饮用风尚从四川巴蜀向江南各地的传播和扩散，特别是人植进化茶在江南吴国较大规模、较快速度、较深层次的初起和兴发。

本文研究中还发现，江南吴国茶风的兴发和弘扬与以茶祭祀规制及其礼仪的传承和拓展紧密相关。西周体制因袭殷商，然而经过周公革故鼎新，从以神明为中心转变为以人事为中心，强调人事顺应天命的天人合一。以茶祭祀、敬天法祖的制度安排和礼仪安排已经建树乃至确立。湖南长沙马王堆西汉墓葬，陕西咸阳景帝陵西汉墓葬，先后考古挖掘出土茶叶和贮存茶叶的茶器。以茶祭祀、敬天法祖的制度安排和礼仪安排，已经从祭祀层面传承和拓展到陪葬层面，从国家层面传承和拓展到社会层面。东汉末年三国时期，以茶为礼的以茶祭祀、以茶陪葬、以茶待客、以茶敬人成为江南吴国社会各阶层的风气和民俗。从以茶为礼到以茶为饮，深刻地折射了人与茶之间生死与共的和合同一关系。不仅生前以茶为用以茶为食以茶为药以茶为饮，而且死后以茶为用以茶为食以茶为药以茶为饮。往往被掉以轻心却十分重要的是，以茶祭祀、以茶陪葬、以茶待客、以茶敬人的规制及其礼仪，实质上企望以茶致中、和合同一，在天与人、人与茶、生与死之间，在生者与生者、生者与死者、后代与祖宗之间，乃至在世人与神明、阳间与阴间、现实与未来之间，构建并且固化互联、互补、互动、互通和合同一的体感、体验、体会（体悟）、体证渠道和生理、心理、意识、行为渠道，也就是人从内到外与从外到内、从无意识与意识到信仰与行为双向互交和合同一的整体结构。

特别需要高度和充分关注、重视、聚焦，从原始野生茶到人植进化茶，这是中华民族伟大的主体性实践过程、革命性发展过程和历史性转折过程。原始野生茶的发现和利用，决定性的本质仍然是原生态生物链接与食物链接的自然发现和利用；原始野生茶的演变和进化，归根结底仍然是原生态生物链接与食物链接的自然演变和进化。而人植进化茶的初起和利用，决定性的本质已然是再生态实践链接与人文链接的文化初起和利用；人植进化茶的进化和兴发，归根结底已然是再生态实践链接与人文链接的文化进化和兴发。中华民族先辈从其日常生活需要出发，从其以茶为用、以茶为礼、以茶为药、以茶为食、以茶为饮出发，立足于认识和改造客观环境与人类自身的生产劳动实践、能动主体实践、主体创造实践，把原生态生态链接与食物链接的供给有限、品质低下、毒性不明的原始野生茶，改造和质变为再生态实践链接与人文链接的供给扩大、品质改进、有益健康的人植进化茶。同时，最为至关重要和重大的，莫过于把人类自身——以茶为用为礼为食为药为饮的主体，从原始野生茶的被动接受者、本能接受者，改造和质变为人植进化茶的能动创造者、文化创造者。从此，中国发现和利用原始野生茶的茶文明，转变和飞跃为兴发和利用人植进化茶的茶文化。

吴国高道葛玄有幸置身、立足、介入和参与原始野生茶改造和质变为人植进化茶的历史性演进过程与转折过程。葛玄出身于权贵豪门的世家望族，原籍中原山东琅琊。祖辈追随孙氏家族南征北战、西征东战。祖父、父亲先后出任吴国镇守江苏、浙江的高官，举家先迁江苏句容，再迁东传播和扩散。① 中国茶叶、茶业及其茶文化研究者大都认同此说。近年来，不少研究者又依据历史文献与考古挖掘的关联互证，进一步明确认为，两汉时期至迟三国时期，从四川巴蜀到长江中下游各地的产茶区，茶叶已经是上层社会、中等人家乃至平民百姓的日常生活所需。② 从人植边缘茶到人植进化茶的传播和扩散，主要沿循长江水系，最初从巴蜀到湖北，继而以湖北为节点。一线，从湖北到江西、安徽、江苏和浙江；二线，沿循洞庭湖、鄱阳湖水系，从湖北到湖南、江西、安徽、江苏和浙江；三线，沿循汉江水系，从湖北到陕西南部和河南。尔后再以湖南为节点，从湖南到江西、广东和福建。史料表明，云南利用茶叶要比四川晚近两千年。研究者认为："准确表述人类利用和栽培茶树的发祥地应该是'巴蜀一带'。"③

东汉时期江南各地植茶、制茶、用茶、饮茶初见端倪。公元1世纪左右，中国第一部中医药专著《桐君采药录》记述，湖北的武昌、安徽的庐江、江苏的武进、浙江的桐庐不仅产茶，而且好茗。④ 浙江湖州东汉砖墓，出土一只专门用于日常茶事、贮存茶叶的青瓷茶瓮。瓮外施釉，瓮内施釉不及底。瓮肩上部刻有"荼"即"茶"字，至今清晰可见。⑤ 三国时期江南吴国植茶、制茶、用茶、饮茶已经蔚然成风，茶事关系整个社会的日常生活和经济增长。陈寿《三国志》、陆羽《茶经》、封演《封氏见闻记》等文献都记述，吴国皇帝孙皓既以茶为贡又以茶代酒，并且以茶叶支撑地区经济发展和当局财政增长，引领和推动一代茶风的日益扩张和深入渗透。⑥

本文研究中发现，江南吴国茶风兴发与战事、行政以及其他因素造成的人口规模迁移紧密相关。早在秦汉时期，浙江越人不断规模化向江苏、安徽、江西、湖北、湖南迁移，而中原汉人和两湖楚人不断规模化向江苏、安徽、浙江、江西迁移，其中不乏战事和行政的双重强制性迁移。东汉末年三国时期，浙江孙氏家族起兵，转战浙江和湖北、湖南、江西、安徽、江苏、福建各地，创立孙氏吴国，一统江南疆域。⑦ 孙吴统一江南、开发江南，不仅有力地加快了江南各地更大规模的人口迁移和人口增长，而且有力地加快了更深层次的社会整合和经济增长。不言而喻，有力地加快了人植进化茶在江南吴国的生产供给与消费饮用，供给与消费规模化并且深层次的交互作用和双重增长。

本文研究中又发现，江南吴国茶风兴发与中医药理论研究和临床实践的突破性发展密切相关。从两汉到三国时期中医与中药的理论研究和临床实践，逐步摆脱巫医、巫术的羁绊和束缚，大步迈向专业化、科学化、职业化发展。一方面，以《黄帝内经》《神农本草经》为代表的医药专业论著，奠定了中医药基本理论的坚实基础；另一方面，以华佗为代表的道家医药流派和张仲景为代表的儒家医药流派，奠定了中医药辩证诊治的坚实基础。⑧ 中医药天人阴阳四时五行和

---

① 参看吴觉农主编：《茶经述评》，第15页。
② 参看刘枫主编：《新茶经》，中央文献出版社2015年版，第25—29页。
③ 参看刘枫主编：《新茶经》，第13页。
④ 参看朱家骥著：《中国茶都杭州》，第5页。
⑤ 参看钟鸣、张西廷主编：《湖州茶史》，浙江古籍出版社2008年版，第9—10页。
⑥ 参看刘枫主编：《新茶经》，第27页。
⑦ 参看王志邦著：《浙江通史·秦汉六朝卷》，浙江人民出版社2005年版，第51—58、185—192、254—255页。
⑧ 参看马伯英著：《中国医药文化史》（上卷），上海人民出版社2010年版，第202—205、225—227、235—241页。

产业实践，从历史文献的记载、野外考察的物证、中外科考的交流以及自然环境与茶树植物生态演进的轨迹等各个层面，构建和完善必要、充分、周全、严密的证据链与逻辑链。他明确认为，中国是世界茶树的原产地，中国人在全世界最早发现、利用、种植茶树，并且最先食用、药用、饮用茶叶。吴觉农的论断和成果及其证据链与逻辑链，已经成为中国茶叶、茶业及其茶文化研究者的普遍共识，乃至世界茶叶、茶业及其茶文化众多权威人士的普遍共识。①

那么，在中国什么地区、什么人最早和最先发现、利用、种植茶树，食用、药用、饮用茶叶？中国历来相传茶树的发现、种植特别是茶叶的药用、饮用始于距今四千年的炎帝神农。吴觉农依据至今依然成立的证据链与逻辑链，断然而且彻底否定了"这个借传说而作出结论的说法"。②他斩钉截铁地强调指出："现已可证明：茶树原产地是在我国的西南地区，而在战国时代以前的历史条件下，还不可能把西南地区的茶叶传播到中原地区，致《茶经》说的春秋时代晏婴曾食用过'茗'，已不能使人置信，则神农最先使用茶叶之说，就更难于成立了。"③

举世瞩目的是从2001年到2011年，浙江杭州湾地区的萧山跨湖桥和余姚田螺山，考古挖掘先后出土中国和世界迄今发现最早并且与人密切相关的茶树种籽和茶树树根。跨湖桥遗址出土的茶树种籽存放在一只陶制熬煮汤汁的釜瓮里，距今八千年。④这就以不可否认的事实证据，揭示和表明远在八千年前中华民族先辈已经与茶树、茶籽，在现实的生产和生活中，建立了源远流长、世代相传的因缘联系，人与天、天与茶、茶与人的实践联系、历史联系、文明联系乃至文化联系。田螺山遗址出土的茶树根直立在人居附近的土坑内。三大片茶树树根上端细小，下部粗大，几乎垂直并立于距今六千余年人工开挖的熟土坑内，无疑与人密切相关，与人的生产和生活密切相关。中日两国植物学与考古学专家木材显微切片检测表明，出土树根的生成结构与现代活体茶树吻合一致，显然区别于山茶属自然野生茶树而演进为近缘茶属人工种植茶树。中国农业部茶叶质量监督检验检测中心测定，出土树根茶氨酸含量接近于出土周边现代活体茶树，大大高于山茶属红山茶、油茶、茶梅等茶树，显然既不是山茶属茶树，更不是山茶属原始野生茶树，而是人工种植的近缘茶属茶树、人植进化茶树。⑤出土人植茶树树根距今六千年，比距今四千年的炎帝神农传说早了二千年，比距今三千年的涉茶《诗经》《尔雅》等文献早了三千年。这就再次以不可否认的事实证据，进一步揭示和表明六千年来中华民族不断巩固并且持续开发，现实生产和生活基础上人与天、天与茶、茶与人的实践联系、历史联系、文明联系乃至文化联系。跨湖桥遗址和田螺山遗址的惊人发现，以实实在在、无可质疑的物证，从根本上否定了茶树种植和茶叶利用始于炎帝神农的传说结论，也从根本上肯定了吴觉农论断和成果及其证据链与逻辑链的科学性、真实性、可靠性。

在吴觉农看来，中国茶树的种植和茶叶的利用，以四川、云南为中心，沿循长江水系从西向

---

① 参看吴觉农主编：《茶经述评》，中国农业出版社2005年版，第6—16页。
② 吴觉农主编：《茶经述评》，前言，第3页。
③ 吴觉农主编：《茶经述评》，前言，第3页。
④ 参看朱家骥：《中国茶都杭州》，杭州出版社2009年版，第2—4页。
⑤ 参看《钱江晚报》，2015年7月1日。

天台山和合文化的最早源头：葛玄人茶和合文化

陶 济[①]

摘 要：中国东汉末年三国时期高道葛玄茶与天、人、道、丹和合同一的人茶和合文化，是天台山和合文化历史最早有案可稽、有迹可证的发展源头和不竭活水。葛玄生逢两大历史性演进过程与转折过程，一是原始野生茶改造和质变为人植进化茶，二是原始各道派重组和整合为体制性道教。葛玄高举道家文化创始人老子的大旗，不仅推动和促进道教信仰与易家、道家、儒家、医家、隐家文化的交融和合，而且推动和促进茶与天、人、道、丹的和合同一。葛玄开创和兴发丹茶同道、丹茶双修的天台山道茶及其人茶和合文化，开创和兴发茶之和合、和合为人的天台华顶茶及其人茶和合文化，为天台山和合文化的初起和发展作出举足轻重、影响深远的重大历史贡献。

关键词：葛玄；人植进化茶；人茶和合文化；天台山和合文化

探究中国天台山和合文化的历史源头，往往仅只追溯魏晋南朝以来儒、佛、道三家交融和合。其实，葛玄人茶和合文化，才是天台山和合文化历史最早有案可稽、有迹可证的发展源头和不竭活水。中国东汉末年三国时期江南吴国高道葛玄（164—244），生逢从而面对两大历史性突破的演进过程与转折过程，一是原始野生茶持续改造和质变为人植进化茶，二是原始各道派持续重组和整合为体制性道教。葛玄穿越以天台山为主脉和四明山、会稽山为重要支脉的天台山系，在天台、临海、三门、仙居、宁海等地，既筑鼎炼丹、以丹修道，又开圃植茶、以茶修道。[②] 他高举道家文化创始人老子及其《道德经》的大旗，不仅推动和促进长生成仙的道教信仰与易家、道家、儒家、医家、隐家文化的交融和合，而且推动和促进从原始野生茶转变而来的人植进化茶与天、人、道、丹的和合同一。葛玄开创和兴发丹茶同道、丹茶双修的天台山道茶及其人茶和合文化，开创和兴发茶之和合、和合为人的天台华顶茶及其人茶和合文化，为天台山和合文化的初起和发展作出举足轻重、影响深远的重大历史贡献。从这个意义上说，葛玄人茶和合文化是天台山和合文化的最早源头。

人植进化茶的历史崛起

誉为"当代茶圣"的中国茶叶、茶业及其茶文化权威专家吴觉农，尽其一生的科学研究和

[①] 陶济，男，1945年生，中共浙江省委党校教授。
[②] 现代自然地理学依据地质板块（单元）构成同一性，把天台山会稽山四明山界定为浙西板块的浙东低山丘陵区。浙西北赣皖丘陵仙霞岭山脉延伸中支天台山，天台山延伸东支会稽山；浙西南浙闽山地洞宫山脉延伸东部天台山，天台山延伸四明山，跨海为舟山群岛。参看星球地图出版社编制：《浙江省地图集》，星球地图出版社2017年版，第4—5页。

表有临海叶见泰、林佑、张廷璧、王乾、蔡潮、王士崧、王士昌、陈函辉、金维宁、元愠、候嘉繙、宋世荣；黄岩张唯一、陶宗仪、柯夏卿；太平（今温岭市）谢铎、周世隆、方略、黄潚；天台裴日英、陈宗渊、昙噩、汪霖、梅人鉴、梅谷、王瑞庭；仙居明受；宁海方孝孺等。清同治间，著名画家蒲华、赵之谦来台州游幕，赵之谦在黄岩四年，蒲华则长期结缘台州，皆为海派创始人，带动台州书画艺术的繁荣。台州近代书画涌现一批成就斐然的大家，诸如傅濂、林蓝、池盐、陈夔典、章楧、王葆桢、周济、柯璜、王念劬、刘青、林求仁、徐文镜、陈叔亮、方干民等。尤其值得一提的是现代美术大师宁海潘天寿，笔墨有金气，其势雄阔，冶书画印于一炉，独具大家风格。宁海自古属台州，抗战时曾一度属宁波，至1958年始正式划属宁波，而潘天寿先生一生大部分时间在台州度过，其印章有"台州宁海人""台州平民"等。

观台州墨韵史迹，穿越时空，墨香留存。且六千幅馆藏品，点线成型，畅酣墨林，绿水青山，拍天摇舞。抖落岁月覆盖在身上的仆仆风尘，让今人叹为观止。时间只会为它增值，就像陈年老酒，岁月和醇厚同融，互成正比。

馆藏书画精品属于前人和今人，更属于后人。原四处漂泊，今遇盛世，且近年台州大地，政府投十亿巨资，在建五家金碧辉煌的博物馆，已收尾在即。此众多书画不日将与诸君谋面，谈古论今，赏月吟风，怡性见道，浑然天成，且墨黑为亮，润含春雨……

墨黑为亮　润含春雨

任志强

　　一幅书画，一个生命，一个带有艺术符号和历史印记的生命。每一幅传承至今的书画，皆有其传奇动人的故事，横跨渺渺时空，封存时代记忆，代代相传，爱戴珍藏。而留存何处，脉络传藏，皆有缘所在，应顶礼膜拜。

　　今日，台州国有馆藏六千余幅书画，上至唐人写经、北宋佛说预修十王生七经经画、元周润祖行书，下有本世纪新作，如王伯敏、丁立人、朱道平等名家。上下几千年，涵盖章草楷隶，工笔写意。人文墨韵，包容万千，实为台州艺术之幸……

　　其实，书画于台州，流长源远。仙居韦羌山崖上，传大禹刻石，称蝌蚪文，虽不能确证，但造飞梯以蜡摹之，上有石壁，刊字如蝌蚪，已为民间佳话。每提此事，文人墨客无不感慨万千，虽千古之谜，足证台州文明之悠远。华东地区最大的国保仙居岩画群，留落在白云深处。岩刻生动，形象空灵，实属人类从深山向海边，向平原迁徙中的遗存下的文明足迹和文明起源的符号。

　　台州见于记载的的书法家，最早为东晋之初。有白云先生（天台紫真），书圣王羲之尝得其笔法；李式，为东晋临海太守，王羲之称其书"是平南之流，可比庾翼"；孙绰任章安令时，写下著名《天台山赋》，其善书博学，为王羲之兰亭修禊的诗人和书法家。著名道士葛洪曾在天台山炼丹，所作"天台之观"飞白大字，米芾誉为天下之冠。至隋唐，天台山僧道云集，创佛教天台宗智者大师，本人即是书法家，今国清寺所藏的《陀罗尼经》四册，原本系智者所书，唐宋散佚三册，仅存一册，后南宋僧元通以智者书体补齐。唐代著名道士司马承祯，隐居天台山，唐玄宗请以三体写《道德经》，法书自成一体，号"金剪刀书"。

　　台州绘画起于何时，史籍无确切记载。台州画家，据史料可以追溯到唐代郑虔，画以山水擅长，旁及鱼虫人物，唐玄宗御书题"郑虔三绝"。唐代天台画家项容是位创造水墨山水特殊表现技法的划时代大师。五代荆浩《笔法记》称"项容山人树石顽涩，棱角无缒，用墨得玄门，用笔全无其骨"。项容有弟子王默，又称王恰，其作大画时，先饮酒至醺酣，即以墨泼，或笑或吟，或挥或扫，或淡或浓，随其形状，为山为石，为云为水，故称其为泼墨山水。泼墨始自项容，王默加以发展。黄宾虹先生在评论中国山水画时曾说"唐画如曲，宋画如酒，元画如醇"。此"唐画如曲"中，水墨云山派，起源台州，足见台州之贡献。

　　至宋元明清，几朝几代，台州书画名家辈出。宋代章安杨蟠，天台桑世昌、慧舟、贾似道，临海王卿月、谢奕修，黄岩斯受、戴从老，皆有深厚造诣，有瑰宝流传。元代虽短，而台州涌现数位影响一个时代的大书画家。仙居柯九思，博学多才，工行楷，善画墨竹与山水墨花。传世作品甚多，主要有故宫博物院所藏的《清秘阁墨竹图》、上海博物馆《双竹图》《晚香高节图》。临海周仁荣、张明卿、周润祖、陈基、一宁、行端，黄岩陈立善、刘仁本、张唯一（今温岭）、天台卫九鼎、叶可观、独孤淳明、卢益修，宁海枯林等，对后世影响颇大。明清书画家台州主要代葛仙翁、司马子微尝因山川灵秀，修仙养炼，遂成真人。其后高仙辈出，亦山岳储精之所致。①

有学者还援引了孙绰《游天台山赋》等史料，认为作为道士和佛教徒最景仰的山之一，天台山的文学形象似乎逐渐演变为仙人美妙居处的昆仑山，同时兼具《山海经》等著作中所赋予昆仑山的所有本质属性——"特殊的高度，大量的洞穴，优美的溪流和泉水"②，足可以证明其神性。在追求神性、体悟道性的道教炼养传统中，天台山这一文化符号的独到功能及特殊地位可窥一斑。

素以"心依道胜，理会玄远，遍游名山，密契仙洞"③为平生乐趣的司马承祯，其云心鹤眼遍布诸名山大川：

游句曲，步华阳之天；栖桐柏，入灵虚之洞；寻大霍，采金瓶之实；登嵩山，窥石廪之秘。④

而他作为颇受帝王礼敬的上清派一代宗师，更是"龙楼凤阙不肯住，飞腾直欲天台去"。（唐李白《琼台》）自离开嵩山潘师正后"遍游名山，庐天台不出"⑤。以"天台道士"自居，自号"天台白云子"。并特于此地开出了"天台南岳派"⑥这一重要支系。该系道徒众多，且"多有名者"——涌现了如徐灵府、杜光庭等修道于天台、闻名于史册的高道。

总之，鲜明彰显三教融合时代特征的天台山，正是由于圆融和合的"佛踪道缘"而无愧于"佛宗道源"之称。它既是南北各教派间融合会通的津梁，也是佛、道二教交流互动的平台，更是三教融合背景下多元思想文化和谐发展的模型。在慧思、智𫖮、司马承祯等宗派领袖和宗教学者的努力下，南岳衡山⑦等文化名山也具备这种三教并存、和谐共处的模型特点。或为解决人类文明冲突提供着中国范式、中国思路和中国智慧。

---

① 《天台山志》，见之于吴受琚辑释，余震、曾敏校补：《司马承祯集》，北京：社会科学文献出版社，2013年版，第259页。

② [俄] 陶奇夫（Е. А. Торчинов）：《道教——历史宗教的试述》，邱凤侠译，济南：齐鲁书社，2011年版，第240页。

③ （后晋）刘昫等：《旧唐书·卷一百九十二》《司马承祯传》，北京：中华书局，1975年版，第5128页。

④ 《唐王屋山中岩台正一先生庙碣》。

⑤ （宋）欧阳修、宋祁等：《新唐书·卷一百九十六》《列传一百二十一·隐逸》，北京：中华书局，1975年版，第5606页。

⑥ 其弟子薛季昌、再传弟子田虚应一脉，多居住于南岳、天台山，或在南岳、天台山受道，被后世称为上清派天台南岳系。参见刘咸炘：《道教征略·外14种》，上海：上海科学技术文献出版社，2010年版，第12页；胡孚琛：《唐代道教流派概说》，《中国道教》1991年第3期，第19—21页。

⑦ 参见许尚枢：《天台山与南岳释道儒睦居互融及其现代意义》，《台州学院学报》2014年第4期，第1—6+32页。

曾自述：

> 吾欲从吾志。蒋山过近，非避喧之处。闻《天台地记》称有仙宫，白道猷所见者信矣；《山赋》用比蓬莱，孙兴公之言得矣。若息缘兹岭，啄峯饮洞，展平生之愿也。①

可见，其实在此之前，天台山就已多有佛教徒的活动史迹，名僧白道猷、"昙猷、昙兰、昙光、支遁、法顺等皆曾憩此习禅，结庵弘法。"② 故智顗于此间"历游山水，吊道林之栱木，庆昙光之石龛，访高察之山路，漱僧顺之云潭"③ 之余，更致力于标宗立义、判教释经、弘法度人。"在天台山的活动，使他在金陵佛教的基础上，通过对禅教（止观）的进一步系统研习，成熟了'圆融实相'的学说，形成独特的天台宗教理论体系。"④ 智顗于是被后世尊称为"天台大师""智者大师"，而天台山亦被尊奉为"东方灵山"。唐贞元年间：

> （释灵默）初入天台山，中有隋智者兰若一十二所，悬记之曰："此地严妙，非杂器所栖，若能居此，与吾无异。"⑤

智顗及天台宗人栖居天台以精进修持的教风、学风在后世信徒的宗教修行中获得了绵绵存续。

从上述引文中智顗的自述来看，天台山的"仙宫""蓬莱"引起了他的修行兴趣，这至少意味着，智顗在一定程度上"承认在宗教修行方面，佛教与道教有着共同点"⑥。同时，从南北地域分布看，恰是"由于天台佛教长期在南方传播，无疑受到南方道教思想和修行的影响。智顗栖隐的天台山，佛道共存，源远流长，以致引起他求觅仙迹、以仙道助成佛道的兴趣……天台学者从更广泛意义上加速对道教的吸收如道教的仪式轨范、鬼神崇拜都曾为天台佛教的世俗化、民间化以深刻影响。"⑦ 佛道二教在天台山的共存共荣，滋养了天台山的和合文化，反哺着天台宗的圆融精神。"宗教和谐既是一种过程，又是一种目的，还是一种文化传统。自客观而言，是一种现象与状态；自主观而言，是一种理念和理想。"⑧ 因此，探讨天台山在道教炼养修仙等实践活动中所具有的特殊意义、功能和地位，自当对把握佛、道二教的修行理念及其关系大有裨益。

天台山得名于星宿观念——"当牛女之分，上应台宿，故曰天台"，流传的仙踪道迹更是由来既久，汉晋之际即有刘晨、阮肇桃源遇仙的传说，而"夙称台山标帜的赤城山……葛玄炼丹于前，许迈、葛洪、魏夫人、陶弘景继之于后，山上玉京洞遂称天下十大洞天之六"⑨。据一则《天台山志》所载：

---

① 《隋天台智者大师别传》，（CBETA 2021.Q3，T50，No. 2050，p. 193a6–10）。
② 张风雷：《智顗评传》，北京：京华出版社，1995年版，第47页。
③ 《隋天台智者大师别传》，（CBETA 2021.Q3，T50，No. 2050，p. 193a12–14）。
④ 潘桂明、吴忠伟：《中国天台宗通史（上）》，南京：凤凰出版社，2008年版，第87页。
⑤ 《宋高僧传·卷十》，（CBETA 2021.Q3，T50，No. 2061，p. 768c19–26）。
⑥ 潘桂明：《智顗评传》，南京：南京大学出版社，1996年版，第453页。
⑦ 潘桂明：《天台佛学评议》，《世界宗教研究》2003年第1期，第22页。
⑧ 张桥贵：《多元宗教和谐与冲突》，《世界宗教研究》2014年第3期，第160页。
⑨ 许尚枢：《唐宋时期天台山三教关系雏论》，《东南文化》1994年第2期，第28—29页。

破斥南北之后，百余年间，学佛之士，莫不自谓双弘定慧，圆照一乘，初无单轮只翼之弊。[1]

天台宗"定慧双弘"之主张对唐朝佛教诸宗派乃至儒、道二家都产生了较大的影响。天台八祖玄朗更是"有志于发扬天台教义，对天台佛学及儒、道各家之学均有所研究，其传法弟子众多，从而为后来的天台佛教'中兴'作了铺垫。"[2] 于是有"天台之教鼎盛，何莫由斯也？"[3] 之赞誉。

二百多年间，天台宗在隋唐朝经过了创立、发展、鼎盛、转折、中兴等阶段，全面展现了佛教宗派化、中国化以来的创造力和生命力。就道教而言，道门中人早在南北朝就留心"开始全面吸收儒、释思想来充实、提高、完善自身"[4]。比及隋唐，虽仍未明确提出"三教合一"的口号，但三教融合之趋势呈现新气象、进入新阶段却是不争之事实。虽然由来已久的佛道论争并未停歇，二者围绕"夷夏之论""老子化胡""不敬王者"等论题展开了激烈交锋。但是"这类论争的胜负并没有直接引起朝廷实施对其中一方的兴与废，李唐王朝始终奉行三教并行的政策"[5]。甚至主动采取政治手段、调整宗教政策以适时平衡宗教关系。这就为佛道乃至三教关系的和谐发展提供了较为宽松的政治环境，最终导致佛道的互相认同、汲取，乃至于出现融合倾向。

作为彼时位跻道教主流的上清派，更是利用上述政治环境、融合趋向顺势而为，在道教国教化[6]、义理化建设中着力于吸收、融摄儒佛二家的思想要义和思辨成果为己所用。从这层意义上看，三教融合的隋唐朝为天台宗、上清派的创立、创新提供了丰厚且多元的思想文化土壤，而上清派、天台宗的宗派活动又切实推动着唐宋以来三教合一思潮的最终出现。

四

如上所述，"从宗教和谐的变量关系而言，地域空间越小、人口规模越小、互动程度越强的宗教之间和谐关系的研究就越具有典型性。"[7] 以此观之，素有"佛窟仙源""佛宗道源"之称的天台山就是这种具有典型性、代表性和地域性的案例。

天台宗，以其实际创始人智𫖮驻锡天台山得名，又因奉《妙法莲华经》为宗经而被称为法华宗。天台山成为该宗之发祥地大约肇始于陈太建七年[8]（575）九月，智𫖮从金陵赴天台"求禅求慧"，一方面是受其师慧思的嘱托，另一方面则源于他"欲从其志"以"展平生之愿"。他

---

[1] 《佛祖统纪·卷七》，（CBETA 2021.Q3, T49, No. 2035, p. 188c25-27）。

[2] 潘桂明、吴忠伟：《中国天台宗通史（上）》，南京：凤凰出版社，2008年版，第274页。

[3] 《宋高僧传·卷二六》，（CBETA 2021.Q3, T50, No. 2061, p. 876a7-8）。

[4] 唐大潮：《明清之际道教"三教合一"思想论》，北京：宗教文化出版社，2000年版，第98页。

[5] 李大华、李刚、何建明：《隋唐道家与道教》，北京：人民出版社，2011年版，第664—665页。

[6] 例如，有学者认为道教作为李唐王朝直接信仰的宗教，该执政家族会正式地将宗谱附于被神化的老子。或可印证这种"国教化"趋势。参见［俄］陶奇夫（E. A. Торчинов）：《道教——历史宗教的试述》，邱凤侠译，济南：齐鲁书社，2011年，第281页。而"国教化"的直接产物，是"经戒法箓的传授制度日趋完备，科律的严整，斋醮仪式的健全，体现了教会式宫观道教的特点"。参见胡孚琛：《唐代道教流派概说》，《中国道教》1991年第3期，第21页。

[7] 张桥贵：《多元宗教和谐与冲突》，《世界宗教研究》2014年第3期，第161页。

[8] 参见《续高僧传·卷十七》，（CBETA 2021.Q3, T50, No. 2060, p. 565a8-12）。

持道教本位的理论特色，持神形俱妙、性命双修的基本观点，为内丹学理论的成熟开拓了道路"①。宏观来看，其修道思想更是于上清派—重玄学—内丹道之间起到了坚实的梯航作用。

回顾唐宋以来的学术史，司马承祯思想和佛教学说所具备的共同之处，其实早在宋代就有学者展开议论。宋代经学家、南渡词人叶梦得就曾谈道：

> 道释二氏，本相矛盾，而子微之学，乃全本于释氏，大抵以戒、定、慧为宗，观七篇叙可见。②

虽然司马子微之学"全本于"佛学有过甚其词之嫌，但宋人已然对上述思想渊源、学术关系予以了重视。蒙文通先生在综观此类史料③后进一步提出，"隋、唐道士所取于佛法者，为罗什以来之般若宗，司马子微后迄于两宋，道家所取于佛法者为智者之天台宗。"④ 将司马承祯思想和佛学的关系更精准地界定为和天台宗学说的关系，这无疑是更有指向性和集中性的历史结论。

三

司马承祯思想与天台宗学说首先关涉到不同宗教教徒、教派之间的各类关系。基于多元宗教和谐共处的历史经验和现实情况，有学者主张："研究宗教和谐关系必须限于一定时间、地域、人群水平之上。"⑤ 因此，有必要首先对司马承祯、上清派与天台宗所共处的时间空间因素加以考察，这是司马承祯修道思想与佛教天台宗学说能够产生关系的基本场域。

佛、道二教的论争、交涉乃至融合一直是中国思想文化史上的重大命题。而伴随着魏晋南北朝以来佛教宗派化和中国化的展开和深化，佛、道二教之互动愈发密切且深入——"佛教对道教无论是从教规、教仪，还是从教典、教团等方面，都产生了一种示范效应，这对道教逐步走向成熟是大有益处的。而道教也为佛教从印度顺利移植至中国，并逐渐适应中国社会土壤，形成中国化的佛教，提供了多方面的助缘。"⑥

在这一历史进程下，学界普遍认为，出现于陈隋之际的天台宗不仅是中国历史上出现的第一个佛教宗派，还堪称是中国最早完成本土化、民族化的佛教宗派。隋唐朝是天台宗创立、发展的关键时期，纵向来看，从该宗实际创始人四祖智𫖮（538—597）至九祖湛然（711—782），天台宗各位祖师开宗立派、著书立说、讲经弘法等宗教活动均集中在隋唐期间；横向来看，经过天台宗人的努力，"使一家圆顿之教悉归于正"⑦，尤其是在智𫖮：

---

① 戈国龙：《道教内丹学溯源》，北京：中央编译出版社，2012年版，第183页。
② （宋）叶梦得：《玉涧杂书》，转引自蒙文通：《佛道散论》，北京：商务印书馆，2011年版，第185页。
③ 此类论述司马承祯思想和天台宗学说关系的史料，还包括宋人张耒在《送张坚道人归固始山中序》中所论："是道也，智者得之而为止观，司马子微得之而为《坐忘》，皆一道也。此皆真人修身之要，而今人忽之，乃苦其形骸，妄想变怪，吞饵金石，去古道远矣。"等等。参见蒙文通：《佛道散论》，北京：商务印书馆，2011年版，第185页。
④ 蒙文通：《佛道散论》，北京：商务印书馆，2011年版，第186页。
⑤ 张桥贵：《多元宗教和谐与冲突》，《世界宗教研究》2014年第3期，第162页。
⑥ 张广保：《魏晋南北朝道教、佛教思想关系研究》，《宗教学研究》2013年第4期。
⑦ 《佛祖统纪·卷七》，（CBETA 2021.Q3, T49, No. 2035, p. 188c24-25）。

的尊崇,羽化后追赠银青光禄大夫（从三品）[①],谥曰"贞一先生",复蒙玄宗御制碑文,备受哀荣。俄罗斯学者叶夫根尼·阿列克谢耶维奇·陶奇夫（E. A. Торчинов）认为,司马承祯及其弟子李含光与唐王朝的密切关系体现在,不仅履行神职职责,还积极影响着国务[②]。英国学者巴瑞特（Timothy Hugh Barrett）也谈到,唐朝皇室与司马承祯的交往,绝好地证明了唐代道教学者力图为统治者提供一种佛学以外的知识选择,并且引起了统治者的兴趣和重视[③]。可见,上清派宗师在出身名门望族、文化修养较高之余,还熟谙政治,具有较强的政治活动能力。而这集中体现在"擅长利用统治者的支持,在变幻不定的政治风云中能较好地把握方向,对政治斗争非常敏感,具有较强的判断能力,为发展本宗获得了相对稳定的客观条件"[④]。司马承祯隐居天台山以远离政治纠纷,或是出于其对尚不稳定的政治斗争的精明判断,[⑤] 但更是其隐逸情怀和修道旨趣的真实写照。

二

回溯魏晋南北朝以来的佛道交涉和互动,二教融通是其中主流趋势,义理建设是二教所面临的首要任务,而"三教合一"思潮得以孕育与滋长则是此际二教发展的共同结果。而随着二教理论化建设过程的展开,一些远见卓识的道教学者已不满足于模仿、引用一些表层的宗教仪注和名词术语,于他们既主动汲取儒、佛学说之精义,更自觉依托道家思想之余波,使道教日渐摆脱"低层次的粗俗的宗教形态"[⑥],进而发展为一种更显高级而完备的思辨结构和理论形态。重玄学、道性论、坐忘论等道教理论俱可视为此间理论化建设的历史注脚。

在这一时代背景下,司马承祯正是以修道活动为中心、为基础,"在广寻真迹、遍访僧道、隐居天台、潜修密炼之后,试图对上清学、天台学和其他诸家学说进行融合创新。"[⑦] 故其修道思想不仅"体现了他对先秦老庄思想的创造性领会"[⑧],发扬了上清派前辈形神合一、佛道兼摄等学术传统,并且顺应心性论思潮,融摄佛学、儒学而创新发展道教炼养理论,但同时"也保

---

① 由于道教在唐代政治生活中的独到功能及特殊作用,许多道徒得以供奉庭掖,随侍帝后。他们在从事经、教活动的同时,还出入宫禁,积极参与政务乃至政争,为帝后戚属所欣赏或倚重。这种道士获赠俗职、封爵及紫衣、师号的制度,遂成为唐代道教管理体制的有机组成部分。据王永平先生考证,唐代被授予银青光禄大夫的道士除司马承祯外,唯有尹文操（高宗）、王友真（玄宗）、张果（玄宗）、姜抚（玄宗）、刘玄靖（武宗）数人。参见王永平:《唐代道士获赠俗职、封爵及紫衣、师号考》,《文献》2000年第3期,第67—79页。

② 参见［俄］陶奇夫（E. A. Торчинов）:《道教——历史宗教的试述》,邱凤侠译,济南:齐鲁书社,2011年版。

③ 参见［英］巴瑞特（Timothy Hugh Barrett）:《唐代道教——中国历史上黄金时期的宗教与帝国》,曾维加译,济南:齐鲁书社,2012年版。

④ 卿希泰、唐大潮:《道教史》,南京:江苏人民出版社,2006年版,第132页。

⑤ 参见［英］巴瑞特（Timothy Hugh Barrett）:《唐代道教——中国历史上黄金时期的宗教与帝国》,曾维加译,济南:齐鲁书社,2012年版。

⑥ 萧萐父:《隋唐时期道教的理论化建设》,《海南大学学报（社会科学版）》1991年第1期,第44页。

⑦ 李大华、李刚、何建明:《隋唐道家与道教》,北京:人民出版社,2011年版,第257页。

⑧ 孔令宏:《道教新探》,北京:中华书局,2011年版,第110页。

"佛宗道源"天台山：以司马承祯与天台宗之关系为中心

彭钦文　张云江[①]

司马承祯（647—735），字子微，河内温（今河南温县）人，唐代高道。据《旧唐书》《全唐文》等史料记载，他出身于名贤之家却薄于为吏，遂于二十一岁出家为道，居嵩山并师事潘师正，法号"道隐"，自称"白云子""白云道士"，其后遍历天台、茅山、南岳诸名山。他既是上清派茅山宗第十二代宗师，又为天台南岳派开山鼻祖。司马承祯的著述颇为丰富，据陈国符、卿希泰、吴受琚等先生考证，主要有《坐忘论》一卷、《服气精义论》一卷、《天隐子》八篇、《太上升玄消灾护命妙经颂》一卷、《上清含象剑鉴图》一卷、《上清侍帝晨桐柏真人真图赞》一卷、《素琴传》一卷等，除道教经论、经注、经颂之外，还涉及诗词文赋、碑序铭表、医药养生、乐曲琴论诸方面，从侧面反映出盛唐时期包容开放、繁荣兴盛的思想文化环境。

一

综观道教的产生与发展史，道教始终"伴随着漫长的封建社会而发展。其发展的历史，与封建社会的历史进程交织在一起"[②]。道教和政治的密切关系，就是上述的交织点之一。正如一些学者指出的，"道教在其产生、形成、发展壮大的过程中，自始至终都表现出对政治的亲近倾向，它往往被权利主体视作维护公共秩序的工具，也被社会离心力量当作政治革命的手段。"[③]而回顾上清派的创建、发展历程，不难发现，其历代宗师、教团领袖大多出身于世家大族。不论是使"朝野注意，道俗归心"[④] 的陆修静，还是被谓为"山中宰相"陶弘景，或是积极投身于政治风云"涉陈越隋暨我唐皆宗之"的王远知，他们不仅和统治阶级的上层人物有密切联系，甚至有的本身就曾担任过封建王朝的官吏。在这种政治文化背景之下，随着思想文化水平较高的人士入道，客观上促进着道教教理教义、科仪规戒和道团队伍的建设，为隋唐道教的繁荣兴盛奠定了人才基础、争取了政治资源。

在这其间，"身历六代，隆宠三帝"[⑤] 的司马承祯更是堪称上清道团与唐王朝密切关系的历史缩影。他历经唐太宗、高宗、中宗、武后、睿宗、玄宗六朝，不仅生前颇受睿宗、玄宗等帝王

[①] 彭钦文，(1995—)，男。华侨大学哲学与社会发展学院2019级硕士研究生。张云江，(1971—)，男，宗教学博士。华侨大学海外华人宗教与闽台宗教研究中心教授，福建省宗教中国化研究中心主任。
[②] 卿希泰：《中国道教史·第一卷（修订版）》，成都：四川人民出版社，1996年版，第2页。
[③] 何立芳：《道教社会伦理思想之研究》，成都：巴蜀书社，2010年版，第68页。
[④] 《三洞珠囊·卷二》《敕追召道士品》，《道藏·第二十五册》，第306页。
[⑤] 汤其领：《司马承祯的修道思想》，《河南科技大学学报（社会科学版）》2007年（01）期，第46页。

事实上，在诗风盛行的唐代，台州虽远离政治文化中心，但其因山水名胜以及独特的宗教文化属性，反而透露出一种超拔幽爽的意境，由此以一种灵动脱俗的姿态进入诸多诗家的视野。李白以"龙楼凤阙不肯住，飞腾直欲天台去"的直白表达了对以天台山为代表的文化意境的向往，也造就了诗人们对台州的无限想象。

然而，在郑虔的忘年交、诗圣杜甫的眼里，台州是个荒僻鄙陋的地方，不仅是"台州地阔海冥冥，云水长和岛屿青"，更有着"山鬼独一脚，蝮蛇长如树"的诡谲。据《旧唐书》记载，台州在京师东南四千一百七十七里，至东都三千三百三十里。[①] 在诗人的心目中，台州海天茫茫、荒凉寂寥、山高路远、怪兽肆虐——这也确实是世人对"贬谪地"的最合理的想象。杜甫对年事已高的老友郑虔的担心可想而知，他在郑虔被贬台州后，共为其作二十余首咏叹、纪念的诗，广为流传的有《有怀台州郑十八司户（虔）》《八哀诗·故著作郎贬台州司户荥阳郑公虔》《送郑十八虔贬台州司户》等，这些诗中充满了为郑虔被贬谪鸣不平的抑郁之气、不忿之情。杜甫一向敬重郑虔的学识才干，尊称为"老画师"，赞其"荥阳冠众儒""文传天下口"，在这样深厚浓烈的情感前提下，以台州的僻远荒芜，与京城的繁华相比，无异于云泥之别，杜甫所忧心的"穷巷悄然车马绝，案头干死读书萤"，也不能说只是一种想象了。

台州成为唐代官员的被贬之地，绝非偶然发生的个例。显庆二年（657）八月，来济因反对高宗欲废王皇后而立武则天，为许敬宗所构陷，贬为台州刺史；长庆二年（822）二月，王仲周贬为台州刺史；会昌六年（846），李敬方因事贬台州司马。唐代韦绚所撰的《刘宾客嘉话录》中，也记载了官员被贬台州的事迹："昔中书令河东公开元中居相位，有张憬藏者能言休咎。一日，忽诣公，以一幅纸大书'台'字授公。公曰：'余见居台司，此意何也？'后数日，贬台州刺史。"[②] 李绰《尚书故实》中也有相同记载。而唐代《玉泉子》则记载了八司马接连被贬的政治变故："元和初，黜八司马：韦执谊崖州，韩泰虔州，柳宗元永州，刘禹锡朗州，韩晔杭州，凌准连州，程异郴州，陈谏台州。"[③] 世事难以以一盖全，官员们的不幸，偏偏成就了台州的大幸。正因为这些被贬官员的到来，台州之文脉，亦由此开通兴盛。

南开大学的卢盛江教授认为，东晋浙东名士所代表的士族文化与山水文化的融合，奠定了浙东唐诗之路的思想文化基础，形成了浙东唐诗之路的基本特点。唐代诗人的活动范围，从早期的杭州—越州—台州，逐渐扩展到整个浙东乃至整个浙江，因此才有了一条与思想文化之路融为一体的诗歌游历之路。台州作为浙东唐诗之路中重要的诗人聚集地、著名佛道文化溯源地和唐诗诗作素材"取景地"，是诗路研究中的重要组成部分与重点保护文化地。

---

① 《旧唐书》，卷四十，志第二十。
② 《刘宾客嘉话录》，中华书局，2019年版。
③ 《子书百家之燕丹子玉泉子金华子》，湖北崇文书局，光绪纪元版。

气象，同时也促成了山水诗更趋成熟。

三、浓重的贬谪文化特质

中国的士大夫以"修身齐家治国平天下"为人生的最高价值体现，走上仕途也成为自我价值认可的主要途径。但宦海难测，做得好不一定升迁，做不好甚至没有做不好都可能遭到贬谪。在遭到贬谪的官员中，相当一部分都是才华出众的文士，他们在经历了从理想主义到悲观主义的演变后，文风往往转为怀愤、悲吟，贬谪文化也因此而生。他们成为中国古代文化传播群体中一个特殊的存在。南方作为远离政治中心的海角边郡、荒远之地，往往成为贬谪首选。对于贬官来说，这样的经历不仅是政治悲剧，更是人生坎坷，但对于民智相对落后的贬谪地来说，这些贬官无疑是文化传播的一个绝佳载体。

台州的贬谪文化，可以说是由骆宾王而始。调露二年（680），年过花甲的骆宾王被贬为临海县丞，世称骆临海。关于骆宾王被贬的原因，新旧唐书的记载有所出入。《新唐书》记载："武后时，数上疏言事。下除临海丞。"[①]《旧唐书》则载："高宗末，为长安主簿。坐赃，左迁临海丞。"[②] 根据奉诏搜辑骆宾王遗文的官员郗云卿所撰《骆宾王文集序》载："仕至侍御史。后以天后即位，频贡章疏讽谏，因斯得罪。贬授临海丞。"[③] 骆宾王在临海期间，泱泱不得志，从他的《久客临海有怀》《秋日山行简梁大官》等诗中，可以看出他被贬后想要寄情山水，却又心有不甘的心境。这种文风在贬官文学中有着普遍现象。

真正对台州文化产生深远影响的贬官，当属郑虔。郑虔（691—759），字趋庭，又作"若齐""弱齐""若斋"，郑州荥泽县人，唐代文学家、书法家、画家。唐天宝九年（750），郑虔作山水画一幅，并题诗于上，献于唐玄宗。玄宗大加赞赏，御署"郑虔三绝"（意指诗、书、画），并特置广文馆于最高学府国子监，诏授郑虔为广文馆首任博士，掌领国子监学生修习进士课业，总领文词，时号"郑广文"。郑虔从此扬名天下，时人称"名士""高士"。

郑虔晚年因受安史之乱牵连，被贬台州任司户参军。至德二年（757）寒冬，郑虔达到台州。当时台州文风未开，台州百姓与郑虔在衣着言行上均不相同，互为怪异，所谓"一州人怪郑若齐，郑若齐怪一州人"，郑虔也自叹"著作无功千里窜，形骸违俗一州嫌"。但郑虔在台州并未颓然自弃，他兴学堂、启民智，开创一代文风，被后世誉为台州文教之祖。

郑虔存世的诗作很少，《全唐诗》中仅收录了一首《闺情》。然而1988年，在三门县亭旁南溪村的宋代《梅氏族谱》中，发现了郑虔在台州所作的《丹丘寺佚诗》五首，诗文清丽，意境高远，从"柿树留神迹，鸬鹚听佛书""岂特凤山风景别，丈夫何必泣新亭"等句可以看出，诗人已经坦然接受了贬谪台州的生活，并且从中获得了更为豁达的人生感悟。这五首诗后收录在国家古籍整理"十五"与"十一五"重点规划项目《全唐五代诗》[④] 中。

---

① 《新唐书》，列传第一百二十六，文艺上。
② 《旧唐书》，列传第一百四十，文苑上。
③ 《四部丛刊初编》，集部第六百一十二册，骆宾王文集十卷，上海商务印书馆民国十八年版。
④ 周勋初、傅璇琮、郁贤皓、吴企明、佟培基：《全唐五代诗》，陕西人民出版社，2014年版。

司马承祯的隐居地，因此也成为诸多诗家的目的地。这种独特的文化环境，造就了天台山既包容又执着的特质，表现在具体的文化形式上，就是儒、释、道三教融合。天台山也因此实现了从宗教名山到文化名山的转变。

作为文化名山，天台山对唐诗以及其后宋词的创作影响很大，使用频率也非常高。"天台"逐渐从一个地名，演变成一种文化的代名词。唐宋时期，台州籍文人仕宦，不论里籍何县，均喜好以"天台"冠于名前。如北宋张伯端（临海人，字平叔），自称"天台张平叔"；南宋谢太后（临海人），自称"天台谢道清"；元末文学家、史学家陶宗仪（黄岩人），自称"天台陶宗仪"。而外地诗人寄诗情于在台州的友人时，也常以"天台"代指"台州"，如杜甫写给被贬到台州府任司户参军的郑虔所写的《有怀台州郑十八司户（虔）》，首句即是"天台隔三江，风浪无晨暮"。以天台山为文化核心的"天台"成为一个意象性的文化符号，这不仅反映了唐诗的写作风格、审美观念等，也与当时的文化背景及台州政治地位的变迁等都有着紧密的联系。

"三界横眠闲无事，明月清风是我家"。唐代诗僧寒山子就是深受台州宗教氛围影响的典型人物，并且成为浙东唐诗之路中的代表性诗人。寒山子的诗作，无一不表达着人天合一、以合为贵的思想观念和自然情感，永远充满着和合的意蕴。如"默知神自明，观空境逾寂。""泯时万象无痕迹，舒处周流遍大千"等传世诗句，更是表达出物我两忘、天地人和的终极境界。后世为其整理的《寒山子诗集》更是对浙东唐诗之路产生了深厚的影响。

如果说天台山是台州宗教文化的宏观，那么台州府城治所临海的巾山就是台州宗教文化的缩影。巾山，又名巾子山，坐落在临海市区东南隅，传说古有皇华真人在此山修炼得道，升天时遗巾于此而得名。巾山的由来，本身就充满了道教的神话色彩。而位于巾山西麓的龙兴寺，则在中日佛教文化交流史上扮演了重要角色。唐鉴真大师第四次东渡时，曾在龙兴寺驻锡。前后十二载，始终六次，最终跟随鉴真大师去往日本的唯一一位中国籍弟子，即是龙兴寺高僧思托。因龙兴寺曾名开元寺，故又称开元思托。日僧最澄入唐求法，大部分时间就是在龙兴寺跟随天台宗七祖道邃大师学法（时道邃大师应台州刺史陆淳之邀在龙兴寺讲经弘法），其间亦曾往来天台山，受教于行满大师。最澄归国时，陆淳、行满等僧俗两界，专门组织了一次送别茶会，并赋有同题诗《送最澄上人还日本国》十余首，这些诗流传至今，成为"浙东唐诗之路"上清丽脱俗的一笔，也成为中日佛教文化交流之谊的见证。

巾山山虽不高，但极灵秀，山上胜迹甚多，有巾山塔群、南山殿、通翁亭等。《台州府志》《临海县志》俱称"为一郡游观之胜"，历代诗人吟咏巾山的诗作很多。唐代著名诗人任翻三游巾子山，皆有所感。其中"绝顶新秋生夜凉，鹤翻松露滴衣裳。""野鹤尚巢松树遍，竹房不见旧时僧。""惟有前峰明月在，夜深犹过半江来。"等名句世代流传，也为巾山的诗词宝库填上了浓重的一笔。历代以来有诸多诗人次韵，有"看遍尘寰兴废事，竹阴千古一禅房"等佳句。而顾况因向往台州山水，为"写貌海中山"而主动求知新亭监（设在临海），也留下了《临海所居三首》等诗作，成为吟诵巾山的经典。

台州的山水之间，多有寺观与人文景致，这种独特的生态环境，恰好符合了诗人名家对高雅意境的想象。诗人们游览其中，在饱览景秀之时，也完成了思辨，"以玄对山水"，给台州的山水注入了哲理的内涵，强化了"浙东唐诗之路"的思想深度，提升了"浙东唐诗之路"的精神南方士族中的贺循、孔愉等一批人，这其中不少人本来就生活在浙东地区。因此，北方士族与南方士族的交汇融合，主要在浙东完成。北方士族之所以选择浙东地区，是因为这里既与政治中心保持着相对便捷的距离，又不会太过纷扰。南方相对稳定的社会环境和北方士族形成的高雅的人文环境和富足的经济环境，吸引了大量的文人雅士，或因避难，或因失意，而选择隐居浙东。

台州也正是在这个时期，迎来了文化萌芽。其中最具代表性的事件，就是谢灵运开山辟路到临海。谢灵运（385—433），东晋名将谢玄之孙，是我国古代著名的山水诗人，中国文学史上山水诗派的开创者。"灵运因父祖之资，生业甚厚。奴僮既众，义故门生数百，凿山浚湖，功役无已。寻山陟岭，必造幽峻，岩嶂千重，莫不备尽。登蹑常著木履，上山则去前齿，下山去其后齿。尝自始宁南山伐木开径，直至临海，从者数百人。临海太守王琇惊骇，谓为山贼，徐知是灵运乃安。又要琇更进，琇不肯，灵运赠琇诗曰：'邦君难地崄，旅客易山行。'"①《登临海峤初发疆中作与从弟惠连可见羊何共和之》一诗也正是由此而来。因该诗描绘了谢灵运放浪山水，探奇览胜的经历，后世常以"临海峤"入诗，用以比喻寄情山水的愿望。如李白《翰林读书言怀呈集贤诸学士》《赠从弟南平太守之遥二首》，孟浩然《题终南翠微寺空上人房》等。

台州文化迎来真正的发展，则是在安史之乱后。这件唐代社会颠覆性的政治事件，在长达七八年的叛乱与平叛过程中，给北方社会造成了致命的打击。其中一个现象就是人口锐减。据统计，天宝十二年（753）河南道户数和人口数在全国十道中均居首位，分别占21%和22%。而安史之乱后的广德二年（764），刘晏给元载的信中说："函、陕凋残，东周尤甚。过宜阳、熊耳，至武牢、成皋，五百里中，编户千余而已。"洛阳是唐朝的东都，其人口锐减情况尚且如此，其他地区的状况就可想而知了。北方人口的锐减，一方面是由于战争的消耗，另一方面也由于大量人口南迁。江南由于远离当时的政治中心长安，几乎没有受到安史之乱的影响，社会相对稳定，经济发展并未受阻。事实上当时浙江基本处于平稳的社会环境中，即使是发生于唐肃宗上元年间（760—761）的刘展叛乱，虽然给当时经济重镇扬州及周边地区造成巨大损失，却没有影响到浙东的稳定。浙东经济的繁荣为诗人前来游览奠定了坚实的物质基础②。此时台州距唐武德四年（621）置州已有百余年，社会逐渐成熟，经济开始繁荣，加之山海水城的迤逦风光，开始吸引文人雅士的目光，诗人们游吟渐多。李白、杜甫、骆宾王、顾况、释皎然等大诗人，先后或因任职台州、或因寓居台州、或因与台州友人唱和，而留下诸多名句，如李白的"龙楼凤阙不肯住，飞腾直欲天台去"。杜甫的"台州地阔海冥冥，云水长和岛屿青"。至今为人称道，吟诵不止。

二、浓厚的宗教氛围对诗路的渲染

对台州山水的欣赏与赞叹，最早可追溯至孙绰的《天台山赋》。他写道："天台山者，盖山岳之神秀者也。涉海则有方丈蓬莱，登陆则有四明天台。"

天台山是"台州"之名的由来，也是浙东地区乃至整个江南的宗教名山，尤其在唐代，其宗教文化辐射范围遍及全国。它是佛教本土化后第一个宗派天台宗的诞生地，也是唐代三朝国师

---

① 《宋书》卷六十七，中华书局，2019年版。
② 陆晓冬：《浙东唐诗之路形成的社会经济动因浅析》，浙江社会科学，2006年3月1日。

独寻台岭闲游去

——论台州在"浙东唐诗之路"中的意义

马曙明[①]

摘 要：在浙东唐诗之路形成的过程中，台州始终占据着重要地位。究其原因，与台州当时社会的交通位置、经济环境、文化发展都有着密切关系。可以说，两者是相辅相成，互促互进，缺一不可的。台州在"浙东唐诗之路"中有着不可替代的地位和意义。

关键词：南渡；山水；宗教；贬谪

"浙东唐诗之路"是指唐代400多位诗人穿越浙东七州（越州、明州、台州、温州、处州、婺州、衢州）的山水人文之路，其中主干线是从杭州—越州—台州。早在20世纪80年代末，浙江学者就提出了"浙东唐诗之路"的概念，使唐诗与地域文化有机结合，得到了学界的认同。2018年，浙江省政府工作报告明确提出要打造"浙东唐诗之路"，使这项研究得到了空前的推进与发展。

"浙东唐诗之路"是继丝绸之路、茶马古道之后的又一条文化古道，是唐代诗人们用诗情画意筑成的山水人文走廊，它不仅具有地理意义，更具有文化意义。台州地处东海之滨，山水秀丽、底蕴深厚，是诗人们游吟的目的地，也是后期诗路发展的枢纽地。

台州之所以在"浙东唐诗之路"占据着重要地位，成为诗人们心驰神往、纷至沓来的旅游胜地，究其原因，与台州当时的自然环境、交通位置、社会经济、文化发展都有着密切关系。可以说，两者是相辅相成，互促互进，缺一不可的。本文试从以下三个方面，分析台州在"浙东唐诗之路"形成过程中的原因及意义。

一、国势民运为台州带来了发展的机会

晋代以前，台州尚属蛮荒之地。在世人的印象里，"被发文身，错臂左衽，瓯越之民也；黑齿雕题，鳀冠秫缝，大吴之国也。"[②] 由此可知，远离当时中原文明核心地区的台州，呈现出来的是一种原始、蛮荒的状态。

直到西晋灭亡，大量士族与百姓南渡，"洛阳倾覆，中州士女避乱江左者十六七"，尤其是著名的王、谢等望族定居浙东地区，对浙东地区的社会、政治、经济和文化都产生了重要的影响，为之后江南乃至整个南方的大开发奠定了基础。而东晋在建立和巩固政权的过程中，重用了

[①] 马曙明（1959—），男，临海人，台州文史馆馆员，台州市文献编纂委员会委员，著有《台州编年史》及《台州历代郡守辑考》等，曾获"台州市曙光奖"和"临海市文化精品工程奖"。

[②] 《战国策》卷十九，中华书局，2012年版。

使,后梁时封闽王。同光三年(925),审知死,长子延翰立。四年(926),"庄宗遇弑,中国多故,延翰乃取司马迁《史记》闽越王无诸传示其将吏曰:'闽,自古王国也。吾今不王,何待之有?'"遂建国称王,而犹禀唐正朔。后唐长兴三年(932),闽主王延钧向后唐求为吴越王、尚书令而不得,遂绝朝贡。四年(933),延钧"自称帝,国号大闽,改元龙启,然犹称藩于朝廷"。①

楚、闽俱向中原王朝称臣,故亦只能选择郊天以外的方式构建自身的神圣性。史载"(马)殷微时,隐隐见神人侍侧,因默记其形像。及贵,因谒衡山庙,睹庙中神人塑像,宛如微时所见者。则知人之贵者,必有阴物护之,岂偶然哉!"②此条材料属于典型的神异政治话语,故事的参与者、讲述者马殷将自己塑造成了由衡山神人守护的"贵人",其用意显然是利用神秘主义宣扬自身统治楚地的合理性。又,闽王鏻(延钧)"好鬼神道家之说,道士陈守元以左道见信,建宝皇宫以居之。守元谓鏻曰:'宝皇命王少避其位,后当为六十年天子。'鏻欣然逊位,命其子继鹏权主府事。既而复位,遣守元问宝皇'六十年后将安归',守元传宝皇语曰:'六十年后当为大罗仙人'。鏻乃即皇帝位,受册于宝皇,以黄龙见真封宅,改元为龙启,国号闽"。③王鏻看似举止荒唐,但实际上正是假借宝皇的名义完成了闽国版"权力神授"。

吴越、闽、楚三国的"权力神授"具有一定的共性。首先是地域性,五公、宝皇、衡山神均属地方神灵系统,其影响的区域及民众是有限的,这就表示其受众的范围是基本固定的,其所赋予的统治权在地域上也是有限制的。其次是等级性,五公、宝皇、衡山神均为普通神祇,与南郊祭祀的昊天上帝等顶级神祇在等级上存在较大差距,这种差异应是现实君臣伦理的投影。再次是实用性,三国进行政治宣传的主要对象均为普通民众,故在宣传过程中主要利用了地方信仰,且叙事通俗易懂,便于传播和被接受。这种别样的"权力神授"是唐末五代特殊历史条件下的产物,对理解当时的政治文化具有重要的意义。

---

① (宋)薛居正:《旧五代史》卷一三四《僭伪列传》,第1792页。
② (宋)薛居正:《旧五代史》卷一三三《世袭列传》,第1757页。
③ (宋)欧阳修:《新五代史》卷六八《闽世家》,北京:中华书局,1974年版,第848页。

乙酉（925）；宝正元年，岁次丙戌（926）。当前发现的《屠环智墓志》载志主葬于吴越天宝五年，《普光大师塔铭》载志主死于吴越宝大元年，可知吴越的确曾经多次改元，这也能够说明钱镠的确曾有自立之心。此外，新近公布的《故左军讨击使管甲营田十将霍府君墓志铭》中称钱镠为"皇帝"，可见其在吴越国民间确实具有至高无上、如同天子的地位。①

三

《转天图经》使用了佛教、道教等不同宗教的形式或语汇，但经文内容却鲜少涉及相关教义，仅强调信奉及修法的重要性，在强调本经的成效时甚至诅咒不信本经的恶果。根据经名所系的"天台山"及叙事内容中的地域色彩，《转天图经》主要的读者群是在天台山、浙东乃至整个两浙地区拥有一定佛、道基本教义知识的百姓。透过集体地重复颂念经文中的偈颂部分，灌输其谶言信息，达到宗教宣传、动员信众的基本目的。故《转天图经》很可能是利用宗教信仰进行政治宣传的作品。作者将时局、政事及地方信仰巧妙结合，把钱镠兼并两浙的节点性事件嵌入经文，宣扬钱氏为解救两浙于水火的"圣主"，从而为钱氏统治两浙提供了依据。《转天图经》的创制大概率是由钱氏主导的，这是其宣扬自身"权力神授"的重要环节，而采用这种方式是由吴越的特殊性决定的。

隋唐王朝继承了中古以来"君权神授""受命于天"等统治理论，新帝登极后往往需行郊祀祭天礼，以示"王者所由受命也"。唐亡以后，天下分崩，中原王朝与南方前蜀、后蜀、吴、南唐等国争相行祭天礼，以彰显本国统治的正统性。②钱镠自唐末雄踞两浙，虽不乏雄心壮志，但始终无称帝之举。史载"镠于昭宗朝，位至太师、中书令、本郡王，食邑二万户。梁祖革命，以镠为尚父、吴越国王。"后唐同光中，"为天下兵马都元帅、尚父、守尚书令，封吴越国王，赐玉册、金印"。③钱镠临终前，叮嘱"子孙善事中国，勿以易姓废事大之礼"。④吴越三世五王始终向中原王朝称臣，没有资格行郊祀祭天礼，故只能通过其他方式进行舆论宣传和神圣性塑造，《转天图经》无疑就是这种情况下的产物。

南方诸国之中，与吴越情况相似的还有楚、闽二国。楚，创立者为马殷。殷，唐末为湖南节度使，梁开平元年（907），封为楚王。末帝贞明中，马殷"上章请依唐秦王故事，乃加天策上将军之号"。⑤后唐明宗天成二年（927）六月，"以天策上将军、湖南节度使、开府仪同三司、检校太师、守尚书令、楚王马殷为守太师、尚书令，封楚国王"。⑥马殷死后，其子希声袭位，"称遗命去建国之制，复藩镇之旧"。⑦闽，始称帝者为王延钧。延钧父审知，唐末为威武军节度

---

① 姚晨辰：《〈故左军讨击使管甲营田十将霍府君墓志铭〉考释》，《四川文物》2022年第2期，第77—82页。
② 王美华：《皇帝祭天礼与五代十国的正统意识》，《陕西师范大学学报》（哲学社会科学版），2018年第7期，第63—69页。
③ （宋）薛居正：《旧五代史》卷一三三《世袭列传第二》，北京：中华书局，1976年版，第1768页。
④ （宋）司马光：《资治通鉴》卷二七七，后唐明宗长兴三年三月，第9192页。
⑤ （宋）薛居正：《旧五代史》卷一三三《世袭列传第二》，第1757页。
⑥ （宋）薛居正：《旧五代史》卷三八《明宗纪四》，第525页。
⑦ （宋）司马光：《资治通鉴》卷二七七，后唐长兴元年十一月，第9052页。

入其麾下。浙西六州中，杭州乃钱氏盘踞之地，润、常、苏三州皆曾为钱氏所征服，睦州守将陈晟为八都旧将，与钱氏颇有渊源，惟湖州李师悦始终与钱镠征战不休。李师悦，光启元年（885）因功获封湖州刺史，文德元年（888）迁忠国军节度使，治湖州。"董昌反，师悦连和，与镠有隙，而结好于行密，安仁义次润州，复助之"。① 乾宁三年（896），师悦死，其子继徽以州附杨行密。不久，湖州内乱，归降钱镠，此即来降之第八州也。要之，"八国来降"中的"八国"当指钱镠攻灭董昌、明确"圣主"身份后来归附的"八州"——浙东七州以及浙西之湖州。

"救世主"钱镠在《转天图经》中有"圣人"、"圣主"、"真王"、"明王"等多种称谓。有学者认为"明王"的说法可能受到了摩尼教的影响，但通读全文可以发现除了偶然出现的"明王"等浅层表述外，经文中几乎没有与摩尼教教义相关的内容。有意思的是，新近发现的西夏文译本《大圣五公经》在提及"救世主"时很少使用"明王"这一称谓。该经现存部分共七次谈到"救世主"，其中称"明君"三次，称"圣明君"、"尊上"、"明王"、"圣人"各一次。② 可见"明王"或许并非宗教意义上的"救世主"，而是传统政治语境下的"贤明君主"，这种用法在唐代十分普遍。如唐太宗贞观六年（632），诏曰："朕比寻讨经史，明王圣帝，曷尝无师傅哉？"③ 贞观十一年，侍御史马周上疏曰："自古明王圣主，虽因人设教，宽猛随时，而大要惟节俭于身，恩加于人"。④ 高宗龙朔元年，蔚州刺史李君球上疏曰："战者危事，兵者凶器，故圣主明王重行之也"。[（宋）王溥：《唐会要》卷九十五《高句丽》，第1708页。] 玄宗开元二十二年正月一日敕："自古圣帝明王，岳渎海镇，用牲牢，余并以酒脯充奠祀"。⑤ "明王"、"圣主"本可通用，故所谓受摩尼教影响之说似乎稍有牵强附会之嫌。

《转天图经》将两浙描绘为"太平世"，又将关中、河南等地描绘为战乱之地，二者之间形成了鲜明的对比。这种陈述可能并不准确，但在客观上却有安定两浙百姓的作用。经文将民间宗教信仰与经典政治话语相结合，宣称"末劫"到来之时两浙将会改天换地，并将钱镠描述为救世之"圣主"，这显然是一种政治表达，透露出钱氏可能曾有逐鹿天下之志。史载钱镠兼领两浙后，贯休"往投诗贺，中联云：'满堂花醉三千客，一剑霜寒十四州。'武肃大喜，然僭侈之心始张，遣谕令改为'四十州'，乃可相见。休性躁急，答曰：'州亦难添，诗亦难改。余孤云野鹤，何天不可飞！'即日裹衣钵，拂袖而去"。⑥ 又，后梁建立后，"节度判官罗隐劝王举兵讨梁曰：'纵无成功，犹可退保杭越，自为东帝。'"⑦ 可见钱氏之雄心。欧阳修《新五代史》言钱氏曾有改元事。洪迈《容斋四笔》考证吴越"有天宝、宝大、宝正三名，欧阳公但知其一也"。同时据碑志指出吴越天宝四年，岁次辛未（911）；天宝五年，太岁壬申（912）；宝大二年，岁次

---

① （宋）欧阳修，宋祁：《新唐书》卷一八六《周宝传》，第5418页。

② 即"今告寅卯二年内，得见圣明君"，"万户安居丑寅年，逢者得尊上"，"必定寿命殊旺盛，□见圣明君"，"欲知明王真出处，海边可寻求"，"悬针直直月里生，此是圣人名"，"信我经者逢明君"，"信我符者逢明君"。见聂鸿音：《〈五公经〉：存世谶书的早期样本》，《中华文化论坛》2019年第6期，第46—54页。

③ （唐）吴兢：《贞观政要》卷四《尊敬师傅》，上海：上海古籍出版社，1978年版，第117页。

④ （宋）王溥：《唐会要》卷八十三《租税上》，北京：中华书局，1955年版，第1531页。

⑤ （宋）王溥：《唐会要》卷九十五《高句丽》，第1708页。

⑥ 傅璇琮主编：《唐才子传校笺》（第四册），北京：中华书局，1990年版，第433页。

⑦ （宋）钱俨：《吴越备史》卷一《武肃王》，《五代史书汇编》第10册，第6200页。

"蛇年七月后，世事尽轮回"，则指乾宁四年（丁巳897）六月钱镠"如东府（越州），受镇东节钺"，七月自越州返回杭州一事。① 两浙易主，故言"世事尽轮回"。

综上可知，《转天图经》的叙事基本上是以钱镠称霸两浙的事迹为线索展开的，涉及的时间主要是唐僖宗乾符二年（875）至唐昭宗乾宁四年（897），即自"天下乱"至两浙平。涉及的主要历史事件是第一次杭越之战、浙西军乱、孙儒之乱、第二次杭越之战等。喻松青认为《转天图经》作于乾宁四年（897），这一判断是很有道理的。

二

《转天图经》对唐末的战乱和政治局势进行了大量描述。从前文的经验看，这类描述的叙事时间大抵准确地对应实际史事，或是基于史事发展脉络的讽喻。部分记述的措辞谨慎，尤其是见于谶言指涉对象的数量和代名词，很可能属于实时性或事发不久后的同时代记述，因此具有一定的解读空间和史料价值。经文称"六军南北乱奔忙，八国顷攻破大唐，水浅鲤鱼何处藏"；又称"英雄七处竞争强，四处扰扰造颠狂，长安湖广及西羌"；"九州岛之内，八处分张"；又称"授者得高官，八国来降伏。若逢新帝时，荣华自然足"。"英雄七处"与"八处分张"在叙事上显然不相吻合，不过如果回归《转天图经》的语境，将两浙作为"八处"之一并视其为保境自安、不作争斗的太平世界的话，此言尚可得到合理解释。"八国"、"八处"的说法表面看上去前后呼应，但其实自相矛盾。"八国顷攻破大唐"，似言唐朝亡于八个割据势力。这与"八处分张"的说法似乎尚可相互印证。但"八国来降伏"，则言有"八国"来归降"圣主"（即钱镠），那么"八国"再加上圣主钱镠所在的两浙，则全部的政治势力就达到了九个，以上这种理解显然并非经文本意。

关于"八处分张"，唐末强大的割据势力实际上远不止八个，不过根据经文中"江南吴楚汉"、"长安湖广及西羌"、"河南河北慢栽杨"、"灾气生江南，淮扬停死尸。中州是何人，秦地有非毁"、"齐地尚小可，燕邦犬杀人。州中血成海，积骨堆西秦""燕赵无人种，吴越甚猖狂……南吴横牛犢，途路绝猪羊。梁地无烟火，巴蜀寿还昌"等语，可知此"八处"大致应指河南（朱温）、河北河东（李克用）、关中（李茂贞）、蜀（王建）、吴（杨行密）、楚（马殷）、吴越（钱镠）、岭南（刘隐）等势力。不过这些势力并非全部都有反抗朝廷之举，故"八国顷攻破大唐"中的"八国"似乎不应理解为八个割据势力。又据《五代史补》，"先是，民间传谶曰《五公符》，又谓之《李淳风转天歌》，其字有八牛之年，识者以八牛乃朱字，则太祖革命之应也"。② 唐亡于朱温，相较"八国"之说，"八牛顷攻破大唐"更与史实相契。故"八国"或为"八牛"之误，亦未可知。

关于"八国来降"，《大圣五公转天图救劫真经》中有"圣主之位甚安康，腾身而上八州降"的记载，可知此处的"八国"可解为"八州"。唐末浙西领润、常、苏、杭、湖、睦六州，号镇海军，浙东领越、衢、婺、台、明、处、温七州，号镇东军（义胜军、威胜军）。乾宁二年（895），浙东董昌称帝自立，建大越罗平国，改元顺天。三年（896），钱镠破董昌，朝廷改越州威胜军为镇东军，以钱镠为镇海镇东等军节度使。钱氏既得浙东节钺，则越、台、温等七州自然

---

① （宋）钱俨：《吴越备史》卷一《武肃王》，《五代史书汇编》第10册，第6188页。
② （宋）陶岳：《五代史补》卷一《太祖应谶》，《五代史书汇编》第5册，第2475页。

杨行密于宣州,有黑云如山,渐下,坠于儒营上,状如破屋,占曰:'营头星也'。十一月,有星孛于斗、牛。占曰:'越有自立者'。十二月丙子,天搀出于西南;已卯,化为云而没"。① 经文中描述的彗星的特征与五月、六月、十二月的相关记载并不吻合,故更可能指十一月的这次天象。斗、牛俱属北方玄武七宿,《乙巳占》载:北方之宿,返主吴越。景福元年十一月的彗星天象预示"越有自立者",而这一天象在《转天图经》的叙事中被认为是"末劫"来临的标志,这表明"子丑"之谶的真正含义可能是两浙地区将在"末劫"来临之际改天换地,迎来自立的局面。景福二年,钱镠被唐朝任命为浙西镇海军节度使,此时董昌为浙东节度使。所谓"子丑尚狐疑",当指此时已基本确认救世主就在二人之间,但不能确定最终人选,故才有"大杀相逢战一场,然后定君主"之说。

(三)"牛羊"之谶

"牛羊"一词在经文中共出现两次,分别是"黄斑队队如家狗,夜夜随门走。牛羊齩尽作灰尘,末后始伤人"以及"虽见大营食小营,亦谓得身容。人友资财皆改换,难过牛羊后"。《五公末劫经》中有"黄斑猛虎如家犬,昼夜巡门专咬人咬猪羊"之语,故黄斑当指猛虎,第一个"牛羊"当指牲畜,第二个"牛羊"则指牛羊之年。所谓"大营食小营",有军事兼并之意,故牛羊(丑未)之间应有战事发生。考虑到经文称寅卯之后已是太平年,故此处提及的牛羊之年应在寅卯年(894—895)之前,即唐僖宗中和元年(辛丑881)至光启三年(丁未887)。唐僖宗广明元年(880),为抵御乱军,保卫乡里,杭州始建八都兵,其中临安县以董昌为主将,钱镠副之。中和元年,唐廷任命董昌为杭州刺史,钱镠为都知兵马使。二年(882),浙东刘汉宏"遣弟汉宥、马军都虞候辛约率兵二万,营于西陵,将图浙西",董昌令钱镠率军击破之。此后刘汉宏又多次组织力量进攻,但均为钱镠击败。光启二年(886),董昌令钱镠率军攻打刘汉宏,以绝后患,后者兵败后"走台州",不久被台州刺史杜雄执送至董、钱处斩杀。光启三年(887),唐廷以董昌为浙东观察使,钱镠为杭州刺史。不久,浙西军乱,钱镠趁机攻取润、常二州。故"牛羊"之谶当指董昌、钱镠与刘汉宏之间的战争以及钱镠兼并浙西润、常等州的战争。《五公末劫经》有"太岁牛马年,好诵《五公经》,各自保前程"之语,其中"牛马年"亦应指杭越之战。

《转天图经》对时间的记述是比较严谨的。除了上述与史实对应的谶言外,尚有"强弱相侵,干戈竞起。……廿年之内,四海一同受此灾","岁后排年名子丑……此时未有明君帝……劝君修善切莫迟,更待五年期"以及"蛇年七月后,世事尽轮回"等语。检《吴越备史》,唐僖宗乾符二年(875),钱镠三十四岁,有相者谓之曰:"天下乱矣,期时之内,再遇贵人"。② 史载是年浙西将王郢等起事,攻陷苏、常二州,战乱波及两浙。此前一年(874),王仙芝已聚众起义,故所谓"天下乱矣",乃是一种出自两浙视角的客观陈述。廿年之后,恰逢钱镠攻灭董昌,领有两浙。《转天图经》称百姓受灾"廿年"后迎来"太平世",而钱镠平定两浙亦经历了"廿年"之功,二者之间严丝合缝般的联系恐怕并非巧合。又,子年"未有明君帝","更待五年期",当指钱镠于乾宁三年(丙辰896)击败董昌,获授镇海、镇东节度使,兼领两浙一事。而

---

① (宋)欧阳修,宋祁:《新唐书》卷三二《天文志二》,北京:中华书局,1975年版,第840—841页。
② (宋)钱俨:《吴越备史》卷一《武肃王》,《五代史书汇编》第10册,第6172页。

183

等州。史载大顺元年二月,"杨行密遣其将马敬言将兵五千,乘虚袭据润州",又攻占常州、苏州。八月,"孙儒攻润州"。闰九月,"孙儒遣刘建锋攻拔常州",围苏州。十二月,"孙儒拔苏州"。① 二年春正月,孙儒自淮南复入姑苏,欲乘胜攻打钱镠。钱氏"出舟师以御之",并趁机收复苏州。十二月,"孙儒烧掠苏、常","常州甘露镇使陈可立据本州",钱镠遣师平之。② 故"戌亥"之谶当指此期杨行密、孙儒、钱镠在浙西的混战。

经文称"令知为恶者,至鸡犬之年,渐受此苦",即所谓"鸡犬"之谶,应与钱、杨、孙三方混战始于昭宗龙纪元年(己酉889)有关。唐末浙西领润、常、苏、杭、湖、睦六州,号镇海军。光启三年(887),钱镠获授杭州刺史。同年,浙西军乱,节度使周宝被逐,钱镠趁乱攻占常、润二州,不久又占据苏州。龙纪元年,杨行密与孙儒先后侵入浙西,十一月,杨行密派大将李友攻陷常州,十二月,孙儒遣刘建锋陷润州,三方展开了激烈的争夺。经文称"贼扰猪狗年",恰恰表明是有外来势力进入了两浙地区。孙儒与杨行密、钱镠反复争夺浙西诸州。与杨、钱等淮、浙土著势力不同,孙儒本是蔡州节度使秦宗权的部将,是南下的北方军人,在淮南、浙西等地并无根基,常有烧掠之举。史载孙儒在扬州时,曾"悉焚扬州庐舍,尽驱丁壮及妇女渡江,杀老弱以充食"。③"扬州富庶甲天下,时人称扬一益二,及经秦、毕、孙、杨兵火之余,江淮之间,东西千里扫地尽矣"。④ 接连不断的战争和残酷的迫害必然会对正常的社会秩序造成极大的破坏,故经文中百姓遭受苦难的相关描述恐怕并非夸大其词。

(二)"子丑"之谶

"子丑"之谶亦在经文中多次出现,如"只虑末劫子丑年,白骨压荒田";"岁后排年名子丑,见人如家狗";"处处家家被杀伤,子丑之年人吃糠";"子丑之年天无光,寅卯之年始下翔";"鼠年世纷纷,虎兔有区分";"戌亥还未定,子丑尚狐疑";"试看子丑年,鬼兵从东起"等。按戌亥年为大顺元年、二年,寅卯年为乾宁元年(甲寅894)、二年(乙卯895),故子丑年当指昭宗景福元年(壬子892)、二年(癸丑893)。从谶言内容来看,子丑年乃是末劫来临之时,而末劫恰是此经最核心的话题之一,故其重要性不言自明。末劫到来之时有何征兆?经文中给出了明确的提示。即"末代之时何吉兆,天有奇星至。出如鸡卵红色光,西去东复来。东后又有小星来,相随逐似月,收流速如太阳过"。与《转天图经》关系密切的《五公末劫经》中亦有关于末劫的相似记载:"若逢末劫之时,东南天上有彗星出现,长一丈,如龙之相,后有二星相随,昼夜奔驰,东出西落,放光红赤,前一星红光闪耀,后有二星其光黄白,使天下万民见知,即是末劫来到"。"若见天上彗星出现,后有二星相随布行东西,此是五公菩萨报知天下人民,所谓三千七百末劫来到"。由此可见,经文中所称的"末劫"乃是以较为罕见的彗星天象为征兆。检《新唐书·天文志》,景福元年确曾有彗星天象出现,而且不止一次。"五月,蚩尤旗见,初出有白彗,形如发,长二尺许,经数日,乃从中天下,如匹布,至地如蛇。六月,孙儒攻

---

① (宋)司马光:《资治通鉴》卷二五八,唐昭宗大顺元年,北京:中华书局,1956年版,第8513页。
② (宋)钱俨:《吴越备史》卷一《武肃王》,傅璇琮、徐海荣、徐吉军主编:《五代史书汇编》第10册,第6181页。
③ (宋)司马光:《资治通鉴》卷二五八,唐昭宗大顺二年七月,第8536页。
④ (宋)司马光:《资治通鉴》卷二五九,唐昭宗景福元年六月,第8551页。

《转天图经》再考

刘 喆[①] 邵浪舣

　　《转天图经》又称《天台山五公菩萨灵经》《佛说转天图经》《天图经》《后天图应结（劫）经》等，是唐宋之际南方社会中流传的一部伪经，原作者姓名不具。其内容主要是宣称末劫降临，灾难并起，志公、朗公、康公、宝公、化公五公共集天台山上制符经救度末劫众生，以俟圣主出世，重享太平。经中的部分偈颂掺杂了唐宋之际的政治内容和干支纪事，其性质属于谶言。经过柯毓贤、喻松青等学者的讨论，《转天图经》的整体面貌已基本清晰。[②] 但由于该书叙事神秘、晦涩，经中不少谶言依然未获得合乎语境的阐释，故有继续研究之必要。

一

　　《转天图经》的叙事以两浙地区为中心，其中包括大量与时间相关的谶言。除了已为学者指出的与董昌称帝一事有关的"寅卯"之谶和与钱镠取代董昌一事有关的"卯辰"之谶外，[③] 尚有"戌亥"、"子丑"、"牛羊（丑未）"、"鸡犬（酉戌）"等。这些谶言均具有特殊涵义，以下试分别进行述说。

　　（一）"戌亥"之谶、"鸡犬"之谶

　　"戌亥"之谶在经文中多次出现，如"猪狗相侵六及五，黎庶须受苦"；"戌亥相连扰，百姓极寒酸"；"贼扰猪狗年，不知早办否"；"不信称乱语，猪狗自灭门"；"戌亥还未定，子丑尚狐疑"；"三灾从东起，正在猪狗辰"等。由经文内容可知，戌亥年战乱频发，百姓深受苦难，而救世主的身份尚不确定。喻松青指出《转天图经》中与救世主姓名相关的八条谶语全部指向钱镠。可见戌亥之年应在钱镠击败董昌、割据两浙，确立救世主身份之前，即唐昭宗大顺元年（庚戌890）、二年（辛亥891）。此时正值孙儒与杨行密争夺淮南，战火绵延至浙西润、常、苏

[①] 刘喆，中国人民大学历史学院博士后，研究方向为五代十国历史与考古。

[②] 柯毓贤根据年代、地域、国号及信仰的相互对照，认为该书是由晚唐昭宗乾宁二年（895）浙东越州之义胜军节度使董昌及其属下巫觋之士所制，作为巩固吴越人民的向心力，支持董昌叛乱李唐的理论根据及宣传品。其造经的内容，采自当时广泛流行的"寅卯信仰——兔上金床"，及长时间传布于吴越的"罗平信仰"，并掺入佛教与摩尼教（明教）的教义而成。后柯氏又撰文修正了自己的观点，指出《转天图经》的制作年代至少还要上溯三十六年，即宣宗大中十三年（859）在浙东台州起事的裘甫。董昌及其属下巫觋之士则是利用该事件后遗留在浙东民间巫觋信仰的影响力，来推动其割据浙东的叛变。见氏著《〈转天图经〉考》，《食货》复刊13卷5、6期，1983年9月，第197—203页。《〈转天图经〉续考——裘甫、董昌与巫觋道》，《食货》复刊16卷9、10期，1987年12月，第364—371页。喻松青认为《转天图经》中记载的圣主为钱镠，该书撰于乾宁四年（897）左右，乃是为钱镠登基制造舆论而作，但其中也有以后作过修改的痕迹。见氏著《〈转天图经〉新探》，《历史研究》1988年第2期，第67—79页。

[③] 相关论述见前引柯毓贤、喻松青文。

德行善，很有号召力。何况，百姓对积德行善本来也是支持的。文人"在济公的身上，更多的是看到一种深层次的生命哲学。他们或是歌颂他疏放不羁，逍遥自在的人生态度，以表达自身对于这样一种人生态度的向往；或者济公这个人物在他们笔下已然成为一种代表某种特定意义的符号、意象。不管从何种层面来说，这样的文人创作，对于济公形象的宣传或塑造是很有影响力的"[①]。何庆元、舒位、曹寅、朱伦瀚、黄图沁等人在诗歌中都表达了对济公逍遥生活的赞美。文人是有精神追求的，联系现实生活中的名利等烦恼，他们更加羡慕济公乐陶陶的精神世界。

明清之际，狂禅思想流行。狂禅主张特立独行，明心见性，见性成佛。狂禅思想受阳明心学的影响比较深。狂禅认为，每个人都有自己的本性，不去认真体悟自心，相反却向外物求道，实在是本末倒置，南辕北辙。佛教的经典比较多，教义博大精深，有着严格的清规戒律。机械地遵守寺规，一味地从佛经中求法，忽视本心，就难免为佛经所累，走入迷途。狂禅看重本人的内心体悟，把佛门规矩和教义看作是外在的无关紧要的东西。狂禅破除偶像崇拜和名教的桎梏，对前人的观点持批判的态度。在行为举止上，狂禅放浪形骸，标新立异。受狂禅思想的影响，济公小说塑造了济公狂僧的形象，这使得济公更加神化。济公是罗汉转世，但是济公刚开始并不知道自己的特殊来历。参禅念经受不了，喝酒吃肉又不能，济公打算脱下袈裟还俗。方丈对济公一顿呵斥，刹那间，济公明白了自己的身世。从此，济公表面上疯癫怪诞，实际上却心灵通透，无所不晓，本领高强。师兄弟让济公继承师父的衣钵，济公回答说早就继承了。师兄弟感到奇怪。济公不遵守寺庙戒律，不念经，不坐禅，如何继承衣钵？其实，济公从顿悟那一刻起，就已经是师父的衣钵传人了。济公之顿悟是狂禅风行的反映，与王阳明的龙场悟道颇为类似。

济公，是台州佛教史上的传奇人物。济公从真实走向神坛，反映了百姓希望社会公平的心声。济公是百姓的精神寄托。我们应该大力弘扬济公文化，为台州文化建设添砖加瓦。

[①] 赖丽婉：《济公人物形象流变研究》，山东师范大学硕士学位论文，第86页。

礼膜拜的神灵。济公的尊号是：大慈大悲大仁大慧紫金罗汉阿那尊者神功广济先师三元赞化天尊。长达28字的尊号集儒释道于一体，由此可见百姓神化济公不遗余力。

济公神化在明清之际达到高潮，这与当时的创作环境、百姓崇拜、文人创作、狂禅思想有关。

明清之际，以《三侠五义》为代表的侠义小说、以《施公案》为代表的公案小说颇为盛行。相比之下，神魔小说的创作乏善可陈。《封神演义》《西游记》的出现，意味着神魔小说已达顶峰。尤其是《西游记》，其创造的神魔世界五彩斑斓，难以超越。神魔小说创作遇到了瓶颈，要想开拓创新，属实不易。在这种背景下，一些小说家借助侠义公案小说盛行的东风，加入神魔小说的创作手法，撰写了以《济公全传》为代表的神化济公的小说。这样的小说，博采众长，杂糅了神魔小说、侠义小说、公案小说的特点，令人耳目为之一新。在《济公全传》里，有不少济公与妖魔鬼怪、和尚道士斗法的故事，情节离奇曲折。例如，济公口念六字真言成功地除去了吃童男童女的白水湖妖怪。明清之际是中国封建君主专制极其严重的朝代，社会黑暗，官员腐败。百姓受到种种欺负，无处发声，他们不能够通过正常的渠道来维护自己的权益。百姓见不到皇帝的圣明，遇不到为民做主的清官。于是，百姓寄希望于神灵，渴望出现救星。这个救星，才智超人，神通广大，上天入地，无所不能。救星不但能够救百姓于水火，而且还能够维护社会秩序，让社会公平公正，百姓安居乐业。济公的神僧形象就这样被百姓创造出来了。百姓对济公故事津津乐道，期盼自己遇难时济公会出现。百姓神化济公越来越厉害，经久不衰。

中国是一个多神崇拜的国家，百姓对神仙的崇拜，是从现实利益出发的。无论哪个神仙，只要能给百姓带来幸福，百姓都会崇拜。济公的故事从南宋开始流传，经过历代的加工，百姓对济公为神僧之说深信不疑。在百姓心目中，济公法力无边，超凡入圣，不但能够降妖除魔，而且还能够造福人间。济公是杏林高手，药到病除。济公断案如神，过去未来之事，全都知晓。只要有济公在，百姓就不会受到官府和妖魔鬼怪的欺负，就会过上太平生活。济公，是走入百姓心中贴近百姓生活的保护神。百姓崇拜济公，希望济公给自己带来好运。济公是罗汉转世的传说使得百姓更加相信济公异乎寻常的能力。百姓甚至认为济公是上天派遣到人间救他们脱离苦海的使者。在百姓眼中，所有的一切都在济公的掌控之中。如果济公只是一个衣衫褴褛、邋邋遢遢、疯疯癫癫、游戏人间的凡夫俗子，百姓是不会崇拜他的。然而，出现在百姓面前的济公，头顶着神僧的光环，百姓对其顶礼膜拜。在一定程度上，百姓崇拜济公有着反抗现实压迫的因素。济公诙谐幽默，放荡不羁，寄情自然，逍遥自在，蔑视世俗礼法，这与在封建专制集权下处处受到束缚压迫的百姓生活形成了鲜明的对比。济公的生活，是百姓向往和憧憬的。

在文人创作的济公小说中，劝人向善是其核心思想。文人受儒家思想影响，看重积德行善。文人的善恶观在济公小说中体现出来。济公虽然是保护百姓的神僧，但是他给百姓灌输的道理，不脱离因果循环善恶有报的窠臼。积德行善是官府提倡的，也是百姓认可接受的。在这一点上，官府与百姓是一致的。文人通过济公，对百姓进行教化。在济公小说里，济公劝人向善的故事情节俯仰皆是。无论是看书的读者还是听书的听众，济公小说中的劝善场景都会触动他们的心灵。在不知不觉中，善恶有报积德行善的意识在他们脑海中产生，文人教化社会的目的得以实现。文人借济公之口告诉百姓，要想社会安定，就要积德行善。济公是百姓信奉的神僧，济公让百姓积李涓，字浩然，是靖康元年的英雄。靖康元年，金兵围困东京。宋钦宗号召各地兵马勤王救驾。李涓在鄂州崇阳县招募士兵600人，准备前往东京。鄂州所辖有7个县，按照规定，应该出兵2900人。其他6县还没有招募完士兵，李涓已经完成任务。身边人劝告李涓，不要急着去东京，等别的县招兵任务完成，再一起行动。李涓说，事情紧急，需要急赴东京，让天子看到百姓的勤王热忱，给天子以信心。李涓招募的士兵大都是城市人，不习惯军队的艰苦生活。李涓献出家产，买酒买肉犒劳他们，激励他们保家卫国。李涓说："吾固知无益，然世受国恩，唯直死耳。若曹知法乎，失将者死，钧之一死，死国留名，男儿不朽事也。"[①] 士兵为李涓的拳拳爱国之心所感动，纷纷表示要以身报国。李涓领兵北上，过了淮河，蒲圻、嘉鱼二县的士兵才跟上。三县士兵合在一起，疾速前行。到河南蔡州，天空下起了鹅毛大雪。忽然间，蔡州百姓成群结队地逃命。李涓一打听，知道金兵来了。于是，李涓让士兵排列好阵型，以逸待劳，等候金兵的到来。不一会儿，一小队金兵骑马而至。李涓身先士卒，杀入敌阵。金兵败北，李涓率兵猛追10多里后遇到金兵的主力。金兵乱箭齐发，蒲圻、嘉鱼二县的士兵一看敌强我弱，就逃走了。李涓死战不退，身受重伤多处，成了一个血人。李涓战死军中，手下士兵也大都阵亡。朝廷封赏李涓的三个儿子为官，其中就包括长子李茂春。

通过济公家族的世系，我们可以看出，济公家族一直都在朝为官，从事的是军旅职业，还一度与皇室联姻。从李崇矩到李涓，济公家族为北宋王朝鞠躬尽瘁。李崇矩为作为北宋的开国元老，为北宋的创建立下了汗马功劳。李涓则在靖康之变中为北宋血洒疆场。济公家族为官清廉，颇有政绩，官声不错。《宋史》对济公家族的每一代都有记载，由此可见济公家族的影响力。济公家族历经北宋而不衰，根源在于济公家族优良的家风。这家风为济公家族历代所遵守，并对济公产生了深刻的影响。济公体察民间疾苦，乐善好施，除暴安良等等，正是其家族优良家风的体现。正是因为家风端正，济公虽然是官宦后代，身上却没有纨绔子弟的恶习。济公家族从李崇矩开始就积善信佛。济公家族既是达官显贵，又是著名的禅宗居士。他们不但在家庭里面设有佛堂，而且还经常去寺庙烧香拜佛，与方丈谈经说法。济公的父亲李茂春就是一个虔诚的佛教徒。济公家族的宠佛文化，在无形之中熏陶着济公。一方面是家族世代信佛，另一方面是身边的天台山佛香缭绕，佛教润物细无声地浸入济公的骨髓。"少年济公生活、读书、游憩在这样的家庭和社会环境中，在佛宗仙源的潜移默化下，萌生了方外之念。"[②]

三、济公神化

济公心地善良，百姓喜欢他。济公死后，百姓怀念他，口耳相传济公的故事。于是，济公从民间进入话本，再进入文人创作的小说，成为家喻户晓的神僧。在此过程中，关于济公的故事内容更加丰富多彩，情节更加引人入胜，济公形象更加丰富饱满。济公兼具了清官、侠客、神仙三种角色，济公被神化了。百姓神化济公从他的出生开始。济公呱呱坠地时，国清寺罗汉堂的降龙罗汉毫无征兆地倾倒。百姓说济公是罗汉投胎转世，是高僧活佛。济公被神化后，就成为百姓顶

---

① 脱脱、阿鲁图：《宋史》，中华书局，1985年版，第812页。
② 许尚枢：《济公生平考略》，《东南文化》1997年第3期，第85页。

其父李继昌在泾州任上暴感风眩。北宋规定武将之间没有皇帝命令，不能私下来往。李遵勖挂念父亲，来不及给皇帝上书就骑马飞奔前去泾州。回到康州后，李遵勖给宋真宗上奏折，请求责罚。守卫澶州时，天降暴雨，河堤将溃。李遵勖带领军民，连续7个日夜奋战在河堤上，成功地保护了澶州百姓的生命财产安全。在宁国军节度使任上，李遵勖大力整顿水军，淘汰了80%的不合格者。李遵勖治军之严，由此可知。宋仁宗年幼，太后刘娥摄政。宋仁宗长大之后，李遵勖冒着风险给刘娥上奏折劝她早日把大权交还给宋仁宗。李遵勖尊师重友。"师杨亿为文，亿卒，为制服。及知许州，奠亿之墓，恸哭而返。又与刘筠相友善，筠卒，存恤其家。"[1] 李遵勖对佛学颇有研究，与楚园禅师是好友，二人共同撰写了《偈颂》。《天圣广灯录》是李遵勖的佛学著作，此书被宋仁宗下令编入佛教典籍，现存于《中华大藏经》。

李端愿，李遵勖的次子。因为母亲的缘故，李端愿在七岁的时候就被授予七品的如京副使一职。李端愿仕宦宋仁宗、宋英宗、宋神宗、宋哲宗四朝。宋仁宗时，中国大旱。宋仁宗打算大赦天下，放宫女回家。李端愿认为宋仁宗考虑不周。在李端愿看来，大赦天下会把监狱中的小人放出去，从这个角度看，大赦天下其实是有罪的。宫女没有一技之长，好多宫女家庭贫苦，放宫女反而会使得她们无家可归流离失所，这对宫女来说是一种灾难。李端愿的看法有一定的道理。李端愿为襄阳知州时，有转运使向宋仁宗进献钱财数十万受到宋仁宗的奖赏。李端愿告诉宋仁宗，这些都是转运使搜刮的民脂民膏。转运使对百姓的常赋征收高达三折，百姓苦不堪言。宋仁宗闻听，就责罚了转运使，传令各地，严格按照朝廷的要求征收常赋，不得擅自加码。后来，李端愿"移庐州，富弼谓曰：'肥上之政何以减于襄阳？'端愿曰：'初官喜事，饰厨传以干名，则誉者至；更事既久，知抑豪强、制猾吏，故毁随之。'弼深然其言"[2]。宋英宗借口有病懒于政事。李端愿上奏章，劝告宋英宗应当勤政，以系人心，不应该懒政而使得百姓失望。宋神宗即位，雄心壮志，想与西夏重启战端。李端愿亲手书写赵普的《谏太宗北伐疏》，劝阻宋神宗勿要轻言战事。李端愿年老，请求致仕，宋神宗授其太子少保，赏赐金带。宋哲宗时，又擢升李端愿为太子太保。李端愿去世，宋哲宗亲自前来祭奠。

李评，北宋杰出的军事将领和外交人才。宋神宗让李评出使辽国，与辽国谈判悬而未决的河东边界纠纷。李评不辱使命，在谈判桌上折冲樽俎，经过两年艰苦的谈判，圆满地完成了宋神宗交代的任务。宋神宗龙心大悦，赏赐给李评袍带和金帛。西夏是北宋的强敌，种谔在陕西米脂县西北的古城山上修筑啰兀城，派兵驻守。啰兀城建在悬崖峭壁上，崖下是无定河。李评认为啰兀城孤悬在外，易于被西夏兵围攻，建议毁城撤兵。果不其然，啰兀城很快陷入敌手。安南趁着北宋疲于应付西夏和辽国之时，大举攻入宋境，攻城略地，烧杀抢掠。宋神宗决心予以反击，派遣郭逵等领兵出征安南。兵力不足，宋神宗就从西北调兵。李评上书宋神宗，建议西北之兵不可轻易调用，因为西夏一直在西北闹事，一旦得知西北兵力空虚，西夏就会趁机而入，这样西北就危险了。《宋史》评价李评："所论事颇多，或见施行。"[3]

---

[1] 脱脱、阿鲁图：《宋史》，中华书局，1985年版，第571页。
[2] 脱脱、阿鲁图：《宋史》，中华书局，1985年版，第780页。
[3] 脱脱、阿鲁图：《宋史》，中华书局，1985年版，第793页。

李端悫—李评—李涓—李茂春—李修缘。

李崇矩是山西长治人，历仕后汉、后周、北宋三个朝代，官居高位。赵匡胤建立北宋后，后周将军李筠和李重进起兵反叛。李崇矩率领禁军跟随赵匡胤在碾子谷大败李筠。而后，赵匡胤讨伐李重进，李崇矩又率兵冲锋陷阵。征讨北汉时，李崇矩率部奋力拼杀。班师回朝途中，赵匡胤让李崇矩担任后卫。因为过于劳碌，李崇矩身染重病。赵匡胤不但派遣御医诊治，而且还让李崇矩乘坐自己的凉车回京。禁军吕翰带兵哗变，赵匡胤把士兵们的妻子逮捕，准备杀掉。李崇矩认为此举不妥，力劝赵匡胤三思。赵匡胤遂释放了士兵们的妻子。哗变的士兵听说妻子被释放回家，都放下武器投降。吕翰的作乱因为李崇矩的攻心之举而迅速失败。李崇矩与宰相赵普交情颇深，就把女儿嫁给了赵普的儿子。赵普是当朝宰相，李崇矩是手握重兵的大将，这样的两个人结为亲家，是政治大忌。赵匡胤对此事颇为不悦。李崇矩手下有个叫郑伸的门客，为人阴险狡诈，受过李崇矩的处罚。郑伸抓住机会，上书诬告李崇矩勾结赵普阴谋造反。赵匡胤尽管对李崇矩不满，但是他知道李崇矩忠心耿耿，并没有相信郑伸的诽谤之言。李崇矩为人忠厚老实，言出必行，知恩图报。史弘肇是李崇矩仕途中的贵人。李崇矩发迹之后，不忘旧恩，时常周济史弘肇落魄的子孙。李崇矩一心向佛，他先后建立了多座寺庙，供养了 70 多万僧人。

李继昌，乃北宋名臣，代表皇帝出使过辽国。996 年，喻雷烧在四川啸聚山林作乱，百姓苦不堪言。宋太宗让李继昌领兵剿匪。李继昌到四川后，喻雷烧企图贿赂他。喻雷烧送金带给李继昌，李继昌满面笑容地收下了。喻雷烧大喜过望，认为李继昌一个贪官，剿匪只是走过场。李继昌收下金带是为了稳住喻雷烧，让喻雷烧放松警惕。在喻雷烧懈怠之际，李继昌突袭了喻雷烧的老巢，擒杀喻雷烧，一举剿灭了危害地方多年的匪徒。李继昌因功官升西京左藏库使。宋真宗时，王均在四川造反。李继昌与雷有终等将领奉命讨伐，在成都西门安营扎寨。王均忽然打开城门，雷有终等以为王均要弃城而逃，就率兵攻入城中。李继昌感觉有诈，告诫雷有终等不要轻举妄动。雷有终等不听，李继昌无奈，只好命令本部士兵坚守大营不出战。雷有终等果然中计，刚进入城中，城门就关上了，几乎全军覆没。李继昌手下听到城中杀声震天，情知不妙。他们恳请李继昌撤兵，以免为王均所杀。李继昌不为所动，坚守营寨。最终，李继昌大败王均，攻入成都。李继昌在成都秋毫无犯，严禁士兵扰民。"继昌性谨厚，士大夫乐与之游。为治尚宽，所至民怀之。任峡路时，与上官正联职。正残忍好杀，尝有县胥护刍粮，地远后期，正令斩之，继昌徐为解贷焉。"[①] 郑伸早逝，其母孤苦无依，就来李继昌家乞讨。仆人痛恨郑伸诬告李崇矩，就赶走了郑母。李继昌知道后，送给了郑母百两黄金。李继昌不计前嫌，赢得了时人的赞扬。

李遵勖，原名李勖，因为迎娶了宋真宗的妹妹万寿公主，成为当朝驸马，在宋真宗的建议下于姓名中加了个"遵"字。李遵勖文武全才。李遵勖年少时在雪地上练习骑射，马猛然受惊，坠落悬崖。李遵勖从马背上摔了下来，众人以为李遵勖肯定被摔死了。在众人悲伤之际，李遵勖慢慢地从地上站了起来，丝毫没有受伤。李遵勖精湛的骑射功夫由此可见一斑。李遵勖文采出众，参加科举考试，高中进士。宋真宗殿试李遵勖，对李遵勖的才华赞叹不已，就把妹妹许配给了他。李遵勖历任驸马都尉、刺史、团练使、防御使、节度使等要职。李遵勖任康州团练使时，

---

① 脱脱、阿鲁图：《宋史》，中华书局，1985 年版，第 562 页。

>　　撒手须能欺十圣，低头端不让三贤。
>
>　　茫茫宇宙无人识，只道颠僧绕市廛。

　　这首诗歌可谓是济公的自画像。寥寥数语，济公逼真地描绘出了自己游戏人间，蔑视清规戒律的颠僧形象。同时，济公也道出了自己内心的苦楚。济公的行为举止异于常人，理解济公的人很少。

　　西湖是济公休闲悟道的好去处，对于西湖的山山水水，济公了然于胸。在《湖山有感》中，济公如此描绘西湖的山水：

>　　山如骨，水如眼，日逞美人颜色。
>
>　　花如笑，鸟如歌，时展才子风流。

　　济公以奇妙隽永的艺术构思，为世人展开了一幅栩栩如生的西湖画卷，淋漓尽致地表现了西湖之美。第一句把西湖比喻成美女的眼睛，把西湖周围的群山比喻为美女的骨架，西湖如同婀娜多姿的美女，每天陪伴着杭州百姓。第二句里，西湖边盛开的鲜花如同人们开怀的笑声，不时传来的鸟语好似人们嘹亮的歌声。这样的欢快气氛，是才子具有的呀。济公采用动静结合的手法，以才子佳人来譬喻西湖，表达了他对西湖之美的由衷赞叹。

　　南宋时杭州流行用松树修建官府衙门。民间盛传，寺庙的古松吸收了佛祖的灵气，是建房的绝佳选择。临安知府赵府尹相中了净慈寺的古松，打算砍伐。济公知道后，心急如焚，给赵府尹写了一首诗：

>　　亭亭百尺接天高，曾与山僧作故交。
>
>　　满望枝柯千载茂，可怜刀斧一齐抛。
>
>　　窗前不睹龙蛇影，耳畔无闻风雨号。
>
>　　最苦早间飞去鹤，晚回不见旧时巢。

　　此诗写得很有水平，展现了济公高超的情商。前四句写出了松树的枝繁叶茂及其与净慈寺僧人的感情。松树的树龄有1000多年了，接天蔽日。松树见证了一代又一代净慈寺僧人的成长，僧人对松树充满感情。转瞬间，松树就要被刀砍斧伐了，真可怜啊。"可怜"一词以拟人化的笔触描写出了松树被砍伐的惨状。同时，济公通过"可怜"二字委婉地告诉赵府尹，松树是僧人的老朋友，砍伐松树意味着与遍布江南的净慈寺僧众为敌。"龙蛇影"指的是松树弯曲的树枝，既写出了松树的动态美，也写出了松树似龙似蛇的千年灵气。"风雨号"指的是风吹雨打时松树发出的声音。济公从视觉和听觉两方面展现了没有松树的不便。济公意在告诉赵府尹，松树已经成为僧人日常生活的一部分，不可或缺。最后两句是点睛之笔，一旦松树被伐，树上栖息的鹤晚上回来就没有家了，这是一幅多么凄惨的画面。这幅画面在无声地提醒赵府尹，不要做恶人。济公写诗的目的是劝阻赵府尹不要砍树，然而纵观全诗，没有一句直接劝人的话语。济公以娴熟的手法，通过描写鹤、松树、僧人，间接地达到了目的，效果要比苦劝好得多。没有高超的情商，这样朗朗上口的诗歌是写不出来的。赵府尹不傻，看了济公的诗后，他自然是不会再砍伐净慈寺的古松了。

二、济公家族

　　济公出生于官宦之家。济公家族的世系如下：李崇矩—李继昌—李遵勖—李端懿、李端愿、不敢再提驱逐济公之事。

慧远圆寂之后，济公意识到灵隐寺不再是自己合适的栖身之地。于是，济公面见净慈寺方丈德辉禅师。德辉禅师欣然接纳了济公。在净慈寺，济公替人念经的同时也做火化工。后来，济公升为书记僧，负责净慈寺的文翰事务。1204年，一场大火毁灭了净慈寺，德辉禅师也不幸葬身火海。对于德辉禅师的离世，济公不胜悲痛。济公四处奔走，筹集重建净慈寺所需要的木材。"运木古井"的传说由此产生。

净慈寺重建之后，方丈更替频繁。济公意识到，长此以往，净慈寺就会在佛教丛林悄然陨落。要想让净慈寺保持稳定，就必须邀请有名望的高僧前来当方丈。于是，济公给禅宗的祖庭少林寺写信，请求少林寺派遣高僧主持净慈寺。在济公的邀请下，少林僧人妙崧前来净慈寺担任方丈一职。妙崧学问渊博，管理有方，净慈寺从此走上了正常发展的道路。对于济公的救寺之举，净慈寺僧人不胜感激。

1209年，济公在净慈寺圆寂，终年60岁。济公在虎跑寺火化，舍利晶莹。现在，杭州虎跑公园内建有济公殿、济公塔，以示对济公的纪念。临终之前，济公作了一首偈，回顾了自己追求佛法的心理路程：

六十年来狼藉，东壁打到西壁。

如今收拾归来，依旧水连天碧。

狼藉，指的是济公多年来孜孜不倦追求佛法的坚韧不拔之志。东壁代指色界，西壁代指空界。"六十年来狼藉，东壁打到西壁"传神地写出了济公60年来辛辛苦苦，从色界追寻到空界，一路走来的披荆斩棘之旅。济公勤勉地求法一生，在撒手人寰之际，他最终看到了什么呢？"如今收拾归来，依旧水连天碧"。济公临终所见是他对生命的赞歌。水连天碧，多么奇妙的人间美景啊，多么广阔无垠的大千世界呀。在这样的环境中，人可以开开心心地圆融地活着。经过一生的努力，在漫长的修行之路上努力求索，济公临终发现，山还是山，水还是水，世界还是那个水连天碧的美好世界。济公，从逃离色界开始，经历体悟空界，最后达到"色即是空空即是色"的圆融境界。这个历程，济公花费了60年。在求法之路上，济公转了一大圈又回到了起点，即人世间。这不是简单的转圈，而是济公生命的圆融。在转圈中，济公的佛法得到了提升，灵魂得到了净化。"如今收拾归来，依旧水连天碧"创造了美好的意境，充满禅味。

济公破衣烂衫，似丐非丐，是僧不似僧，游走于酒楼歌肆，给人疯癫的印象。实际上，济公学富五车，精通医术，助人为乐。济公是杨歧派六祖，禅宗五十祖。济公关爱百姓，用医术治好了不少百姓的疑难杂症。济公铁骨铮铮，对于争相与其交往的达官贵人，济公不轻易点头。济公古道热肠，曾经亲自撰写化缘疏，云游四方，为被大火烧毁的净慈寺筹钱重建。济公打抱不平，惩恶扬善，扶危济贫。百姓感激济公，亲切地称呼他为"济公活佛"。

济公学识渊博，是一个著名的诗僧。南怀瑾认为，济公的诗歌水平与同时代的陆游和范成大不相上下。

在赠送冯太尉的诗中，济公这样描述自己的生活：

削发披缁已有年，唯同诗酒是因缘。

坐看弥勒空中戏，日向毗卢顶上眠。

济公：一个被神化的高僧

刘亚轩[①]

摘　要：济公是台州的历史文化名人。济公成为一代高僧，与其家族宠佛的文化传统和优良的家风密不可分。在济公故事的传播过程中，济公被神化了，这反映了百姓对社会公平正义的追求。我们应该大力弘扬济公文化，为台州文化建设添砖加瓦。

关键词：台州；济公；神僧

在台州历史文化的长河中，济公可谓是大名鼎鼎。随着影视文化的传播，济公在华夏大地闻名遐迩。济公，已经成为台州的一张名片。

一、济公其人

济公，是南宋的得道高僧，法号道济。"济公"二字是人们对道济的尊称。济公的本名是李修缘，"湖隐""方圆叟"是他的别号。济公出生于台州天台县永宁村。从国清寺迤逦而来的赭溪穿过永宁村。

李茂春是济公的父亲。宋室南迁之后，李茂春在天台县为官。对朝廷的腐败不满，李茂春辞官归隐。李茂春和妻子王氏在永宁村过着平凡的日子。李茂春年近四旬，仍然无嗣。李茂春就多次去国清寺虔诚礼佛，终于得子济公。心花怒放的李茂春抱着济公到国清寺表示感谢，并请求方丈为济公取名。国清寺方丈遂给济公起了个颇具佛教意味的名字：李修缘。可以说，济公从出生时就与佛教结缘。佛教，自此成为济公生命的主题。

济公在赭溪畔无忧无虑地成长。清澈的赭溪水带给济公无限的欢乐，也陶冶了他的情操。永宁村北的瑞霞洞是济公读书的启蒙之处。瑞霞洞释道并列，济公比较早地接触到了佛教和道教文化。父母去世之后，济公决定出家为僧。济公遂去投奔自小就结缘的国清寺。国清寺高僧性空一本收济公为门下弟子，取名道济。

济公后来离开国清寺，到杭州灵隐寺落脚。灵隐寺住持慧远曾经担任过国清寺住持，比较欣赏济公。济公天性好动，不喜欢打坐念经。济公衣着邋遢，破帽破鞋破扇破衣。济公游戏市井，不离酒肉。济公经常和孩童一起斗蟋蟀。灵隐寺飞来峰下有呼猿洞，里面住着黑白二猿。济公不时在洞口呼猿，与猿猴嬉戏。灵隐寺的僧人对济公的言行看不惯，认为济公的所作所为严重违反了佛门的清规戒律。于是，他们集体向慧远告状，要求把济公赶出灵隐寺。慧远苦口婆心地开导灵隐寺僧人，告诉他们佛门规矩是针对一般人的，济公是一个奇才，可以不用遵守。慧远认为，佛法无边，佛门广大，完全可以接纳济公这样的颠僧。有了慧远的表态和支持，灵隐寺僧人轻易

[①] 刘亚轩，男，历史学博士，河南牧业经济学院教授。

义,从而回国后创立日本最早佛教宗门——天台宗,并受到天皇敕封而成为日本第一个佛教门派。而创立日本临济宗的荣西和创立日本曹洞宗的道元,亦都曾在此学习过天台佛学。

成功抵达日本后的鉴真一行,受到了日本僧众和皇室的极大欢迎和礼遇。除了将鉴真拥入奈良东大寺设坛授戒外,还由皇室献出土地,准备为其建立新寺——唐招提寺。而鉴真也忙着积极地为天皇、皇后及皇室成员以及众所僧侣授戒(舍旧戒授新戒),由此而开启了日本正式的戒律传承。而此时的思托,亦追随于鉴真左右,除了授戒讲律之外,还积极地参与修造寺院、写经和雕造佛像等法事活动。同时,他还多次为大众讲授天台教义,撒播"天台"之种子于东瀛。而在营造著名的唐招提寺时,便是由他和日僧普照具体执行初创工作的。

唐招提寺位于日本奈良市西京五条街,为中国高僧鉴真和尚及其弟子思托等亲手所建,是日本佛教律宗的总寺院。唐招提寺从日本天平宝字三年(759)开始兴建,约于770年完工。寺内建有天平时期的讲堂、戒坛;奈良时代后期的金堂;镰仓时代的鼓楼、礼堂,以及保存着天平以后的佛像、法器和经卷。而寺院大门上红色横匾"唐招提寺"四字,则为日本孝谦女皇仿照王羲之、王献之的字体所书。而特别值得一提的是,在建于公元1688年的御影堂内,供奉着鉴真的干漆夹纻坐像。该像高2尺7寸,面向西方,双手拱合,结跏趺坐,闭目含笑,两唇紧敛,生动地表现出了鉴真于763年圆寂时的姿态。该像现已被定为日本的国宝,而像的制造者之一,便是至死都一直追随他在东瀛弘扬佛法的最忠实的弟子思托。

由上可见,在思托追随鉴真东渡扶桑、弘扬佛法的过程中,不但为日本带去了印度佛"中国化"之果的"中国佛教"的戒律思想,而且亦带去了正式意义上之中国佛教宗派——天台宗学思想,更带去了博大精深的中国文化,以及作为其重要组成部分之一的地域文化——台州文化。从龙兴寺(临海)到唐招提寺(奈良),正是思托等弘佛教律法于东瀛、扬中华文化于扶桑之辉煌人生的真实写照。

四、结语

综上所述,鉴真大和尚作为中国唐代著名的佛教律学家、佛教教育家和实践家,在其历经"前五次失败,第六次成功""逾时十二载"之"东渡"弘法的壮举中,不但将印度佛教"中国化"之结果的"中国佛教"的律法思想传播到了东瀛,而且亦将博大精深且源远流长的中华文化带到了日本乃至东亚地区。而与此同时,一心追随、矢志不渝的弟子思托,亦将作为中华文化之重要组成部分之一的"台州文化"展现到了海外扶桑,更为中国文化(佛教)的海外传播,增添了新的、厚实的内容,从而在中外文化交流史上书写下了浓墨重彩的一页。

世界不同的文化(文明)凝聚着不同国家和不同民族的智慧和贡献,而每一个国家和民族的文化(文明)都扎根于本国本民族的土壤之中,都是本国本民族的集体记忆,都有着自己的特色、长处和认同。作为具有五千年文明史且从未中断的中华文化(文明),亦自是不可例外。因而,今天我们面对新型冠状病毒的肆虐以及后疫情时代的"新常态",站在承前启后、继往开来的新起点上,在践行"中华民族伟大复兴"的历史征程中,既需要交流与融合,亦需要开拓与创新。作为人类古老文明的中华文化(自然包括台州文化),将同各种不同的文化(文明)互学互鉴,携手解决国家乃至人类所共同面临的各种挑战,为人类社会的进步发挥出新的更大作用。

化间的交流和融合一样，台州文化同其他文化间交流和融合，亦是在冲突、碰撞和交锋中得以实现的。尽管这一过程有时是疾风暴雨，有时又是润物无声，然而每一次的碰撞、交锋，客观上却更加促进了不同文化间的交流和融合，从而铸就了今天中华文化多元一体的基本格局。由此可见，交流与融合无疑就是台州文化历史发展之不竭的动力之所在。不仅如此，她还借助于中外文化交流的平台（这里即是通过"鉴真东渡"），走出国门，实现了更大范围和高度的交流和发展。正是借助于此，台州文化才成为既具有历史统一性和连续性又充满着活力和发展潜力的文化，从而成为中华文化长盛不衰之发展的重要动力源泉之一。

三、从龙兴寺（临海）到唐招提寺（奈良）——思托与台州文化的海外传播

亦如前述，鉴真和尚在其惊心动魄的"东渡"壮举中，历经千难万险，"前五次失败，第六次成功"，最终而抵达日本，开启了他及其弟子们在东瀛的弘法生涯。且不说他在此过程中身心所受到之极大的"摧残"，以至于在第六次东渡前，双目已经失明，而就跟随他的弟子而言，亦从开始的包括思托，以及日僧荣叡和普照等在内的十四人，到最终抵达日本时的寥寥几人。这其中就有思托，而思托亦成为弟子中追随他经历六次东渡，最终成功到达目的地的"唯一"之人。

据相关资料记载，思托乃山东沂州人，出家后因闻听鉴真在淮南一带讲授戒律，便慕名前往学习。后受鉴真之邀参与东渡事宜。加入鉴真东渡的团队后，从天宝二年（743）的第一次东渡，到天宝三年（744）的第四次东渡前，思托都一直追随着鉴真。而在第四次东渡时，他们于浙江黄岩禅林寺被扣留，在东渡的队伍被强行解散后，思托便辗转到了临海，留居于临海龙兴寺（即台州开元寺），由此而进入了天台佛学之门。从此，他长居临海龙兴寺（台州开元寺），从而成为龙兴寺的高僧。而临海龙兴寺后来亦因思托追随鉴真的"东渡"成功，而在日本和中国声名远扬。天宝七年（748），亦即第四次东渡失败被遣散而留居临海龙兴寺的四年后，思托再次应鉴真之邀而回到扬州，和鉴真等一起开始了第五次的东渡。而第五次的"东渡"，亦同样以"失败"而告终。第五次东渡未果后的思托，遂又回到了临海龙兴寺，继续着他的天台宗学的僧侣生涯。又经过了六年，直到天宝十三年（754），经过"长期"（前后达六年）的精心准备和努力坚持，思托和鉴真等一行终于"第六次东渡"获得成功。在鉴真前后六次"东渡"日本以弘扬"中国佛教"律法于东瀛的过程中，思托是始终六次都追随前行并最终胜利完成的唯一的中国僧人。他们"四度造舟，五回入海""始终六度，经逾十二年"的坚持不懈和矢志不渝，备尝艰苦却总无退心，无疑是取得最终胜利的强大精神动力。

从思托追随鉴真六次东渡所耗时的十二年光阴来看，他应是有近十年的时间驻锡于临海龙兴寺（台州开元寺）。临海龙兴寺坐落于临海城内巾山西麓，其始建于唐神龙元年（705），初名"神龙"，二年（706）改名"中兴"。景龙三年（709），复改名"龙兴"。开元二十六年（738），又改名"开元"。由此可见，临海龙兴寺距今已有一千三百多年的历史了。从思托于天宝七年（748）、第四次东渡失败后居留该寺来看，当时的龙兴寺似应是名为"开元寺"。而从该寺所处的地理位置和当时佛教的流布情况来看，它应该是一座主要传播佛教天台宗的古刹。这亦从该寺日后被尊为日本佛教天台宗之祖庭中得到证实。因为，在思托追随鉴真东渡之后，曾有许多日本僧人经临海或入龙兴寺、或上天台山求学求法，而成为天台宗高僧。其中特别是日僧最澄于贞元二十年（804），受天皇委派随遣唐使来到台州临海，恰逢天台山修禅寺座主道邃大师在龙兴寺讲授《摩诃止观》，最澄遂从之学法，研习天台教

通常情况下，文化的概念是在广义和狭义的两个意义上使用着。广义的文化即人化，它所映现的是历史发展过程中人类的物质和精神力量所达到的程度和方式。而狭义的文化则特指以社会意识形态为主要内容的观念体系，是为政治思想、道德、艺术、宗教、哲学等意识形态所构成的领域。

由上可知，从"台州文化"之"自然生态"和"社会历史"的特质出发，这里所谓之"台州文化"，便是指世世代代生息于这一地区的各民族先民、部落、民族所共同创造的一种与其自然生态环境和社会历史环境相适应的文化，这种文化包括该地区人们的生产方式、生活方式以及与之相适应的风俗习惯、社会制度、思想观念、宗教信仰、文学艺术等。可见，"台州文化"乃是具有浓厚地域特色和民族特征的一种复合性文化。

像"文化"被分为广义和狭义一样，"台州文化"亦具有广义和狭义之分。广义的台州文化即是在台州地区所形成的文化以及关于该地区基层人群的文化。而狭义的台州文化则主要是指在该地区形成的、同其他都市以及乡村地区相区别的、由诸多民族族群所创造（对该地区的基本情况、历史文化进行研究所得到的）的文化。

如前所述，台州之名亦因境内之天台上山而来。而天台山又是中国第一个完整意义上的佛教宗派——天台宗的发源地和诞生地，而位于天台山的国清寺则是天台宗的祖庭。而从天台宗形成和发展的历史来看，首先，天台宗是在中国社会经历南北朝的分裂后期，于隋朝初期形成并发展起来的。它的创始人智𫖮大师融合了"南方重义理、北方重实践"（即"南义北禅"）的特质，从而形成了具有实践和义理并重之新的统一的佛教。因此，天台宗之最大的特点即在于其止观并重、理论与实践并进的基本原则。而这一切，皆源于其深入的社会实践基础。天台宗学是在积极继承和不断创新中发展起来的，其对南北学风的有机结合，宗教理论与实践的紧密联系，使其成为佛教义学之典范，并经千余年而经久不衰。不仅如此，天台佛教于传播上亦内在地存在着"上""下"两条路线、两个层面的趋势："就向上的一路而言，天台学者在完成止观修行的同时，注重哲学层面的展开，乃将'众生成佛'推到'无情有性'的极端，并将'性具善恶'学说的争论贯彻始终。就下行的一路而言，则推动了情绪化、简易化的民众信仰和修行，加速了中国佛教平民化、世俗化的进程，从而予近代中国佛教的世俗化运动以巨大影响。"[1] 这里，所谓之"平民化""世俗化"无疑就是"社会化"的不同表达罢了。因此，天台宗既是中国佛教最早形成的真正意义上的宗教派别，亦是最为中国化的佛教派别。它的出现，既有社会文化的因素，亦有自然环境的因素。亦正是从这个意义上，可以说，狭义的"台州文化"便就是"佛教文化"，甚而是"天台宗学文化"。因而，天台佛学的出现标志着印度佛教"中国化"之新的发展高度，而这种"中国化"不但对后来中国禅宗的成立以多方面之深刻的影响，而且，随着中国佛教的东亚传播（特别是日本），亦给传入国的文化和社会产生了重大的影响。

如前所述，尽管作为"佛教文化"的台州文化有别于其他的诸如"河洛文化""巴蜀文化"等地域性文化，且自成体系，但自从它诞生的那天起，便一刻也不停地走上了同周边地域的文化形态（当然包括"海洋文化"与"都市文化"等）的交流和融合的发展之路。像历史上任何文

---

[1] 潘桂明等著：《中国天台宗通史》，江苏古籍出版社，2001年版，"导言"第5页。

在这年（唐天宝十二年，亦即日本天平胜宝五年）年底，经过了艰苦的海上航程，在日本萨摩秋妻屋浦登陆，完成了其"东渡"日本，弘扬律法的壮举。到达日本后的鉴真一行，第二年被迎入首都奈良东大寺。很快，鉴真就为日本天皇、皇后、皇太子等皇室成员授了菩萨戒，并为数百沙弥授戒，又为近百名僧人舍去旧戒而授予新戒。从而，日本自此开始有了正式的佛教律学传承。

在世界文化交流史上，毫无疑问，宗教文化一直在扮演着至关重要的角色。其中，尤以博大精深并充满着东方智慧与哲理的佛教文化，颇为世人所瞩目并且脍炙人口。亦正是借助于这种文化交流，诞生于南亚次大陆之古代印度的佛教，却能够在东亚的中华大地获得了她的新生——中国佛教，并进而波及了日本、朝鲜半岛乃至整个东亚地区。佛教通过"丝绸之路"（包括"海上丝绸之路"和陆地"丝绸之路"）进入中土，其中固然离不开法显、玄奘等高僧的西行求法壮举，但业已"中国化"的印度佛（中国佛教）的进一步的东传，以鉴真为首之僧人们的"东渡"，则无疑亦为举足轻重。而他们虽经千难万险而矢志不渝的"东渡"，则更为"中国佛教"的传入日本、朝鲜半岛乃至整个东亚地区，发挥了重要的作用。在"东渡"传法的中国僧人当中，唐代的鉴真可谓是一个划时代的伟大人物。他的惊心动魄的六次（前五次失败、第六次成功）"东渡"壮举，则是将业已"中国化"的印度佛教（中国佛教），进而传播到了日本以及整个东亚地区。因此，如果说法显、玄奘等的"西行"，带来了印度佛教并促进了其与中国文化的交流和融合的话，那么，鉴真们的"东渡"则更进一步地促进和加深了中国佛教文化和日本文化、朝鲜半岛文化的交流和融合。从"西行"到"东渡"，在促进和加深宗教（佛教）文化的融合与发展的同时，更谱写了国家之间（印、中、日、朝鲜半岛国家）乃至整个亚洲地区之间文化交流的历史篇章。

二、台州置州的历史及其台州文化

台州现为浙江省下辖的地级市，其地处中国华东地区、浙江中部沿海一带。它东濒东海，北靠绍兴、宁波，南邻温州，西与金华、丽水相邻。其依山旁海，地势由西向东呈倾斜之态。

从历史上看，台州一带属于百越地区。历经先秦以来的变迁，及至唐朝武德五年（622），朝廷于此设置州治，因其境内有天台山，故而得名曰"台州"，"台州"之名自此而始。日后，虽历经数个朝代及其境界的变迁，"台州"之名一直沿用至今。只是其州府所在地亦由最初的临海迁到了椒江。因此，台州置州至今已有一千四百年的历史。而临海作为其州府所在地，亦有一千三百多年的历史（从1994年迁往椒江市算起）。

众所周知，文化乃人类在改造世界的对象性活动中所展现出来之体现人的本质、力量、尺度的方面及其成果，因而，不同的对象便使得这种"改造活动"之成果呈现出了不同的形式和内容。人类所居住的地球是由高山、河流（包括湖泊、湿地）以及草原等自然物所组成的"自然生态系统"，亦正是在这一"自然生态系统"当中，人类创造出了源于自然而又不同于自然的"人化的自然"，这便是所谓的"文化"。于是，各种各样的文化形态便应运而生，所谓"生态文化""宗教文化"以及作为地域性文化的"台州文化"等，而"台州文化"无疑是其中最为重要的文化形态之一。从这个意义上，可以说台州文化既是自然生态文化，亦是社会历史文化。

169

一、"鉴真东渡"及中日文化（佛教）交流

纵观中国佛教的发展历史，诞生于南亚次大陆的印度佛教自从两汉时期传入中土之后，一路高歌猛进，不断吸收着中华文化沃土之养分，从而获得了它的新形式——中国佛教，并于隋唐时代达到了"最高峰"。而与此同时，作为东亚地区之两个相邻（尽管有海洋相隔）的国家，自古就已盛行起来的政治、经济、文化交流（特别是包括宗教在内的文化交流），历经千百年的风风雨雨，亦于此时（隋唐）进入了它的"黄金时期"。其最重要和最鲜明的标志及其载体，便是脍炙人口的所谓"遣唐使"（在隋代亦称为"遣隋使"）。由于中国佛教于六世纪左右传入了日本，同时，随着隋代中国统一大业的完成，且国力日趋强盛，从而对周边国家产生了重大的影响。于是，这种旨在学习和借鉴中国先进的政治、经济、文化（特别是佛教文化），并由日本国家派遣使团——"遣唐使"（"遣隋使"）的交往形式便应运而生。而为了更好地学习佛法，日本朝廷亦在不断派出"遣唐使"的同时，亦派出不少的留学僧来到大唐进行佛法的学习。"鉴真东渡"则正是在这一"潮流"下的产物，他是应随日本遣唐使而来之留学僧的请求，而萌生了远赴东瀛传播佛法戒律而矢志东渡的。

鉴真（688—763），俗姓淳于，为广陵江阳（今江苏扬州）人。据《宋高僧传》等所记，他自幼出家，曾游历洛阳、长安等地，学习佛教三藏，后驻锡扬州大明寺讲律传法。天宝元年（742），应日本留学僧荣叡和普照的诚邀，而决定赴日弘布律法。对于他的出家及学佛经历，《宋高僧传》是这样的说的：

随父入大云寺，见佛像感动凤心，因白父求出家。父奇其志，许焉。登便就智满禅师，循其奖训。迨中宗孝和帝神龙元年，从道岸律师受菩萨戒。景龙元年，诣长安。至二年三月二十八日，于实际寺依荆州恒景律师边得戒。虽发新意，有老成风。观光两京，名师陶诱。三藏教法，数稔该通。动必研几，曾无矜伐。言旋淮海，以戒律化诱，郁为一方宗首。①

可见，鉴真实际是一位非常精通佛教戒律，并亲身恪守和擅长以戒律来教化信众的高僧，从而受到僧众的尊重和爱戴，成为"一方宗首"。亦即鉴真是为当时中国律宗的领袖。亦正是这个原因，才引得日本的留学僧荣叡和普照发出了其国家"虽有法而无传法人，譬犹终夜有求于幽室，非烛何见乎！"②的感慨，并进而请求鉴真前去日本弘传律法的邀请。而鉴真亦有感于传说中南岳慧思转生为日本国王，并以"山川异域，风月同天。寄诸佛子，共结来缘"衣缘绣偈的故事，遂认定日本为"佛法有缘之地"，下定了远赴东瀛弘传佛法的决心。③

唐开元元年（742），鉴真应日本留学僧荣叡和普照的邀请，带领包括思托在内，以及荣叡和普照等十四名弟子，组织并开启了他波澜壮阔的"东渡"弘法的征程。然而，在东渡的进程中，前五次均因或是官府的阻拦和禁止、或是遭遇飓风而未得成功。其间，则更是遭受到了鉴真双目失明和荣叡病亡的打击。直至天宝十二年（754），鉴真又开始了其第六次的"东渡"，终于

---

① （宋）赞宁：《宋高僧传》卷十四，《大正藏》第50册第2061页。
② （宋）赞宁：《宋高僧传》卷十四，《大正藏》第50册第2061页。
③ 参见（宋）赞宁：《宋高僧传》卷十四，《大正藏》第50册第2061页。

从龙兴寺到唐招提寺：中日文化交流中的台州

——以思托追随鉴真东渡为中心

刘雄峰[①]

摘 要：在中日乃至东亚文化的交流史上，"鉴真东渡"无疑绝对是一个绕不开的话题，并成为具有划时代意义的重要事件而名垂史册。鉴真东渡在给日本带去是时中国佛教（特别是戒律）之深邃义理和精髓的同时，亦使古老的中华文化在东瀛之地大放异彩，从而促进了日本社会的发展和进步。而伴随着中华文化之日本及东亚的传播和发展，作为中华文化之重要组成部分的诸多中国地域文化，亦因此而走出国门，并在异域他乡而开花结果。台州文化便是其中的佼佼者之一。因此，如果说鉴真东渡所带去的佛教戒律体现了印度佛教之中国化的一个方向的话，那么，从思托之天台佛学（宗）的思想中，则完全是在这种"中国化"之基础上的创新和发展，并体现出了鲜明的台州文化的"地方性"特色。从"龙兴寺"（临海）到"唐招提寺"（奈良），正是台州文化之走出国门、融入东亚世界的真实写照。

关键词：龙兴寺；唐招提寺；台州；思托；鉴真东渡

前 言

在中日乃至东亚文化的交流史上，"鉴真东渡"无疑绝对是一个绕不开的话题，并成为具有划时代意义的重要事件而名垂史册。鉴真和尚的东渡历经"前五次失败，第六次成功"的种种艰难险阻，而锲而不舍、矢志不渝。而作为追随鉴真"始终六度，经逾十二年"的唯一弟子思托，亦以"四度造舟，五回入海"的壮举，而感人至深、名扬中外。鉴真东渡在给日本带去是时中国佛教（特别是戒律）之深邃义理和精髓的同时，亦使古老的中华文化在东瀛之地大放异彩，从而促进了日本社会的发展和进步。而伴随着中华文化之日本及东亚的传播和发展，作为中华文化之重要组成部分的诸多中国地域文化，亦因此而走出国门，并在异域他乡而开花结果。台州文化便是其中的佼佼者之一，而作为台州开元寺（临海龙兴寺）之高僧的思托，则在这一历史进程中发挥了至关重要的作用。因此，如果说鉴真东渡所带去的佛教戒律体现了印度佛教之中国化的一个方向的话，那么，从思托之天台佛学（宗）的思想中，则完全是在这种"中国化"之基础上的创新和发展，并体现出了鲜明的台州文化的"地方性"特色。从"龙兴寺"（临海）到"唐招提寺"（奈良），正是台州文化之走出国门、融入东亚世界的真实写照。

---

① 刘雄峰，男，博士，四川省社会科学院全球文明研究中心主任、教授。

颉颃。"① "范钟、杜范颉颃公清。"② "范在下僚，已有公辅之望，入相未久而没，惜哉。"③ 这些史书没有追溯《宋史·杜范传》的史源，没有将《宋史·杜范传》与黄震《戊辰修史传》进行对比，杜范传记中叙述与评价间的鸿沟依然没有被填平。明代临海人王洙编《宋史质》，在《宋史》之外参考了黄震原稿、台州地方志等书，较完整记述了杜范的学术、为政，认为杜范得朱熹之学"不惟传之于家，而又明之于朝，理宗又颇推心委任，盖诚意所感也。入相未久，赍志而殁，岂天未欲祚宋乎"④。但此书关于杜范的记载多有事实错误，又有拔高乡贤之意，对于杜范的评价也未中肯。相比之下，《宋元学案》称杜范"虽秉钧未久，不能大有所匡正，而其忠君爱国之忱，悱恻恳到，于宋之末叶求之，盖亦难其选矣"⑤。概括出了杜范个人对于南宋历史的意义，对于杜范是一个较为贴切的评价。

---

① （明）柯维祺著：《宋史新编》卷一五一，续修四库全书 310 册影印明嘉靖刻本，上海古籍出版社，2002 年版，第 455 页。
② （明）钱士升：《南宋书》卷五三，四库全书存目丛书第 31 册影印清嘉庆刻本，齐鲁书社，1996 年版，第 478 页。
③ （朝鲜）李玿编：《宋史筌》卷一一三，韩国首尔大学图书馆藏奎章阁写本。
④ （明）王洙：《宋史质》卷三二，四库全书存目丛书第 20 册，影印明嘉靖刻本，齐鲁书社，1996 年版，第 203 页。
⑤ （清）黄宗羲等，陈金生等点校：《宋元学案》卷六六《南湖学案》，中华书局，1986 年版，第 2125 页。

脉之所系,社稷安危之所关①"。社会风气就会沦落到最可悲的地步。杜范直言端平更化君相私心未去,弹劾郑清之、李鸣复误国,不屑与李鸣复共政,这些最能体现杜范气节的事情被黄震一一详细记录,成为杜范传记中最明亮的色彩。黄震作《古今纪要逸编》时的身份发生了巨大变化,他已不是当年赵宋王朝的史臣,作为元朝治下的亡国遗民,自己的叙述不必再顾及当年的人情和时忌。除了气节之臣,杜范也被塑造成一位与奸邪小人抗争的正人君子,一位千载难遇的清苦忠爱之臣。

杜范借助阁门使的力量迫使李鸣复出关,直斥史嵩之党羽濮斗南等为小人,黄震认为这两件事对于塑造杜范形象很重要,《戊辰修史传》《古今纪要逸编》中都有记载。《宋史·杜范传》的篇幅远多于《古今纪要逸编·杜范传》,却删去了这两件事,可见元朝史臣对于这两件事的观点不同于黄震。元朝史臣大抵继承了黄震《戊辰修史传》的叙述,但赞语却只将杜范作为一位为相日短、壮志未酬的悲剧性人物,叙述与评价之间存在着一种矛盾,造成这种矛盾现象的原因可能是《宋史》由元人分编完成,正文叙述、赞语评价由不同的人来完成,而正文叙述又是在黄震《戊辰修史传》的基础上增删而成,叙述人与评价人之间出现了认知偏差,结果也就导致了杜范传记形象与史臣评语之间呈现出较大的差异。

另外值得注意的是《戊辰修史传》大量引用杜范奏折,《宋史》在此基础上又对奏折进行裁剪,所呈现的已经是三手资料,相较于杜范原文,甚至有断章取义之嫌,容易造成误读。点校本《宋史·杜范传》就误以杜范奏疏之言为朝廷诏令,原文如下:"诏:'中外臣庶思当今急务,如河道未通,军饷若何而可运?浙右旱歉,荒政若何而可行?财计空匮,籴本若何而可足?流徙失所,遣使若何而可定?敌情叵测,边圉若何而可固?各务悉力尽思,以陈持危制变之策。'"②此部分文字原见于杜范《杜清献公集》卷一○《八月已见劄子》,是嘉熙四年(1244)八月杜范权吏部侍郎时向宋理宗所上奏疏。杜范是对当时政事提出自己的意见,原意是希望理宗赞同自己的政治见解,对自己发现的政治弊端加以整治,但此文字经过了黄震和元朝史臣的两番截取转引,似乎是理宗听取杜范意见后所颁布的诏令,于是造成了今人的误读。

四、结语

由于元代编纂的《宋史》存在着很多不足,后世出现了许多重修宋代历史的书籍,这些史书重修杜范传记时多是调整杜范传记的次序,将杜范归入宰相类别,如《宋史新编》将杜范与乔行简、李宗勉、范钟等合传,《南宋书》将杜范与乔行简、李宗勉、董槐等合传。但对于杜范的叙述、评价,很多也是是沿袭《宋史》的模式,称"范钟、杜范继宗勉后,公清之望,殆相

---

① (宋)黄震:《黄氏日抄》卷六九《戊辰轮对劄子一》,《黄震全集》第六册,浙江大学出版社,2013年版,第2070页。

② (元)脱脱:《宋史》卷四○七,中华书局,1985年版,第12286页。

以前，一直可以和叔祖讨论学习程朱学说。杜熀、杜知仁二人仕途不显，《宋史》中没有传记，黄震《戊辰修史传》也没有记载杜范的学术渊源，补充杜范的学术脉系是元代史臣的重大贡献。《宋史》的记载被《宋元学案》等书所延续，影响深远。

事实上，杜范的学术渊源较为复杂。湖湘学派的刘宰也对杜范产生了重要影响，刘宰是湖湘学派游九言的弟子，杜范在金坛结识半隐退的刘宰，"余曩尉金坛，获拜公于漫塘之上，不旬日辄一往，往辄留。每从容尊酒，抵掌极论古今上下，凡持身、居家、涖官之要，皆究极其指归，而参稽其援据。退而充然有得，殆若饫甘鲜而怀珠璧也。"① 此外，杜范又与吕祖谦门人葛洪、乔行简等往来密切，凡此种种《宋史》都没有记载，只言杜范与朱熹的学术渊源，这或许是元朝史臣在程朱理学独尊背景之下的有意之举。

（二）《宋史》对杜范重新评价

元朝史臣对杜范的评价与杜范传记的编排次序紧密相关。《宋史》将杜范与杨简、张虙、吕午合传，这没有时间、学术或为政的统一标准，似乎是《宋史》编排上的失序，但元朝史臣的赞语体现了《宋史》的编排逻辑，"论曰：杜范在下僚，已有公辅之望，及入相未久而没。杨简之学，非世儒所能及，施诸有政，使人百世而不能忘，然虽享高年，不究于用，岂不重可惜也哉。"② 在元朝史臣看来，杜范、杨简二人都是壮志未酬的悲剧性人物。杜范虽然有宰相的声望和才能，但为相时间不长便去世；杨简高寿且学问有益于解决政治弊端，但他的主张始终没有被采纳实行，两人的人生都是值得惋惜的。至于张虙、吕午，他们也因"皆有裨于世道"而同传。元朝史臣修撰《宋史》，宋朝国史中原有赞语都被删除，由总裁官欧阳玄重写，"至于论、赞、表、奏，皆玄属笔。"③ 欧阳玄重新对宋代大臣进行评价，称郑清之"端平之间召用正人，清之之力也"④。称史嵩之"固将才也"⑤，这完全不同于杜范传记中奸邪小人的形象。宋元史臣对于历史人物的不同认识，是《宋史》重新评价杜范的重要原因。

三、三篇传记中杜范形象的演变原因探析

"写作历史及其修辞与历史本身的关系完全不同于传统上认为的那样。修辞通常被认为是历史这块蛋糕上的装饰；但我们近来的研究表明，它已经完全混合到了蛋糕糊中了"⑥。黄震任职史馆时，南宋正面临着"士大夫日以无耻"的局面，在黄震看来，士大夫的气节关于国家存亡，"士大夫所能为国之与立者以气节，使气节消靡而为和平，则贤者几成无益于人国。此乃世道命

---

① （宋）杜范：《杜清献公集》卷一七《跋刘漫塘墓铭》，台州九峰书院光绪六年刻本。
② （元）脱脱：《宋史》卷四〇七，中华书局，1985年版，第12299页。
③ （明）宋濂：《元史》卷一八二《欧阳玄传》，中华书局，1976年版，第4198页。
④ （元）脱脱：《宋史》卷四一四，中华书局，1985年版，第12423页。
⑤ （元）脱脱：《宋史》卷四一四，中华书局，1985年版，第12439页。
⑥ 赫克斯特（J. H. Hexter）：《历史的修辞》，载陈新主编：《当代西方历史哲学读本（1967—2002年）》，复旦大学出版社，2004年，第73页。

序号	《戊辰修史传》	《宋史》	备注
14	会太学诸生上书留范而斥鸣复,且并及嵩之,嵩之乃亟遣其客刘械密约刘晋之等,并论范、鸣复,范始得遂其行。	太学诸生亦上书留范而斥鸣复,并斥嵩之。嵩之令谏议大夫刘晋之等论范及鸣复,范遂行。	《戊辰修史传》记载密约之事突出史嵩之心有狡诈。《宋史》以"令"字描述宰相与台谏关系,一字褒贬,可见台谏与权相勾结。
15	拜范右丞相,善类相庆,都人欢呼载道。	于是拜范右丞相。	《宋史》删除杜范拜相后的影响。
16	上求治甚急,用仁祖故事,命宰执各条当今利病兴政事可行者。	帝命宰执各条当今利病与政事可行者。	《宋史》删除宋理宗求治的努力。
17	范孜孜忧国,知无不为,虽在疾疚,犹不废机务。疾革,四月二十一日薨,为相才八十日,年六十有四。上震悼,御札赐谥清献。	未几,卒,赠少傅,谥清献。	《戊辰修史传》所记洪咨夔、袁甫去世时间,《宋史》皆省略不载。
18	史臣震拟赞曰:……端平大坏之余,方得正人如杜公,我理宗方倾心仰成,众弊方陈条更革,边将亦方洗心听命,乃才八十日而终。鸣呼,其所关系何如哉!	论曰:杜范在下僚,已有公辅之望,及入相未久而没。	《宋史》删除了黄震对于杜范的品德、遗著、后人的记载。

(一)《宋史》增加杜范与朱熹的学术渊源

《宋史》修撰时间短暂,成书匆忙,元朝史臣对于杜范传记的编写,主要就是在《戊辰修史传》的基础上进行删减,《宋史·杜范传》约四千四百字,相较于黄震原稿减少了约两千六百字,杜范学术渊源是为数不多增加的部分。元朝继承了南宋的统治思想,推崇程朱理学,朱熹的学说开始进入科场,成为科举考试的标准。在理学独尊的背景之下,《宋史》明确了杜范的理学渊源,将杜范的师承由其叔祖杜燁、杜知仁上溯到朱熹,从而确定了杜范朱子学说继承人的身份,杜范"少从其从祖燁、知仁游,从祖受学朱熹,至范益著"[①]。

杜燁,字良仲,嘉定元年与杜范同中进士,"良仲事紫阳文公十有余年,前后授受大节,则最初告以反躬力索,卒之以去冗长归专一,乃以起见生疑为病。苟反躬以力索,力索而又反其躬,循环无端,表里精切,则豁然贯通,受用逢源。"杜知仁,字仁仲,燁弟,知仁"考论一时诸先生风旨,至武夷之书则拱而叹曰:'道其在是,穷理求仁,吾知所止矣。'遂偕伯兄反覆论说于朋友间,一言一字必明辨乃已,至其通洽,则凡人事之当然与阴阳造化之所以然,咸为究悉,乃遂弃科举,绝意荣进。"[②] 杜燁、杜知仁兄弟跟随朱熹游学,多是通过书信形式进行求学问道。顾宏义先生考证杜氏兄弟与朱熹首次通信在"绍熙三年中或稍前"[③],此时杜范年仅十一岁;嘉定元年(1208),二十七岁的杜范和叔祖杜燁同中进士;嘉定四年,杜燁任东阳主簿,后卒于任;嘉定十三年(1220),杜知仁卒,此时的杜范三十九岁。由此可知,杜范直到不惑之年

---

① (元)脱脱:《宋史》卷四〇七,中华书局,1985年版,第12279页。
② (明)宋端仪撰,薛应旂重辑:《考亭渊源录》卷一七,《续修四库全书》第517册影印明隆庆刻本,上海古籍出版社,2002年版,第739页。
③ 顾宏义:《朱熹师友门人往还书札汇编》,上海古籍出版社,2017年版,第600页。

表2 《戊辰修史传》与《宋史》杜范传记主要不同之处

序号	《戊辰修史传》	《宋史》	备注
1	范字成己。	杜范字成之。	
2	无	少从其从祖烨、知仁游,从祖受学朱熹,至范益著。	黄震没有提及杜烨、杜知仁。《宋史》也没有杜烨、杜知仁传记。
3	调金坛尉,严弓手出入,每入乡,即已以俸给从行者食,一不为里正扰。再调婺州法曹,行义乌经界,筹划曲当,村翁野媪有欲言者,必召至前,使人人得自尽,昔时侵攘隐漏之弊尽革。	调金坛尉,再调婺州司法。	
4	端平元年,除军器监丞,每月点戍器,必计工役多寡良窳而下上其食,以示劝惩。	端平元年,改授军器监丞。	
5	越两月,除秘书郎。又两月,除监察御史。	改秘书郎,寻拜监察御史。	《宋史》记载多省略具体时间。
6	即奏何炳守九江,年耄不足御风寒,庙堂匿不行。	又奏九江守何炳年老不足备风寒,事寝不行。	
7	诘旦会朝,入侍漏院,范语阁门吏:"李参政已被劾,今日不可使立班。"阁门手扛去之。始出关,上遣中使召回,范遇诸涂,旧比台谏行车避执政,执政被论则不避。至是,范前趋呵殿中侍御史,鸣复谓其陵已,泣诉于上。	无	
8	正月二日,即渡浙江归。上闻之愕然,论宰执赍书劝范回,辞愈力。	即渡江而归。	
9	始至,仓库多匮,及去,米余十万斛,钱亦赢数万计。	始至,仓库多空,未几,米余十万斛,钱亦数万。	《宋史》"未几"用语不准确。
10	于是,范去国四载矣,上抚劳备至,即日除权吏部侍郎兼侍讲。	于是范去国四载矣,帝抚劳备至。迁权吏部侍郎兼侍讲。	《宋史》省略"即日",失当。
11	俄兼权兵部尚书。十一月,除权礼部尚书兼中书舍人。	兼权兵部尚书,改礼部尚书兼中书舍人。	《宋史》省"权"字,不准确。
12	刘汉弼入台,劾右正言叶赟,赟闻之,亦上章劾汉弼,二人皆罢,而叶独宠以阁职。翌日奏事,因言赟已先被劾,则为罪人,乃借台谏之官以为报复之举,其罪尤重。退而谓嵩之曰:"濮斗南、刘晋之小人之无忌惮者,丞相何不去之,乃尚留要地耶?"嵩之滋不悦,俄除刘晋之为谏议大夫。	无	
13	除范同知枢密院事,亦除李鸣复参知政事,使范不屑与共政而去。范即出关。	迁同知枢密院事,以李鸣复参知政事,范不屑与鸣复共政,去之。	《戊辰修史传》突出史嵩之用心狡诈,与上文"外示宽容,内实忌之"照应。《宋史》只记述结果,缺少事件的先后连贯性。

侍御史",《戊辰修史传》记为"除殿中侍御史"。南宋以侍御史为御史台实际长官,殿中侍御史次之,并无殿中丞侍御史一职。3. 嘉熙年间杜范知宁国府,《戊辰修史传》记载了其中曲折,"嘉熙二年八月,差知宁国府。明年三月至郡,适大旱,市中绝粒几旬日。"《古今纪要逸编》记为"寻差知宁国府救荒"。相比之下,《古今纪要逸编》的记载容易使人误读,以为杜范是为救荒而知宁国府。4. 淳祐年间杜范在枢密院的职务,《戊辰修史传》记载为淳祐二年任同签书枢密院事、淳祐四年任同知枢密院事;《古今纪要逸编》的记载任职级别相应调整了一级,淳祐二年任同知枢密院事、淳祐四年任知枢密院事。核检《宋史·宰辅表》《宋史·理宗纪》,都能印证《戊辰修史传》的记载。从上面的对比可知,《戊辰修史传》的记载较《古今纪要逸编》更加准确。

在评价方面,相比于《戊辰修史传》,《古今纪要逸编》的评价更显得全面深入。《戊辰修史传》认为杜范是南宋渡江百年以来首次以"正人得政柄者",将杜范的个人品质及死后葬礼与北宋司马光进行对比,惋惜杜范在位时间短而未能大展抱负。《古今纪要逸编》更刻意将杜范与司马光进行对比,对比的范围包括时人评价、君主评价、个人品德、死后葬礼。

二人在下僚时都已有公辅之望,司马光"凡居洛阳十五年,天下以为真宰相,田夫野老皆号为司马相公,妇人孺子亦知其为君实也"[①]。杜范"自公未贵,人已比之司马公,上亦尝以司马公目之"[②]。司马光归葬故里,"京师人罢市往吊,鬻衣以致奠,巷哭以过车。及葬,哭者如哭其私亲。岭南封州父老,亦相率具祭,都中及四方皆画像以祀,饮食必祝。"[③] 杜范死后"识与不识,皆相吊失声,辒车所过,聚祭巷哭,其迹往往类司马公时"[④]。二人都经历千载一时的君臣之遇,司马光受知于宣仁高太后,杜范受知于理宗。二人都本可以大施抱负,可惜君臣遇合太过短暂,司马光拜相十八月而卒,杜范在位仅八十日而亡,二人扶危济困、经纶济世的壮志都未实现。但司马光为相尚能在短时间内全面废除蠹民新法,杜范为相却难以在短期扭转被数任权相败坏的社会风气,"司马公承新法蠹民之弊,可决裂变之一旦;公乘权臣蠹坏风俗之弊,非一旦可变,此其效为不同。"[⑤] 二人留下的政治遗产大不不同,从这个意义上来讲,杜范的境遇比司马光更值得惋惜。

二、《戊辰修史传》与《宋史》杜范传记对比

《古今纪要逸编》是黄震作为南宋遗民的私人著述,没有被元朝史臣采用。元朝修撰《宋史》历经曲折,史料来源复杂,但杜范传记的史源当是黄震所撰写的南宋国史,即《戊辰修史传·丞相杜范传》。宋元鼎革,新的统治者有着新的历史书写观念,《宋史·杜范传》对《戊辰修史传·丞相杜范》进行了相应的增删。两篇传记的主要不同之处见表2:

---

① (元) 脱脱:《宋史》卷三三六《司马光传》,中华书局,1985年版,第10767页。
② (宋) 黄震:《古今纪要逸编》,知不足斋丛书影印本第21集,中华书局,1999年版,第675页。
③ (元) 脱脱:《宋史》卷三三六《司马光传》,中华书局,1985年版,第10769页。
④ (宋) 黄震:《古今纪要逸编》,知不足斋丛书影印本第21集,中华书局,1999年版,第675页。
⑤ (宋) 黄震:《古今纪要逸编》,知不足斋丛书影印本第21集,中华书局,1999年版,第675页。

续表

序号	《戊辰修史传》	《古今纪要逸编》
8	四年正月,除范同知枢密院事,亦除李鸣复参知政事,使范不屑与共政而去。	四年正月,除公知枢密院事,亦除李鸣复参知政事,使公羞同列而自去。
9	时亲王近戚多求内降恩泽,屡引前朝杜衍例封还。乞拨堂除阙归之吏部,以清中书之务,惟留书库、架阁、京教及要地干官。	凡内降尽封还,堂阙尽拨还吏部。
10	自其未贵,人已比之司马公。	自公未贵,人已比之司马公,上亦尝以司马公目之。
11	端平大坏之余,方得正人如杜公,我理宗方倾心仰成,衆弊方陈条更革,边将亦方洗心听命,乃才八十日而终。	司马公承新法蠹民之弊,可决裂变之一旦,公乘权臣蠹坏风俗之弊,非一旦可变,此其效为不同。然司马公受知宣仁,公受知理皇,皆所谓千载一时。

在叙述方面,相比于《戊辰修史传》,《古今纪要逸编》对杜范传记的叙述有以下特点。

1. 传记文字大幅度减少,《戊辰修史传》杜范传记约有七千八百字,《古今纪要逸编》杜范传记约有一千三百字,篇幅变化的原因主要是缩减了对杜范奏折的引用、简化了杜范的任职经历。2. 突出杜范的正人君子身份,将杜范的政治轨迹描述为与奸邪小人的斗争。杜范弹劾九江何炳,《古今纪要逸编》点明事终不行的原因为何炳"丞相私亲也"。杜范由监察御史改太常少卿,《古今纪要逸编》直接叙述为丞相郑清之因忌恨而"夺公言职"。杜范由殿中侍御史改起居郎,《古今纪要逸编》记述为因弹劾李鸣复误国而"公亦坐是再夺言职"。3. 淡化省略杜范在地方的任职,保留其在朝廷为政的事迹。《戊辰修史传》中杜范任金坛县尉、婺州司法参军、知宁国府的经历全都被省略。地方上从政经历对杜范并非不重要,杜范早年在金坛结识刘宰,二人谈古论今,实在师友之间,刘宰的学术、品行对杜范产生了重要影响。绍定年间,杜范任主管户部架阁文字、大理司直、军器监丞,这些京官的经历也同地方为政一样被省略。杜范和理宗的首次直接交流是在端平二年,时任军器监丞的杜范轮对上疏,《古今纪要逸编》的记载省略时间、身份、缘由,只言"端平更化,初入朝,首言"。黄震有《古今纪要》十九卷,是书"词约事该,颇有条贯","其所发明,可谓简而尽矣"[①],《古今纪要逸编》延续了《古今纪要》的体裁格式,呈现的杜范履历都是和皇帝有直接关联的。

《古今纪要逸编》的记载大体上继承了《戊辰修史传》的框架,但在杜范的人生履历上也有记载不一致的地方。1.《古今纪要逸编》记载杜范于理宗端平更化之时"初入朝",似乎在端平更化之前杜范一直远离临安政治中心;《戊辰修史传》则记载杜范"绍定三年,主管户部架阁文字。六年,除大理司直。端平元年,除军器监丞"。绍定三年时杜范就已经成为京官,虽然品级不高,但毕竟脱离了选人初阶。2. 杜范第二次任台谏官,《古今纪要逸编》记为"复除公殿中丞

---

① (清)纪昀:《四库全书总目》卷五〇,中华书局,1965年版,第450页。

宋理宗景定年间，贾似道大力推行公田法，时人多以为不可行，杜渊因公田法触怒贾似道而遭贬斥。"大社令杜渊、太常簿陆迨、国子簿谢章皆于论对及之，或逐去，或补外。"① "李芾、文天祥、陈文龙、陆达、杜渊、张仲微、谢章辈，小忤意辄斥，重则屏弃之，终身不录，一时正人端士为似道破坏殆尽。"② 黄震深得贾似道赏识，仕途上多得其关照，"黄震入史馆与贾似道对他的赏识有关"③，咸淳四年（1268）黄震轮对触怒度宗，也幸得贾似道斡旋才免于雷霆之怒。由于贾似道的原因，黄震故意避开了杜渊，但他在杜范的传记中依然留下了一些蛛丝马迹。"二子濬、渊，皆能世其家法。"黄震没有提及杜范的家法是什么，但此言说明杜渊的立朝为政实无愧于其父，这一点从时人的记载中也可得知。高斯得曾有诗感叹"近者昌言多出诸贤之后"，"近者梧桐鸣，多出芝兰秀。杜李倡其前，刘胡继其后。最后康乐公，卓出汉庭右。元气倚迓续，疲国资匡救。" "杜李倡其前"句下有高斯得自注"杜清献之子渊、李竹（湖）之子务观"④。

（二）《古今纪要逸编·杜范传》的编纂特点

《古今纪要逸编·杜范传》是南宋灭亡之后黄震再次编写的杜范传记，考察此篇传记的特点，必须要与《戊辰修史传·丞相杜范传》进行对比，在对比过程中才能发现黄震笔下的相同和差异，才能凸显《古今纪要逸编·杜范传》的编纂特点。笔者两篇传记的主要不同之处作了统计，具体情况见表1：

表1　《戊辰修史传》与《古今纪要逸编》杜范传记主要不同之处

序号	《戊辰修史传》	《古今纪要逸编》
1	绍定三年，主管户部架阁文字。六年，除大理司直。端平元年，除军器监丞，每月点成器，必计工役多寡良窳而上下其食，以示劝惩。明年陛对，首言。	端平更化，初入朝，首言。
2	即奏何炳守九江，年耄不足备风寒，庙堂匿不行。	劾九江守何炳，丞相私亲也，疏匿不行。
3	清之愈忌之，除太常少卿。	清之愈忌之，夺公言职，除太常少卿。
4	除殿中侍御史，辞不获命。	复除公殿中丞侍御史。
5	除起居郎。	公亦坐是再夺言职，除起居郎。
6	嘉熙二年八月，差知宁国府。明年三月至郡，适大旱，市中绝粒几旬日。	寻差知宁国府救荒。
7	二年六月，除同签书枢密院事。	淳祐二年，除同知枢密院事。

---

① （宋）周密，张茂鹏点校：《齐东野语》卷一七《景定行公田》，中华书局，1983年版，第317页。
② （元）脱脱：《宋史》卷四七四《贾似道传》，中华书局，1985年版，第13783页。
③ 张伟：《黄震与东发学派》，人民出版社，2003年版，第25页。
④ （宋）高斯得：《耻堂存稿》卷六《近者昌言多出诸贤之后有感一首》，丛书集成初编本，中华书局，1985年版，第112页。

（一）《戊辰修史传·丞相杜范传》的编纂特点

《戊辰修史传》中杜范传记的篇幅较长，因为黄震详细记载了杜范的任职经历，又大量引用杜范的奏折原文，从这可知黄震应该查阅过南宋的官方档案，才能对杜范的生平有如此详细的了解。杜范有文集《杜清献公集》存世，将《戊辰修史传·丞相杜范传》与杜范文集内容进行对比，黄震笔下的多数记载可以得到印证。

《戊辰修史传》对杜范的评价有两点较为突出，一是将杜范放到南宋渡江百年的历史中进行评价，二是刻意将杜范与北宋司马光进行对比。通过杜范的赞语，黄震写出了南宋的过去与未来。在他看来，南宋渡江以后的历史是正人与奸邪的斗争，李纲、赵鼎虽是正人但不为高宗所知，国事坏于秦桧；孝宗英明思治，但宰执非人，国势日衰；郑清之、史嵩之蠹民误君，国势岌岌可危。理宗与杜范君臣相知，理宗开诚布公，杜范忠心体国，是南宋历史上君臣知遇的完美事例。"史学作为资鉴、明道之学，在黄震的整个学术思想体系中，占有相当重要的地位，其史学中所体现出的义理化倾向也是十分明显的。"① 作为朱熹的四传弟子，黄震以义理史学为法，历史叙述重在突出其中的道德事实，对历史事实的重要性有所淡化。所以，杜范的正人身份、道德品质成为叙述重点，"南渡距端平百余年间，未有正人得政柄者也""端平大坏之余，方得正人如杜公，我理宗方倾心仰成，众弊方陈条更革，边将亦方洗心听命，乃才八十日而终。呜呼，其所关系何如哉！"② 在这里，黄震假设了一种情境对杜范进行评价，杜范在位，南宋的国事即将大有所为；杜范去世后，南宋的国势又回到了旧有的局面，国家"惟在天祐"。黄震希望借杜范的道德遗产来警醒日趋沦丧的士大夫，挽救日趋危亡的南宋朝廷。

将杜范比作司马光并不是黄震的一家之言，杜范去世后，方岳为其作祭文，言"公之与文正其清介同，其公忠同，其夙夜尽瘁以遗其身者无不同兮"③。称赞杜范清介公忠、夙夜尽瘁与司马光相同。杜范之子杜濬转任大理正，刘克庄撰制词称"昔先清献爱立未久，山颓哲萎，天下至今谓其清忠粹德如光，亦谓尔濬底法父，不忝父，有康之风"④。将司马光及其子司马康与杜范、杜濬相比。南宋朝廷以北宋元祐年间的更化为善政，作为元祐领袖的司马光受到南宋君臣的高度评价，成为南宋士大夫的榜样模范，杜范的修身为政被认为类似司马光，这是南宋时人对杜范的高度认可，黄震的史笔只是如实记录。

此外，《戊辰修史传》的叙述也受到了时忌的影响，最明显的例子是关于杜范之子杜渊的记载。"濬、渊食贫，七年闭户读书，澹然不问。濬尝以荐除大理正知汀州，才三月卒。省诸邑月解钱数十万计，尽捐旧比之私得者，代输户部欠，以宽民力。"⑤ 黄震叙述了杜濬在汀州的政绩，对杜渊却只字未提，这显然是为了避免触怒贾似道。

---

① 张伟：《黄震与东发学派》，人民出版社，2003年版，第299页。
② （宋）黄震：《戊辰修史传》，《丛书集成续编》第22册影印四明丛书本，上海书店，1994年版，第154页。
③ （宋）方岳：《秋崖先生小稿》卷四四《祭杜丞相文》，《宋集珍本丛刊》第85册影印明嘉靖刻本，线装书局，2004年版，第157页。
④ （宋）刘克庄：《后村先生大全集》卷六五《杜濬大理正制》，《宋集珍本丛刊》第81册影印清钞本，线装书局，2004年版，第493页。
⑤ （宋）黄震：《戊辰修史传》，《丛书集成续编》第22册影印四明丛书本，上海书店，1994年版，第153—154页。

南宋名臣杜范形象变化

——基于宋元史书中三篇杜范传记的考察

刘 岩

摘 要：杜范是南宋理宗时期重要的历史人物，《戊辰修史传》《古今纪要逸编》《宋史》对杜范都有较多的文字记载。《戊辰修史传》《古今纪要逸编》是黄震作于不同时期的史书，其中杜范的形象有了较大的变化，寄托了黄震对于南宋历史的反思。《宋史·杜范传》在《戊辰修史传·丞相杜范》的基础上进行裁剪，补充新的材料，对杜范的形象有了新的诠释。宋元史书对于杜范的不同记载及评价，体现了宋元史家不同的历史观念。

关键词：杜范；黄震；《戊辰修史传》；《古今纪要逸编》；《宋史》

杜范（1182—1245），字成之，一字成己，号立斋，台州黄岩人，淳祐五年官至右丞相，在位八十日而卒，谥清献。《戊辰修史传》是南宋史官黄震所作的国史初稿，其中对杜范着墨最多，评价最高。南宋灭亡后，身为遗民的黄震又编写《古今纪要逸编》，对理宗、度宗两朝的历史进行反思，对杜范传记进行了改写。元朝史臣在《戊辰修史传》的基础上增删而成《宋史·杜范传》。分析宋元史书中的这三篇杜范传记，对于研究杜范形象、黄震史学思想、元代史臣的历史观念都有着重要的学术意义。

一、《戊辰修史传》与《古今纪要逸编》杜范传记对比

黄震（1213—1281），字东发，庆元府（今宁波）慈溪人，南宋末年著名的经学家、史学家，曾参与编修宁、理两朝《国史》《实录》，有《黄氏日钞》《戊辰修史传》《古今纪要》《古今纪要逸编》等书存世，《宋史》卷四三八有传。宋度宗咸淳三年（1267），黄震任史馆检阅，参与编纂南宋国史，其时"奸邪并进，正人君子辄引去以为高"，黄震"慨然于君子道消，小人道长，奋发自励"[1] 在编纂南宋国史时有意识地褒贤贬邪，希望借助史书中的先贤君子激励当时的士大夫。南宋灭亡以后，黄震隐居山林而卒，这期间他撰写《古今纪要汇编》，这本书"充满了现实意义和寄托了对故国无限思念之情""是黄震本人对后人所作出的政治交代"[2]，《戊辰修史传》《古今纪要逸编》这两部史书中都有杜范的传记，由于时代环境的巨变，传记内容发生了很多变化。笔者对两书中杜范传记的内容作了详细分析，总结归纳出两篇传记的特点及不同之处。

---

[1] 张寿镛：《戊辰修史传·序》，《丛书集成续编》第22册影印四明丛书本，上海书店，1994年版，第143页。
[2] 何忠礼：《略论黄震的学术思想和仕履活动：兼论科举制度对他的影响》，《国际社会科学杂志（中文版）》2009年版第3期，第95页。

第二，王毅成为名宦的缘由。究其原因有三：其一，受到故里建设的启发。王毅来自浙江沿海，与闽南沿海的临海同处环中国海文化圈，明代台州设置卫所，海澄县也有漳州卫于此屯田①，均是海防前沿。戚继光既在台州抗倭，又在漳州抗倭，此"倭"即"嘉靖大倭寇"。王洙广东任上曾面对"海贼"，并因平定"海贼"横遭仕途折戟。王毅则面对"耕海为田"的漳州月港百姓，兴建海澄县城，巩固海防。台州学术属浙东学派，漳州则是闽学重地②，早在南宋两个学派即有交集。王洙是王守仁挚友林富的得力助手，漳州是王守仁平乱与奏请设县之地。王洙是浙东学派后继，王毅也是浙学后贤。其二，深受家庭的影响。在海澄百姓看来，王毅是以名家子弟的身份担任其父母官，当地官民士子从王毅身上看到了良好的家风家训，犹如在"润物细无声"当中产生了移风易俗的效果，对继任者也树立了榜样，促使其奋发图强，也成为一代名宦。王毅早年遭遇家庭变故，并未气馁，反而迎难而上，终成一代名宦。其三，与王毅的自身努力密不可分。王毅生性耿介，廉洁自律，大公无私。王毅的上司漳州知府罗青霄，前任漳州知府唐九德均是名宦③，王毅于此相互砥砺。

第三，新时期历史名人研究，应回到历史现场深入考察。如隆庆、万历年间的海澄县不能从传统的王朝史观出发进行考察，应在全球史视域下深入探索。地方志为王毅立传始于万历癸丑《漳州府志》，该志参考罗青《漳州府志》、吕旻《新建海澄县城碑记》、傅夏器《王公城碑记》所载，为崇祯《海澄县志》基本采用，乾隆《海澄县志》所沿用④。嘉庆《台州外书》曾据此采用，但在王毅的表字方面则沿用康熙《临海县志》的说法⑤。故而应在文献分析的基础上，重点进行文本分析，重建史实。还原文本的书写过程，考辨其选择性记忆与选择性失忆处理内容，并分析其成因与目的。既要围绕台州，又要跳出台州，置身于更广阔的时空深入考察。

---

① （明）罗青霄修纂：《漳州府志》卷30《海澄县·赋役志》，下册，第1205页。
② 参见刘涛：《朱熹高足陈淳与傅伯成、傅壅父子交往考》，《闽学研究》2018年第4期，第62—70页。
③ 参见刘涛：《唐九德生平事迹及历史地位评析》，载贺培育主编：《湘学研究》2020年第2辑（总第16辑），北京：社会科学文献出版社，2021年，第27—54页。
④ （清）陈锳修：乾隆《海澄县志》卷6《秩官志》，上海书店出版社编：《中国地方志集成·福建府县志辑》第30辑，上海：上海书店出版社，2000年，第472页。
⑤ （清）戚学标辑：嘉庆《台州外书》卷3《人物补传二》，南墅藏板清嘉庆四年己未（1799）刻本，第2册，第16页。

二三都海沧澳。嘉靖九年创建。至三十七年，饶贼烧毁。止存地基。今议再建"①，"饶贼"指来自广东饶平县的张琏所部。安边馆始建于嘉靖九年（1530），原址位于海澄县一二三都海沧社（今福建省厦门市鸡屿），嘉靖三十七年（1558）遭"饶贼"烧毁。"今"指罗青霄《漳州府志》修纂之际，即万历元年（1573），也就是王毅担任海澄知县之时。安边馆至关重要，是兵家之地，海上丝绸之路重地。反映了王毅深谋远虑，居安思危，具有强烈的海防意识。万历癸丑《漳州府志》沿用了罗青霄《漳州府志》的说法，仍作"今"②字，并非万历末年才有此提议。

王毅为官还处理了里甲纲银与驿传徭役二件事情。罗青霄《漳州府志》载："隆庆六年，编银五百六两九钱四分四毫。"③ 驿传方面，"隆庆六年，每石派银二钱四分，共银一千五百七十两八钱九分八厘六毫一丝六忽。内除存留本县公馆支应银二百五十两，解府给驿银一千三百二十两八钱九分八厘六毫一丝六忽"④。隆庆六年（1572），王毅时任海澄知县，在其主导下完成。

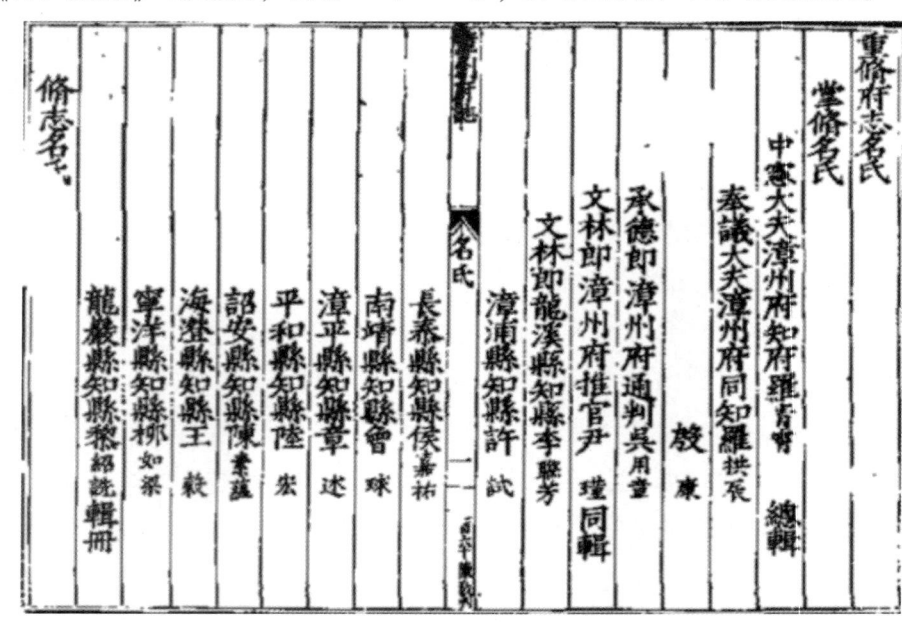

图5 王毅参与修纂《漳州府志》

四、结语

综上所述，可归纳为以下三点结论。

第一，王毅具有较高的历史地位。王毅虽然只是一名知县，其产生的历史影响，不能仅从一个县来看。王毅宦游的海澄，并非传统小县，而是明代唯一对外开放口岸漳州月港所在地。当地处于东南沿海，是海外走私贸易的重要据点，历经战乱。王毅到任后，深得民心，颇为不易。经过王毅励精图治，正如傅夏器《王公城碑记》所说：海澄县以往的"潮贼""倭夷"不再"入寇"⑤，即海澄县不再受到潮州饶平张琏、"嘉靖大倭寇"的侵扰，百姓得以安居乐业，从而出现了漳州月港"人烟辐辏，商贾咸聚"的繁荣发展盛况。

---

① （明）罗青霄修纂：《漳州府志》卷30《海澄县·规制志》，下册，第1196页。
② （明）闵梦得修：万历癸丑《漳州府志》卷4《规制志》，上册，第336页。
③ （明）罗青霄修纂：《漳州府志》卷30《海澄县·赋役志》，下册，第1206页。
④ （明）罗青霄修纂：《漳州府志》卷30《海澄县·赋役志》，下册，第1206页。
⑤ （明）傅夏器撰：《王公城碑记》，载（明）闵梦得修：万历癸丑《漳州府志》卷4《规制志》，上册，第300页。

城碑记》。该记称："邑人、学生张甫率耆民杨尚精、张钟膺等以其记征于余"①，"邑人"指海澄县人，"学生"指海澄县儒学生员，"耆民"也来自海澄县。崇祯《海澄县志》收录该碑则称"耆民某某"②，实则省略了相关人名，应以万历癸丑《漳州府志》所载版本为是。

海澄士民缘何请傅夏器撰写碑铭？究其原因，与傅夏器出身明代泉州卫所军户有关。傅夏器并非罗青霄治下百姓，不必顾及罗青霄，可秉笔直书王穀事功。傅夏器不仅来自"清源"③，又出身"福建泉州府南安县军籍"④。傅夏器果然不负众望，重写历史，还原历史真相，指出王穀实则"大方之英，励介操，勤民务，声称洽于下，四远所稔闻，洽礼义，先于严守御，故以是为民务之大，而竭力以图之如是也"⑤。

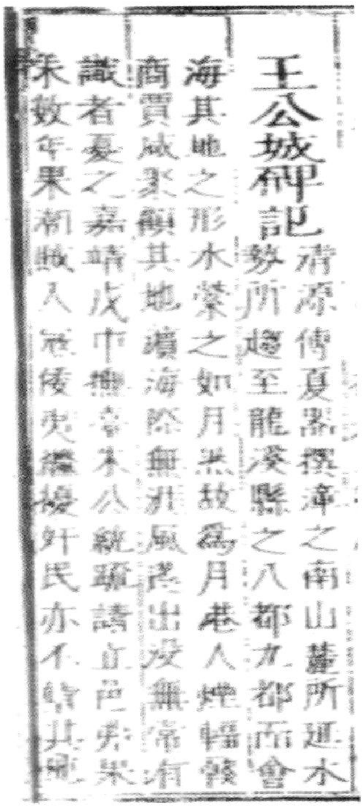
王公城碑記 清源傅夏器撰漳之南山蔓所延水
勢所趨至龍溪縣之八都九都而會
海其地之形水縈之如月然故爲月港人烟輻輳
商賈咸聚顧其地瀕海際無[illegible]風[illegible]出沒無常有
識者憂之嘉靖戊午撫臺[illegible]公統臨請立邑未果
[illegible]數年果嘯賊入寇倭夷纏擾奸民亦不[illegible]

图 4 万历癸丑《漳州府志》所载傅夏器《王公城碑记》

实际上，王穀的海澄宦绩不只上述作为，还有以下两方面举措。

其一，兴建海澄县基础设施与福利设施。首先，兴建海澄县际留仓。罗青霄《漳州府志》载："际留仓，在县治大门内东。隆庆五年，知县王穀建。"⑥ 海澄县际留仓位于海澄县城大门内东，是海澄知县王穀在隆庆五年（1571）所建。其次，兴建海澄县养济院。罗青霄《漳州府志》载："养济院，在九都草尾堡。隆庆六年，知县王穀建"⑦。海澄县养济院，位于海澄县九都草尾堡（今漳州市龙海区海澄镇山后村草尾社），是海澄知县王穀在隆庆六年（1572）所建。王穀将养济院建于寨堡内，较为少见，究其原因，与嘉靖三十六年（1557）以来闽南沿海地区聚落广泛兴筑土堡有关。土堡是当时较好的建筑，反映了王穀做事审慎，未雨绸缪，将养济院建在土堡，便于防御外敌入侵，得以妥善保护人身与财产安全。

其二，参与修纂《漳州府志》。罗青霄《漳州府志》载："重修府志名氏"名单"掌修名氏"有"海澄县知县王穀""辑册"⑧，该志"始事于壬申之春，迄癸酉夏"⑨，即修纂于隆庆六年壬申（1572）春，于万历元年癸酉（1573 年）夏付梓，"万历元年夏六月之吉重刊"⑩。罗青霄修纂《漳州府志》时，海澄知县王穀参与编辑。

王穀宦游海澄期间，还提出重建安边馆的建议。罗青霄《漳州府志》披露："安边馆，在一

---

① （明）闵梦得修：万历癸丑《漳州府志》卷 4《规制志》，上册，第 301 页。

② （明）梁兆阳修：崇祯《海澄县志》卷 2《规制志》，第 333 页。

③ （明）闵梦得修：万历癸丑《漳州府志》卷 4《规制志》，上册，第 300 页。

④ 《明嘉靖二十九年进士题名碑录（庚戌科）》，载（清）李周望辑：《明清历科进士题名碑录》，第 2 册，第 783 页。

⑤ （明）傅夏器撰：《王公城碑记》，载（明）闵梦得修：万历癸丑《漳州府志》卷 4《规制志》，上册，第 302 页。

⑥ （明）罗青霄修纂：《漳州府志》卷 30《海澄县·规制志》，下册，第 1196 页。

⑦ （明）罗青霄修纂：《漳州府志》卷 30《海澄县·规制志》，下册，第 1196 页。

⑧ （明）罗青霄修纂：《漳州府志》卷首《重修府志名氏》，上册，第 5 页。

⑨ （明）谢彬撰：《重修漳州府志序》，载（明）罗青霄修纂：《漳州府志》卷首"序"，上册，第 2 页。

⑩ （明）罗青霄修纂：《漳州府志》卷首《重修府志名氏》，上册，第 5 页。

县城的时间,有两种说法。

其一,自隆庆六年壬申(1572)春开工,到是年秋竣工。此说出自吕旻《新建海澄县城碑记》所载:"经始于壬申之春,抵秋而成。"①

其二,自隆庆五年辛未(1571)十一月动工,到隆庆六年(1572)八月完工。此说出自罗青霄《漳州府志》所载:"始工于隆庆五年十一月,讫工于六年八月。"②傅夏器《王公城碑记》亦持此说:被称为"王公城"的海澄县城"经始于辛未冬十一月,告成于壬申八月"③,"辛未"指隆庆五年辛未。

此二说孰是孰非?根据吕旻《新建海澄县城碑记》所载时间最早,继而为罗青霄所修《漳州府志》,最后是傅夏器《王公城碑记》。罗青霄所修《漳州府志》采用吕旻记载,为傅夏器所沿用。应以吕旻所载为是,即海澄县城于隆庆六年壬申(1572)春正式开工,在同年八月竣工。所谓海澄县城于隆庆五年辛未(1571)十一月的说法并非空穴来风,实则其时虽已开工,却未获得上司审批,直到第二年春方才获得批文。

王毅虽在较短时间完成兴建海澄县城的任务,其时海澄县城规模如何?海澄县城的规模为"周围长五百三十一丈零,高二丈一尺,制极坚固"④,与原先的海澄八都旧堡相比,其时不仅更换材质,其高度、面积也有着天壤之别,可谓极其坚固。王毅兴建海澄县城的任务是何等艰巨,其过程又如何?

王毅兴建海澄县城的过程。吕旻《新建海澄县城碑记》述及兴建海澄县城始末,除了王毅亲力亲为外,还分工负责,通力合作完成。

(王毅)遂戒工于八都,撤故堡甃石焉。虑材鸠、庸赋丈、任力,酌阎邑丁粮以均其役,取诸邮羡钱以充其费。版筑斯兴,异辇咸集,百作效能,耆胥监之,尉稽阅。⑤

王毅将兴建土堡的材料换成石材,考虑周全,调度有方。王毅不仅安排德高望重的乡绅以及胥吏监工,还派遣下属检查。

海澄县城兴建并非王毅提议,却经过王毅力促建成,其时为官有建议者与执行者之分。王毅只是执行者,却不以建城并非其提议而懈怠,反映了王毅一心为公,体现了王毅的高风亮节。吕旻《新建海澄县城碑记》将兴建海澄县城的功劳主要归于时任漳州知府罗青霄,王毅由于官阶较低只能名列最后。但"金杯、银杯,不如老百姓的口碑",在海澄百姓的心目中,对实际上具体负责主持兴建海澄县城的王毅所作出的贡献是有目共睹的,因此在王毅离任后,百姓依依不舍为其兴建生祠纪念他。万历癸丑《漳州府志》述及海澄士子、百姓请傅夏器为王毅所撰《王公

---

① (明)吕旻撰:《新建海澄县城碑记》,载(明)罗青霄修纂:《漳州府志》卷30《海澄县·文翰志》,下册,第1243页。

② (明)罗青霄修纂:《漳州府志》卷30《海澄县·规制志》,下册,第1195页。

③ (明)傅夏器撰:《王公城碑记》,载(明)闵梦得修:万历癸丑《漳州府志》卷4《规制志》,上册,第301页。

④ (明)罗青霄修纂:《漳州府志》卷30《海澄县·规制志》,下册,第1195页。

⑤ (明)吕旻撰:《新建海澄县城碑记》,载(明)罗青霄修纂:《漳州府志》卷30《海澄县·文翰志》,下册,第1243页。

关重要的作用。海澄县城落成，使福建境内得以安宁，海澄县具有重要的战略地位。"全闽宁谧将终赖之"①，"全闽"指福建。罗青霄虽然关心海澄县城的建设，却未寻找到能够承担兴建海澄县城重任的得力干将。直到第二年秋，王毂主动向罗青霄申请兴建海澄县城，罗青霄方才大喜过望，认为找到了实现其蓝图的得力助手。

图3 罗青霄《漳州府志》所载王毂主持兴建的海澄县城地图

王毂"多方调停"，可见其时兴建海澄县城困难重重，需要王毂多管齐下努力促成。王毂"均以阖邑之丁粮充以入县之邮羡"，指王毂平均海澄全县百姓丁粮，以此作为兴建海澄县城的费用。"知县王毂又于丁粮内派征应用"②，即王毂取之于民，用之于民。王毂"昼作暮程，细钜必亲。逾年城成，民不知扰"③，指王毂悉心负责，早出晚归，亲力亲为，兴建海澄县城的工程得以较快完成，又不扰民。王毂认真负责，出自吕旻《新建海澄县城碑记》所载："澄尹临海王君""尹旦暮程督、细巨必亲""王尹名谷，治行雅著，于兹役尤勤，义得并书云"④，"澄尹临海王君""王尹名谷"均指来自临海的海澄知县王毂。

由于王毂兴建海澄县城未劳民伤财，而深得民心，从而"邑人号其城曰：'王公城'"⑤，即海澄百姓亲切地称呼海澄县城为"王公城"，以此纪念王毂在兴建海澄县城所作出的重要贡献。海澄百姓将其父母官王毂的姓氏冠在王朝城池之前，实属罕见，在明代漳州府属县历史上可谓凤毛麟角。

其三，获建"生祠"。正是王毂品行端正，一心为民，海澄官民在王毂离任之际，为之兴建"生祠"。万历癸丑《漳州府志》载："王公祠，祀知县王毂。"⑥ 纪念王毂的祠堂其名"王公祠"，该祠具体方位，崇祯《海澄县志》载："王公祠，祀知县王毂也。在县治直街之右，有司春秋致祭"⑦，"有司"指海澄地方官府，海澄知县一年春秋两次前往该祠祭祀王毂。

三、王毂宦绩补证

王毂海澄任上的宦绩不止如此，且相关情况存在自相矛盾的记载，亟须考辨。王毂兴建海澄

---

① （明）吕旻撰：《新建海澄县城碑记》，载（明）罗青霄修纂：《漳州府志》卷30《海澄县·文翰志》，下册，第1244页。

② （明）罗青霄修纂：《漳州府志》卷30《海澄县·规制志》，下册，第1195页。

③ （明）闵梦得修：万历癸丑《漳州府志》卷14《秩官志五》，上册，第1008页。

④ （明）吕旻撰：《新建海澄县城碑记》，载（明）罗青霄修纂：《漳州府志》卷30《海澄县·文翰志》，下册，第1243—1244页。按，该志点校本所载王毂名讳"毂""谷"二字混用，应统一改作"毂"字。

⑤ （明）闵梦得修：万历癸丑《漳州府志》卷14《秩官志五》，上册，第1008页。

⑥ （明）闵梦得修：万历癸丑《漳州府志》卷7《祀典志》，下册，第456页。

⑦ （明）梁兆阳修：崇祯《海澄县志》卷3《祀典志》，第349页。

即海澄自置县以来，未曾兴建规范的城池，而是以原来的八都旧堡作充当县城。此"八都旧堡"到底有多"旧"？罗青霄《漳州府志》载："嘉靖三十六年，地方寇乱。军门阮令民筑土堡。议合八、九二都共围，跨溪为桥，筑垣其上。委通判汪铨督民出力筑灰土垣。内外厚一丈有奇，高一丈八尺。马道覆石板，外凿濠，阔二丈，已颇就绪。次年倭至，遂辍。继以土恶煽乱，据为巢穴。隆庆元年设县。将二都分为二堡八都。东北一带仍其旧垣而修葺之。西边沿溪一带亦令民筑灰土垣与旧垣相连。南边一带为草坂堡附焉"①，海澄县八都旧堡在海澄尚未置县前隶属龙溪县，即龙溪县八都。"军门阮"指福建巡抚、提督福建军务阮鹗。"通判汪"指漳州府通判汪铨。嘉靖三十六年（1557）正月"丁卯，改巡抚浙江都御史阮鹗于福建"②。王毅于嘉靖三十六年（1557）改任福建后，"新官上任三把火"，为应对地方"寇乱"，下令当地百姓兴建土堡以自卫。其时，商议在龙溪县八都与九都之间兴建土堡，委任漳州府通判汪铨督促百姓完成。然而，在翌年，即嘉靖三十七年（1558）因遭遇"嘉靖大倭寇"，而被迫停工。随后，又被当地犯上作乱者，据为巢穴。直到隆庆元年（1567）海澄正式置县，方才修葺完工，作为县治所在地。

王毅到任海澄知县之前，"当道始议城之"，指"隆庆四年，本府知府罗议以南北相距丈数倍于东西，有乖形势，且不便防守。乃撤草坂堡缩入，又于东边拓民地若干。动支官银，召匠砌石"③，"本府知府罗"指漳州府知府罗青霄④。罗青霄在隆庆四年（1570）提议兴建海澄县城。王毅"承议派征"，似乎王毅仅接受指派负责兴建海澄县城的具体事务。然而，吕旻《新建海澄县城碑记》揭示王毅并非单纯接受其上司安排，而是主动承担主持兴建海澄县城事务。作者"谕德吕旻"⑤，是嘉靖三十二年（1553）进士，"翰林院庶吉士，授编修，升左谕德"⑥，其出身"福建漳州府龙溪县军籍"⑦，即明代卫所军户，促使其对城池有深入了解，其所载所载是可信的。吕旻称：

隆庆庚午，南泉罗公来守我漳，按图省方，每恻然念曰："县澄，所以捍漳也。乃弗城，奚以县为？未雨绸缪，今其时矣。顾谁与我共此者乎？"既而，澄尹临海王君以城澄请于公。公喜曰："是足副吾意矣！"即命驾往临，周视原野，相度险夷。⑧

"隆庆庚午"指隆庆四年庚午（1570）。"南泉罗公"指罗青霄，号南泉。"县澄"指海澄设县。"漳"指漳州府。罗青霄到任之初，指出海澄县不仅是漳州府的屏障，还对福建全局起到至

---

① （明）罗青霄修纂：《漳州府志》卷30《海澄县·规制志》，下册，第1194—1195页。
② （明）张溶监修：《明世宗实录》卷443，载台湾"中央研究院历史语言研究所"校印：《明实录》第9册，第7571页。
③ （明）罗青霄修纂：《漳州府志》卷30《海澄县·规制志》，下册，第1195页。
④ （明）罗青霄修纂：《漳州府志》卷3《漳州府·秩官志上》，上册，第120页。
⑤ （明）吕旻撰：《新建海澄县城碑记》，载（明）罗青霄修纂：《漳州府志》卷30《海澄县·文翰志》，下册，第1243页。
⑥ （明）罗青霄修纂：《漳州府志》卷15《龙溪县·人物志》，上册，第517页。
⑦ 《明嘉靖三十二年进士题名碑录（癸丑科）》，载（清）李周望辑：《明清历科进士题名碑录》，第2册，第802页。
⑧ （明）吕旻撰：《新建海澄县城碑记》，载（明）罗青霄修纂：《漳州府志》卷30《海澄县·文翰志》，下册，第1243页。

又是海澄县历史上第一位获建祠堂祭祀的著名知县,是名副其实的海澄县历史上第一名宦。万历癸丑《漳州府志》最早为王榖立传:

> 王榖,浙江临海人,举人。隆庆五年,知海澄县。用意真诚,不任术数。厉介操,勤民务。邑初建,即八都旧堡为治。土垣痺陋,当道始议城之。榖承议派征,多方调停。均以阖邑之丁粮,充以入县之邮羡。昼作暮程,细钜必亲。逾年城成,民不知扰。邑人号其城曰:"王公城。"既去,特祠祀之,春秋祭享。①

该志所载"海澄县(新增二人)"②,王榖传是修纂该志所新增的内容。

海澄县在隆庆元年(1567)正式设县,其首部县志是崇祯六年(1633)《海澄县志》,记述海澄置县以后情况的地方志是漳州知府罗青霄在万历元年(1573)修成的《漳州府志》,继而是万历癸丑(1613)《漳州府志》。根据王榖名列新增海澄县名宦传之首,结合王榖担任海澄知县的前任邓复阳、李霁二人既未获罗青霄《漳州府志》立传③,也未获万历癸丑《漳州府志》立传④、海澄县首部县志崇祯《海澄县志》立传⑤,王榖实际上是海澄县历史上第一位获得立传的知县。

王榖是海澄县历史上第一位获建祠堂的名宦。王榖从海澄知县离任后,海澄官民为之兴建祠堂,一年春秋两次纪念他。万历癸丑《漳州府志》载:王榖"既去,特祠祀之,春秋祭享"⑥。王榖离任海澄,其时健在,为王榖兴建的祠堂实则"生祠"。王榖的"生祠"建于其离任之际,即万历二年(1574)八月之际,主持兴建王榖"生祠"的是王榖的海澄知县继任周祚,周祚获万历癸丑《漳州府志》立传,也是名宦⑦。

王榖的海澄宦绩主要体现在以下三个方面。

其一,作风优良。万历癸丑《漳州府志》载:王榖"用意真诚,不任术数。厉介操,勤民务"⑧,即王榖在任期间,待人以诚,不要弄权术,恪尽职守。王榖生性耿介,严格要求自己,具有高尚的操守,勤政爱民。王榖为海澄县政坛带了良好的风气,促使其海澄知县继任周祚以其为榜样,终成名宦。

其二,兴建城池。万历癸丑《漳州府志》载:"邑初建,即八都旧堡为治,土垣痺陋,当道始议城之。榖承议派征,多方调停,均以阖邑之丁粮,充以入县之邮羡。"⑨ 此"邑"指海澄县,

---

① (明)闵梦得修:万历癸丑《漳州府志》卷14《秩官志五》,中国人民政协协商会议福建省漳州市委员会整理,厦门:厦门大学出版社,2012年,上册,第1008—1009页。

② (明)闵梦得修:万历癸丑《漳州府志》卷14《秩官志五》,上册,第1008页。

③ (明)罗青霄修纂:《漳州府志》卷30《海澄县·秩官志》,福建省地方志编纂委员会整理,厦门:厦门大学出版社,2010年,下册,第1201页。

④ (明)闵梦得修:万历癸丑《漳州府志》卷11《秩官志二》,上册,第863页。

⑤ (明)梁兆阳修:崇祯《海澄县志》卷6《秩官志》,第373页。

⑥ (明)闵梦得修:万历癸丑《漳州府志》卷14《秩官志五》,上册,第1008—1009页。

⑦ (明)闵梦得修:万历癸丑《漳州府志》卷14《秩官志五》,上册,第1009页。

⑧ (明)闵梦得修:万历癸丑《漳州府志》卷14《秩官志五》,上册,第1008页。

⑨ (明)闵梦得修:万历癸丑《漳州府志》卷14《秩官志五》,上册,第1008页。

成进士,且有"文名"①,王洙所治《诗经》成为其鱼跃龙门的基石。王洙具有较高的史学造诣,其"著有《宋史质》一百卷"②,促使王毅形成了求真务实的为人处世之道。王毅自幼受到王洙的耳提面命,《诗经》与《宋史》并重,注重文史。王毅少时,曾经历过其家庭变故。《明世宗实录》载:嘉靖十一年六月癸卯,"先是,广东海贼许折桂等,聚众流劫。有旨责令地方官,戴罪剿贼。已贼势炽,佯求抚,以缓我师,大肆卤掠。指挥刘瀚,督戴罪指挥焦钰、柯荣,入海抚谕。贼执钰、荣,以袭虎头门,遂搏省城,所残伤不可胜数。巡按御史吴麟以闻,上以镇巡等官玩寇,令兵部履状奏,乃罢巡抚林富、与原任分守参议王洙俱为民"③,"卤掠"应作"掳掠"。广东分守参议王洙与广东巡抚林富于嘉靖十一年(1532)均遭罢官。

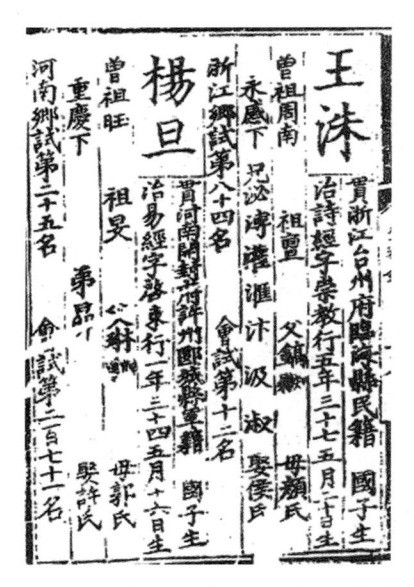

图1 《正德十六年登科录》所载王洙家世与早年经历

王毅的中举时间,康熙《临海县志》载:"嘉靖二十五年丙午科"举人有"王毅"④,王毅在嘉靖二十五年丙午科(1546)考中举人。然而,王毅历经寒窗苦读,最终未能考中进士,成为其家憾事。

王毅中举后,历经多少年而出仕?这就要从王毅出任海澄知县的具体时间说起。崇祯《海澄县志》载:"王毅,浙江临海人,举人,五年八月任。"⑤"五年八月"指隆庆五年八月。王毅自嘉靖自嘉靖二十五年(1546)中举,到隆庆五年(1571)八月出仕,历时二十五载。从隆庆五年开科取士来看,王毅很可能在当年参加科举考试名落孙山后,最终选择出仕。

王毅虽然未能与其父王洙成为父子进士,却与其祖父王镐成为祖孙举人,继而又成为祖孙知县。王毅自隆庆五年(1571)八月出任海澄知县,到万历二年(1574)八月离任,历时三年。王毅一生虽然仅任海澄知县,而且在任三年旋即离任,却留下了辉煌的宦绩。

二、王毅主要宦绩

王毅既是海澄县历史上第一位获得地方志立传的著名知县,

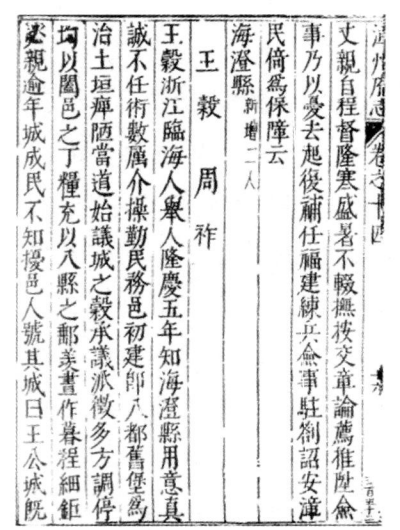

图2 万历癸丑《漳州府志》最早为王毅立传

---

① (清)洪吉皋等纂修:康熙《临海县志》卷5《选举志》,上册第390页。

② (清)洪吉皋等纂修:康熙《临海县志》卷5《选举志》,上册第390页。

③ (明)张溶监修:《明世宗实录》卷139,载台湾"中央研究院历史语言研究所"校印:《明实录》第9册,第3261—3262页。

④ (清)洪吉皋等纂修:康熙《临海县志》卷5《选举志》,上册第421页。

⑤ (明)梁兆阳修:崇祯《海澄县志》卷6《秩官志》,第373页。

149

府常宁县（今湖南省常宁市）知县。王毂被称为"名家子"是否与其祖父王镐有关呢？《正德十六年登科录》载：王洙是"永感下"①，即王洙中进士时，其父母已去世。虽然王洙中进士时，其王镐已去世，但根据科举考试追溯祖先三代的原则，王毂的"世家之裔"与"名家子"身份仍应追溯到王镐。当然，与王毂关系最为密切的仍是王洙。不仅因为王洙高中进士，还因王洙为官阶较高，事迹见载《明实录》。《明世宗实录》载：嘉靖八年十月庚寅，升"河南佥事王洙为广东左参议"②。

王毂的家世。王毂的高祖父王周南、曾祖父王亶、祖父王镐、祖母颜氏、父亲王洙、母亲侯氏，又有伯父王泌、王溥、王灌、王汇等四人，及伯父辈王汴、王汲、王淑等三人。《正德十六年登科录》述及王洙的家世：

曾祖：周南；祖：亶；父：镐（知县），母：颜氏；永感下；泌、溥、灌、汇、汴、汲、淑，娶侯氏。③

王洙的曾祖父王周南，祖父王亶，其父王镐，其母颜氏，其妻侯氏。王洙"行五"④，指王洙于同胞兄弟排行中位居第五。然而，《正德十六年登科录》所列王洙的兄长却有七位之多，根据《明代登科录汇编》存在将进士的同胞兄弟与堂兄弟以及族兄弟列为兄弟的现象，《正德十六年登科录》所载王洙的七位兄长当中有四位是王洙的同胞兄长，其余则是堂兄弟与同族兄弟。王洙一辈人丁兴旺，王洙未有弟弟，王洙在同辈中排行较后，却最为知名。

王毂的家学渊源，这就要从王洙早年的求学经历说起。《正德十六年登科录》载：王洙是"国子生，治《诗经》。字崇教""年三十七，五月二十日生""浙江乡试第八十四名、会试第十二名"⑤，王洙在正德十六年（1521）考中进士，时年三十七岁，由此逆推其生年为成化二十一年（1485）五月二十日。王洙最初是国子监生，具有一定水平。王洙的中举时间，康熙《临海县志》载："正德八年癸酉科"举人有"王洙"⑥，王洙在正德八年癸酉（1513）中举。王洙中举后，未连捷进士，而是直到八年后方中进士，在此期间历经八年刻苦攻读。王洙在二十九岁中举，已近三十而立之年，结合王洙的七位兄长均无功名来看，王洙肩负着整个家庭的重任以及家族的希望。王洙及至四十不惑之年方才考中进士，金榜题名。王洙文史俱佳。王毂少时，王洙已

---

① （明）不著编人编：《正德十六年登科录》，载台湾学生书局汇编：《明代进士登科录汇编》，1969年，第6册，第3064页。

② （明）张溶监修：《明世宗实录》卷106，载台湾"中央研究院历史语言研究所"校印：《明实录》第9册，台北："中央研究院历史语言研究所"，1962年，第2520—2021页。

③ （明）不著编人编：《正德十六年登科录》，载台湾学生书局汇编：《明代进士登科录汇编》，1969年，第6册，第3064页。

④ （明）不著编人编：《正德十六年登科录》，载台湾学生书局汇编：《明代进士登科录汇编》，1969年，第6册，第3064页。

⑤ （明）不著编人编：《正德十六年登科录》，载台湾学生书局汇编：《明代进士登科录汇编》，1969年，第6册，第3064页。

⑥ （清）洪吉皋等纂修：康熙《临海县志》卷5《选举志》，上册第416页。

但可从其父王洙的科举史料管窥王榖的户籍出身。《明正德十六年进士题名碑录（辛巳科）》载："王洙，浙江台州府临海县民籍"①，王洙是"民籍"进士，其子王榖也是"民籍"出身。

王榖的生卒年不详。王榖是王洙之子，康熙《临海县志》载：王榖是"洙之子"②，"洙"即王洙。《正德十六年登科录》由于均未记载进士子嗣，《正德十六年登科录》未载王榖，不等于王榖在正德十六年（1521）尚未出生。王榖的卒年，王榖一生官至海澄知县，未卒于官，应在离任海澄知县之后去世。康熙《临海县志》载：王榖"仕终海澄知县"③，即王榖官至海澄知县。"仕终"的"终"字所指，从该志所载"成化七年辛卯科"有举人余旅"卒于官"④来看，实际上是指王榖官至海澄知县，而并非卒于海澄知县任上。王榖的离任时间，崇祯《海澄县志》载：王榖的继任周祚"万历二年八月任"⑤，王榖在万历二年（1574）八月与之交接离任。王榖在万历二年（1574年）离任，其去世时间在万历二年（1574）八月之后。

王榖的表字有两种说法。

其一，字汝璧。王榖宦游地海澄县首部县志崇祯《海澄县志》载："王榖，字汝璧。"⑥

其二，字半江。王榖故里旧志康熙《临海县志》载："王榖，字半江。"⑦

此二说孰是孰非？崇祯《海澄县志》早于康熙《临海县志》刊行，应以崇祯《海澄县志》所载为是，即王榖字汝璧，但康熙《临海县志》所载也言之有据，实则"半江"是王榖又一表字。

王榖出身世家望族。傅夏器《王公城碑记》载："王公世家之裔"⑧，"王公"指王榖，认为王榖是"世家之裔"。崇祯《海澄县志》载："榖以名家子来莅澄邑"⑨，"澄邑"指海澄县，认为王榖是"名家子"。《正德十六年登科录》述及王洙的家世，王洙其祖先与同辈中，出仕者仅王洙之父王镐担任知县，"镐，知县"⑩。王镐的具体任职，康熙《临海县志》载："成化七年辛卯科"举人"王镐，字茂京，仕终常宁知县"⑪，王镐在成化七年（1471）中举，官至湖广衡州

---

① 《明正德十六年进士题名碑录（辛巳科）》，载（清）李周望辑：《明清历科进士题名碑录》，华文书局股份有限公司，1969年，第1册，第611页。
② （清）洪吉皋等纂修：康熙《临海县志》卷5《选举志上》，《中国方志丛书》（华中地方·第509号），1983年，第421页。
③ （清）洪吉皋等纂修：康熙《临海县志》卷5《选举志》，上册第421页。
④ （清）洪吉皋等纂修：康熙《临海县志》卷5《选举志》，上册第411页。
⑤ （明）梁兆阳修：崇祯《海澄县志》卷6《秩官志》，《日本藏中国罕见地方志丛刊》，书目文献出版社，1992年，第373页。
⑥ （明）梁兆阳修：崇祯《海澄县志》卷6《秩官志》，第378页。
⑦ （清）洪吉皋等纂修：康熙《临海县志》卷5《选举志》，上册第421页。
⑧ （明）傅夏器撰：《王公城碑记》，载（明）闵梦得修：万历癸丑《漳州府志》卷4《规制志》上册，中国人民政治协商会议福建省漳州市委员会整理，厦门：厦门大学出版社，2012年，上册，第302页。
⑨ （明）梁兆阳修：崇祯《海澄县志》卷6《秩官志》，第378页。
⑩ （明）不著编人编：《正德十六年登科录》，载台湾学生书局汇编：《明代进士登科录汇编》，屈万里主编：《明代史籍汇刊》，台北：台湾学生书局，1969年，第6册，第3064页。
⑪ （清）洪吉皋等纂修：康熙《临海县志》卷5《选举志》，上册第411页。

晚明名宦王穀家世与生平事迹考

刘 涛①

摘 要：王穀，字汝璧，一字半江，浙江台州府临海县人，广东参议王洙之子。其于嘉靖二十五年（1546）中举，隆庆五年（1571）出任福建漳州府海澄县知县。其在任三年，恪尽职守，励精图治，深得民心。先后兴建海澄县城、际留仓、养济院等，协助漳州知府罗青霄修纂《漳州府志》。其主持兴建海澄县城，成为漳州屏障，关系福建安宁，被尊称为"王公城"。其离任后，获建生祠"王公祠"。吕旻《新建海澄县城碑记》述其宦绩，傅夏器《王公城碑记》还原其事功，万历癸丑《漳州府志》始为之立传，崇祯《海澄县志》、嘉庆《台州外书》均有传。

关键词：王穀；望族；名宦；王公城；明代

王穀是晚明闽南海澄县第一名宦，长期以来由于其仅任知县，又未能从其宦游地海澄县历史情境出发，未认识到海澄境内的漳州月港是世界大航海时代中国唯一对外开放口岸，导致尚未获得学术界应有的关注。目前，学术界仅有部分论文引用王穀相关碑铭记载，却未述及王穀及其宦绩。如黄琼《从"筹海之争"到隆庆开港——兼谈明朝中后期海禁政策的变化》一文引用晚近地方志乾隆《海澄县志》所载傅夏器《王公城碑记》版本，论述明代海澄县境内的漳州月港发展情况，却未引用最早的万历癸丑《漳州府志》版本、参考较早的崇祯《海澄县志》版本，也未能从"王公城"的得名"王公"出发，述及王穀宦绩②。

王穀出身台州名门望族，在其宦游地海澄就有"世家之裔"与"名家子"之称，王穀的官宦世家出身既为其积累了为官之道，又为其树立了为官的榜样，促使其据此砥砺前行。深入研究王穀的家世与生平事迹，对当前历史名人与名门望族研究具有一定的启示。鉴于此，本文搜集《明实录》《明代登科录汇编》《明清历科进士题名碑录》及地方志等史料，通过考察王穀的家世与早年成长经历，翔实考证其主要宦绩，补证其相关宦绩，再现其人生履历，还原其应有的历史地位。

一、王穀家世与早年经历

王穀的籍贯是浙江台州府临海县（今浙江台州市临海市），出身"民籍"。明代对户籍有严格划分，既有"民籍"，又有"军籍""匠籍"等之别。王穀仅是举人出身，未记载其户籍出身，

---

① 刘涛（1985— ），男，福建漳平人，研究员，肇庆学院肇庆经济社会与历史文化研究院历史文化研究员、龙岩学院闽台客家研究院研究员，主要研究方向：历史人类学、闽学研究。
② 参见黄琼：《从"筹海之争"到隆庆开港——兼谈明朝中后期海禁政策的变化》，《安顺学院学报》2013 年第 5 期，第 113—115 页。

传承和活化应用，在有表述、有展示、有遗址上下功夫，实现可观可感、可传承、可亲近的呈现，以此提升人们的生活品质和境界，使宋韵文化在府城"流动"起来、"传承"下去，为建设新时代文化发展高地、塑造城市人文精神、实现共同富裕提供强大文化支撑。

（一）形成南宋州城的宋韵文化标识。临海是全省保存最为完好、最能体现宋代州城城市肌理、文化脉络和生活气息的古城，要充分利用好优势资源，"深化、转化、活化、品牌化"宋韵文化标识。一是要通过解码宋韵文化基因，开展分类研究，项目化推进出版"宋韵临海"系列作品集、研究文集等宋韵主题文艺精品，全面展示宋代府城的名贤故事、学术文化、人文艺术、风俗文物等，呈现州城集聚人才的包容互动之美，学术取向的圆融互通之美，辞章文化的精神器韵之美。二是全面立体研究，挖掘宋韵文化在家国情怀、道德操守、哲学理念、科学思想、人文品格等方面的精神价值，展现临海宋韵文化风骨气质中的风范之美。三是系统梳理散落在民间的宋代谱录、碑刻、遗址、文物等资源，串珠成链、聚沙成塔，汇集成可供观赏、研究、传播的美学元素，展现临海的世俗之美。四是准确把握宋韵文化精髓、历史意义和时代价值，突出应用对策研究，推广雅致的生活新范式，形成南宋州城的典型文化标识，在大美、大爱、大雅临海建设中发挥重要作用，显著增强共同富裕的文化自信。

（二）重现南宋辅郡的宋韵生活美学。宋韵文化隽永深沉的美学境界，精致典雅、诗情画意的人文特色，以及平民化、世俗化、人文化的生活美学，与我们在共同富裕征程上对美好生活的向往十分契合。一是要围绕创5A工作，利用特色鲜明的街巷格局，充实南宋州城的文化内涵，活化生活场景，重现宋代"坊中有市，市中有坊"的街巷文化，造就琳琅满目的市井气息和熙熙攘攘的民生百态，呈现宋代州城的坊市之美。二是开发和利用好临海美好生活体验馆和紫阳苑等馆舍，开展宋代瓷器、点茶、斗茶、服饰、戏曲、饮酒、烹茶、焚香、赏花等文化遗产的展示和体验工坊，尤其是紫阳真人张伯端的内丹养生学，台州刻书、瓷器等特色艺术，宋代四艺"焚香、点茶、插图、挂画"等生活美学，打造游客欢迎的沉浸式体验项目。三是通过府城游览路线的设计，集合东湖宋代园林的主题打造，宋代街区的内涵充实，宋代艺术展览展示，巧妙贯穿钱氏金书铁券、宋代题词碑刻、湖山（东湖和巾子山）宋韵文学、临海词调和黄沙狮子等展演示项目，体现宋代文学、书法、绘画、建筑、园林的艺术之美，提升游客在府城旅游过程中的美学体验和审美增值。

（三）活化宋韵和合共美的特色IP。宋韵文化的研究、传承、保护和开发工作，需要建立传承发展规划领导小组和研究传承推广机构，形成由宣传、文旅、教育、文物等多机构组成的互动机制，使宋韵文化成为府城文化的重要标识，通过全产业链的研发方式，打造特色文旅IP。一是要将体现宋韵文化的遗址、遗物保护好、整理好、固化下来，如发掘展示好东湖园林的建筑风格，伊水山庄、荣兴堂的钱氏文化，再现东湖书院的礼节仪式文化，设立宋韵文化研习课堂、基地，突出东湖碑林的宋刻艺术等，打造一批彰显宋韵文化、具有府城气派的遗存之美。二是宣传展示博物馆里的宋代馆藏丝绸、茶酒、印刷术、瓷器、玉器、金银器等器物，开拓线上线下互动的体验空间，丰富参与感强的体验活动，跨界融合设计一批带有府城特色的刻印文化、铁券文化、非遗文化等文创产品，传播府城巧思匠心的风物之美。三是在元宵、清明、端午、中秋等节日，开展"宋韵文化创意展""府城宋韵公共艺术文化节"等专题活动，展现宋人饮食、服饰、节庆、花饰、香道等民俗生活图景，体验府城岁时节庆的独特风俗之美。

是学"（一心想着学以致用才是实学）。三是实心为民。历任知州以恢复儒学为己任，实心用事，元绛"在官七百二十日，只为台州不为身"，尤袤"三年不识东湖面"。南宋后期，以浙东学派强调实事实功、建功立业，关心国计民生的风尚，在临海留下了实学务真的文脉。

（5）忠义气节的人文英韵。台州硬气是台州文化的典型气质，这种气质在宋代形成，宋儒讲求气节，"以礼义为先，以名节为贵"，此风在宋时的临海得到高扬。一是典型示范。官方通过建乡祠等方式强化了这种风气，如立思贤堂，祠毕士元、章得象、元绛三位政绩卓著、官至宰相的知州；建三老堂，祠罗适、陈公辅、陈良翰三位备受后人仰慕的"乡之名德"；立颂僖堂，祠宗颖、黄章、朱江、唐仲友、江乙祖等有功于台州的著名学者；立谢丞相（深甫）祠，颂扬台州位至宰相第一人；建四先生祠（周敦颐、程颢、程颐、朱熹）、谢良佐祠，传扬理学精神。二是文人践履。宋代临海人在儒学的教养下，摒弃了民风中争名夺利的劣性，而发扬了秉性坚贞、忠直不屈的优点，人文呈现奋发峭厉、卓然特立的个性，如饱受儒学濡染的士人如陈公辅就非常崇尚气节，忠鲠直言，成为士人典范；著名词人陈克主动请缨，在对金作战中英勇阵亡。三是殉节成风。元兵陷台州，台州教授邵因（临海人）端坐学宫，焚身而死，台州知州（临海人）王珏叔侄力战元兵、英勇赴死；宋亡，临海百姓纷纷反抗，许多人直至最后一刻从容阖门赴死。此后，这种气质和精神绵延不绝，融汇成了台州人坚持正义、崇尚气节的硬气作风。

二、府城宋韵文化传承发展的主要问题

宋韵文化既是高品质的历史文化传统，也是很接地气的生活美学，与当前人民对美好生活的向往息息相通，更非常符合当下共同富裕的价值目标，是实现文旅融合的优质载体。但由于重视不够、研究不多、传播有限等问题，没能挖掘、传承、利用好府城的宋韵文化资源。

（一）思想认识不高。府城文化繁盛于宋，也传承、得益于宋，但相关部门在挖掘府城文化内涵、开发旅游时，一直对宋韵文化没有引起足够重视，甚至鲜有提及；也没有对现有遗存加以科学保护和积极抢救，甚至还出现黄钟毁弃、焚琴煮鹤的现象。

（二）研究发掘不足。府城宋韵文化珠玉散落在各处，沉睡于典籍，专家对之缺少系统、全面的研究，全市不仅没有出版过宋代专题的古籍、研究著作和普及读物，连专业论文和专题文章也屈指可数，导致政府部门和公众都不了解府城宋韵文化的特征和魅力，文化产业从业者也无从找到创新点，没有发挥更大的社会价值和经济效益。

（三）品牌打造不佳。府城的旅游文化格局和资源，大部分成熟于宋，也仰赖于宋，但目前府城旅游文化业态和文化呈现，主要以明清文化为主，宋代文化没有得到呈现和"植入"，尤其是"浙左股肱"辅郡的文化地位和特色没有讲述好、塑造好、传播好，没有找准宋韵文化与当前美好生活的向往及共同富裕的结合点。

（四）宣传推介不够。由于基础性研究不足，台州府城的宋韵文化没能被很好地挖掘、呈现出来，宣传、文旅等部门对其宣传推介也缺少自信、缺乏载体、缺失创意，进而导致文化个性不鲜明，项目开发不充分，文旅体验不美好。

三、台州府城宋韵文化传承与活化的建议

台州府城宋韵文化需要从文化挖掘、文物保护、文脉传承、文旅融合等角度入手，实现活性

(2) 和合共美的优雅神韵。世家大族、高官显宦的南迁，改变了临海的社会结构，提升了台州的政治文化地位。一是族群融合。皇族南迁，聚居于城关赵巷一带，大族数十姓迁入，形成和谐的融合聚居格局。随之出现了家族式的文化传承，如徐中行、徐庭筠父子，陈贻范、陈贻叙兄弟，林师蒇、林表民父子等，而且父子兄弟连登甲第的情况也更为频繁。二是仕宦侨寓。吕颐浩、钱忱、谢克家等六宰辅寓居临海，朱熹门人詹仪之、黄榦，婺学事功派代表人物唐仲友，藏书家、目录学家陈振孙，陆九渊弟子包恢等到临海为官，尤其是诗人曾惇、南宋大诗人、江西诗派后劲曾几，中兴四大家之一的尤袤等著名诗文家，在任台州知州期间带动了临海文学创作。三是教育繁荣。县学、私学和书院发展迅速，进士数占历朝三分之二，多科人数达 10 人以上，文人名士随之辈出：诗歌上，杨蟠的诗很受欧阳修、苏轼推崇，北宋小令词的殿军式人物陈克的作品被收入《宋词三百首》；经学上，有折中朱子义理和程子象数而对明清易学研究产生很大影响的董楷；理学上，有最早的台州学者徐中行父子，朱熹的著名讲友、理学家、"台学性理之宗"石墪，深受朱熹称赏的潘时举、赵恭父等学者；文学上，有永嘉学派主要传人陈耆卿，其作品代表了南宋后期散文最高成就；陈骙的《文则》是中国第一部修辞学著作。四是科技发达。南来的工匠带来了最优秀的工艺，台州公使库刻本《扬子法言》是目前现存浙派宋刻的精品，台州历史上最早的中津浮桥是中国古代浮桥的杰作，军事火炮发明家孙琰发明了霹雳连环火炮。

(3) 兼收并蓄的包容器韵。临海从文化相对"真空"的状态猛然吸纳各种文化，相互冲击和激荡，表现出了博采众长、兼收并蓄的宽容大度。一是学术包容。安定之学、程朱理学、陆学、婺学、永康之学、永嘉之学等各类文化和学说汇集于此，尤其是在浙东学派和理学激烈争论之时，相邻的金华和温州均呈一边倒的倾向，而临海采取了兼收并蓄的态度，既出现了事功学，又有朱熹的忠实信徒，而没有激烈的义利之辩，体现临海人自主、务实、灵活的包容个性。二是三教和合。临海对宗教也非常开放包容，既保留了"乐鬼重巫"的古越遗风，还接受了佛教天台宗、净土宗、禅宗的熏陶，更是创造了道教南宗，紫阳真人张伯端主张"教虽三分，道乃归一"的"三教一理"思想，形成以儒、道、释同源为特色的道教宗派，开创内丹道学。百姓在生产上敬重鬼神，在生活中信仰佛教，在祛恶时求助道教，随心所需，随情而动；文人则以儒治世以举仕进，以道治身以注风骨，以佛治心以去彷徨。三是品物谐和。以临海民间小吃为例，形成了品类繁多、美不胜收的盛况，南稻北麦交汇融合，北方丰富的面食文化涌入，有大米面、细米面、拗面、炊面、捶面、面皮、豆面、麦面等，而且吃法多元，如扁食就可蒸、可煮、可煎，因时而就；而且特别自由，如糟羹的食材、食饼筒所包的馅儿，可以因地、因时、因人制宜，随意去取，包容万物，凸显诸物和谐、生活丰赡。

(4) 敦尚实行的事功风韵。宋时，士大夫普遍流行以天下为己任的担当精神，临海作为浙东事功学派传承地，敦尚实行的事功之风盛行。一是经世为用。最早传入了重经义和实务、敦尚实行的"安定之学"，接着又有以经史明制、注重经世致用的永康学派，再是经世事功的永嘉学派，都强调学以致用，为临海文化崛起注入了强大的营养剂，临海一跃而成文化繁荣之邦。二是理学品格。朱熹到任台州后，理学盛传，许多学者追随朱熹，临海作为"朱子传经地"而被誉为"小邹鲁"，成为浙东学派的策源地之一。徐中行、陈贻范都继承安定之学敦尚实行、稽古爱民的思想，传扬以格物致知达于治国平天下的思想，上蔡书院院长王柏告诫学子"念念服行方

台州府城宋韵文化魅力及传承与活化的建议

林大岳[①]

摘要：宋韵文化是多元的、个性的、美学的，也是世俗的、平民的、大众的，具有雅俗相济、和美相谐、精简相宜、内外相养等特点。台州府城是南宋名邦辅郡，宋韵文化体现得非常充分而独具魅力，体现了千年府城对美好生活的追求，对于城市发展尤其是文旅融合有很强的借鉴意义。

关键词：台州府城；宋韵文化；传承活化

宋韵是从宋代传承下来的文化底蕴、精神气质、人文智慧和生活情趣，一直影响着我们的审美观和价值观，对我们当今思想发展和生活品质提高还具有重大意义。千年宋韵文化是浙江最具标志性的文化金名片，也是千年府城临海的重要文化遗产和个性特征。打造宋韵文化有利于展示台州府城独特韵味、文化临海鲜明标识，能够充分发挥文化的赋能添韵塑魂作用，也是临海奋力打造"重要窗口"、争创社会主义现代化先行市、高质量发展建设共同富裕示范区的应有之义。

一、千年府城的宋韵文化魅力

临海有两千多年的设县置郡历史，但偏居海隅，社会经济发展一直比较缓慢，直到宋代，尤其是南宋时成为"浙左股肱"的王畿辅郡之后，因"可以避大兵大难"的地理优势，一跃从"海邦僻左"迅速发展成为社会安定的"浙中乐郊"、人才集聚的"人物渊海"、教育发达的"富教名区"、学术崛起的"东南邹鲁"、文化繁荣的"文献之邦"，百姓由物质的"富乐"向精神的"风雅"迈进，孕育了包含高尚人生境界、健康审美情趣、雅致生活文化的独特人文魅力。

（1）品物咸亨的江南灵韵。宋时，衣冠南渡，政治、经济、文化中心南移，人才集聚临海，不仅人口数倍于前，而且习俗之美也数倍于以往。一是经济发达。府城呈现"人烟繁夥，万室鳞比"的景象，杜渎盐场年产盐15000多石，热销绍兴、金华、衢州、丽水等地，府城周边私人造酒达到2000余家。二是生活安乐。即使物价大幅度上涨，百姓依然富乐，"不闻穷愁叹恨之声"；官府也"讼狱简希"，社会非常安定。三是百姓富足。士绅"哨壶雅咏，日为文酒之乐"，旅游兴起，水师练兵场东湖被改造成了园林，并有了夜游东湖的"夜经济"，府城墙上更多了装饰和游眺功能的城楼，开明的街巷制代替了与宵禁政策同行的坊市制度，茶楼酒肆、巷陌街坊提供了更加丰富的娱乐生活。四是文娱雅致。生活更加精致典雅、诗情画意，永丰许墅附近窑场有60余家，许墅窑、梅浦窑留下了秘色瓷上品，被列为国家非物质文化遗产的临海词调、黄沙狮子都在此时兴起。

[①] 市新闻传媒集团。

响。可以说，以戚继光将士一心、忠贞不屈为核心内容的"戚家军精神"，与台州本土的刚烈气质产生相互吸收，相互融合之后，在台州地方文化层面的主要表现，就是"山的硬气、水的灵气、海的大气、人的和气"，这是台州人文精神的精髓所在，也是最具代表性的色彩，更是推动台州地方文化全面发展的核心部分，也决定了台州人"敢冒险，有硬气，善创造，不张扬"的精神，是台州快速发展最深厚的源泉。

四、总结

戚继光抗倭是我国军事战争史上浓墨重彩的一笔，他的《纪效新书》《练兵实纪》等军事著作，至今对我国的海防建设、军事理论教育、军队管理等方面都有着重要的参考价值。台州作为戚继光抗倭的前线，民众的生活和思想都在这一历史时期受到了很大的影响和改变，同时也留下了大量的历史遗存和文化瑰宝。如今临海城内还有许多与戚继光有关的文化地标，非常具有代表性，同时也是研究戚继光抗倭史的活资料。比如，城内有继光街，为纪念戚继光而命名；摆酒营，原是"戚家军"扎营的地方，打了胜仗后，将士们在军营摆酒庆功，故而得名；城东洛河桥，原作"落倭桥"，是戚继光迎战倭寇的地方，因台州方言中"河"与"倭"音相似，后世误写。这些文化的符号或印记，都在向世人讲述着抗倭往事，也源源不断地传递了戚继光的思想和精神。

拳"与戚继光的"三十二势长拳"有着相当大的关联。它既有对战争中总结出武术技艺经验的转化,也有从戚家拳法里对北方拳种技艺的吸收与改造,并通过改造、吸收、融合,最终归纳成"黑虎拳"的体系。清朝光绪年间,"黑虎拳"根植于台州,在浙江广泛流传,它吸收了浙江南拳、戚继光"三十二势长拳"的长处,在马步坚固、发劲短爆等特点上,又与"缩山拳"神似。尽管现在已无法看到真正动态的"三十二势长拳",但我们仍能从流传下来的拳谱上找到"黑虎拳"形成初期的线索。

三、对台州民俗民风的影响

戚继光在台州抗倭十数年,由于其严格执行不扰民、不害民、爱民、保民的军纪,"戚家军"与台州百姓建立了深厚的感情,这其中既有从台州百姓生活中汲取灵感用作军训,也因优良的作风使台州百姓的风俗发生了一些变化。

(一)正月十四吃糟羹

在台州百姓的生活习惯中,有一些非常独特的民俗,比较典型的要数台州地区的元宵节在正月十四,而且吃的也不是汤圆,而是独具台州风味的糟羹。相传,有一年正月,狡猾的倭寇打算趁台州百姓过元宵节时,搞突然袭击。戚继光得到消息后,立即命令军队放弃过节,提前进入战备状态。百姓为了感谢"戚家军",就把原先十五日的元宵节提前了一天。又因为当时库粮不足,百姓就将各种菜蔬粉料熬煮在一起,制成既饱腹又保暖的糟羹给将士们吃。后人为纪念戚继光和"戚家军",就保留了正月十四过元宵,吃糟羹的习俗。台州地区在正月十四过元宵,吃糟羹的传说虽然不仅于此,但这个说法是流传最为广泛的,可见戚继光在台州民众的心中有着崇高的地位和形象。

(二)《纪效新书》与台州民事

戚继光在台州抗倭期间著成的《纪效新书》,不仅是一本军事著作,同时也是一本沿海地区的百科全书。譬如"夫苍船最小,旧时太平县地方捕鱼者多用之,海洋中遇贼战胜,遂以著名"。记载了太平县(今台州温岭)一种叫"苍船"的捕鱼船,是当地渔民爱用的,还曾在海上遇贼寇而得战胜。同时书中还介绍了"福船""海沧"与"苍船"的优劣对比,分析不同战事下区别选择的原因。这对研究当地渔业历史具有很高的历史价值和文化意义。又如"日晕则雨,月晕主风。""春南夏北,有风必雨。""日没胭脂红,无雨也有风。"等文字版的"天气预报",至今仍流传在台州民间,是台州百姓判断天气的一个标准。另外,书中记录的"浙东潮候""逐月风忌"等气象学知识,也是台州渔民出海时分析海洋情况的一个重要参考。

(三)"戚家军"的硬气与台州式的硬气

台州地处山海之间,独特的环境造就了台州人既有水的淳朴,又有山的刚硬。台州人素来以"硬气"风行,历史上也曾出过不少"硬气"的志士,如明末殉国官员陈函辉等。鲁迅先生在提到柔石时,称"他的家乡,是台州的宁海,这只要一看他那台州式的硬气就知道,而且颇有点迂,有时会令我忽而想到方孝孺,觉得好像也有些这模样的"。明清以降,这种"硬气"表现得尤为明显,这与戚继光在台州抗倭时所表现出来的刚正不阿、忠贞不屈,以及"戚家军"军纪严明、士气如虹的军风军容有着密切关系,对当地百姓在教育、思想等方面都产生了很大的影

（1442）再次内迁；次年新建桃渚所城，保存至今；嘉靖三十八年（1559）抗倭后增建东西敌台两座；四十三年（1564）修桃渚城。现仍基本完好。桃渚地处东海沿线，是倭寇登岸的优选之地，因此也成为抗倭战事的前线，据《明史·列传第一百》记载："四十年，倭大掠桃渚、圻头。继光急趋宁海，扼桃渚，败之龙山，追至雁门岭。"根据《台州府志》和《临海县志》的记载，"城高二丈一尺，周围二里七十步"，三面有城门，北面沿山。有烽燧十余座（现存7座），是明代浙江东南沿海用于抗倭的41个卫所中唯一保存完好的一个，也是研究明代卫所制度与沿海防御体系的重要实物资料。

二、对台州本土武术发展的影响

台州三面环山，一面朝海，是名副其实的"山海之地"。长期的海上舟船生活和山间丘陵耕作狩猎，使台州百姓形成了身手灵活，反应敏捷的体格特征。自南宋末年起，到元、明两朝，台州屡遭战事，社会动荡，又常有山贼倭匪滋扰，百姓深受其害，苦不堪言，纷纷习武以求自保，使得武术在台州迅速发展，形成了具有本土特色的一个分支。

（一）吸收、融合"缩山拳"

戚继光到任后，在台州及附近的金华、义乌等地招募了不少当地壮丁充作士兵，尤其注重招募那些"练过拳脚"的人。当时台州本地盛行一种"缩山拳"，不少熟练"缩山拳"的人都应征加入了"戚家军"这支名垂青史的军队，在抗倭战争中屡建战功。相传"缩山拳"为元末明初浙东农民起义军领袖方国珍根据多年积累的实战经验所创，以快捷短打为主，讲究实用性，非常适合近身战斗，方便士兵在船上、山地等狭小空间施展抗敌。除拳术外，另有刀、棍、剑、钗等持械招式。戚继光在抗倭期间撰写的军事著作《纪效新书》，其中"拳经捷要篇"对武术器械的实战性进行了选择和重新定义，并结合沿海地区的特有环境，综合多种拳术，编排了一套实用性非常强的拳法，就是戚继光"三十二势长拳"，这套拳法在武术发展史上有着极大的影响。从"三十二势长拳"中就可以找到不少"缩山拳"的招式，譬如其典型代表"大马步"，即类似"缩山步"，该步低伏稳健，进退自如，慢时如千斤坠顶、蹬泥而行，疾时猱身而上，变化莫测，可闪展腾挪于卧牛之地，局促之间。《纪效新书》中还记载了戚继光曾见识过临海人刘草堂打拳耍棍，"余在舟山公署，得参戎刘草堂打拳，所谓'犯了招架，便是十下'之谓也。此最妙，即棍中之连打连戳一法"。刘草堂，原名刘恩至，字成甫，号草堂。刘草堂出身军武世家，先辈曾追随方国珍，当过军中将领，精通"缩山拳"，并世传子孙。刘草堂的父亲刘祚是怀远将军，熟练"缩山拳"，刘草堂自幼跟随父亲习武，对"缩山拳"有较高的感悟和钻研。戚继光在舟山与刘草堂并肩抗倭时，非常仰慕这位抗倭前辈，更钦慕他的拳法，曾专门向刘草堂请教，并引用在戚家拳中。

（二）启迪、演化"黑虎拳"

而戚继光的"三十二势长拳"，也在台州本土发生了新的演变，为台州本土的武术发展注入了新的活力。台州本土拳种"黑虎拳"，即是由"三十二势长拳"演化而来。"黑虎拳"主张神形俱练，内外兼修，拳打卧牛之地，招法变化多端，朴实而又威猛，出手带风，呼呼有声，但又可刚可柔，刚柔相济，是浙江南拳的主要拳种。历代的黑虎拳师在身授口传中均表示，"黑虎

戚继光抗倭对台州地域文化发展的影响

何薇薇

台州历史悠久，早在五千年前就有先民在此生息繁衍。在波澜壮阔的历史长河中，台州曾出过无数的文人墨客，也有许多的能人志士来过台州。这些人开化台州、建设台州、保护台州，使之得以昌盛，延续至今。而在这些灿若繁星的人物中，戚继光无疑是最闪耀的名字之一。

戚继光是明朝的一位杰出的军事家、诗人、民族英雄。明朝中后期，由于海防松弛，东南沿海地区倭寇猖獗，民众平静的生活遭到了破坏。戚继光奉命到浙东南抗击倭寇，壮志诗句"封侯非我意，但愿海波平"就是在此期间写成。戚继光驻守台州期间，他训练的"戚家军"所向披靡，不仅给沿海百姓带来了稳定，也给台州留下了许多文化财富，对台州地域文化的发展产生了巨大的影响。主要体现在三个方面。

一、对台州军事防御建设的影响

戚继光在台州驻守期间，充分利用了台州府城墙和桃渚城的军事防御作用，同时，也因地制宜，改造、建设了台州府城墙和桃渚城，进一步巩固并强化了军事防御能力。

（一）强化台州府城墙军事防御能力

台州府城墙始建于东晋元兴元年，当时是为抗击五斗米教道士、起义军领袖孙恩而筑。明朝时期，由于倭寇的侵袭，台州府城墙的防御功能再一次得到体现。嘉靖四十年（1561）四月，倭寇大举侵犯台州，时任台金严参将的戚继光率军抗倭，以台州府城墙为防御，在城外花街与倭寇恶战，以少敌多，大获全胜。并先后九战九捷，力克倭寇。根据《明史·列传第一百》记载："贼遁去，乘虚袭台州。继光手歼其魁，蹙余贼瓜陵江尽死。而圻头倭复趋台州，继光邀击之仙居，道无脱者。先后九战皆捷，俘馘一千有奇，焚溺死者无算。"戚继光在他的军事著作《纪效新书》中写道："或曰：如台州辛酉之捷，宁能再得乎？予曰：可能者，人也；不可能者，天也。台州之捷，人也，予可继也；台州之全师，非人也，天也，不可必也。"其间，戚继光与知府谭纶整修台州府城墙，并创造性地修建了13座双层空心敌台，这种敌台跨越城墙内外，内部空间大，可常驻大量兵力，且能避雨御寒，非常便于瞭望、防守、传达信息。后来戚继光、谭纶转战北方，在修建北京的明长城时，他们抽调了江南三千官兵，将在临海修建的双层空心敌台等筑城经验运用到了明长城的修建工程中，不仅提升了防御能力，也形成了标志性的城墙景观。台州府城墙也因此被中国古建筑学家罗哲文先生赞誉为北京八达岭等处长城的"师范"和"蓝本"。

（二）提高桃渚城在海防上的军事地位

桃渚城位于临海东部，为一石砌古城，据《明史·志第二十·地理五》记载："（临海）东北有桃渚前千户所，洪武二十年九月置。"为防御倭寇的入侵而建，后内迁至中旧城；正统七年其故址。"①

胡应麟《诗薮·外编》卷四："诗最可贵者清，然有格清，有调清，有思清，有才清。……若格不清则凡，调不清则冗，思不清则俗。"② 王士性之诗皆可谓"清"。

王亮《祭鸿胪寺卿王太初年兄文》这样赞叹王士性："文章气节，青史辉光。人孰无死，君为不亡。"从浙东唐诗之路到王士性再到崇仰王士性的齐周华等，说明唐诗之路永远是一条无限向前、充满生机的文化之路。（关于齐周华文学创作与王士性之间的关系，请参阅笔者《论齐周华山水文化精神及其与王士性的关系》一文，《台州学院学报》2022年第1期。）

---

① 齐周华. 周采泉、金敏，点校. 名山藏副本 [M]. 上海：上海古籍出版社，1987.
② 胡应麟. 诗薮 [M]. 上海：上海古籍出版社，1979.

影响比较明显。又如《连云栈》："北上登散关，南行出褒谷。连云八百里，颠崖架高木。凿石布山阿，椓杙倚岩腹。阁道间偏桥，诘屈如转毂。马蹄饱崚嶒，舆卒竞拥簇。黑白俯二江，狂流撼飞瀑。猿狙随我啼，虎豹夹道伏。寒谷少人烟，十里两茅屋。谁为凿此险，世代公驰逐。行过陈仓山，山僧指其麓。秦兹开蜀道，汉兹逐秦鹿。石牛今不归，故道尚可覆。雄关与败垒，零落随草木。感此欲凄然，夜入松林宿。"既描摹出自然山水气势，又表达惘然心情。

《桃源行》总体上洋溢着王维诗风，深得冲淡闲远的美学神韵，清幽寂静之境飘逸迷人，可以说是吟咏山水的佳篇："君不见刘阮相将出洞天，洞门转盼埋苍烟。花开花落谁为主，寥落壶天几岁年。我亦天台采芝客，来往青山访陈迹。万树夭桃隔彩霞，仿佛仙娥落空碧。记得津迷采药郎，桃花流水偶相望。隐隐胡麻来石髓，双双玉女下天香。云鬟翠黛流苏帐，伉俪不殊人世状。仙家鸡犬日月赊，七日沧桑何瀁荡。尘心忽自忆人间，一别仙源遂不还。白石苍苔翳旧路，琼楼玉宇掩重关。狐鬼为家葬荆棘，烟雾茫茫招不得。凿石诛茅发隐沦，我与山川生气色。古陌无津不计春，敢希邂逅望仙尘。但将指点渔郎道，弗使桃花解笑人。"

华顶、石梁都是唐诗中烂熟的题材，王士性写起来一点也不逊色，审美特征鲜明。《上华顶》："群山培塿列儿孙，万八峰头此独尊。咫尺一嘘通帝座，东南半壁拥天门。仙家鸡犬云间宿，人世烟霞杖底扪。玉室金庭何处是，等闲拔地有昆仑。"全诗有着对故乡山水独特个性的把握，"群山培"的景致为情思的触发起了渲染作用，随着叙写的逐步深入，进一步展现诗人独特的情感体验。《宿石梁》追求人与自然的合一，对仗工整，在自然山水中获得一种审美逸趣："独跨幽崖划鬼工，何来神物蜕腔峒。转疑白日填乌鹊，忽谩青天驾彩虹。飞瀑倒垂双涧合，惊涛怒起万山空。西楼月色终宵在，风雨无端满梵宫。"张表臣《珊瑚钩诗话》卷一："诗以意为主，又须篇中有句，句中炼字，乃得工耳。以气韵清高深眇者绝，以格力雅健雄豪者胜。"① 王士性的诗篇是基本符合这样的评判标准的。

王士性《黄上仲读书委羽洞》："自挟青藜下洞天，鹤归仙去几多年。津迷谷口无惊犬，石挂苔痕有暝烟。海气远从瑶岛上，霞标高与赤城连。王孙岁暮归来晚，为我长吟桂树篇。"黄惟栋，字上仲，黄岩人。有《大有山房集》。委羽洞为道教第二洞天，称大有空明之天。诗歌写出唐人神采，立意高致，寄托深沉，对仗工稳。

王士性娴熟人事文史的素养在诗文创作中有充分体现。如关于六朝顾欢及唐人陆羽评为第十七泉的天台山紫凝瀑布，王士性有《入欢岙，怀顾处士欢故居》："混迹学樵渔，逃名不著书。谁添高士传，我忆昔人居。华表无归鹤，清溪有故墟。千秋桥上月，留影照蓬庐。"顾欢（生卒年不详），字景怡，一字玄平，吴郡盐官（今浙江海宁市西南）人。南齐永明二年（484），顾欢诏为太学博士不就，隐逸天台卯山，创建读书堂，聚徒讲学，受业者常百余人。诗歌表达对顾欢的景仰。后天台人齐周华极为崇拜王士性，《台岳天台山游记》想写法也与王士性类似："访陆羽评第十七泉，志云'紫凝瀑布'，俗云'猫游坑'，与福圣、石梁，鼎称为三。……如是者数里，乃至欢岙。其水亦曰欢溪，以南齐顾处士欢隐居于此得名也。其子孙犹在。相传普庆寺，即

---

① 何文焕. 历代诗话 [M]. 北京：中华书局，1981.

人精神面貌又具有不同的时代风格。王士性作品总体而言与明人的主体取向一致，多唐人情思，山水诗思维结构近似，也不去发泄个体情愁，又无生僻典故，而具有宋诗神韵的比例不高。《与王胤昌》建议友人王祖嫡："宿华顶万八千丈，未明，看海底日，胜于日观。又下，则挹赤城霞标，寻刘、阮、寒山旧迹。观石梁，过李白所梦游天姥，便挐舟下剡川，泊鉴湖，探禹穴，躐会稽，修禊兰亭，弄潮钱塘而归。"这就是李白等人当年走过的浙东唐诗之路最为经典的路段，江南的青山丽水依旧。《华顶太白堂觞别王承父山人（是天台万八千丈处，时朗陵刘孟玉在坐）》少直接抒情，多寄情于物，有李白诗歌气势，时空融合，音韵流转："天台十月行人绝，万八峰头早飞雪。寒江水落木叶波，烟树山山互明灭。雪花忽散晴峰回，沧海蓬莱掌上开。方平拄杖正绝倒，昆仑先生骑鹤来。来时正与刘郎值，双娥洞口遥相伺。万树桃花迷旧蹊，只今寻源不复记。昆仑有路通天台，石梁桥畔扫苍苔。四山暝色收屐齿，双涧鸣泉落酒杯。酒酣耳热余欲起，笑指莽苍胡乃尔。只有天台两片云，来往青山作知己。故起高斋傍太白，与云分作石上客。深山麋鹿耐为群，永夜星辰坐堪摘。君来约我在新秋，风雨长江苦滞留。十载神游徒梦境，一朝胜览足玄搜。我今辞君还去去，留此青山为君署。他年牢卧此山头，山灵有约仍邀女。"《桃源道上别甘使君应溥》李白风味明显，诗思之妙令人称道："二月夭桃花满都，天鸡咿喔临长衢。洞门海日照方树，锦江绿水明城隅。东皇忽报风雨妒，一春花事随泥涂。君侯此日饬归骑，满堂惜别挛征帷。咄嗟王郎眼双白，起舞花前倒卮。甘使君，我欲为君歌此辞。大块茫茫孰控持，雌黄好丑任尔为。丰城紫气埋狱底，神物会合随所之。甘使君，与君折取双花枝。花间蝶梦曾醒否，古今旦暮亦何有。眼底浮华几变更，赤胆如拳向谁剖？腰悬三尺光陆离，直取长鲸佐君酒。甘使君，把酒劝君君莫辞，众人皆醉胡尔醒，明日阴晴君自知。"《盖竹歌送王西之先生解绶还赤城》也得太白诗歌神髓，意象鲜明，有很好的视觉效果，韵律变换自在："君不见，宇内洞天三十六，玄都仙伯纷相逐。乾坤溟涬初判时，巨灵攫取私南服。玉京委羽不足奇，亦有盖竹台南嵞。香炉峰高玄鹤舞，天门路狭罡风吹。洞天日月无终始，谁其治者商丘子。忽逢大块飞劫灰，谪向人间作仙史。乞得天孙云锦章，来时挟之下大荒。宝光不减俗缘浅，一入长安鬓已苍。黄金台下春风改，沧桑几变仙长在。五斗何烦役尘世，扁舟却自还东海。乡里小儿夸衣锦，谁为我贵知者稀。胡麻可饭水可饮，白云洞里迟君归。我闻此洞多素书，葛洪谓是神仙居。他年若返云中驾，七夕相招幸待余。"这些作品说明王世贞所言王士性"歌行古风尤自出人意表"是正确的。

冯梦祯《王恒叔〈广志绎〉序》则在与司马迁、杜甫的比较中突出王士性的独特价值："余友天台王恒叔才既高华，而宦辙几遍天下，视子长、杜陵所到，不啻远过之。诸名山自五岳外，探陟最广，赋咏亦多。无论名山，即一岩洞之异，无勿搜也；一草木物产之奇，无勿晰也。他若堪舆所述，象胥所隶，輶轩所咨，千名百种，无不罗而致之几席之下、笔札之间。……恒叔自言：'他人所述，每每藉耳为口，缘虚饰实，余言则否，皆身所见闻也。'余病馀寡营，因得卒业。意独喜其叙山川离合，南北脉络，如指诸掌，即景纯所述，《青囊》所纪，勿核于此。"王士性一些作品显示出情感深度，用笔老健，学习杜诗有成，也能够扩大传统诗题。如《滟滪》："一柱当坤轴，盘根逆逝波。夹崖啼虎豹，转毂闻鼋鼍。万古江流在，孤标奈尔何？雪消春涨恶，雨急夏涛多。浊浪动排空，触石增嵯峨。连山七百里，一夜卷银河。滟滪已如马，瞿唐莫浪过。谁堪重回首，天上泛轻槎。肠断青猿泪，三声鬓欲皤。"诗歌笔力峻拔，气势豪宕，受杜诗水内鱼虾，榰柁终日，何可以亿兆计？若淮北、胶东、登、莱左右，便觉鱼船有数。"这样的描述分析角度新颖，论断有力，已经特别关注岁时风物等，皆是唐人所无。

《台中山水可游者记》以"游"贯穿全文结构，梳理台州山水及其文化现象，如："恶溪者，大小二恶滩，飞涛喷雪，在百步下。王右军游天台，奇之，书'突星濑'于石。后人划石以便舟行，字失所在。"首先表现出速度与力量，也给人以惊恐之感。为了行舟便利，把王羲之的书法精品彻底摧毁，深为可惜。《入天台山志》也提到此事，写出无奈情状："子幻曰：'右军首游恶溪，乐其奇，书"突星濑"于石，君舟行，谛视其在否？'余唯唯，竟不知所在而归。"

《登金鳌山》："巨鳌不戴蓬瀛去，独向江门枕浊流。曲磴眠云芳草湿，洪涛浴日曙光浮。山城坤坞黄沙碛，水国蒹葭白露秋。极目西风伤往事，谁家君相屡维舟。"（题下自注：宋高宗、文信国俱航海至此）金鳌山宋以后进入文化视野。王士性又有《元夕宿精进寺（四首）》，如之四："小桥流水隔溪东，日暮疏钟度岭风。入定不惊泉底石，谈经时起钵中龙。"精进寺在今三门县花桥镇寺前村，临近三门湾，唐代开元年间始建。

《九日候涛山望海》为代表的甬东题材也是唐人较少涉及的，用典亦浅易："鸿雁江湖处处心，高台此日一登临。天回南斗星辰近，水落寒涛渤海深。把酒暂逃兰社会，凭楼试作越乡吟。长风吹入蛟门岛，蜃气苍茫涌万寻。"

《台中山水可游者记》写临海象鼻岩："象鼻岩踞江上游三十里，横石百丈，宛然真象，从山顶掀鼻吸潭水，水复洑波凝碧，游鱼尾尾，余葺茅榭其上，为白象山房。山之左右有坎焉，深无底，流瀑布其中为石塘。其下流二里，石龟蛇相向锁之为小海门。"唐人没有写及象鼻岩。

三、艺术手法探索

王士性在艺术上也有一些新探索与新创意。王世贞《〈王恒叔近稿〉序》称美王士性："恒叔于诗无所不精丽，而歌行古风尤自出人意表，其索之也，若深而甚玄，既成而读之，则天然无蹊径痕迹矣。"张九一为王士性《朗陵集》所作《序》也说："吾闻天台赤城多异人，恒叔固其一耶？是以发为诗赋，其古体之逸而丽也，若嗣宗，若明远；近体之冲而雅也，若浩然，若左司。歌行之奇而正、正而忽奇也，若嘉州。"张九一认为王士性诗歌主体向唐人学习，古体部分较为逸丽，近于阮籍、鲍照；近体以冲雅为主，与孟浩然、柳宗元类似，平淡而工；歌行体则变化无穷，较受岑参影响。

首先，对唐人艺术格式的具体模仿借鉴，如《桂岭守岁效李长吉体》，显然就是唐人范式。王士性《台中山水可游者记》模仿柳宗元《柳州山水近治可游者记》一文。《台中山水可游者记》写临海云峰的部分："西上五里，三峰岿然，名望海尖。又十里至九龙，一穴暖气，亘四时不断。又攀藤上峻坂五里，接苍山为道者基，蔡、李二仙人修真地也。有鳅，时以风雨至听法焉。二仙以杖画地而分其潭，浊者鳅居，清者人汲，至今祷旱辄应也。此地九月即雪封山。东望郡城，仅蕞尔一聚落。西北指天台、括苍，乃挥手可招。"文章对仙踪道迹有生动记载，扬江山之美。临海城在俯视下变得渺小，文章以城邑之小，衬托云峰之高，并指出其与天台山、括苍山并肩屹立。

其次，王士性以诗歌述说情怀的时候可以说融合了李白风味、杜甫品格与寒山风范，拥有唐淳风所择。"不管时代如何转换，台州府城据险的雄姿都永不改变。又如《咏明岩，寿邓翁七十》："寒崖负石向明开，上有仙人马迹来。口吸洪泉飞百尺，手持瑶草下三台。匣中赤简鱼贪蠹，洞里青精鸟浪猜。君忆何年曾驻此，与君一棒紫霞杯。"明岩为天台山胜景之一，相传寒山隐身于此，受到人们普遍关注。《入天台山志》比较全面："寺负五峰如扆。石坎泉盈尺，普明师卓锡而成。左廊三石错立，则寒、拾旧灶石也。智𫖮建台山十八刹，此为定光授记第一道场。出门平桥际崖，沿涧度盘回岭以入，涧水自高山落，与石齿啮，喧豗叫号，如玑如练，如翔鸾凤，倏忽万状。别涧而上金地岭，坐定光招手石，指银山称佛垄焉。寺号真觉，则知（智）大师所从蜕骨，双石塔存。"

巾山在唐代因任翻三题而声名在外。王士性《台中山水可游者记》："巾子山一名帊帻，当城内巽维，云皇华仙人上升落帻于兹山也。两峰古木虬结，秀色可餐，各以浮图镇之，山腰窊处一穴，为华胥洞，其趾有皇华丹井焉。前对三台山，半山为玉辉堂。登堂见灵江来自西北，环抱于前，流东北以去。江上浮梁卧波，人往来行树影中。海潮或浮白而上，百艘齐发，呼声动地，则星明月黑之夕共之。唐任翻题曰：'绝顶新秋生夜凉，鹤翻松露滴衣裳。前村月照半江水，僧在翠微开竹房。'"王士性曾经陪著名山人何白盘桓于巾山，后何白至此作有《十五夜同王伯度、丁叔明、卢度叔巾山翠微阁踏月，阁有唐任翻题云："绝顶高秋生夜凉，鹤翻松露滴衣裳。前村月照半江水，僧在翠微开竹房。"余旧同王恒叔给事憩此，俯仰十五年矣，不胜今昔之感》："天垂平野横江树，城烟漠漠喧春渡。桃认刘郎前度来，松记任翻旧游处。老鹤翻松露滴衣，半江明月动岩扉。欲携九节卢傲杖，共逐辽阳丁令威。"[①] 故地重游，物是人非，不禁产生今昔之感，欢快心情不再。王士性又有《两登巾山雨憩景高亭》："梦里怀人若有神，断碑荒草一时新。孤亭地拥双峰起，绝壑天开万井春。棹倚浪花来曲岸，槛回烟树落平津。江风江雨应无限，为洒徐卿壁上尘。"对景而赋，意脉晓畅，以典型意象入诗，词句明净。《七月三日过盘山，睠焉有结庐之思》展现了思乡情怀，可以窥见其创作心态："盘龙顶上挹流霞，水抱沙回石磴赊。竹叶满山秋色净，槐阴堕地夕阳斜。行依绝壑饶云气，醉倚高峰眺月华。不为乾坤怜胜概，更从何地觅吾家？"

司马承祯《天地宫府图并叙》遍叙天地间分布的洞天福地。王士性《寄吴伯与学宪》自称："不佞栖迟海曲，无所事事，惟是宇内洞天福地，梦寐不忘。"《广志绎》卷四以古说今，比较详尽："《道书》称洞天三十六、福地七十二，惟台得之多。临海南三十里，第十九，盖竹洞为长耀宝光之天；天台西五里，第六，玉京洞为太上玉清之天；黄岩南十里，第二，委羽洞为大有空明之天；仙居东南三十里，第十，括苍洞为成德隐元之天。福地，黄岩有东仙源、西仙源，天台有灵墟、桐柏。其它非《道书》所载者，刘、阮桃源，寒山、拾得灶石，皇华丹井，张紫阳神化处，司马悔桥，蔡经宅，葛仙翁丹丘，智者塔，定光石，怀荣、怀玉肉身。自古为仙佛之林。"

《广志绎》卷四在介绍了浙江的经济大格局之后，接着具体论析："明、台滨海郡邑，乃大海汪洋，无限界中，人各有张蒲系网之处，只插一标，能自认之，丈尺不差。盖鱼虾在水游走，各有路径，阑截津要而捕捉之，亦有相去丈尺而饶瘠天渊者。东南境界，不独人生齿繁多，即海

[①] 何白．沈洪保，点校．何白集 [M]．上海：上海社会科学院出版社，2006．

倒玉壶，沉醉殊未馨。何自醒馀醒，泠然有清磬。振衣杖前策，淬此五岳兴。不甘作卧游，吾具差济胜。"唐诗之路洞开了广阔的审美世界。受时代氛围与地域文化的双重影响，王士性在唐人之后重新晤对山情水态，以适意为上，向自然世界寻取诗材，遍游浙江（王士性浙江之游的完整性超越任何一位唐代人士），然后把不同阶段的旅迹连缀为《五岳游草》中的《越游注》《台中山水可游者记》《入天台山志》《游雁荡记》，以及《越游下》的诸多诗歌创作等，抒发对家乡的挚情，量多质高。这些作品可以说是唐诗之路创作的明代版与升级版，有着传统思想的新发展，文化继承总是表现为在学习与变化中实现历史超越性。

万历二年（1574），王士性礼部试不第，归游金华、括苍诸山而返，这是除就学杭州外第一次真正意义上的远游。十四年（1586）下半年密集游览，七月游温州，直下苍南又北返乐清回临海。八月，游庐山、武夷山、四明山，归游观赏雁荡。九月，游绍兴、宁波雪窦山、东钱湖与阿育王寺、普陀等地。万历十五年（1587）开始在天台桃源附近建造俪仙馆，醉心其中，自称"天台桃源主人"（《五岳游草》卷四《越游注》）。《入天台山志》记载较为详尽："又北行五里，过清溪，入护国寺，寻桃源。绣壁夹涧，崒嵂而立，水流乱石间，声如环佩者十里，三折乃至其奥。每折似堂皇扃户，不见去来。中折有潭，清洌沁骨，名金桥潭。立潭边仰望，三峰如鼍画，而东峰特秀，上有石如绾髻，名双女峰。昔人见双鬟戏水，或云其精灵所为，然蓬蘽嶔岨，难于悬度。余乃于离别岩下，凿石通道，构一室于洞口，为桃花坞，扁以'俪仙'。屋头种桃千树、茶十畦，买山田二十双，计作菟裘。他日，二娥想当相俟于桃花碧落间也。"俪仙馆构筑以自然山水为背景，以有着较强民俗文化色彩的刘晨、阮肇遇仙传说为依托。齐周华《台岳天台山游记》也叙及："再进而有桃源庵，为明临海王太初先生士性所构，颜曰'俪仙'。……太初先生买山构室，住坞寻真，自必得睹真洞，然空怀二娥之窈窕，妄冀伉俪夫俪姝，痴矣！"[①] 王士性又结庐华顶。《入天台山志》载："转峰左侧路三里许，上下二深池绾谷口，沧漪破绿，金鱼数千头，最为高山之胜。池中为驰道，度莲花峰下，为华顶禅林。出其左三里，逾岭有王右军墨池焉。上为太白堂，堂废池存。余为建三楹，貌二公于中，颜以'万八千丈峰头'。"王士性构舍于华顶，由游山而居山。天台山的佛道之盛自不待言。

万历十八年（1590），王士性在临海城东北隅建清溪小隐，开辟有"紫芝山房""小山丛桂""曲水濑"等景点，二十一年（1593），将此处定名为白鸥庄，并作《白鸥庄记》。

王士性在行为方式包括主要路线、造园结庐、漫游格局以及诗文纪事等都有着唐诗之路的影响。当然，除了两浙诗路以外，王士性的行旅考察与书写遍及全国大部，此不赘。

二、文化精神升华

王士性在叙写过程中多直绍唐人，文化精神在原有基础上有新的掘进，内容上也有所拓展。

王士性创作多提及唐人、唐物，如陆羽、任翻、寒岩、明岩等，如《广志绎》卷四："（两浙）十一郡城池惟吾台最据险，西、南二面临大江，西北巉岩篸箾插天，虽鸟道亦无。止东南面平夷，又有大湖深濠，故不易攻。倭虽数至城下，无能为也。此唐武德间刺史杜伏威所迁，李

[①] 齐周华. 周采泉、金敏，点校. 名山藏副本 [M]. 上海：上海古籍出版社，1987.

王士性文学书写与唐诗之路关系初探

何方形

提　要：王士性一生的人文地理学考察与文学书写与唐诗之路有着较为密切的关系，其两浙行旅多与浙江唐诗之路最为经典与精华的路线叠合，向自然寻取诗材，后把不同阶段的旅迹连缀为《越游注》《台中山水可游者记》《入天台山志》，以及《越游下》的诸多诗歌创作等，抒发对家乡的挚情，颇有唐人韵致。这些作品可以说是唐诗之路创作的明代版与升级版，有着历史性的进步，值得深入探索。

关键词：王士性；文学书写；唐诗之路；唐人韵致；历史性

浙东青山绿水育成的王士性，是一个被低估了的历史人物。王士性一生的人文地理学考察、文学书写与唐诗之路有着较为密切的关系，固然二者时空条件不同，但精神实质一致。王士性的诗文书写颇有唐人韵致，而且在题材拓展与艺术完善方面作了一些新探索，又能够提升到人文地理学的高度，注重学术与艺术的均衡，有着历史性的进步，值得深入探索。今稍作展开，以求正于方家。

一、王士性的两浙诗路

王士性（1547—1598），字恒叔，号太初，又号元白道人、滇西吏隐，明代临海人。万历五年（1577）中进士后授确山令，升礼部礼科给事中，后任广西布政司参议、云南澜沧兵备副使等，官终南京鸿胪寺正卿。王士性"少怀尚子平之志，足迹欲遍五岳"（《嵩游记》）[1]，素喜游历，王士性一路西行、南下、北上，征程千里，时间跨度大，空间距离远。既借助主要河川航行，见证恶风巨浪，也攀登高山峻岭，饱受旅途之苦，但王士性能够化苦为乐，感情激荡，投入自然，完美实践人文地理学考察，然后书写行程线路，记录与论析考察成果，有《五岳游草》《广游志》等，《广志绎》一书更是前世稀有其体。人们很少把王士性、徐霞客为代表的地理科学领域的作家真正列入文学史加以考察，实际上他们文本中的地理形象丰富而生动。着力贴近历史本来面貌重新审视各种文学现象，是当今文学史研究的重要话题。

王士性是我国历史上少有的遍游五岳的旅行家。我国历来有敬奉五岳的习俗，但由于动机、经济、交通等诸多因素，真正遍游五岳的人并不多。王士性除了早年的奋力习读外，其生命历程基本上都在行旅与人文地理学考察中度过，有着特殊的人生体验，个人生活色彩独特，而其两浙行旅又多与浙江唐诗之路最为经典与精华的路线叠合，《夜下剡川》所谓："浮生轻一叶，游踪固无定。朝发天姥岑，暮投石门径。四山收暝色，野火落渔磴。回飙乱浮云，一雨生晚听。散发

---

[1] 王士性. 朱汝略, 点校. 王士性集 [M]. 杭州：浙江古籍出版社, 2013.

正可贵的一座名山，佛经中所说的七宝，即金、银、琉璃、珊瑚、砗磲、赤珠、玛瑙等世间珍贵的东西，是无法与之相比的。在这座宝山之中，有青松、明月和嗖嗖的冷风，还有云霞片片，飘拂而起。一重山围绕一重山，重重无尽，回还往复，不知到底有多少重，究竟有多少里。清澈的小溪流过山涧，显得极为幽静，在这里隐居，确实给寒山子带来了无穷的快乐。他一定要终老此域，怎么会舍得离开此处呢！

寒山寒，冰锁石。

藏山青，现雪白。

日出照，一时释。

从此暖，养老客。[1]

寒山子隐居的天台山的冬天是非常寒冷的，有些地方结了冰，将巨大的山石牢牢地包裹在里头，如同上了锁一般。严寒将天台山的青色隐藏其中，使天台山展现出雪白的雄姿。太阳出来，照耀群山万壑，冰雪一时融化。这位隐居于此，在山中隐居的寒山子，在山中颐养天年的外来客，也感觉到天气开始变暖了。在这首诗中寒山子虽然认为自己是客居此山，但却又明确表示是养老于此，丝毫没有要离开此山的意思。

寒山子，长如是。

独自居，不生死。[2]

正是因为隐居在荒野寒岩之中，寒山子才成为寒山子的，他决心继续做寒山子，在天台山中永远地隐居下去。他独自一人居住于此，不再造作善恶诸业。从佛教的立场上来说，这就意味着寒山子此生之后，不再轮回于六道的生死流转中，从此获得了彻底的解脱。也就是说，在寒山子看来，在天台山中的隐居生活是具有通向彻底解脱的终极意义的。

总之，寒山子隐居于荒野寒岩之中，是出于主动的终极生活选择，不是出于被动的一时权宜之计。在社会风气极其污浊的情况下，寒山子在个人追求上遭遇到了挫折和坎坷，但狂狷、耿介、孤立的性格又使他不屑于从流随众、攀高结贵，对于简单和恬静的喜欢最终使他走向荒野，走向寒山。因此我们说，寒山子荒野寒岩的隐居体验与历史上绝大多数描述隐居生活的体验不同，是最为真实和可信的，因而具有其独特的意义和价值。

本文为国家社科基金重大课题"'一带一路'佛教交流史"的阶段性成果。

---

[1] 寒山子：《景宋本寒山子诗集》，寒山寺，2017年，第47页。

[2] 寒山子：《景宋本寒山子诗集》，寒山寺，2017年，第48页。

> 孤月夜长明，圆日常来照。
> 虎丘兼虎溪，不用相呼召。
> 世间有王傅，莫把同周邵。
> 我自遁寒岩，快活长歌笑。[1]

寒山子将荒野寒岩上的石头称为无漏石，他想用这种方式表明，他的归隐荒野寒岩是从世俗的烦恼和欲望中彻底解脱出来的表征，而且他认为达到这种状态对于出离世间苦海是非常必要的。因为处于这种状态之中的话，那么世间的利、衰、毁、誉、称、讥、苦、乐等所谓八风就无法影响他的内心，这自古以来就被人们视为修行所达到的奇妙境地。内心保持寂静就会使烦恼不再生起，如果将一切追求，包括对空的追求都空掉的话，就可以远离世人的讥讽和嘲笑。夜空中那一轮孤月特别明亮，晴空中的太阳也时常照耀。我们知道，佛教经典中常以日月比喻智慧，寒山子此处实际上也是说达到无漏状态，智慧就会时常照耀我们的心地。苏州的虎丘山是竺道生隐居的地方，他在那里对顽石讲经说法，竟能使顽石点头，因此留名僧史。庐山的虎溪就在东林寺的前面，是释慧远高蹈山林的地方，他在那里获得南北双方统治者的尊重。道生、慧远以隐居虎丘或者虎溪而获盛名，但寒山子的隐居天台山却绝不与之相类。如姜太公、诸葛亮，也以隐居而致世间帝王傅的高位，但寒山子却极力反对别人将其比拟为周公、邵公那样的经世之才。寒山子明确表示，他隐居于荒野寒岩的岩石间，过着可以唱歌和欢笑的生活，如此已经完全满足，此外再无其他任何的目的。

> 自见天台顶，孤高出众群。
> 风摇松竹韵，目睹海潮频。
> 下望山青际，谈玄有白云。
> 野情便山水，本志慕道伦。[2]

寒山子在隐居中体会到了人生的乐趣，有一种适符夙愿的感觉。有一次，他攀登上天台山的极顶，在连绵的群山之中，感受到独有天台山的最为高耸出群。他听到清风吹动松竹的声韵，看到海潮频繁喷涌的景象，向山下望去是远处的青山，来与他谈玄论妙的只有天空中飘浮而来的白云。寒山子这种爱好荒野寒山的情怀是最适宜于隐遁山水之中的，而且他本来就非常羡慕那些在青山绿水之间参禅修道的隐士，因此他遁入天台山，成为这荒野寒岩之中的一名真正的隐士，从隐居寒岩中获得了真正的人生乐趣。

> 可贵一名山，七宝何能比。
> 松月飕飕冷，云霞片片起。
> 匝匝几重山，回还多少里。
> 溪涧静澄澄，快活无穷已。[3]

由于多年来隐居其中，寒山子对天台山产生了无比诚挚的热爱。在寒山子看来，天台山是真

---

[1] 寒山子：《景宋本寒山子诗集》，寒山寺，2017年，第47页。
[2] 寒山子：《景宋本寒山子诗集》，寒山寺，2017年，第35页。
[3] 寒山子：《景宋本寒山子诗集》，寒山寺，2017年，第41页。

林之中，在山林中高卧横眠。寒山子从这些先辈身上获得了启发，故而走向天台山的荒野寒岩，在那里过着自由自在的安闲隐居生活。他从自己隐居的寒岩放眼望去，青色的藤萝分布各处，历历在目，碧绿山涧的溪水相互联结，水声淙淙，从无断绝。寒山子隐居荒野寒岩之中，无所用心，昏昏沉沉地过着安闲快乐的日子，悠然自得地享受清闲自在的生活。这种隐遁生活有效地避免了世间事务的牵缠和人生烦恼的沾染，因此寒山子的内心极为清静，保养得如同一朵圣洁的白莲花一般。

> 有树先林生，计年逾一倍。
> 根遭陵谷变，叶被风霜改。
> 咸笑外凋零，不怜内纹彩。
> 皮肤脱落尽，唯有贞实在。[①]

多年来的隐居寒岩，使寒山子体会到了删繁就简的妙处，他从山中一株老树上获得了启发。这株老树是整座山林中最老的一株树木，从树龄判断，甚至可能比整座树林都要年长一倍以上。这株大树的根部在天台山中陵谷变迁的巨变中遭到了破坏，树上的枝叶又因为风霜的侵袭发生了改变。看到的人们无不嘲笑这株老树的凋零残状，没有人发现和喜欢其中纹彩的精美。如今树皮完全脱落净尽，人们方才发现，整座树林中，只有这株老树的木质是最为真正坚实的。在寒山子看来，他隐居在荒野寒岩之中，彻底摆脱了家庭利益的纠葛，超越世俗名利的追逐，完全过着自己喜欢的适意生活，就像这株根部、枝叶和皮肤脱落净尽的老树一般，由此展现出来的却是最为真实、最为本质的自我。

所谓境界，实际上就是个体心灵活动于其中的精神空间。寒山子诗中体现出来的这种自信、孤寂、空灵和超然，正是寒山子通过在天台山荒野寒岩中的隐居生活，为自己，同时也是为人类开发出来的一个广阔浩渺的精神空间，极大地丰富了人类的生活体验。

余 论

寒山子的归隐天台山中的荒野寒岩，不是古代智谋之士静观时变的权宜之计，而是寒山子生活方式的最佳选择，是寒山子价值观念的终极取向。

在寒山子生活的盛唐和中唐时代，自称为隐士的颇不乏人。但他们大多将隐居视为望于山林的方式，以期通过这种非正常的途径上达帝听，引起最高统治者的关注，就可以轻而易举地步入仕途，因此隐居也被当时的人们讥讽为"终南捷径"。在家人如此，时代风气所染，出家人也是这样。在世人看来，寒山子的归隐荒野寒岩也可能就是一种策略，他由此可以获得声誉，一旦君主闻风召对，他就可以入内供养，只要应答称旨，便可受封国师，获得赐紫方袍的荣耀。寒山子有一首诗，就是表明他隐居荒野寒岩的真实用心的：

> 寒山无漏岩，其岩甚济要。
> 八风吹不动，万古人传妙。
> 寂寂好安居，空空离讥诮。

---

① 寒山子：《景宋本寒山子诗集》，寒山寺，2017年，第25页。

如练,在默然自知的状态下,他感到自己的精神非常的清晰、明白。观察着空旷的山洞,他愈发感到环境的阒寂和安静。月夜寂静,寒山子返观自心,很容易从月亮的光明中体会到自心本体在寂静状态下的本然状态。他虽然自承非禅,但其孤寂的境界确实充满了南宗禅的宗旨和精神。

寒山子诗中还展示出一种空灵境界,即在排除烦恼之后,其心灵展现出空旷、净洁、生动和灵活的特性。如其诗云:

> 千年石上古人踪,万丈岩前一点空。
> 明月照时常皎皎,不劳寻讨问西东。①

千年磐石之上留下了古人曾经到此一游的踪迹,万丈高岩的前头展现出一点空阔的景象,明亮的月光照耀山河大地之时显示出其皎洁和光亮来。面对此景,人们完全用不着去寻思哪是东面,哪是西面了。短短二十八字,寒山子就将那一片空旷的月夜山景和自己灵动的心神彻底展露在读者面前。

> 盘陀石上坐,溪涧冷凄凄。
> 静玩偏嘉丽,虚岩蒙雾迷。
> 怡然憩歇处,日斜树影低。
> 我自观心地,莲花出淤泥。②

寒山子静坐在盘陀石上,感到小溪和山涧都冷凄凄的。他静静地玩味着这些自己非常欣赏的美丽景色,空虚的山岩在大雾的笼罩下迷失了所在。寒山子在自己栖隐休歇的地方怡然自得,这时候太阳西斜,树影也开始低垂。寒山子深观自己的心地,感到自己的内心就像从淤泥中长出的莲花一样圣洁。寒山子在这里通过写景展现出一种空旷的幽美,通过写自己修持观心法门体现出主观内心的灵动性,正是一种空灵的境界。

寒山子还有不少诗反映了隐居荒野寒岩之中的超然于世间万事的心态和境界。

> 我向前溪照碧流,或向岩边坐磐石。
> 心似孤云无所依,悠悠世事何须觅。③

寒山子有时在前溪碧水之中照一下自己的身影,有时到岩石旁边静坐在磐石之上。他感到自己的内心好像一片孤独的云彩一样无所依止,他深知人世间的悠悠万事,都不值得去寻觅、研究和探讨。其心好像孤云一样无所依止,恰是一种超然世间事务累赘的解脱境界。

> 隐士遁人间,多向山中眠。
> 青萝疏麓麓,碧涧响联联。
> 腾腾且安乐,悠悠自清闲。
> 免有染世事,心静如白莲。④

寒山子依据自己对历史上隐士的考察和总结,认为这些隐遁于人世间的隐士们,大都走向山

---

① 寒山子:《景宋本寒山子诗集》,寒山寺,2017年,第32页。
② 寒山子:《景宋本寒山子诗集》,寒山寺,2017年,第42页。
③ 寒山子:《景宋本寒山子诗集》,寒山寺,2017年,第32页。
④ 寒山子:《景宋本寒山子诗集》,寒山寺,2017年,第42页。

脱人际关系羁绊和世事喧嚣的孤独、寂静境界。他在诗中吟诵道：

> 众星罗列夜明深，岩点孤灯月未沉。
> 圆满光华不磨莹，挂在青天是我心。[1]

在某个晴朗的月夜，寒山子从寒岩中仰望晴朗的天空中罗列的灿烂群星，一灯如豆，微弱的亮光孤独地照着他憩息的石室，此时月亮尚未开始下落，挂在当空的青天之上，圆满、晶莹，光明遍照于宇宙之间，仿佛就像寒山子的内心一样。我们读这首诗时，很容易感受到此时灯与月的孤独实际上就是寒山子孑然一身的体现，而月光的皎洁明亮则是寒山子智慧通达遍知一切的譬喻。

> 岩前独静坐，圆月当天耀。
> 万象影现中，一轮本无照。
> 廓然神自清，含虚洞玄妙。
> 因指见其月，月是心枢要。[2]

又是在某个晴朗的月夜，寒山子独自静坐在寒岩之前，圆满的月亮在上方天空的中央发出明亮的光芒。寒山子这时内心里思索的是，世间万物虽然在月光下展露其形象，但天上那一轮圆月本没有要照耀这世间万物的意思；我们的内心就如这月亮一般，只要保持一种开阔、通达、不被任何事物遮蔽的状态，就自然具有清明的功能，可以洞察事物的玄妙。寒山子意识到，人们顺着手指的方向可以发现月亮，而此时月亮的开阔、通达、不被任何事物所遮蔽就是保持心灵清静的关键所在。

> 高高峰顶上，四顾极无边。
> 独坐无人知，孤月照寒泉。
> 泉上且无月，月自在青天。
> 吟此一曲歌，歌终不是禅。[3]

又是在某个晴朗的月夜，寒山子独自一人，登上高高的天台山峰顶，放眼四望，看不到边际。寒山子独坐峰顶，深感此情此景，是没有任何人可以知晓的，天空中那一轮孤独的月亮，明明地照着山泉，泉水泛着幽幽的寒光。实际上那泉水上是没有月亮的，月亮自在于青天之上。就像人们将自己的心思放在世间各种事物之上，世间事物其实并没有什么心思，心思只在人们心中。寒山子思维至此，不觉唱起歌来。不过唱歌归唱歌，唱罢之后，寒山子意识到，此理至为平常，其间并没有什么参禅悟道之类的玄妙。

> 碧涧泉水清，寒山月华白。
> 默知神自明，观空境欲寂。[4]

还是在某个晴朗的月夜，寒山子来到碧绿山涧中清澈的泉水旁边，看着荒野寒岩之上的月华

---

[1] 寒山子：《景宋本寒山子诗集》，寒山寺，2017年，第32页。
[2] 寒山子：《景宋本寒山子诗集》，寒山寺，2017年，第44页。
[3] 寒山子：《景宋本寒山子诗集》，寒山寺，2017年，第45页。
[4] 寒山子：《景宋本寒山子诗集》，寒山寺，2017年，第14页。

至，这些都是他虽然隐居荒野寒岩但心态却极为平和的体现。

四、高远的境界

寒山子隐居天台山之前，对、儒、道佛三教都有广泛而深入的涉猎，隐居荒野寒岩之后，日常生活和人际交往都会变得极为简单，使他可以按照自己的兴趣和爱好诵读经典，观察和反省自己的内心世界，升华自己的人生体验，从而形成了一种自信、孤寂、空灵、超脱的高远精神境界。

寒山子对自己所造诣的精神境界十分自信，甚至认为那是人生所能达到的一种极致。他在诗中说：

> 寒山道，无人到。
> 若能行，称十号。
> 有蝉鸣，无鸦噪。
> 黄叶落，白云扫。
> 石磊磊，山隩隩。
> 我独居，名善导。
> 子细看，何相好。[①]

这里所说的"寒山道"，既是通往寒山子所隐居的荒野寒岩的道路，也是寒山子的持心之方，修行之道。"无人到"，既是在说事实上无人到此荒野寒岩，又是标示精神修持上无人达到如此高明境界。"若能行"，能像寒山子那样循此道路入山隐居，如是修行，如是持心，则可以"称十号"。十号即如来、应供、无上正等觉、明行足、善逝、世间解、无上士、调御丈夫、天人师、佛世尊，用以表示佛所具有的十种德行，寒山子认为能行寒山之道即可称十号而成就佛果功德，正是他对自己所行之道及所造之境高度自信的充分体现。在此荒野寒岩之中，虽然有蝉的鸣叫，但却没有乌鸦的聒噪。山中白云飘荡，将寒风中飘落的黄叶打扫得干干净净。巨石罗列成阵，山谷曲折深奥。寒山子独居其中，以善于引导众生而著称。佛经说佛有三十二相八十种好。寒山子请大家仔细观察，看看他已经具备什么样的相好，寒山子在这里再一次以佛教的最高果位自我期许。

> 吾心似秋月，碧潭清皎洁。
> 无物堪比伦，教我如何说。[②]

在碧波荡漾的潭水之上观察秋天明月，其皎洁程度无与伦比。寒山子以其比喻自己内心的明净和光洁，认为人类的语言无法对此有所表述，这自然也是他高度自信的一种体现。

寒山子隐居在荒野寒岩，虽然偶尔也会结交乡邻，拜会高僧，但绝大多数时间还是孑然独处。所以他说："我居山，勿人识。白云中，常寂寂。"[③] 因此寒山子诗中也就透露出一种彻底摆

[①] 寒山子：《景宋本寒山子诗集》，寒山寺，2017年，第47页。

[②] 寒山子：《景宋本寒山子诗集》，寒山寺，2017年，第10页。

[③] 寒山子：《景宋本寒山子诗集》，寒山寺，2017年，第47页。

变，他都能坦然接受。

> 云山叠叠连天碧，路僻林深无客游。
> 远望孤蟾明皎皎，近闻群鸟语啾啾。
> 老夫独坐栖青嶂，少室闲居任白头。
> 可叹往年与今日，无心还似水东流。[1]

寒山子隐居在荒野寒岩之中，他放眼望去，看到的白云萦绕的青山层层叠叠，与蔚蓝的天空相互连接在一起。寒山子隐居的寒岩不仅道路偏僻，而且山林幽深，因此从来就没有游客到访。在寂静的夜间，他远望天空中悬挂的那一轮孤独的明月发出皎洁的光芒，听着近处各种各样鸟儿的啾啾夜鸣，为过去的岁月，也为今日，发出由衷的感叹，而他的内心也像那东流的逝水一样，从来都未曾有片刻的停留。在笔者看来，岁月流逝，其心无住，寒山子如是持心，不仅深合《金刚经》"以无住为本"的宗旨，而且正是南宗禅法以无住为宗的妙用。

> 一自遁寒山，养命餐山果。
> 平生何所忧，此世随缘过。
> 日月如逝川，光阴石中火。
> 任你天地移，我畅岩上坐。[2]

寒山子隐居在寒岩寒山之中，平时靠采摘和食用山中的野果就足以维系生命。因此他也没有什么值得忧虑的事情，这一辈子只是随缘过活而已。日往月来，时光飞驰，就像那流逝的江河一般，一去不返，人的一生，如同石火电光，转瞬之间即便老去。寒山子既已深知此为无可奈何之事，故亦泰然处之，任从天地转变，他只是畅快地坐在荒野寒岩的岩石上，观赏着风云变幻、山水秀丽，静听那鸟鸣啾啾，溪流淙淙。

> 自从到此天台境，经今早度几冬春。
> 山水不移人自老，见却多少后生人。[3]

自从寒山子来到天台山中，在荒野寒岩中过起隐居的生活，至于他写这首诗的日子，不知早已经过多少个春秋冬夏！多少年来，山水还是那个样子，没有什么改变，但包括寒山子在内的许多人都已经老了，而且寒山子还看到了许许多多后来才出生的人。我们说，此诗不仅体现出寒山子坦然面对人生衰老的智慧和心态，而且还透露出他虽然隐居在荒野之中，寒岩之下，以孤独自处为常态，但也经常游走在附近的乡邻村落之间，甚至与这些乡邻还比较熟悉的事实。笔者甚至据此大胆推测，这些乡邻们极有可能就是寒山子诗的倾诉对象，正是他们为寒山子的写诗提供了持续不断的内在精神驱动力！

在这些诗歌中，寒山子所表达的，虽然不无感慨岁月流逝、人生将老之意，但却不能掩抑其面对衰老的那种坦荡、泰然和从容不迫的胸襟和气度。寒山子隐居在天台山中，心意自足于山水闲寂之乐，对于世间荣华视为身外浮云，而又能坦然面对时光的流逝和人生不可避免的老之将

---

[1] 寒山子：《景宋本寒山子诗集》，寒山寺，2017年，第20页。
[2] 寒山子：《景宋本寒山子诗集》，寒山寺，2017年，第27页。
[3] 寒山子：《景宋本寒山子诗集》，寒山寺，2017年，第33页。

> 岩岫深嶂中，云雷竟日下。
> 自非孔丘公，无能相救者。①

这首诗中提到的"孔丘公"，钱学烈《寒山诗校注》疑为"浮丘公"之误，项楚认为钱说可从②，今从之。相对于在世俗中生活的人们而言，寒山子在荒野寒岩中的隐居生活实在是太遥远了。即便是他们能够可以快速划动行驶如飞的三翼舟，或者善于骑乘日行千里的宝马良驹，还是无法造访寒山子的隐居之所，因为那里实在是太幽静，太远离尘世的社会生活了。寒山子隐居在幽深的寒岩之下，峰岫之中，山嶂之间，每天都要经受风荡云摧，雷击电闪。世俗之人遇到这样的危险，除非是碰到浮丘公那样的仙人，否则无论是谁都救不了他。

> 秉志不可卷，须知我匪席。
> 浪造山林中，独卧盘陀石。
> 辩士来劝余，速令受金璧。
> 凿墙植蓬蒿，若此非有益。③

寒山子在荒野寒岩隐居终老的决心和志愿是坚定的，他的隐居生活既已展开，就不会像席子一样可以随意地卷起。他进入山林中，可以放浪形骸，独自偃卧憩息于盘陀石上，既不受任何世间礼法的约束，也没有世间功名利禄和尔虞我诈的毒害。有时也会有能言善辩的人前来游说寒山子，劝他接受黄金美玉的馈赠，从荒野寒岩回归人类社会。不过这在寒山子看来，就如同凿掉坚固的院墙而栽种蓬蒿当作篱笆一样，如此不划算的无益之事，他是断断不会去做的。寒山子将山中的幽静和美妙与尘世的烦喧和叨扰加以对比，更加坚信自己隐居于荒野寒岩是非常正确的人生抉择。

寒山子作为参禅悟道之人，深明诸行无常之理，故而其心态平和，还表现在能够坦然面对不可避免的人生衰老上。其诗云：

> 粤自居寒山，曾经几万载。
> 任运遁林泉，栖迟观自在。
> 寒岩人不到，白云常叆叇。
> 细草作卧褥，青天为被盖。
> 快活枕石头，天地任变改。④

寒山子自三十多岁起即隐居在天台山中，也许由于环境幽美、空气清新、生活适意、心情舒畅等诸多方面的因素，他得享高寿，故而在晚年回顾平生，年轻时的那段尘世生活恍若隔世，仿佛已经过去好几万年一样。他任从命运的安排，隐遁于深林之中，渴饮山泉之水，自由自在地观赏山水风景。这里是荒山野岭，本来就人迹罕至，只有飘浮的白云时常缭绕于周围。寒山子以细草当作卧褥，以青天当作被盖，枕石而眠。他的心情是快活的，因此一任岁月的飞逝，天地的改

---

① 寒山子：《景宋本寒山子诗集》，寒山寺，2017年，第7页。
② 项楚：《寒山诗注》，中华书局2019年版，第64页。
③ 寒山子：《景宋本寒山子诗集》，寒山寺，2017年，第27页。
④ 寒山子：《景宋本寒山子诗集》，寒山寺，2017年，第26页。

带来任何尘世的劳累。尽管物资贫乏,无所依赖,但他却感到非常愉快和舒适,因为他的内心世界就像秋天的江水一样平静。

> 寒山唯白云,寂寂绝埃尘。
> 草座山家有,孤灯明月轮。
> 石床临碧沼,虎鹿每为邻。
> 自美幽居乐,长为象外人。①

在寒山子隐居的荒野寒岩之中,只有空中飘浮的白云,此外什么也没有,所以是非常的寂静,隔绝了一切尘埃中的喧嚣。寒山子既然长期隐居于此,以寒山为家,于是就以山家自称。他结草为座,将夜间天空里的那一轮明月,当作自己照亮的孤灯。他平时用来睡觉的那张石床,实际上就是一块平整的大石头,靠近碧绿的池沼,他憩息其上,与山中生息的老虎和野鹿毗邻而居。寒山子非常羡慕自己在幽静中隐居的生活乐趣,他愿意做一个长期逍遥于世相百态之外的人。

寒山子有时会在诗中回首尘世,益发庆幸自己能够隐居在这荒野寒岩之中,可以完全超脱世俗的拖累。其诗云:

> 层层山水秀,烟霞锁翠微。
> 岚拂纱巾湿,露沾蓑草衣。
> 足蹑游方履,手执古藤枝。
> 更观尘世外,梦境复何为!②

寒山子隐居在层层秀丽的山水之中,周围青翠的山峦上烟雾缭绕,云蒸霞蔚。寒山子时常游履其间,山岚轻拂,打湿了他的纱巾;露珠晶莹,沾在他的蓑衣上。他足蹬游方专用的鞋子,手执古藤做成的手杖,回首人间的一切,对于身处红尘之外的他来说,真的是宛如梦境一般,又有什么用呢!

> 有一餐霞子,其居讳俗游。
> 论时实萧爽,在夏亦如秋。
> 幽涧常沥沥,高松风飕飕。
> 其中半日坐,忘却百年愁。③

寒山子隐居天台山中,每日里饱餐烟霞,从不与世间庸俗之士有什么来往。这荒野寒岩中的气候是极为舒服的,他生活其间,感到非常潇洒和爽快,本来夏天是很炎热的,但在山中却像秋天一样凉爽宜人。幽深的山涧充盈着沥沥的冷气,高处的青松引来飕飕的凉风。如果能够在其中坐上半天时间的话,那么就足以忘却一生的忧愁。

> 快榜三翼舟,善乘千里马。
> 莫能造我家,谓言最幽野。

---

① 寒山子:《景宋本寒山子诗集》,寒山寺,2017年,第45页。
② 寒山子:《景宋本寒山子诗集》,寒山寺,2017年,第18页。
③ 寒山子:《景宋本寒山子诗集》,寒山寺,2017年,第6—7页。

寒山子自己感到非常快乐的是，他今生所选择的人生道路，就是隐居在天台山中，在满山弥漫的烟雾之中，在缠来绕去的藤萝之下，在曲折幽深的石洞之中。在这阒寂无人荒野寒岩之中，他可以放浪形骸，旷观古今，与悠闲的白云为伴。这山中虽然也有道路，但却不与尘世间的道路相通达。如果没有平和、安静、豁达、超脱的心态的话，那么无论是谁，也无法攀上这座寒山，进入这片荒野，像他一样隐居其中。在孤独的夜间，寒山子就坐在山洞石室中的石床上，看到一轮圆月在荒野寒岩之上冉冉升起。

> 寒岩深更好，无人行此道。
> 白云高岫闲，青嶂孤猿啸。
> 我更何所亲，畅志自宜老。
> 形容寒暑迁，心珠甚可保。①

寒山子隐居的寒岩处于天台山的深山之中，别人可能觉得有诸多的不便，但在寒山子看来，却是再好不过的事情。正是因为寒岩处于深山之中，所以才无人走到这里来，寒山子可以不被外界所干扰，时刻保持着心态的平和、静谧，看白云在高高的岩岫上悠闲地飘浮，听青嶂中孤独的猿猴的鸣啸。除此之外，就没有寒山子所亲近的任何事物了，他感到自己非常适合在这种舒畅的心情中慢慢老去。寒来暑往，时序变易，形体和容貌随之而变迁衰老是无论如何都不可避免的，但值得庆幸的是，在这荒野寒岩之中，他将自己的内心保持得犹如明珠一样净洁光亮，他对此感到十分的自豪和满足。

> 今日岩前坐，坐久烟云收。
> 一道清溪冷，千寻碧嶂头。
> 白云朝影静，明月夜光浮。
> 身上无尘垢，心中那更忧。②

这一天寒山子就在他隐居的寒岩前面坐了下来，由于坐的时间太长了，原来弥漫在山间的烟雾和飘浮在山顶的云彩竟然都消失了。泛着清冷水波山溪，从高耸数千尺的碧嶂尽头流了下来，日间白云倒影溪中，显得非常安静；夜间明月照耀溪面，则有波光浮动。此时的寒山子回思平生，很庆幸自己没有造过任何的冤孽，可以说身上没有被一丝的尘垢污浊，因此他心中也便没有任何的忧虑。

> 千云万水间，中有一闲士。
> 白日游青山，夜归岩下睡。
> 倏尔过春秋，寂然无尘累。
> 快哉何所依，静若秋江水。③

寒山子自谓为千云万水间的闲散之人。他白天里游览观赏青山的雄奇和峻秀，晚上就回到寒岩下睡觉。倏忽之间，岁月飞逝，他就这样度过了很多个春秋，这寂然静谧的隐居生活没有给他

---

① 寒山子：《景宋本寒山子诗集》，寒山寺，2017年，第43—44页。
② 寒山子：《景宋本寒山子诗集》，寒山寺，2017年，第44页。
③ 寒山子：《景宋本寒山子诗集》，寒山寺，2017年，第44页。

闲书石壁题诗句，任运还同不系舟。①

自从隐居在这荒野寒岩之后，寒山子就将世间的悠悠万事一起放下，再不把任何的杂念挂在自己心上。他闲来无事，便随兴之所至，将自己想到的诗句题写在石壁上。他遵从历代祖师的教导，过着随缘任运的生活，就像没有缆绳拴系的小船一样顺水漂流。我们说，这首诗意境高远，气象阔大，很像体现禅师悟道境界的偈颂。

久住寒山凡几秋，独吟歌曲绝无忧。
蓬扉不掩常幽寂，泉涌甘浆长自流。
石室地炉砂鼎沸，松黄柏茗乳香瓯。
饥餐一粒伽陀药，心地调和倚石头。②

寒山子在天台山隐居的时间非常长，以至于他自己都记不起到底经过多少春秋。他独自一人，不是念诵古人的词曲，就是吟唱自己的诗歌，绝没有一星半点的忧愁。他虽然用蓬草编制了一扇门，但几乎从来没有掩闭过，因为他隐居的地方根本就没有人到访过，实在太幽深、太寂静了！泉水清澈而甘洌，自然流淌，也无须他做任何的照顾。他在自己的居室，实际上就是天然的石洞中，挖一个地炉，在上面支上砂锅，用来煮沸泉水。他将松黄和柏叶放在沸水之中权当茶饮，盛在杯中，竟然可以闻到乳香的气息。这就是治疗饥疮的伽陀药，即佛经上所说的包治百病的万能良药，他饿了就吃上一粒，然后调和好自己的心地，躺在由一块大石头所做的床上进入梦乡。

从寒山子这些反映他隐居生活的诗中，我们看不出丝毫的抱怨和颓废，反而可以真切地感受到，他将孤独和贫乏过成了安静、自足、恬淡和诗情画意，展现出自由自在、无拘无束的舒畅和适意。我们认为，在荒野寒岩的隐居生活中，寒山子可以将自己的物质需求和人际关系降低到比较容易满足和实现的程度，从而可以让自己的心灵翱翔在无尽广袤的精神空间之中，也许这就是他在荒野寒岩之中过着适意生活的根本原因。

三、平和的心态

寒山子虽然隐居在荒野寒岩之中，但从寒山子诗可以看出，他持心有道，时刻都能自足于己，无待于外，面对着世事沧桑，保持着一种从容、淡定、平和、宁静的心态。

寒山子隐居荒野寒岩之中，就物质生活而言，肯定是贫乏的，清苦的，但在寒山子的诗中，我们看到了他对当下处境的怡然自足。其诗云：

自乐平生道，烟萝石洞间。
野情多放旷，长伴白云闲。
有路不通世，无心孰可攀。
石床孤夜坐，圆月上寒山。③

---

① 寒山子：《景宋本寒山子诗集》，寒山寺，2017年，第28页。
② 寒山子：《景宋本寒山子诗集》，寒山寺，2017年，第31页。
③ 寒山子：《景宋本寒山子诗集》，寒山寺，2017年，第35页。

这位农夫与寒山子一样，也是偃卧憩歇在幽深的山林之中，但与寒山子出身于读书人家不同的是，他生来就是一位农夫。这位农夫在立身行事上显得非常质朴和正直，而且他说话办事也从无谄媚阿谀之语。寒山子从这位朴实的农夫身上仿佛看到了自己的影子，于是与他相互鼓励。在寒山子看来，一个人具备质朴和正直的品格，就如同怀有和氏璧、夜明珠那样的无价之宝一样，他表示自己会努力保护这种高洁道德，同时也相信，或者说期待这位农夫永远不会失去他的宝贵品质。他们都不会像溪中的野鸭子一样，在世俗污浊的人世间去随波逐流，与那些毫无道德品格可言的庸人俗士同流合污。我们不知道寒山子与这位农夫到底有多少的故事和交往，但可以肯定的是，他们之间如果没有深情厚谊的话，是断不会说出如此惺惺相惜的恳到之语的。

寒山子毕竟是一位读书人，因此读书和作诗也是他隐居荒野寒岩的重要生活内容，这在他的诗中也有充分体现：

栖迟寒岩下，偏讶最幽奇。
携篮采山茹，挈笼摘果归。
疏斋敷茅坐，啜啄食紫芝。
清沼濯瓢钵，杂和煮稠稀。
当阳拥裘坐，闲读古人诗。①

隐居在寒岩之下的寒山子，对于天台山中那些最为幽静、最为奇妙的景观始终保持着高度的好奇心。他用篮子盛来采到的野菜和菌菇，用笼子装回摘来的山果。在萧疏简陋的居室中，铺上一把茅草，就算是他的座席。咀嚼着煮熟的紫芝之类的食物，就算是他的珍馐。在清澈的山间池沼之中洗干净水瓢和饭钵，将各种野菜菌菇之类的可食之物煮成稠饭或者稀粥。吃饱喝足之后，寒山子披上自己的破皮袄，坐在阳关明媚的地方，开始阅读古人的诗篇。在这里，我们感受不到隐居荒野寒岩的吃用贫乏和物资短缺，与寒山子一起进入了翱翔千古的富足境界。

家住绿岩下，庭芜更不芟。
新藤垂缭绕，古石竖巉岩。
山果猕猴摘，池鱼白鹭衔。
仙书一两卷，树下读喃喃。②

寒山子将自己的居室安在了一块大岩石下面，庭院里到处都是荒草，他也无心铲除。新生的藤萝从大岩石上垂下来，相互缭绕缠结，使整个大岩石看起来好像绿色的，寒山子干脆就以绿岩称呼之。还有些古老的石头高耸险峻，如同树立在那里一样。山上的果实任由猕猴去摘，池中的游鱼也随白鹭随心所欲来衔。寒山子对这些"邻居"的所作所为并不关注，他手捧着一两卷教人修道成仙的书籍，正在专心致志地读着。我们由此可见，寒山子读起书来是非常认真的，他完全沉浸其中，对身外环境的变化毫不留意。

寒山子不仅喜欢读书，也爱好写诗。他说：

一住寒山万事休，更无杂念挂心头。

---

① 寒山子：《景宋本寒山子诗集》，寒山寺，2017年，第46页。
② 寒山子：《景宋本寒山子诗集》，寒山寺，2017年，第6页。

是二位禅师给寒山子提供了巨大的精神指导和必要的心理支持，才使他在荒野寒岩中获得了舒适的生活体验。

寒山子虽然不喜欢与世间那些所谓的高僧、高道、读书人、士大夫交往，但却非常欣赏天台山乡邻们的悠闲生活和质朴性情，与乡邻们结下了深厚的情谊。

寒山子曾对乡邻中的一位可爱的小女孩进行观察和描述：

> 三月蚕犹小，女人来采花。
> 隈墙弄蝴蝶，临水掷虾蟆。
> 罗袖盛梅子，金鎞挑笋芽。
> 斗论多物色，此地胜余家。①

天台山周围的蚕桑业自古发达，故而在山中居住的乡邻们也多有种桑养蚕者。但在农历三月间蚕儿尚小，需要消耗的桑叶不多，所以那位养蚕的女孩儿还算比较清闲，就跑到草丛里采摘野花。她发现一只漂亮的蝴蝶，便循墙悄悄靠近，伸手去捉。走到小溪边，她又发现几只活蹦乱跳的蟾蜍，于是就顽皮地将它们轰进水里。她用自己的罗袖盛起摘来的梅子，用自己的小梳子去剜竹笋的嫩芽。寒山子将各种各样的土特产品进行比较之后，最终得出了天台山地区比别的地方优胜的结论。

寒山子曾对他见到过的一次乡邻聚餐活动进行观察和描述：

> 田家避暑月，斗酒共谁欢。
> 杂杂排山果，疏疏围酒罇。
> 芦莛将代席，蕉叶且充盘。
> 醉后撑颐坐，须弥小弹丸。②

在夏季，寒山子隐居的天台山中固然凉爽舒适，但在山下的农耕区域，则还是非常酷热的。那些平时忙于耕耘的庄稼汉们此时为了避暑，也都放下手中的活计，聚在一起喝酒取乐。他们摆上从山上采摘的各种各样的水果，稀稀拉拉围坐在酒罇旁边。他们没有坐席，就用芦莛铺当座席；他们没有盘子，就用芭蕉的叶子当盘子。他们喝醉了，就用胳膊支着腮帮坐在那里。与他们此时的快乐相比，所谓的须弥世界，也不过是一粒弹丸罢了。寒山子是否列席其间，诗未明言，我们也无从得知，但他对这次乡邻们聚餐氛围的强烈感受，又确乎是那些单纯的旁观者所无法道出的。

寒山子曾对一位农夫的质朴和正直加以表彰：

> 偃息深林下，从生是农夫。
> 立身既质直，出语无谄谀。
> 保我不鉴璧，信君方得珠。
> 焉能同泛滟，极目波上凫。③

---

① 寒山子：《景宋本寒山子诗集》，寒山寺，2017 年，第 8 页。
② 寒山子：《景宋本寒山子诗集》，寒山寺，2017 年，第 20 页。
③ 寒山子：《景宋本寒山子诗集》，寒山寺，2017 年，第 17 页。

独自坐,一老翁。①

寒山子栖隐在重岩叠嶂之中,经常有凉爽的清风吹过,因此即便在炎热的夏季,他也不用摇扇子,凉风冷气自然通畅。在明亮的月光下,在白云的笼罩中,寒山子独坐在空旷的荒野寒岩之中。从壮岁起,他就隐居于此,如今随着时间与山间溪水的共同流逝,他也随着山涧松树老化变成了一位老翁。

从这几首诗中,我们可以感受到隐居在荒野寒岩之中的寒山子的孤独。不过他似乎非常欣赏这种孤独,从中体会出个人独处的幽静和适意。

对于尘世间那些追名逐利、装模作样的所谓高僧、高道、读书人、士大夫,寒山子极为鄙夷和不屑。职此之故,天台山中虽然佛道盛行,和尚、道士、儒生众多,但能够与寒山子深相结纳的却是少之又少,唯独国清寺中的丰干禅师和拾得禅师师徒二人,与寒山子雅相敬重,三人结为心心相印的同参道友。寒山子诗云:

惯居幽隐处,乍向国清众。

时访丰干道,仍来看拾公。

独回上寒岩,无人话合同。

寻究无源水,源穷水不穷。②

寒山子最为习惯的,还是生活在他所隐居的幽静之处,但他偶尔也会来到国清寺,去参访国清寺的僧众。当然了,他此行的真实目标,就是去拜访对自己关爱有加的丰干老禅师,去探望与自己莫逆于心的同学拾得禅师。在与他们天南地北地海侃神聊一通之后,寒山子依旧独自一人,回到自己常年隐居的寒岩之上。而在寒岩之上,也就没有志同道合的人与他一起谈话聊天了。他曾经深入参究那没有源头的水,最后发现的却是,源头虽然可以穷尽,但水却是无穷无尽。寒山子此时想表达的也许是,他与丰干禅师和拾得禅师是知心好友,但正如《金刚经》所说的那样,过去心不可得,现在心不可得,未来心不可得,因此一起都是"应无所住"。对于他与二位禅师的友谊,亦应作如是观。

闲自访高僧,烟山万万层。

师亲指归路,月挂一轮灯。③

寒山子闲来无事,就独自一人去拜访高僧。笔者认为,寒山子这里所说的高僧,应该还是他时常拜访和会晤的丰干禅师和拾得禅师。当寒山子与高僧会晤结束,准备要返程回归隐居处所的时候,此时发觉自己正处身于烟雾弥漫的万层深山之中。多亏了老禅师亲自给寒山子指出了回归居所的路径,而天上悬挂的那一轮明月,就像明灯一样照亮了这个世界。寒山子是南宗禅的信徒,禅宗常将禅师的开示称为指路,同时以月喻心,那么这首诗中"指归轮"和"月挂一轮灯"的说法,很显然是具有甚深禅意的,即修行的关键和方向就是发明自心本性。我们由此益发可见,寒山子与丰干禅师、拾得禅师交往的意义确实非同一般。在某种意义上我们甚至可以说,正

---

① 寒山子:《景宋本寒山子诗集》,寒山寺,2017年,第48页。

② 寒山子:《景宋本寒山子诗集》,寒山寺,2017年,第9页。

③ 寒山子:《景宋本寒山子诗集》,寒山寺,2017年,第26—27页。

寒山子独自一人，偃卧在天台山中的重岩叠嶂之下，山中云气蒸腾，即便是到了白昼之间也没有消停下来。他的室中虽然云气氤氲，但他的内心世界里却是非常的寂静，没有任何的喧嚣。他梦见自己前往玉皇大帝的玉京金阙游玩，回来的时候，他的灵魂还度过了天台山最为惊险的石桥。只可惜，一阵山风吹过，他挂在树上的那只水瓢发出的声音把他惊醒过来。这使他极为恼火，于是决定向上古唐尧时代的许由学习，将那只瓢扔掉了事。①

> 以我栖迟处，幽深难可论。
> 无风萝自动，不雾竹长昏。
> 涧水缘谁咽，山云忽自屯。
> 午时庵内坐，始觉日头暾。②

项楚认为，"'以'疑当作'似'"③，可从。像寒山子栖隐的那个地方，就是一个极为幽深的所在。即便是没有风，藤萝也会晃动；即便是没有雾，竹林也总是非常昏暗。涧水流动的声音如同在为谁哭泣一般，而山顶上的云彩忽然之间就会聚集很多。寒山子坐在这座茅庵之中，感觉到只有到了正午时分，太阳才会有一点点稍微暖和起来的感觉。

> 欲向东岩去，于今无量年。
> 昨来攀葛上，半路困风烟。
> 径窄衣难进，苔粘履不前。
> 住兹丹桂下，且枕白云眠。④

寒山子想到东面的山岩上去游玩一下，这是多年来的夙愿，由于种种原因，一直都没有实现。昨天，他下定决心，要付诸行动，于是他抓住山上垂下来的葛藤奋力攀登，不过在半路上还是被困扰在风烟之中。登山的小路是那么的狭窄，他出于保暖的需要，穿的衣服稍显臃肿，故而无法通过，而路上的苔藓也是又滑又粘，根本不能前进。没有办法，他只好在一株丹桂树下停下来，枕着山间的白云美美地睡了一觉。

> 闲游华顶上，日朗昼光辉。
> 四顾晴空里，白云同鹤飞。⑤

华顶是天台山的最高峰，当年智者曾经坐禅于此，葛仙翁曾经炼丹于此，王羲之曾经习字于此，李太白曾经读书于此，可谓是天台山中古迹众多的名胜之区。寒山子闲游其上，沐浴在日朗风清之中，才算是真正体会到了白昼光辉的照耀。他放眼四望，看到了在晴朗的天空中白云和仙鹤一起飞翔的美妙景象。独坐孤峰顶上，寒山子对天地悠悠也许有了自己的独特感受和体验。

> 重岩中，足清风。
> 扇不摇，凉冷通。
> 明月照，白云笼。

---

① 项楚：《寒山诗注（附拾得诗注）》，中华书局2019年版，第107页。
② 寒山子：《景宋本寒山子诗集》，寒山寺，2017年，第28页。
③ 项楚：《寒山诗注（附拾得诗注）》，中华书局2019年版，第398页。
④ 寒山子：《景宋本寒山子诗集》，寒山寺，2017年，第46页。
⑤ 寒山子：《景宋本寒山子诗集》，寒山寺，2017年，第27页。

君心若似我，还得到其中。①

有人向他打听通往寒山的道路，其实这路是不通的。寒山子这里是一语双关。一者是说通往荒野寒岩的道路确实不通，二者则意味着像他那样隐居于荒野寒岩是很难做到的。就前者而言，节气虽已入夏，但冰雪却还未融化；太阳虽已升起，但雾气依旧氤氲朦胧。就后者来说，寒山子指出，如果真的能像他那样，归隐于荒野寒岩也就需要什么条件即可实现，但世人心理基本上都与之不同。因此他明确告诉那些向他询问的人，只要你持心如我，保证也能在隐居荒野寒岩安享清幽之乐。我们说，寒山子这首诗在物理上拒绝为世人指出一线隐居荒野的道路，但在心理上却为人们打开了一扇归隐寒山的大门。

寒山深，称我心。
纯白石，勿黄金。
泉声响，抚伯琴。
有子期，辨此音。②

能够隐居在天台山这样的荒野寒岩的幽深之处，可以说正是寒山子此生之中最为称心如意的事情了。这荒野寒岩之中只有白色的石头，没有，也完全用不着黄金之类的东西。泉水淙淙的声音常年不断，悦耳动听，仿佛就是俞伯牙抚动琴弦发出的美妙乐声。而世间幸好有钟子期那样的人，可以分辨出这种美妙动听的琴声的乐趣和高明。不用说，这位荒野寒岩的知音，就是寒山子的夫子自道了。

寒山子在其诗中对天台山清静幽美景观的描述，固然得益于他隐居荒野寒岩之中的生活体验，但这些诗篇的朴实、清新，以及其间体现出的空明廓彻的境界之美，则得益于他对世间名利拖累和烦恼的彻底摆脱。如此我们也可以说，寒山子诗中清幽的环境之美，实际上也是他内心清净、平静、空灵和孤寂的体现。

二、适意的生活

寒山子隐居在清静幽美的天台山上，在游玩山水、观赏风景之余，他时而独坐空山，时而拜访好友，时而结交乡邻，时而吟诵诗句，虽然隐居于荒野寒岩之中，但却过着非常舒畅适意的生活。

寒山子的性情有些清高孤傲，平常比较喜欢安静，因此他在诗中对独坐于空山之中表现出极大的爱好来。

独卧重岩下，蒸云昼不消。
室中虽曈暧，心里绝喧嚣。
梦去游金阙，魂归度石桥。
抛却闹我者，历历树间瓢。③

---

① 寒山子：《景宋本寒山子诗集》，寒山寺，2017年，第5页。
② 寒山子：《景宋本寒山子诗集》，寒山寺，2017年，第48页。
③ 寒山子：《景宋本寒山子诗集》，寒山寺，2017年，第9—10页。

在天台山龙须洞还有残存："抬头望去，洞顶有两个窗口，上窗浑圆，下窗较大，都能见着一点天光，几缕细流洒下来，被下面洞里的风吹飘起来，如同雾一般的缥缥缈缈，就像龙须一样隐隐约约。"① 很显然，由于现在的水量比寒山子所见之时小了很多，这条瀑布已经没有当初"雄雄镇世界"的壮观了。

寒山子深知，如此美妙清幽的居住环境，并不是任何人想享用就可以享用的。他在诗中明确表示：

> 登陟寒山道，寒山路不穷。
> 溪长石磊磊，涧阔草濛濛。
> 苔滑非关雨，松鸣不假风。
> 谁能超世累，共坐白云中。②

寒山子经常攀登天台山上的小道，他发觉，这座荒野寒岩上的那些小道似乎是无穷无尽的。长长的溪两岸山石磊磊，宽阔的山涧里绿草茫茫。即便不下雨，布满苔藓的小路也是非常滑的；即便没有风，山上也会有松涛的声音。寒山子知道，只有那些真正超越世间名利拖累的人们，才能与他共坐于这荒野寒岩的白云之中。这事说起来似乎简单，但世间的芸芸众生，到底又有谁能够做得到呢！

既然抛不下荣华富贵的牵缠和拖累，也就注定无法安享这清静幽美的环境了。一想到尘世间的奔走劳碌，寒山子就对自己独能脱离世情俗累的超绝感到自豪不已。

> 鸟语情不堪，其时卧草庵。
> 樱桃红烁烁，杨柳正毵毵。
> 旭日衔青嶂，晴云洗渌潭。
> 谁知出尘俗，驭上寒山南。③

在天台山幽美的环境里，鸟儿情不自禁地鸣叫着，那时寒山子正逍遥自在地躺在自己的草庵之中。草庵的外面，成熟了的樱桃发出红烁烁的光彩，浓绿的杨柳垂下毵毵的柔条。正从万山之中冉冉升起的太阳好像衔在青嶂之中，白云飘荡在晴朗的空中，如同在清洗平静的水潭一样。此时正值初夏，天气晴暖，正可谓风和日丽，景色清新，最宜游赏。但是世间众生却无人知晓出离尘俗的好处，不肯驾起车马，来到这荒野寒岩的南坡，享受这份清闲和幽静的美妙。无意之间，我们似乎可以感受到寒山子内心深处的那一丝孤独和失落。

寒山子深知，世间很少有人会像他那样，毅然决绝地放弃对功名利禄的追求，甘心到从荒野寒岩之中过着清苦寂寞的日子。故而他说：

> 人问寒山道，寒山路不通。
> 夏天冰未释，日出雾朦胧。
> 似我何由届，与君心不同。

---

① 胡明刚：《徒步寒山——和合文化源头探秘》，中国文史出版社2019年版，第25页。
② 寒山子：《景宋本寒山子诗集》，寒山寺，2017年，第7页。
③ 寒山子：《景宋本寒山子诗集》，寒山寺，2017年，第21页。

尽情地咆哮。寒山子独自一人，攀着藤萝，登上山间巨石，漫步其上，吟咏出自己喜欢的诗句。这时一阵山风吹来，山坡上松林发出飒飒的声响，其间还夹杂着小鸟关关的鸣叫声。

天台山中的白云和小鸟，给清静幽美的环境增添了无穷的生意和乐趣，寒山子时常形之于吟咏之中：

自在白云闲，从来非买山。
下危须策杖，上险捉藤攀。
涧底松常翠，溪边石自斑。
友朋虽阻绝，春至鸟关关。①

寒山子非常明白，这片荒野寒岩，以及悠闲自在地飘浮于山间的白云，从来都不是谁家购买的私产，因此他可以隐居其中，安享这清静幽美的环境。寒山子依据自己多年来在天台山中居住的生活体验，意识到从高危的地方走下来必须挂着手杖才行，而要登上险要之地则可以攀抓住上面垂下来的藤萝。因为山高路险，阻绝难通，朋友无法来访，但是春天到来之后，在鸟儿关关的鸣叫声中，寒山子感到非常亲切，因此并不觉得孤独。

寒山栖隐处，绝得杂人过。
时逢林内鸟，相共唱山歌。
瑞草联溪谷，老松枕嵯峨。
可观无事客，憩歇在岩阿。②

寒山子在天台山的栖隐处，是乱七八糟的人绝对不会前来造访的地方。寒山子最经常碰到的生灵，还是在树林中飞来飞去的鸟儿。伴着鸟儿的鸣叫，寒山子也唱起山歌。各种各样的瑞草联结起不同的溪谷，那些在山岩中顽强生长的老松仿佛枕在嵯峨的石头上一样。那位无事客——不用说，肯定是寒山子的自称了——正在山石的曲折转弯处憩歇，他与身边的松石林鸟，共同构成了一幅极为美妙可观的图画。

天台山的龙须洞瀑布是自古就非常有名的胜景，因此在寒山子诗中也留下了其雄奇美妙的身影：

迥耸霄汉外，云里路岹峣。
瀑布千丈流，如铺练一条。
下有栖心窟，横安定命桥。
雄雄镇世界，天台名独超。③

寒山子从谷底望上去，感觉瀑布的顶端迥然耸立的云霄之外，在云彩里展现出岩峤的雄姿。瀑布就从那极高的顶端一泻千丈，飞流而下，如同一条白练铺展开来一般。就在瀑布的下端，有一处可以用来栖隐安心的石窟，石梁一道，横倚洞口，如同鬼斧神工安放在那里似的。这条瀑布以其特有的雄奇气势镇压着世界，在天台山最具盛名。据现代旅行爱好者实地考察，这条瀑布现

---

① 寒山子：《景宋本寒山子诗集》，寒山寺，2017年，第34—35页。
② 寒山子：《景宋本寒山子诗集》，苏州：2017年，第40页。
③ 寒山子：《景宋本寒山子诗集》，寒山寺，2017年，第41—42页。

鲜，更加充满灵气，但至为可惜的是，由于山险路滑，只有天晴之后才能身临其地。在这首诗里，寒山子所描绘的美景仍然处于寒冷之中。

天台山不仅自然景观美妙，而且人文景观也很丰富，佛寺道观点缀在青山绿水之间，构成了一幅幅奇异的图画。这在寒山子的诗中也有体现：

> 丹丘迥耸与云齐，空里五峰遥望低。
> 雁塔高排出青嶂，禅林古殿入虹霓。
> 风摇松叶赤城秀，雾吐中岩仙路迷。
> 碧落千山万仞现，藤萝相接次连溪。①

天台山中的丹丘山，传说是仙人葛玄炼丹的地方，迥然而起，耸入云端，在天空中与国清寺周围由五座山峰（寺前祥云峰、寺后八桂峰、寺东灵禽峰、寺西灵芝峰、寺西北映霞峰）组成的五峰山遥遥相望。那些高矗的佛塔就好像是排开重叠的青嶂挺然而立一样，而七彩的虹霓也仿佛要进入禅林古殿里一般。风中摇曳的松叶衬托出群仙居住的赤城山的秀丽，云雾缭绕的岩石则使刘晨、阮肇入山寻仙的那条道路变得飘忽迷离、无法辨识。众多的万仞高山在碧空中展现雄姿，其间的山溪像藤萝盘架一样将它们连接在一起。可以说，正是由于仙道和佛教的因素加入其中，天台山的景色显得更加奇妙和幽美。

寒山子曾经为名利奔走多年，归隐天台山后，他日日沉醉在幽美的环境中，更加感到世间荣华的虚浮。其诗云：

> 重岩我卜居，鸟道绝人迹。
> 庭际何所有？白云抱幽石。
> 住兹凡几年，屡见春冬易。
> 寄语钟鼎家，虚名定无益。②

寒山子卜居在重岩叠嶂之间，来往的山间小道狭窄而陡峭，只有鸟儿才能飞越，故而根本就无人到处。他的庭院里空无一物，庭院边上的那些幽静的石头时常被白云萦绕着，就如同安放在白云的怀抱之中。寒山子似乎已经忘记了自己在这儿居住的久暂，只觉得见过多次的春冬变易。在平静的岁月里，平和的心境中，时间也好像停滞了一样。回首平生，寒山子心生感慨，他真想对那些居住在通邑大都里的钟鸣鼎食之家说一声，人世间的虚名浮利实在是没有什么好处。

> 可重是寒山，白云常自闲。
> 猿啼畅道内，虎啸出人间。
> 独步石可履，孤吟藤好攀。
> 松风清飒飒，鸟语声关关。③

在寒山子看来，与世俗的追名逐利相比，他还是应该更重视荒野寒岩的隐居生活，在天台山中，就连白云都是那样悠然自在，轻松安闲。猿猴在山间小道上舒畅地啼叫，老虎在人迹难至处

---

① 寒山子：《景宋本寒山子诗集》，寒山寺，2017年，第31页。
② 寒山子：《景宋本寒山子诗集》，寒山寺，2017年，第4页。
③ 寒山子：《景宋本寒山子诗集》，寒山寺，2017年，第26页。

经行的痕迹。山间溪流众多,溪水相通,弯弯曲曲,不知有多少弯曲。石嶂如屏风一般,重重排列,也不知究竟有多少重。各种各样的绿草叶子上还沾着露珠,如同刚刚哭泣过的泪水。一阵风吹过,满山的松树飒飒作响,如同诗人发出的吟诵之声。寒山子只身独游山中,他想,此时如果迷了路,想找个人问一问的话,那么恐怕只有问自己的影子了。这座寒山不仅空旷、幽静,而且还给人一种冷清的感觉:

杳杳寒山道,落落冷涧滨。
啾啾常有鸟,寂寂更无人。
淅淅风吹面,纷纷雪积身。
朝朝不见日,岁岁不知春。①

天台山间的小道是那么的悠长、深远,不知最终会通向什么地方,寒山子只身一人,独自站立在清冷的涧水旁边,听着附近的鸟儿啾啾鸣叫,仔细体味那茕无一人的寂静。淅淅吹来的冷风拂过他的面庞,纷纷落下的雪花堆积在他身上。山谷太深了,他每天都看不到太阳的升起;山中太冷了,他每一年都感受不到春天的来临。

山中何太冷,自古非今年。
杳嶂恒凝雪,幽林每吐烟。
草生芒种后,叶落立秋前。
此有沉迷客,窥窥不见天。②

也许有人会问,天台山中为什么这么寒冷呢?寒山子当然明白,此乃自古而然,并非今始于今年。在那些重重沓沓的山嶂上,常年积雪不化。在幽深昏暗的山林中,每天都有像烟雾一样的寒气升腾。每年都在芒种之后地上才生出草芽来,还不到立秋节气树叶就开始飘落了。沉迷在天台山幽美环境中的寒山子,其实过的是常年不见天的日子。或有人说,现在天台山中没有这么冷啊!我想这可能与当地气候的历史变化有关系,在盛唐和中唐时期,中国的气候比较寒冷,浙江东部和南部常下大雪,这在唐诗中也有体现。如今气候逐渐变热,就别说浙江东部和南部了,甚至整个江南地区的冬天都很少下雪。

寒山多幽奇,登者皆恒慑。
月照水澄澄,风吹草猎猎。
凋梅雪作花,杌木云充叶。
触雨转鲜灵,非晴不可涉。③

天台山里比较寒冷,人迹罕至,极为幽静,稀奇古怪的景观比较多,因此偶尔有人登临其地,无不为其环境的美妙震慑。在晴朗的夜晚,皎洁的月光照着清澈的山溪,潺潺的流水泛起澄澄的波纹。山间的清风吹过,茂盛的草丛猎猎作响。梅树虽已凋落,但梅枝上的积雪就如同梅花一样美丽。有些树木虽已干枯,但萦绕的云气就好像树叶一样茂盛。雨中的天台山会更加的新

---

① 寒山子:《景宋本寒山子诗集》,寒山寺,2017年,第8页。
② 寒山子:《景宋本寒山子诗集》,寒山寺,2017年,第13页。
③ 寒山子:《景宋本寒山子诗集》,寒山寺,2017年,第25页。

> 折叶覆松室，开池引涧泉。
> 已甘休万事，采蕨度残年。①

寒山子到处选择可以实现幽静安居的归隐之处，但总是找不到合适的地方，直到他来到天台山，再也说不出有什么不合适的话了，于是决心就在此地隐居下来。从他选定的住址望出去，山溪水面上浮起的雾气给人一种清冷的感觉，远处的山色与门口的茂草似乎连在了一起，他折了一些树叶覆盖在用松枝搭起的简单居室之上，将山涧里的泉水引进自己开挖的小池塘里。对于世间万事，他已甘心完全舍弃，如今有了这个居所，他情愿在此通过采摘蕨类野菜度过余生。

需要说明的是，寒山子虽然隐居起来，但他并不主张与世隔绝。他的隐居，只是放弃了对世间荣华富贵的追求，又不屑与那些追名逐利的僧道为伍。实际上，他对于与自己有缘的人们，特别是与自己有缘的年轻人还是主张尽心尽力地予以教导的。其诗云：

> 默默永无言，后生何所述。
> 隐居在林薮，智日何由出。
> 枯槁非坚卫，风霜成天疾。
> 土牛耕石田，未有得道日。②

在寒山子看来，如果一个人永远保持沉默的话，那么年轻人又能从他那里获得什么可以称道的教诲呢？如果一个人只是隐居在深林薮泽之中，那么智慧的太阳又如何升起呢？身形枯槁于山林之中，绝不是强身健体的养生之道，恰恰相反的是，山林中的寒风严霜很容易造成促使人命早夭的各种顽疾。因此，这样的隐居生活是寒山子所不屑取的。寒山子与天台山国清寺的丰干、拾得二禅师为友，与勤劳朴实的山民们往来，写出很多朴实无华但却非常有思想内涵和教育意义的诗篇。就是从这些诗里，我们感受到了寒山子隐居在清幽的环境中，过着适意的生活，保持着心态的平静和精神的充实。可以说，寒山子的这些诗真实地反映了他隐居于荒野寒岩之中的生活体验。

一、清幽的环境

寒山子隐居天台山之后，每日都徜徉在清静幽美的环境之中，对此他非常满意，时常形之于歌咏。如其诗云：

> 可笑寒山道，而无车马踪。
> 联溪难记曲，叠嶂不知重。
> 泣露千般草，吟风一样松。
> 此时迷径处，形问影何从。③

世间的人们无不喜欢观赏美景，只要一有闲空，他们便呼朋唤友，驱马驾车，纷纷去游山玩水。但令寒山子觉得好笑的是，天台山，即诗中所谓的寒山，景色这么漂亮，竟然没有一点车马

---

① 寒山子：《景宋本寒山子诗集》，寒山寺，2017年，第14页。
② 寒山子：《景宋本寒山子诗集》，寒山寺，2017年，第12—13页。
③ 寒山子：《景宋本寒山子诗集》，寒山寺，2017年，第4页。

言语，既然从此要过清净的隐居生活，那就必须用潺潺溪水清洗干净自己的耳朵。他从此走进荒野寒岩之中，开始了一种完全不同于过去的生活，同时将他的隐居生活体验，展现在那些朴实无华的诗句中。

既然决定了归隐荒野寒岩，但是寒山子要归隐的那片荒野和那座寒岩在哪儿呢？即便是在盛唐和中唐时期，中原许多地方虽然可以说是物阜民丰之区，烟柳繁华之地，但对于当时中国绝大多数地域来讲，都还处于地广人稀的状态。我们甚至可以说，在中原以外的广大区域，到处都是荒野，到处都是寒岩。我们从寒山子的诗中，可以感受到，他对自己归隐之地的选择还是非常慎重的，其诗云：

之子何惶惶，卜居须自审。
南方瘴疠多，北地风霜甚。
荒陬不可居，毒川难可饮。
魂兮归去来，食我家园葚。[①]

寒山子为了选择一个合适的隐居地，不知找了多少地方。以他走南闯北的丰富经历，他深知此事必须认真对待，是一点马虎不得的。南方多瘴疠之气，容易感染恶性疟疾，这在医学很不发达的古代是非常要命的疾病。北方一年中大多数时间里都是北风凛冽，霜雪连绵，天气非常寒冷。那些极其荒远的角落由于太过于荒凉，几乎没有人类活动的痕迹，而有毒和不干净河流的水源绝对不能饮用，因此这些地方都是不能选择的。为了寻找一处适于安顿身心的归隐之处，寒山子就这样选来选去，最终选定了环境幽美、佛道盛行、充满神话和传奇的天台山。

平野水宽阔，丹丘连四明。
仙都最高秀，群峰耸翠屏。
远远望何极，矻矻势相迎。
独标海隅外，处处播佳名。[②]

天台山地处浙江东南部，山下平野弥望，水面宽阔。天台山中的丹丘山毗邻四明（今宁波），仙都山峻高秀丽，翠屏山群峰耸立。远远望去，群山连绵，难见边际，一座座气势雄伟，矻然而立，好像迎接远方而来的游人一般。天台山特立于东海之滨，仙风氤氲，佛教兴盛，在寒山子生活的时代，早已是声名在外。

何善蒙曾经这样叙述当时寒山子的心情："清幽秀丽的环境，浓郁的宗教文化氛围，无一不合乎寒山内心的需求，这正是自己历经千辛万苦所要寻找的家园，寻找的精神乐土啊。对于寒山而言，天台显然是一个遥远而陌生的地方，但是，在寒山的心中并没有这种陌生的感觉，反而觉得一见如故。"[③] 这在寒山子的诗里也有所体现：

卜择幽居地，天台更莫言。
猿啼溪雾冷，岳色草门连。

[①] 寒山子：《景宋本寒山子诗集》，寒山寺，2017年，第22页。
[②] 寒山子：《景宋本寒山子诗集》，寒山寺，2017年，第41页。
[③] 何善蒙：《荒野寒岩》，江西人民出版社2015年版，第135页。

荒野寒岩的隐居体验

——寒山子隐居诗浅析

韩焕忠[①]

摘 要：寒山子的隐居诗真实地反映了他隐居于荒野寒岩之中的生活体验。他隐居天台山之后，每日徜徉于清静幽美的环境之中，对此他非常满意，时常形之于歌咏。在游玩山水、观赏风景之余，他时而独坐空山，时而拜访好友，时而结交乡邻，时而吟诵诗句，虽然隐居于荒野寒岩之中，但却过着非常舒畅适意的生活。他持心有道，时刻都能自足于己，无待于外，面对着世事沧桑，保持着一种从容、淡定、平和、宁静的心态，形成了一种自信、孤寂、空灵、超脱的高远精神境界。寒山子归隐荒野寒岩，不是静观时变的权宜之计，而是寒山子生活方式的最佳选择和价值观念的终极取向。

关键词：寒山子；隐居；寒山子诗；天台山；荒野寒岩

引 言

寒山子早年攻读儒家经典，期望能入仕报国，但却是科举不利。也许是为了抚慰心灵的创伤，他弃儒入道，喜欢读诵《老子》和《庄子》，希望在自然无为中实现逍遥齐物，但却对当时以老子和庄子传人自居的道士们宣称的羽化成仙、白日飞升、长生不老极为反感。在探索人生归宿的道路上，他最终遇见了佛教，遂于天台山国清寺出家为僧，服膺《法华经》的畅佛本怀，倾心南宗禅的直指本心，与丰干、拾得二禅师最相契心，但对僧侣中存在的贪图名利、不遵戒律、浅薄庸俗等不良风气很不习惯，于是他决定隐居于荒野寒岩中，遂以诗自述其志云：

> 出生三十年，当游千万里。
> 行江青草合，入塞红尘起。
> 炼药空求仙，读书兼咏史。
> 今日归寒山，枕流兼洗耳。[②]

寒山子决定隐居荒野寒岩时，有三十多岁的样子，虽然年龄不大，但是经历已经非常丰富。他曾行经两岸长满青草的大江，他曾经走进尘沙四起的边塞，他曾经为了追求长生成仙而炼制丹药，他曾经为了获取功名而勤奋攻读儒家经典和史籍。但如今这一切都成了过去，他要归隐于荒野寒岩之中，从此头枕着潺潺溪流进入睡眠；有生三十多年来，他听到太多有关功名利禄的污浊

[①] 韩焕忠（1970—），山东曹县人，哲学博士，苏州大学宗教研究所教授，博士生导师，兼任戒幢佛学研究所研究部主任，苏州生活禅研究院院长，主要研究中国佛教与传统文化。

[②] 寒山子：《景宋本寒山子诗集》，寒山寺，2017年，第47页。

接联系。至正十二年春，蕲黄红巾军进入长江流域，方国珍借机反叛，与项普略远征江浙的行动客观上东西策应，造成了两浙地区的严重动乱。至正十五年七月获准占领台州，方国珍不但积极履行护漕北上之责，至正十六年三月还听调参与恢复浙西战事，他摇身一变成为元廷统治江南的重要依靠。

至正十六年九月太尉纳麟在庆元路重开江南行御史台，标志着元廷在两浙的官僚系统陷入省台对立。御史台对朝廷依赖浙东漕运的关切，加之地理邻接，方国珍很快成为纳麟的盟友和支持者。至正十七年起，方国珍在纳麟支持下取得"分省庆元"的资格，并在积极参与省台围绕军权的斗争中将自己的势力范围扩展至绍兴、温州等地，构筑起占领浙东三郡的独立王国。南台势力在至正十八年末的"越城之变"中一败涂地，失去政治后援的方国珍积极与进入浙东的朱元璋联络，从而与红巾军势力发生直接联系。至正十九年上半年，朱元璋在"保越之战"中失败，造成"三分浙东"。七月，为弥合省台之争裂痕而南来的经略使普颜不华、李国凤进入温州，十月，他们升方国珍为江浙平章，成功将方国珍挽留在元朝阵营，江浙行省依靠"淮藩""东藩"漕运大都。

方国珍并未断绝与朱元璋联系，至正二十二年他还大力促进朱元璋"降元"。至正二十三年朱元璋取得安丰之战、鄱阳湖大战等军事胜利，南方迅速失衡。张士诚再度自立为王，方国珍无视诏旨南侵周嗣德，元朝在江浙统治走向结束，朱元璋迅速取得两浙地区的控制权而加速了改朝换代的进程。方国珍固然是元末漕运体系的主导者，但他同时还充当了元廷联系朱元璋的中介，这是另外的课题要处理的内容。

路兵大举南下，与周嗣德相持六越月而不能胜，转而拉拢其部将林淳、林子中内应，终在九月末执周嗣德与弟明德，攻陷平阳①。

方明善据平阳月余，"恣淫虐"，被周嗣德旧卒童环驱逐。方明善遣弟文举率兵南下，与童环邀请处州总制胡深兵相遇，战不胜，退遁温州。至正二十四年春，胡深乘胜陷瑞安，北围温州，方国珍输币向朱元璋请和②。《明太祖实录》载此事于至正二十四年九月：

方明善攻平阳，参军胡深遣兵击败之。先是温州土豪周宗道据温之平阳，屡为明善所逼，归降于我。明善怒，益率兵攻之，遂攻下，宗道乃求援于深，深为出师，击败之，遂攻下瑞安，进兵温州。明善惧，与国珍谋，输岁贡银二万两，充军费，请守乡郡如钱镠故事。上许之，命深班师③。

周嗣德以平阳"土豪"据守乡里，至正十九年六月即与朱元璋结交④，一如方国珍在朱元璋与元廷两方下注，以维持地方独立政权。《宁波府志》载，"周氏旧卒童环逐明善，以平阳附于处州将胡深，深引兵略瑞安，二十四年春，深攻温州，国珍惧，修贡于太祖，且约以大兵取杭即献土"⑤，胡深至正二十四年春出兵瑞安，至九月方国珍以"岁贡"纳降，并约定"大兵取杭即献土"，即朱元璋击败张士诚后投降；胡深半年不能攻克温州，故朱元璋听任方国珍乞和。王袆载，方国珍"纳岁贡银三万两"。总之，胡深借助温州大举南下进攻平阳之机，通过一场地域性战争成功接收了周嗣德瑞安、平阳的辖境，方明善的进攻不但为人做了嫁衣而且被迫签订城下之盟。

至正二十三年，周嗣德乞求元廷制止方国珍南侵，方氏置之不理，周氏终于灭亡。巧合的是，张士诚也在这年九月自称吴王，从此拒绝运粮北上，江浙行省至此陷于破产，"淮藩"与"东藩"已不复存在。至正十九年，李国凤、普颜不华经略江南建立起来的虚弱的江浙行省不过维持了短短四年，元廷获得的南方漕运由此告绝。此后几年，朱元璋与张士诚皆以"吴王令旨"维持自己统治并互相竞逐江浙地区的主导权⑥，至正二十七年九月西吴军攻陷平江路，朱元璋接管了江浙行省并即刻宣布改朝换代，方国珍虽不甘心但终究兑现了"献土"的诺言。

结　语

方国珍集团纵横海上，缺乏水上力量的元军远非敌手，漕运又是大都生命线，元廷只得不惜任何代价招其来降。至正十四年六月再降，方国珍已摸清元廷底牌，以致他已不需反叛就能轻松获得加官进爵。方国珍在沿海动乱，沉重打击元廷权威，促进了中原动乱的爆发，却与之缺乏直

---

① 苏伯衡：《故元中奉大夫江浙等处行中书省参知政事周公墓志铭》，《苏平仲集》卷十二，《丛书集成新编》第67册，第492页；苏伯衡：《故元承德郎江浙等处行枢密院判官周公墓表》，《苏平仲集》卷十三，第553页。
② (弘治)《温州府志》卷十七，第477页。
③ 《明太祖实录》卷十五，第204页。
④ 《明太祖实录》卷七，第85页。
⑤ (嘉靖)《宁波府志》卷二十，第48页。
⑥ 《元史》卷一百四十，第3377页。

左丞相达识帖睦迩总督之,"方、张互相猜疑","士诚虑方氏载其粟而不以输于京也,国珍恐张氏掣其舟而因乘虚以袭己也",输粮米仅十余万石,岁以为常。至正二十四年,张士诚称吴王而不被元廷允准,遂拒绝出粮,"东藩"几乎成为元廷在江浙统治的唯一依靠①,故至正二十五年方国珍得以加官晋爵。从官职看元廷承认了方国珍与达识帖睦迩的平等地位,即均为太尉、左丞相,倘方国珍所受为江淮行省左丞相,则他与达识帖睦迩分掌两省;倘方氏亦为江浙左丞相,则方国珍继承了绍兴南台大夫在浙东的地位而与达识帖睦迩分庭抗礼;无论哪种情况,方国珍在至正二十五年终于继承了其曾经的政治庇护者南台大夫的权力,重新取得与达识帖睦迩并立的地位。

至正十七年左右的省台内讧,是方国珍崛起滨海三郡的核心政治因素,也是浙东局势演变的重要依据。方国珍严守与达识帖睦迩的政治分野,既有历史渊源,也有现实政治的需要,他希望并吞的温州南部周嗣德集团就是达识帖睦迩阵营成员。至正十三年青田寇吴德祥起兵于黄坛(文成县黄坦镇),温州分元帅府同知元帅吴世显派兵南下驻戍福宁州松山(宁德市霞浦县松山②)以为警戒。行至平阳州,士卒韩虎等推千户所吏陈安国为首作乱,十二月十五日潜回温州诛吴世显等戍将而据城。至正十四年二月,浙东宣慰使恩宁普驻兵处州,听从参谋胡深计,派处州所都目李君祥入温州说降陈安国诛杀韩虎,终于四五月间平定了温州变乱,恩宁普升江浙参政③。至正十四年五月,恩宁普命前盐场司令平阳州人周嗣德返乡组织"义兵"靖安地方。至正十五年二月,恩宁普受命率部西去饶州镇守,"有诏命江浙行省参知政事恩宁普公镇御饶城"④,江浙左丞帖里帖木儿自台州继镇温州,继续支持周嗣德据守平阳,迭升其为浙东副元帅,总制平阳、瑞安。至正十六、十七年,周嗣德基本平定平阳、瑞安寇乱,至正十八年会合处州石抹宜孙合剿青田寇吴德祥于黄坛,江浙左丞相达识帖睦迩授为同知平阳州事兼行军镇抚。至正二十年经略使李国凤、普颜不华遣从事工部员外郎曾坚分御赐酒劳之,擢为行枢密院判官。此后数年,周氏兄弟亦以运粮北上加官进爵,至正二十一年,升枢密佥事,获分院印;二十二年,迁江浙参政,分省平阳⑤。

至正二十年,方明善击败刘公宽控制温州,开始派舟师南下瑞安、平阳,"公(周嗣德)不为之下,而明善惧公,屡轧以舟师,公屡却之",周嗣德派弟明德北上讲和,遭扣押于温州,"拘留不遣"。至正二十二年春,周嗣德以三千余舟与方明善舟师大战而胜负难分,遂上表朝廷,乞制止方国珍南侵,"会集贤院都事兴童持诏来劳,公乃遣都事萧天瑞从诏使入贡谢恩,且进地图,表言国珍侵轶乞注代,天子览表,为下诏让国珍,仍有龙衣御酒之赐,超拜中奉大夫江浙等处行中书省参知政事,刻分省印使佩之"。至正二十三年春,方国珍无视诏责起温、台、庆元三

---

① 《元史》卷九十七,第2482—2483页。
② (万历)《福宁州志》卷十二,《日本藏中国罕见地方志丛刊》本,第276页。
③ (光绪)《永嘉县志》卷八。
④ 王祎:《送胡仲渊参谋序》,《王祎集》卷七,第192页。
⑤ 苏伯衡:《故元中奉大夫江浙等处行中书省参知政事周公墓志铭》,《苏平仲集》卷十二,《丛书集成新编》第67册,第492页。

务掊克，贾崧、周伯畴为羽翼，夏狗易名用可、郑不花易名源为心腹；若谢伯通、陈宗士、张和卿、茹伯贤等皆为元帅奴隶，獐头鼠目，每朝贺班，金紫杂沓，丑态万状。苗（西）军广宁、石泉，南军王肃、高天壁等，楠溪陈枋、陈栻，瑞安陈时中、用中，若乐清朱起潜、昆山陈逢原、逢吉等皆为同佥、闽帅、万户之职。其余若蒲岐（乐清市蒲岐镇）之赵、于江之戴、海门之杨，昔省榜所称"剿捕海寇义士"者，至是隶麾下。左守（左答纳失里）故吏孟栻、陈仁，三宝柱故吏刘敬存，亦皆乐为之用。儒官若翁仁、林彬祖、王铨、萨都剌等皆为赞幕，独进士永嘉丞达海及乡士赵维坦等无辜沉死于江，俱莫能救。士有愿仕者往谒，道古今而誉盛德，即檄授官，转盼间已肩舆呼喝于道矣。夏狗扼瑞安，溪山啸聚之徒荷戈来从，亦授州同知、州判，簿尉者尤众。自是方势日炽，虽朝廷亦莫能何①。

方明善以江浙参政而"分省温州"，加上稍前方国璋以江浙右丞而"分省台州"②，方国珍集团已有三个"分省"，元末南方"分省"实即地方政权成立的标志，方国珍集团之成立固可追溯于至正十七年八月庆元分省之成立。温州分省辖境，局限于温州路北部的乐清县、瑞安州、永嘉县，权力上层，是方明善的妻族"诸鲍"及其他姻戚。其所属军队，"苗军"应该来自绍兴及以西，"南军"由温州南部周嗣德境中北上，他们皆被方氏引诱而降；其次则有辖区内寇盗、义士。至正十二年五月以来，黄岩州民陈子由、杨恕卿、赵士正、戴甲等跟随元军与方国珍作战，"子姓多歼于盗，不沾元一命，而方氏一再招辄进高官，于是上下解体甘心从乱"，"方氏益横矣"③；他们应该就是"蒲岐之赵""于江之戴""海门之杨"这样的"剿捕海寇义士"。方国珍政权在沿海三郡成功建立，这些"土豪"纷纷来归，浙东儒士、旧吏亦来投奔，方氏一概收录任用。永嘉进士达海、乡士赵维坦，及黄岩士潘伯修，均因不肯积极支持，遭遇诛灭。

此后，方氏北运粮米宝货入京，"交通权贵，凡宣敕封赠随意可得"④。至正二十一年九月，方国珍晋司徒，"上进江浙行中书省平章政事臣国珍爵司徒"；至正二十五年九月，升左丞相，"以方国珍为淮南行省左丞相，分省庆元"，宋濂载其官江浙行省左丞相，加太尉、晋衢国公⑤。

概言之，至正十七年参政方国珍"分省庆元"标志着江浙行省"东藩"的成立，"太尉丞相方公以至正十有七年，受天子命控制东藩，有梗化者讨之，自是东方以宁"⑥，张士诚同时投降成为"淮藩"；至正二十年，右丞方国璋、参政方明善分在台州、温州建立分省，方国珍集团以浙东沿海三路建立起独立政权。至正二十年五月起，元廷命方国珍具舟漕运张士诚粮北上大都，

---

① （弘治）《温州府志》卷十七，第476—477页。
② 张翥：《大元赠银青荣禄大夫江浙等处行中书省平章政事上柱国追封越国公谥荣愍方公神道碑》，《全元文》第48册，第607页；《明太祖实录》卷八十八，1562页。
③ 《元史》卷四十二，第899页；（嘉靖）《宁波府志》卷二十，第41页。
④ （弘治）《温州府志》卷十七，第476页。
⑤ 刘仁本：《送谢玉成都事进表序》，《全文元》第60册，第303页；《元史》卷四十六，第970页；宋濂：《故资善大夫广西等处行中书省左丞方公神道碑铭》，《宋濂全集》卷五十三，第1256页。
⑥ 乌斯道：《送陈仲宽都事从元帅捕倭寇序》，《乌斯道集》卷八，浙江古籍出版社2012年版，第176页。颇多史料以方国珍至正十八年分省庆元，大概均意在掩盖方氏至正十七年强占庆元的史实。

杀之，筑天宁寺为砦以居。国璋亦至温抚安，明善弟文举为元帅者继至，亦筑净居寺为砦①。

刘公宽的突袭几乎颠覆方明善在温州的势力，幸得方国璋及时南下，才得反败为胜。值得注意，方明善南下温州时，周嗣德集团与处州分院石抹宜孙正忙于在青田南部黄坛等地讨伐吴德祥寇乱而无力反应②，方国珍也在此时进军绍兴与迈里古思等作战，这种情形显非偶然。它们表示的是台臣拜住哥已全面行动以夺取浙东军权，王子清、刘公宽的反抗是达识帖睦迩阵营在温州的反抗。陈胜华曾指出吴德祥军从根据地黄坛经瑞安到永嘉场贩卖私盐，故该集团虽以"山寇"而为人习知，却也与方国珍、张士诚等沿海叛乱集团同样具有浓厚的盐徒性格，吴德祥集团甚至还因地里接近之故与方国珍集团来往密切③，故此方国珍南下温州又带上增援盟军的色彩。

至正十九年春"保越之战"期间，方明善加紧进攻刘公宽，"公宽壁险拒之"；其冬，刘遭变死，温州落入方氏掌握，"刘公宽兵势益蹙，明善部下陈珙旧与公宽善，因使珙图公宽，珙一夕与公宽酣饮，密令公宽仆金兴杀之，取其首以献，其妻侯氏自经死，明善以金兴叛主不忠，斩之以徇"，方明善很快根绝了刘公宽势力而占领温州，"同谋周岩、王天麟、李习之、王初、蒋遂初等皆遇害"④。

方明善消灭刘公宽期间，浙东形势急剧变动。朱元璋在"保越之战"中失败，方国珍此前企图建立的两军同盟已不可倚恃，至正十九年七月元廷派往江浙的经略使普颜不花、李国凤到访温州，承制拜方明善为院判，明善部下陈德铭等以武力胁迫而尽得授官。十月庚申朔，元廷升方国珍江浙平章，"以方国珍为江浙行省平章政事"⑤。至正十八年九月壬寅（六日），元廷"诏命中书参知政事普颜不花、治书侍御史李国凤经略江南"⑥，意在解决江浙地区因省台矛盾而日益严峻的内讧。他们南下之初经历了"越城之变"、婺州失陷、"保越之战"等严重事件，他们先后视察绍兴、处州、建宁、温州，有效消弭了元军的内部矛盾成功建立了左丞相达识帖睦迩为首的新体制，促成"三分浙东"局面的出现，建立了张士诚、方国珍共同支持江浙的大局，元廷由此得以继续维持南方漕运。他们成功将方国珍留在江浙行省内，却也付出听凭方明善占领温州的代价，刘公宽集团成了牺牲品。

至正十九年末，刘公宽被消灭时，方国珍集团积极协助北上漕运，方明善再升江浙参政、方文举为枢密院同佥，温州局势尽为掌控：

> 于是（方明善）以妻兄鲍与侃为本路太守兼断事官，鲍与清为行枢密院同佥，分据乡都；妻侄鲍世演为镇抚，分据乐清；鲍世昌为总制官，分据瑞安；妻妹夫车英、黄德廉、林文升为元帅万户，鲍祥为本路儒学教授，范士隆为照磨，收掌学廪，以陈德铭为应（鹰）犬，专

---

① （弘治）《温州府志》卷十七，第476页。
② 参拙作《石抹宜孙与元末处州局势的变动》，未刊稿。
③ 陈胜华：《〈刘基事迹考〉之再考述三题》，《浙江丽水刘基诞辰710周年纪念大会学术研讨会论文集》，2021年7月，第257—258页。
④ （嘉靖）《宁波府志》卷二十，第44页；（弘治）《温州府志》卷十七，第476页。
⑤ （嘉靖）《宁波府志》卷二十，第44页；（弘治）《温州府志》卷十七，第476页；《元史》卷45，第949页。
⑥ 《元史》卷四十五，第945页。

三、南下温州

至正十四年九月方国珍"突入台州",再次成为浙东元军的敌人。至正十五年七月,方国珍获准据有台州,并积极协助元廷漕运、参与昆山战斗,但周边元军并未听从诏令接纳他。至正十六年,前御史喜山邀约温州路达鲁花赤兼管温州分元帅府事三宝柱偷袭黄岩州,"事未集而喜山遁,方遂遣亦速甫沙为帅至温夺其权,三宝柱出西郭,方党朱荣甫、尤莽劫至舟,不屈,遂释之"①,方国珍成功守卫黄岩并乘势南下俘虏了三宝柱。三宝柱,字廷珪,畏吾儿人,元英宗辛酉(1321)进士,至正十一年(1351)二月由江浙行省郎中迁为徐州兵马司指挥,又转温州路达鲁花赤兼浙东宣慰副使副都元帅,镇戍温州。元军进攻黄岩,"屡战屡捷",三宝柱骄易之,"寇乘隙入城,戍将(三宝柱)被擒,而彦昭(温州判官宣昭)亦受缚",方国珍出其不意攻入温州②。

方国珍释放了三宝柱并撤回黄岩,但却积极向北方庆元路进攻:

前御史喜山起兵袭黄岩,不克而遁。国珍兵出黄岩,丁氏妇王不从寇,赴江死;入宁海,梅霍女、陈小元二女皆骂寇死③。

至正十七年初,方国珍攻陷宁海并顺势进入庆元路,成为御史大夫纳麟控制庆元、台州的代理人。七月,方国珍派李德孙率兵南下进攻温州,但未成功;至正十八年夏,升任左丞的方国珍遣官将接管温州,"十八年戊戌,国珍为参政,先令理问丘楠、吏朱颛至郡;夏遣侄明善为省都镇抚,分据温州,屯兵千佛寺;于是岷冈(温州市潘桥镇)王子清以负固不服被擒磔于市"④。

有南台大夫的支持,方明善接管了温州,却仍面临巨大的反对势力,主要是当地"义军"。其一温州北面永嘉县的刘公宽"义军"集团,其二南部瑞安、平阳等地的浙东副元帅周嗣德军⑤。方明善虐杀王子清,引致与之唇齿相依的刘公宽军的激烈反抗:

楠溪有义士刘公宽者始以御山寇钱子文功,分阃帅三宝柱署为录事判官,寻升分府都事,俾团结清通乡兵。至是王子清既被杀,公宽不胜愤,九月十日夜率众渡江,袭镇海门,至千佛寺杀其吏杨廷宪,明善从间道脱去。公宽兵退保溪山,明善复入城,收其亲旧南天祐等及守巷门者悉

---

① (弘治)《温州府志》卷十七,胡珠生校注,上海社会科学院出版社2006年版,第476页。

② (弘治)《温州府志》卷十七,胡珠生校注,上海社会科学院出版社2006年版,第476页;刘基:《送三宝柱郎中之徐州兵马指挥序》,《刘伯温集》卷二,第125页;凌迪知:《万姓统谱》卷六十六;宋濂:《故温州路总管府判官宣君墓志铭》,《宋濂全集》卷六十一,第1443页。

③ (嘉靖)《宁波府志》卷二十,第42页。

④ (嘉靖)《宁波府志》卷二十,第42页;(弘治)《温州府志》卷十七,第476页。寺地遵在《方国珍政権の性格:宋元期台州黄巖県事情素描》认为方明善借永嘉豪民内讧而进入温州,【日本】《史学研究》223卷,第1期,1999年。乌斯道:《处士倪君仲权墓表》载"岁丙申,海上李得孙以归顺帅浙东,顿军渔浦(杭州市萧山区义桥镇渔浦),闻君名,以书币招君为诸暨州判官",李得孙是方国珍属将,其驻兵萧山应受新建南台御史大夫纳麟命,故能举荐倪可与为诸暨判官,《乌斯道集》卷十,浙江古籍出版社2012年版,第234页。

⑤ 苏伯衡:《故元中奉大夫江浙等处行中书省省参知政事周公墓志铭》,《苏平仲集》卷十二,《丛书集成新编》第67册,第492页。

"台军"及诛杀其全家。上虞人顾珪在迈里古思军渡江东来时起应之,"越城之变"后该军仍坚持与方国珍作战,至正十八年十一月六日"众寡不敌,遂遇害"①。

"分省右丞"谢国玺的长枪军至正十八年上半年已由建德、婺州抵达上虞县,成为江浙行省遏制听命行台而侵入绍兴的方国珍集团的重要力量:

至正十二年,翰林应奉林希元来为尹,遂定其垦数,余悉为湖。十六年夏旱,豪民乘间侵种,其禁复弛,县尹李睿力复之。明年(1357)春,行御史台移治会稽,驻兵县境,或妄言湖膏腴可屯田,典兵者忽于识察,一旦竭如焦釜,所得仅百许石,而官民失利不可胜计,御史察知其弊,俾尝赋于官者田如初,他皆谕罢。明年(1358)春,又有献之长枪军者,赖分省阻止之。于是积水盈溢,惠及远近,而湖之利益博矣②。

至正十七年春,纳麟将行台由庆元路西迁绍兴路,并驻兵于上虞。至正十八年春谢国玺长枪军抵达上虞,民间有欲将田土进献者,为其所拒,长枪军代表行省而与南台、庆元分省相敌对。

"越城之变"后,久任江浙平章的庆童再任南台大夫,张士诚派吕珍率部进据绍兴路,庆童不复有"台军"之权③。至正十九年二月,元廷颁下《整饬台纲诏》,为"越城之变"等省臣内斗造成的恶劣事件画上休止符④,江浙行省迎来左丞相达识帖睦迩主导的新时期。失去政治支持后,方国珍越来越难以对付张士诚、谢国玺的联合反攻,只得积极与攻陷建德、婺州等地的朱元璋联结,这就是至正十九年的"越城之战"。朱元璋是至正十七年七月派邓愈、胡大海率兵南陷徽州的,至正十八年二月两军乘谢国玺长枪军与建德路院判刘九九内讧之机攻陷建德路,十月朱元璋亲自率兵东来攻陷婺州路。显然,朱元璋集团的迅速扩张尤其是胡大海在浙东的迅速扩张,正是由于元军省台间严重的内讧。至正十九年正月乙卯,方国珍遣使结交刚刚占领婺州的朱元璋,庚申,胡大海进攻绍兴之兵已攻克诸暨,双方协同的"越城之战"爆发了。四月戊子(二十六日),"分省右丞谢国玺自余姚遣使军前,请率众万人入城应援,总管曹得昭于曹娥迎接渡江,公(吕珍)遣掾史龚瑾以粮二千石、官段百匹劳军,命海舟送至杭"⑤,保越战事正酣之时谢国玺部正与方国珍作战于余姚州,他们之撤守绍兴路,方国珍重新占领了余姚、上虞。至正十九年谢国玺兵的确进驻了余姚、上虞,"余姚、上虞填驻其众",谢理被迫东返庆元路,经略使李国凤等在"保越之战"后调停了方国珍与行省的关系,谢理才西归余姚州,谢国玺邀其至军门并在随后率兵归杭,事在五月前后⑥。

张士诚成功守卫了绍兴路,朱元璋随后又占领衢州、处州,加之方国珍占据的三路,"三分浙东"局势得以形成;对垒双方是朱元璋与张士诚,方国珍是同时联系元廷与朱元璋的特殊身份。

---

① 徐一夔:《上虞顾君墓志铭》,《始丰稿校注》卷十,第342页。
② 贡师泰:《上虞县复湖记》,《贡师泰集》卷七,《贡氏三家集》本,第316页。
③ 徐一夔:《故元明威将军平江等处水军都万户府副万户叶君墓碑》,《始丰稿校注》卷十四,第357页。
④ 王逢:《喜闻整饬台纲诏至是日雷雨因感时事寄何宪幕》,《梧溪集》卷三,第186页。
⑤ 徐勉之:《保越录》,丛书集成初编本,第13页。
⑥ 宋禧:《谢都事善政碣记》,《全元文》第51册,第523—525页。

童为江南行台御史大夫",又以拜住哥为大夫,他仍倚靠方国珍而驱逐迈里古思等州县"总制官"[1],至正十八年十月二十三日遂发生"越城之变"。陶宗仪载"越城之变"颇详:

> 时御史大夫拜住哥任猜祸吏为爪牙,又自统军三千曰台军,纪律不严,民横被扰害,有诉于君(迈里古思),君辄抑之,众军皆怨怒,然拜委瑣龌龊,惟以钩距致财为务。君不礼之……拜颇闻,衔之,遂与台军元帅列占、永安张某、万户阎塔思不花、王哈剌帖木儿等谋杀之,未得间。戊戌十月廿二日,首事出兵踰曹娥江,与平章方国珍部下万户冯某鬪,既不利,驻军东关,单骑驰归,拜意决矣。廿三日迟明,召君私第议事,入至中门,左右以铁槌挝杀之。初甚秘,守闸军自相谓"无已杀总督官,我辈幸也",民始有闻之者,走白君部将浙东金元帅黄中。诸参谋闻变,奔避不顾,至有坠城以出,行四五十里者。初夜二鼓,中提军入城,屯戍珠山,拜未及知,中卧病,方饮药得少汗,尚昏溃困顿,左右扶翼擐甲上马,遇台军于江桥,鬪十数合,破阵陷坚,身当矢石,郡民老幼皆号泣曰:"杀我总督官,我尚何生为?"壮者助中军殊死战,台军一败涂地,屠其二营,入拜家,姬侍奴隶,死者相枕藉,一女为队官陈某所掠。举君尸无元,大索三日,得于溺池中。拜与二子匿梵寺幽隐处,民搜见之……执以归中,冀中杀之。中解其缚,率诸军罗拜之曰:"总督官忠肝义胆,照映天地,人神所共知,公信任憸邪,使国之柱石陨于无辜,我之复雠明大义也,杀我主将者既已斩之,公幸毋罪。"拜执中以泣曰:"我之罪尚何言,尚何言。"既而军民为君持服为位以祭,私谥曰越民考。越六日,拜自劾,纳印绶去[2]。

"总督官""总制官",即掌义军州县官。迈里古思十月二十二日"出兵逾曹娥江",擅自与方国珍战于上虞,"朝廷方倚重国珍,资其舟以运粮"[3],御史大夫拜住哥起意诛杀迈里古思。陶宗仪也认为"越城之变"系迈里古思咎由自取,但拜住哥"盗杀之"却非适宜,"拜住哥为国大臣,坐镇四省,百官庶司,孰不听令。迈(里古思)之不奉台檄,擅兴师旅,问其罪黜之可也,斩之可也,而乃阴结小丑,作为此态,是盗杀之,非公论也"[4]。

就任院判的迈里古思其实是奉江浙左丞相、知分枢密院事达识帖睦迩命而出兵上虞的,但无视南台拜住哥的存在,这就是"擅举兵"的意义,即在江浙行省看来方国珍进攻绍兴路余姚、上虞是公然叛变。南台与省臣的矛盾,既是至正十五年江东、两浙战场政策的延续,也是元廷至正十六年后对浙东、浙西的不同期望的反应,即急需方国珍浙东漕运而对其加意笼络、期待达识帖睦迩迅速平定叛乱而授予其"便宜之权"。达识帖睦迩出兵上虞,共派出两支军队,即绍兴院判迈里古思与右丞谢国玺的"长枪军"。十月二十二日,迈里古思军越过曹娥江,战不利,他率领部分军队返驻绍兴东关。"越城之变"后,金元帅黄中率领部分军队返回绍兴,击败拜住哥的

---

[1] 《元史》卷四十五、一百四十二、一百八十八,第945、3408、4311页;徐一夔:《故元明威将军平江等处水军都万户府副万户叶君墓碑》,《始丰稿校注》卷十四,第357页;杨维桢:《盲老公》,"刺拜住哥台长。戊戌十月二十三日,党海寇,用壮士椎杀之。迈里古思将黄中禽拜住,尽勦其家",钱谦益:《列朝诗集》甲集前编卷七上,中华书局2007年版,第378页。

[2] 陶宗仪:《南村辍耕录》卷十,第124页。

[3] 《元史》卷一百八十八,第4311页。

[4] 陶宗仪:《南村辍耕录》卷十,第126页。

麟的支持下,升任参政以"分省庆元","方国珍为江浙行省参知政事,海道运粮万户如故"①。

陈麟,字文昭,永嘉人,至正十四年中乙科进士,授任慈溪县尹,"时迈里古思在越,秃坚帖木儿在余姚,皆以能名,与麟号浙东三杰",迈里古思以甲午进士授任绍兴录事司达鲁花赤,与同年陈麟等合称"浙东三杰"。陈麟追究僧法匡违法事而与之生隙,僧与纳麟子院判安安有素交,纳麟莅职绍兴之始即谋逮陈麟甚急:

麟扬言曰:"台官,天子耳目;天下事多有可理者,今江南诸道太半沦丧,宜思振台纲肃风纪,何独注意于释氏邪?"纳麟愧而止②。

方国珍入庆元路,"台省"升陈麟权浙东副元帅守慈溪县,双方关系日趋紧张。"俄而方左丞驻兵郡城",陈麟"单骑往谒",遭到羁押,被迫"尽散其兵为农",方国珍将其流放至岱山(舟山市岱山县)。方国珍升任江浙左丞在至正十八年五月戊戌朔,"升方国珍为江浙行省左丞,兼海道运粮万户",则其驱逐陈麟占领慈溪等地,约在此时③。

纳麟子院判安安稍后又除掉了余姚同知秃坚帖木儿。值得注意的是,他采取了类似方国珍的措施对付敌手,即先骗其只身来见以就势羁押,次则或杀或逐。相似的手法,其实是他们根据形势共同商定的。方国珍夺取慈溪,进入绍兴路余姚州界,与同知秃坚帖木儿军发生战斗:

国珍乘胜取余姚州,同知秃坚见而责之曰:"君甫就招安,复以兵入台庆,背德忘信,何以令人?及今悔罪敛兵,庶免后咎,不然祸且不测。"国珍不答,心甚衔之,竟构秃坚以罪死,国珍乃居庆元。斥地至上虞④。

"突入台州"固然是"背信",把方国珍进入庆元也视为"背德"为非法,这是从左丞相达识帖睦迩与"总制官"立场的看法。方国珍难以从军事上击败秃坚帖木儿,向同盟纳麟子院判安安求助,安安替他诛杀秃坚帖木儿,方氏进军上虞,绍兴守将迈里古思成为他们的下一目标。余姚州达鲁花赤秃坚帖木儿被杀,至正十八年七月枢密院都事天台士人谢理奉方国珍命"治赋余姚",并在方国珍随后西进绍兴的战斗中发挥了积极作用,至正十九年以总制军民的"总制官"成为方国珍统治余姚的代理人⑤。方国珍将势力向西拓境至绍兴,引发了朝廷对江浙局势的忧虑,故将纳麟征召北返,"由海道入朝",九月癸卯(七日),"诏以福建行中书省平章政事庆

---

① 《元史》卷四十五,第938页。《明太祖实录》卷八十八载至正十六年张士诚据浙西元廷欲起方国珍以图之故命以江浙参政,恐非是,至正十七年八月方国珍升为参政系在张士诚降元后的事后赏报,事理颇合,第1561页。

② (嘉靖)《宁波府志》卷二十五,第31、32页;王祎《慈溪县学记》,《王祎集》卷十一,第318—319页。

③ 戴良:《元中顺大夫秘书监丞陈君墓志铭》,《戴良集》第256页;《元史》卷四十五,第938页。卓说在《移建海道都漕运万户府记》提及方国珍升为"右丞"时才任命侯可辅为千户,这表征他对庆元路的控制进入了新的阶段,章国庆编著在《天一阁明州碑林集录》,第58页。

④ (嘉靖)《宁波府志》卷二十,第42。

⑤ 宋禧:《谢都事善政碣记》,《全元文》第51册,第523—525页;汪文璟:《重修城隍庙记略》,《全元文》第52册,第363—364页。

至正十五年七月，元廷承认方国珍占据台州，地方社会逐渐接纳他的统治。潘伯修，字省元（中），三次参加乡试，曾为方国珍向左丞帖里帖木儿请降，又随其进驻庆元。他多次劝诫方国珍顺从元命，方亦数欲以之为"幕主"，"力辞归"，郭（刘）仁本"谮之"，"乃使盗杀诸隘"[1]。潘伯修仍固守正统立场，其同乡刘仁本则甘愿为方氏集团谋划，故有两人互戕的悲剧。

至正十六年春张士诚攻陷平江路，昆山州民丁仲德"盗州印降附"，伪授州尹。江浙行省命海道防御万户方国珍统温、台、庆元三路舟师，"克复太仓"。三月二十日张士诚将吕珍败走，二十七日史文炳率兵来，"屠太仓"，"烟焰涨天，千门万户俱成瓦砾"。张士诚派人媾和，"托丁氏往来说合，结为婚姻"，方国珍撤兵南返，结束了其以浙东沿海三郡水军统率参与浙西战斗的短暂使命，同时元廷不但宽宥了他"突入台州"行径，而且将管理漕运的重任委托给他[2]。

至正十四年九月方国珍"突入台州"，至正十五年元廷在庆元路设立分省，以浙东都元帅丑的为参政，"分镇之"，又升左丞，以防备台州军北上。至正十六年冬，左丞丑的调任浙西廉访使，太尉纳麟在庆元路接任南台御史大夫，成为浙东分省新任长官。丑的幕士学录王寿朋（字刚甫）六年来摄守东门巡检，以限制方国珍北上庆元路，纳麟甫继任即命其去职，以迎接方国珍北来。至正十七年春，方国珍率舟师而来，"城中开门纳之"，这多少出乎纳麟的意料，庆元路的控制权瞬间被方国珍接管。纳麟未改对方国珍的信任，他要夺回左丞相达识帖睦迩及各地"总制官"手中的军权，方国珍控制的庆元路可以成为他西去绍兴路的后方盟友[3]。纳麟进入绍兴路，对州县"总制官"下手了：

至正丙申，御史大夫纳璘（纳麟）开行台于绍兴，于时庆元慈溪则有县尹陈文昭，本路余姚则有同知秃坚，在城则有录事达鲁花赤迈里古思，皆总制团结民义者，纳璘之子安安以三人为不易制思有以去之，乃先绐召秃坚至，拘于宝林寺，夜半率台军擒杀之，从而方国珍亦执陈文昭沈之海，独存迈里古思一人耳，人皆以秃坚之死归罪于迈里古思不能力救，殊不知当时之执秃坚乃所以擒迈里古思也[4]。

方国珍配合纳麟进行了两项动作：其一是夺取慈溪县尹陈文昭兵权，巩固占领庆元路；其二是在纳麟夺取余姚州达鲁花赤秃坚帖木儿军权后率兵进入绍兴路，应援了擒杀录事迈里古思的"越城之变"。至正十七年八月乙丑（二十三日），张士诚降元，方国珍也以北征功在南台大夫纳

---

[1] （嘉靖）《太平县志》卷八《杂志》；（雍正）《浙江通志》卷一百六十五；（嘉靖）《宁波府志》卷二十，第41页。潘伯修，可能本字为省元，明初避朱元璋讳改字省中，故现有文献有此歧异。

[2] （弘治）《太仓州志》卷九，《日本藏中国罕见地方志丛刊续编》第3册，第242页；宋濂：《故资善大夫广西等处行中书省左丞方公神道碑铭》，《宋濂全集》卷五十三，第1257页；陶宗仪：《南村辍耕录》卷二十九，第358页。

[3] 周伯琦：《浙江等处行中书省分省左丞丑的公去思碑》，《全元文》第44册，第568—569页；宋濂：《象山王府君墓志铭》，《宋濂全集》卷六十六，第1565页；董沛：《石浦王公庙记》，《正谊堂文集》卷十；方孝孺：《象山王府君行状》，《方孝孺集》卷二十一，第778—779页；（嘉靖）《宁波府志》卷二十，第41页；乌斯道：《送陈仲宽都事从元帅捕倭寇序》，《乌斯道集》卷八，浙江古籍出版社2012年版，第176页。

[4] 陶宗仪：《南村辍耕录》卷二十三，第283—284页。

粮漕运万户府南迁庆元路，元廷竟命防御海道运粮万户方国珍兼任万户，方国璋以衢州路总管兼防御海道事①，这是以方国璋据守台州而命方国珍北上庆元路的布局，当然这并不意味着元廷要把庆元路拱手相让。值得注意，方国璋官衢州总管兼防御海道运粮万户府都元帅②，方国珍应亦以某路总管兼都元帅，至此又兼任海道运粮漕运万户府元帅，是身兼三职。元廷的做法，是元军海上作战无力造成的悲剧，明知方国珍不能信任，却又无人可托而只得委以重任。方国珍由此习得了与元廷打交道的新策略，他不再公开反叛，而是积极履行职任，以合法手段追求权势。

二、分省庆元

"高邮事变"变后，中书左丞相哈麻继掌中书省，他改变前任脱脱对待叛乱势力的强剿政策，改行武力为后盾的招谕之策，为此他赋予地方官以"便宜之权"。在江浙地区贯彻其政策的，有淮南左丞相太平及江浙左丞相达识帖睦迩。至正十五年八月戊辰（十五日），中书平章政事达识帖睦迩就任江浙左丞相，"便宜行事"，负责守备两浙地区；同时太平受诏统淮南诸军及湖广平章阿鲁灰部苗军"讨所陷郡邑"，处理渡江南陷太平的朱元璋等红巾军以守备集庆路③。十月丁巳（五日），元廷在扬州立淮南行枢密院。至正十六年三月，张士诚渡江陷浙西，朱元璋攻克集庆、镇江等路，太平负责的江东战场一败涂地，丁酉（十七日），元廷将行枢密院迁至杭州，达识帖睦迩继为江浙总兵官④。江东战场的浙东军队逐渐撤回庆元路，江南行台诸官也随之东撤，九月戊戌（二十一日），旧居庆元的太尉纳麟再为江南行台御史大夫，"明年移治绍兴"⑤。太平总兵江东的局面，在浙东地区复活了。太尉纳麟掌握的江南行台与江浙左丞相达识帖睦迩掌握的江浙行枢密院，成为江浙地区分掌兵权的两个机构。在此期间，元廷又命江浙行省州县官员皆掌兵权成为"总制官"，"淮寇陷湖州，所在绎骚，适有朝旨，令郡县团结义兵以自守"⑥，江浙地区军权争夺更趋激烈化。

---

① 《元史》卷四十四，第931页。卓说：《移建海道都漕运万户府记》，章国庆编著：《天一阁明州碑林集录》，第58页。

② 张翥：《大元赠银青荣禄大夫江浙等处行中书省平章政事上柱国追封越国公谥荣愍方公神道碑》，《全元文》第48册，第607页。

③ 《元史》卷四十四，第926页。

④ 《元史》卷四十四，第926、930页。

⑤ 《元史》卷四十四、一百四十二，第932、3408页。

⑥ 戴良：《元中顺大夫秘书监丞陈君墓志铭》，《戴良集》第256页；《南村辍耕录》卷八、十、二十三，第101、124、283页。朱元璋在江南也以文官为"总制官"，如耿再成至正二十二年死于苗乱，胡深为处州"总制"，朱养女婿王恭至正十八年前后是徽州的"总制"，至正二十三年栾凤为诸暨州"总制"；我们知道韩宋红巾军地方政权几乎完全照搬元制，这个元末创制的州县官兼掌"民兵"的"总制"，可能也被朱模仿照搬了。《元史》卷四十五载至正十七年，"诏天下团结义兵，路、府、州、县正官俱兼防御事"，第940页。温海清在《元代江南三行省"万户路"问题析考——江南镇戍制度的另一侧面》据此认为元廷由此放弃至元以来执行的地方路、府、州、县军兵异属制度，《文史》2018年第1期，第203页。戴良认为"朝旨"在湖州失陷的至正十六年四月前后下达，与《元史》记载的至正十七年不同，或许朝廷先在江南推行此一政策稍后行于他处，另兼防御事的"正官"指总管、知府、知县而言，而非"达鲁花赤"。

条件，力主强剿的右丞相脱脱仅答应他们在新设的黄岩巡海千户所中任五品流官，恰巧脱脱因元帝猜忌而准备南征高邮，留守中书的平章定住批准此议，终于满足了方国珍兄弟的全部企图，他们从此积极为元廷漕运奔走①。九月，方国珍"以兵突入台州"，拘执浙东副帅也忒迷失、黄岩州达鲁花赤宋伯颜不花、知州赵宜浩，"以俟诏命"②，元军无力反攻，但并不打算轻易承认方国珍占据台州。

方国珍继续履行护卫漕运北上职责，至正十五年七月，元廷终于承认方国珍统治台州，"升台州海道巡防千户所为海道防御运粮万户府"③。张翥明确提及元廷因方国珍至正十五年护漕功而升台州万户府，并诏令浙东地方不得仍与台州为敌：

朝廷遣左丞铁里铁木尔（帖里帖木儿）尉安公，公（方国璋）帅诸弟谢罪，自陈愿毕力海漕，报朝廷，乃为立巡防千户所，即授公兄弟千户，赐五品服；至正十五年，公护漕□直沽，号令严明，粮舶悉集，有旨升千户为万户府，授亚中大夫、上万户，配金符，赐金系带一，宴劳以遣之，仍下诏禁止人无得造□（衅）紊漕事④。

元廷态度改变的重要背景，是张士诚崛起高邮以致平江路漕运自至正十四年断绝，方国珍至正十五年积极护漕北运可谓雪中送炭，九月乙酉（三日），元廷在平江设置海道防御运粮万户府分府，进一步表示对方国珍护漕北上的殷切期待⑤。鉴于方国珍复降，九月元廷以昆山万户纳麟哈剌为江浙参政率浙东军队驻守昆山，协助驻守镇江的平章定定应付急于攻击集庆路的朱元璋军，方国珍乘机又谋不轨，元廷表达愤怒却也无力征讨⑥。

至正十六年正月张士诚渡江而南，江浙行省命方国珍率军北上克复平江，方国珍积极听令，三月戊申（二十八日），元廷接受了他的"复降"，双方的关系再度和好。平江失陷后，海道运

---

① 郭桓：《跋潘省元宣德碑文后》，【清】王棻辑——（《黄岩集》卷十六，光绪三年刊本，第18页）。郭桓认为左丞帖里帖木儿、侍御史左答纳失里招谕方国珍在至正十二年脱脱南征徐州时，显然有误，应该在至正十四年脱脱南征高邮时。潘省元撰写《宣德碑文》可能是为宣扬方国珍降元，然而方氏很快再度反叛，碑文徒成笑柄。

② 《元史》卷四十三，第916页。（嘉靖）《宁波府志》卷二十。

③ 《元史》卷四十四，第926页；张翥：《大元赠银青荣禄大夫江浙等处行中书省平章政事上柱国追封越国公谥荣愍方公神道碑》，《全元文》第48册，第607页。照元代"法意"，"各路立万户府、各县立千户"，则方氏兄弟以千户受招谕时应该是驻守黄岩县的，而升为"万户府"则有资格据守台州路，叶子奇：《草木子》卷三下，中华书局1959年版，第64页。关于"万户府"的问题，温海清近年来进行了持续研究，参氏作《"万户路""千户州"——蒙古千户百户制度与华北路府州郡体制》，《复旦学报》2012年第4期；又氏作《元代江南三行省"万户路"问题析考——江南镇戍制度的另一个侧面》，《文史》2018年第1辑。

④ 张翥：《大元赠银青荣禄大夫江浙等处行中书省平章政事上柱国追封越国公谥荣愍方公神道碑》，《全元文》第48册，第607页。

⑤ 卓说：《移建海道都漕运万户府记》，章国庆编著：《天一阁明州碑林集录》，上海古籍出版社2008年版，第58页；《元史》卷四十四，第927页。

⑥ 《元史》卷四十四，第925—926页；袁华：《可诗斋分韵赋诗得从字》，"至正乙未秋九月，平江等处水军都万户府纳麟哈剌公拜江浙行省参知政事，奉旨统兵常镇"，《全元诗》第57册，第406页。刘基：《处州分元帅府同知副都元帅石抹公德政碑颂》提及至正十五年底"括寇"吴德祥进攻处州时沿海万户府诸军"悉发往江东"，他们就是跟随参政纳麟哈剌镇守常州去矣，《刘伯温集》卷十三，第254页。

珍①。五月，方国珍再攻台州；六月，方国珍劫掠乐清、瑞安等处；八月癸卯（三日），进攻台州城，浙东元帅也忒迷失、福建元帅黑的儿击退之。十一月癸未（十四日），元廷在长江沿线派江西平章教化率部西上的空隙，派江浙左丞帖里帖木儿总兵讨方国珍②，"诸军遇贼溃散"，方因温州元帅吴世显请降，至正十三年三月丙子（九日），"方国珍复降"，帖里帖木儿、江南行台侍御史左答纳失里组成的招谕团再往浙东，十月庚戌（十六日），元廷授方国珍徽州路治中、国璋广德路治中、国瑛信州路治中，方氏兄弟疑惧不敢赴任③。元廷此时意识到方国珍为首领，故授兄弟三人同阶官。

至正十二年春方国珍再反，元廷先派江浙左丞左答纳失里率兵应对，浙东动乱得到迅速控制后，六月二日，因负责沿江防线的太尉纳麟的建议，左答纳失里率兵返回芜湖，浙东宣慰使恩宁普再次接防浙东④。沿江形势略见好转，十一月江浙左丞帖里帖木儿率兵再临浙东，深感压力的方国珍遂在至正十三年三月请降。帖里帖木儿、左答纳失里接洽的方国珍降事，以方氏兄弟十月获得授官而初见成效，元廷为加强昆山漕运重地守备，征调浙东宣慰使纳麟哈剌、董抟霄部北上开设"水军都万户府"，两人分为万户、副万户⑤。

方国珍再反，由元廷抽调浙东驻军应付红巾军起义引起，他此后的叛附不定，也莫不与元军在其他战场的胜败息息相关。至正十四年初，元廷以为招谕方国珍事成，继续征调浙东驻军北上，二月受命参与沿江守备的江浙参政阿里温沙、守备镇江水军万户府的江浙右丞佛家闾似均为其例。为安抚方国珍，元廷又听从左丞帖里帖木儿、南台侍御史左答纳失里言设巡防千户所于黄岩，授方国珍兄弟五品流官，但他们仍不纳船、不散徒众、阻遏漕运如故。四月，御史纠劾帖里帖木儿等罪，元廷改江浙参政阿儿温沙（阿里温沙）升右丞、浙东宣慰使恩宁普为参政，率兵返回浙东进讨方国珍⑥。处州元帅石抹宜孙率民兵元帅章溢等至台州参战，六月元廷命方氏兄弟为巡海世袭千户，命他们"帅其属往卫海运至京师"⑦。

左丞帖里帖木儿等这次招谕一波三折，根本原因是元军无法与方国珍在海上争胜。郭楷提及黄岩士人潘伯修居间发挥了关键作用，他提出方氏不会答应"授流官、使纳战舰、散其徒众"

---

① （弘治）《温州府志》卷十七，第475—476页。"海运千户吴世显"，吴可能是镇守庆元的运粮千户所千户；黑的儿居千户，他与章保可能是镇守温州、台州的宿州万户府的世袭军官。

② 《元史》卷四十二，第903页。

③ 《元史》卷四十二，第892、901、903页；（弘治）《温州府志》卷十七，第475—476页。方国珍似乎五月即攻击了台州，刘基在《台州路重建天妃庙碑》载，"夏五月，寇台州，自中津桥直上登楼，骑屋山，肉搏临城；城中人方拒击，楼忽自坏，登者尽压死。贼遂纵火焚郭外民居，楼并毁"；又《故鄞县尹许君遗爱碑铭》，《刘伯温集》卷十二，第233、235页。

④ 《南台备要》之《剿捕反贼》，屈文军点校：《宪台通纪》本，第166页。刘晓在《元末徽州将领朱文逊事迹考》讨论了左答纳失里与恩宁普换防事，并得出左并未赴任的结论，《安徽史学》2017年第5期。

⑤ 《元史》卷四十三，第912页；（弘治）《太仓州志》卷一。

⑥ 《元史》卷四十三，第907、909、912、914页。（弘治）《温州府志》卷十七，第475—476页。

⑦ 刘基：《处州分元帅府同知副都元帅石末公德政碑颂》，《刘伯温集》卷十三，第253页；宋濂：《大明故资善大夫御史中丞兼太子赞善大夫章公神道碑铭》，《宋濂全集》卷五十二，第1218页。

至正十二年（1352）初随着江淮红巾军蔓延及蕲黄红巾军沿江而下，元廷征调浙东军跟随江浙左丞左答纳失里驻守芜湖，方国璋又反，泰不花试图加以笼络以打消其"复叛"念头，方反利用其侥幸心理突袭黄岩港，泰不花于三月庚子（按：二月二十六日庚子日）战死海上[1]。仍为仙居丞的方国璋北攻昌国州（舟山市定海区），达鲁花赤高昌帖木儿战死，江浙参政樊执敬为文祭之。王逢尽管认同泰不花"气节自是名臣流"，但却批评他有勇无谋，因儿女私情致挫败锐气，"空贻羞"[2]。

泰不花战死，方国珍在船户引导下北上漕运万户府所在的太仓，正督粮北运的江浙参政樊执敬遭遇焚船劫粮，"十二年二月，督海运于平江，卜日将发，官大宴犒于海口。俄有客船自外至，验其券信令入，而不虞其为海寇也。既入港，即纵火鼓噪，时变起仓猝，军民扰乱，贼竟焚舟劫粮以去，执敬既走入昆山，自咎于失防，心郁郁不解"[3]。三月十三日遭遇劫掠，樊执敬投奔驻防数十里外昆山刘家港（太仓市浏河镇）的参政宝哥营中，这是江浙行省鉴于方国珍再反特意派来的护漕军队，平江路达鲁花赤六十亦来从征，他们尽管无力阻遏方国珍劫掠，但保障了此时南北航运的畅通[4]。

至正十二年（1352）春方国珍复叛，是看准了红巾军在江淮、湖广起事并蔓延江东西以致元廷左支右绌无法兼顾，他乘江浙行省征调浙东兵力驻守长江、徽州等地造成东线空虚而袭击漕运，"海寇袭漕运，汝寇陷湖襄，蔓延江东西"[5]。江浙守备重点在西线，元廷改江浙左丞相亦怜真班为江西左丞相，率兵经衢州出信州，改月鲁帖木儿为江浙平章率兵进入徽州，起太尉纳麟为南台御史大夫负责沿江防线，只能派参政宝哥率兵对付东线方国珍，这是樊执敬太仓遭劫的重要原因。樊执敬返回杭州，平章月鲁帖木儿正率兵入徽州，仍将东线作战交平章定定、参政樊执敬与宝哥负责。七月十日，月鲁帖木儿身死兵败，项普略红巾军攻陷杭州，樊执敬尚未出师，即与宝哥同遭兵败身死，平章定定只身出逃。项普略陷杭，又北上攻陷湖州、常州等处，唯杜某驻守的嘉兴路得保无虞[6]。

闰三月辛丑（二十八日），元廷闻方国珍在沿海反叛，有意将左丞左答纳失里调回浙东，而以浙东都元帅恩宁普驻守芜湖[7]。左答纳失里返回庆元，荐吴世显为浙东同知元帅与浙东添设都元帅章保分府温州，荐黑的儿为福建同知元帅与浙东副帅也忒迷失分府台州，共同对付方国

---

[1] 《元史》卷四十二、一百四十三，第897、898、3425页。

[2] 王逢《帖侯歌》，《梧溪集》卷二，第85页。

[3] 《元史》卷一百九十五，第4412页。

[4] 杨瑀：《山居新语》卷四，第229页；陈基：《平江路达鲁花赤西夏六十公纪绩碑颂》，《陈基集》卷十二，第109页。（弘治）《太仓州志》卷九《杂志》；（嘉靖）《昆山县志》卷十三谓率兵来援的系参政樊执敬，恐误，《天一阁藏明代方志丛刊》本。

[5] 陈基：《陈基集》卷二十六，第233页。

[6] 《元史》卷一百九十五，第4412页；陈基：《陈基集》卷二十六，第233页。

[7] 《元史》卷四十二，第897、898页。

山岛）民兵从征于海门洋（台州市椒江区），二十五日赵观国兵败身死①。三月，浙东副都元帅董抟霄率兵至温州，又被方国珍击败：

> 三月，浙东副帅董抟霄统舟师至，即以孟载为行军镇抚，遇寇舟兵，皆惧赴水，董帅号令不施，仅以身免，先遁入城，贼夺舟数百，其势愈炽。于是羁董帅于永嘉县，械孟载徇于市。四月都帅泰不花至郡，竖旗招募能知天文地理兵机战策之士，禡祭于演武场，会两浙各道兵于郡御之。十七日，寇舟复至江次，焚劫凡三日而退。泰不花往台州，至冬乃招安②。

董抟霄为元末名将，所部不善水战，亦遭惨败。都元帅泰不花至温，先募异人，生动说明元军对海寇无能为力，只能病急乱投医。方国珍四月十七日进攻温州再败，焚劫而去。六月乙未（十八日），泰不花约左丞孛罗帖木儿合兵进讨，孛罗帖木儿先期至大闾洋（温岭市隘顽湾），为方国珍击溃，沿海翼百户尹宗泽死，孛罗帖木儿遭俘而替方氏向元廷乞降③。七月，元廷派出大司农达识帖睦迩及江浙行省参知政事樊执敬、浙东廉访使董守悫组成招谕使团，泰不花等浙东官员却颇不愿招降方国珍，八月中秋且预谋逮杀方国珍，但却不为招降使者达识帖睦迩所准，"至冬乃招安"。元廷将试图阻挠招谕的泰不花贬官台州路达鲁花赤，对方国璋等既往不咎而似无升官④。

---

① 《元史》卷四十二、一百四十三，第890、891、3424页；王袆：《赵君墓铭》，《王忠文公文集》卷二十四，第699—700页。

② （弘治）温州府志卷十七，第475—476页。陶宗仪提及松江谢景旸在至正十一年官兵下海剿捕方国珍时被以术士邀请至阵前，知府王克敏不得已亲造其庐访之，"其术一无所验"，《南村辍耕录》卷28，第353页。

③ 左丞孛罗帖木儿兵败，"犹肆威福"，遭弹劾，行至扬州，"被旨伏诛"，谢肃《故庆元路儒学正豫斋先生王公墓志铭》，《密庵文稿》壬卷，《明别集丛刊》第23册，第547页。王逢在《杭城陈德全架阁录示至正十一年大小死节臣属其秃公以下凡十三人王侯以下凡九人征诗二首并后序》提及沿海翼百户尹宗泽六月败死，《梧溪集》卷2，第65页。江浙行省左右司郎中张徽也在此时解官北归，行至扬州而逗留不进，可能与左丞孛罗帖木儿兵败遭弹劾事有关，《大元故奉政大夫河南府路陕州知州兼管本州诸军奥鲁劝农事知河防事张公墓志铭，征事郎陕西诸道行御史台前监察御史刘杰撰》，转引自王晓欣：《元张徽墓志铭及相关问题考述》，《元史及民族与边疆研究集刊》第三十七辑，上海古籍出版社2020年版。

④ 《元史》卷42、140、143，第892、3375、3424页。（万历）《黄岩县志》卷七"纪变"载，孛罗帖木儿及郝万户皆被执，"二人乃为饰词上闻，以求招安，郝故出高丽后位下，请托得行，议立巡防千户所，设长贰参授其三兄弟及党与十余人官"，达识帖睦迩组成的招谕使团南下，守黄岩百户尹山猪（宗泽）"率百余人与国珍战，死焉"，《天一阁藏明代方志选刊》本；此文源出叶子奇《草木子》，唯审核加慎焉，中华书局1959年版，第49页。"郝万户"即驻守平江路十字路万户府的万户，加之沿海翼百户尹宗泽战死，这一时期跟随左丞孛罗帖木儿作战的即两浙各万户，刘晓：《元镇守平江十字路万户府考》，《隋唐辽宋金元史论丛》2013年第1期；刘晓：《元浙东道沿海万户府考》，《清华元史》第3辑，2015年。刘基这一阶段为浙东元帅府都事，正是浙东都元帅泰不花的幕僚，泰不花反对招降方国珍的态度是否来源于刘基的建言呢？据刘基《庆元路新城碑》，至正十一年浙东宣慰使有都元帅纳麟哈剌修筑了庆元路城，而另一都元帅泰不花则分府温州以主剿灭，均反映出浙东宣慰使司此一阶段力主剿灭方氏的立场，《刘伯温集》卷十二，第236—237页。至正十二年十一月元廷命帖里帖木儿与左答纳失里领"海右招讨事"，又"同察便宜招谕"，是朝廷授命二人剿抚便宜之权，而刘基在此背景下以行省都事为参谋，其力主剿而反对抚，也在情理之中，当然这一观点最后未被二人采纳，但不能否认在此过程中他们考虑过力剿的办法，杨讷否认刘基反对招谕方国珍、否认帖里帖木儿曾力剿方氏的立场，显然失之武断，参杨讷《刘伯温事迹考》第三章，上海古籍出版社2017年版，第23—48页。

方氏上书乞降，元授方国璋正八品仙居丞、国珍从九品定海尉，是此时元以方国璋为集团首领，"还故里，而聚兵不解，势益暴横"①。乐平士人汪伯正以幕士参与进剿方国珍战事，并受命摄海上左翼部伍，"大小七战，谷珍败北，退守海岛"，元军继续追袭至五虎门而败②。元军此次兵败盖因缺乏水军，征召沿海"义军"又被认为不啻"增盗"，"复水军"又非朝夕奏功，以致元廷针对方国珍等海寇反叛唯有授官招谕一途③。

台州元帅石抹厚孙起民兵进攻方国珍不成④，至正十年十一月，方国珍舟兵千艘泊于松门港（温岭市松门镇）借粮，"民罔敢不与"；十二月己酉（二十八日），进攻温州，再次反叛：

浙闽檄调万户府监军哈剌不花、本路监郡帖木列思以海舟会集剿捕。十二月二十八日早，寇船至外沙，焚漕舟，烟焰涨天，贼众登岸入镇海门，至竹马坊放火即去，民扑灭之。时变起仓卒，官民皆奔窜，太守左荅纳失里与僚属俱立马拱北门内，良久，有海运千户吴世显，尝仕闽，与叛寇李士甫对敌，颇知战事。至是与千户黑的儿挟弓矢驰至门，见门尚闭，厉声曰："贼登岸，何闭门示弱耶。"左守然其言，曹同知牛儿曰："贼众盛，不如姑避之。"左守怒弗听亟启关，世显跃马先出，手剑斩一寇于门侧，敌乃披靡，左守发矢，连毙数寇，寇皆仓皇登舟。时寇舟泊江心寺前，于是城内外居民悉持挺及苦竹枪至，森列江次如猬，寇有登舟弗及者民得获以献。盐司捡校麦里沙亦斩贼首以至，人心稍固。连日贼登江北岸千石及西郭夏仙岙等处焚劫。明年辛卯正月三日，贼知城中有俌，遂退舟出港，左守命府吏孟拭（应为载）载巫召民筑城俻战具⑤。

江浙行省调宿州万户府达鲁花赤哈剌不花与温州路达鲁花赤帖木列思会军剿捕，兼之温州路总管左荅纳失里与千户吴世显、黑的儿等应对得当，方国珍败退。至正十一年正月庚申（十日），元命江浙行省左丞孛罗帖木儿自庆元路起兵南讨，命泰不花为浙东道宣慰使都元帅总兵温州策应，昌国州达鲁花赤高昌帖木儿（帖木儿不花）亦率胥吏赵观国统领的兰秀山（岱山县秀

---

① 宋濂：《故资善大夫广西等处行中书省左丞方公神道碑铭》，《宋濂全集》卷五十三，第1256页；《明太祖实录》卷八十八，第1562页；《元史》卷四十一、一百四十三、一百八十六，第883、3424、4271页；张翥：《大元赠银青荣禄大夫江浙等处行中书省平章政事上柱国追封越国公谥荣愍方公神道碑》，《全元文》第48册，第607页。叶子奇《草木子》是关于方国珍叙事的另一核心来源，中华书局1959年版，第49页。（万历）《黄岩县志》卷七《纪变》；（嘉靖）《宁波府志》卷二十。周运中在《方国珍崛起的地理背景研究》认为方国珍崛起之初曾在闽浙交界区域长期活动，并认为至正十年（1350）他们进攻温州时才将根据点北移至台州沿海，似乏坚实依据。至正十二年（1352）"闽盗"侵袭处州后，吴德祥崛起于青田黄坛、王贤五等起事于三魁，他们倒是经过谈洋、温州沿海区域与方国珍集团积极联络，构成浙东沿海的基本的军事形势，参第八章"石抹宜孙与处州形势变迁"。

② [清]董萼荣、梅毓翰纂修：《乐平县志》卷八，同治九年刊，第126页。

③ 王祎：《送汤子诚序》，《王忠文公文集》卷六，《王祎集》本，第177页；宋濂：《故愚庵先生方公墓版文》，《宋濂全集》卷七十，第1673页。

④ 叶子奇：《草木子》卷三上，第49页。周运中在《方国珍崛起的地理背景研究》认为"万户萧载之"为石抹厚孙，可从。

⑤ （万历）《黄岩县志》卷七《纪变》；（弘治）温州府志卷十七，第475—476页。

未给予足够重视。

江南漕粮海运是元代朝廷生死攸关的重事，学界从航海史的视角对两浙地区（浙东、浙西肃政廉访司下辖诸路）做了较多探讨，陈高华探讨了元代澉浦杨氏及周边地区的航海世家，寺地遵从浙东"豪族"角度揭示了方国珍自台州进入温州的情况，植松正研究了元代的"海运万户府"，深入揭示了江浙地区普遍存在的"海运世家"现象[①]；陈波不但从滨海豪族角度研究元代海运，而且发现漕运下层参与者的滨海船户深受压迫因而成为元末"海盗"的主要参与者，这为方国珍研究提供了新的突破口；周运中从台州地理环境及南宋以来社会环境多航海"豪族"的特点入手，对方国珍崛起及发展过程进行了解释；陈彩云深化了滨海船户的研究，认为他们既终结了元代"官民协调漕运体制"，又作为方国珍元末起事的乡导而开启了元末漕运的新时期，即方国珍主导漕粮海运的阶段[②]。

这些研究从漕运和"豪族"视角解释了方国珍初起的情况，对我们分析其后续发展颇有参考价值。刘晓《元浙东道"沿海万户府"考——兼及"宿州万户府"与"蕲县万户府"》介绍了元朝浙东驻军情况，是我们认识浙东元军讨伐方国珍战争提供了重要参考。以下我们重点搜检元末史料，从浙东元军及元廷应付方国珍叛乱的角度，梳理方国珍占领台州、庆元、温州三路的过程，以期对方国珍集团在元末局势的角色作总体观察。

一、突据台州

至正八年十一月，黄岩州杨屿（台州市路桥区横街镇洋屿村）盐徒方国珍起兵入海，浙东沿海民乱进入新的阶段。台州既归负责漕运的"海道都漕运万户府"下辖温州台州千户所管辖，又属镇戍温州处州的宿州万户府该管。温台千户所掌管的船户深受盘剥，为谋取生计之资广泛参与进沿海的私盐贩卖中，从而与组织走私的滨海豪户过从甚密，成为元末海盗团体的主要成员，方国珍的反叛即为一例。

元末浙东爆发海寇，元廷命江浙行省组织两浙戍军前往平叛。这些长期镇戍陆地的军队缺乏水上作战经验，加之政治腐败军纪涣散，临敌遁逃、掠民为功，平叛无门，甚且扰害地方。方国珍乱前，有李大翁、蔡乱头聚盗海上，元军战不能胜，动员地方社会起而平叛，与蔡乱头素有仇怨的方国珍成为助元的"义军"。蔡乱头不能敌，受元宣命而降。台州总管焦鼎受蔡乱头贿赂，方国珍不但未以战功获得封赏，甚至有性命之虞，愤而入海。元廷派江浙参政朵儿只班率北方步骑入海征讨，追至福州五虎门（福州市闽侯县祥谦镇）而败，朵儿只班被方国璋俘获，被迫为

[①] 陈高华：《元代的航海世家澉浦杨氏——兼说元代其他航海家族》，《海交史研究》1995年第1期；寺地遵：《方国珍政権の性格：宋元期台州黄巌県事情素描》，（日本）《史学研究》223卷第1期，1999年。植松正《元代の海运万户府と海运世家》，《京都女子大学大学院文学研究科研究纪要》史学编第3号，2004年。

[②] 陈波：《海运船户与元末海寇的形成》，《史林》2010年第2期；陈波：《元代海运与滨海豪族》，《清华元史》第一辑，2011年。周运中在《方国珍崛起的地理背景研究》将台州"土豪"追溯到南宋并用以解释元末统治衰微时浙东的动乱，似失之过远，《元史及民族与边疆研究集刊》第二十五辑，2013年；陈彩云：《元代私盐整治与帝国漕粮海运体制的终结》，《清华大学学报》2018年第4期。

浙东方国珍崛起研究

郭玉刚

摘　要：方国珍是元末动乱的全程参与者，建立了涵盖浙东三路的地方政权，在江浙地区局势演变中发挥了重要作用。元军缺乏水军力量，对方国珍的海上叛乱缺乏有效制衡，只得听任他叛降自如。至正十四年（1354）六月再降，获悉元廷底牌的方国珍不再公开反叛，改采政治手段在浙东扩展势力。至正十五年七月，元廷承认方国珍对台州的占领，迅速将海漕北运的重任相委托，将他作为维持江浙统治的重要支柱。至正十六年九月，太尉纳麟在庆元路重建江南行御史台，与江浙左丞相达识帖睦迩在两浙地区日益陷入争端，方国珍作为纳麟的盟友将势力扩展至庆元路、温州路。至正十八年十月的"越城之变"造成南台御史大夫拜住哥丧失权势，方国珍积极联络侵入浙东的朱元璋，但随着至正十九年朱元璋在"保越之战"中的失败，方国珍接受了江南经略使普颜不华、李国凤的调解，继续留在元朝阵营中。方国珍在三郡崛起，是元末江浙行省局势变动的重要事件，有助于我们了解元廷应对南方动乱的情况。

关键词：方国珍；达识帖睦迩；"越城之变"；"保越之战"；朱元璋

方国珍是元末最早一批造反者，他在浙东台州、温州、庆元三郡建立的地方政权坚持到明朝开国前夕，因而他亲历了元末动乱的完整历程。研究方国珍起事和演化过程，不但可以了解元末江浙局势的演变，也对我们认识元朝应对全国动乱的政策变动颇有助益。

洪武七年（1375）方国珍病卒，他在元末活动的史料几乎均在明初政治环境下产生，皆刻意淡化他政治立场多变的乱世枭雄本相。为编修元顺帝一朝史事，洪武三年再度开局纂修《元史》，方国珍元末活动自在采编纂修之列。帝国初立窥伺尚多，明廷为争取士人承认和支持，《元史》以三卷《忠义传》及《孝友》《列女》等辑录元末动乱中的众多死节事以彰显自身正统。顾及全国而降的方国珍形象，除了在影响甚大的台州路总管泰不花死事中不可避免以其为"贼"外，《元史》刻意减弱方国珍据守浙东三郡的史事。宋濂在方国珍死后奉诏撰写的《神道碑铭》中，不但刻意模糊方国珍元末叛附无常的形象，甚至特意褒奖他守土地方以待真人的知止品格。建文、永乐间编修《明太祖实录》时，中和了宋濂《神道碑铭》与《元史》的记载，既奖进他率先降附之美，又不泯没他元末叛附无常的史实。

明代浙东、浙西方志以元朝正统立场载有"寇盗"方国珍的颇多事迹，揭露出他元末政治立场多变的一些细节，但囿于明初贫乏的官史记载，难以提供方国珍元末造反的完整过程[①]。近代以来，学界围绕朱元璋、张士诚对元末史事进行了较多探讨，对僻居浙东一隅的方国珍集团并

---

① （弘治）《赤城新志》，《四库存目丛书》史部第177册；（万历）《黄岩县志》卷七《纪变》；（嘉靖）《太平县志》卷八《外志》；（嘉靖）《宁波府志》；（弘治）《温州府志》，胡珠生校注，上海社会科学院出版社2006年版；（万历）《温州府志》。

附表3 传统村落（括号内为自然村）

类 别	名 称
中国传统村落 （六批79个）	李宅村、高迁村、大小浦村、布袋坑村、白马岙村、东屏村、张思村、上街下街村、里箬村、岭根村、孔丘村、半山村、街二村、东山村、年坑村、龙泉村、迹溪村、后岸村、九遮村、山头郑村、上杨村、灵坑村、管山村、苍岭坑村、溪头村、上江垟村、埠头村、十都英二村、西亚村、垟嶴村、九思村、公孟村、羊棚头村、朱家岸村、上岙村、兴隆村、朱溪村、仁庄村、方宅村、四都村、祖庙村、三井村、尚仁村、油溪村、枫树桥村、山下村、西炉村、大战索村、白岩下村、上王村、东海村、岙底罗村、坦头村、呈岐村、善家洋村、胜坑村、桥头村（石牛坑）、南蒋村、大泛村、西洋庄村、前塘村、殿前村、下湾村、黄石坦村、城里村、横河陈村、潮济村、乌岩头村、下街村、炮台村、厚仁中街村、滕山村、西片村（滕庄）、上张（马安山）、岩下村、上联新村、峰阳村、联合村、包家村
浙江省传统村落 （一批52个）	横河陈村、乌岩头村、下街村、潮济村、安坑村、安桥村（石门）、黄坦洋村、龙里村、洋高山、岙底陈村、茶寮村、芙蓉村、灰坑村、坪坑村、康西村（岭头胡）、水岙村、桥坑村、上马村、新树坑村、前红村、炮台村、大青村、下岐村、联合村、灵风村、下汤村、小溪坑村、滕山村、西片村（滕庄）、上张村（马安山）、蔡坎头村、厚仁中街村、叶岩头村、大源村（齐坑）、撩车村、祁家村、板樟山村、金板山村、下南山村、南溪村、包家村、赖岙村、杨家村、后陈村、珠岙村、竹墩村、香山村、岩下村、桥头村、王岐庄村、黄泥洞村、山前村

附表4 浙江省历史文化村落保护利用重点村

类 别	名 称
浙江省历史文化村落 保护利用重点村 （九批30个）	潮济村、岭根村、东沙社区、高迁上屋村、东屏村、乌岩头村、岩下村、街一村、李宅村、半山村、岙底罗村、里箬村、东山村、下岐村、回浦村、头陀村、峨眉山村、山头郑村、埠头村、村、江口村、灵风村、上栈头村、峰阳村、高迁村、孔丘村、上江垟村、炮台村、黄水村、杨家村

附表5 其他传统聚落

来 源	名 称
《台州档案文化丛书——台州古村落》	(除前述聚落外)：葭芷（街道）、决要、蒲洋、马宅、涌泉（镇）、南鉴、檟树、水南、吴岙、凤阳章、下沙屠、卢家、龙泉、白壁、大黄坭、流水坑、花楼、铺前、岭头周、溪头、山兵、宁溪（镇）、沙滩、大汾、东塍（镇）、北涧、城南（镇）、东西、岩坦、下岙周、娄坑、任家、小菁
明代台州沿海卫所体系	(除前述聚落外)：海门老街（海门卫城）、松门镇（松门卫城）、健跳镇（健跳所城）、前所街道（海门前所城）、岙环街村（隘顽所城）
浙江省历史文化村落保护利用一般村	略

[5] 全国地理信息资源目录服务系统 全国基础地理数据库[DB/OL]. https://www.webmap.cn/main.do? method = index. 2021(11). [National Catalogue Service For Geographic Information: National basic geographic database[DB/OL]. https://www.webmap.cn/main.do? method = index. 2021(11).]

[6] 中华人民共和国民政部全国行政区划信息查询平台[DB/OL]. http://xzqh.mca.gov.cn/map. 2021(11)[Ministry of Civil Affairs of the People's Republic of China[DB/OL]. http://xzqh.mca.gov.cn/map. 2021(11)]

附表

附表1 国家历史文化名城与中国历史文化名镇名村

类 别	名 称
国家历史文化名城（1）	临海历史文化名城
中国历史文化名镇（2）	皤滩历史文化名镇、桃渚历史文化名镇
中国历史文化名村（3）	高迁历史文化名村、岭根历史文化名村、张思历史文化名村

附表2 浙江省历史文化名城、名镇、名村、街区

类 别	名 称
名城（1）	天台历史文化名城
名镇（10）	箬山历史文化名镇、皤滩历史文化名镇、路桥历史文化名镇、新河历史文化名镇、温峤历史文化名镇、街头历史文化名镇、楚门历史文化名镇、桃渚历史文化名镇、横溪历史文化名镇、尤溪历史文化名镇
名村（10）	高迁历史文化名村、岭根历史文化名村、张家渡历史文化名村、张思历史文化名村、山头郑历史文化名村、羊棚头历史文化名村、厚仁中街历史文化名村、下街历史文化名村、东屏历史文化名村、高枧历史文化名村
街区（7）	椒江：章安历史文化街区；仙居：东门街历史文化街区；临海：紫阳街府前街历史文化街区、西门街历史文化街区、三井巷历史文化街区；天台：中山西路历史文化街区、中山东路历史文化街区

图32 台州地区典型传统民居风格"三透九明堂"（左：仙居高迁，右：仙居尚仁）

五、小结

台州市域的传统聚落在空间分布上呈集聚分布，重点表现为近山性、近水性和边缘性（传统村落）分布特征，聚落的三生空间融合程度较高，其中内陆村落三生空间呈现"镶嵌"特征，滨海村落呈现"叠加"特征。而聚落的形成，是在漫长的时间序列中，在海洋与陆地，河谷与山区的地缘板块轮动中，在不同的文化碰撞融合下，不断生成、发展、演进，从而构建起特征显著、底蕴深厚的传统聚落体系。

由于时间等因素制约，本文研究范围仅限于以上国、省级传统聚落，事实上台州还有众多其他传统聚落（详见附表5），有不少正在申报下一批的国、省级历史文化名城、名镇、名村、街区与传统村落，因此本研究的样本数可以在后续研究中，进一步丰富和完善。另外，这些传统聚落，特别是数量上占主体的村落，其建设现状、面临问题以及发展思路在本文中尚未涉及，关于如何实现传统聚落的复兴、如何平衡保护与发展的关系，这些课题也值得继续深入研究探讨。

参考文献

[1] 李帅,刘旭,郭巍.明代浙江沿海地区卫所布局与形态特征研究[J].风景园林.2018(11):74-77.〔LI Shuai, LIU Xu, GUO Wei. Studies on Layout and Morphological Characteristics of Defense Forts in Zhejiang Coastal Areas in Ming Dynasty [J]. Landscape Architecture. 2018(11):74-77.〕

[2] 童坚.浙江省传统村落形成机制及空间结构研究[D].2018(3):2-6.〔TONG Jian, Formation Mechanism and Spatial Patterns of Traditional Villages in Zhejiang Province[D].2018(3):2-6.〕

[3] 王震,韩正权,康彦彦,等.椒江河口湾海床演变分析[J].水运工程,2014(10):28-33.〔WANG Zhen, HAN Zhengquan, KANG Yanyan, et al. Analysis of seabed evolution of Jiaojiangkou Bay [J]. Port and Waterway Engineering. 2014(10):28-33.〕

[4] 吴志刚、王维龙.台州档案文化丛书——台州古村落[M].中国文史出版社,2013(9):1-4.〔WU Zhigang, WANG Weilong. Taizhou Archives Culture Series: Ancient villages ofTaizhou[M]. China Literary History Press. 2013(9):1-4.〕

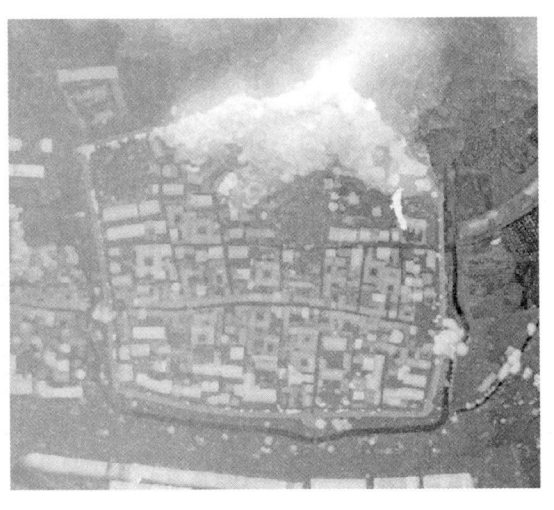

图 30 桃渚所城（桃渚历史文化名镇）航测正射影像（左）与街巷肌理（右）（资料来源：自摄）

明清以来，随着商品经济的发展，驿道系统的持续完善，台州境内形成一系列商业市镇。这些市镇，多位于区域主要交通沿线，或为河流交汇处的河谷地带，或为水网密集的平原地带。前者如蟠滩历史文化名镇，地处永安溪谷地，五水汇合，在台州向金华、丽水的区域交通线上，后者如路桥历史文化名镇，地处温黄平原，水网密布，工商业发达。与此同时，随着持续性的人口增长，台州进入海陆全域开发时期，内陆山区得到进一步开拓，出现了数量众多的山区村落，滨海地区有闽海民系渡海北上，在玉环岛、温岭石塘半岛等"山诹海隅"之地营建渔村，并带来了如妈祖崇拜等闽海文化，丰富了台州的文化内核。

图 31 龙形古街格局的蟠滩历史文化名镇

图28 三门蛇蟠岛：山前村（左）与黄泥洞村（中、右）

明朝立国后，试图重建稳定的中央集权王朝，在北方设立九镇，大规模修建长城，以防御蒙古游牧部落；在西南山地修建屯堡，大举移民，以消化云贵高原；在东南沿海设立卫所，以应对倭寇问题。在台州设置两卫六所，分别为海门卫、松门卫，健跳所、桃渚所、海门前所、新河所、隘顽所、楚门所（详见下图与附表5），布局在东部沿海地区，彼此相隔约20km，其中海门卫与海门前所，分别扼守灵江入海口南北两岸，互为犄角。各卫所多布局于有山体拱卫之处，兼具防台风、洪涝和御敌之效，通过河谷孔道，与腹地的府县相连。由此，台州形成了一系列海防聚落，在满足军事功能的基础上，有部分也成为渔业、手工业、商业等具有活力的市镇。

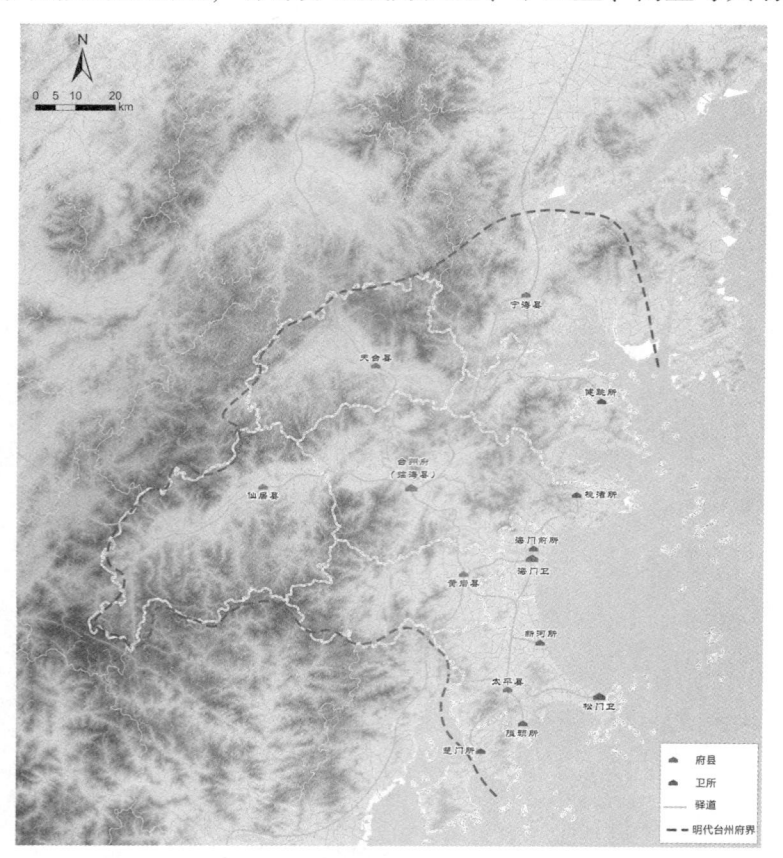

图29 明代台州府县与卫所体系布局（海岸线为明代）（资料来源：自绘）

图26 台州府城（临海历史文化名城）航测正射影像（左）、航拍影像（右上）、街巷肌理（紫阳街府前街—西门街—三井巷历史文化街区）（右下）（资料来源：自摄）

4.3 明清：沿海卫所的形成与海陆全域开发

宋元时期，伴随着海上丝绸之路的兴盛，对外贸易活动频繁，出现武装走私的海商/海盗集团，有脱离中原王朝管控的倾向。在台州，随着而海岸线的逐渐东退，浅滩淤积成陆，形成了以温黄平原为主的沿海平原，基于海洋性的地缘潜力逐渐增强，商业市镇出现。元末最早起义的方国珍，为黄岩洋屿（今路桥）人，以贩卖私盐起家，割据浙江沿海。

图27 三门蛇蟠岛与东海枭雄像（孙恩、卢循、方国珍、王直、郑芝龙）（资料来源：自摄）

道，从上虞循曹娥江、剡溪而上，翻越天台山与大盘山绵延合围的群山地带，进入天台盆地，再沿丘陵交错的始丰溪/灵江谷地而下抵达临海。此后，台州通往外界的驿道依次开辟，先后在各河谷要地设立临海（东吴）、天台（东吴）、宁海（西晋）、仙居（东晋）、黄岩（唐）等县，其中临海因为地处四条驿道的交汇处，山环水绕，且位于台州地区陆域中心，成为军事要塞、交通枢纽，台州地区的中心也从章安转移到临海。

唐初，台州正式置州，以境内天台山得名。唐宋以来，郑虔首办官学，教化台州，朱熹讲学临海、黄岩等地，至南宋台州列为辅郡，文化昌盛，号称"小邹鲁"。台州儒释道三教并举，也是天台宗、道教南宗的发源地，三教在台州实现融合，形成"和合文化"。这一时期形成的聚落，多沿河谷布局，并溯水而上，进一步向上游山区拓展。河流不仅满足了人们生产生活需要，也提供了对外交通联系的功能，聚落的营建也极大融入了风水学、堪舆学等传统，形成背山负水、负阴抱阳的布局。

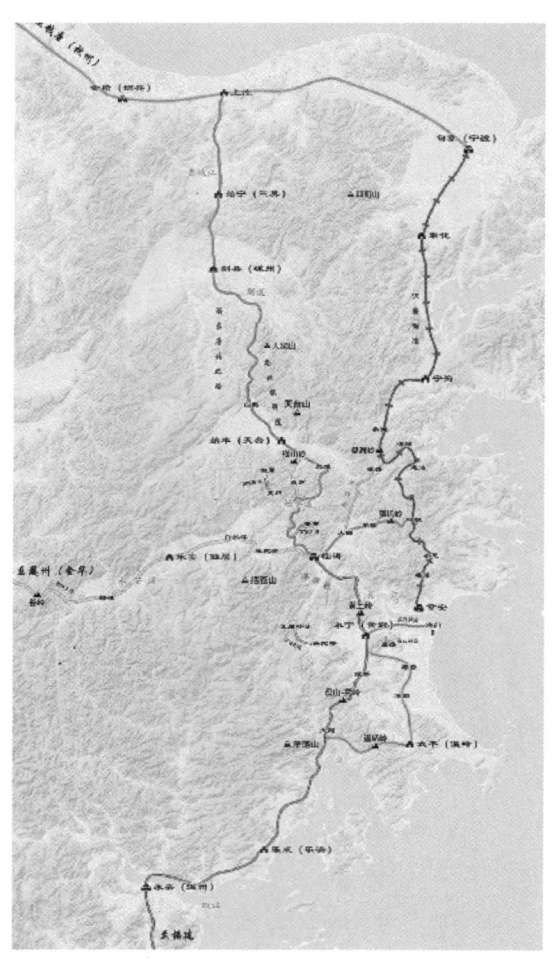

图25　台州及浙东地区主要古驿道（唐宋海岸线）（资料来源：自绘）

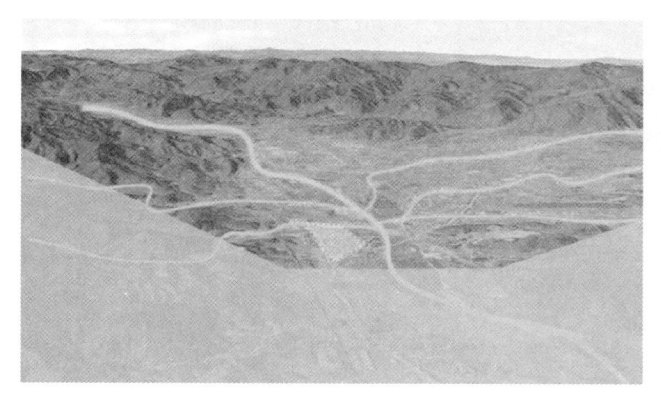

图21 河谷平原聚落（河谷型）仙居县皤滩乡（资料来源：自绘）

图22 河谷平原聚落（平原水网型）椒江区章安街道（回浦村）（资料来源：自绘）

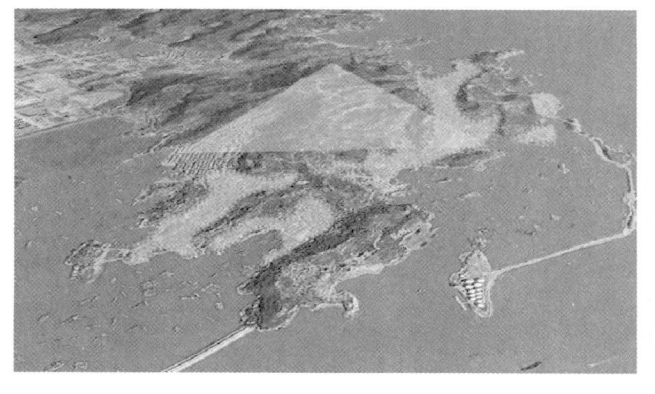

图23 海岸海岛聚落（海岸型）温岭市里箬村、东山村、东海村、前红村（资料来源：自绘）

图24 海岸海岛聚落（海岛型）椒江区大小浦村（下大陈岛）（资料来源：自绘）

四、台州传统聚落的演进历程

4.1 先秦至秦汉：陆域阻隔，滨海地区出现早期聚落

台州地处浙东南地区，和与华夏文明中心平原相接、水网相连的苏杭（吴）、绍甬（越）相比，群山阻隔中台州相对偏远蛮荒。当吴、越二国进入青铜器时期，相继争霸中原之时，台州地区仍为百越杂处、断发文身的蒙昧时代。连绵的山脉长期阻隔了陆上交流，而大海则催生了台州乃至浙东南最早的文明。越国灭亡后，勾践的后裔相继南逃浙东南和福建，成为各地区的部落首领。浙东南的台州、温州和丽水，形成了东越国（后称东瓯国），今温岭大溪有东瓯时期城址。相比同时期已经进入郡县制、中央集权化的战国七雄，东瓯国仍然是半原始半开化的部落君长制松散联盟。《山海经——海内南经》载："海内东南陬以西者，瓯居海中"。沟通东瓯国各地的主要是海路，内陆山区处于与世隔绝的状态。位于灵江入海口的章安，于汉昭帝时期设立回浦县（回浦意为"河流弯曲回旋入海"），成为台州地区最早的中心。

4.2 六朝至唐宋：驿道开辟，河谷地区设立府县，梯次开发

六朝时期，伴随中原移民大规模南下，台州的陆域逐步得到开发。东吴时期，台州地区首次设郡（临海郡，驻章安）。东晋时期，谢灵运开辟从绍兴（会稽郡）进入台州（临海郡）的驿

图18 玉环市东沙社区三生空间布局特征（资料来源：自摄）

传统聚落根据自然环境特征，有山地丘陵、河谷平原、滨海三类聚落。山地丘陵聚落根据与山体的关系，可细分为山坡型、山岙型、溪谷型。受地形影响，聚落形态多为条带状或散点状。河谷平原聚落根据地形特点，可细分为山麓型、盆地型、河谷型、平原水网型，聚落形态多为团块状或条带状。滨海聚落根据海陆分布可分为海岸型与海岛型，但二者差异较小，聚落空间形态相近，肌理都为自由型，多有规模不等的避风渔港，而且海岸线本身也在不断变迁，存在变岛为陆的可能性（如路桥洋屿等已完全融入陆地，蛇蟠岛、玉环岛与陆地也已基本相连）。

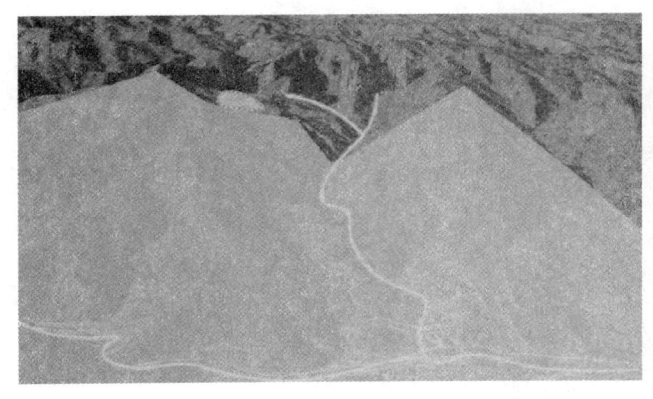

图19 山地丘陵聚落（山坡型）仙居县公盂村（资料来源：自绘）

图20 山地丘陵聚落（溪谷型）临海市黄石坦村（资料来源：自绘）

图16 位于括苍山脉腹地乡道沿线的聚落（仙居齐坑）（资料来源：自摄）

3.3 传统聚落的空间特征与形态

传统乡村聚落"生活（聚落）—生产（耕地/海域）—生态（山地/海域）"的三生空间融合度较高。内陆村落三生空间呈"镶嵌"特征，从整体上看，乡村聚落镶嵌于农田中，农田镶嵌于山地中；从局部看，聚落、农田、山地多呈交错式布局。滨海村落三生空间呈"叠加"特征，村落布局于山、海衔接之处，山丘作为聚落的空间基底，而海域则同时扮演了生产空间与生态空间的角色。这些聚落大部分仍为相对传统的乡村空间，隔离性较强，多以河谷、盆地为单元，组成小共同体。同时，部分乡村在产业发展过程中，生活空间和生态空间逐渐转向生产化。

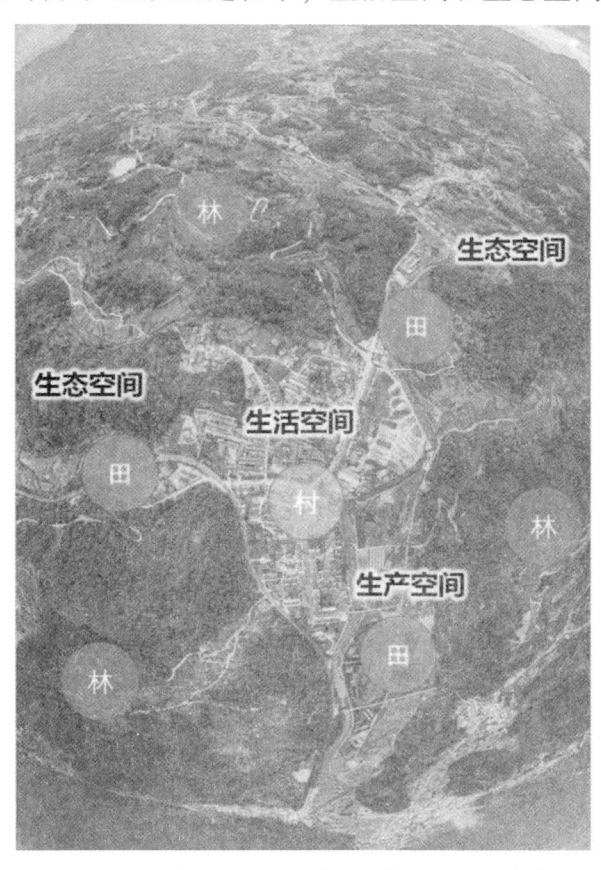

图17 临海市岭根村三生空间布局特征（资料来源：自摄）

图13 山区溪坑型聚落（仙居撩车：十三都坑及各支流交汇）（资料来源：自摄）

图14 平原河流型聚落（仙居皤滩：永安溪及五支流交汇）（资料来源：自摄）

3.2.3 特征三：边缘性分布，少量传统城镇沿交通干线，大量传统村落沿交通支线

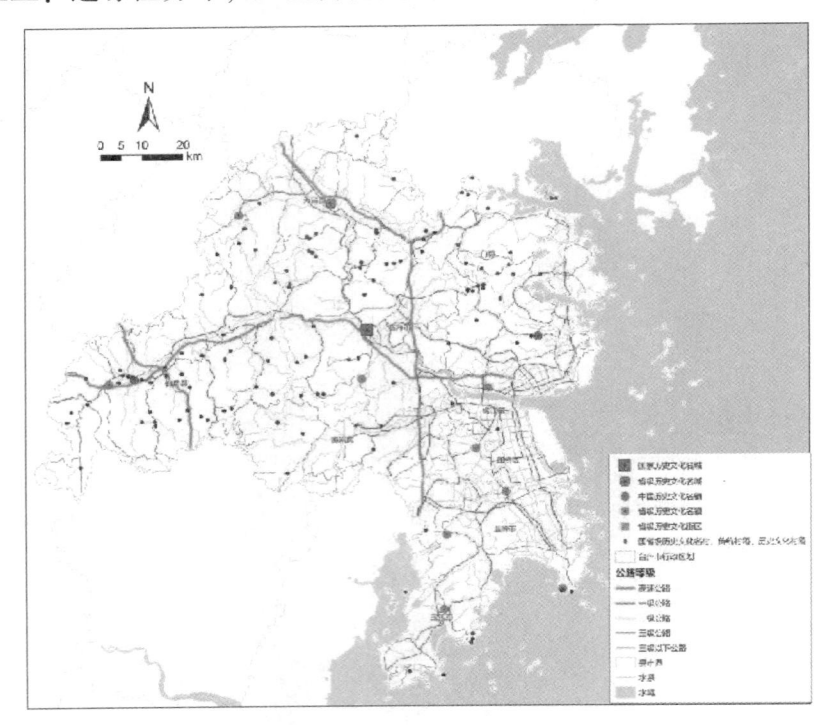

图15 台州市域公路与传统聚落分布（资料来源：自绘）

除作为城区的临海、天台历史文化名城与路桥历史文化名镇外，各传统聚落（即传统村落）多位于三级以下公路沿线。交通可达性越低，受到外界干扰越少，开发强度越弱，客观上有助于传统聚落的保存。

79

3.2.2 特征二：近水性，多沿二级以下支流分布

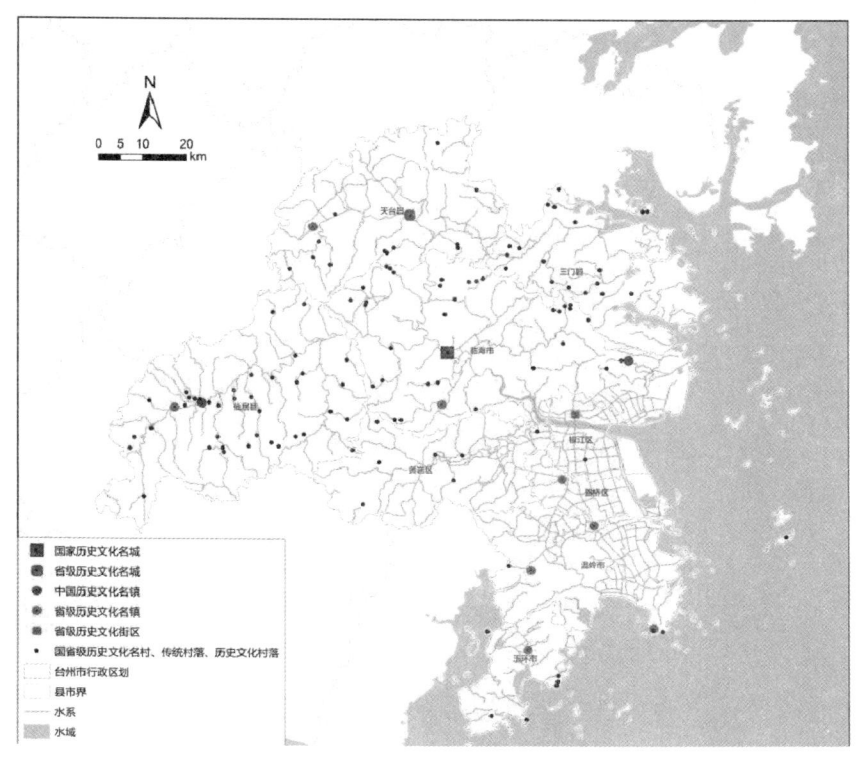

图 12 台州市域水系与传统聚落分布（资料来源：自绘）

台州市降水充沛，河网密度高，市域绝大多数水系属灵江水系（灵江为浙江省第三大河，次于钱塘江与瓯江），上游干流为永安溪（主要在仙居境内），在临海城区西北接纳来自天台的主要支流始丰溪，下游汇入来自黄岩的永宁江（澄江），注入台州湾。灵江流域集水面积约占市域总面积的三分之二，其余为独流入海的小河流。在 GIS 软件中将台州市域范围内 5 级以上水系与传统聚落空间位置进行叠加与配准，对水系作缓冲区分析，并进行校核。

传统聚落的布局呈现高度"近水性"，多沿二级以下支流分布，多处于河流干支流上游。近 3/4 的聚落紧沿溪水、河流、海湾分布，其中 69 个沿山区溪坑，19 个沿平原河流，11 个沿海湾分布。距离水系 1000 米以上的聚落仅有 13 个，占比为 9.7%，均为半山坡（台）地村落，如仙居县公盂村、临海市呈岐村、三门县赖奔村，此类村多于村口建水塘，作为村民日常生活、生产用水。

表 5 台州市域传统聚落与水系的关系

与河流距离（米）	滨水（=0）			<500	500~1000	1000~2000	>2000
	山区溪坑	平原河流	海湾				
个数（个）	101			15	8	9	4
占比（%）	73.7			10.9	5.8	6.6	2.9

表4 台州市域传统聚落与海拔、坡度的关系

海拔	<100	100~200	200~500	>500
个数（个）	61	38	34	4
占比（%）	44.5	27.7	24.8	2.9
坡度（°）	<2	2~6	6~15	15~25
个数（个）	30	59	43	5
占比（%）	21.9	43.1	31.4	3.6

从海拔情况来看，传统聚落的海拔分布（考虑到聚落内部会有高程差异，此处为每个聚落的平均海拔），以海拔100米左右的聚落数量最多。各聚落中，海拔最高为仙居县公孟村（括苍山地，628米），最低为椒江区横河陈村（温黄平原，6米），滨海、海岛聚落，虽有部分民居位于近海平面处，但因选址于丘陵，聚落内部存在一定高差。坡度方面，位于缓坡（2°~6°与6°~15°）的传统聚落占比最高，位于平地（2°以下）的传统聚落占比约为1/5。

因此，传统聚落的分布，呈现出显著的"近山性"，即多分布于地势起伏，高程适中的丘陵地带（包括内陆丘陵和基岩海岸的丘陵）。内陆盆地中，距山较近的狭长河谷（仙居盆地/永安溪河谷）传统聚落分布较多，距山较远的盆地（天台盆地等）传统聚落分布较少。沿海平原传统聚落最少，一者沿海平原成陆较晚，二者伴随着当代工业化、城市化浪潮，聚落更新速度快。

图10 位于山地丘陵的传统聚落（临海孔丘）（资料来源：自摄）

图11 位于基岩海岸丘陵的传统聚落（玉环东沙）（资料来源：自摄）

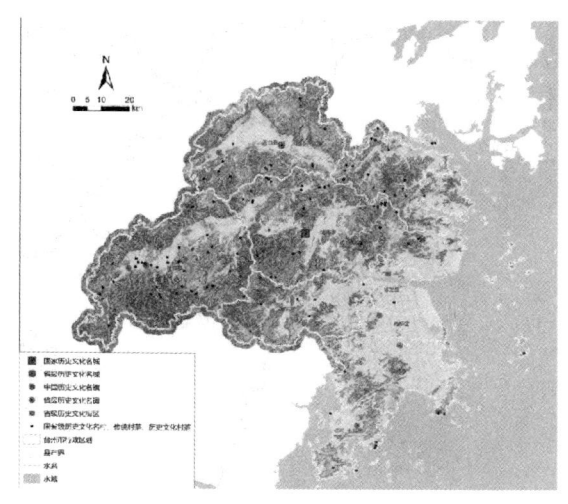

图7 台州市域坡度与传统聚落分布（资料来源：自绘）

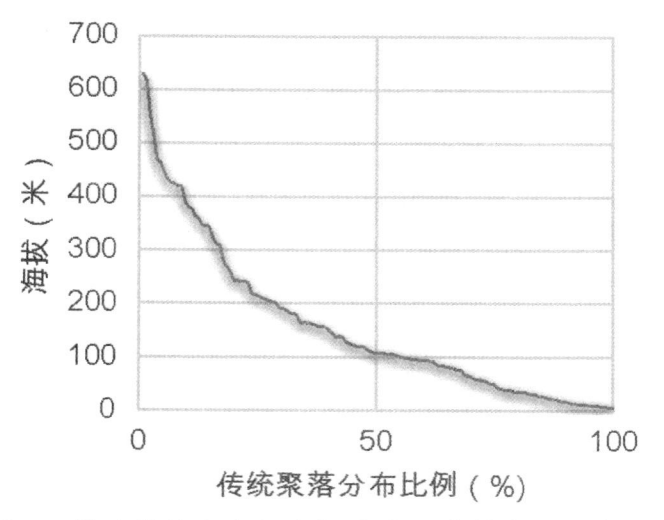

图8 传统聚落分布与海拔关系（资料来源：自绘）

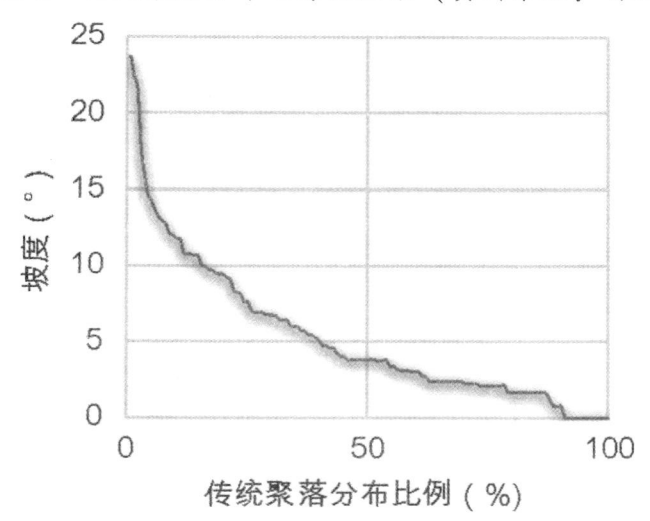

图9 传统聚落分布与坡度关系（资料来源：自绘）

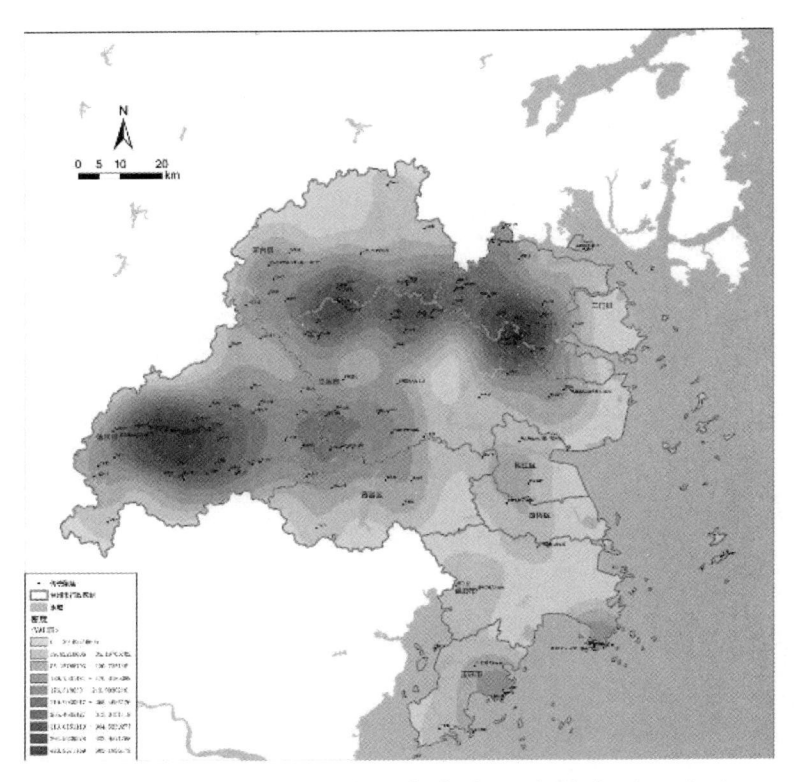

图5 台州市域传统聚落分布密度（资料来源：自绘）

进一步分析传统聚落分布与地形关系，传统村落在市域范围内有两个高密度区，分别为市域西部括苍山麓和永安溪河谷（仙居县中西部），市域北部丘陵地带（临海北部与天台南部、三门西南部交界区）。其次为市域东南部滨海丘陵（温岭东南部与玉环东部），以及括苍山腹地（临海、仙居、黄岩交界处）。密度低值区主要为温黄平原。

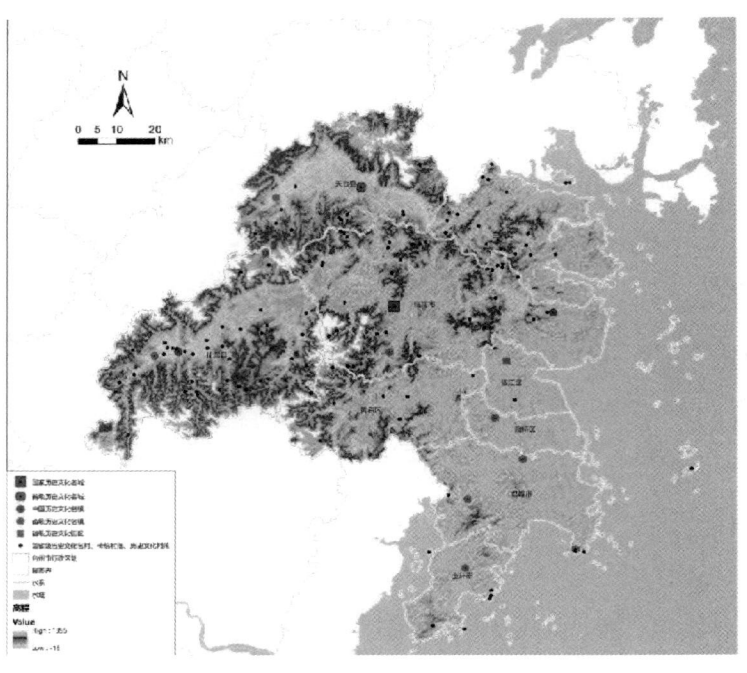

图6 台州市域高程与传统聚落分布（资料来源：自绘）

续表

地市	面积（km²）	传统村落数量（个）	密度（个/万 km²）	比重（%）
绍兴市	8256	29	35.1	4.1
湖州市	5794	5	8.6	0.7
嘉兴市	3915	5	12.8	0.7
舟山市	1440	3	20.8	0.4
合计	103617	700	67.6	100

注：行政区划面积数据来源于中华人民共和国民政部全国行政区划信息查询平台（下同）。

3.2 市域范围的传统聚落的整体布局

3.2.1 特征一：近山性，多分布于丘陵地带

从各县级单元来看，传统聚落在全市9个县市区均有分布，其中仙居县有41个，占29.9%，数量和密度均为最高。其次为临海市，有36个，占26.3%。玉环市虽然数量仅有7个，但密度值仅次于仙居。传统聚落数量和密度较大的县市，山地、丘陵占比较高。

表3 台州市域传统聚落统计

县市区	面积（km²）	传统聚落数量（个）	密度（个/万 km²）	比重（%）
仙居县	1992	41	205.8	29.9
临海市	2171	36	165.8	26.3
三门县	1072	19	177.2	13.9
天台县	1426	16	112.2	11.7
黄岩区	988	7	70.9	5.1
温岭市	836	7	83.7	5.1
玉环市	378	7	185.2	5.1
椒江区	276	3	108.7	2.2
路桥区	274	1	36.5	0.7
合计	9413	137	145.5	100

县)、洞宫山(如景宁畲族自治县)、括苍山(如仙居县)等地,其次为浙中盆地区、浙东丘陵盆地区的诸多丘陵地带,浙北平原区数量最少。

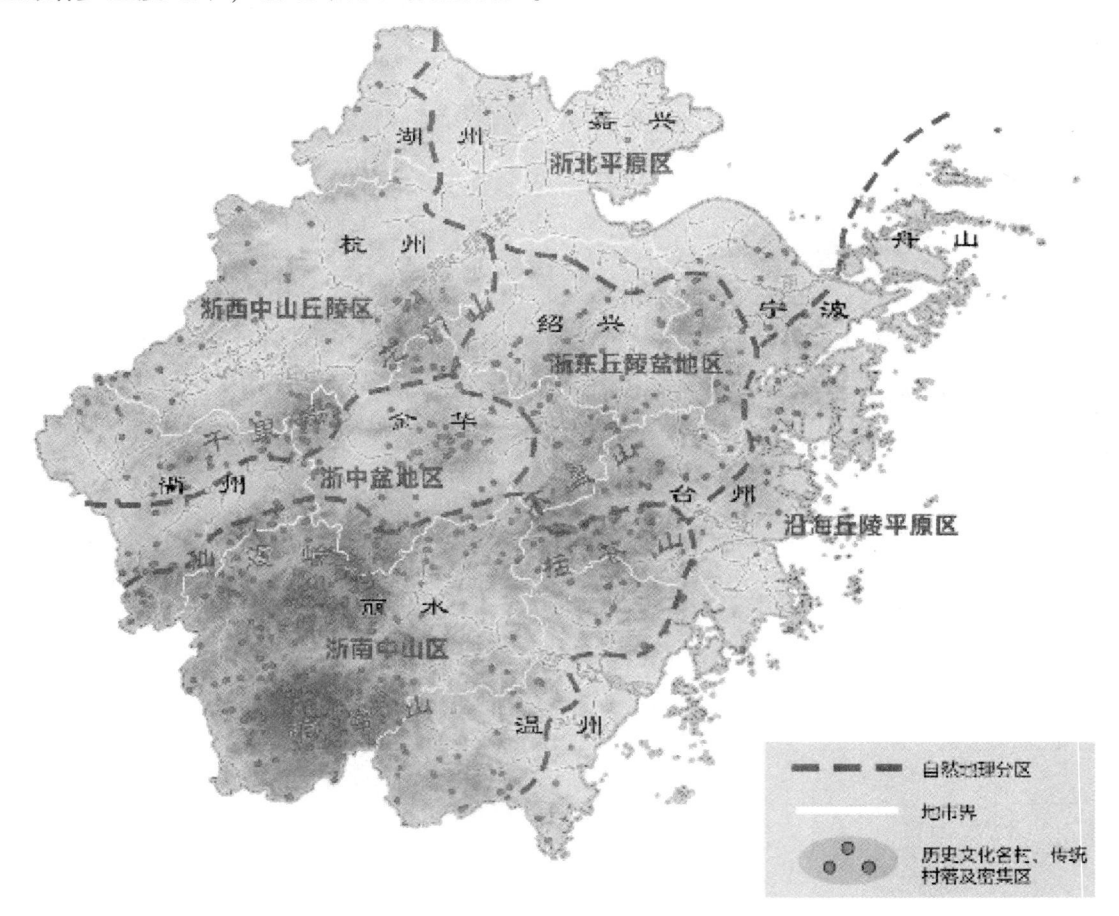

图4 浙江省国、省级历史文化名村与传统村落的分布与密度
(资料来源:自绘)

在各地市中,台州市的中国传统村落数量与密度,均位于全省第三,仅次于丽水和金华。相比于丽水、金华等地市以内陆丘陵村落为主,台州地处东部沿海,山河湖海兼备,拥有一定数量的滨海传统聚落,具有其独特的优势。

表2 浙江省各地市中国传统村落统计

地市	面积(km²)	传统村落数量(个)	密度(个/万km²)	比重(%)
丽水市	17298	268	154.9	38.3
金华市	10919	118	108.1	16.8
台州市	9413	79	83.4	11.3
杭州市	16596	65	39.2	9.3
衢州市	8837	57	64.5	8.1
温州市	11784	39	33.1	5.6
宁波市	9365	32	34.2	4.6

图2 褶皱山地（临海括苍山 米筛浪）
（资料来源：自摄）

图3 基岩海岸（玉环岛南岸鲜迭附近）
（资料来源：自摄）

2.2 人文环境：山海基底构筑的文化景观

台州山海相间，台州人既有山的务实与硬气，又有海的开拓与创新，受浙东学派影响，崇尚义利并举，经世致用。台州人以吴越民系为主流，居民多操吴语台州话。

我国人文地理学鼻祖、台州临海人王士性对浙江进行考察研究后，曾指出："杭、嘉、湖平原水乡，是为泽国之民；金、衢、严、处丘陵险阻，是为山谷之民；宁、绍、台、温连山大海，是为海滨之民。三民各自为俗。海滨之民，餐风宿水，百死一生，以有海利为生不甚穷，以不通商贩不甚富，间阎与缙绅相安，官民得贵贱之中，俗尚奢俭之半。"他认为不同的地理环境的居民，有着相应的生产方式、风俗习惯、价值观念等。因而，作为人类活动中心场所的聚落，其区位布局、空间特征、建筑风格等，本质上根植于当地的地理环境，作为人们进行劳动生产、居住生活和社会活动的场所，是人地交互下的产物，是文化景观的集中呈现。

在长期的历史演变下，台州形成了完整的传统聚落体系。本文考察传统聚落的起源与发展情况，并根据职能进行分类，将其分为以下四种基本类型：府县（政治性）、卫所（军事性）、市镇（商业性）、村落（农耕性）。

表1 台州传统聚落基本类型

类别	性	质	聚 落
府县	自上而下	政治性	临海（台州府城）、天台（天台县城）
卫所	自上而下	军事性	桃渚（桃渚所城）、楚门（楚门所城）、新河（新河所城）
市镇	自下而上	商业性	路桥、皤滩等
村落	自下而上	农耕性	高迁、乌岩头等

三、台州传统聚落空间布局与类型特征

3.1 省域视角下的传统聚落分布特征

台州位于浙江省东部沿海。对浙江省内的国、省级历史文化名村与传统村落进行空间落位并分析密度，可以发现古村落高密度区多为山地丘陵，最高值位于浙南中山区的仙霞岭（如松阳

数据（精度为12.5米），同时在实地调研中借助航拍/航测影像，选取各类型代表作为案例分析。

二、概况

2.1 自然地理：七山一水二分田，海岸线漫长曲折

台州为浙江省辖地级市，辖三区（椒江、黄岩、路桥）三县（天台、仙居、三门），代管三县级市（临海、温岭、玉环），总面积为9413 km²，2020年常住人口为662万人（七普）。台州三面环山，一面沿海。境域内多褶皱山地，以西南部括苍山脉地势最高，主峰米筛浪海拔1382.4米，系浙东第一高峰，也是中国大陆海岸线60千米内最高峰，相对高差超过1300米，植被垂直分异明显，从山麓往上依次是常绿阔叶林、针阔混交林、针叶林、灌木林。天台山、大盘山、括苍山和雁荡山四脉，将台州合围，使之与邻近的宁波、绍兴、金华、丽水和温州相互阻绝，也在内部将台州分割成大小不等的几十个盆地，其中较大的有天台盆地、仙居盆地。山脉东面的滨海地区，多为基岩海岸（北部三门、临海，南部温岭南部和玉环），被海浪冲击形成了海蚀地貌，岸线曲折，岸坡陡峭，湾岬相间，而灵江入海口南岸则为砂质海岸，在海侵期结束后形成温黄平原并逐渐扩大。太平洋的暖湿气流随地势不断抬升，形成充沛的地形雨，山岭成溪，山谷汇流，奔向东海。

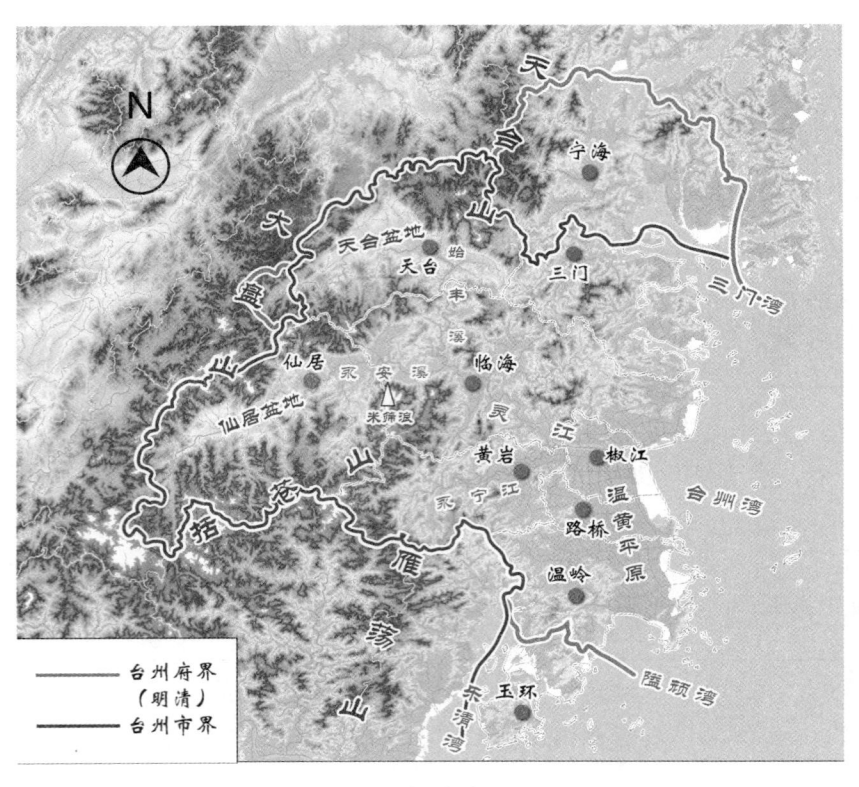

图1 台州地形图
（资料来源：自绘）

台州传统聚落空间布局与演进历程研究
Studies on Spatial Layout and Evolution of Traditional Settlements in Taizhou

傅 鼎[①]

摘 要：传统聚落较为完整地保留了地域乡土文化的价值，是重要的历史遗存，是人类文化生态的体现。以台州市域137个传统聚落为研究对象，通过GIS技术与方法，分析传统聚落的空间分布特征，探讨传统聚落分布与地形、水系、交通等因素的关系，进而在实地调查中进行航拍/航测，从多层次、多维度研究其空间布局与时空演进历程。

关键词：传统聚落；台州；空间布局；形成机制

Abstract: Traditional settlements retain the value of regional and local culture completely. They are important historical relics and the embodiment of human cultural ecology. Taking 137 traditional settlements in Taizhou as the research object, analyzes the spatial distribution characteristics of traditional settlements through GIS technology and methods, discusses the relationship between traditional settlement distribution and terrain, river system, transportation and other factors, and then carries out aerial photography / aerial survey in field investigation to study their spatial layout and spatio-temporal evolution process from multiple levels and dimensions.

Key words: traditional settlement; Taizhou; Spatial layout; formation mechanism

一、引言

聚落是人类聚居和生活的场所，主要包括城市聚落和乡村聚落，还有介于二者之间的集镇等类型，其中乡村聚落又包括了农、林、牧、渔等村落。传统聚落是历史时期人类活动与自然环境相互作用的结果，与地域环境结合紧密，集中体现了地域特色，承载了乡土文化价值，具有极高的价值。本文以台州市域范围内的137个传统聚落为研究对象，包括国、省级历史文化名城、名镇、名村、街区，国、省级传统村落，浙江省历史文化村落保护利用重点村。所有研究样本均精确到自然村的实际位置。其中，不同类别的相同聚落（如张思村同时为中国历史文化名村和中国传统村落），以及名镇、村落实际为同一聚落的（如桃渚历史文化名镇保护范围即传统村落城里村），均作为同一聚落。运用统计分析、3S技术、航拍航测、抽样考察、归纳演绎等方法，对台州市域范围内的传统聚落，从宏观层面的总体布局、中观层面上聚落的三生空间、微观层面上聚落的空间形态与街巷肌理，进行多层次、多维度分析。空间数据如行政境界、水系、公路、铁路等数据来源于全国地理信息资源目录服务系统全国基础地理数据库，高程数据为ALOS DEM

[①] 傅鼎，1992生人，硕士 上海同济城市规划设计研究院有限公司 城乡统筹规划研究中心，规划师，工程师（中级）。

往来也是早已存在的。孙吴时沈莹著《临海水土异物志》，西晋时郭璞（276—324）注《山海经》，都以临海郡为确定海外各地方向和计算距离的"坐标"，都说明当时台州的海上交通四通八达。

但到现在，具体的材料尚只看到二条，一是戚学标《台州外书》卷9"兵患"记：

嘉定元年（1208），阇婆国番船寇松门，巡司失印记，复降给。

这个阇婆国，就在现在印度尼西亚的爪哇，刘宋元嘉（424—453）中已通中国（见《宋书》卷97"夷蛮传"）。

戚学标此处所记系据江左的《松门遗事》。江左清初松门人，清初在浙、闽、粤三省实行迁遣，松门亦在抛弃之列，江氏心有所憾，乃纂此书，可惜已佚。

二是明天台人卢濬（1464—1509）纂的《赠节妇史氏》诗序（转见许鸣远《天台诗选》卷3）：

氏夫以海贾飘暹罗、守节二十年。后，夫以通事（翻译的古称）进贡重逢，送至南安而别。

暹罗即今泰国。这位史氏的丈夫姓名不知，他原是一位"海贾"，大概因海难，就住在暹罗。过了二十年，他作为暹罗贸易使团的"通事"回到祖国，由于明朝有不准私自出海，违者严惩的政策限制，与妻子见面而无法重圆，只好回去，妻子也只能送到南安而别。（按：明代以南安为名的有云南南安府、江西南安州、福建南安县，此处当指福建的南安县。）

史氏之夫做海外贸易的具体时间不知，卢濬此诗写于晚年，当弘治时，推算起来，应是成化间。

此外，上文已提到清乾隆间，天台人齐周华写过一篇《仙居张广南传》，叙仙居人张鉴淳与人合伙做生意，从福建泉州出海，遇风漂至琉球，经过二十一年才回国。这位张鉴淳有"广南"之号，齐氏传中所写景物又多属东南亚所有，则张氏原本亦是做东南亚生意的。

后危身等赘旒。他日重回那霸港，一封恩诏捧当头。（原注：那霸港，琉球泊舟登岸处。）

从黄瀞诗集前后时日排比，此事当在咸丰元年（1851）。

台州人也有在琉球的。前几年，日人古坚义道、山口光有分别要求我们帮他寻根，原来他们是堂份，始祖杨明州，台州人，崇祯二年（1629）与同乡张五官乘船赴宁波，遇到台风在海上漂流二十八日，最后被刮到琉球的八重山才脱险。二人都有文化，以后入籍琉球，张五官做了"明伦堂"（仿中国的官学机构）的"训诂师"（汉文经典教授），顺治五年（1648）张五官死，又推荐杨明州继任。杨明州在琉球娶妻成家，生二子一女，长子春枝，即古坚一系的小宗祖，次子春荣，则山口一系的小宗祖。古坚和山口的姓当是日本合并琉球以后更变的，因为我们看到春枝之子联桂仍以杨氏为姓于康熙五十八年（1719）出使中国。（杨联桂同年病死中国，葬于通州张家湾，康熙帝并遣使致祭。）至于他们的根，在三门县志办公室杨道义先生的多方努力下也已经找到，杨明州的故居是三门县沙柳镇溪头杨村。当地还保存一部《石林（沙柳的古称）杨氏宗谱》中记："第十一世安雷字汝平，号明州，去宁波失。"与琉球《杨氏宗谱》的记载符合。特别"去宁波失"一语，可谓铁证。而张五官，据宁海东仓村张学庸同志函告，他在《宁海张氏大宗谱》中找到这个名字。张氏在宁海、三门等地散居很广，这个张五官究竟何乡何村人尚不知道，也缺少更有力的证明。

根据分析，这次海难，同船的决不止张、杨二人，看来是因为张、杨二人有文化，故先后被起用，其余则就地安排，惺惺然与琉球人民融为一体。这从琉球杨氏谱中透出一点消息，开始他们到达琉球时，只张五官调到唐荣（琉球首府的华人聚居区）担任训诂师，等到康熙五年张五官死，才把杨明州一家（此前他已成家）从登陆地调到唐荣继任张五官之职。谱中说明此乃"补三十六姓之缺"。三十六姓是明太祖赐给琉球的，他们带去了中国的文明和文化；万历年间又补赐了数姓，但到崇祯年间，一共只十余姓了。张五官、杨明州碰到了一个机会，其他的人没有相应的条件，就从此没灭无闻了。

张五官、杨明州都对琉球的社会发展作出了贡献。杨明州等的后代现都已融入日本。杨氏且裔嗣繁昌。他们过了十几世，尚不忘本根，这一点故土之情是非常可贵的。

此外，还有一位仙居人张鉴淳，他于清雍正十年（1732）与人合伙做海外生意，从福建泉州出发，目的地大概是东南亚，亦因遭遇台风，漂至琉球，直至乾隆十八年（1753），大概是由于他个人的意志，才附琉球使船悄悄回国。天台齐周华根据他的事迹，写了一篇《仙居张广南传》（见《名山藏副本》），文字颇多渲染，已非完全纪实之作，但其本事则有实访的根据。

补记　明代万历间，温州人姜準纂《岐海琐谈》，其卷11《火鱼》条记及台州人与琉球民间商业往来的事，文云："火鱼，有自吴下传至杭城，不二载即罹兵燹。先君自乙卯（1555）携畜于温，好事者分种生殖，几遍城市，至于戊午（1558），亦遭倭难。隆庆年（1567—1572）来，更尚三尾红白斑鱼，其鱼尾际或镶金镶银以为文饰，盖来自临海，彼从琉球携至者也。迩来嫌其尾大不掉，复尚火鱼，雕镂文饰，加以名号，索价甚高，逞奇斗异，更有过于往昔者矣。"

台州和东南亚

台州和东南亚往来的材料很少见，但由于它同闽、广之间的航线早已存在，估计与东南亚的五口通商以后，外国强迫中国实行门户开放，但这也引发中国以至台州的商人扩大了眼界，把企业办到国外。光绪三十三年（1907），黄岩人王舟瑶以两广师范学堂监督的身份赴日本考察教育，他在《清夜焚香室日记》中记道：

（二月二日）早抵长崎。偕（王）伯潜至岸，过恒泰银号小坐。乃宁海人孔云生所设也。

四日，六时抵神户。上岸至二十五番德泰银号访孔云生。云生名兆成，宁海人，以商起家，上海及日本各埠均设有钱庄，充日本横滨中华会馆董事、商务会议所长。

看来这位孔兆成还经营国际金融，是一位大银行家了。

琉球与台州

琉球，明、清两代都是中国的保护国，1879年始为日本合并，一部分建为冲绳县，一部分被划归本土的鹿儿岛县。据《宋史》及《元史》的《外国传》，宋元两代尚未与中国通商。明初开始，双方有了贸易往来，琉球以进贡方式，中国以赏赐形式定期进行货物交换。这种交换往往是不等价的，赏赐价值大于进贡价值。同时，琉球的使团还有一批商人参加，他们也在市场进行买卖。当时指定他们往来的港口是泉州，但因受季候风的影响，台州的松门也经常成为他们的登陆港，但贡使返回及中国遣使前往则仍一定经由泉州。

琉球贡使从台州登陆，明代资料尚未见到。清代从乾隆至咸丰，据不完全统计有七次，现列举如下：

（一）乾隆三年（1738）十月。

（二）乾隆二十四年（1759）闰六月。

（三）乾隆五十七年（1791）一月。

（四）嘉庆七年（1802）六月。

（五）道光十五年（1835）。

这五次都见于故宫档案中福建布政司的奏摺。这五次，每次都有使人死于临海，并葬于临海。第一次是金城，第二次是川满，第三次上江洌，第四次名佚，第五次也姓金城。据云埋葬时，都立有墓碑，都刻上"琉球国"三字，但至今都泯没了。

第六次是道光三年（1923），见临海人张绮（1797—1874）的《默斋诗话》：

道光三年五月，琉球国有人数十漂舟至台，邑令萧公元桂馆于南极宫。其人皆披单花衣，穿木屐，头挽髻如道士，簪以金。有茂才陈举如能诗，携有诗稿数卷，惜未抄录，仅记其《和友咏菊》云："遥忆一篱亲手植，含香犹自待君开。"又《中秋夕过桃花岛》云："休言故国河山远，枕上归来月未斜。"

第七次见太平（今温岭）人黄濬（1779—1866）的《壶舟诗存》卷14，琉球使臣因飘风而至，在太平与黄濬、王瀚等倡和。琉球使臣原唱云：

一帆航海任沉浮，漂泊天邦福地游。忆昔离家方首夏，于今转瞬又深秋。空留旅邸谈风月，未获登朝拜冕旒。放眼苍茫云水外，何时群唱大刀头。

黄濬和诗题为《琉球贡使遭风在邑，有诗寄意，阅之慨然，次韵和之》，诗云：

皇华舟逐海云浮，鲸背星冠作壮游。望阙暂淹江北路，授衣欣度越东秋。风前偻指伤胞州）。出乌峙，通鸭绿、睎日本、睇旸谷……一日再潮，阳往阴复，千万艘，东奔西逐。

两者所说异曲同工，尚可概见海上交通之盛况。

还有下述的间接资料，可证明南宋一代台州与日本的密切关系，宋代铜钱漏海的现象十分严重，走私者不但有中国商人，也有日本商人。如乾道六年（1170）左右，台州有商人船运铜钱下海[①]；理宗时，日本商人潜入台州、温州等地抢购铜钱，一时造成市面上铜钱绝迹。这种走私，严重地影响了中国的国计民生，因此政府采取了严密的防范措施，但其结果仍是防不胜防。一次行动，居然收光了一个商业相当发达城市的通货，其规模可想而知了。

到了元代，元世祖曾经调集大军远征日本，把各地的海船都征集了，还分派各县限时打造，结果因遇海难全军覆没，这对中国商人的进出口贸易是个大打击。但不久，台州的海运力量似乎有所恢复，元黄溍（1277—1357）纂《将仕郎建德录事刘君墓志铭》[②]中，记一位宁海人刘珪，仕元为"进义校尉，宁海县东岙等处海船上百户"，这个东岙就是上面提到的周良史等人的居址，从这里可见到元时它还是宁海县海船的集中管理处所，而所谓"海船上百户"，则是元代海运系统最基层的官员，其上还有千户、万户，如方国珍就曾任万户。当然这都是为政府进行漕运的组织，但其船只基本上都属民间所有，漕运之余，完全可以从事海外贸易。方国珍崛起海上以后，也长期与日本有贸易联系。

明代对日本的对华贸易基本上采取限制政策，只准定期定点定量。但中国人的走私活动却很频繁。以后发生倭寇战争，海禁加严，但利之所在，仍有不少中国商人与之沆瀣一气甚至引狼入室的。台州是倭寇侵扰的重点地区，这里就有黄岩商人勾引的因素。戚学标《嘉庆太平续志》卷7云："洪熙间（1425）寇患，皆黄岩民周来保煽诱。"又云："又有乔汉者，亦从亡。"万历以后，倭患稍息，中日之间正常贸易逐步恢复，此时台州商人又同沿海各地的海商一样，"冒险射利，视海如陆，视日本如邻室，往来贸易。彼此无间。"[③] 对日走私贸易又趋向繁荣。

清初，台州曾是张煌言、郑成功等进行反清复明斗争的要地。顺治十八年（1661），清廷实行坚壁清野政策，尽撤沿海三十里居民，片板不准入海。直到康熙十年（1671）和二十二年（1683），始渐次恢复。康熙二十三年，刘廷玑来官台州同知，稍后，他写了一首《海门望潮》诗：

极目浩无际，风潮频往回。乾坤何处尽？日月此中来。老蚌含珠卧，文鲵吐雾开。太平传盛事，重译到天台。（《葛庄诗钞》）

从诗看，海禁重开不久，就有日人前来台州了。康熙三十八（1681）年，成康保来任台州同知，他又整顿了海门港，沈廷芳《台州同知成公康保墓表》云：

国家既弛海禁，奸民出没其间，草窃时发。公下车，特设巡舶，选廉吏稽察海口榷税，巡役困商，重惩之。奸杜而百货集，民赖以殷。（《碑传集》）

这就使海门港更畅通了。

[①] 见宋袁燮《洁斋集》卷11《楼钥行状》。
[②] 《黄文献集》卷8。
[③] 见谢肇淛《五杂俎》卷4。

居家贫。……嘉祐六年,少师释褐。……得以禄及其亲者十九年。孺人以元丰三年七月初五日卒,……享年七十有四。(《康熙宁海县志》卷10《艺文志》)

据此,知周良史乃宁海进士周弁之父。他的老家东岙,是一个港口。其地在宁海之南四十里(在今三门湾桑州港口),地多周氏。良史之先很早就自置大船,经营海外贸易。良史自己喜爱读书,不想跋涉波涛,继承祖业,但最后仍侍其父至日本,并死于日本。把这些情况同日本的材料结合分析,知良史父亲是台州人,母亲是日本人,他出生以后,被父亲带回中国,欲培育入仕途,可能因血统的原因,不能进入官学,于是随其父再至日本,想利用半个日本人的身份求得日本的爵位,仍未如愿,不久死于日本。良史死后,施氏"孀居家贫",可见良史父亦不归,断绝了接济。

于此我们很遗憾良史的父亲不知其名。我怀疑他是周文德和周文裔中的一位,他们二人都曾向日本当权者进行贡献,表明关系特殊;或许是联姻日人,以便取得日本居留权的一种表现。但由于周文裔于良史死后还曾往来中国,不符合良史死后施氏"孀居家贫"的情况,则更以周文德为可能。

这次良史赴日时间,各种资料均无记载,现据《施氏节行碑》加以推定。碑称施氏死于元丰三年(1080),卒年七十四,其生应是景德四年(1007);良史死,时年二十二为天圣元年(1028),距子弁生七年,则是乾兴元年(1022)。这一年即是良史赴日之年,可补上述记载之缺。

到这里,我们可以补述这样一个情况。台州海外交通的发展,早就引起了地方官员的重视。亦是宁海,《嘉定赤城志》卷25《山水门》记载:

淮河源,在县东一百步桃源桥北,经洞山、罗坑、黄墈三十里入海。周显德三年(956),令祖孝杰用水工黄允德言,谓县北地坦夷,宜凿渠通海,引舟入渠以通百货,遂弃田七顷,发民丁六万浚之。

此渠后虽不切于用废弃,但祖孝杰想把海船直接引至宁海县城的雄图仍不可小视,这一行动从侧面反映了宁海当时海外贸易的繁荣情况。

南渡以后,宋朝的政治重心南移,台州成为辅郡。在此之前,全国又经历了一次城市商业化的过程,商业空前发展,手工业也从官营的桎梏中解放出来,商品大量增加,台州此时也出现了"逢府日日市,逢县三六九"的盛况。再由于南宋局处一隅,战争的负担綦重,政府也极需要从外贸开辟财源,输入战争物资(如硫黄等),采取了招徕政策,促使日本商人直接前来中国,这就改变了北宋以来仅只中国商人单行日本的情况,成为双向流通。

但是直接记载南宋时台州与日本交往的史料尚未见及,以下我们举出两个侧面的材料。一是洪迈《夷坚志·支庚》卷5《真如寺藏神》条,云:

台州临海县上亭保,有小刹曰真如院,东庑置轮藏,其神一躯,素著灵验,海商去来,祈祷供施无虚日。

这个上亭保就在今灵江和澄江交汇处,宋时属明化乡。二是南宋末宁海人储国秀写的《宁海赋》,在述及宁海的海上交通时,云:

其海则停纳万流,宗长四渎,控直港于稽、鄞(会稽、鄞县),引大洋于温、福(温州、福三是《三代实录》，此书记载：僖宗乾符四年（877）六月一日，台州商人崔铎等六十三人从台州起航，于七月二十五日到达筑前国，搭乘此船者还有于咸通十五年（874）来华求购香药的日本商人多治安江。一船包括水手夫役六十三人，还装载货物，这在当时是一条大船。

北宋有关台州与日本往来的资料比前稍多，有些材料且在中日双方都能找到互证。

一是《宋史》卷491《日本传》，有云：

（太宗）雍熙元年（984），日本国僧奝然与其徒五六人泛海而至……太宗召见奝然，存抚之甚厚。……二年（985），随台州宁海县商人郑仁德归其国。后数年【为端拱元年（988）】仁德还，奝然遣其弟子喜因奉表来谢。

这在日本的《扶桑略记》《日本纪略》等书也得到反映。但日籍载仁德赴日是在雍熙三年（986）七月，相差一年，其返华则同是端拱元年（988），不过日本还载明"二月八日"的起航日期。

此后，台州商人赴日本贸易的就更见频繁了，现先就日方的记载胪列如下：

（1）太宗淳化元年（990），宋商周文德赴日。①

（2）真宗大中祥符八年（1015）闰六月十三日，宋商周文德献孔雀于日王。②

（3）仁宗天圣四年（1026）六月，"先是，宋人周良史献名籍于关白赖通，因其生母为日本人，希望爵位，是月，赖通复以书，并赠砂金三十两慰之。"③

（4）同年七月，"宋台州客商周文裔归国"。④

（5）天圣六年（1028）九月，"宋福州商客周文裔又来，十二月十五日，上书右大臣藤原实资，献方物。"⑤（按：周文裔同书前条记为台州客商，此条记为福州，或此次系转口福州。否则字误。）

以上周文德、周良史二人，日籍并未载明何处人，周文裔，一条记是台州，一条又作福州。现在我们确定周文裔是台州人（详见下文），而周文德和周文裔既同姓同行辈，又同时而稍有早迟，极可能是同一家族而互相引带者，亦当为台州人。此外之周良史，则我们有资料确证他是台州宁海人，这就是南宋宁海人王澡撰于庆元二年（1196）的《敕封魏国夫人施氏节行碑》，施氏即良史之妻。碑文摘引如下：

孺人施氏，四明人，故府君周公讳良史之妻，故宣德郎赠少师讳弁之母。今台之宁海县南四十里有岙（按：其地名东岙，见《康熙宁海县志·周弁传》），介于数山之间，清溪周其前，大海环其外，……其中多周氏居，盖其故第也。……府君虽不事官学，而以能文称，居乡慷慨有气度，……故施氏以归之。周之先尝总大舶出海上，至府君不肯离其家。纳孺人之明年，侍其父适日本国。去二月而生少师，后七年而府君哀计至。少师生，府君既不及见，而孺人年二十二，孀

---

① 《胜尾寺缘起》。

② 《小右记》。

③ 《宇槐记》《左经记》《百练抄》等。又：日籍《续国史实录》记此事作"是岁，宋商周良史来日"，周良史非此年赴日，详见下，此误。

④ 《小右记》。

⑤ 《小右记》。

集》卷四十三中，有一篇《黄岩陈处士墓志铭》，记陈氏的先世陈继发，登宋咸淳进士，（按：《民国台州府志》卷22《选举表》有陈继发，为咸淳七年进士。）继发之子元夫"官元松门务副使"。这个"务"很可能也是市舶务，但语焉不详，只好作为参考。至于章安，它在南宋中叶以后地位逐渐为南岸葭沚所代，趋于衰落。

台州港口除此二处外，北线的三门湾也是很好的港口。但不知有否设立过市舶务。我们从《康熙宁海县志》卷3"徭役"中"均徭"部分，看到明代有"海游关税户二名"，这说明明代在一些较小的地方是采用徭役方式派人征收关税的，这却应看作是市舶制的变通和继续了。

台州与日本

台州与日本的交往，从现存史料看，可上溯至唐玄宗天宝三年（744）鉴真和尚第四次东渡日本时。鉴真六次东渡日本，五次都失败了，第四次东渡时，到了宁海、天台、临海、黄岩，仍未成功。他到台州，目的是寻找去日本的商船搭载，可见此前台州与日本已有航线存在。但这方面的史料都不见了。[①]

此后，在日本的史籍中还保存了三条台州与日本贸易的史料。一是《安详寺惠运传》。[②] 此传记载，日僧惠运，于武宗会昌二年（842）八月二十四日，搭乘中国商人李处人在日本所造的楠木船，从肥前国植嘉岛那留浦起航，当月二十九日，到达"温州乐成县玉留镇"。此所云玉留镇，即今之玉环，此名已见谢灵运《游名山志》，云："玉溜山，一名地肺山。一名浮山。"[③] 后又有"木榴屿"之名，王咏霓云即玉溜之声转。[④] 其名玉环，则五代吴越国时为避吴越国王钱镠之讳所改。

这条资料有可注意者两点：（一）玉环唐时已称镇，表明其时玉环已相当繁荣，此处地理条件优越，行政上虽属乐城（即今乐清），但实际上以温黄为腹地。船泊玉环，贸易的目的地应是台州。（二）李处人这条船是在日本制造"费时三月"而成，这表明李处人是一位久经往来中日的商人，深知日本木材价贱，熟悉双方市场情况。

二是《智证大师全集》。此书记载日僧圆珍于大中七年（853）七月十六日随新罗人王超商船来中国求天台法教，九月十四日至福建连江，十二月一日达台州。求法结束，于大中十二年（858）六月八日，"辞台州，上商人李延孝船回国"，至六月十九日到达。十余年后，又有日僧圆载、智聪等随李延孝船来台，中途遇风船碎，仅智聪浮一木板上至温州登陆脱险，李及圆载等皆溺死。后智聪于乾符三年（877）返日，从知此次海难即在此前数年间。又从知，李延孝之往来日本前后总在二十年以上，可见他对台、日间的贸易交通是有很大贡献的。

[①] 一本托名柳宗元著的《龙城录》，在《上帝追摄王远知〈易总〉》中有云"长寿中（692—694），台州有人过海，阻风漂荡，船欲坏，不知所止"，幸遇神仙王远知救护，万里之遥，一夕而达登州。这个记载当然不是信史，但仍曲折地反映了古代台州商人的海外开拓精神。长寿是武则天年号，录此以供参考。

[②] 注：凡本节所引日本典籍史料，除《智证大师全集》外均转据木宫泰彦著、陈捷译《中日交通史》。

[③] 见《艺文类聚》。

[④] 见《研精覃思室日钞》光绪乙亥第一册。

章安和松门市舶务

宋代曾在台州的章安和松门两地设立市舶务。此事正史和官书均不载，资料首见于《临海涌泉冯氏宗谱》（以下简称《冯谱》），《冯谱》中记录了一首冯氏的先世、宋高宗时人冯安国的诗，诗题是奉命巡视章安、松门市舶。此后，元·卢伦《金鳌山集》也有如下的记载：

> 观察使冯安国父宝，以武德大夫从高宗南渡，安国以荫仕观察，巡视金鳌（按：章安的别称），松门市舶，卒于台，葬海门赤山。子原吉，遂家临海。（原书未见，此据项士元《海门镇志·古迹》引）

这一记载，基本上系据《冯谱》综合而成。到明宪宗成化八年（1472），程信应冯氏后裔冯银之请，为撰《冯氏祠堂碑记》，亦云：

> 宋高宗时，有武功大夫讳宝者，扈跸南渡，寓湖之安吉。其子忠翊观察使安国仕于浙，后因钦委松门市舶，卒于其地，遂家于台，为台之临海人。（按此碑现尚保存在涌泉老人协会，碑文亦见《冯谱》）

其依据亦同，唯叙述稍有详略。

我曾经考察过《冯谱》的可靠性，从它的递修有序，代有人物，执笔者皆负时望，所载文献均可查考等方面看，认为冯安国其人其诗均非伪造。可以设想，文字伪造，必须有所依托，它不可能将事实上所无的官爵编造出来自我炫耀，如果没有章安和松门的市舶，冯安国如何会在诗题上如此叙说呢？这也说明这个资料是可靠的。

我们还可以从其他方面分析：章安和松门都是建炎四年（1130）初，高宗逃避金兵追击时所经之地，章安作为古代台州最早的郡县治所，曾是东汉及三国时吴国经营东南的战略要地，至少在那时已成为海上交通港口。以后历史变迁，郡县治所不再设在此处，但它特殊的历史地位，使它在宋时仍保存了一些县级的经济机构，如酒库、醋库等，这说明它在那时还具有相当于县的经济地位，而松门作为港口的自然地理条件更优于章安。所以这两地成为对外贸易港是完全有条件的。宋高宗既亲历二地，在南渡以后，国家重建之际，财源匮乏，要在这两地设立市舶务就是意中之事了。①

还有一点：唐和北宋，往往派皇帝的内侍人员充任市舶官。从冯安国父子的爵称看，他们都是高宗的"内班"，高宗"钦委"冯安国管理章安和松门的市舶，同历史的传统也一致。

松门的市舶务，到元代似乎还在活动。明人程敏政（约1445—1500，休宁人）的《篁墩文

---

① 《建炎以来系年要录》卷116记：绍兴七年（1137），知广州连南夫上市舶之弊，高宗云："市舶之利最厚，若措置合宜，所得动以万计，岂不胜取之于民？朕所以留意于此，庶几可少宽民力耳。"可见高宗对市舶之重视。

《宋史·瀛国公纪》记德祐元年（1275）五月有"罢市舶分司"之命，这说明南宋时期除了广州、泉州、明州等大港口设有市舶务外，在次要港口是设有市舶分司的。章安和松门即是这种市舶分。

又《宋史·食货志》记，绍兴初，"于江湾、浦口量收海船税。"大概这就是市舶分司的始置时间，与章安、松门之设市舶务时间也相一致。（按：中华本《宋史》于"江湾浦口"四字加上专名号，以为是专门地名，实误。"江湾、浦口"只是地形的泛指。此种地形能抗风浪，适宜海船碇泊，故易成为贸易港。如章安即是浦口型，松门即是江湾型。中国沿海此类地形颇多，故市舶分司也不止台州有也。）

则,此词没有中国的典故,不免有凭空而来之嫌。

此外《赤城志》所记尚有两个地方与朝鲜的交通有关。一是以朝鲜另一古国名高丽为名的高丽头山,据云在临海"县东南二百八十里,自此山下分路入高丽国。其峰突立,宛如人首,故名"。我怀疑这就是现在的大陈山。因为一则方向里程相合,二则大陈山为台州湾最大的岛屿,不可能到宋朝还没有反映。另一个则是在记黄岩"县东二百四十里"的东镇山时提到的:"山上望海中突出一石,舟之往高丽者,必视以为准焉。"这里所说从东镇山望海中突出的一石,我以为亦是大陈山,因为两者处于同一海域,不可能竖立两个望标。(现经查明,高丽头山乃大陈岛上的一座小山名,东镇山与大陈山皆为岛名,东镇山为唐宋时期对大陈山的官方命名,大陈之名是后起的,"陈"或为"镇"的变音。)

《赤城志》所记东镇山的概况是根据唐武后永昌元年(689)台州司马孟诜的奏报,永昌比五代约早二百五十年,这说明这时的台州船师已很熟悉台州往朝鲜的航路,也说明台州的商人早已直接前往朝鲜贸易了。但具体资料都已不见,仅只北宋天圣九年(1031),台州商人陈惟忠等六十四人出明州至高丽及宝元元年(1038)台州商人陈惟积与明州商人陈亮等一百四十七人至高丽两条记载了。(转据倪士毅《浙江古代史》)[①]

至于通远坊之名,可能比新罗坊存在得更早。唐代许多城市都有来远、通远这种坊名,其意义是通商货于远方,亦当为远方商人聚居之所。当然这个远方不一定单指海外,但包括外国人是无疑的。宋代台州的"税务"也设在此坊,此处即现在的税务街一带,税务街的街名就是从宋代在此设立税务而来的。坊中原来还有景德寺(即后之天宁寺),此寺得商人舍施,香火颇盛,因此在端拱二年(989),(按:原作四年,端拱仅二年,四字为二字之讹),至淳化元年(990)烧砖甃路。此后寺僧简琼又予再修(均见《赤城志》卷2"坊市")。

附二则朝鲜人因海难漂至台州的材料。

(一)张辅《送朝鲜崔校理序》:"朝鲜宏文馆副校理崔溥,渊渊将其王命,括户口于其国之济州海岛,既而奔父丧,乘巨舟,涉海道以还,为暴风所逆,漂泊入我健跳(按:在今三门县)。……遂迎其所率吏卒四十三人者馆之公所。"

按张辅,字邦佐,今三门健跳人,明成化丙午二十二年(1486)举人。崔溥飘海的时间是弘治元年(1488)。崔归国后,曾撰《飘海录》向朝鲜国王报告海难经过及归国沿途见闻。此书现由葛振家翻译,即将由社科文献出版社出版。健跳当三门湾的南口,海上交通发达,形势险要,明代曾在此设防。张序见《康熙宁海县志》卷10"艺文"。

(二)项士元《巾子山志》卷2引《齐周华年谱》:"乾隆六年辛酉(1741)夏,有韩人二十馀漂舟至台州,寓天宁寺,公(指齐周华)与郡中叶少曾、秦抹云、蒋若翰诸名士盘桓寺内多日,韩人有宋生者颇通文墨,喜得公《需郊录》以去,(天宁)寺僧海印为赋一绝,有'巨山(齐氏之号)文教被朝鲜'之句。"[②]

---

① 据陈国灿《略论宋代浙东南地区的农村城市化现象》(《浙江学刊》2003年1期)引《高丽史》的记载,台州赴朝商人尚有皇祐元年(1049)徐绩一行七十一人。

② 此事齐周华在所著《名山藏副本·高丽风俗记》中有详细记载。

台州海交史钩沉

丁 伋

前 言

台州地处我国东南沿海，古代曾是海上交通十分发达的地区，很早就形成了三门湾、灵江、玉环海等由北至南的三个系列港。在以木帆船为主要交通工具的时代，它同海外的交往一点也不比邻近的乍浦、明州（宁波）、温州等港逊色。如果再上推到两汉三国时，则由于当时历史形成的以临海郡（台州的前身）为基点向东南推进的客观存在，使台州更处于特殊地位。但这一切留存下来的史料很少，我们只能迷蒙地加以认识，即使进到近代，缺少资料的情况仍很少改变。我们的先人对这类问题差不多是采取不屑的态度，以为这无关大道，因此现在勾稽起来是颇多困难的。本文只是从政治、宗教、文学等文字的夹缝中猎取点滴资料加以贯穿，以为台州海交史打点基础。由于以上所说种种原因，故用边考边述的方法整理，以致存在着轻重失次，纵横脱节等情况，尚望多多匡正。

新罗坊和通远坊

《嘉定赤城志》卷2"坊市门"载：黄岩有新罗坊，临海（台州府所在地）有通远坊，二地皆宋以前外国商人在台州的居住地。

新罗为朝鲜古国名，中国各地建立新罗坊，大概始于唐代，日人木宫泰彦著、陈捷译《中日交通史》云："唐与新罗交通频繁，楚州（江苏省淮安府）以北，现今江苏省与山东省沿岸各州县，处处有新罗坊。坊中有总管，并有翻译。盖新罗坊，即新罗人之居住地也。"

黄岩的新罗坊，则始于五代。据《赤城志》，是因为"五代时，以新罗国人居此，故名"。《赤城志》所据是《祥符黄岩图经》，祥符（1008—1016）距五代末不及五十年，这个记载应是可信的，其地在今柏树巷。

《赤城志》所记还有两个以"新罗"命名的地方，一个是新罗屿，一个是新罗山，都在临海。新罗屿，据云"在县东南三十里，昔有新罗贾人舣舟于此，故名"。从水程及旧时航船上行因潮水过小或风向不顺往往须在此一带等待换潮二点推测，其地当在今汛桥镇之晒鲞岩。此处为一古渡头，岸边有小山，符合字书关于"屿"的解释。（《康熙字典》引《六书故》："屿，平地小山，在水为岛，在陆为屿。"）

新罗山据云"在县西三十里，与八叠山相望"。从《赤城志》附图看，新罗山在八叠山之南，则即今城郊之后山。八叠山距城只二十里，此云新罗山三十里不符实际，或许是三里之误。此山绵延至松山一线。山多古墓葬，或许新罗山之命名，即因有新罗商人客死安葬于此之故。否

(北)周武帝复置东海县，后遂因之。"这是在南北朝互相隔绝下出现的重名情况。由此以推，如果后人在记述地名变易的时候，偶然概念失准，就可能把那临海作为这临海，于是把海州也套到这临海了。此说虽不一定中于情理，但也不排斥意想之外的万一吧！

注：缪荃孙《元和郡县图志缺卷佚文》卷二"淮南道盐城县"条据《通鑑地理通释》引云："盐城县，本汉盐渎县，属临海郡。州长百六十里，在海中。"此"临海郡"似为"临淮郡"之误。但《旧唐书·宪宗纪下》记元和十四年（819）五月"置临海监牧，命淮南节度使兼之"，此名又见《文宗纪》，则不为误。监牧是马政机关的首脑，这个监以"临海"为名，又属淮南道，是否与上述"临海郡"有误以传误之疑，不能解。以与本文所辨关涉不大，附此参考，并借以见"临海"之称非止台州海州二处也。

(1995.2)

后，徙都余杭（今杭州），此时江南皆归其统治。据《新唐书·地理志》，李亦改过两个地名，一是改琅邪为茅州，一是于武康置安州。二地都是冲着沈法兴改的。废长州置安州很明显带有战败沈法兴后的"厌胜"（厌通压，在精神上制胜敌人）之意。至于是否改海州，只要看以下一个事实就清楚了：据《旧唐书·李子通传》，李是"东海丞人"（东海在今江苏北部、山东南部滨海地区，丞在山东）。东海地方北魏立为海州，隋称东海郡，唐武德四年（621）六月重称海州。李子通既是此处人，自知当地沿革，也就决不可能将此名移至他处了。

最后是武德四年（621）唐高祖改海州说。这也是《旧唐书·地理志》的说法。唐高祖建国以后，随着势力的扩大，不断废除隋朝的区划，废郡建道，增设州县，有一整套的部署。江南一带是武德四年（621）十一月杜伏威战败李子通后进入唐朝版图的，江南州县当皆此时设置并重新命名。如湖州、杭州、越州、婺州、衢州，《旧唐书·地理志》皆云"武德四年，平李子通，置……"但这里却把台州称为"置海州"，武德五年（622）才改为台州。察其笔法，好像唐朝已知把台州名为海州，犯了与东海的海州重名之误，而台州之名海州是存在过的。实则《旧唐书》此说是无根据的。因为在前后隔代南北异处的情况下政区命名有可能重复，在同一时期，有统一的命名机构，有专门的负责人员，前后不过数月，即出现重名，这是不可想象的；并且由东海郡改的海州，既有州一级的，又有管海、涟、环、东楚四州的总管府一级的，历史上又已使用过，名声甚大，也不容有重名之误。《旧唐书》的记载来源于李吉甫的《元和郡县图志》。元和距武德几近200年，中经安史之乱，典籍多有散失，李吉甫有何依据也值得怀疑，或者他竟是附会之谈！这一点只要看比《旧唐书》后出的《新唐书·地理志》便可了然。《新唐书·地理志》对此说亦持怀疑态度，但无法排除旧说，故做如下的记述："台州临海郡，上。本海州。武德四年（621）以永嘉郡之临海置。"此处，"临海郡"一称是照顾到天宝时期唐玄宗废州立郡的复古之举的事实。海州一说虽保持，却是悬空的。因为接着说武德四年（621）以永嘉郡之临海县置台州，永嘉郡、临海县都是隋朝的建置，可见台州是直接从临海改置。改台州之前，相当于现在的台州地区只设临海一县，改台州的同时，把原来的临海、章安、始丰、乐安、宁海5县都恢复了。有趣的是，《旧唐书·地理志》在临海县条下也是这样说的："武德四年（621），于县置台州，取天台山为名。"这就同叙台州时的说法自相矛盾。其时而武德四年（621），时而武德五年（622）；时而海州，时而台州的说法，只证明其自己也把握不定。《元和郡县图志》在这里倒保持一致。但如果把临海等县都放在武德五年（622）建台州的同时，那么武德四年（621）建海州就是一个下无属县的空州了。

附带还要说明：《旧唐书·地理志》在记武德四年（621）置海州，次年改台州之后，又云："六年，没于辅公祐，七年平贼，仍置台州。"（《元和郡县图志》略同）这里，民国《台州府志》的修纂者似不了解"没"是指政权机构的不再存在，"仍置"则指重新设立政权机构，却联系《新唐书·辅公祐传》中"遣将徐绍宗侵海州"一语，把此海州亦认作台州，以致怀疑辅公祐复反时，台州又被称作海州。这便近乎是常识的错误了。

最后想探讨一下致误之由。原来，东海郡的海州本也有临海之名。如《魏书·地形志》载：海州海西郡属县有"临海"。《元和郡县图志》（卷十一）则称"临海镇"，并记其沿革云；汉赣榆县地。（刘）宋侨立青州。"地后入魏，魏改青州为海州，又于此置临海镇。高齐废临海镇，

台州历史上有无"海州"之称

丁 伋

在台州建置沿革历史上，有没有过"海州"之称，是一个尚待解决的问题。

历修台州府县志对此都做了肯定的记载。但在设置的时间和创置者上说法各异。主要有三种：

一是隋炀帝大业四年（608）说，见嘉定《赤城志》。云系沈法兴擅立。

二是隋恭帝义宁二年（618）说，见康熙《台州府志》。这是修正前说的，因为沈法兴系是年于毗陵（今江苏常州）举兵，始有改名可能。其后民国《临海县志》等即据此进一步坐实。

三是唐高祖武德四年（621）说，见民国《台州府志》。云系唐平定李子通后建。

三说除大业四年（608）说显系嘉定《赤城志》的笔误（"十四年"脱"十"字）外，其他皆有所本，但究其结果，却仍都是错的。

首先关于义宁二年（618）沈法兴改海州说。义宁二年实际上即隋炀帝大业十四年，唐高祖武德元年。是年三月，隋炀帝在江都（今扬州）为宇文化及所弑，沈法兴时任吴兴郡守，率军在东阳（今金华地区），即"以诛化及为名"，自任江南道总管，很快"据有江表（指长江以南）十数郡"。武德二年（619）九月于毗陵自称梁王，建元延康，并"改易隋官，颇依陈氏（陈朝）故事"。武德三年（620）为李子通所败，投江死。（以上见《旧唐书·高祖纪》及同书《沈法兴传》）从这个简述可知，义宁二年（618），沈法兴整年都倾力攻城夺地，尚无暇顾及地名改革，只有次年称王改元，才有可能。可是从《新唐书·地理志》（《旧唐书》不记）看到，沈法兴只新设了两个州县，一个是在金坛附近新设琅邪县，一个是在其家乡武康附近新设长州。金坛是他的前线据点，可能是他筑了城；武康则是沈氏家族的发祥地，故称王后将其升级，以示符应。除此之外，再也不见了。

那么，嘉定《赤城志》和"康熙志"都称沈法兴改海州又是怎样来的呢？原来它是根据北宋真宗咸平二年（999）来任台州知州的曾会所撰的《台州郡治厅壁记》（见《赤城集》卷二），文中说"江南元帅沈法兴将兵保镇城，立为海州"。至于曾会依据什么，就很难说了。现只知道，在曾会知台州前后，台州已流行隋改海州之说，如释景尧《敕台州宁海县龙母山玉溪院龙王记》（作于大中祥符三年，即1010年。文见《台州金石录》卷二），即云"隋平陈之后，更临海郡为海州"。或者曾氏认为这是无据的，他知道隋废临海郡后，将临海郡所属的临海、章安、始丰、乐安、宁海5县合并为临海县，后又改设临海镇，将临海县的行政权合并于镇，故在隋朝没有改海州的可能，但他又不相信唐改海州之说，于是就推论为沈法兴了。

其次是李子通是否有可能改海州。《旧唐书》等记沈法兴败后，台州亦入李的势力范围。考李最迟在大业十一年（615）已成农民起义领袖，先称楚王，义宁二年（618）据江都称帝，国号吴（见《隋书·炀帝纪》及《旧唐书·高祖纪》）。后为杜伏威所败。次年南下，战胜沈法兴

四、折子戏的坐唱形式

与许多戏曲有联系的是，临海词调的许多剧目直接来自各种地方戏剧目，《临海文化史》明确指出："从一般所唱剧目看，'回书'部分，大多来自乾隆、嘉庆年间编成的昆曲选集《缀白裘》，又有小部分来自弹词《果报录》。"

《缀白裘》，是清代刊印的戏曲剧本选集，收录当时剧场经常演出的昆曲的零折戏。也就是说，临海词调的一部分演唱内容，就是直接来自昆曲及弹词的精华部分。她的演唱成分，也就逃不脱有昆曲的影响，只是改舞台演出为坐唱形式。另外，我们还可以从谭纶所传之"戏"加以揣摩。

据考证，海盐腔主要创始人杨梓曾作杂剧三本，却没有为海盐腔编剧，这是一个非常奇怪的现象。而作为戏曲爱好者的谭纶，既没有剧本，也不上舞台，那就只能坐着来演唱折子戏了。

而这种坐唱形式，正是临海词调的特点。可能，自谭纶始，这种折子戏的坐唱就开始在临海代代相传，逐渐形成了现在的词调。

因此说，临海词调是"折子戏的坐唱形式"，她以说、唱为基本表现形式，来达到叙事目的的一种曲艺。她形成于明朝中叶，发端于海盐腔，并不断吸收融合了昆曲和地方民间小曲等曲种的声腔，结合临海方言，逐渐形成今天的演唱形式的一种曲艺。

明朝，海盐腔最为盛行时期应当属嘉靖年间（十六世纪），因台州在海盐腔传播的中心地带，更是如火如荼，其间，台州知府谭纶所起的传播作用不可忽视。

谭纶（1520—1579），江西宜黄人，嘉靖二十三年（1540）进士，官至兵部尚书，是明代著名的抗倭名将、杰出的军事家，同时又是有名的戏曲活动家。明郑仲夔《冷赏》载："宜黄司马（谭）纶，殆心经济，兼好声歌。凡梨园度曲皆亲为教演，务穷其妙，旧腔一变为新调。至今宜黄弟子咸尸祝谭公惟谨，若香火云。"嘉靖三十四年（1555），谭纶任台州知府，其时，海盐腔已在台州等地盛播，谭纶闲暇之余，雅爱戏曲，并深爱着海盐腔这种精湛优美的艺术。嘉靖四十年（1561），因为父丧，丁忧回家，他把海盐腔这朵艺术奇葩带到了家乡江西宜黄。与谭纶同时代的戏曲大家汤显祖在《宜黄县戏神清源师庙记》中写道："江以西弋阳，其节以鼓。其调喧。至嘉靖而弋阳之调绝，变为乐平，为徽青阳。我宜黄谭大司马纶闻而恶之。自喜得治兵于浙，以浙人归教其乡子弟，能为海盐声。大司马死二十余年矣，食其技者殆千余人。"追究谭纶"治兵于浙"的地点，即台州府。

可以想象，作为一府之长，深喜戏曲，而谭纶"凡梨园度曲皆亲为教演"，想必府下必有梨园戏班，且有文人雅士前来应和对答，而与府台大人和诗作曲。但谭纶与士人所唱，决不可能是整本戏，一来由于忙于公务，时间有限，退一步推测，即使谭大人亲演全剧，也不可能三两天上演；二来我想与当时的社会习俗有关。

戏曲艺人在我国历史上，社会地位一直很低下，历来与"娼"并称为"娼伎"，被称为娼优乐户，戏曲艺人被列入专门的户籍，而且后人世世不得为良。这一制度一直从北魏开始延续到雍正年间，同时统治阶级禁止艺人参加科举考试。传统观念里，伶人是属于"下九流"的群体，一般士大夫以从艺为耻，对戏曲不屑一顾，而明代前朝的元朝更甚。

在民间，许多地方的老百姓直至乡绅一族，虽喜爱戏曲，却耻与为伍，全国各地无论是官方还是民间家族，均有禁戏的记载。《临（海）天（台）蔡氏宗谱》中《尚书公家训》就有禁止族人习戏的宗规："子孙……毋入梨园，以坏人品心术。"此谱虽自云初修于宋咸淳二年（1266），但据当地地方史专家丁伋先生考证，此家训是后代假托祖先所作，时间应该是明代中后期，也就是嘉靖万历前后。这一考证，充分说明在明朝中后期，临海老百姓对戏子颇有偏见。另据临海《重修石屏陈氏宗谱》《断桥林氏宗谱》《蒋家山蒋氏宗谱》等家谱的记载中，都有禁止族人习戏的规定。陆容的《菽园杂记》载："台州之黄岩，温州之永嘉，皆有习为倡优者，名曰戏文子弟，虽良家子亦不耻为之。"从表面看，这段记载似乎是当时台州戏曲繁荣的见证，可"虽"与"亦"二字，其实点出的是当时"良家子"与"戏子"的区别，是对戏子社会地位低下的侧面证明。陆容（1436—1494）写《菽园杂记》时早与谭纶治台时不过六七十年，可见，当时无论是民间，还是"良家子"，均以习戏为耻。

说到底，谭纶充其量是个"票友"，最多也只是客串一下，他不可能亲身参加演出，而作为戏曲爱好者，他会与台州当地的一些文人相唱随和，当然，也不可能整场戏地进行排练，那最好的方法就是，大家坐在一起，敲定角色，自带乐器，自弹自唱，自娱自乐，坐着来一段当时颇为"流行"的海盐腔折子戏，未尝不可能。

形成起着一定的促进催化作用。也有可能，张镃所教的，就是陶宗仪所说的"词说"。当然，应该指出的是，此词调绝不可能就是临海词调。

临海是南戏的发源地、故乡，记载南戏的戏文称为"南词"，现在最早的南戏剧本《张协状元》中的《台州歌》，应该属于广义上的南词。《台州歌》是一种泛称，除了《张协状元》中记录之外，还应该有许多词调，这种词调，能否认为就是现在临海词调的前身？大可探究。

二、清乾嘉年间是临海词调的成熟期

有关临海词调的记载，现可查的最早史料当属清嘉庆年间任台州知府的洪其绅所作的《重建斗阁碑记》："因同社耆绅崇奉斗姥之神而建之也。……而大吏之驻节于斯者，间以公暇，临风玩月，觞咏其间。……复以其馀创停云社。……"这里的斗阁，即中斗宫，一称中天斗，位于巾山南侧，中天斗是"斗社耆绅"于乾隆四十四年（1779）"经始"的。斗社，是由临海"耆绅"借礼斗之名，占据一处湖山胜地，以作文吟咏，休闲娱乐，古代文人诗社大多兼有音乐活动，斗宫正是他们的活动场所，也就是临海词调的主要活动场所。停云社，取"停云谒月"之意，指的是细吹亭，细吹亭是词调社的重要活动项目之一，清临海词调班社成文社、近圣社都有细吹亭，细吹亭以木构成，精雕细镂，冠以社名，每逢元宵，结彩张灯，以四人抬之，丝竹吹弹，沿街缓游。细吹亭的精美程度甚至是这个词调社的象征。

从洪文中，我们可以看出：中斗宫是宫、会、社三会一体的，如果不是先有词调，就不会出现词调的班社，也就不会有中斗宫的斗会，也就是说，清乾隆、嘉庆年间，是临海词调的成熟期。

临海有东、南、西、北、中五个斗宫，据朱湛林《临海古迹志稿》载：其中最早的南斗宫，创建于明万历十三年（1585），虽然没有临海词调的活动记载，但因为斗会与临海词调有着千丝万缕的关系，可以推测，临海词调可能在明万历年间应该存在。

一种艺术从形成到成熟，都有一个相当长的发展过程，甚至是上百年时间。从洪其绅的记载中，我们可以看出，临海词调在清初开始活动，而在明万历年间，临海已有词调的主要活动场所——"斗会"出现。所以，以最保守的方法计算，临海词调的出现最晚应该是在明嘉靖、万历年间。同时，根据各种相关资料，临海词调形成的源头，逐渐指向了明朝中、后期。

三、临海词调与海盐腔的关系

邑人项士元（1889—1959）的《临海文化史》（稿本）记载："词调发端于南宋乐师张镃所创的《海盐腔》，元初杂剧家杨梓加以整理发展，明中叶《海盐腔》盛行于嘉、温、台一带。明末演变为词调。"

这一记述，道出了临海词调与海盐腔的关系，表明临海词调的演唱的确存在着海盐腔成分，同时，我们能否这样认为，海盐腔的兴盛期也正是临海词调的发展时期？

海盐腔，明代四大声腔之一，因形成于海盐而得名。据说是南宋词人张镃所创，后经元戏曲家澉浦人杨梓等加工发展，逐渐形成南戏海盐腔，至明代中叶风靡一时，在当时特别在南方影响颇大。徐渭的《南词叙录》载："称海盐腔者，嘉、温、湖、台用之。"据相关资料显示，整个

临海词调渊源初探

戴相尚

临海词调，又称台州词调、才子词调，是流传于临海（古台州府）的一种地方性曲艺。

然，何为词调？何为临海词调？笔者做过一次身边的调查，对象包括亲朋好友及微信群里的朋友，但答案不尽如人意，十之八九不知道什么是词调，更甭说临海词调了，只有小部分人认为词调即宋词，极少数人知道临海词调。看来，对临海词调的推广非常有必要，而对临海词调的渊源做一番考证，对临海词调作出正确的解释，首当其冲。

一、词与词调

既然有人认为宋词就是词调，那么，这里就从宋词之词说起。

宋词是继唐诗之后的又一种文学体裁，又称"长短句"，讲究平仄押韵。词亦与词调有相同之处，即两者都是吟唱的，都可以用来表演。

古人作词，又称"填词"，是依音乐或格律，填写能依声诵唱的词，它是依声填写字句的文学创作。

因此，最早的词，是用来演唱的，是和曲而作，就像现在的流行歌曲，还不属于真正意义上的"纯文学"。词，也就往往跟曲或调连在一起，也可称为"词调"。

但宋词中的"词调"，不见得就是临海词调中的"词调"，宋词中的词调，可以认为是当时的"流行歌曲"，而临海词调却是一种曲艺，风马牛不相及，很难联系在一起，也缺乏史料的佐证。这里只从字面上作个推断，是否有所联系，有待后人考证。

词调作为一种曲艺以书面形式出现，最早应该是元陶宗仪《辍耕录》："宋有戏曲、唱诨、词说。"陶宗仪所说的"词说"，一直是后人所争议的，有人认为"词说"应该是词话或词调。当代著名戏曲理论研究专家孙楷第在《词话考》中认为"词"应包括"词调"。

南宋时期，台州属于政治大后方，经济繁荣发达，文化发展较快，据史料记载：宋时台州已有官办的演剧组织，名为"散乐"，归"伎乐司"管理，临海有勾栏巷（现友兰巷），当时为戏曲演出之所，巷因此而得名。可见南宋时临海戏曲演出，影响之广、之深。陶宗仪是黄岩人，与临海不过数十里，其生活年代与宋相去不远，其著述当受台州文化的影响。陶宗仪文中的"词说"，是否就是临海词调的前身，已无可考，但至少能说明二点：其一，在宋代，已有词调形式一类的曲艺出现；其二，如果当时已有临海词调出现，肯定属于"词说"之列。

无独有偶，明李日华《紫桃轩杂缀》称，南宋时张镃在海盐"作园亭自恣。令歌儿衍曲，务为新声，所谓'海盐腔'也"。这里指的是张镃家乐中歌童所传唱的曲调，有研究者认为，其实当时所唱的便是"词调"，还不能认为是的一种声腔。张镃，南宋词人，对海盐腔的形式起着首创的关键性人物，而他最初教给家乐中歌童所传唱的恰恰是词调，可见，这种词调对海盐腔的至中华民族的优质文化，沿袭了其素朴又富有张力的审美品格。但是，《梦石传奇》的价值在于其对于台州文化现代精神的再开掘，这使得创作者在对于原生文本再创作的过程中，一方面使得剧作具有现代化叙事的特征，另一方面使其将原生文本的文化内核升华为更深刻、更接近人性母题、更具人类共通性的寓意，同时赋予其现代精神，以引领台州乃至全国、全世界的观众对于更具意义的人文命题的追索。

首先，民间传说中的男女主人公以本性善良、追求真爱、反抗强权为主要性格特质，《梦石传奇》的创作者设定的男女主人公在追求真爱这一特质之外，更注重与强权顽抗以坚守自我、轻视名利以挑战权威乃至还天下清明等品质的塑造，即从要求自我、捍卫自我、追求幸福等个体性特质，转向对于压迫性力量的抗争乃至摒除私欲、惩恶扬善的利他性特质，具有了更深广的社会意义。值得关注的是，《梦石传奇》将民间传说中女主人公反对婚嫁安排的情节迁移到男主人公身上，以此在封建社会的背景之下赋予主人公更多可信的自主权，更重要的是通过男性在封建社会中拒绝服从权威、进入上层社会以保持自我人格独立乃至承担家国重任来展现个体在整个社会中的抉择与作为，如此突破传统的叙事映射了现代社会中台州乃至整个民族的个体对于自我信念以及命运的自由选择。同时，如此跨阶层的剧情增强了戏剧的观赏性，而其对过往历史的深刻批判为现代观众留下了绵长的回味。

其次，较之民间传说中石梦莲善良、忠贞，《梦石传奇》中的石梦莲被赋予了对赘婿通情达理且对其父母孝顺，且面对强权坚定不屈，而石梦花则被赋予对恩人知恩图报但坚守原则等特质，可见原创越剧《梦石传奇》为主人公架构了更为饱满的道德形象，使得其传承孝、善、独立不屈等台州民众尤为注重的儒家传统。这些品质对应着更为多元的伦理困境，突破了传统女性生活空间的限制而接近现代受众的生活本相，从而给予现代观众更为充沛的精神指引。同时，如此丰富的人物品质设定扩展了剧作的容量，提升了叙事节奏，更符合现代观众的审美需求。

最后，与民间故事简单的叙事结构不同，《梦石传奇》采用双线结构，即在男女主人公之外，设置了从《春香传》衍生而来的"李梦龙"与增添的女主人公的妹妹"石梦花"的爱情。越剧《春香传》李梦龙迎娶艺妓之女，而《梦石传奇》中李梦龙则迎娶石匠的女儿石梦花。石梦花则为创作者根据需要塑造出的石梦莲的妹妹。双线结构使得剧作情节得以扩展，强化了内容的丰富性。更为重要的是，李梦龙的存在延展出了更为真实的由封建社会的官僚群像、官场乃至权力中心构成的权力旋涡，也使得石二郎与李梦龙及其恋人对名利的摒弃、对强权的反抗以及对正义的守护有更为具体的现实意义，尤其是石二郎假意答应太师、获取权力以惩恶扬善更有打破阶层界限、伸张正义的意义，最大限度地象征了具有追求与信仰的台州百姓个体对于社会价值观与话语权的捍卫与引领。

并且两人相互扶持，共度患难，感情忠贞不渝。《梦石传奇》通过对于台州底层人民的聚焦，展现了以民为本位，关切百姓的疾苦与命运，因而作品以其人道主义关怀获得永恒的生命力。同时，出身底层的主人公所谱写的朴素但感人的故事使得《梦石传奇》体现出厚重、质朴的美学特质。最重要的是，两位主人公身上所具有的尚善、重情的生命信念，诠释了人所应具有的美好品格、人与人之间尤其恋人、亲人之间的信任与支持，人对于社会发展的支撑与推动。主人公的品格朴素而美好，恰好映射了其代表的台州乃至所有中华儿女的精神底色，这是《梦石传奇》坚实的创作基础。

其次，《梦石传奇》中的男女主人公与民间传说中一样，都以其在封建社会中的卑微社会身份、弱小的话语权对抗官僚体制、社会利益既得者的强权。无论是《梦石传奇》还是民间传说，男女主人公都意图反抗加之于自身的婚恋不自由。对婚恋选择权的捍卫不但体现其对于自身情感、意愿、权力的觉知与维护，展现其将自己美好的容貌、可贵的品格仅与所认可之人分享的态度与追求，更显露其在名利的诱惑乃至强权的胁迫之下执着选择自身认定的生命价值的坚定与清醒。弱者对强者的反抗增加了越剧《梦石传奇》的戏剧张力，而正邪之间的抗衡强化了戏剧的冲突。由此，《梦石传奇》演绎了台州乃至中华民族自古以来正义战胜奸邪的精神与弱者反抗强者的力量。

再次，《梦石传奇》采用了民间传说传奇性的结尾，即男女主人公双双化作巨石。一方面，这一设定与流传广泛的"望夫石"传说渊源深厚，对于受众而言具有文化亲近感，而"人"化"石"的戏剧形象本身具有强烈震撼力，在剧作结尾留给受众无穷回味。而另一方面，这一震撼效果的背后，是剧中男女主人公对抗强权、不慕名利、捍卫爱情与自由的坚定信念通过"石"这一意象本身的坚硬、永恒特质外显出其超越时间、无以阻碍的精神力量。如果说"化石"这一行为昭示了精神力量，那么"石"本身则成为台州乃至中华儿女精神世界中镌刻人格追求与生命价值的丰碑。

此外，《梦石传奇》中的男配角李梦龙原型源自经典越剧《春香传》。将经典越剧的人物原型引入到原创越剧的创作中，在使得原创越剧的故事更为饱满之外，使其整体的故事框架受到成熟人物原型及其情节线索的牵引，从而吸收经典越剧的人物设定与叙事智慧。李梦龙这一角色沿袭了原剧中与底层女性结缘，并且约定高中后迎娶之，最终兑现诺言的基本设定，从而在《梦石传奇》中创造底层百姓与高官相遇、发生矛盾乃至相抗衡的机遇，强化剧作反抗强权的现实意义，使剧作从原先对民间传说善恶对决的简单对抗的展现上升为对官僚体制乃至整个封建社会违背底层百姓生命权力的鞭挞。由此，整部剧作涵纳了从底层农民到士人阶层等各股反抗强权的力量，展现了其共通的人格与信念。

台州文化现代精神的再开掘

《梦石传奇》在对民间传说、经典越剧的融汇吸收，并保留其原生的文化内核，传承台州乃们。董尚书看中石陀人的地，就想帮助石陀人娶妻，再买下他的屋基。董尚书看中了素娥，并以钱财使其父母同意。素娥的父母悔婚，将其嫁给贵族，等候多时的石陀人下半身变为石头。素娥为躲避自己家的逼婚，撞死在山石上，和石陀人一起变为石头。

经典越剧《春香传》的主要剧情如下：艺妓之女女儿春香与官家子弟李梦龙相爱，但李梦龙父亲不准春香随行上任。李梦龙与春香相约中举后再来接她。后当地新任官员想要抢占春香，春香不从，被判死刑。已有官职的李梦龙查办了该官员，与春香终成眷属。

原创越剧《梦石传奇》故事采用双线结构，情节复杂。

石梦莲和石匠父亲的徒弟石二郎即将订婚，石二郎入赘，石梦莲感激石二郎父母。妹妹石梦花救起进京赶考的李梦龙，李梦龙与石梦花相约，无论是否高中都来迎娶。

石梦花被劫走，外出寻找的石二郎与石梦莲分别，石梦花被小三哥母女救起，但无法违背诺言嫁给小三哥。骄纵的太师之女想要强行嫁给石二郎，李梦龙拒绝成为太师女婿而被毒打，石二郎假意接受太师许诺的状元头衔。太师威逼利诱石梦莲解除与石二郎的婚约，石梦莲不从。

李梦龙与石梦莲相逢，两人解除误会，又与被小三哥送回的石梦花相聚。为官的石二郎惩办奸邪之徒并向石家人澄清自己的初心。

太师女火烧石梦莲和石二郎，最终二人被妈祖点化。

在《梦石传奇》中，将两大民间传说与经典越剧相融合，演绎出两条线索、设定了男女主角与男女配角，赋予了分别从两大民间传说中提炼而来的男女主角鲜明的性格特质，同时强化其与从经典越剧中衍生而来的男配角、根据剧情需要创设的女配角之间的关联互动。由此，原创越剧得以扩大其叙事体量，同时在统整后的故事框架之上探寻创作者意图表达的文化内核。

原创越剧保留了善恶斗争、追求真爱等经典内核。同时，通过人物的再塑造与情节的再创作，该剧主人公的精神深得传统文化的神髓，同时又具有现代精神以启发当下观众。该剧在较为简单的民间传说情节之上，还原了封建社会腐朽的官僚体制乃至于亘古不变的人的命运困境，以承载深厚的人文话题的探讨。最重要的是，该剧以其复杂曲折的叙事书写了人与强权、人与命运、人与自我博弈的壮歌。

台州传统的古典美学的传承与发扬

《梦石传奇》尽最大可能地保留了民间传说原生的文化内核，沿袭传统越剧的古典美学与叙事规律，在起承转合之间凸显民间传说所蕴含的文化内核，融汇中国传统尤其是台州的优秀文化，以古典美学提升原创越剧的审美品格。如此，方可成就将传统文化与古典美学传承并发扬，承载剧作意图含蕴的当地文化现代精神的优秀现代原创剧。

首先，《梦石传奇》延续了民间传说对于底层人民艰难处境的关注。主人公石梦莲和石二郎与民间传说中的石夫人和石陀人一样是底层的困苦百姓，但是安守本分，具有自己的生活信念，

台州传统的古典美学与当地文化的现代精神的融合

——以原创越剧《梦石传奇》为例

程涵悦[①]

原创越剧《梦石传奇》于2017年首演，鲜明展现了台州传统的古典美学与当地文化的现代精神的融合。本文将从民间传说的整合与升华、台州传统的古典美学的传承与发扬、台州文化现代精神的再开掘等三个角度对《梦石传奇》进行探讨，以研究其对于台州传统文化的传承与发扬、对台州文化现代精神的提炼，进而发掘台州文化的内涵、当代形态与全新价值。此外，本文对原创越剧《梦石传奇》的研究也将为台州更多的文化创作探索台州传统文化的创新演绎提供思路，甚而为各地的文旅发展提供借鉴。

民间传说的整合与升华

《梦石传奇》取材于台州当地的民间传说，由此有机地吸纳并保留了原生的当地文化内核。难得的是，《梦石传奇》整合了温岭地区的石夫人传说和黄岩地区的石大人传说，尽可能地涵盖了台州丰富多样的民间传说，同时，在进行新剧创作的过程中，通过将两个地区的传说进行整合，探寻并提炼台州各个地区共通的文化内核。由此，在这一原创剧中，观众可以感知台州的多元文化形态，更可以深化对于台州传统的文化内核的认知。而在对民间传说整理、整合的基础上进行的原创越剧创作不但保留了民间传说原有的文化内核，而且注重对于台州文化的开掘，并且融入了现代精神，赋予了民间传说乃至于台州传统文化新的生命力，同时使之展现出更为重要的现代价值。

《梦石传奇》的主人公有温岭石匠的两个女儿石梦莲、石梦花和黄岩学徒石二郎、福建书生李梦龙。其中石梦莲和石二郎分别出自台州温岭石夫人和台州黄岩石陀人的民间传说，而福建书生李梦龙的形象则受到经典越剧《春香传》中的"李梦龙"一角的影响。

温岭石夫人的传说原貌如下：姓石的寡妇与女儿相依为命，但因为常常帮助比自己更困苦的人，所以被尊称为石夫人。黄岩石陀人不但送给她女儿自己卖的橘子，而且赠送给她米，石夫人将自己本来用于换米的布匹送给了石陀人。族长想要纳石夫人为妾，石夫人只好带着女儿逃到黄岩寻找石陀人，最终在族长的追击下，撞死在悬崖上，形成巨石。石陀人得知消息，日夜望着巨石，也化作巨石。

黄岩石陀人的传说版本较多，其中较为典型的原貌如下：石陀人经常接济比他更穷苦的乡亲

[①] 北京师范大学文学院研究生。

信和寻找中华民族道路自信层面上充分认识的迫切需要；这是贯彻落实习近平总书记治国理政大思路中对文化建设"六个一"重要方针的迫切需要。

三、结语

要加大力度，下大手笔，增加投入，把丹崖山、天皇山、黄茅山一带的自然资源与历史人文融为一体，重新规划建设打造一张彰显传承优秀历史人文融会贯通的城市形象和文化底蕴的新名片。我们相信，这些现成的人文资源，亟待引起市镇领导和相关部门的重视，要把自然环境和人文资源挖掘传承有机结合利用好，开发建设好；通过文旅项目包装，招商引资，深入挖掘，开发利用，切实坚持两个文明一起抓，把中央和省委关于加强历史文化保护传承融合到城乡建设中，必将会极大地提升温岭城市建设形象，提高城市文化品位；把传承优秀历史人文转化为旅游文化产业的大发展大繁荣。

加快打造新时代文化高地，为高质量发展建设共同富裕示范区注入强大文化力量的工作中，做好"发展建设共同富裕示范区"这篇大文章。

2021年11月2日再改定稿

主要参考文献：
《泽国镇志》编纂委员会：《泽国镇志》，中华书局2012年版。

天皇山古道）商贸集散地；南官河开通后，商埠移至泽库（泽国）。天皇村历史上曾繁华过，形成如今的泽国商贸重镇，这与蒋彦圣在此建书院和天皇的儒释道"和合文化圣地"密切相关，现104国道穿村而过，可把丹崖山景区、天皇山景区及黄茅山景区重新加以规划，建设大旅游风景线。"山不在高，有仙则名"。东晋道教理论家、著名炼丹家、医药学，世称小仙翁的葛洪，相传曾在丹崖山炼丹修真，并留有石室（炼丹处）、丹井等遗迹。明清时建有"丹崖书院"，历史上名士有毛鼎新、蒋彦圣、李时可、叶良佩、王纯、戚学标、叶鼎新、王丛、葛咏裳、阮季良等文人骚客留下诸多遗迹，早在民国时，丹崖山就已设丹崖名胜区。1934年，蔡元培题写丹崖山牌坊坊额。山上有石室、丹井、双桂岩、八仙岩、石拇、虎乳泉、半山亭、玩月亭、虎楼、丹崖书院、丹崖居士林、山东堂、雄镇庙、逢儒亭、仙岩亭、葛洪亭、丹崖亭、思雨亭、泉石胜迹和各式建筑物40多处及匾额摩岩石刻遗存等[①]。抗战时期"台州农校"于此办学，1952—1956年，浙江省供销合作社在泽国丹崖山创办浙江台州财经学校，培养了一大批人才，历史人文沉积深厚，有待深入挖掘开发。2006年，泽国镇将丹崖、牧屿、天皇3个景区融为一体，冠名为"丹崖风景名胜区"。天皇村是弃车登山交接点和歇足点，可招徕商家开辟发展文旅三产服务业，把文化、旅游、休闲、商业融合在一起，促进农民增收、乡村振兴、经济发展、文化繁荣。

（三）赋予天皇花鼓新的内涵和形式上的创新

天皇花鼓、滩簧乱弹可仿照大奏鼓创新改革，既让天皇花鼓、滩簧乱弹保持原貌，不至于面目全非而失去非物质文化本义，又使之成为群众喜闻乐见的歌舞性民间曲艺。

当以泽国丹崖大地方大制作效仿《印象·西湖》《印象·漓江》系列影视演艺剧目，小地方天皇村以《天皇花鼓》《滩簧乱弹》娱乐宾客也不失为一种好形式，颇有亲和力、吸引力。如果能注入广场舞的元素，与广场舞结合，表演的人多了，那场面更热烈了，其影响面就更大了。平时可以作大屏幕播放，节假日则可现场表演，增强内外宣影响力，必将提高我市泽国工贸重镇小城市的文化形象品位和知名度。

综上所述，温岭市泽国镇天皇村一带有着比较优越的自然景观和人文资源，但少有人关注，可谓养在深闺人未识。那么，在我省为高质量发展建设共同富裕示范区注入强大文化力量的今天，天皇人应怎么发挥这些有利条件呢？在此，我们仅从"写好文旅融合文章"的角度谈谈助力天皇村振兴，建设美丽乡村、风情乡村、文化大礼堂的看法。

中共中央办公厅、国务院办公厅近年来相继印发了《关于实施中华优秀传统文化传承发展工程的意见》精神，2021年9月4日中共中央办公厅、国务院办公厅又印发了《关于在城乡建设中加强历史文化保护传承的意见》，并发出了通知，要求各地区各部门结合实际认真学习贯彻落实；浙江省委、省政府也相应印发了《浙江省实施中华优秀传统文化传承发展工程工作方案》的通知，2021年8月31日，浙江省委、省政府召开文化工作会议，又强调："要在推进文化融合发展上不断取得新突破，写好文旅融合的文章、跨界拓展的文章、文化出海的文章，以文化深度融合发展进一步激发文化领域创新创造活力。"这是深刻理解十八大以来习近平总书记多次强调要把传承和弘扬中华民族优秀传统文化提升到中国的发展特色和发展高度，提升到增强文化自

---

① 见温岭地名故事《兹地太平》，第48—49页。

诗为纪念泽国新渎钱王孙女的儿子刘允济、允迪等三位进士所作。

（3）云阳十咏

《三刘祠》：祠宇巍峨拜昔贤，瓣香供奉一炉烟。三分鼎足尊刘氏，嗣后何人可比肩。

《监仓楼》：名山俎豆不寻常，俯仰斯楼溯监仓。文教振兴开讲舍，云阳旧址属天黄。

《俯清池》：好句留传水样清，鉴池由此锡佳名。临流俯仰怀前哲，可似沧浪许濯缨。

《虚白堂》：闭户潜修欲类僧，本来面目冷于冰。未能守黑难知白，虚室空明半衣灯。

《仰晖亭》：日上扶桑月向西，烟岚缥缈彩云齐。披衣独立迎朝旭，眼底无人傲阮嵇。

《挹爽轩》：难得新秋一味凉，襟怀轩爽倍寻常。篝灯夜读心思健，点窜文章陋汉唐。

《面壁居》：祖龙烧后已无书，纸上何庸辩鲁鱼。面壁工夫休欠缺，十年文字在生初。

《见山所》：寸阴尺璧有谁闲，负笈来游到此间。逐日开门如读书，不嫌所见但青山。

《仙船石》：娲皇炼后始皇鞭，剩下云根已化船。待到明年春水涨，挂帆如坐大罗天。

《护法寺》：本来儒释不同源，彼法空谈净六根。六蔽六言容我悟，有何心绪到沙门。

《冬夜》：野寺钟声久未撞，霜天雁影不成双。夜深似海茫无岸，月冷于冰已上窗。觅句空怜诗鬼瘦，酣眠长使睡魔降。邻鸡报道东方白，客过柴门乱吠庞。

二、思索与建言

（一）云阳书院是温岭最早的两个书院之一，大有文旅融合的文章可做台州在南宋时有文进士550名，在南宋152年中，约举行科举50次，台州平均每科中进士11人，达到极盛。[①] 据《嘉靖太平县志》载，在南宋，温岭前贤就有25人中文进士，[②] 其中蒋彦圣登宋咸淳四年（1268）戊辰陈文龙榜进士。开宋初儒学先声的安定先生胡瑗（993—1059）说："致天下之治者在人才，成天下之才者在教化，教化之所本者在学校。"作为进士，蒋彦圣自然知道办学的重要性，自绍兴监仓任上归里后创办了云阳书院，授徒乡里，址设天皇（或称天黄）河头南侧，天皇山东南面。至明代，院房毁于风，后重建。清同治八年己巳（1869）七月，书院又为大风所毁，无一完物。同治十年（1871），田洋里人叶鼎新等人筹资仿旧筑建于凤城岭下，经营30年而后成。后成凤城中学，名人辈出，原浙大人文学院副院长盛小明即为该校校友。

由此可见，云阳书院历史悠久，由宋历经元、明、清、民国，一直延续至现代。

据此，我们建言：在天皇河头南侧择地重建云阳书院，作为美丽乡村建设中教化后人的优秀文化传承基地，在书院中竖立蒋彦圣、李时可诸名贤塑像，塑造"双杏吟社"文化长廊，镌刻相关诗文，渲染文化氛围，并向台州市申报命名天皇为"台州市和合文化圣地"之一，请泽国镇和市内外骚人墨客不时造访，撰文吟诗作画，久之而成为一道亮丽的人文旅游风景点，助推乡村文化振兴。

（二）以天皇村为节点，规划建设连接丹崖山与天皇山、黄茅山的旅游路线

据当地父老相传，宋时，在南官河开通前，天皇埠头作为泽国、大溪山市及黄岩院桥（越

[①] 见台州地方志编纂委员会：《台州地区志》，浙江人民出版社1995年版，第1146页。

[②] 见《太平县古志三种·嘉靖志》，第81、84页。

台阁宽宏万斛舟。惆怅监仓楼在望，几番奠酒迓神休。

其三

筑得亭池据上流，攀花步月各寻幽。帘前垂柳风翻燕，水面浮萍浪泼鸥。继志聿开化雨席，大悲普渡济时舟。偶来此地谈千古，话到临岐尚未休。

其四

韶华半百迅如流，才学推敲头也幽。窗下琴书花下月，山中猿鹤水中鸥。羡君老去将成佛，笑我闲如不系舟。四代论文真莫逆，谁去知已一生休。

[清] 葛咏裳作《重建云阳书院记》①（略）

[清] 郭钟岳作《监仓楼记》②（略）

[清] 诗人裴灿英作《题云阳书院俯清池》诗：风如并剪水如油，泻出云阳一段秋。俯仰顿宽人世界，清凉不与俗沉浮。披襟我欲澄空碧，脱帽伊谁坐上头。波自涵虚天倒影，却穿云气望牵牛。③

[清] 蒋洛东作《俯清池》：涤瑕荡垢在莲塘，披拂秋风扑鼻香。雨滴蓼花鸥梦醒，露零桂树蝶衣凉。鱼鳞浸水双桥抱，雁影冲波万丈光。一点俗尘飞不到，葭苍苇碧菊翻黄。④

[清] 花山补梅诗社；诗人赵佩茳作《俯清池》：一曲潆洄最可人，出山不改在山清。养人活泼曾何恨，照我鬓眉也逼真。说著爱莲周子思，诗成梦草谢家情。蒋公诗意宣尼教，记取沧浪赋濯缨。⑤

3. 其他

（1）温岭泽国镇天皇村《李氏宗谱》载"凤城八景"诗，现选四首：

《双桥映月》：村北村南一石桥，月明虹影落云霄。鳌身蘸碧金波冷，雁齿横空秋水绕。两处踏来思醉卧，几回坐定听吹箫。何人题柱师司马，疑得升仙名姓标。

《三溪喷雪》：三道寒流争注壑，波翻碎石水纹斜。明月似泻三冬雪，雨过如喷六出花。柳絮纷纷随叠浪，鹅毛片片趁飞沙。溅珠沸沫无能似，信是兹溪景色赊。

《莲塘夜雨》：莲塘乘夜雨声烦，卧听如闻倒泻盆。碧玉盘中珠乱走，水仙衣上点齐喧。潇潇打叶绕欹枕，冉冉生巴香掩门。领取濂溪君子意，明朝花绽到前村。

《烟寺晓钟》：数声钟声闻下界，五更欹枕晓风寒。烟霏林霭声何处，月落参横梦欲阑。送尽年华无箇了，依然世事有多般。木兰僧院当年事，为意纱龙我欲叹。

（2）泽国镇西桐村（原为田洋里村）叶氏家谱记载众多古诗，现选二首：

《监仓楼》：庇寒广厦万千间，林下经纶不等闲。自有精神遗奕叶，重教坛席启名山……此诗为蒋彦圣官授监仓之职所作。

《三刘祠》：王有珠树葛家龙，冠益蝉联起浙东。千载相思不相见，一门难弟复难兄……此

---

① 见《泽国镇志》，第1010—1011页。

② 见《泽国镇志》，第1011页。

③ 见《泽国镇志》，第990页。

④ 见《泽国镇志》，第991页。

⑤ 见《泽国镇志》，第991—992页。（赵佩茳诗）

承于潘伯修等人，其学一宗朱子（朱熹），亦可追溯到郊仿唐白乐天九老香山结社，源流自明，自成一格。

李时可在任御史期间，做到体察精准，举荐适当，因而被朝野誉为"知人"。在出知偃师县令任上忠于职守，廉洁奉公，惠政在民，理学治政，居官以"勤、清、慎"著称于世。故《李氏家谱》有《凤翔北麓》诗颂之："九苞威凤振高岗，两翼凌霄欲远翔。偏体文章城上见，何年巢阁报君王"。

（三）采集的诗文

1. 题天皇景观诗

据《泽国镇志》记载，王纯字怀一或作宗一，号益专，天皇人。明正统二年（1437）岁贡。单县教谕，改德化。有学行。尚书秦纮为其作墓志。

［明］王纯《天黄山》：此日攀跻到，方知法界清。树摇云有影，花落水无声。深谷玄猿啸，荒郊野雉鸣。聊随童冠乐，归咏见吾情。①

［清］裴灿英作《石床仙迹》诗：尘世梦中梦，空山闲更闲。黑甜乡不到，镇日闭柴关。枕石画三面，抱云身一弯。翩翩得佳处，俗虑尽为删。②

《龟桥夜泊》：龟桥灵异自天成，夜听舟人争渡声。明月满船行处好，一竿荡漾到蓬瀛。

2. 题云阳书院诗文

［宋］蒋彦圣《题云阳书院》诗："云阳书院俯清流，景物关心事事幽。红杏雨余飞紫燕，绿荷风里渡青鸥。催寒水院轻敲杵，钓雪渔翁远放舟。几度闲窗联坐榻，狂歌清夜未曾休。"③

［宋］咸淳十年进士、新昌尉戴震晨（温峤镇人）诗作《和蒋监仓云阳书院韵》："白云片片傍江流，高士书斋趣更幽。天暖花间翻彩蝶，日长沙上浴群鸥。邻翁对月频邀酌，野客冲寒独泛舟。最是主人清兴极，闲吟对景意无休。"④

《李氏家谱》中有《云阳古院》诗：云阳古有读书声，旧迹到今可问津。莫道弦歌无接续，增修还待后时人。

［清］蒋复卿作《重建云阳书院》诗，⑤ 八首选四。

其诗序为：书院吾始祖进士彦圣人所建，旧隶天黄河头。废已久，吾与族人同叶君子襄重建于凤城之西，翻阅始祖原诗，不禁有感，乃依原韵，率成俚句八律，以酬子襄并以示族人。

其一

花正开时水正流，看花观水两称幽。门临山角雄天马，桥跨池头宿野鸥。小坐迎晖疑玩月，偶来泡爽胜乘舟。诗题壁上珠玑满，苦累骚人和不休。

其二

飞泉汩汩带云流，叠叠回廊曲曲幽。卿是识途推老马，侬惭飘梗等浮鸥。园林布置千秋业，

---

① 见《太平县古志三种·嘉庆志》，第187页。

② 见《泽国镇志》，第990页。

③ 见《太平县古志三种·嘉靖志》，第247页。

④ 见《太平县古志三种·嘉靖志》，第247页。

⑤ 见《泽国镇志》，第991页。

的唱词中有一段非常典型的词句："大户卖田庄，小户卖儿郎，夫妻二人没啥卖，肩背花鼓走街坊……"这与"说凤阳、道凤阳……大户人家卖牛马，小户人家卖儿郎，奴家没有儿郎卖，身背花鼓走四方"异曲同工，真有一比。

天皇花鼓最盛期是清末民初，当时影响最大的是唐维能和唐正顺师徒。在唐氏师徒的影响下，十几个花鼓队分别活动于乐清、黄岩、临海、三门等地。1950年以后，这一艺术形式基本消失。20世纪90年代后期重新发掘整理。现被列入首批台州市非物质文化遗产代表作名录，列入浙江省非遗文化代表名录，节目收入《中国民间舞蹈集成》（浙江卷）。

荐贤知人——御史李时可

据泽国镇天皇村《李氏家谱》载：六世祖李时可，字节畏，号立庵，儿来麟，通判，孙继兆，玄孙显华、显豪……因其非科班出身，故县志载入"辟用"，是推荐的人才。明朝建立初，人才匮乏，科举尚未恢复，朱元璋采用征辟荐举，选贤任能，到朝廷参与治理朝政。李时可是由温州知府汤逊以明经举荐的，明太祖亲自擢拔了十八位监察御史，其中之一便是李时可。[①]《嘉靖太平县志》卷之七"辟用"载："李时可，温岭人。初授监察御史，未几出知偃师县，所至有能名。布政使赵新、饶阳令、郭槚（温峤人）皆其所汲引者也，时称知人。"

李时可是明太祖亲自擢拔的十八位监察御史之一，《天皇李氏家谱》刊附圣旨（见附图），祖籍系泽国天皇，李氏谱系图记录为六世祖，明《嘉靖太平县志》记载其为温岭人（今温峤），《道光乐清县志》记载其为乐清人，有待深入考证。

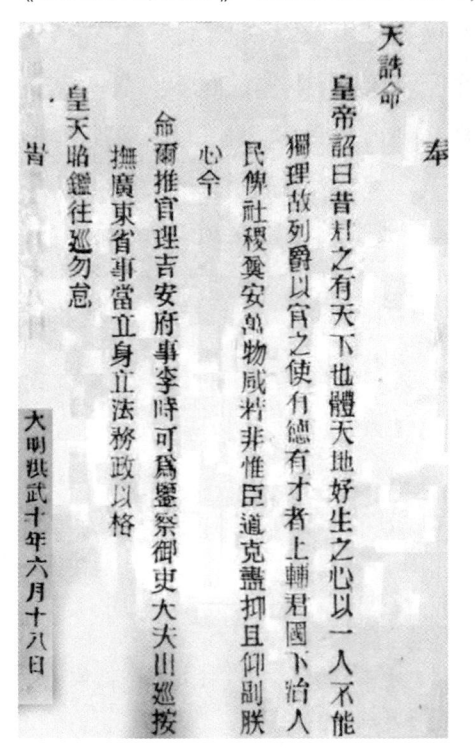

布政使赵新（约1381—1461），字日新，号养斋，明富阳灵峰里（今渔山乡）人。永乐三年（1405）乡试中举。受御史李时可荐曾任工部屯田司主事，宣德四年（1429），擢升吏部稽勋司郎中、右侍郎。巡抚江西时，致力兴利除弊，惠政于民，声誉之隆，与当时名臣于谦、周忱相埒。正统十四年（1449），赵新奉旨巡抚山东、直隶、凤阳等四府，所至召集流民，恢复生产，使民安居乐业，百姓"颂其德者，如出一口"。

饶阳令郭槚（？—1383），字德茂，号畅轩。洪武初，由御史李时可荐，授饶阳知县，三年，大治，民大德之。既归，号台南兀者，年六十有二卒，门人私谥之曰贞成先生。今从祀乡贤祠。谢文肃赞曰："我台之学，考亭（朱熹）是宗，……於乎先生，台南兀者。"[②] 赵佩荘（兰丞）《花山志·花山先正年表》载："郭畅轩用御史李时可荐，为饶阳知县，三年，邑大治。"并尊其"为花山学统所自出"。赵佩荘著《花山志》称温岭花山九老结诗社受郭槚理学思想影响尤深，花山学统以郭槚为初祖，传

---

① 见《温峤历史文化名人》，第60—61页。
② 见《嘉靖太平县志》卷之七"儒林"，第91页。

双杏吟社

清光绪四年（1878），叶鼎新之父叶彪文先生在天皇禅寺前的千年古银杏树傍结诗社，故取名"双杏吟社"，台州知府陈乃瀚为"双杏吟社"作序，文人墨客曾留下诸多诗文存于泽国镇田洋里叶氏家谱，彪文先生祖孙三代题联"双杏吟社"。

天皇村年长者皆认定双杏吟社于1958年解散销声匿迹，85岁方福宝老人于笔者介绍说：天皇禅寺主持曾华如常谈双杏吟社往事，曾经是文人骚客常聚吟诗作对的乐园。可见云阳书院、双杏吟社儒家、天皇禅寺释家、葛洪丹崖山、透天洞炼丹修真等道家，却是一处儒释道相融的"和合文化圣地"也。

双杏吟社序及题联（图）

天皇花鼓[①]

天皇花鼓是民间曲艺，肇始于天皇村的一种舞蹈，一种专为乞讨而演唱的行当，后逐渐演变为庙会或红白喜事凑场的一种民间艺术形式。

天皇花鼓历史悠久，大约形成于明朝万历晚期，受安徽凤阳花鼓的影响颇深。天皇人为了谋生，以天皇花鼓、滩簧乱弹班形式，纷纷效仿奔走他乡，用这一形式行乞。当时在天皇花鼓

---

① 摘自温岭市文化广电新闻出版局编：《温岭记忆——温岭市非物质文化遗产代表作名录介绍》，第45页。

寺院东连凤城，西连凤鸣，三面青山环绕，寺周有狮子岩、仙人榻、石龟大桥、姑娘嫂殿、仙人造船、擎天柱、仰天斗、白龙潭、阁老洞等十景缀其中，环境清幽，为修禅礼佛和游玩之胜地。

云阳书院

存于天皇村李氏家谱的诗文：

温岭最早见之于记载名闻遐迩的书院为宋丁世雄创建的"东屿书院"和蒋彦圣创建的"云阳书院"。

蒋彦圣，号静庵，蒋洋人。登宋咸淳四年（1268）戊辰陈文龙榜进士。官绍兴监仓。[1] 归里后创办云阳书院，授徒乡里。[2] 院址设天皇河头南侧，俗呼"水沧头"，今天皇宫其旧基也。宋蒋彦圣《题云阳书院》诗曰：

"云阳书院俯清流，景物关心事事幽。红杏雨余飞紫燕，绿荷风里渡青鸥。催寒水院轻敲杵，钓雪渔翁远放舟。几度闲窗联坐榻，狂歌清夜未曾休。"[3]

宋咸淳十年进士、新昌尉戴震晨（温峤镇人）《和蒋监仓云阳书院韵》：

"白云片片傍溪流，高士书斋趣更幽。天暖花间翻彩蝶，日长河头浴群鸥。邻翁对月频邀酌，野客冲寒独泛舟。最是主人诗兴浩，闲吟对境意无休。"[4]

清乾隆进士戚学标（1742—1824年，泽国镇人）和道光进士宗文书院山长黄濬（1779—1866年，石桥头镇人）常与诗朋文友在书院相聚。清同治八年己巳（1869）七月，书院再遭大风所摧毁，无一完物。十年（1871），叶鼎新（1844—1909），字福馨，号芷湘，又作子襄，别号龙岗，田洋里人，幼从举子业，清光绪二十三年分发福建候选县丞，二十五年钦加同知衔，诰授奉政大夫。他与蒋洋蒋复卿（蒋彦圣后裔）等人筹资部分仿旧筑复建云阳书院于凤城岭下（护法寺前），经营30年而后成。[5] 院内有俯清池、迎晖亭，建有讲舍、文昌阁、继志堂、三刘祠、监仓楼、挹爽轩、面壁居、见山所、护法寺等20余楹。光绪进士葛咏裳作《重建云阳书院记》。

凤城岭下的云阳书院直到1925年停办，后民间称文昌阁，新中国成立后改为凤城小学，后升为凤城中学，原浙大人文学院副院长盛小明即为该校校友。本文作者之一李云青和叶宝定分别于1973—1975年、1978—1980年就读于凤城中学，其间亲见大部分建筑被毁，云阳书院匾额毁于20世纪60年代，凤城中学今并入泽国二中。

---

[1] 见《太平县古志三种·嘉靖太平县志》，第84页。

[2] 见《泽国镇志》，第898页。

[3] 见《太平县古志三种·嘉靖志》，第247页。

[4] 见《太平县古志三种·嘉靖志》，第247页。

[5] 见《泽国镇志》，第603页。

治平三年（1066）赐额，俗呼天王寺。"① 即在天王山下再修建寺宇（与原基护法禅寺相距里许），始呼称为天皇禅寺。金刚殿前东侧原有两棵千年古银杏，高 80 余米，直径 120~210 厘米，誉为"浙南夫妻银杏王"，世所罕见。古人有《银杏参天》诗咏之："银杏双栽古寺前，春秋屡易势参天。红飞十里知无染，认作梅花岭上开。"惜于 20 世纪六十年代被毁，令人唏嘘不已。

大雄宝殿前九龙壁千姿百态，栩栩如生。青石雕长 21 米，宽 10 米，堪称全国第一。

禅院秋梦

李云青/文

秋日携朋天皇寺，畅游九景历嵌崟。　　人间正道是沧桑，银花古刹复重来。
千古兴亡多少事，众抱杏王今何在？　　我辈岂是蓬蒿人，遥看古松立春秋。

方福宝老先生追忆，千年古银杏图刊在《感动世界艺术巨匠》杂志中。该寺历经唐、宋、元、明、清数代，屡毁屡建，1983—1990 年再次重建。2004 年开始，在寺西侧辟地新建寺宇，规模宏大，今已建成大雄宝殿、天王殿、法堂、方丈楼 4 座仿古殿宇。

---

① 见《太平县古志三种·嘉靖太平县志》，第 114 页。

散落在乡村的台州历史文化

——关于泽国镇天皇村史迹考略之窥见

陈宗明 李云青 叶宝定

台州有着深厚悠久的历史文化，焕发出夺目的光彩，其中又以府城临海为代表。当然，影响所及，即使是相对偏僻的乡村，也自有其纷呈的亮点。为了重拾传统文化，以史为鉴，激励后人更好地建设家乡，挖掘传统文化资源，增强本土文化自信，以历史研究成果为地方人文发展服务，增强全市人民的爱国、爱家乡情怀。我们对温岭泽国镇天皇村一带做了较深入的调查研究，经过思索与探讨，于是撰写此文。

据《温岭县地名志》载，泽国镇天皇村"因地处天皇山南麓，故名"。南麓凹处有天皇古寺，祀毗沙门天王，故旧称天王山。《嘉庆太平县志·叙山》又作"天黄山"。天皇村自然环境优美，104国道东西横穿而过，交通区位优越。这里早在唐代就创建了天皇禅寺，在宋代又创建了云阳书院，清代创建双杏吟社，为温岭最早的书院之一，培育了许多文人墨客以及诗文吟咏，积淀了深厚的历史文化。

一、天皇村自然资源和历史人文的考略

我们通过实地踏勘考察、翻阅方志及谱牒走访耋耋老人等方式，收获颇丰。

（一）自然景观

天皇毗邻泽国丹崖山，自然环境优美，人杰地灵。天皇山海拔347.3米，山上东首有状似狮子的狮子岩，从山路直上有仙人榻、仙人眠床、仙人锅池、仙人脚印（岩）、仙人造船。大水从山上冲泻而下，形成瀑布，注入白龙潭。在仙人锅池上的溪坑中有一巨石，直立如人头像的"石大人"（并非是黄岩石陀人），父老乡亲皆称是天皇下凡至这一风水宝地的守护神。还有双龙捧珠、石龟桥、擎天柱、仰天斗、阁老洞等自然景观。

作为天皇山景区之一的朱砂岩透天洞，相传东晋葛洪在丹崖山炼丹，常来此洞挖采朱砂岩，洞内点燃柴火，山顶冒烟，故称透天洞。自明至民国，陆续有人来此结庐修道。现有透天洞上庙和下庙，今附设有老年活动室。两处均是融宗教和自然生态为一体的游览场所。

这些，《泽国镇志》均有记载。[①]

（二）人文资源

天皇禅寺

天皇禅寺的前身为护法禅寺，是名闻遐迩的千年古刹。据明《嘉靖太平县志》记载："护法禅寺，旧在凤城山，唐大顺二年（891）建。一日，扣钟不鸣，里人闻声在天王山下，因徙焉。

[①] 见《泽国镇志》，第736页。

参考文献：

[1] 项士元：《寒石草堂日记》，临海市博物馆藏。

[2] 项士元：《台州近代著名学者项士元》，台州地区地方志办公室、临海市博物馆编，1990年。

[3] 任林豪、马曙明：《临海文物志》，文物出版社，2005年版。

续表

时间	调拨接收单位	经手或接收人	具体情况或调拨内容	备注
1954年4月	浙江省文管会	周仲夏	上调"明《关侯退倭图》"巨幅绘画1件、张苍水书法立轴1件、杨节愍画像题咏册1卷、天台国清寺隋刻佛像拓片8幅翻黄竹刻方盒、橙盒、掌扇各1件,珂罗版张苍水遗像1张、钱武肃王遗像1张,苏浙皖赣地图1张	
1954年8月6日	浙江省文管会		有关上海革命活动照片200张及《天台山志》1部	
1955年3月13日	浙江省文管会	刘永长	选取革命文物20余件,其中有郭凤韶、林炯、梅其彬、杨哲商、王秀金、王文庆、陈荩民等人照片、遗墨、遗物,以及解放区钞票、中华苏维埃铜币、宣传抗日、抵制日货等资料	
1955年6月12日	杭州图书馆(应是浙江省图书馆)	刘慎旃、丁慰长	上调图书3539册,其中方志1833册、杂志850册,以及诗文集与近代资料若干	
1956年4—5月		项士元	晋天福年间铁塔、越窑青瓷多角瓶、青瓷壶、玛瑙虬龙佩、明金冠、唐铜镜、余姚窑瓷盆等各1件,包金带饰3件,陶瓷碎片8件	参加于杭州举办华东地区出土文物展览会
1956年7月21日	天台国清寺	林克智	玉如意、国清寺塔塔砖、青瓷钵、明郭忱绘《老虎》中堂	省文管会及临海县政府文化科通知
1956年9月2日	浙江省文管会		有金冠、金船、金簪、金钱各1件,金牙签、金耳挖2件,金币(腰形、瓜子形)4件,金珠3颗,金花头饰40件,金带饰16片,银质福寿盒、小方盒、小麒麟、小狮、寿桃、小圆盘、玛瑙球、玉如意、玉簪、玉燕、玉花、小方玉各1件,盘形首饰3件,玉珠17颗,青花瓷印盒1件,以及其他文物若干。前后合计129件	临海县文化馆陈学海带去。现藏于浙江省博物馆,金冠与金带饰常年陈列展出
1956年12月29日	浙江省图书馆	刘慎旃、张作香	明永乐本藏经(残),东西文科学书籍、各种旧杂志及有关近代史料的地方文献5000余册	
1957年7月25日	浙江省文管会		《浙江革命纪抄本》、浙军光复南京纪念章拓片	邮寄
1957年11月9日	浙江省图书馆		元刊本《李诗补注》8册;明天启本《琼台会稿》3册;明崇祯镇海谢天怀《聋歌杂著》1册	

(2022年2月)

用作生产建设，因此，多处地方出现任意拆毁石牌坊现象。1951年12月，项士元先生听闻此事，阻止无效后，则以文管会名义报告台州专署，力请保护。专署副专员张子敬指示谭纶画像碑、戚继光表功碑及东门街、道司前等浮雕石牌坊绝不允许任意拆毁，并通知临海县人民政府必须加强文物保护。1952年1月10日，项先生又将临海东门谭公祠中所立的谭襄敏祠记、谭纶画像碑、戚继光表功碑、简太守去思碑、怀德堂记等古代碑刻全部于1957年3月27日迁运到北固山麓的东岳庙。1952年10月，在上级支持下，专区文管会由大成殿迁至东湖樵云阁，东湖小瀛洲平屋10余间也拨给文管会使用。当时系由专区文教科发动了临海各中学800多人帮助搬运文物。1953年9月27日，在各方面条件都具备后，项先生雇集民工，将东岳庙中所储存的这些古碑一并搬迁至东湖文管会。

1954年1月29日，在项士元先生的主持下，将临海巾山杨节愍遗像石刻先移至东湖文管会妥善保管。在项先生的呼吁之下，1955年8月6日，浙江省文管会下发〔55〕第297号文件，指示临海要妥善保护好杨节愍祠及法轮寺碑。当时的临海县人民政府于1956年3月2日下发了〔56〕第19号文件《关于加强古建筑、古文化遗址及出土文物保护的通知》，要求各有关单位做好文物保护工作，其主要内容即由项先生主笔。在省文管会的支持下，临海县人民委员会〔57〕第185号文件，公布千佛塔为二级文物保护单位，天宁寺、真如寺、张巡庙（南山殿）、嘉佑寺、保寿寺、石佛寺造像、白塔、大岭造像等为三级文物保护单位。

项先生还积极配合上级要求，认真做好国家与省里所要求的文物调拨工作，同时也做好周旋，配置调换其他相应的文物。从现有统计情况看，当时在省文管会、博物馆、图书馆等相关机构的安排下，经项先生之手，共向外调拨珍贵文物古籍12批次，其中就有"钱氏三宝"之一的"金涂塔"，王士琦墓葬出土的金头冠、金腰带等129件文物，"明《关侯退倭图》"巨幅绘画、张苍水书法立轴，以及一批元明刻本和革命文物。而调拨给临海的大概有一批太平天国时期的纸质文物和上林湖地区的青瓷标本。

现在，小瀛洲已经辟为东湖石刻碑林，当年经项先生所保护下的谭纶画像碑与戚继光表功碑依然完整保存在小瀛洲，并已成为浙江省重点保护文物单位。有关钱王、张苍水和王士琦等相关文物则为浙江省博物馆长期收藏陈列。

1959年之前调拨的文物古籍表

时间	调拨接收单位	经手或接收人	具体情况或调拨内容	备注
1953年12月5日	浙江省博物馆		五代吴越王钱俶所造"金涂塔"	
1954年3月15日			铁矛2支、铁枪2支、钱币9枚、照片2张、太平天国丛书3册、太平天国诸王图像数幅、抄本《辛壬寇纪》1册、李世贤的台州《安民布告》1篇、李祥暄《粤逆陷台始末纪》1篇、诸圣思稿本《贼匪始末记》1卷和《克复台州始末》1册，抄本《侍王文案》《太平军余闻》及《李秀成供状》《石达开日记》《太平天国的社会政治思想》等	参加杭州举办的："太平天国展览会"。现所余有限，且因记录不详，应该有陆续调拨的情况存在

续表

时间	地点	被征集对象	征集内容	备注
1957年11月13日	临海	项士元选购	陈崇光《蕉下狸猫》,徐祥《花下双鸟》,李小亭山水、余平宜墨竹、草汉(赵云壑)的虎、李炳光与王国球梅花及《浙江公报》等	
1958年2月19日	临海	五孔岙窑址发现	获陶瓷器标本10余件	洪涤怀、蔡睦生、刘士杰三人同往
1958年2月19日	临海	张家渡旺人墩村老婆岙	出土《元杨同翁墓志》	杨同翁（1292—1355），字师善,曾为饶州路慈湖书院山长
1958年3月16日	临海	五孔岙	村后山发现六朝古墓数座,出土青铜剑、青铜锸等	
1958年8月2日	临海	临海二中	捐献动植物、矿物标本百余种	
1958年8月5日	临海	临海一中	捐献明刻《李诗补注》《白氏长庆集》,黎元洪赠屈映光《三希堂法帖》数件,汉镰斗1只、古陶碗4口、唐开元通宝10枚	
1959年4月15日	临海	后岭殿旁	出土陶碗2只、陶香炉1只、青瓷碟1口	

四、竭身护文物

项士元先生在认真做好文物征集、整理、研究工作的同时,也对发现的破坏文物行为进行及时劝阻,除了前文所提到的一些事例之外,如1954年四、五月间,他发现了临海县财粮科存在任意烧毁文物书画的现象,劝阻无效后,他及时报告浙江省文管会。5月20日,省文管会〔54〕第219号文件下发,严肃批评了临海财粮科任意烧毁古书画的错误行为,要求临海县政府查明真相,严肃处理,以利于文物保护工作的开展。

1956年7月31日,台风袭击临海,引发暴雨洪水,藏书与文物陈列室被水所淹,造成很大损失。加上樵云阁栋梁朽坏,面临倾覆。项先生一面亲自抢救水淹文物,一面紧急报告,要求搬迁。1959年7月15日和9月4日,台风又两次袭击,后一次暴雨引发洪水,漫至二层楼板,数百册图书,以及书画碑帖百余幅受淹,项先生为抢救文物,长时间泡在洪水中,致使旧疾复发。

项士元先生还竭力做好不可移动文物的保护工作。

民国时期,临海城内有各类牌坊近60座、祠庙庵院所储碑志也颇有些数量。但由于错误认识,大家认为牌坊石碑既是封建社会的旧物,又影响交通,有些人觉得石牌坊有许多石料还可以

续表

时间	地点	被征集对象	征集内容	备注
	临海	城西	陆续追回的王士琦墓出土文物,有金船、金簪、金钱各1件,金牙签、金耳挖2件,金币(腰形、瓜子形)4件,金珠3颗,长柄金花40件,金带饰16片,银质福寿盒、小方盒、小麒麟、小狮、寿桃、小圆盘,玉如意、玉簪、玉燕、玉花、小方玉各一件,玉珠16粒,以及其他文物若干。前后合计129件	1956年9月2日由县文化馆陈学海带至杭州,全部上交浙江省文管会,现藏于浙江省博物馆
1957年1月7日	临海	吕公岙、大路章	章襄《碧峰山房日记》《碧峰山房随录》及旧藏古籍数百册,医书10余部	陈茂华、陈茂桂前往接收
1957年1月7日	临海	云峰证道寺	明万历刊大藏经《嘉兴藏》2担,内钤有"甲戌科陈函辉""台州知府徐化成重装"等朱文印	
1957年2月2日	临海	大田岭里村钱氏	"钱氏金书铁券"木箱1只,刻有"天章云汉"等篆书	
1957年2月22日	临海	城关后岭公路出土	石牛8只,唐"开元通宝"、北宋"景德通宝"等钱币	
1957年5月	临海	城关第四居委会	旧衣冠1套、诰命1轴,百科小丛书、教育丛书、东方文库等图书70余册	
1957年5月	临海	张家渡金氏西溪草堂	金贲亨像一幅、金竹屋《行乐图》2张、孔子像与关公像拓片各1幅,穆允中指墨画1张、汪霖山水大堂1幅、梅谷墨兰1幅、程奎《骑鹿图》、陈载洛与程霖书画合锦1幅、周显德舍利塔拓片1幅、赵金兰行书立轴1幅、金仲甦山水屏条4幅、陆圣符《渔家乐》立轴4幅、乾隆《万年一统图》7幅,双狮图1幅、牡丹图1幅	
1957年6月	临海	项士元	米芾行书拓本5张,米芾多景楼、登岘山诗刻2张,灵江双帻图、周凯摹《诸葛武侯像》、始平公造像、石鼓文拓本、唐李肃书河南安抚使马公墓志铭各1张,积石山房汉魏碑拓大字8张,宝晋斋法帖4册,陈师圣刻孙中山遗嘱印谱1件,王仁堪书碑记手卷拓本1件,刘心源五言楹联拓本1对,其他书籍若干	

续表

时间	地点	被征集对象	征集内容	备注
1954 年	临海	东鲁中学李品仙	有孔石斧1件(大田街道东山陈村卢家塘出土)	
1955 年 3 月 10 日	临海	李咏青	王石谷、蒲华、李藻、庄蕴宽等人书画,郭花农《四书求是录》手稿,《管窥录》及各种碑帖70余种	个人捐献
1955 年 4 月 8 日	临海	大田	刘守顺家的白圭、旧绣裙,赵美照家的日文经书,屈映光家的藏书二橱一柜,东塍周至柔遗物46件	洪涤怀陪同,4月23日送到
1955 年 4 月 18 日	临海	桃渚东洋中心校	书籍5箱、陶瓷器30余件	洪涤怀陪同
1955 年 4 月 21 日	临海	尹克德家	藏书10箱、诗稿2册	陈士立邀请,尹克德为陈士立姐夫
1955 年 4 月 22 日	临海	岭根乡政府	古旧图书429斤,其中有王文庆藏书4箱	王克洪送来
1955 年 5 月 28 日	临海	王祥光、王雪娟	家藏果亲王《次齐息园梦游天台》诗轴大堂,江上文、汪霖山水,管竹山指画,黄炳、陈枂花卉,潘公理墨竹等10余幅书画,田礼耕印章2枚	
1955 年 8 月 27 日	临海	城关东门街陈士立	图书600余册	
1955 年 11 月 2 日	临海	桐峙区	图书201册	
1956 年 1 月 20 日	临海	城关第五居民	应听涛旧藏,包括邵伯纲、喻长霖、余绍宋、于右任、邵裴子等书法,陈席珍、云樵等书画	
1956 年 4 月 15 日	临海	城西区委	王士琦墓出土文物20件(此为当时追回的文物,后续还有大量追缴),包括玛瑙虬龙佩1件,包金带饰3件(140克)、金冠1件(110克),铜镜、青花瓷印盒、小方形墨盒、玉扣带头、小长方包金带饰各1件,银首饰7件,银花、银粉盏各1件,玉残件若干	
1956 年 5 月 18 日	临海	白水洋井头小学胡道森	埠头村新大塘出土青瓷多角瓶和盆、大盆各1件	个人捐献
1956 年 5 月 20 日	临海	项士元	明刻本《钱谱批点六家论?》,文徵明《甫田集》,清康熙《浙江通志》《同树文社课卷》,王世贞、王慎中、王士禛、邵长蘅、宋荦等五家评本《杜工部集》	个人捐献

续表

时间	地点	被征集对象	征集内容	备注
1953年7月	临海	台州中心文化馆所藏原临海县图书馆图书	线装经史子集、万有文库图书等2万余册	
1953年10月11—22日	黄岩	县招待所	《四部备要》等36箱,新旧书千余斤,书画、铜器、陶瓷器若干	
	黄岩	新堂	《续藏经》《四库全书》影印本千余册	个人捐献
	黄岩	王植之（王棻后人）	王棻立轴、《六书谱》初稿10余册、《赤城新志》旧抄本等	
1953年12月4日	临海	茂聚铜号	黄瑞撰《临海古迹记》《全浙访碑录》《何芷升诗稿》,张承泽《乡试誊录卷》,宋世荦《台诗三录》抄本,《台诗杂抄》,许达夫等县志采访稿数十册等	杨湘秋捐献
1954年3月11日	临海	太平天国台门	太平军铁枪一支、铁矛2支	
1954年4月13日	临海	何伯琴、陈绩夫家	古籍1706册、碑拓67张、书画3幅、法帖2册、瓷瓶3只、大理石屏1架、竹刻对联1副、葛咏裳稿本、宋琴言《钱鉴》稿本,陈函辉刊《宋氏家传漫录纂言》等	
1954年4月29日	临海	振华中学(台州医院)	出土陶瓶1只、银高脚小鼎2只、爵2只、香炉1只	
1954年6月	临海		原藏临海的文物3箱、盔甲1套、宣德炉1只、康熙铜炉1只、铜小花瓶1只,宋世荦、陈春晖、洪钧、陈璃、陈容思、潘渭夫等人书画,喻长霖《台州府志》2部	以台州专署撤销,临海隶属宁波专区,地区文管会改属临海文教科,与县文化馆合署办公,设文物组
1954年8月24日	临海	涌泉	古籍1500余斤,其中有《金鳌山诗集》旧抄本,《万八山房诗集》抄本、明永乐《四书大全》等共8058册	洪涤怀陪同
1954年10月20日	临海	小桃源恩泽医局陈慎行	陈省几文物,石章2箱、寿砚1方、傅歗生藏晋砖砚1方、水晶平章学士印1枚、陈省几撰书《鸟哥》长卷1轴	个人捐献

在当年5月,项士元先生就组织了台州专区第一次文物展览会,展览会设在大成殿及其西庑,有历史文物室、地方文物室、社会文物室、善本图书室、金石书画艺术室、革命文物室等6个专题展览室,陈列文物1万余件。吸引了各机关单位、学校与群众纷纷前来参观。同时,积极开展文物古籍的整理,定制文物储藏箱柜,安排文物修复,督促各县成立文物室。在此同时还积极参与土改、抗美援朝动员、除四害、疏浚河道等社会活动。因为太过辛劳,导致数度旧疾发作。

之后,项士元先生还一直站在文物保护的第一线,搜集抢救文物,跋山涉水,足迹遍及台州各县。在项先生的努力下,到1956年,台州专区文管会就在临海、黄岩、温岭、天台等地征集和抢救的文物数万种,其中图书10万余册,各类文物1万余件套,为台州历史保住了重要的文脉,也为台州文博的发展奠定了坚实的基础。

1952年至1959年所征集文物统计表

时间	地点	被征集对象	征集内容	备注
1952年4月5日	临海	原图书馆	杨节愍遗像一卷(附名人题记10余幅),《易律通解》等数十册	
1952年4月14日	临海	何家	古籍4担	倪砺心陪同
1952年4月21—25日	黄岩	九峰图书馆	古籍120余箱,书画多幅	杨普钿核对
1952年4月26日	温岭泽国		文物2箱	文化站陶义锦
1952年4月27日	温岭城关	各居委会及胡子谟故居、方季荣家等	古籍、书画共516斤,其中陈氏所藏台人著述近300册善本尤为罕见	
1952年12月13日	临海	马料坑造纸厂	古籍630斤,其中有洪颐煊、冯甦、郭石斋、金竹屋藏书数十种	谢鹏
	临海	城西区公所	古籍27箱,其中何奏篪诗文信稿1箱	
1953年1月9—12日	临海	台州土特产公司	古籍、乡邦文献、古书画、宗谱等490斤	谢鹏
1953年1月21日	临海	张慧贞	拔贡单,学使青麟聘书等2件	个人捐献
1953年2月8日	临海	陈继芳(陈省几子女)	文物古籍若干	
1953年2月17日	临海	张云清	图书数担	个人捐献,谢鹏、洪涤怀前往接收
1953年3月22日	临海	张家渡金瑞初家	古籍《资治通鉴》《宏简录》《满洲名臣传》《古示眉铨》	
		城西区公所	古籍40余箱	
1953年3月25日	临海	台州医院疗养院	旧书百余册、古书画10余轴	张管理员
1953年6月6日		项士元	书18箱2万余卷,古书画4箱	个人捐献

续表

时间	地点	被征集对象	征集内容	备注
1951年4月9日	路桥	杨晨之孙杨子屏别业(廿五间)	图书集成500余册、字画若干	
1951年4月9日	黄岩	任心云家	《方言》《俗语》手稿,《月河吟社诗稿》等数十册	任重,清光绪壬寅举人,毕业于京师优级师范
1951年4月9日	黄岩	徐竹波家	遗稿及旧刻4箱	徐兆章,清庠生
1951年4月10日	黄岩	徐聘耕家	《四部丛刊》8箱、法帖10余册	徐乐尧,浙江省保安司令
1951年4月	黄岩	俞陶氏	玉器、陶器10多件	俞大亨主人
1951年4月	黄岩	郦瑞亭	古铜兽数件	
			以上合计征集原黄岩县文物160余箱	
1951年4月27日	临海	项士元自己捐献	文物共15箱,其中古籍5000余卷	
1951年5月2日	临海	陈氏敬恕堂	不详	
1951年5月2日	临海	洪氏小停云山馆	项圣谟蜡梅山茶图、国朝名人尺牍等文物古籍112件(套)	
1951年5月3日	临海	岭外钱氏	钱氏锦瓶(即公主铜瓶)、金涂塔及钱太师印两枚	文教科转送
1951年6月	临海	侯锡龄师母	书画古籍19件(套)	
1951年6月28日	临海	梁藕香子廉禁	临海县志稿一担(其中陈懋森所纂59册、秦梗友辑录卡霓读书记6册)	
1951年4月	临海	李咏青	郭凤韶相关文物	主动捐赠
			其他临海当时所征集文物未见记录	
1951年7月12日	天台	天台文管会	文物9箱、书画2捆	来自齐召南、褚传诰等各大家族。当时拨留部分给天台文管会
1951年7月13日	临海大石	区公所	书箱4个、书画20余幅、杂书四五担	叶书荫玉阁所藏
			文物总结报告中:书籍3542种,其中稿本358种、抄本695种、明刻本139种;碑帖904件;书画827件;铜器141件;陶瓷212件;玉石119件;钱币982件;服饰95件;邮票1928件;革命文物73件;其他文物94件,合计8917件套	

来的两天，项先生整理了台州各地文物藏家的名单，计一百余条，并到各处寻找合适的办公地址。7日，他拟就《台州专区文管会组织大纲》和相关预算及文物登记表。10日，文教科转来黄岩的文物调查报告。之后，《台州土改通报》中即登载了相关文物情况，除九峰图书馆图书在解放后损失达五分之一、董丕芬家藏书全部被焚毁之外，其他如屈映光、周载亨等家中已有一些文物得以收归，但其数量有限。为此，项先生根据自多年来的交往记忆，草拟了《临海重要文物一览表》。

为了尽快把文物保护起来，已经65岁的项先生不顾辛劳，亲历亲为，马上启动了文物征集保护与其他系列工作。在文物征集工作上，仅1951年，他就根据自己在之前所掌握的情况，多次前往黄岩、路桥、天台，以及临海城关与乡镇等处，与富有收藏的世家大族沟通交流，动员他们捐献文物古籍，化私为公，以保护文脉。在当年的文物总结报告中，共计征集文物古籍近9000件套，其中古籍中有稿本358种、抄本695种、明刻本139种，其他如碑帖904件、书画827件、铜器141件、陶瓷212件、玉石器119件，革命文物如杨哲商、林炯、郭凤韶等遗物也已经进入收藏范围。

1951年所征集文物统计表

时间	地点	被征集对象	征集内容	备注
1951年3月16—18日	黄岩	王舟瑶家	书画、稿本、写本、精刻本20箱	
1951年3月18日	黄岩	王咏霓函雅堂	《研精覃思室日记》84册、翁同龢"道西斋"横额等	
1951年3月19日	黄岩	陈幼谦、吴冠周、方有度各家	古籍若干	
1951年3月20日	黄岩	芦英逊、芦英逴、王季梁、林达荪各家	文物12箱	
1951年3月19日	黄岩	方定中家	书画8箱	
1951年3月21日	黄岩	孙朩轩家	文物16箱	
1951年3月21日	黄岩	张季庸、喻文涵、牟筱轩、梁仲常	江西府县志、乡邦文献等	
1951年4月6日	黄岩	王子舜家	字画百余轴	
1951年4月7日		朱劼成家	古籍8箱	并无善本
1951年4月8日		赵宅祠堂	其中万历本二十一史、明抄本《说郛》以及抄本《乡贤遗墨等数十种》	九峰名山阁图书，仅存39橱，散佚约有五分之一
1951年4月9日	路桥	杨晨崇雅堂	雍正时仿制编钟一具	

先生原所在的浙江通志馆已暂时歇业，浙江省图书馆也已经无事可做。项先生当时已经60多岁了，一方面为了生计，另一方面也因为母亲魏夫人身体欠佳，所以在女儿女婿的劝说下，决定归里。在返回家乡之前，他对自己在杭州所收藏的古籍文物也做了处理。

在1950年的《寒石草堂日记》中，项先生对自己返乡前后的轨迹有这样一些记载："七月二日……小婿潘岩轩送米来，洪子昌文送藕粉来。又陈君祖荣偕其夫人朱蕙芗来。又王子孤山移家用物件来，并谓郑君以真馈送旅费二万元。屡次拜惠，甚深铭感，君诚今之鲍叔欤！下午林莘莞（涛）来，转到洪隆局长复函一封，谓已晤教厅俞副厅长仲武，据云省图书馆无法添聘编纂人员。作书致张冷僧师，告以愿捐康熙浙江通志，请其派人迅来领取……""七月八日……转至龙兴路浙江省文物管理委员会访孙君孟晋及陈伯衡、陈淑谅诸君。二陈均因不适未在，仅得晤孟晋。又程子佩照于无意中遇及（任会计）。并晤韩登安之弟宜（亦能篆刻）。后与孟晋畅谈移时。返寓庐。下午三时，孟晋偕韩事务员宜，来舍检点文物40余件捐赠文管会……是晚十时，自东街路寓庐雇人力车至膺白路杭临汽车站，遇同乡多人。一时许，对号上车，二时开车。"

项先生就是在1950年7月8日的那天深夜，坐上了返乡的汽车。通过这两节日记，似乎可以看到一位学人，一位老人在时代变易的大潮中踉跄飘摇的背影，这种心酸似已无法用言语表述了。

但回乡之后，闲不住的项先生又很快地找到了自己的位置。他在整理自己文稿，积极投身各项社会活动的同时，也根据古籍文献与文物所存在的现实情况，积极向当时的政府部门等建言献策，恳请组织机构，抓紧保护文物。

在这里，笔者认为，他在7月2日与孙孟晋的那次谈话很重要，这个谈话应该是给了项先生一些建议和启发，让项先生更加清楚回乡之后应该做些什么。所以，回来之后，他就开始着手整理自己的家藏，与朋友之间也经常交流文物方面的事情，并留心各方文物的保存状况。他于当年8月10日，即写信向孙孟晋、程佩照索取文物管理委员会组织规程。9月14日，孙孟晋回函，告知章一山先生女儿章郁将乃父遗书十余箱捐献政府的同时，也告知了上海文管会组织大要。

10月25日，黄岩朱劼成先生来临海出席台州会议，项先生前去旅馆拜望，朱先生告诉他关于黄岩藏书文物的现状，如九峰图书馆藏书移至禹王庙，因零乱不堪，而在当地百姓的催促下，却交给了一位粮仓主任来管理；王舟瑶后凋草堂和杨晨的崇雅堂都被用作仓库，藏书文物多有流散。为此，在当月28日，项先生即此草拟设立文管会的县人代会议案，并在29日座谈会上提出自己的意见。1951年2月16日，包玉书来告知项先生，东乡大地主董丕芬家在土改工作中，家中所藏其姻亲郎仁圃的藏书20多箱全部被焚毁，"遗烬经数日不灭"。另外，不时有人说起一些文物古籍遭流失、被破坏的情况。

听到这些，项先生是痛心的，无奈之下，他将这些情况写信告知了他的老师，时任省图书馆馆长的张宗祥先生。

1951年3月2日，台州专署文教科来访，说省文教厅最近命令他们调查文物，要求设法保护。项先生知道，这是他写给张宗祥先生的信起到了作用。

3月4日，专署即召开会议，成立台区文物管理筹备委员会，即日开始工作，并推举项士元先生任委员兼征集组组长。当日下午，项先生也马上召开了征集组会议，通过了办事细则。接下更偏向于温和的改良者。这也就决定了他后来的人生方向。

其次，项先生在他的人生中，他父亲本来就是饱学风雅之人，早期的老师有张丽生、杨镇毅、褚传诰、周萍涧等人，也都是当地学问与威望兼有之士。后来执弟子之礼，问学于张宗祥、王国维、章太炎、余绍宋等人，都是为世所熟知的鸿儒硕学，学界重镇。而叩问、订交的前辈乡贤，如椒江的王咏霓、路桥的杨晨、三门的章一山、黄岩的王舟瑶，温岭的金谔轩、林丙恭等，也或是进士、翰林、举人的出身，或是学有成就者。因为从事古籍目录学研究的需要，他长期以来往来寻访沪杭及台州各地收藏之家，帮助这些家族的藏书与文物进行整理考订，也收获了许多的人脉支持。比如，屈映光当年购藏了清代著名学者、绍兴人李慈铭的藏书后，就曾让项士元先生为其整理了精一堂书目与收藏目录。洪颐煊家族的劫余收藏也曾让项先生帮助整理，并在洪瞻墉的基础上，修订了兰雪轩藏金石书画目录。项先生后来在文澜学报发表的《小停云馆金石书画经眼录》即是在此基础上整理而来。此外，还有黄瑞、宋世荦、叶书、王舟瑶、杨晨等收藏世家等。另外，项先生也有很好的社会各界资源。如政界军界的，除了屈映光、周萍涧等人之外，还有周至柔、周彭赏、许绍棣等都是他的学生一辈。陆翰文也是他的朋友。

当然，项先生能够拥有这么多这么好的人脉资源，除了他为人和善，乐于助人之外，勤于学术与良好而丰富的知识储备也为他与各界的交往带来很多便利。他能诗善文，经常能用自己所长为他人解决问题。在一生中，他帮助别人所撰的各种对联，为学生与求教者删改的诗文不计其数。通过各方面的学术研究，社会各方面的人士也都乐于与他交往。他在版本目录学上的研究，赢得了黄侃等大学者的尊重，并来函索要著作。他在图书馆学和方志学上的见地与成就，也得到社会各方面的重视，许多达官显宦都曾向其征询意见，邀请他参加各种学术撰述与各种工作。他在新闻学上的成就，也得到当时许多人的请教。他在文物古籍与历史研究上的成就，也让他直接主持或参与了浙江省屡次举办文物、文献、物产展览会。而这些，既为他后来的文物征集与历史研究做了很好的铺垫，也成了他后期学术的基础。

而项先生化私为公的豁达气度，也最终成就了他作为台州图书与文博事业的奠基人。早在1917年，他在与朋友一起创办临海县图书馆的时候，就将自己家藏的1万余卷图书无偿捐献给图书馆。在新中国成立之初，又多次向浙江图书馆、浙江省文物管理委员会捐献自己的藏书与文物。回到家乡参与组织台州专区文管会，从事文物征集与保护工作之后，又捐献了自己的个人藏书2万余卷、文物19箱。他在1951年4月27日的日记中写道："选择家藏文物十五箱捐献文管会。予自一九一七年创办临海县图书馆，捐赠寒石草堂图书万余册，兹又选出五千余卷，作为第二次捐赠。"1953年6月22日的日记中是这样记载的："检点家藏乡邦文献书籍二十四箱，字画四箱，连橱架簏筲等完全捐献文管会。予自弱冠负笈游杭，辄喜聚书，五十年来，先后游沪、游粤、游苏、赣，以暨里居讲学，薄俸所入，悉投故纸堆中，寒石草堂所聚总不下三万余卷。一九一七年创办临海图书馆，捐助通常本图书近万卷。一九五一年台州专区文物管理委员会成立，又捐献图书五千余卷，至此为第三次捐献，寒石草堂所藏，已一扫而空矣！"

三、筚路蓝缕奠定基业

项士元先生自杭州返回故里，专心于文博事业始于1950年。当时鼎革之后，百业待兴。项柔之邀参加北伐军。1927年任《杭州国民新闻》副社长，主笔《杭州市报》。1930年纂成《浙江新闻史》。1932年建议定每年6月6日为"教师节"。1935年任《临海县志稿》总校、受聘为杭州民生中学校长与浙江文化建设协会文献委员会委员，提议设立"记者节"。1936年受聘为浙江文献展览会设计委员并台州征品分会副主任，征集文物图书2000余种，并在临海举办预展，在送省展览。1943年受聘为经济建设委员会委员与七区物产文献展览会文献部主任，受余绍宋之邀出任《浙江省通志》编纂，后兼浙东办事处主任。1945年受聘为《临海县志》总纂。1946年重组"台属旅杭同乡会"，被选为理事长。1947年任佛学图书馆董事兼馆长，受聘为上海《金融日报》顾问、中国佛学会太虚大师追念建塔委员会委员、浙江省社会救济事业协会委员。1948年受推为杭州佛学会理事、杭州私立民生中学校董会董事长等。1949年，与黄宾虹约同发起设立西湖美术馆。1951年任台区文物管理委员会委员，兼任征集组组长，之后长期从事文物征集与保护工作。

项先生一生著述丰富，有《台州经籍志》《中国簿录考》《浙江方言考》《两浙艺文志》等130多种。

就项士元先生的一生经历看，在时代的大潮中，他一直以他的学识与能力走在前面，在文化、教育、新闻、经济，社会事务，甚至是革命、军事、慈善、医学等各个方面都尽己所能，并创述颇丰，体现了一个传统知识分子学而优，且忧国忧民、为国为民，自力自强，苦志不息的精神。许多人都说，项士元先生经历了晚清与民国时期，是旧时代走出来的知识分子，但从他的人生中，却能够看到类似共产党人的特质，有报国为民的初心，有脚踏实地的实干。是以，董沧苇先生曾有诗赞："功存文物千秋业，望重台山百代师。"

二、历史之必然

项士元先生最终以国有文博工作作为其最后之事业，从历史发展来看，有其必然性。

首先，在早年，项先生心系历史文化，学而优则钻研之、收藏之。虽然他也从事过其他各种职业，但他始终没有放弃历史文化的研究。在他的一生中，其他方面的工作似乎都是为其后来的文博工作在做准备，并在长期的接触与实践中形成自身独立且通透的历史观。项先生从小即已经接触历史文化的诸多方面，具有深厚的旧学功底与传统文化修养。他在走上职业岗位即从事教育与图书。并且在青年时期就已经与前辈耆老订交，并多有往来。虽然项先生在年轻时也接受过西方的教育，对西方的学术思想也有一定研究。并且曾积极投身"五四"与北伐，对于后来革命抱有很大的同情。但是，或许是旧学对于思想上的影响，也或许是周边人与周边环境的影响，另外还有前期人生的波碌，再加上一定的年龄与阅历，使得项先生最终没有走上一条彻底的革命者的道路。而是将自己的定位明确在文化的传承与社会教育的改良上。

在这个时代，这一批读书人中，激进者如陈独秀、李大钊等人，他们对于积贫积弱、备受欺凌的祖国有着深切的痛苦，希望通过革命，改造中国。温和者如马叙伦、晏阳初、梁漱溟等，他们往往是站在知识分子的角度，希望通过自身的努力与模范来影响周边，改良社会。他们另外类似先生这样的人似乎还有很多。另外还有实业救国、科学救国的许多知识分子，避世隐居的知识分子，也有很多人仅仅站在自己个人利益上，卖国求荣者，贪图安逸者。各类人等，各种性格。项先生无疑

项士元与台州文博初创之始末

陈引奭[①]

摘要：项士元先生以国有文博工作为其最后之事业有其必然性。1950年，项士元自杭州返回台州临海，因省文管会孙孟晋等人所嘱，积极向政府部门建言献策，恳请组织机构，抓紧保护文物。1951年3月4日，台区文物管理筹备委员会成立，推举项士元先生任委员兼征集组组长。之后，项士元先生一直站在文物抢救保护的第一线，跋山涉水，足迹遍及台州各县。在项先生努力下，到1956年，台州专区文管会在临海、黄岩、温岭、天台等地征集和抢救图书10万余册，各类文物1万余件套，赓续了台州文脉，也为台州文博发展奠定了坚实的基础。

关键词：项氏，台州，文物，抢救

2021年，系台州文博事业纳入政府统一管理体系第70周年。70年前，台州文博工作从无到有，从最初的草创到后来逐渐发展，其中最不能忘记的，应该是其奠基人项士元先生。本文试就项士元先生当年所遗存之史料，揭开他与台州文博初创时期的那一段历史。

一、关于项士元先生

项士元（1887—1959），名元勋，谱名家禄，别字慈园，笔名石楼，台州临海人。据其自订年谱。他出生于临海县城腊巷口老屋，少年聪颖，13岁拜师张丽生，弃八股改学策论诗赋、四书及诗古文辞。杨镇毅曾出对"五洲形势在胸中"，项士元脱口对之"千古英雄罗目下"；张丽生出对"关云长单刀赴会"，他对之"曹子建七步成诗"，诸师为之惊叹。

1902年，入朱崇斋创设于临海巾山三元宫的台州最早的私立学校"自任书院"，从师周萍涧、华郁文等；1905年考入三台中学堂，次年赴杭州求学，1910年毕业，名列优等。1911年正月，全省中学、师范毕业生复试，列名优贡，全省获拔贡13人、优贡73人。1912年组织台州青年党，并创立临海私立高等小学校，次年又创办赤城初级师范学校。1914年，受聘于浙江省图书馆，编成《馆藏西学数目》，并开始目录版本学的研究，杨晨、章一山、王舟瑶、金谔轩等台州学界前辈也纷纷与其订交。1915年访台州各遗老，及著述、藏书，纂成《台州经籍志》并得到章太炎等赐序。1916年受聘编修《杭州府志》、纂成《临海要览》。1918年创设临海县图书馆，捐家藏图书一万余卷。1919年发起成立台州救国会，被推为会长。1922年任教于上海仓圣明智大学，问学于王国维等；因台州大水，组织水灾筹赈会。1923年任教杭州安定中学、浙江私立美术专校，并问学于张宗祥。1923年，寒石草堂落成，任教于浙江高级蚕桑学校，受聘为《之江日报》主笔。1925年组织台属旅杭同乡会，任《之江日报》社长。1926年受陈诚、周至

[①] 临海市博物馆馆长。

人格化神灵的认可较早形成，并且逐渐建立以地方社会生活关系为基础的地域认同，从而能够在一定范围内形成确定的保界关系安排，但这一过程并非是一种单纯的线性发展，而是一种相互交叉作用的过程。在乡村保界关系的形成过程中，体现地域历史过程的是村落社会生活的联系、信仰的传播以及宗族的作用，这三者在保界的塑造中发挥了特定的作用，也加强了保界的地域认同感。而在市镇中，保界关系则进一步开放为一种普遍的地域认同意识，并且建立了以保界关系为基础的更为紧密的社会公共生活联系，这些属性从根本上来说来自对于市镇共同体的认可。在以保界为基础地域关系中，体现了基于地方小区社会历史作用下身份认同的心理边界，保界庙界限的形成体现每个地域之间交流和冲突的历史结果，并最终以地域认同的方式得到最终的反馈。

过程中，原本独立的村落难以为继，只有集市区域内的民众同时行动才能够保护自身，或许能够从保界信仰的地域化方式上反映其形成的途径。

与保界关系的形成过程相似，路桥这一集镇中五保格局的形成是一个循序渐进的历史过程，这其中包含在神灵护佑关系下对地域认同的确认。但是与村落保界关系不同的是，集镇是一个不以特定村落和血缘为基础的商业共同体，集镇的地域认同需要具有一种更普遍和公共的主动标识来协调集镇的共同地域意识，这反映在五保与市镇共同体的组织上。据《黄岩县志》载，明代万历年间路桥的刘蔡二氏捐建东岳庙，在此之后东岳庙先后在乾隆九年和同治年间经历过重建与扩建。[1] 东岳庙的出现是江南地区市镇的重要传统，意味着确立了相对其他保界庙宇的上一层级。王健分析认为东岳神在民间信仰中处于较高层级，具有确立更大范围庙界的作用，[2] 滨岛敦俊则指出在明清江南地区的市镇中存在着低等级的下位庙向上位庙纳纸钱、其神像前去表敬访问的风俗，并认为这一现象是小农被卷入商品经济、生活范围扩大在宗教上的反映。[3] 东岳庙在路桥的设立标志着明代晚期路桥已经初步具备市镇共同意识的雏形，并且已经开始组织协调各个保内的公共活动和商业活动。东岳庙后成为五保议事之所，为五个保界之首，同时以东岳庙的庙会为中心逐渐形成覆盖整个街区的盛大集市，成为市镇生活的中心。

市镇的共同体意识伴随着五保区域之间兴办公共性事业和发展商业的过程进一步加强，五保下的主要庙宇都下辖公共的田产，以这些公共田产为基础，路桥开始逐渐以五保协调的形式兴办镇内的公共事业，在这一过程中需要五保所分辖的各个区域首事和民众的密切配合。《黄岩县志》中记载光绪年间路桥已经设立以长生会为代表负责处理区域内无力安葬尸体的慈善事业，其分配为"路桥河西田佃七亩，邮亭田三十亩，正鉴定仓田二十四亩二分，地一亩二分"，[4] 从公共分担田亩的分配上可以看出其划分的主要依据是保界的组织。同时路桥五保之间还协调建立宾兴组织，资助参与科举的士人。这种慈善组织的建立是一种自发的"善举联合体"，[5] 意味着路桥保界组织内部区域性整合的进一步实现。

从路桥为代表的椒南平原市镇保界组织的形成中，可以看到商业活动繁盛和人口流动对于原有村落地域意识的冲击。市镇保界关系的建立直接继承自村落保界关系中的地域认同，但是不同的是在市镇保界关系中对于身份的认同具有更强的开放性，同时也能够在保界组织下建立更紧密的基于商业活动和公共活动的社会联系与组织。

六、结论

在椒南平原地区保界关系的确立过程中存在两个非常重要的因素，其一是对于被神灵护佑的身份关系的认可，其二是对于处于护佑下地域意识的认同。在该地历史的发展过程中，对于本地

---

[1] 王咏霓、陈宝善编修：《黄岩县志》（光绪三年）卷九。
[2] 王健：《利害相关——明清以来江南苏松地区民间信仰研究》，第103页。
[3] ［日］滨岛敦俊：《明清江南农村社会与民间信仰》，朱海滨译，第195页。
[4] 王咏霓、陈宝善编修：《黄岩县志》（光绪三年）卷三十九。
[5] 夫马进：《中国善会善堂研究》，商务印书馆2005年版，第466页。

而逐渐演变为集镇保界信仰的一部分，但同时集镇也通过对于传统的村落保界信仰的改造完成了集镇区域内保界信仰的统合。

台州温黄平原地区商贸较发达，自宋代以来便开始出现市镇和集市，其中大多数集市最初的形态大多是几个相互之间联系较为密切的自然村落。民国年间编修的《路桥志略》中记载路桥的市镇分为五保，每个保下都附有五至七个不等的村落，现存项士元编《海门镇志》记载"家子庄有家子街、前庄、平桥、东金、前苏、后潘、宏申、前张诸村"。路桥和葭沚（古称家子）都是温黄平原地区形成较早、规模较大的集镇，因此在形成的过程中也辐射和整合了较多的村落，除此之外即使是栅浦、章安等集镇也由两个以上的自然村落构成。

在由自然村落发展到市镇的过程中，随着外来人口的不断迁入以及市镇扩大后村落之间传统地域界限的逐渐消失，原本各个村落以庙宇为中心的地域意识显然不能适应市镇发展后新的地域意识需要，因此需要在新的地域关系基础上重新确立保界关系，这一点在路桥镇的历史演变过程中表现得较为明显。路桥区位于温黄平原中部，目前是台州市下设的三个主城区之一。路桥旧称新安，最初从不定期的集市发展而来，《路桥志略》载"吾乡晋唐以前殆犹荒僻，自宋南渡，近属畿辅人物商贾渐盛，水利渐治，仕学渐兴"，[1] 宋代路桥已经建立港口，使其成为南北交通的重要集散地，伴随着商业的发达和士绅的兴起，集镇以庙宇为中心的信仰活动与社会组织也逐渐兴起。据民国《路桥志略》载"路桥的市镇分为五保，分别为河西、邮亭、三桥、南栅、河东，每个保下附有若干村落，五保所对应的每一区域都有自己的庙宇作为保界庙。"[2] 这一保界的格局反映的是市镇地域信仰的历史演变过程，其中最早出现的为河西庙区域，可追至宋代，《赤城志》载"新安河西庙，在县南三十里，宣和寇乱偪南乡，乡人祷焉，翌日与寇战庙前桥上，见神立空中，飞矢石如雨，寇惊走，南乡得全"。[3] 宣和二年（1120）方腊起兵"声摇两浙"，台州郡县皆失，但新安为代表的镇市举义兵以襄，使得一乡得以保全，在战乱中市镇的居民不分原属村落自发组成义兵，为保护市镇而牺牲的义民往往被视为镇市居民共同信仰的神灵来供奉，也在某种程度上促进了镇市共同意识的发展。

明代中后期温黄平原一带倭寇频繁侵袭，自嘉靖三十一年（1552）至三十七年（1558）曾多次入寇，其中最大的一次是在嘉靖三十七年，其时"倭自海门入屯栅浦，焚略长浦、路桥"，但是"乡人御之于河西，倭遁去"。[4] 现存的保界庙宇中供奉的神灵有不少与这一社会记忆有关，如现今五保中河西庙所祀的朱灏，因抗倭有功被封为朱武侯王，邮亭中镇庙祭祀的蔡德懋，在嘉靖三十一年倭寇入侵时聚众抗倭，擒住寇首八人。[5] 河东庙所祀的潘大猷则亦因剿匪抗倭有功，因此被立庙祭祀。对这些乡勇的祭祀说明集镇居民的共同体意识进一步强化，因为在抗击倭寇的

---

[1] 杨晨：《路桥志略》卷五，民国二十四年铅印本。

[2] 杨晨：《路桥志略》卷一。

[3] 陈耆卿编：《赤城志》卷三十一，宋世荦嘉庆二十二年台州丛书本。

[4] 杨晨：《路桥志略》卷五。

[5] 《路桥志略》卷一对所祀之神均有记载，蔡德懋一事又见民国版《台州府志》卷一百二十三，其记载"蔡德懋，字遗立，黄岩人，富而好义。嘉靖二十年大水邑饥，出粟振之。二十四年又饥复振之，赖以存活者无算，有司表其门曰义士。三十一年夏倭寇入海门，德懋聚义兵拒之，获贼首，郡守重其义"。

商大贾云集",[①] 何姓自明代开始便开始建立族产何浦何埠，贸易发达的同时使得何姓成为该地具有主导性的大族，且垄断了港口，这直接引发了苏氏的不满。《海门镇志》中记录了何奏篯所写《何氏浦埠刍议》，其文曰：

  栅浦一庄，仅只两姓，何浦以东苏氏主之，何浦以西何氏主之。道光间，浦埠接涨，苏若溪买其附近稻田十数亩于何埠东侧，捐铺小路，名曰苏义埠。同治间，何苏双方控争。光绪六年，苏抱经于何浦埠中间重砌一埠，旋经何炳麟与苏镜澜又起控争，镜澜遂将所砌苏义埠改为公众出入道头，涂田亦捐入宾兴。[②]

两族纷争的最终解决是捐入该区宾兴的公产，这实际上和该地的保界组织有关。栅浦原有保界庙栅浦堂最开始仅为苏、何两姓公产，在迁海展界后，周围西张、前张、东曹等外姓人口陆续迁入，因此康熙时又兴建武圣庙，《海门镇志》记"康熙时，海上见大红灯随潮至栅浦而止，众异之，明日遣泅水者索诸江，至夜灯所止处，得奇石，载而起，绝肖周将军像",[③] 武圣庙的庙产以苏、何二姓为首由栅浦张、曹、黄各姓捐募，并且直接作为栅浦区域内的公共事业。这就意味着在栅浦扩展后的保界组织下，庙宇的公产和保界组织已经超出了原本的苏、何两姓，也使得宗族关系能够在保界的公共性事务之下得到调整与协作。

布里姆指出乡庙和宗祠都是以共同的仪式推动村落共同体意识的形成与维持，在已有祖先崇拜以提供一套替代性的系统维持机制的情况下依然存在乡庙的原因在于"极为排他的、其好处仅限于宗族内部成员的祖先崇拜，可能不足以在一个适当的水平上来维持联盟的团结，而必须以围绕村庙建立起来的更普遍的崇拜进行补充"。[④] 本地为保界信仰基础的组织以姓氏为单位提供了一种泛化和具有开放性的地域认同的概念，这种地域的认同对于椒南平原地区分散的宗族关系是一种在确定的公共生活区域下有效的统合，并且直接影响着宗族对于地域公共事务的参与和宗族关系的调整与变化。

五、台州集镇保界组织的形成模式

许多学者研究指出，明清时期江南地区市镇的发展经历了原有的定期市逐渐演变形成商业性的聚落的过程，[⑤] 与之相伴发生的现象是市镇商业活动增强和人口增加后对于邻近村落的归并和市镇地位的提高。与此类研究中揭示的苏南和浙北等典型区域相似，台州平原地区的不少商业市镇也不同程度上经历了上述过程，但是这些商业市镇并不是单纯的"商业性聚落"，而是在原有村落的基础上随着人口的增加和商业活动的兴盛逐渐才得以逐渐形成市镇。在对于一些本地集镇的调查中，我们可以清楚地观察到原有以庙宇为代表的村落意识没有因为集镇的发展而消失，反

---

① 《台洲栅浦郡城何氏宗谱》卷一，清宣统二年木活字本。
② 项士元：《海门镇志》卷二，第40页。
③ 项士元：《海门镇志》卷二，第52页。
④ 约翰·A. 布里姆《香港的乡庙》，武雅士：《中国社会中的宗教与仪式》，江苏人民出版社2014年版，第106页。
⑤ 参考刘石吉：《明清时代江南市镇研究》，中国社会科学出版社1984年版，樊树志：《明清江南市镇探微》第一章，市镇的兴起与发展，上海，复旦大学出版社1990年版，日本学者加藤繁：《唐宋时代の市镇及び其の发展》。

织，而钗洋村则在这场纷争中拒绝加入毓龙宫的保界关系，因此建立了自己的信仰地域。

在该区域保界关系确立的过程中，对于共有的地域性神祇的共同信奉是横跨该地近十个保界的村落建立身份认同的关键。但是，对于该区域内的大部分村落来说，这种对神灵的地域性认同仅仅因一种信仰传播意义上的护佑维系。也因此会存在在远离信仰中心的区域通过故事的重构组建一种区别于原有护佑对象的本地叙事，正如屈啸宇指出的，在椒南平原地区村庙的叙事中的对抗性情节本身就体现了地域神佑的重建过程，[1] 并与原有的地域认同产生潜在排斥。但其实也正是在这种本地信仰的传播和重建神灵信仰的本地认同的过程中，保界关系能够作为普遍的地域认同在村落的自然交往关系中识别地域的认同。

（三）宗族作用下村落保界形态

台州椒南平原地区的原生聚落名称大多数为两字或三字，如"下洋潘""桥头王""夽里缪"等，其中最后一字表示该村中主要的姓氏，之前则是一定的地域标志，这种对于村落的命名方式意味着这些村落是血缘与地缘关系相互重合的单姓村落。但是由于历史和现实的诸种原因，在台州椒南平原地区的现存村落很少会完全保留单姓村落的形态，往往是由多个较小的单姓村落聚合而成，同时有许多杂姓人口进入原本的村落。在这种复合型的村落结构中，原本以宗族为中心的村落意识可能便难以形成对于地域关系的完全统概。

在单姓聚落中，以宗族关系为中心就可以形成一种牢固的地域整合。但是在椒南平原地域，不同姓氏的自然聚落之间往往存在着频繁而密切的交流与活动，并逐渐趋于形成一个在地域上愈发接近的共同聚落。同姓宗族群体分散在不同的地域单元之间，这使得宗族关系难以在地域层面找到稳定的认同，因此保界关系便成为整合不同宗族重新建立地域认同的重要要素。该区内保界庙所说的下辖数"保"，其实正是在保界地域单元内的数个不同姓氏的聚落，以该区内的下马堂龙腰庙为例，该庙宇之下分五个保界，分别为下马、尚澄、麻车、高园、殿后陶，据该庙宇中存有的一块民国二十三年的乐助碑文记载，为庙宇的维护和运转提供庙产实际是来自五个保界下的丁、陆、蒋、周、陶五姓，其中人数最多、出资最众的姓氏为下马的周姓。在宗姓支配下的保界关系里，在同属一个确定地域的自然村落可能由于分属不同的姓氏被划分为不同的保界范围，同时在一个保界的地域内也存在不同姓氏共同处理庙产和公共事务的需求。

栅浦是椒南平原地区的一个重要自然聚落，因为历史上曾建营栅屯戍而得名，栅浦处于灵江南岸，在宋代开始已经筑有港口，是该区域的交通要道和内河航运的必经之地。明代万历年间，邑人曹衡开凿栅浦泾，极大便利了该区域的农业用水灌溉，也促进了该区域的发展。栅浦庄最主要的姓氏为苏、何两姓，据本地族谱记载，其中苏姓于明代嘉靖十五年（1536）从黄岩柏岙迁入栅浦，何姓则从五代时期由丽水迁入，是栅浦最主要的宗姓。[2] 在清初的迁海结束后，苏、何两姓相继回迁，同时随着商贸的恢复，栅浦的商业也逐渐繁荣，据《栅浦何氏宗谱》记载"栅浦在康、雍年间，海上贸易发达，何氏家当栅浦要津，财货之渊薮也。孺人劝夫纳贤友，一时巨

---

[1] 屈啸宇：《浙南村庙叙事传统的"本地"观念研究》，复旦大学2014年博士论文，第84页。
[2] 椒江市志编纂委员会编：《椒江市志》，第105页。

载，毓龙宫旧称安定庙，祭祀里人胡氏，根据本地村民的记述传说嘉祐二年绅士徐安定之女四娘在陪同姑嫂在清溪下洗衣服时误食彩珠，之后因此受孕，在历经一系列磨难后分娩出两条龙，但四娘在真龙现身后因为风雨大作受惊吓而死，之后被尊为"龙母娘娘"并由乡民立庙，在宋代得到正式的敕封。① 从本地的传说内容来看，龙母娘娘的信仰形成较早并因官方的认可而广泛流传，从这一故事在周边流传的不同的版本看其影响范围曾广泛涉及温黄平原北部。② 在保界的传统形成后，安定庙又被尊为邻近十个村落的保界庙，俗称"十保殿"，经调查其十保分别为：

> 兆桥村保界、东洋陈村保界、义民村保界、朱永村保界（南洋村保界）、桥头村保界、杨家陇村保界、西王村保界、虎啸坦村保界、祝昌村保界、坦头村保界、后洋王村保界。
>
> 十村崇拜龙显母娘娘，建立庙神位③

根据实地调查，除祝昌村、虎啸坦、桥头三个村落外十保中的村落都建有本村所属的保界庙宇，其中最主要的神灵也与"龙母娘娘"无关，属于上文《岱石庙重修碑》中提到的附保。十保与毓龙宫间的保界关系表现为"建立庙神位"，是以毓龙宫为中心构成的以"龙母娘娘"信仰为中心的特殊区域组织。十保中以祝昌村、虎啸坦、桥头三村轮流为首事，按照各保人口和财力承担庙宇的日常活动支出，并直接参与庙宇的管理，这一关系应该是综合信仰层级和地理关系后该区域不同村落之间的共识。但在这一关系之外，历史上该区域围绕保界的关系还一度存在较大的分歧，其中最主要的便是钗洋的安定庙的保界问题。

钗洋是毓龙宫周边的一个村庄，距离毓龙宫约有三公里，钗洋是一个以李姓为主的自然聚落。钗洋村以安定庙作为保界庙宇，并且流传着与毓龙宫近乎相似的龙母娘娘的故事，但故事的主角则发生了改变：

> 南宋年间，洪家西边钗洋村石道地，住着一户姓李的渔民，身边有一男一女。儿子李哥娶村西六七里地的祝昌村女为妻，李哥的妹妹则已许给祝昌村后生。④

其中的李姓渔民之女则在遭遇与毓龙宫故事版本中相似的"误食彩珠""怀孕分娩""真龙现身""惊吓致死"的经历后同样被尊为龙母娘娘，并建立安定庙。从光绪《黄岩县志》中的记载可以推断，这一庙宇正式被奉立并形成影响力的时间应该在清代中期，相比毓龙宫当属晚期。在这一故事中，庙宇中神异的作用地域已经从祝昌转移到了钗洋，神灵的姓氏也转为李姓，这无疑显示出一种通过本地化神灵故事的叙述以确认自身地域认同的尝试，但在钗洋的安定庙建立后立即引起了和祝昌村之间关于龙母娘娘正统和安定庙命名的控争，这一争论一度引起乾隆二十二年担任黄岩知县的刘世宁的关注，但最终的结果是以"分别禁逐"的方式暂时解决了纠纷。⑤ 关于龙母娘娘的归属和安定庙的命名问题一直延续至今，并且影响了保界关系的确立，从现存保界的情况看，毓龙宫为代表的信仰为区域内多数民众所接受，并以信仰关系为纽带建立起十保的组

---

① 王咏霓、陈宝善编修：《黄岩县志》（光绪三年）卷九。
② 1991年内部发行的《中国民间文学集成（浙江省台州地区）·椒江市故事卷》中记载了和龙潭岙的龙母娘娘传说相似的版本共三个，其所收集的地域分别为路桥和桃渚，均与毓龙宫相距较远。
③ 毓龙宫收集材料。
④ 陶棣华主编：《中国民间文学集成（浙江省台州地区）·椒江市故事卷》，第167页。
⑤ 王咏霓、陈宝善编修：《黄岩县志》（光绪三年）卷八。

金等费,在值年者即均向各佛友领出付给,待结账后将产息有余亦贮公款。

一议,每年社庙戏事仍照旧章挨轮,寅、午、戌、亥、卯、未年雅林值;申、子、辰年新井值,己、酉、丑年秀岭值①。

据碑文的记载,保界的庙宇成为其所辖护佑地域内村落中大户和地主收取农户租赋后储存粮食的重要场所,由保界庙的主事负责粮食的有序征收和晾晒处理,并且在之后通过定期的市场交易将粮食转卖取得收益。这些经费中的部分成为保界庙运转的公共经费,用以支付包括庙堂维护、演剧花销在内的费用,如有不足需向保内的各人摊派,如果有盈余则作为公共的款项继续使用。保界庙的主事由保内的各个村落轮换,按照不同的年份轮值,并且负责该年内保界庙的资金收取与运作,这一传统一直为今天的保界庙宇组织所延续,据了解,一般保界庙宇的管理人员由辖下的各个保推举,主事由各个保按照年份轮流担任,主要负责庙宇的运转和戏金的筹集。在庙宇因日久需要修缮和因灾祸毁坏时,该区域内保界组织同样需要承担筹集资金和修缮的责任,立于光绪十四年(1888)的《岱石庙重修碑》中记载:

咸丰辛酉粤匪追、土寇至,此固燬之,仅留经堂、戏台、山门数椽而已。迄同治丁卯监生彭培忠募捐重建,仅成大殿……庙所核辖共四正保八附保,以保之大小,率资之多寡,每保各有首事督捐,凡庙中之度材考功,戴星出入,自备资斧者则桥头王太学生王凤翔为首任,焦坑者民陈厚载佐之,此二人者,固素所取信,不失为诚厚长者之名②。

岱石庙是椒南平原地区的重要庙宇,始建于宋代,最初祭祀婺源游士,后奉祀董仲舒,成为该区域的保界庙。据碑文的记载,岱石庙管辖的保界范围涉及四正保八附保,据实地走访其中四正保为石柜岙、岙口、山田与篮田,八附保则涵盖周边上山彭、桥头王、焦坑、余家屿等村落。在太平天国运动中岱石庙被毁后,先后有监生彭培忠、太学生彭允清以个人的名义捐资重建庙宇,但均因能力不足告罢。之后保内的村落纷纷在首事的带领下"以保之大小,率资之多寡"募捐筹建,才最终使得庙宇得以顺利重建。

从目前留存的材料看,保界信仰的出现一般要早于该区域保界关系的确定,在庙宇兴盛后村落之间基于市场和公共事业的联系需要确立协作关系和承担公平的责任,也因此在以庙宇为中心的公共社会生活中促进了保界组织的形成。

(二) 信仰的区域扩展

在乡村保界关系形成的过程中,除了村落与村落之间基于社会、经济联系的结合之外,还有基于保界信仰的神灵本身的影响力并逐渐构成该区域内保界关系的现象存在,在这种关系中,保界区域内的村落实际上是基于对于神灵的崇信确立自身与相关庙宇之间的护佑关系。这种保界的范围往往能够突破单个村落和周边聚落的地域层级限制,形成一个较大而且相对松散的保界区域,而这种现象更为接近宗教学中的"信仰圈"概念,一般出现于在本地影响较大、在百姓看来较为灵验的庙宇。

位于今椒江区南部龙潭岙的毓龙宫是本地具有较大影响力的民间信仰,据《黄岩县志》记

---

① 金谓迪:《黄岩金石志》,中国文史出版社2013年版,第241页。
② 金谓迪:《黄岩金石志》,第211页,其中标点有所改动。

四、台州椒南平原地区村落保界关系的形成模式

从椒南平原保界关系的发展看，行政单元对于保界关系的塑造更多表现为一种在地域认同重新建立时期的一种引导，在最初的地域认同建立后，保界关系的确立则进入一种地方历史的自然发展过程中，而这一过程也正是决定保界意识范围和方式的关键。

（一）村落社会生活与公共事业的联系

施坚雅认为中国社会的基本单元是基层市场社区而非村落，市场社区的边界标志着中国农民生活世界的范围，市场社区的构成是宗族组织、秘密社会、宗教组织等传统的载体。[1] 对于台州椒南平原地区来说，这样的判断无疑是合理的，事实上，很多村落保界关系的形成都和邻近村落之间的集市相关。民国《海门镇志》中即记载了本地几处较大的农村集市：

葭沚市四九

赤山东沙老爷殿市一六

赤山东界牌头市五十

栅浦市二七[2]

葭沚和栅浦的集市形成和发展均较早，已经发展成为拥有固定商业活动的市镇。沙老爷殿市和界牌头市则是村落间的定期市场，其中的"沙老爷殿"即沙蟹老爷殿，又称为镇静庙，祭祀南朝宋时期的大臣袁粲。据实地走访得知，镇静庙始建于康熙二十二年解除海禁后，最初的建立和当地渔民的渔业活动有关，初创时仅有数间茅房。道光二十三年扩建大殿，之后随着排水设施的兴建，该区域的生产活动和商业活动逐渐发达，定居的人口也渐渐增多，以该庙宇一年四次的庙会为中心逐渐在周边形成定居点，并且形成贩卖米粮和农渔产品的街市，周边以沙田、缪家、当角、蕈里、闸头五个自然聚落为中心的五保组织也应该形成于这一时期。光绪二十年（1900）庙宇被大火烧毁，之后由信众重建，在此之后庙宇的规模愈发扩大，形成以庙宇为中心的商业活动。[3] 赤山东的界牌头市亦位于当地的保界庙内，是周边界牌、高园和前童三个聚落的市集中心。从清末至民国，在椒南平原地区出现的市集中，很多即以庙会的形式展开或直接以庙命名，如杨府庙会、崇福庙会、灵应庙会等，[4] 庙会与市集的形式无疑为平原地区邻近村落之间的交往和联系提供了可能的空间，也成为不同村落之间以庙宇为中心的保界关系确立的重要原因。

同时以保界的庙宇为中心形成的社会组织也直接服务于本地庙宇中"神诞戏"等活动，成为区域内社会活动与公共事务的中心。椒南平原地区的庙宇普遍具有在神诞日演戏酬神的传统，因此需要针对庙宇日常开支提供相对稳定的经济来源和管理制度。据民国十年（1921）的《将军庙置产为优人膳费碑记》记载：

一议，各佃户租谷一并收存庙内，着庙祝受晒经营，至出粜，仍向各佛友值理。每年优人膳

---

[1] 施坚雅：《中国农村的市场与社会结构》，史建云、徐秀丽译，中国社会科学出版社1998年版，第40页。

[2] 项士元：《海门镇志稿》卷二，1988年打字油印版，临海市博物馆藏，第52页。

[3] 台州市椒江区一庙一故事编委会：《椒江一庙一故事》内部发行，第22—23页。

[4] 杨金荣主编；浙江省市场志编辑部编：《浙江省市场志》方志出版社2000年版，第646页。

表2　清顺治、康熙、雍正时期沿海四县山亩数①

县　别	清初原额	顺治十八年荒弃数	康熙九十年（展复后）	雍正数
临　海	225187	64896		165634
黄　岩	46209	335		46221
太　平	24858		17947	15129
宁　海	364339	162536	283288	311021

为了填补因为迁界造成人口损失和加快对荒芜土地的耕种，在展界后有不少招垦户进入椒南平原地区。② 因此，对于该区域的村落群体来说，迁界后的活动是地域认同重新建立的重要起点，而在雍正四年该地的区划调整无疑便具有助推作用。清雍正四年改都为庄，明化乡之下划分为六个庄和三十四个村庄，分别为：

赤山东庄（三十八都）：岳头、上村、下村；

赤山西庄（三十八都）：严屿、泾边、杨家桥、下马、磨车、高园；

海门庄（三十八都）

栅浦庄（三十九都）：栅浦、枧头、乌石、水门；

家子庄（三十九都）：家子街、前庄、平桥、东金、前苏、后潘、宏申、前张；

三山庄（四十都）：三山、三江口、卢村、上厂、东澍、上洋、下洋、半洋、平树、高岸头、屿头、平桥、埭头。③

在目前椒江区所存的不少区域性保界中，不少便与这一划分有着密切的关系。其中海门庄下设十三个保界，分别由十三个不同的庙宇掌管不同的区域，在该区域的保界中具有特殊位置。在赤山东庄下，其中的上村包含桥头王、峊里缪和前丁三个自然聚落，以白鹤崇和庙作为三保的保界庙，下村则包含了后洋陈、沙门、蚵崊、后丁四个自然聚落，以通衢庙作为四保的保界。在赤山西下辖的村庄中，岩屿则下辖五保，以泾边为首下辖五保，以泾边堂作为保界庙，下马则是周边五个自然聚落的保界，杨家桥也占据五个保界，麻车、高园也分别在该区域中占有三个自然聚落的保界。

可以认为，雍正年间对于该区域行政区划的调整确立了较大范围的主要保界的基本格局，该区域保界关系得到基本确立，尽管一些细微的行政安排，如民国时期划定葭沚（即家子庄）为家福、家禄、家寿、家喜四保并且将周边自然聚落与葭沚归并被纳入葭沚保界的秩序。同时在雍正之后，保界关系也随着开始脱离固有的行政安排进行自然的发展，不断有新的保界形成，部分的保界关系由于村落关系的变化有合并与分裂，才最终形成该区域现存的保界关系。

---

① 转引自王及：《清初台州迁海及其影响》，台州市地方志编纂委员会办公室编：《台州地区志》志余辑要，浙江人民出版社1996年版，第203页。

② 郑达根主编：《杜桥志》，浙江人民出版社2009年版，第91页。

③ 引述自陈志超主编、椒江市志编纂委员会编：《椒江市志》，浙江人民出版社1998年版，第2页。

行政管理的需要不断整合固有的村社固有信仰，其中于明初重新建立的里社坛影响深远，万历《黄岩县志》记载：

> 里社坛，在各都。洪武八年，令每里置社坛，周以土墙，坛而不屋。凡遇春秋二社，里中人户轮，当会首恭办祭物，今里中率无坛而设庙塑像，亦多非旧制云乡厉坛，在各都。洪武八年，令每里置一所，所周以土墙，坛而不屋，立门一座，牌书无祀鬼，神坛祭日与邑厉坛，同今俱废①。

明初推行的里社制度以一百二十户为一里，一里中设有社坛和厉坛，建立祭祀组织的同时将里甲组织成一个负担赋税、徭役的严密组织。② 里社制度的政治组织功能在明中叶逐渐瓦解后，其所立的社坛逐渐被民间自发信仰的村庙等取代，但由里社制度确立的地域单元和信仰组织之间的非正式关系却被本地保界的传统继承下来。屈啸宇曾指出在道教的通香仪式中本地保界庙具有三个层级，分别为"乡主庙""都主庙"和普通"保界庙"，③ 其中乡主庙与县、府城隍存在区域上的隶属关系，乡主庙下划分多个较小的保界，在多个保界中居首的为都主庙。从庙宇的层级和名字上保界庙宇的层级与古代地方行政中的都图和乡里制度存在相似之处，但根据屈啸宇的观察，这些区域内的保界小区与古代任何一个时期的地方行政制度之间都没有存在直接的对应之处，这或许忽视了保界关系形成的动态性。虽然在村庙的自发信仰取代里社组织的形式成为基层地域意识的主导后，地方行政区划的调整便成为一种附加于村落自发的地域意识之上的权力安排，但是历代行政地域单元的变迁的某些重大变化依然能够在社会心理层面对保界关系形成影响。

以现处椒南平原的椒江区为例，该地宋代大体属临海县明化乡，北宋祥符年间（1008—1016）设青令里，在宝元二年（1030）前改称为为智信里。南宋时期为明化乡孝信里和钦田里。元代改乡里为都图，并在图下设保，该区域下设十一图。至明代"去保立都而则壤定税"，④ 在明初规定的里社制度下乡村每百户立坛一所，同时也设立乡社坛，里社制度因为人口的流动逐渐被民间祠庙取代后，乡社坛依然留存并且转化为区域内所有保界名义上的上属"乡主庙"。《海门镇志》中所记"明化乡主庙"和"智信里小庙"，即是对北宋至明这一时段行政地域变化留存的民间记忆。

但对除乡主庙外的其他村落保界来说，清代初期迁界和展界后的区域划分在其形成的过程中起到了更重要的作用。清初因与台湾郑氏的战争与沿海地区的抗清武装于顺治十八年实行迁界，椒江所处的明化乡区域全部处于迁界的范围内，据《台州府志·大事记》载"台州自顺治十三年后岁被海寇，继以迁遣，民生日瘁"，⑤ 造成明化乡所在区域大量田地荒芜和人口逃亡，极大破坏了原有的社会秩序。即使在康熙八至十年相继展界，并且于康熙二十二年复界，仍然使得该区的人口和耕地大量减少，直至雍正时期依然没有恢复迁海前的水平。

---

① 袁应祺、牟汝忠编修：《黄岩县志》（万历刻本）卷二。
② 王健：《利害相关——明清以来江南苏松地区民间信仰研究》，上海人民出版社2010年版，第93页。
③ 屈啸宇：《社区保护神庙的庙界科仪与乡村重建》，范丽珠编：《江南地区的宗教与公共生活》，第119页。
④ 刘宽等编：《黄岩县志》（康熙三十八年）卷三。
⑤ 喻长霖等编：《台州府志》（民国二十五年）卷第一百三十五，大事记，上海游民习勤所承印。

始出现，这无疑意味着地域意识的重新塑造，依据郑振满的分析，在闽系神庙的绕境仪式中，尽管传统的里社已经演变为神庙，但是社坛依然被包含在庙宇中，并且转化为社公和社母被祭祀，社本身依然能够发挥地域的作用只有拥有社的庙宇才具有绕境确立地域意识的可能。① 从实地调查的情况看，大多数保界庙将土地公纳入自身的神灵体系，处于主神的附属地位，在护佑当境的土地神信仰逐渐被人格化的神灵取代的历史过程中，供奉神灵的庙宇具有了获得土地祭祀承载的地域意识的可能。以当时黄岩县域内的祠祀为例，相比《赤城志》中的记录，万历年版《黄岩县志》中记录的以祭祀人格化神灵为主的庙宇数量有了较大的增加，且出现"平水王庙""武安王庙"在诸乡皆有广泛祭祀的情况，可以认为是部分原本以土地神灵为祭祀对象的村落开始供奉人格化的神灵。同时，原本具有土地神性质的神灵也逐渐被人格化，并在县志关于祠庙的记载中消失，如昭应庙中的神灵就由白龙神转而成为九州神主阮元帅。到光绪年间编修的《黄岩县志》，除了考订性地沿袭之前时代记载的内容之外，基本未见土地神性质的庙宇的新记录，与之相对的出现了大量农村人格神灵信仰的确立，这些信仰的神灵大多来源于本地，大多与本村有着重要的渊源，其中有一条中记载"白峰社庙，在县南四十里，神姓陈名櫰"，可见从明代开始神灵性的信仰就已经在黄岩为代表的平原地区的农村逐步取代固有的土地信仰。所以会出现"今里中率无坛而设庙塑像祭，亦多非旧制云"的现象。②

表1

椒南平原境内祠庙	嘉定《赤城志》	万历《黄岩县志》	康熙《黄岩县志》	光绪《黄岩县志》	民国《台州府志》
潭水、土地	7	2	2	0	0
本地神灵	4	11	14	26	28

从历代县志的记载看，清康熙至光绪年间是椒南平原地区各乡的本地神灵信仰逐渐确立并且繁盛的时期，并且在各个地域的信仰体系中发挥重要作用，意味着椒南平原地区从土地神祠到本地神祇的转变正式完成，以"祈拜—护佑"关系为核心的保界庙宇才真正成为村落地域意识的标志，这或许与晚清的太平天国运动后，该区域大量的庙宇重建有关。

三、保界意识与行政地域单元

从历史的角度看，最为直接的地域标识应该来自古老的里社传统。社是中国古代聚落中最初的集体信仰，尽管最初社的性质和祭祀形式依然存在争议，但一般研究都承认社的存在源于农业社会的共同体，是一种地域性的自发意识。③ 尽管自宋代以来，自然形成的里社传统就一直存在着解体的趋向，但历代由行政需要划分的地域单元依然维持着一定的稳定性，并且出于实现乡里

---

① 郑振满：《神庙祭典与社区发展模式——莆田江口平原的例证》，《史林》1995年第1期。
② 袁应祺、牟汝忠编修：《黄岩县志》（万历刻本）卷二。
③ 关于社，一种说法认为是土地神的代表，如《说文解字》记"社，地主也"，《春秋传》曰："共工之子句龙为社神"，《白虎通·社稷篇》记"社，土地之神也"，《孝经援神契》言"社者，五土之总神，土地广博不可遍敬，故封土为社而祀之"。另一种说法则认为社最初指社木，说文引《周礼》言"二十五家为社，各树其土所宜木"，《周礼·地官·大司徒》中言"以其野之所木，遂以名其社"。

供奉多种神灵,其中最主要的神灵被奉为该区域的保护神,而其他的神灵则处于附属的位置。在椒南平原地区较为普遍的保界神祇为白鹤大帝、①杨府大帝、五显灵官、关帝等,这些神祇大多被冠以"当境老爷"的称呼,实际上是被该区域百姓选定的神灵代理。在这种代理关系中,神灵本身只是作为一种本地护佑关系的符号,部分神灵因为特定的故事叙述与本地的社会历史密切相关,但更为实质的意义上仅仅作为"祈拜—护佑"的中间环节而存在。事实上,在存在保界意识的村落中,"老爷庙"也可以被用来泛指保界庙外的其他庙宇,这些庙宇中同样供奉神灵,但因不被区域内村民认同具有护佑地域的功能因此没有确定保界关系。因此,可以认为保界信仰是一种对庙宇和神灵的后天选择和地域意识的人为叠加,这种选择和叠加本身即带有历史性的过程。

保界庙及保界信仰具体如何形成已难有定论,但从神祇的类型和地域组织的方式依然能够看到其与古代民间信仰的发展与地方行政组织密切相关。保界庙中的神灵需要满足"祈拜—护佑"的模式,这就规定了其特定的人格属性和对区域内排他性意识的成熟。从地方志中的记载看,在宋代以前,村落中祭祀的神灵大多祭祀对象为土地和灵验的潭水,主要的祭祀形式则为求雨。据《台州黄岩县昭应庙记》记载:

嘉祐辛卯岁夏旱甚,学究赵思礼率乡□□□□□而未应,人惧祈请之弗虔也……政和丙申岁夏六月旱,大田龟坼,民且忧。宰邑鄱阳黄公畋,赞府会稽黄候涛□□□□祀事,斋跋款祠下,礼毕而倾霪旬②。

这些信仰虽然以潭水、土地为祭祀对象,但是更多来自单纯的信仰目的,并没有能够在某一明确的地域内部形成信仰组织和地域意识,也没有明确的护佑范围,除佛教寺院的结界外,目前所存的本地宋元金石文献未见明确村落中庙宇护佑界限的碑文。③ 但应该注意的是人格化神灵信仰的出现,从台州本地的情况看,南宋嘉定年间陈耆卿编修的《赤城志》卷三十一祠庙门中所记的庙宇中可以看到众多乡村的社庙完成了从原本地方性神灵向人格化神灵信仰的转变。这种现象的出现既有外来信仰传播的因素,也和本土化信仰意识的觉醒相关。④ 本地保界信仰中盛行的白鹤大帝、五显灵官等大多在这一时期形成,并且通过神灵的人格化传播促进了本地观念的发展。

在明初通过重新建立里社制度来恢复古代祭祀礼仪和加强基层控制,其结果是大量地方祠庙被损毁,但也首次将村社的信仰意识与地域结合起来。在里社制度解体之后,大量的本地信仰开

---

① 白鹤大帝即赵炳,嘉定《赤城志》记载"赵炳,东阳人,能为越方,善禁咒。与闽人徐登遇于乌伤溪上,各试其术,以起人疾。登死,炳入章安,神幻事甚众,后为章安令华表所害,世传其尸沂流止今处,故祠之",在宋代获封灵康,元明两代续封,是本地奉祀最多和最具有代表性的神祇。据椒江区民宗局2018年的统计,区内164家民间信仰活动场所中,有18家祭祀白鹤大帝。

② 黄瑞编:《台州金石录》卷四,《中国历代石刻史料汇编》,第三编。

③ 《台州金石录》中有《宋真正院结界》《台州敕惠安院结界》和《台州伽楞院结界》三篇碑文,详细叙述了庙宇结界的范围。

④ 朱海滨:《祭祀政策与民间信仰变迁——近世浙江民间信仰研究》,复旦大学出版社2008年版,第177页,朱海滨指出自然灾害、交通状况、福建移民和巫术道术文化的繁盛极大塑造了浙江南部的信仰现状。

本文关注的"保界现象"是普遍存在于台州温黄平原地区的一种文化现象，一般在乡村地区集中表现，其主要含义为在心理上相对明确的区域内以共同信仰为基础将某一特定的庙宇作为该区域内所有民众的地域认同标识，该庙宇被称为"保界庙"。[①] 根据目前学界的研究界定，"保界庙最清楚地体现出民间自然生成的一种有异于行政区划的精神空间的特征，它依附于地理空间但却从心理层面上获得它的意义"，[②] 保界从聚落自然分布的地理性质出发确立保界信仰的心理形式，并且逐渐形成以保界信仰为基础的地域意识。在实地调查的过程中，笔者发现，尽管自然聚落与保界庙之间的地域意识能够得到清晰的划分，但是在部分村落中，也存在着村落内部庙宇关系不明和保界信仰重合的特殊案例，这无疑意味着保界庙的形成并非纯粹来自信仰的自发作用，在保界庙的形成过程中有着更为复杂因素的作用。在乡民对于保界庙的功能的理解着眼于保佑一村及其个体的安宁和幸福的功利性角度，这便容易使得保界信仰的概念在实际情况中出现对于历史因素进行整合的情况。本文试图基于走访调查获得的数据和地方文献中的记载相结合的思路，从历史学和社会学两个角度对于台州地区保界庙形成和发展的途径和过程进行一定的考察，从而理解在台州平原地区村落中以庙宇为中心的地域意识的形成过程。

二、保界信仰形成的历史分析

台州的椒南平原位于灵江下游，属温黄平原的一部分，南北长约35公里，宽8公里，是重要的农业区。自宋代以来即形成北部归属临海县明化乡、南部归属黄岩县飞凫乡、灵山乡的格局，现主要归属椒江区和路桥区管辖，区内人口密集、村落众多，也是保界信仰最集中的区域。目前在台州椒南平原地区的村落中，保界信仰是一种普遍存在的现象，目前可确认的保界有180多个，以保界的庙宇为中心形成了一种明确的功能性边界和本地信众组织。在该地的传统认识中，不同的保界在通香和护佑界限上存在潜在的心理差异，这种心理上的差异构建起一定区域内部的地域意识。屈啸宇通过对本地的民间宗教文本和道教科仪的研究，认为"保界是指每个聚落通过周年仪式与特定保护神庙之间建立的护佑关系"，并在这一基础上形成了"一种以居住权为中心的民俗身份认定"[③]。处在保界范围内的村落个体需要定期以"拜保界"的方式确立自己与居住地的保界关系，而村落则通过固定的周年祭祀仪式确立并强化村落与保界庙之间的地域意识，并通过祭祀组织的方式获得村落内部成员的共识。

在本地方言中"保界庙"又被称为"本保庙""老爷庙"，"老爷"是台州方言中对于神灵的特殊称谓，[④] 祭祀此类神灵的庙宇则被通称为"老爷庙"。现存具有保界性质的庙宇中一般都

---

① 保界庙的正式科仪称呼为"当境庙"，保界成员自称为"本保殿"，"保界庙"为统称。保界庙涵盖的范围很广，乡村自然聚落、市镇甚至府县的城隍庙都能够被纳入保界的体系，且不同的保界之间规模差异较大，可以仅涵盖一个特定的聚落，也可以包含多个自然聚落。

② 傅谨：《祠堂与庙宇：民间演剧的空间阐释》，《民族艺术》2006年第2期。

③ 屈啸宇：《社区保护神庙的庙界科仪与乡村重建》，收入《江南地区的宗教与公共生活》一书，见魏乐博、范丽珠主编：《江南地区的宗教与公共生活》，上海人民出版社2015年版，第116页。

④ "老爷"是台州各地的方言中对这类神祇的习惯性通称，即使是对一些女性的神祇如妈祖也同样称呼。本地方言中，"老爷"也是对于官员的称谓，以老爷称呼神灵或许反映了本地对待神灵的认知态度。

以界定和认同的基本核心。① 另一方面在地方社会历史的研究中，承载民众精神信仰的庙宇的功能被逐步扩展至地方社会的运转层面，并与行政、宗族等区域社会关系有了更为紧密的联系。马克斯·韦伯已经意识到"在村落自身的组织和运转中，村庙是主要代理人，承担了世俗的法律和社会功能"②，这一颇具政治权威含义的思考逐步被后来的研究者扩展到经济与社会领域。日本学者平野义太郎在村落共同体之争中已经提出村庙对于中国乡村的共同体意义，③ 滨岛敦俊考察了明清江南地区土地庙、城隍神与其社会功能的关系，认为保甲制度、抗租斗争、"解钱粮"的基层社会关系极大影响了村落神庙区域中"上位庙"和"下位庙"的产生。④

笔者认为，基于信仰地域组织关系的分析和庙宇社会功能的描述两种研究路径实际上都是在表现庙宇以及本土信仰在塑造地方意识中所起的作用。值得注意的是，前者的分析往往侧重于福建、广东、台湾等地闽系移民和客家人的神庙祭祀和绕境仪式确立的地域关系，这固然有受到林美容为代表的台湾学者"祭祀圈""信仰圈"等研究范式的影响，但这一仪式文化本身的象征意涵也无疑塑造了这一研究的可能惯性。⑤ 与之相对，后者的分析更多地基于苏松地区农村的土地庙与村落地域和社会功能之间的重合，在这种社会功能的分析中，土地庙本身作为一种地域性的信仰意识反而有被淡化和忽略的可能。近年来，陈树声、郑振满等学者都充分探讨了闽系文化中代表性的神庙巡游、绕境仪式背后的社区历史过程，⑥ 吴滔、王健等学者在继承传统的江南苏松地区庙界与社会史研究范式的同时也试图确立江南地区民间祠庙本身的信仰解释，⑦ 这些都可以目为学者在固有研究路径上的修补和深化。

事实上，庙宇塑造的地域意识和现实的共同体社会、经济空间之间的重叠本身即是一个相互交织的多元复杂过程，祭祀组织和社会、经济因素与地域意识之间绝非单线化的简单塑造。如果从费孝通在《江村经济》中提出"对社区或地域神的崇拜体现了村落作为社会互助和认同的共同体"的观察出发，⑧ 可以认为地域意识的形成来自身份的认同。那么无论是祭祀组织还是社会、经济因素，最终需要落脚的都是"地方意识"的形成过程以及庙宇何以能够在这一过程中取得村民的身份认同和话语体系，这也正是本文的出发点。

---

① ［英］王斯福：《帝国的隐喻——中国民间宗教》附录"什么是村落"江苏人民出版社2008年版，第304页。
② ［德］马克斯·韦伯：《中国的宗教：儒家与道教》，广西师范大学出版社2010年版，第141页。
③ ［日］平野义太郎：《会、会首、村长》，《支那惯性调查汇报》第1—2号，选自《中国农村惯行调查》东京严波书店1981年版。
④ ［日］滨岛敦俊：《明清江南农村社会与民间信仰》，朱海滨译，厦门大学出版社2008年版，第194—199页。
⑤ "祭祀圈"的概念最早由日本学者冈田谦在《台湾北部村落に於ける祭祀圈》一文中提出，后台湾学者刘万枝、王世庆、施振民等都有进一步的阐述，林美容认为祭祀圈以主祭神为中心，共同举行祭祀的居民所属的地域单元，而信仰圈则是以某一神明和其分身为信仰中心，信徒组成的志愿性宗教组织。关于台湾"祭祀圈"和"信仰圈"的分析参考林美容《台湾的民间信仰与社会组织》一文，收入《祭祀圈与地方社会》一书，见《祭祀圈与地方社会》博扬文化2008年版。
⑥ 详参陈树声、陈文惠：《社神崇拜与社区地域关系》一文，收入中山大学历史系编：《中山大学史学集刊》第2辑，广东人民出版社1994年版，第90—103页。
⑦ 王健：《明清以来江南民间信仰中的庙界：以苏松为中心》，《史林》2008年第6期，吴滔：《神庙界域与乡村秩序的重组——吴江庄家圩庙考察报告及其初步研究》，《民俗研究》2008年第2期。
⑧ 费孝通：《乡土中国》，北京大学出版社1998年版，第69—70页。

"地域意识"组织下的"身份认同"

——台州椒南平原地区保界传统形成的历史和社会分析

蔡天翊[①]

摘　要：保界现象是在台州椒南平原地区普遍存在的一种文化现象，集中表现为以庙宇为中心的排他性边界和区域性信众组织。保界表现出一种在"祈拜—护佑"关系下的地域意识，这也使其表现出地域意识和身份认同的两个不同面向。保界庙的地域意识存在历史形成的过程，综合分析神祇类型和保界受到的行政单元影响可以认为该区域保界关系集中确立于清代中期。但对椒南平原地区来说，保界并不仅表现为一种纯粹的经过历史过程筛选的自发性地域意识表征，通过对椒南平原地区乡村和集市的保界关系形成的分析，可以认为该特定区域保界的形成综合了社会生活联系、信仰扩张、宗族关系等多种地方社会生活因素的影响，表现出一种独特的身份认同。这些因素潜在塑造了保界的地域意识，从而塑造了椒南平原地区的保界形态。

关键词：椒南平原；保界；历史；地域意识

一、综述与问题——庙宇与地域意识

在民间信仰和地方社会史的研究中，对民间信仰的地域空间含义的关注始终是一个重要的主题，对这一问题的分析集中反映了学者对于民间信仰功能的理解方式，也因此直接影响了研究中对地域意识的构建方式。

一方面从信仰主体参与的信仰活动延伸出的信仰地域分布一直被视为观察和思考的角度，包弼德意识到"任何一种民众信仰，其最初产生及其信众都具有一定的区域性"，[②] 韩森也指出地方性神灵"都只有一个庙宇，与各自根基的地区密不可分，只有这些地区的人们才信奉他们"，[③] 但这些研究更多是在考察民间信仰传播的宏观视角下揭示一个笼统的地域性观念。更为细致的分析则是基于祭祀仪式和祭祀群体的分析。杨庆堃关注地方性庙宇举办的宗教仪式"提供一个可以超越经济利益、阶级地位和社会背景的集体象征"的功能，[④] 王斯福则认为"中国的每一个区域都有对自身作为一系列地域的界定，这些是通过进香朝圣、轮值以及出巡边界界定的"，这种庆典构成了一种指涉特定的区域的"区域联合节庆的中心"，并且与祭祀共同形成传统的地方加

[①] 蔡天翊，1998年生，北京大学哲学系博士研究生。

[②] 参见包弼德：The Multiple Layers of the Local: A Geographical Approach to Defining the local，转引自皮庆生：《宋代民众祠神信仰》上海古籍出版社2008年版，第204页。

[③] [美] 韩森：《变迁之神——南宋时期的民间信仰》，浙江人民出版社1999年版，第127页。

[④] [美] 杨庆堃：《中国社会中的宗教》，范丽珠译，四川人民出版社2016年版，第64页。

代，也是一个呼唤"人类命运共同体"的时代，如何实现这一愿景，和合文化无疑提供了一种可能的方向，即将中国人之美好生活以及美好社会的方案和智慧分享给世界，为更多国家和民族实现自身社会进步提供一种可能。以和合精神推动世界发展变（主体能动性）和"不变"（社会发展规律）的和谐统一。开启以中华文化为指导的美好社会的到来。

在社会主义新时代，在中华民族伟大复兴的历史征程中，我们要深入发挥和合文化海纳百川、有容乃大的精神品格，为推动中华民族伟大复兴、推进美好社会和美好生活实践贡献力量。可以说，以和合文化为精髓的"一带一路"倡议和"人类命运共同体"理念在一定意义上开启了领先于时代的伟大实践。

天台山和合文化作为一种悠久的传统文化一直传承至今，成为中华和合文化的典型代表，在当下中华民族伟大复兴和构建人类命运共同体的语境下，天台和合文化要进行现代创造性转化，适应时代发展，为构建人类美好社会提供丰富的精神资源，赋予社会发展和民族复兴更多的历史文化使命。

人类命运共同体理念在马克思主义共同体思想的基础上实现了进一步的延伸和扩充，更加体现出鲜明的时代特色和中国智慧。如何构建以和平、发展、合作、共赢为宗旨的人类命运共同体？首先要有开放的胸襟，以和合思维，将不同文明之间互相借鉴吸收，为人类的长远利益和未来社会提供中国方案和中国智慧。虽然当下世界并不太平，我国面临着复杂的国际环境，以美国为首的西方集团对我国的发展遏制、干扰，以维护其世界霸权。对此我们更要坚定信念，运用智慧运筹帷幄，构建合作共赢的新型国际关系，运用和合文化，团结一切可以团结的力量，运用中国智慧建立国际关系新秩序，打破国际旧秩序，为世界多极化新秩序的建立贡献中国方案。因此，在世界新旧格局交替的历史时刻，倡导构建人类命运共同体，是中国共产党运用和合文化的中国智慧为应对全球性难题而贡献的中国方案。

在新时代，中国共产党人将中国传统文化中"和衷共济""天人合一""和合共生"等"和合"理念运用于构建国际新秩序，为绝大多数国家提供合作共赢的方案和"一带一路"合作平台，展现了中国的大国担当，彰显了中华文化的独特魅力。

2017年2月，联合国决议首次写入"构建人类命运共同体"，这表明"人类命运共同体"已经成为国际共识。习近平主席指出："文明相处需要和而不同的精神。只有在多样中相互尊重、彼此借鉴、和谐共存，这个世界才能丰富多彩、欣欣向荣。"[①] 这些是"和合"理念最直观的体现，中华传统文化的创造性转化日益成为现代社会的精神财富，并在实践中不断丰富和创新，为构建美好社会提供源源不断的精神资源。

结　语

和合文化彰显的精神智慧，既是解决当下世界诸多冲突危机之道，也是构建美好世界愿景的时代精神要素，亦是对中华传统文化精髓的阐发。和合文化及其表征的天下愿景，与时俱进，革故鼎新，"其中最核心的内容已经成为中华民族最基本的文化基因"[②]。

中国与世界的和合，立足于构建美好社会，美好社会的实践及其在文化自信、道路自信与民族复兴三重维度展开，在深层意蕴上意味着中国这一古老而崭新的文明不断自我更新并实现现代生长。汤因比从历史的视角对文明进行考察，认为"文明好像是通过活力而生长起来，这种活力使文明从挑战通过应战而达到新的挑战"[③]。中华民族是一个包容和智慧的民族，自古以来就以天下情怀，礼仪万邦，将中国与世界融为一体。在"百年未有之大变局"的历史形势之中，小康社会与美好社会作为社会有机体发展的中国图景与中国进路，其核心都是追求"物"的现代化与"人"的现代化的内在统一。从中华文明的发展历程而言，美好社会所横跨的历史尺度无疑是中华民族复兴的承上启下的重要一环。

将美好社会上升到世界与人类整体的视角来看，不难发现。在"百年未有之大变局"的时

---

① 《习近平谈治国理政》（第二卷），外文出版社2017年版，第524页。
② 习近平：《纪念孔子诞辰2565周年国际学术研讨会的讲话》，《人民日报》2014年9月25日。
③ 汤因比：《历史研究》（上），曹未风译，上海人民出版社1959年版，第239页。

必须从理论和实践结合上系统回答新时代坚持和发展什么样的中国特色社会主义、怎样坚持和发展中国特色社会主义，包括新时代坚持和发展中国特色社会主义的总目标、总任务、总体布局、战略布局和发展方向、发展方式、发展动力、战略步骤、外部条件、政治保证等基本问题……更好坚持和发展中国特色社会主义。[1]

这是一项前无古人的事业，只有在实践中摸索前行。因此，充分汲取人类文明的一切优秀成果，特别是马克思主义与中国实践相结合，实现"两个一百年"奋斗目标。而文化建设是实现这一目标的关键因素。"一带一路"建设和"人类命运共同体"的构建都需要中华传统文化精神的参与。中华民族文化有五千年的历史，在中国人民的思想情感和民族认同中有着强大的凝聚力和吸引力，在构建民族共同体中是强大的精神力量，是中华民族的精神之根。

改革开放之初邓小平提出"物质文明和精神文明一起抓"。相比较而言，一个国家的经济实力和军事实力可以概括为物质文明，那么精神文明就是一种文化力量，是所谓的软实力。一个国家要强大关键是综合实力，即物质力量和精神力量融合化生出的一种"和合"力，即张立文教授所说的"和实力"。笔者认为这种由和合文化衍生出的概念可以准确形象地描绘出其独特的价值意蕴。在新时代社会主义建设阶段，"和实力"对实现中华民族伟大复兴的中国梦，向世界展示"一带一路"，贡献"人类命运共同体"中国智慧，打造和合天下的世界新格局有着重要的现实意义。"和实力是指军事、经济、话语、制度实力的冲突和融合，及其在冲突融合中和合为一种新实力的总和。"[2] 和实力的目标是建立一个和合世界，实现人与自然、社会、他人与自我的和谐，营造一个美丽新世界，实现各民族的人类命运共同体的和合世界。构建"美丽中国"和"美好未来"，实现"五位一体"发展新格局。和实力的最终目标是构建和谐世界，和谐世界理念不仅是中华文明中传统的"和合"文化思想的继承和创新，还是中国和平发展战略这一理论的进一步发展与提升。和谐世界理念是我国结合新世纪国际国内的新局面所提出的世界发展观，它是国际社会不断发展进步的必然要求，为建立一个合理公正的国际政治经济新秩序及建设和平、发展、和谐的世界提供了理论指导，实现"和而不同"的世界。

在具体实践中，以和合文化为理论支撑的"和实力"构建的文明互融格局与西方盛行的"文明冲突论"有着本质区别，和合文化提倡文明的多样共存、平等对待、交流互鉴、互相尊重与共同发展，体现了对不同国家，不同文明的尊重、包容、开放的态度和胸襟，这对于消除文明之间的对立甚至敌对，消除国强必霸的大国陷阱，零和思维模式。对消除可能由文明的不同而引起的冲突或战争具有重要的意义。尊重文明多样性也是谋求世界和平与稳定的基本前提。中国不仅秉承和合的理念，提倡并坚持和平发展、合作共赢，更重要的是，在全球治理的新时代背景下，倡导并大力推动世界范围内的经济文化等多方面的交流与合作，如提倡并推动"一带一路"建设，以此来促进不同国家的共同繁荣，消除国家地区发展不均衡而引起的社会动荡引发人道主义危机都有着积极的意义。

---

[1]《习近平谈治国理政》第三卷，外文出版社2020年版，第22-23页。
[2] 张立文：《中国传统文化与人类命运共同体》，中国人民大学出版社2018年版，第117页。

中国正越来越走进世界舞台的中心，中华文化不仅肩负着中华民族伟大复兴的使命，更需要对世界秩序，人类文明的发展有所言说、有所构建，这是中华文化的时代使命和新的历史进路。今天，人类命运共同体依托的中华文化对于世界的作用与意义是上一个历史周期所无法比拟的。党的十九大报告中指出："要尊重世界文明多样性，以文明交流超越文明隔阂、文明互鉴超越文明冲突、文明共存超越文明优越。"[1] 世界文明的发展依赖于世界文明的多元性，中华文明本身具有多民族互融共生的特点，既尊重文化的多元性，又能基于共同价值兼容并包，共同发展融汇。人类命运共同体正是基于中华文化这一特性，把其作为世界多元文明发展的正确路向，和合文化是在这一特性下发展起来的中华特色文化。在"一带一路"和构建人类命运共同体方面发挥着重要的理论支撑。

和合文化促使"一带一路"本着平等协作的原则，在尊重彼此核心利益的基础上求同存异，互利共赢，推动其与沿线国家已有战略加速对接，引领全方位对外开放新格局。我国的对外开放是由沿海到内陆循序渐进、有章可循的，伴随着"一带一路"的逐步深入，对外开放水平也将更加成熟、完善。我们在不断扩大"朋友圈"，践行结伴而不结盟的对外交往新路径。企业纷纷"走出去"在世界经济这片大海中磨炼自己，提升国际市场的竞争力；交通基础建设如火如荼，为沿线国家带来切切实实的便利与收益。"大道之行也，天下为公。"只要我们秉持和合理念，推动"一带一路"倡议顺利进行，必将如玄奘西行一般化解磨难、取得"真经"，提升中国对外开放新层次，实现各国"百花齐放"的国际发展环境。和合思维，沟通世界。

一个世界级的国际倡议，一定是以站在世界人民的立场作为出发点，相互理解、合作共赢，而不是为了发展本国经济而牺牲他国利益。"一带一路"倡议将世界连为一个整体，生动地诠释了人类同住"地球村"，命运与共、携手并进的新态势。我们要始终坚持"己所不欲，勿施于人""以礼待人"的和合文化，秉持"共商、共建、共享"原则，真诚合作、携手前进，让千年丝路再次焕发勃勃生机，为各国经济文化交流提供和平、广阔的世界舞台。总之，构建人类命运共同体重要战略思想，深刻体现了中国将自身发展同世界发展相统一的全球视野、世界胸怀和大国担当。

"风起扬帆正当时，四海同心逐新梦。""一带一路"倡议的伟大蓝图已然绘就，我们要深入发挥和合文化海纳百川、有容乃大的精神品格，与沿线各国群策群力、相向而行，为推动中华民族伟大复兴、构建人类命运共同体贡献力量。

三

在建党百年之际，如何为人民谋幸福，指引民族复兴伟业的实现，为人类的和平贡献中国方案和中国智慧是中国共产党新时代面临的主要问题。习近平总书记指出：

十八大以来，国内外形势变化和我国各项事业发展都给我们提出了一个重大时代课题，这就是

---

[1]《决胜全面建成小康社会　夺取新时代中国特色社会主义伟大胜利——在中国共产党第十九次全国代表大会上的报告》，人民出版社2017年版，第59页。

族传统思想中被普遍接受的人文价值和价值观。作为中华优秀传统文化的重要组成部分，和合文化在促进人类命运共同体的建构中，究其实质而言乃实现人与社会、人与自然，以及自我与他人的互融共生，建立人类美好家园，这一理念为新时代推动构建人类命运共同体提供了重要理论支撑，为解决世界面临的重大问题提供中国智慧和方案。

中华民族虽历经磨难，但"和为贵""保合太和"理念根植于中华民族文化土壤，影响中华民族对外交往的思维和方式。实现国与国、民族与民族的和合，人与人的和睦，人与社会的和处，人与自然的和谐，人类社会才会实现共同繁荣发展，中华民族的伟大复兴梦想才会实现。[1]

在中国崛起过程中，中国始终不渝走和平发展道路，反对"国强必霸"的陈旧逻辑，始终坚持国家不论大小、强弱、贫富一律平等，尊重各国自主选择社会制度和发展道路，反对任何形式的霸权主义和强权政治，愿意同世界各国人民一道和睦相处、共同发展。

人类命运共同体的提出是对中外传统命运论的智能创造和卓识创新，中华民族始终具有天下一家的情怀，即"四海之内若一家。故近者不隐其能，远者不疾其劳，无幽闲隐僻之国。莫不趋使而安乐之。"[2] 天下四海即全世界和全人类，即全世界无论远近都能共享安乐。王阳明认为："大人者，以天地万物为一体者也，其视天下犹一家，中国犹一人焉。"[3] 人类共处于一个地球，都统摄在命运共同体之中，如何构建以和平、发展、合作、共赢为宗旨的人类命运共同体，必须站在人类历史和世界发展大局的高度看待问题，在建党百年之际，世界面临着百年未有之大变局。面对全球化困境与安全威胁，中华优秀传统文化中的"和合"理念，为当下人类社会面临的危机和困境提供一种解决思路和方案。

人类是休戚与共、风雨同舟的命运共同体，战胜危机的人间正道唯有互相支持、团结合作。协调不同国家之间的关系，必须秉承"协和万邦""和衷共济"的价值理念。坚持对话协商，构建对话不对抗、结伴不结盟的伙伴关系，才能建设一个持久和平的世界；秉持"合作共赢"思想，坚持构建开放型世界经济，引导经济全球化健康发展，才能建设一个共同繁荣的世界；秉持"共建共享"观念，树立共同合作、可持续的新安全观，才能建设一个普遍安全的世界。更加包容的全球治理、更加有效的多边机制、更加积极的区域合作，需要的是和平而不是战争，合作而不是对抗，共赢而不是"零和"，这才是人类社会和平、进步、发展的永恒主题。

人类命运共同体作为一种中华文化的当代形态，必须明晰历史，做到纵向的"自知之明"。"在所有民族历史中，中国人对其历史经验的记载是最为广泛详尽的。"[4] 作为唯一没有断裂的文明，中华文化在历史长河中形成了"天人合一的哲学基础""天下格局的整体设定""和合共生的价值依托""人文情怀的责任担当"等基本文化要素，这些文化元奠定了人类命运共同体的思想基础。近代以来，中华文化在挽救民族前途命运中，反思批判、抉择探索；在助力国家发展建设中，承继转换、融合重建。在历史进路中，中华文化与国家民族的发展形成良性互动。如今，

---

[1] 张立文：《中国传统文化与人类命运共同体》，中国人民大学出版社2018年版，第64页。
[2] 王制：《荀子新注》，中华书局1979年版，第124页。
[3] 王阳明：《大学问》，《王阳明全集》卷26，上海古籍出版社1992年版，第968页。
[4] 牟复礼：《中国思想之渊源》，王重阳译，北京大学出版社2016年版，第101页。

和合文化也在"一带一路"倡议中获得了创造性转化,丰富了和合文化内涵。伴随着"一带一路"的深入发展,和合文化穿越时空、跨越国界,得到了极大的创新性发展,为和合文化的传承以及推动构建人类命运共同体作出重要贡献。"和合"在中国古代主要用于人与人的关系或者人与社会的关系,后引申用于人与人、人与社会、人与自然、国与国等事物对立面或矛盾双方的关系。

"和合"主要有两种构成形态,即"多元素和合"与"互动型和合"。"和合"既是中国古代处理各种关系的一种价值追求,也是治国安邦的重要思维方法。中华和合文化作为中华优秀传统文化的精髓之一,贯穿了整个中国文化发展过程,渗透于各个时期、各家学派的思想文化之中,具有丰富的思想和内涵,主要蕴含了以下重要理念。以习近平同志为核心的党中央注重汲取和合文化的传统智慧,积极进行创造性转化和创新性发展,并将其运用于新时代治国理政实践,有力推动了新时代中国特色社会主义建设。进入21世纪以来,随着世界多极化、经济全球化、信息化、文化多元化趋势和我国改革开放的深入发展,如何在多样、多元、多变中凝聚共识、和谐相处成为中国和平发展面临的重大课题。

党的十八大以来,习近平同志反复强调,要认真汲取中华优秀传统文化的思想精华和道德精髓,认为"亲仁善邻、协和万邦是中华文明一贯的处世之道,惠民利民、安民富民是中华文明鲜明的价值导向,革故鼎新、与时俱进是中华文明永恒的精神气质,道法自然、天人合一是中华文明内在的生存理念。"[①] "一带一路"倡议在治理目的上突出世界各国共同繁荣、共同发展,即全球化不只是发达国家和地区的繁荣发展,也应包括广大发展中国家的发展进步。中国改革开放四十多年取得的伟大成就,中国积极参与全球化的成功实践,都充分证明,现代化不只有西方一种模式,全球化也不应由西方发达国家主导。因此,"一带一路"倡议是将中国经验和中国方案传递给全世界,是中国对全球化治理的主动参与和积极贡献,是世界各国实现全球化共享发展成果的重要实践,是对中国现实发展道路的自信。"一带一路"倡议的治理目的展现了中国传统文化中的和合主义精神和共生共享理念。和合主义是一种多元和平共存的方式,蕴含中华传统文化的智慧和哲学,是全球治理的一种新思路和伦理价值取向。

二

《周易》的"保合太和,乃利贞。首出庶物,万国咸宁",强调要达到"太和"境界,赋予作为天下之大道的"和"以普遍的必然性与规律性;《中庸》的"和也者,天下之达道也",把"和"作为通达天下之"道";《论语》的"四海之内,皆兄弟"则蕴含着睦邻友好、守望相助的美好期许。和合文化注重兼容并包,强调和而不同,强调"美人之美,美美与共",因此决定中国的对外交往始终不渝走和平发展道路,反对霸权主义,为构建人类命运共同体贡献自己的智慧和方案,体现了"和合"智慧。在世界多极化、经济全球化、文化多样化、信息普及化的深入发展和持续推进的形势下,和合学能为国际关系提供一种和谐和平衡的关系。"和合是中华民

---

① 《习近平谈治国理政》第三卷,外文出版社2020年版,第471页。

共建共享、合作共赢、交流互鉴，实现政治互信、经济互融、人文互通的和合理念，从"天下大同"到构建人类命运共同体，中国兼利天下的情怀从未改变。

"一带一路"倡议从历史深处走来，跨越古今，联结中外，肩负新的历史使命，赋予古老的丝绸之路以新的时代内涵，面向世界、面向未来，共筑沿线国家大繁荣大发展的梦想。

和合文化包含于"共商、共建、共享"原则，古人云：得人心者得天下。民心在推动"一带一路"建设中极其宝贵，沿线国家人民的认同感、参与度都对"一带一路"的推进有重要影响。"一花独放不是春，百花齐放春满园。"在"一带一路"的宏伟倡议中，和合文化如春风化雨、润物无声，融入"一带一路"的共建原则、框架思路、合作重点、核心内涵等各个领域，发挥着固本培元、引领方向的重要作用。

和合文化不仅是减少争端、凝聚人心的润滑剂，也是联结"一带一路"沿线国家民心的纽带，在减少区域内国家和地区间的合作成本、提升建设效率等方面发挥着不可替代的关键作用。可以说"一带一路"是一条合作之路、发展之路、和平之路，彰显了中华民族深厚的文化和睿智的生命智慧。其"主张以和生、和处、和立、和达、和爱五原则，通过对话、交流、互动、谈判来化解冲突。实现求和平、谋发展、促合作，落实合作共赢，同舟共济。在政治上应该互相尊重，平等合作；经济上应该互利共赢，优势互补；文化上，应该互相借鉴，和而不同；安全上应该互相信任，互相帮助；环保上应该互相合作，共同发展，使我们的地球成为一个清洁、美丽的星球。"[①]

"一带一路"遵循的是"共商、共建、共享"原则，三个"共"体现出"一带一路"不是单一国家的独唱，而是沿线国家的合唱，是大家彼此尊重、相互支持、共同获益的真诚倡议。"共商"指政策在酝酿、倡议、实施等各个阶段，由沿线国家共同商量决策，最大限度兼顾各方利益；"共建"指项目推进由各方共同参与，发挥自身优势各展所长；"共享"指共同做大世界经济蛋糕后，建设成果由各方共同分享，形成共赢的良好局面。"共商、共建、共享"的原则既蕴含了和合文化中"和平""和谐""融合"的基本含义，又体现了"协和万邦"的国际观、"合作共赢"的大局观，展现出新时期的大国风度、大国能力。在"五通"发展中，沟通、联通、畅通、融通、相通都深刻地蕴含了和合思维，坚持互尊互信、开放包容，拒绝"关门"搞建设，突破零和博弈思维，增进文化交流、贸易往来、企业合作，谋求利益最大公约数。当今世界，国际形势复杂多变，各类全球性问题突出，各国无法单独应对，只有团结合作，把握建设"一带一路"的宝贵机会，高质量完成"五通"发展以"和而不同""天下大同"的和合理念促进经济全球化向纵深发展。

当今世界，多元文化伴随着"一带一路"的推进发生着交流与碰撞，融合了和合文化精神内涵的"一带一路"并没有受其制约，反而以"和而不同"的理念、"共商、共建、共享"的原则勇于接受外来事物的挑战，以海纳百川的气度弱化各类冲突，为推动建设"一带一路"提供文化软实力，收获民意，赢得民心。

---

① 张立文：《中国传统文化与人类命运共同体》，中国人民大学出版社2018年版，第64页。

价值根基，同时也是一幅对现代性社会进行反思、扬弃和超越的社会图景。本文试图从中华传统文化层面来建构新时代中国发展进程中的"一带一路"与人类命运共同体的图景。一言以蔽之，在社会主义新时代条件下，中华和合文化为实现中华民族伟大复兴所提供的价值支撑。作为重要的古代文化资源，"天台山和合文化的本质特征就是以三教和合为基础的社会和谐，宗教的和合是整个天台山和合文化的根基，建立在三教互通、互融基础上的天台山宗教文化"[①]，因此当下创新发展天台和合文化，其最终的价值指向是在于创造美好生活，实现和合天下的美好愿景。

人类命运共同体意识是中国回应全球化发展难题的现实探索，是中国对人类发展命运的哲学思考，是中国构建文明大国的出发点，它不仅传承了中国传统文化智慧与现代文明要素，也展现了中国的世界性精神和大国责任担当。两者互相交映，相得益彰，共同彰显了和合文化的时代价值。"一带一路"倡议以及构建人类命运共同体彰显了和合文化的丰富内涵和中国智慧，"和合精神"为"人类命运共同体""一带一路"提供思想理论支撑。

一

中华优秀传统文化是中华民族的突出优势，是我们最深厚的文化软实力。和合文化是中国优秀传统文化的精髓之一，如今在"丝路精神"的内涵中得以充分运用，既有利于展现中华民族心怀天下的宝贵品质，也是世界了解中国、破解"国强必霸"陈旧逻辑的有利途径。

中华传统文化中一直蕴含着强烈的兼济天下的担当情怀。儒家思想中的"修身、齐家、治国、平天下"，提倡通过"修身"即个人修养来最后达至天下太平的最高理想。强调"达则兼善天下"的情怀，履行"立天下之正位，行天下之大道"的使命。这种世界主义的人文情怀自始至终贯穿于中华传统文脉之中，绵延至今。"一带一路"倡议的治理理念符合和合理念，关切人类命运共同体的价值取向，体现了对人类社会互融共生，是对中国未来发展前景的自信。

自党的十八大以来，以习近平同志为核心的党中央面对复杂多变的国内外环境，汲取传统文化的和合思想养分，把中华和合文化的传统智慧与马克思主义结合、与新时代中国特色社会主义实践相结合，创造性地提出了一系列治国理政新理念、新思想、新战略，领导中国人民走进了中国特色社会主义新时代，迎来了从站起来、富起来到强起来的伟大飞跃，迎来了实现中华民族伟大复兴的光明前景。

中华民族优秀传统文化中，"和合"二字最能体现中国文化的精髓和价值取向。"和"，指和谐、和平、祥和；"合"是结合、合作、融合。在建立和谐世界过程中，"和合"是实现和谐的途径之一，"和合"可以实现和谐的理想状态，是人类从古至今追求的关系状态。

和合文化蕴含于"丝路精神"的核心内涵，两千多年前的丝绸之路推动了人类的文明与进步，成为东西方交流合作的象征与典范，为沿线国家经济发展注入了"源头活水"。"一带一路"倡议的提出，习近平总书记将和合文化与"一带一路"融会贯通，概括"丝路精神"为"和平合作、开放包容、互学互鉴、互利共赢"，为"一带一路"精神领域指明方向，坚持对话协商、

[①] 何善蒙：《天台山和合文化论纲》，《浙江社会科学》2017年第10期。

天台和合文化与美好社会建构

——"一带一路"和人类命运共同体理论与实践

蔡洞峰　殷洋宝[①]

摘　要：中国共产党百年征程中为实现中华民族伟大复兴和构建国际新秩序，需要吸收包括中华优秀传统文化在内的人类优秀文化资源。和合文化是天台山文化的本质特征和活的灵魂，也是中华传统文化的精髓，在构建人类命运共同体，建设美好社会的治国理政中都发挥着重要作用。"一带一路"倡议和"人类命运共同体"的构建都需要中华传统文化精神的参与。在世界新旧格局交替的历史时刻，倡导构建人类命运共同体，是中国共产党运用和合文化的中国智慧，应对全球危机而贡献的中国方案，天台和合文化在当下将赋予社会发展和民族复兴更多的历史文化使命。

关键词：天台山；和合；人类命运共同体；中华文化

中华民族有着五千年的文明史，创造了优秀的中华传统文化。在建党百年的今天，中华文化正以其独特的魅力彰显出其丰富的精神内涵和现实价值，为当下治国理政，构建国际新秩序，实现中华民族伟大复兴的中国梦提供无穷的精神资源和智慧，作为中华文化的璀璨明珠，和合文化在构建人类命运共同体，建设美好家园，推进"一带一路"倡议方面都发挥着重要作用。

和合文化是中华传统文化的优秀组成部分，和合作为中华传统文化最为本质的特征，体现为古人在社会生存，与自然相处和社会治理方面圆融通达的智慧，如儒家所倡导的爱人、至诚、仁爱、追求人与人之间相处的真性情。中华文化究其实质而言乃和合文化。天台山是"和合二圣"所在地，使得天台山和合文化在中华和合文化中占有特殊的地位。

由于天台山因和合思想而产生的理论与实践的整体，是以儒、释、道三教圆融为基础，和合文化是天台山文化的精髓与本质特征，与台州民间生活密切相关，是中华和合文化的典型形态和活的样本。和合文化是天台山文化的本质特征和活的灵魂，因此如何让天台和合文化在当下实现创造性转化，成为当下建设美好社会的精神文化资源就显得特别重要和意义非凡。

2021年是建党一百周年，中国现代化进程与社会主义建设进程也进入了全新的历史阶段，即构建美好社会，在社会主义条件下为实现人民美好生活奠基美好的理想社会图景。"美好社会应当是活力涌流的社会，是每一位公民都能参与进来、享有幸福、实现价值的社会，其将呈现一幅中国历史上前所未有的社会图景。"[②] 实现这一伟大图景需要物质根基、制度保证、文化支撑、

[①] 蔡洞峰，男，苏州大学文学博士，安庆师范大学人文学院副教授，硕导。殷洋宝，女，安庆师范大学教职工，中级职称。

[②] 项久雨：《美好社会：现代中国社会的历史展开与演化图景》，《中国社会科学》2020年第6期。

《转天图经》再考 ………………………………………………………… 刘　喆　邵浪舷（181）
独寻台岭闲游去——论台州在"浙东唐诗之路"中的意义 ………………… 马曙明（188）
"佛宗道源"天台山：以司马承祯与天台宗之关系为中心 ………… 彭钦文　张云江（193）
墨黑为亮　润含春雨 ………………………………………………………… 任志强（199）
天台山和合文化的最早源头：葛玄入茶和合文化 ………………………… 陶　济（201）
晚清台州府书院初探 ………………………………………………………… 滕雪慧（216）
台州南宋宗室赵汝适与世遗泉州 …………………………………………… 万冬青（222）
唐宋时期台州地区制瓷业及相关问题 ……………………………………… 王　妤（230）
朱熹六劾唐仲友新考 ………………………………………………………… 王　正（234）
北磵居简台州事迹考索 ……………………………………………………… 王宏芹（243）
台州抗倭名将与露梁海战 …………………………………………………… 王英础（251）
叶适与台州文士交游录 ……………………………………………………… 王英础（257）
"海外草圣"一山一宁禅师墨迹综述 ………………………………………… 卜答智量（278）
临海峤新探 …………………………………………………………………… 吴福寿（301）
天台度予亭三逸诗选说 ……………………………………………………… 吴亚卿（306）
谢灵运《登临海峤初发疆中作与从弟惠连可见羊何共和之》一诗诸问题考论 … 徐三见（312）
江湖诗派重镇戴复古与湖北 ………………………………… 许淳熙　杨韵华（320）
轮廓与中心：唐朝至清代台州进士群体嬗变述略 ………………………… 张　剑（325）
纸船送瘟：黄岩瘟庙及古代民间送瘟神习俗 ……………………………… 张　良（336）
社鼓赛王维——受祀千年的黄岩王维庙 …………………………………… 张　良（342）
台州路桥区梅屿山商周文化遗存初探 ……………………………………… 张　屿（350）
新世纪东瓯文化研究综述之我见 …………………………………………… 郑宏卫（356）
论深入发掘紫阳真人文化资源对于台州和合文化建设的重大意义 ……… 周文新（360）
清初台州迁海 ………………………………………………………………… 王　及（363）

目录 / Contents

前言 ……………………………………………………………………………………（1）

（内文排序按姓名首字母）

天台和合文化与美好社会建构——"一带一路"和人类命运共同体理论与实践 ………
…………………………………………………………………… 蔡洞峰　殷洋宝（1）
"地域意识"组织下的"身份认同"——台州椒南平原地区保界传统形成的历史和社会分析
………………………………………………………………………………… 蔡天翊（10）
项士元与台州文博初创之始末 …………………………………………… 陈引奭（25）
散落在乡村的台州历史文化——关于泽国镇天皇村史迹考略之窥见 ………………
………………………………………………… 陈宗明　李云青　叶宝定（39）
台州传统的古典美学与当地文化的现代精神的融合——以原创越剧《梦石传奇》为例 ……
………………………………………………………………………………… 程涵悦（49）
临海词调渊源初探 ………………………………………………………… 戴相尚（53）
台州历史上有无"海州"之称 …………………………………………… 丁　伋（57）
台州海交史钩沉 …………………………………………………………… 丁　伋（60）
台州传统聚落空间布局与演进历程研究 ………………………………… 傅　鼎（70）
浙东方国珍崛起研究 ……………………………………………………… 郭玉刚（90）
荒野寒岩的隐居体验——寒山子隐居诗浅析 …………………………… 韩焕忠（108）
王士性文学书写与唐诗之路关系初探 …………………………………… 何方形（131）
戚继光抗倭对台州地域文化发展的影响 ………………………………… 何薇薇（138）
台州府城宋韵文化魅力及传承与活化的建议 …………………………… 林大岳（142）
晚明名宦王毂家世与生平事迹考 ………………………………………… 刘　涛（146）
南宋名臣杜范形象变化——基于宋元史书中三篇杜范传记的考察 …… 刘　岩（157）
从龙兴寺到唐招提寺：中日文化交流中的台州——以思托追随鉴真东渡为中心 ………
………………………………………………………………………………… 刘雄峰（167）
济公：一个被神化的高僧 ………………………………………………… 刘亚轩（173）

气"的精神特质、宋明时期"台学"的亮点与影响、王士性开创人文地理学的文化高度与学术浮沉、清初"两庠退学案"与"迁海"事件给台州造成的心灵梦魇与切肤之痛等等。

台州的文博事业，自项士元先生于1951年倡建台州专区文管会伊始，至今已有70年的历程，虽然时间不算太长，但这是不同寻常的70年。特别是最近这10年，台州的文博事业蓬勃发展，已然成为台州文化建设的新地标！对此，泉下有知的项士元先生，一定会感到万般的兴慰……

为纪念台州置州1400周年暨台州文博70周年，主办方面向全国征集论文。国内许多学者及文史工作者、爱好者参与了这一活动。先后收到各种文章56篇，内容涉及方方面面。这些论文中，有继续向纵深深入研究的老课题，如"王士性人文地理学思想述论""台州南宋宗室赵汝适与世遗泉州""江湖诗派重镇戴复古与湖北""论深入发掘紫阳真人文化资源对于台州和合文化建设的重大意义""从龙兴寺到唐招提寺中日文化交流中的台州——以思托追随鉴真东渡为中心""天台和合文化与美好社会构建——'一带一路'和人类命运共同体理论与实践"等；也有从新视角开展新探索的新课题，如"'地域意识'组织下的'身份认同'——台州椒南平原地区保界传统形成的历史和社会分析""台州传统聚落空间布局与演进历程研究""轮廓与中心：唐朝至清代台州进士群体嬗变述略""晚清台州府书院初探""项士元与台州文博初创之始末"等；还有努力搜罗海外珍贵史料为之拓展研究的专题性课题：如""海外草圣"一山一宁禅师墨迹综述"等等，这里不再一一赘述。

在征集论文的基础上，主办方专门组织了线上学术研讨会，然后经专家评审，共选取了42篇文章予以结集出版。它的出版，是主办方对台州置州1400周年暨台州文博70周年纪念活动的一个学术性总结。我想，倘若这一举措能对台州的地方史研究起到一些助推作用，恐怕便是这个活动的意义所在了……

在新时代的大好形势下，我们期愿有更好的学术成果不断面世。让我们彼此携手，互相砥砺，齐心合力，共建和谐社会，共赴美好前程！

徐三见（签名）

研究馆员

其次是关于台州设州与冠名的时间问题。

对于台州的设置和冠名时间，历史上原本有三种说法：一是《嘉定赤城志》卷一《叙州》称："大业四年（608）沈法兴擅立为海州，唐武德四年（621）平李子通，以临县置台州。"二是康熙《台州府志》卷一《建置沿革》的说法："义兴二年（618），沈法兴据毗陵，以临海县置海州。三年，为李子通所并。唐武德四年，杜伏威擒李子通……五年，改海州为台州。"三是《旧唐书》与《新唐书》之《地理志》的说法，前者载："台州，上。隋永嘉郡之临海县。武德四年，平李子通，置海州……五年，改为台州。"后者亦云："台州临海郡，上。本海州，武德四年以永嘉郡之临海置。"第一、第二两种说法大概由于错误过于明显，很快为后人所舍弃。而第三种说法则为光绪与民国《台州府志》所承袭。当代也大多沿袭了这种说法。对此，临海市博物馆已故的丁伋先生曾做过专门考证，并撰写了《台州历史上有无"海州"之称》一文，分别收录于《台州地区志·志余辑要》与《堆沙集》。丁先生考证的结论是：台州设置于唐武德四年（621），台州的历史上不存在也并未出现过海州。造成"海州"说错误的原因是，唐武德三年（620），台州为李子通所并，一度成为李子通的属地。问题的根源就出在李子通的籍贯上，因为李子通的老家就是海州。李子通老家之海州在今江苏连云港一带，东魏时改青、冀二州置，后又改为东海郡，唐武德四年恢复为海州。巧合的是，我们台州在隋唐之际设置过临海镇，辖县有临海县，而李子通老家的海州，也曾设置过临海镇，旧时也有临海县。因为海州籍的李子通势力触及台州，后来史志的修纂者一时失察，便将他的籍贯地与其势力扩张之地张冠李戴，混而为一了。应该说，丁伋先生的考证是有说服力的。首先，一是作为海州人的李子通，如果想给一个自己所占领的属地命名，绝对不会愿意将自己老家的政区名称送给别的地域来使用的；其次，如果这是唐初中央政府所命名，那就更无可能将直属中央的两个政区在同一年冠上两个"海州"的道理。其实，两《唐书》对自己的记述并不自信，《旧唐书》在"临海县"下即称："武德四年，于县置台州，取天台山为名。"并无述及先置海州继改台州之事。所以我们有理由认为，不应再沿袭旧志的"海州"改"台州"说，而是应该采用丁伋先生的考证成果，不致歧讹延续下去。为此，我们这次结集的文章再次收录了丁伋先生的这篇论文。

此外，《列子》载有这样一则故事，说："黄帝游于华胥氏之国，在弇州之西，台州之北，不知斯齐国几千万里，盖非舟车足力之所及，神游而已。"有些文史爱好者大概出于乡土情深、爱乡心切，便将台州与黄帝联系起来，谓远古之时便有"台州"之名。众所周知，郡县制起于春秋战国，大一统王朝的以州统县则迟至隋开皇三年（583）。显然，《列子》所谓的"台州"，与行政区域的台州——也就是我们的台州并无关涉。故宋陈耆卿在《嘉定赤城志·辩误门》特别指出："《列子》《淮南子》皆一时寓言，无庸援以为据。"

台州置州虽然只有1400年时间，但台州可追溯、可研究的历史却要久远得多，也丰厚得多。在台州的历史长河中，需要我们继续发扬光大与深入探讨的课题也还很多。诸如：十万年前"灵江人"的行踪轨迹，一万年前下汤遗址的文化高程，商周时期的青铜直内戈、蟠龙大盘以及路桥小人尖遗址的属性，仙居岩画的价值所在，回浦县、章安县、临海郡时期章安之辉煌，佛教天台宗的哲学与宗教地位，台州山水与道教盛行的渊源，浙东唐诗之路的成因与演绎，宋代台州一跃而成"东南邹鲁"之光华，台州钱氏、谢氏家族与两宋朝廷的兴衰关系，以及"台州式硬

前 言

2021岁次辛丑，这一年，台州设州已1400周年，台州文博也历经了70华年，毫无疑问，这是值得我们纪念的年份。

台州山水神奇，利兼山海，人文鼎盛，风光奇美，骚人踵接，佛道争栖，无怪乎唐代诗人皎然获悉他的好友邢济出任台州刺史时，心羡不已，欣欣然作诗以赠："海上仙山属使君，石桥琪树古来闻。他时画出白团扇，乞取天台一片云。"

州以台名，是缘于境内的天台山。山称天台，则缘于上应台宿。

台州古往今来的历史，有说不完的故事，当然，也存在不少纷扰。即就最简单不过的"台州"二字以及台州冠名的时间而言，这些纷纷扰扰还都依然存在！

说是"台州"二字，焦点实在于"台"之一字。台州的"台"，包括天台山的"台"，还有台州别称三台的"台"，均读作 tāi，它的使用范围大抵限于星宿名称及星宿所演绎的地名与官制名称。这在古籍中并没有什么问题，因为它的"职司"十分明确。问题产生于繁体字简化以后。文字的简化，首先给人们的书写带来了极大方便，但也由于一些形、音、义完全不同之文字的彼此合并，因此也就产生了某些文字在古今连接上的隔阂。譬如，我们平日常见的台湾的"台"，楼台的"台"等，繁体字均写作"臺"，读音为 tái。文字简化以后，这个字便摇身一变，成了与我们台州的"台"同一个字。虽然彼此形貌相同，但音、义仍异。如果我们都采用简化字书写，自然也不会有什么问题。但问题是，我们中国是一个有5000年文明史的泱泱大国，传统文化的印记深入人心，故而有一些好古的人每每采用"古字"，特别书法家，除了恋古之外，也有美学的因素，因为字的繁简，直接关系到作品的构架布局。就拿"台州"二字来说，两者的笔画都不多，若上下连续的字笔画也少，书法效果或许会差些。所以有些书法家与书法爱好者在创作作品或书写匾额、照牌时，就往往喜欢把"台州"写作"臺州"。这样一来，视觉上或许比"台州"好看，然音与义则已是云泥之别了。书法爱好者在繁简字的使用上，出错律是相对比较高的，诸如一写到"几"字，就往往把它写作"幾"。其实，像"几许"的"几"、"几乎"的"几"、"几何"的"几"，可以用写作繁体的"幾"。而"茶几"的"几"、"几杖"的"几"、"几几"的"几"，却是不能写作"幾"的。反之，像"事幾""幾微""幾社"以及人名曾幾的"幾"，则更是不能写作简化的"几"字。所以，好古先须识古、化古，绝不能简单化，许多东西还是需要我们花些功夫去好好学习才是。当然，把台州的"台"写作"臺"，近来已大大减少了，但并不是没有。所以，我们的宣传工作还须继续做下去。至于"台州"之"台"读音上的讹误，前推20年，台州以外人士，包括新闻媒体，几乎可以说是比较普遍的现象。现今亦已好多了，像中央电视台这样的主流媒体，基本上听不到讹音了，但台州以外的普通大众出错率依然还是蛮高的。

《台州置州1400周年暨台州文博70周年学术论坛论文集》编委会

总 顾 问　吴华丁　蔡建军
顾　　 问　赵　晟　高佐明　林　敏　王　及　徐三见
　　　　　王　正　李建军　胡正武　马曙明　高　平
主　　 任　王荣杰
主　　 编　陈引奭
副 主 编　滕雪慧　朱　波
编　　 辑　黄莹莹　周　欢

图书在版编目(CIP)数据

潮起灵江：台州置州1400周年暨台州文博70周年学术论坛论文集/临海市博物馆编.——北京：中国文史出版社，2023.7
ISBN 978-7-5205-4169-5

Ⅰ.①潮… Ⅱ.①临… Ⅲ.①文物工作－台州－文集②博物馆事业－台州－文集Ⅳ.①K872.553-53②G269.275.53-53

中国国家版本馆CIP数据核字(2023)第127400号

责任编辑：	窦忠如
出版发行：	中国文史出版社
网　　址：	www.wenshipress.com
社　　址：	北京市海淀区西八里庄69号院　邮编：100142
电　　话：	010-81136606　81136602　81136603（发行部）
传　　真：	010-81136655
策　　划：	成都现当代文化传播有限公司
装　　帧：	现当代文化www.dangdaitushu.com
印　　装：	成都市天金浩印务有限公司
经　　销：	全国新华书店
开　　本：	787×1092　1/16
印　　张：	24
字　　数：	564千字
版　　次：	2023年7月北京第1版
印　　次：	2023年7月第1次印刷
定　　价：	98.00元

文史版图书，版权所有，侵权必究。
文史版图书，印装错误可与发行部联系退换。

潮起灵江

台州置州1400周年暨台州文博70周年学术论坛论文集

临海市文化和广电旅游体育局　临海市博物馆 ◎ 编

中国文史出版社